벤저민 그레이엄의
현명한 투자자

벤저민 그레이엄의

현명한 투자자

벤저민 그레이엄 지음 • 제이슨 츠바이크 논평 • 이성민 옮김

국일 증권경제연구소

E.M.G 에게

수많은 기회와 온갖 역경을 딛고 우리는 나아간다.

– 아이네이스

차례

참고 사항 Disclaimer

이 책에 수록된 본문은 벤저민 그레이엄이 1971년부터 1972년에 걸쳐 수정한 개정4판으로, 1973년에 처음 출간된 버전이다.

벤저민 그레이엄, 1964년 10월, 스페인 세비야에서
사진 제공: 벤저민 그레이엄 주니어

제이슨 츠바이크의 서문

벤저민 그레이엄에 대하여

"진정한 정직함이란 타협을 단호히 거부하는 데서 드러난다."*

— 치누아 아체베

벤저민 그레이엄은 누구이며, 우리는 왜 그의 말에 귀를 기울여야 하는가?

그는 역사상 가장 위대한 투자자 중 한 명일 뿐만 아니라 탁월한 학자였으며, 뛰어난 혜안을 가진 위인이었다.**

먼저 위대한 투자자로서의 면모를 살펴보자.

그의 수익률은 단지 높았다는 말로는 충분하지 않다. 투자자들에게 가장

---

* 치누아 아체베Chinua Achebe, 『나이지리아의 문제The Trouble with Nigeria』, (하이네만 출판사, 1984), p42.

** 이 위대한 인물에 대해 더 알고 싶다면, 제이슨 츠바이크의 「벤저민 그레이엄에 대한 짧은 글A Note on Benjamin Graham」(bit.ly/40XkE7h), 블로그 「벤저민 그레이엄을 넘어서Beyond Ben Graham」(bit.ly/442lEX8), 그리고 벤저민 그레이엄이 직접 쓴 『벤저민 그레이엄 자서전: 나의 인생, 나의 투자Benjamin Graham: The Memoirs of the Dean of Wall Street』, (맥그로-힐, 1996년)를 참고하라.

혹독했던 시기들—대공황 말기를 포함하여—에도 일관되게 우수한 성과를 냈다. 그가 공동 설립한 그레이엄-뉴먼Graham-Newman사는 1936년부터 1956년까지 약 20년간 시장 수익률을 연평균 약 5%포인트 초과 달성했다.* 이토록 오랜 기간 동안 이렇게 큰 초과 수익으로 시장을 앞지른 투자자는 극소수이다. 그 대표적인 인물이 워렌 버핏인데 그는 벤저민 그레이엄에게서 직접 투자 철학과 기법을 사사받았다.

다음은 그레이엄의 학문적 재능을 살펴보자.

그는 17세에 콜롬비아 대학교에 입학했다. 원래는 1년 먼저 입학했어야 했지만, 행정 착오로 입학 절차가 지연되었다. 그는 단 2년 반 만에 학업을 마치고 전체 차석으로 졸업했다. 졸업도 하기 전에 이미 철학, 수학, 영문학 등 세 개 학과에서 교수직을 제안받았다. 하지만 그는 월스트리트에서의 커리어를 선택했는데, 홀로 된 어머니를 부양하기 위해서 더 나은 보수가 필요했기 때문이다.

벤저민 그레이엄이 데이비드 도드David Dodd와 함께 집필하여 1934년에 출간한 『증권분석Security Analysis』은 전 세계 금융 분석가들의 교과서로 자리 잡았다. 그러나 그의 재능은 이에 그치지 않았다. 그레이엄은 23세의 젊은 나이에 미 수학회에서 발간하는 『미국수학저널American Mathematical Monthly』에 미적분 교육 개선에 관한 논문을 게재했다. 이후 그는 혁신적인 휴대용 계산기 두 가지를 발명해 특허를 취득했고, 세계 통화 체계를 안정시키는 방안에 대해 두 권의

---

* 워렌 버핏에 따르면, 그레이엄의 전체 투자 성과는 1923년부터 1956년까지의 전 기간에 걸쳐 정확히 산출되지는 않지만, 일반적으로 알려진 추정보다 훨씬 더 뛰어났음이 분명하다고 한다(개인적 서신, 2023년 4월 14일). 그레이엄-뉴먼사가 운용한 펀드의 수익 외에도, 투자자들은 GEICOGovernment Employees Insurance Co. 주식에서도 높은 수익을 거두었는데, 이 주식은 1948년 7월, 특별 배당의 형태로 투자자들에게 분배되었다.

저서를 출간했으며, 법률, 조세, 실업 문제에 관한 논문도 다수 집필했다. 여가 시간에는 브로드웨이 희곡을 집필하고, 독학으로 스페인어를 익혀 우루과이 소설을 번역했으며, 프랑스어, 고대 그리스어, 라틴어로 된 책을 탐독했다.

그리고 무엇보다도 그레이엄은 탁월한 혜안의 소유자였다. 그는 수십 년간 월스트리트에서 활동하면서 온갖 사기와 부정행위를 직접 목격했다. 내부자 거래, 형편없는 주식을 홍보하는 사설업자들, 회계조작, 그리고 주주를 기만하는 기업 경영진 등, 그가 마주한 현실은 냉혹했다. 또한 그는 수많은 투자자들이 몇몇 주식이 잠깐 올랐다는 이유만으로 자신이 투자 천재라고 착각하며 집단적 광기에 빠져드는 시장도 경험했다. 반대로, 빠르게 부자가 될 수 있다는 소위 전문가들의 말을 믿고 전 재산을 잃는 사람들도 숱하게 보았다.

그레이엄은 타인의 실수뿐 아니라, 자신의 실수를 통해서도 배우고 성장했다.

- 그는 유행종목을 좇았다가 큰 손실을 입기도 했다.
- 과도한 매매를 하기도 했으나, 그 과정에서 인내심의 중요함을 배웠다.
- 과도한 위험을 감수하기도 했으나, 그 과정에서 신중함의 가치를 깨달았다.
- 돈을 빌려서 투자한 적도 있었으나, 다시는 레버리지를 쓰지 않았다.
- 수많은 투자 기법을 시도하고 검증한 끝에, 불완전한 과거 데이터로 미래를 예측하는 일은 결국 함정이라는 것을 깨달았다.

그레이엄은 '투자란 본질적으로 외로운 활동'임을 이해했다. 서로 연결되고자 하는 갈망, 동료 투자자들의 인정을 받고자 하는 욕구는 투자자 개개인을 쉽게 조종당하고 사기에 휘말리게 만들었다. 오늘날 이러한 인간 본연의 사회적 욕망은 시장참여자들이 소셜미디어와 스마트폰 주식앱에 사로잡히게 만들었다. 그 결과 수백만 명의 사람들이 동시에 같은 주식을 사고파는 일에 가담하고 있다. 이 모든 현상의 동기는 '놓칠지도 모른다'는 두려움FOMO Fear Of Missing Out이다. 일단 그런 일시적인 금융 집단행동에 가담하게 되면, 이성적인 투자 계획을 세우고 그것을 끝까지 지켜나가는 것은 사실상 불가능해진다. 이 책은 당신이 타인의 목소리에 휘둘리지 않고, 스스로 사고할 수 있도록 도와줄 것이다.

그레이엄은 정직하다는 평판이 있는 사람들조차 스스로에게 항상 정직하지는 않다는 사실을 잘 알고 있었다. 우리는 누구나 자신의 약점을 인정하는 것을 싫어한다. 그래서 그레이엄의 조언은 단지 '투자자가 마땅히 해야 할 일'에만 그치지 않고, '현실적으로 할 수 있는 일'에 초점을 맞추고 있다. 그는 결코 시장이나 독자 자신에 대해 허황된 약속으로 오도하지 않는다. 이 책은 당신이 자신의 강점과 약점을 이해하도록 도와줄 것이며, 이를 바탕으로 건전한 투자 결정을 내릴 수 있는 지적·감정적 틀을 제공해 줄 것이다. 그리고 무엇보다도, 그 결정을 끝까지 지켜나갈 수 있는 힘을 길러줄 것이다.

대중 속에서 두각을 드러내려면, 대중과 거리를 두어야 한다. 현명한 투자자가 되려면, 훈련된 절제력과 남다른 사고방식이 필요하다.

네 가지 투자 원칙

그레이엄은 우리에게 투자에 관해서 다음 네 가지 핵심 투자 원칙을 가르치고 있다.

- **모든 투자는 거래가 있어야 하지만, 모든 거래가 다 투자인 것은 아니다.**

어떤 종목에 대해 아는 것이 '최근 주가가 올랐다'거나 '다들 산다더라' 정도라면, 그것은 투자가 아니라 투기다. 현명한 투자자는 철저한 분석을 바탕으로, 신중하고 일관되며 측정 가능한 판단을 내린다.

- **주식은 단순한 종목코드나 스마트폰 화면에 깜빡이는 숫자가 아니다.**
  그것은 특정 기업에 대한 '소유 지분'을 의미하며, 주가와는 별개로 고유한 내재가치를 가진다. 현명한 투자자는 주식이 아니라 '기업'을 분석한다. (표 0-1 참조)
- **대부분의 경우 시장 가격은 대체로 합리적이지만, 한 번 잘못되면 심각할 정도로 어긋나기도 한다.**
  그레이엄은 시장을 의인화하여 '미스터 마켓Mr. Market'이라는 가상의 인물을 창조했다. 미스터 마켓은 주가가 오를 땐 탐욕과 도취에 빠지고, 주가가 떨어지면 공포와 절망에 사로잡힌다. 현명한 투자자는 현실주의자다. 그는 낙관론자에게 팔고 비관론자에게서 산다. 절대 미스터 마켓의 감정 기복에 자신의 감정을 얽매이지 않는다.
- **대부분의 투자자들이 저지르는 가장 큰 실수는 '맞을 경우 얼마나 벌 수 있는가'에만 몰두하고, '틀릴 경우 얼마나 잃을 수 있는가'를 간과하는 것이다.**
  현명한 투자자는 항상 그레이엄이 말한 '안전마진margin of safety'을 확보한다. 이는 자신의 분석이 틀렸을 때 손실을 견딜 수 있게 해주는 겸손의 완충장치다.

〈표 0-1〉 주식 vs 사업

구분	주식	사업
평가 기준	가격 Price	가치 Value
수치 형식	1센트 단위까지 정밀함	대략적인 범위
평가 방식	당일 누군가가 지불할 의향이 있는 금액 (시장 심리에 영향받음)	기업이 앞으로 창출할 현금흐름의 현재가치
변동 빈도	하루 수천 번까지 변할 수 있음	최대 1년에 몇 차례 변동
가격 변화 원인	분기 실적, 주식시장 분위기, 지정학적 이벤트, 잡음 등	장기 실적 성장, 사업 경쟁력, 산업 내 경쟁 구조 등
평균 보유 기간	1년 이하	수십 년 이상
위험	지속적으로 발생하는 시장 가격의 순간적인 변동성	기업 가치의 영구적인 훼손

『현명한 투자자 The Intelligent Investor』는 1949년에 처음 출간되었다. 이번 판은 75주년을 기념하여 그레이엄의 고전적 통찰을 현 시대에 접목하려는 의도로 기획되었다.

이번 판 역시 2003년 개정판과 마찬가지로, 그레이엄이 직접 구성한 방식을 충실히 따르고 있다. 애초에 그레이엄이 의도한 대로 『현명한 투자자』는 개별 주식을 고르는 단계별 매뉴얼도, 사업 분석을 위한 실용적 지침서도 아니다. 이 책의 진정한 목적은 투자 성공을 위한 핵심 원칙과 올바른 사고방식을 세우는 데 있다. 그레이엄이 말한 바와 같이 이 책에서는 개별 종목 분석 기법에 대해서는 비교적 적게 다룬다. 우리의 관심은 투자 원칙과 투자자의 태도에 집중될 것이다.

그레이엄의 본문은 전부 원형 그대로 수록되어 있다.* 단 독자들이 핵심 구절을 쉽게 식별할 수 있도록, 그레이엄의 일부 문장은 굵은 글씨체로 강조했다.

각 장에 첨부된 논평에서는 그레이엄의 원칙이 오늘날에도 얼마나 강력한지를 보여주는 최신 사례들을 소개했다. 최신 사례 논평은 고딕 글꼴로, 그레이엄의 본문 인용은 꾸밈 명조체 글꼴로 구성되어 있다.

이 책은 성공적인 투자자가 되기 위해 필요한 습관을 형성하고, 규율을 다지는 데 큰 도움이 될 것이다. 워렌 버핏은 『현명한 투자자』를 두고 '역사상 가장 훌륭한 투자서'라고 평한 바 있다. 그 누구도 벤저민 그레이엄만큼 투자 원칙을 명확하고 깊이 있게 전달한 사람은 없었기 때문이다.

이 책을 손에 쥔 지금, 당신은 이미 '현명한 투자자'로 가는 길에 들어섰다. 다음 장에서는 '현명한 투자자'가 무엇을 의미하며, 그 길을 걷기 위해 어떤 자세가 필요한지를 살펴보게 될 것이다.

---

* 다만 이 개정판에는 그레이엄이 작성한 부록 세 개가 포함되어 있지 않다. 이들 부록은 오래전에 사라진 기업들과 현재는 폐지된 세법 규정을 다루고 있어 생략하였다. 해당 부록을 확인하고자 하는 독자는 『현명한 투자자』 2003년 개정판을 참고하기 바란다.

개정판 서문

– 워렌 버핏

1950년, 열아홉 살의 나는 이 책의 초판을 처음 접하게 되었다. 그때 나는 이것이 투자에 관한 책 중 단연 최고라고 생각했다. 그 생각은 지금도 변함이 없다.

성공적인 투자에 있어서 필요한 것은 압도적인 지능지수나 특별한 사업 통찰력, 내부 정보 같은 것이 아니다. 의사결정을 위한 건전한 지적 체계와 그 체계를 감정이 좀먹지 않도록 통제하는 능력이 필요할 뿐이다. 이 책은 그런 올바른 체계를 정확하고 명확하게 제시해 준다. 감정을 다스리는 일은 당신의 몫이다.

그레이엄이 제시한 행동 지침과 투자 원칙을 따르고, 특히 8장과 20장에 담긴 귀중한 조언에 주의를 기울인다면 당신의 투자 성과는 결코 나쁘지 않을 것이다. 어쩌면 당신의 기대를 훨씬 뛰어넘을 수도 있다. 얼마나 뛰어난 성과를 거둘 수 있느냐는 결국 당신이 투자에 쏟는 노력과 지적 역량, 그리고 당신의 투자 인생 동안 주식시장을 지배하는 어리석음의 크기에 달려 있다. 주식시장의 행태가 비합리적으로 흐를수록, 냉철하게 투자하는 사람에게는 더 큰 기회가 열린다. 그레이엄을 따르라. 그러면 시장의 어리석음에 휘말리지 않을 것이며, 오히려 그것을 기회삼아 이익을 얻을 수 있을 것이다.

나에게 벤저민 그레이엄은 단순한 저자나 스승 이상이었다. 나의 아버지를 제외하고, 내 삶에 가장 큰 영향을 끼친 사람이 바로 그였다. 1976년 그가 세상을 떠난 직후, 나는 그에 대한 짧은 추모문을 『파이낸셜 애널리스트 저널 Financial Analysts Journal』에 실었다. 이 책을 읽는 동안 독자 여러분은 내가 추도문을 통해서 말하고자 했던 그의 진가를 공감할 수 있을 것이다.

벤저민 그레이엄(1894~1976)

몇 해 전, 당시 거의 여든이었던 벤저민 그레이엄은 한 친구에게 "뭔가 어리석지만, 뭔가 창의적이면서, 뭔가 관대한 일을 매일 하고 싶다"는 말을 했다. 다소 엉뚱한 첫번째 목표에서 설교나 거창한 자기 과시 없이도 메시지를 전하는 그의 재치가 잘 드러난다. 그의 생각은 강직했지만, 표현 방식은 언제나 부드러웠다.

그가 창의성 측면에서 얼마나 위대한 성취를 이뤘는지는 이 잡지의 독자라면 굳이 설명할 필요도 없을 것이다. 대부분 어느 한 분야의 창시자의 성과는 후대 계승자들의 작업에 의해 금세 가려지기 마련이다. 하지만 무질서하고 혼란스럽던 분야에 구조와 논리를 부여한 이 책은 출간된 지 40년이 넘은 지금까지도, 증권분석 분야에서 그 아성에 도전하는 사례를 찾기 어렵다. 이 분야에서는 어떤 이론이 발표된 지 몇 주 혹은 몇 달만 지나도 한심해 보이는 경우가 허다하다. 하지만 그의 원칙은 여전히 건재하다. 오히려 금융시장의 폭풍 속에서 얄팍한 지식들이 무너진 이후, 그의 원칙은 더 큰 가치와 이해를 얻어 더욱 견고해졌다. 그가 조언한 '건전함'은 늘 그의 추종자들에게 보상을 안겨주었다. 선천적 재능은 부족하더라도, 벤저민 그레이엄이 제시한 올바른 원칙을 꾸준히 지킨 사람은 더 큰 재능을 지니고도 유행이나 재치만 좇은 사람보다 더 나은 결과를 얻는다.

벤저민 그레이엄이 자신의 전문 분야에서 압도적인 영향력을 지니게 된 데에는 흥미로운 특징이 하나 있다. 그는 어떤 단일 목표에 온 정신을 집중시키는 편협한 방식 없이도 그 지위에 올랐다. 오히려 그의 지적 우위는, 경계를 정의하기조차 어려울 정도로 폭넓은 지성의 산물이었다. 나는 지금껏 그의 지적 스펙트럼에 견줄 만한 사람을 만난 적이 없다. 거의 완벽한 기억력, 새로운 지식에 대한 끝없는 호기심, 그리고 그것을 겉보기에 전혀 상관없어 보이는 문제에 적용 가능한 형태로 재구성하는 능력—이런 특징들로 인해 그는 어떤 분야에서든 기꺼이 지적으로 교류하는 것을 즐겼다.

그는 그의 세 번째 원칙, 관대함에서는 그 누구보다도 탁월했다. 그는 나에게 스승이자 고용주, 그리고 친구였다. 이 세 가지 관계 모두에서—그리고 그의 모든 제자, 직원, 친구들에게도 마찬가지로—그는 아이디어와 시간, 정신을 나눔에 있어 아무런 제한없이, 일방적이며 계산 없는 관대함을 베풀었다. 명료한 사고가 필요할 때, 그보다 더 나은 상담가를 찾을 수 없었다. 격려나 조언이 필요할 때도, 그는 항상 그 자리에 있었다.

월터 리프먼Walter Lippmann*은 '다른 사람들이 그 그늘에서 쉴 수 있도록 나무를 심는 사람들'에 대해 이야기했다. 벤저민 그레이엄이 바로 그런 사람이었다.

『파이낸셜 애널리스트 저널』 1976년 11/12월호

---

* 월터 리프먼(1889~1974)은 미국의 작가, 언론인 겸 정치평론가이다.

벤저민 그레이엄의 서문

이 책을 쓴 목적

이 책을 쓴 목적은 일반투자자가 효과적인 투자 전략을 수립하고 실행하도록 유용한 지침을 제공하는 데 있다. 따라서 이 책에서는 유가증권을 분석하는 기법보다는 투자자로서 지켜야 할 투자원칙과 태도를 주로 다룰 것이다. 그러나 종목 선정에 필요한 핵심 요인을 구체적으로 설명하기 위해서 뉴욕증권거래소 New York Stock Exchange 에 상장된 다양한 주식들을 사례 위주로 설명할 것이다.

이 책의 대부분은 최근 수십 년간 내가 금융시장에서 경험한 사실에 기반하여 서술할 것이다. 현명하게 증권시장에 투자하려면 다양한 채권과 주식이 여러 상황 속에서 실제로 어떻게 움직였는지에 대한 충분한 지식이 있어야 한다. 과거 사례 중 일부는 다시 나타나게 될 것이기 때문이다. '과거를 기억하지 못하는 사람은 과거를 반복할 수밖에 없다'고 한 조지 산타야나 George Santayana 의 경고에는 투자의 세계에서도 꼭 새겨들어야 하는 진리가 담겨있다.

이 책은 투기꾼이 아닌 투자자들을 대상으로 하기 때문에, 첫번째 주제는 투자와 투기를 명확히 구분하고 차이점을 확실히 짚어주는 것부터 시작하겠다. 이 책은 '백만장자가 되는 법' 같은 책이 아니라는 점을 분명히 밝힌다. 다른 어느 분야나 다 그렇듯이 주식 투자 역시 부자가 되는 지름길은 없다. 금융 역사를 조금만 되짚어보면 이러한 교훈은 쉽게 얻을 수 있다. 주가가 한참 절정이던 1929년, 존 라스콥 John J. Raskob 은 『레이디스 홈 저널 Ladies' Home Journal 』에 '누구나 부자가 될 수 있다 Everybody Ought to Be Rich '는 기사를 올려 자본주의의 혜택을 찬양했다. 그 기사에 따르면 우량주에 매월 15달러씩 투자하고 배당금도 재투자하면 총 투자금 3,600달러가 20년 안에 80,000달러가 된다. GM의 거물급 임원이던 그의 말이 맞다면, 이것이야말로 부자가 되는 지름길일 것이다. 이후 어떻게 되었을까? 라스콥의 추천대로 1929~1948년 동안 다우지수 Dow Jones Industrial Average 를 구성하는 30개 종목에 매월 15달러씩 투자했다면, 1949년 초 투자자의 자산가치는 대략 8,500달러 정도일 것이다. 이는 그가 장담했던 8만 달러에는 턱없이 모자란 수치로, 이러한 낙관적인 예측과 장담이 얼마나 허무한 것인지 보여준다. 그러나 그의 주장의 옳고 그름을 떠나, 20년 동안 실제로 실현된 연 복리 수익률이 8%를 초과했다는 점은 주목할 만하다. 특히 같은 기간 동안 다우지수가 300에서 시작해 177로 하락한 상황에서도 이러한 성과를 달성했다는 점에서 실로 놀라운 결과라 할 수 있다. 이런 사례는 시장 상황과 관계없이 우량주를 매월 정기적으로 일정 금액을 매수하는 이른바 정액분할매수 방식 dollar-cost averaging 의 장점을 잘 보여준다.

이 책은 투기꾼을 위한 책이 아니므로 수시로 주식을 사고파는 트레이더들에게는 큰 도움이 되지 않을 것이다. 이런 사람들은 대부분 차트나 기타 기계적인 기준에 따라 매매 시점을 결정한다. 이런 방식을 소위 '기술적 접근'이라고 하는데 대부분 주식이나 시장이 상승하면 매수하고 하락하면 매도하는 것을 원칙으로 한다. 이는 다른 모든 분야에서 통용되는 건전한 비즈니스 상식과는 정반대이며, 주식시장에서 역시 지속적으로 성공할 가능성은 거의 없다. 50년이 넘도록 주식시장을 경험하고 관찰을 했지만, 나는 '시장을 추종'하여 지속적으로 꾸준히 돈을 번 사람을 단 한 명도 보지 못했다. 현재 이런 전략이 인기를 끌고 있지만, 신뢰할 만한 전략은 아니라고 단언한다. 이 주장을 증명할 필요는 없겠으나, 이후 유명한 주식시장 거래 기법인 다우 이론Dow theory을 다룰 때 더 구체적으로 설명할 것이다.

1949년 첫 출간 이후 약 5년 간격으로 『현명한 투자자』 개정판이 나왔다. 1965년 마지막 개정판 이후에는 다음과 같은 새로운 현상이 확인되었으며, 이를 이번 개정4판에 반영했다:

1. 초유의 우량등급 채권 금리 상승
2. 1970년 5월까지 대표 종목들의 주가 수준이 약 35% 하락 (이는 약 30년 만에 최대 하락률이며, 비우량주 종목은 훨씬 더 큰 폭으로 하락했다.)
3. 1970년대 경기가 전반적으로 침체 상황임에도 도매 및 소비자 물가의 지속적인 상승
4. 복합기업conglomerate들과 프랜차이즈 사업의 급속한 부상, 그리고 금융과 비금융산업 전반에서 신상품 개발 가속화 (여기에는 비공개주letter stock,* 신주인수권stock-option warrants의 확산, 불명확한 회사명, 외국 은행과의 연계 등 여러 가지 교묘한 상술을 포함한다.)
5. 미국 최대 철도기업의 파산, 한때 탄탄대로를 달리던 많은 기업들의 과도한 장단기 부채, 그리고 월스트리트 투자관련 회사들의 재무건전성에 대한 회의감 부각

---

* 비공개주letter stock는 증권거래위원회SEC에 등록되지 않아 일반 대중에게 매도할 수 없는 주식을 말하며, 매수자가 투자 의사를 명시한 편지를 보내는 방식으로 거래가 이루어진다.

6. 일부 은행 신탁을 포함한 자산운용업계의 과도한 '성과주의' 도입과 이로 인한 우려

이번 개정4판에서는 이러한 현상을 신중히 반영하여 이전 판들과 비교해 일부 결론과 조언을 수정했다. 건전한 투자의 기본 원칙은 오랜 시간이 지나도 변함없이 유지되어야 하지만, 이를 적용할 때는 금융 환경과 메커니즘의 변화에 맞추어 조정하는 것이 중요하다.

1971년 1월, 본 개정판의 초고를 집필하던 시기 다우지수는 1970년 저점인 632에서 강한 회복세를 보이며 1971년 고점인 951을 향해 상승하는 중이었고, 시장에는 전반적인 낙관론이 팽배했다. 그러나 마지막 초안이 완성된 같은 해 11월, 시장은 미래에 대한 불안감으로 다시 하락세를 보이며 797까지 떨어졌다. 이러한 시장의 변동성에도 불구하고, 내가 강조하는 건전한 투자 원칙에 대한 태도는 변함이 없으며, 이는 1949년 초판 발행 이래로 일관되게 유지되어 온 기조이다.

1969~1970년 시장이 위축되면서 과거 20년 동안 간직하고 있었던 환상이 깨졌다. 그 환상이란, 우량주는 언제, 어떤 가격에 사더라도 결국 수익을 낼 것이며, 일시적인 손실이 있더라도 시장이 곧 새로운 고점으로 상승해 이를 만회할 것이라는 믿음이었다. 그러나 이것은 허황된 꿈이었다. 마침내 주식시장은 '정상으로 돌아왔다'. 이제 투기꾼과 투자자 모두 주가가 상승만 하는 것이 아니라, 지루한 하락세가 지속될 수도 있다는 현실을 깨닫고 이에 대비해야 한다.

많은 중소형주, 특히 최근에 상장된 기업들은 시장 폭락으로 인해 치명적인 타격을 입었다. 이는 1961~1962년에도 유사하게 발생했던 일로 새로운 현상은 아니지만, 이번에는 일부 펀드가 투기성이 강하고 명백히 고평가된 종목을 과도하게 보유하고 있다는 점에서 차이가 있다. 다른 분야에서는 도전정

신이 성공의 발판이 될 수 있지만, 주식시장에서는 늘 재앙으로 이어진다. 이는 초심자뿐만 아니라 모든 투자자에게 주는 경고이다.

우량등급 채권의 수익률이 크게 오르면서 우리의 투자 의사결정이 어려워졌다. 1967년 말부터 채권의 수익률이 우량 주식의 배당수익률보다 두 배 이상 높은 비정상적인 상황이 발생했다. 예를 들어 1972년 초 기준 우량등급 채권의 수익률은 7.19%였던 반면, 산업주의 배당수익률은 2.76%에 불과했다. 이는 1964년 말에 각각 4.40%와 2.92%였던 상황과 비교하면 더욱 부각된다. 1949년 초판 당시에는 채권수익률이 2.66%, 주식 배당수익률이 6.82%로 지금과는 완전히 딴판이었다.*

이 책의 초판부터 최근 개정판까지, 우리는 방어적인 투자자라 할지라도 포트폴리오에서 최소 25% 이상은 주식을 보유해야 한다고 일관되게 주장해 왔으며, 주식과 채권을 50대 50으로 나누는 것을 권장했다. 지금처럼 채권수익률이 주식수익률을 크게 앞지르는 상황에서는 채권을 100% 보유하는 전략도 고려할 만하다. 물론 이러한 결정에는 인플레이션 지속 여부가 중요한 변수로 작용할 것이다. 이와 관련된 논의는 별도의 장에서 더 깊이 다룰 것이다.

이 책에서는 방어적 투자자와 공격적 투자자를 구분해서 다루었다. 방어적 투자자의 최우선 목표는 심각한 실수나 손실을 피하는 것이다. 그 다음 목표는 노력, 귀찮음, 잦은 의사 결정이 불필요하도록 만드는 것이다. 반면 공격적 투자자는 건전하면서도 평균보다 더 매력적인 증권을 고르기 위하여 시간과 노력을 기울인다. 수십 년 동안 이런 유형의 공격적 투자자는 방어적 투자자가 얻은 평균 수익률보다 더 나은 성과를 거둘 수 있었다. 그러나 오늘날의 상황에서 공격적 투자자가 방어적 투자자보다 높은 초과성과를 달성할 수 있

* 무디스 신용등급 AAA 채권과 산업주 보통주를 기준으로 했다.

을지는 의문이다. 그럼에도 불구하고, 내년이나 내후년 상황이 어떻게 될지는 모르기 때문에 우리는 공격적 투자 기회에 대해서 여전히 관심을 기울여야 한다.

성공적인 투자를 위해서는 먼저 미래에 성장할 가능성이 가장 높은 산업을 선택하고, 그 산업에서 가장 유망한 기업을 찾아내야 한다는 견해가 오랫동안 지배적이었다. 예를 들어 똑똑한 투자자라면 컴퓨터 산업의 성장, 특히 IBM의 성장 가능성을 오래 전에 파악했을 것이다. 다른 여러 성장 산업과 성장 기업도 마찬가지이다. 하지만 돌이켜보면 항상 그렇듯이 생각만큼 쉬운 일은 아니다. 이 점을 다시 한번 강조하기 위해 이 책의 1949년 초판에 사용한 단락을 여기에 옮겨 적었다.

> 예를 들어 이러한 투자자는 항공 운송 주식의 미래가 시장이 이미 반영한 추세보다 훨씬 더 밝다고 믿기 때문에 항공 운송 주식을 매수할 것이다. 이러한 투자자에게 이 책은 자신의 길을 가는 데 도움이 되는 긍정적인 기법을 소개하기도 하겠지만, 그보다 중요한 가치는 흔히 빠지기 쉬운 그릇된 투자 방식에 숨어 있는 함정을 경고하는 데 있다.

그러나 이러한 함정은 항공 운송 산업에서 특히 위험한 것이었다. 물론 항공 운송업이 수년에 걸쳐 눈부시게 발전할 것이라는 예측은 쉽게 할 수 있었다. 이러한 이유로 펀드에서는 항공주들을 앞다투어 매수했다. 항공 운송 산업의 매출은 컴퓨터 산업보다 훨씬 빠른 속도로 확대되었음에도 불구하고, 기술적 어려움과 과도한 확장으로 인해 실적이 요동쳤고, 심지어 막대한 손실을 기록하기도 했다. 1970년에는 운송량이 최고치를 기록했음에도 불구하고 항공사 주주들은 약 2억 달러의 손실을 입었다. (1945년과 1961년에도 손실을 기록한 바 있다.) 이들 기업의 주가는 1969~1970년에 다시 한번 다른 주식들보다 더 큰 폭의 하락세를 보였다. 이런 사례는 미래에 대한 예측이 어렵다는 것을 보여 준다. 아무리 고액 연봉을 받는 뮤추얼 펀드 전문가들이라 하더라도, 또 아무리 산업구조가 단순한 업종에 대한 단기 예측이어도 마찬가지이다.

반면에 IBM은 뛰어난 실적을 기록했지만, 절대적으로 가격이 높아 보였고 성장률에 대한 불확실성이 컸기 때문에, 펀드자금에서 아주 일부, 기껏해야 3% 정도 밖에 투자하지 못했다. 따라서 종목 선정은 탁월했지만 전체 성과에 큰 영향을 미치지는 못했다. 게다가 같은 컴퓨터 업종이라 하더라도 IBM처럼 성과가 좋았던 기업은 별로 없었다. 이 두 개의 사례에서 우리는 두 가지 교훈을 얻을 수 있다.

1. 사업의 성장 전망이 정확하더라도, 그것이 반드시 투자자에게 확실한 성과로 이어지지 않을 수 있다.
2. 전문가들조차 가장 유망한 업종이나 가장 뛰어난 종목을 선별하는 확실한 방법은 알지 못한다.

나는 펀드매니저로 일하면서 전망이 좋은 일부 종목에만 의존하는 매매를 하지 않았기 때문에 이런 매매를 시도하려는 사람들에게 구체적인 조언을 하거나 추천을 하는 것은 부적절할 것이다.

그렇다면 이 책에서 달성하고자 하는 목표는 무엇일까? 독자가 중대한 오류를 범할 수 있는 분야를 피하도록 안내하고, 독자가 편안하게 따를 수 있는 전략을 개발하도록 돕는 것이다. 나는 투자자의 심리에 대해서도 많은 이야기를 할 것이다. 실제로 투자자의 가장 큰 문제이자 최악의 적은 자기 자신일 가능성이 높기 때문이다. ('친애하는 투자자여, 잘못은 우리의 주식에 있는 것이 아니라 우리 자신에게 있다오.'[1]) 이러한 사실은 최근 수십 년 동안 주식을 매수해야 할 필요성이 커진 투자자들이 주식시장의 흥분과 유혹에 무분별하게 노출되면서 그 중요성이 더욱 부각되었다. 이 책이 논증과 예시, 경고를 통해 독자들이 투자 결정에 대한 올바른 정신적, 정서적 태도를 스스로 확립하는 데 도움이 되기를 바란다. 이런 태도를 갖는 것이 금융, 회계, 증권시장 제도에 대한 탁월한 지식보다도 돈을 벌고 유지하는 데는 훨씬 더 큰 도움이 될 것이다.

또한 독자들에게 계량적으로 평가하는 습관을 심어주고자 한다. 주식 100개 중에 99개는 얼마가 되면 싸서 사야 하고, 또 얼마가 되면 비싸서 팔아야 하는 종목이라고 말할 수 있어야 한다. 따라서 지불하는 가격과 얻게 되는 가치를 비교하는 습관은 투자에서 매우 중요하다. 수년 전 한 여성 잡지에 실린 기사에서 나는 독자들에게 향수를 사듯이 주식을 사지 말고 식료품을 사듯이 주식을 사라고 권유한 적이 있다. 지난 몇 년 동안 정말 끔찍한 손실은 '얼마에 살 것인가?'라는 질문을 잊고, 가격을 무시하고 샀던 주식에서 발생했다. (그리고 그 전에도 마찬가지였다.)

1970년 6월에는 '얼마에 살 것인가?'라는 질문은 9.4%라는 숫자 하나로 답할 수 있었는데, 이는 신규 발행된 우량등급 공익기업 채권수익률이었다. 현재는 약 7.3%로 떨어졌지만, 그 수익률조차도 충분히 만족스럽다는 생각이 들 것이다. 하지만 다른 답이 있을 수 있으며, 이를 신중하게 고려해야 한다. 그 외에도 다시 강조하지만, 1973~1977년에는 매우 다른 상황이 전개될 가능성에 대해 우리는 모두 미리 대비해야 한다.

따라서 주식 투자를 위한 바람직한 프로그램을 자세히 제시할 것인데, 그 중 일부는 방어적 투자자와 공격적 투자자 모두에게 유용할 것이며, 일부는 공격적 투자자들을 주 대상으로 한다. 이상하다고 생각될 지도 모르지만, 주가가 유형자산가치보다 너무 높다면 투자 대상에서 제외하기 바란다. 시대에 뒤떨어진 것처럼 보일 수 있겠지만, 이 조언은 실용적이면서도 심리적인 이유가 있다. 경험에 비추어 볼 때 순자산의 몇 배에 달하는 성장주 중에도 좋은 종목이 많지만, 그러한 종목을 매수하는 사람은 주식시장의 변덕과 변동에 지나치게 휘둘리게 된다. 이와는 대조적으로, 예를 들어 공익기업의 주식을 순자산가치 수준에서 매수한 투자자는 주식시장의 동향과 상관없이 항상 건실하게 성장하는 기업의 지분을 합리적인 가격에 취득했다는 기분을 느낄 수 있다. 이러한 방어적인 투자 전략은 고위험 고성장 분야에서의 흥미진진한 모험보다 더 나은 성과를 기대할 수 있다.

투자 분야는 일반적으로 쉽게 무시되는 한 가지 특성이 있다. 일반 투자자도 조금의 노력과 능력만으로 평범하긴 하지만 꽤 괜찮은 성과를 얻을 수 있다. 하지만 쉽게 달성할 수 있는 이러한 성과를 개선하려면 많은 노력과 역량을 쏟아야 한다. 더 높은 수익을 얻으려고 투자 전략에 어설픈 지식과 기지를 발휘하다가는 목표 달성은 고사하고 오히려 더 나쁜 결과를 초래할 수도 있다.

대표 종목을 매수해 포트폴리오에 담기만 하면 누구나 시장 평균 수익률과 유사한 성과를 낼 수 있기 때문에 '평균을 이기는 것'은 비교적 쉬운 일처럼 보인다. 그러나 똑똑한 사람들도 실제로 이를 시도했다가 실패하는 경우가 의외로 많다. 경험과 학식이 풍부한 인력을 보유한 대부분의 주식형 펀드조차도 지난 몇 년 동안 시장 수익률보다 높은 성과를 거두지 못했다. 이와 관련하여, 증권회사들이 발표한 주식시장 예측 기록을 살펴보면, 단순히 동전 던지기를 통한 예측보다도 정확도가 낮다는 사실을 알 수 있다.

이 책을 집필하면서 나는 이러한 투자에서의 기본적인 함정을 염두에 두었기 때문에 우량등급 채권과 다양한 우량주로 구성된 단순한 포트폴리오의 장점을 특히 강조했다. 모든 투자자가 전문가에게 약간만 도움을 받으면 이러한 포트폴리오를 구성하고 실행할 수 있다. 그러나 이러한 안전하고 합리적인 범위를 벗어나는 모험은 매우 위험하며, 특히 기질에 따라서는 더욱 위험해질 수도 있다. 이러한 모험을 시도하기 전에 투자자는 투자와 투기를 구분하고, 시장 가격과 실질적 가치의 차이점에 대하여 명확히 이해를 하고 있어야 하며, 조언을 구할 때도 이러한 이해를 공유하는 신뢰관계에서 시작해야 한다.

안전마진 원칙에 입각한 공격적 투자는 큰 보상을 기대할 수 있다. 그러나 방어적 투자의 성과를 넘어 이러한 큰 보상을 목표로 하겠다는 결정을 하려면 고도의 자기 객관화가 선행되어야 한다.

마지막으로 회고해 보고자 한다. 1914년 6월, 젊은 저자가 월스트리트에 입성했을 때만 해도 향후 반세기 동안 어떤 일이 벌어질지 아무도 예상하지 못했다. (두 달 뒤 세계대전이 발발해 뉴욕증권거래소가 폐쇄될 것이라 예측한 시장 참여자는 아무도 없었다.) 1972년 오늘날 미국은 지구상에서 가장 부유하고 강력한 국가가 되었지만 온갖 종류의 중대한 문제에 시달리고 있으며 미래에 대한 믿음보다는 불안감이 더 크다. 하지만 지난 57년간의 투자 경험에 주목한다면 우리가 기준으로 삼을 수 있는 무언가를 발견할 수 있을 것이다. 예상치 못한 우여곡절과 엄청난 사건들을 겪으면서도 건전한 투자 원칙이 대체로 건전한 결과를 낳았다는 사실은 변함없이 지켜져 왔으며 앞으로도 계속 유지될 것이다. 중요한 것은 이러한 확신을 가지고 실천하는 것이다.

독자를 위한 공지사항 : 이 책은 저축과 투자의 전반적인 재무 문제를 다루지 않는다. 대신 거래 가능한 증권, 즉 채권과 주식에 투자하는 부분만 다룬다. 따라서 저축 및 정기예금, 저축은행, 생명보험, 연금, 부동산관련 담보대출 또는 지분투자와 같은 주제는 다루지 않는다. 또한 본문에서 '지금'이라는 단어 또는 이와 유사한 단어를 발견하면 1971년 말 또는 1972년 초를 의미한다는 것을 알아 두기 바란다.

서문 논평

— 제이슨 츠바이크

"빨리 부자가 되는 방법을 알려주는 것은 불가능하다.

다만 빨리 가난해지는 방법은 알려줄 수 있다.

빨리 부자가 되려고 하는 것이 바로 그것이다."

— 앙드레 코스톨라니*

"실제로 투자자의 가장 큰 문제이자 최악의 적은 자기 자신일 가능성이 높다."

그레이엄은 이 간결한 문장으로 투자의 본질을 꿰뚫는다.

이 책이 전하고자 하는 핵심 메시지는 투자가 당신이 지금까지 믿어온 것과는 완전 딴판이라는 사실이다.

금융 방송, 블로그, 증권사 광고, 소셜 미디어에서는 투자가 마치 거친 야생에서의 생존 경쟁과 같다고 묘사되며 당신이 주식시장, 헤지펀드, 중앙은행

---

* UndervaluedJapan 블로그, 2020년 11월 11일, bit.ly/43sXdnG.

또는 그 밖의 어두운 세력들과 평생 싸워야 하는 존재라고 믿게 만든다.

이런 선전은 두려움을 자극한다. 마치 누군가를 이겨야만 당신이 성공할 수 있는 제로섬 게임처럼 느끼게 만든다. 그리고 이 메시지를 퍼뜨리는 이들은 아주 유리한 위치를 차지한다. 당신이 이런 생각을 믿기 시작하는 순간, 그들의 도움 없이는 살아남을 수 없다고 느끼게 되어, 기꺼이 높은 수수료를 지불하게 된다.

성공한 투자자들의 '비결'을 알고자 하는 강한 충동을 느끼게 되고, 수시로 투자 자산의 가치를 확인하며, 시장이 조작되었다는 음모론에 휘말리거나, 과도하게 빈번한 거래를 일삼게 될 수도 있다.

이는 그러한 방식으로 행동하면 전문가들과의 경쟁에서 우위를 점할 수 있을 것처럼 보이기 때문이다.

그러나 그들조차도 이 경쟁에서 승리하지 못한다. 수십 년 간의 훈련과 경험을 갖추고, 초당 수천 건의 거래를 실행할 수 있는 컴퓨터를 운용하며, 전 세계의 시장에 영향을 미치는 뉴스를 실시간으로 접할 수 있는 환경에 있음에도 불구하고, 전체 전문 투자자의 약 4분의 3은 시장 수익률을 초과 달성하지 못하는 것이 현실이다.

그들조차 이 게임에서 승리할 수 없다면, 그 게임에 뛰어들 필요가 있겠는가? 다행히도, 그럴 필요가 없다.

그레이엄을 길잡이로 삼는다면, 시장과 죽을 때까지 싸워야 한다는 말도 안 되는 생각, 그리고 그에 따르는 스트레스, 과도한 수수료, 그리고 궁극적 실패는 모두 염려할 필요가 없어진다.

그러나 그 대신, 훨씬 더 어렵고 복잡한 싸움을 치러야 한다.

현명한 투자자가 되기 위한 이 싸움에는 반드시 극복해야 할 어둡고도 신비로운 대상이 기다리고 있다. 그 대상은 시장이 아니다. 바로 자기 자신이다.

시장이 아니라 당신 자신이 투자에 있어 가장 위험한 적이다.

그 이유는 인간의 사고체계는 복잡한 문제를 푸는 데에도 능숙하지만, 자신을 속이는 일에 있어서는 더욱 탁월하기 때문이다.

수많은 투자자들이 평생 자신을 속이며 살아간다. 이해하지도 못하는 위험을 감수하고, 과거 성과라는 환상을 좇아다닌다. 수익이 난 종목은 너무 빨리 팔고, 손실 난 종목은 끝까지 붙든다. 손에 넣을 수 없는 목표를 향해 터무니없는 수수료를 내고, 수익률이 얼마인지도 모르면서 시장을 이겼다며 떠벌린다.

그들은 자기 자신이 가장 큰 적이라는 사실을 의도적으로 외면한다. 자존감을 지키기 위해 스스로를 속인다. 거울을 보며 자신이 워렌 버핏이라고 믿는다.

투자자로서 자신이 무엇을 하고 있는지를 분명히 안다면, 상상조차 하지 못했던 수익을 거둘 수 있다. 그러나 그저 안다고 착각할 뿐이라면, 최악이라고 상상했던 것 이상의 손실을 경험하게 될 것이다. 자기 자신에게 속는 일은, 타인에게 속는 것보다 훨씬 더 값비싼 대가를 치르게 된다.

현명한 투자자가 의미하는 것

통념상의 지능은 벤저민 그레이엄이 말한 '현명한 투자자'가 될 수 있는지 여부와 거의 상관이 없다.

1720년, 역사상 가장 위대한 과학자 중 한 명인 아이작 뉴턴Isaac Newton은 남해회사 주식에 투자했다가 막대한 손실을 입었다.* 1998년에는 수학자와

---

* 아이작 뉴턴의 남해회사 거품 관련 투자 실패 사례는 앤드류 오들리즈코Andrew Odlyzko의 「남해회사 거품과 뉴턴의 금융 실수Newton's Financial Misadventures in the South Sea Bubble」(bit.ly/3psYyvF)에서 확인할 수 있다.

컴퓨터 과학자들, 그리고 노벨경제학상 수상자 두 명이 운영하던 헤지펀드 LTCM Long-Term Capital Management 은 불과 몇 주 만에 자본의 80%를 날리고, 36억 달러 규모의 구제금융을 받아야 했다.*

아무리 똑똑한 사람도 자신에게 솔직해지는 법을 배우지 않는 한, '현명한 투자자'가 아니며, 앞으로도 되지 못할 것이다. 이 책 초판에서 그레이엄은 이렇게 썼다:

> 책 제목에 쓰인 '현명한 intelligent'이라는 단어는, 지식과 이해력을 갖춘 상태를 뜻하는 사전적 의미 그대로 사용되었다. 이 단어를 '똑똑하다'거나 '약삭빠르다', 혹은 '비범한 통찰력이나 예지력을 지닌 사람'을 뜻하는 말로 이해해서는 안 된다. 이 자질은 지능보다는 인격에 가까운 것이다.**

워렌 버핏 역시 이렇게 말했다. "로켓 과학자가 될 필요는 없다. 투자는 지능지수가 160인 사람이 130인 사람을 이기는 게임이 아니기 때문이다. 중요한 건 합리성이다."

위대한 투자자들의 일곱 가지 덕목

그레이엄은 '현명한 투자자'의 기질을 구성하는 모든 성품을 하나하나 나열하지는 않았다. 하지만 내가 만나본 위대한 자산운용자들에게는 몇 가지

---

* 헤지펀드란 고액 자산가를 위한 사모펀드로, 규제에서 상당 부분 자유로운 구조를 갖는다. 이에 대한 자세한 설명은 6장 논평을 참조하라.

** 벤저민 그레이엄, 『현명한 투자자』(Harper & Row, 1949), p4.

공통적으로 갖춘, 결코 빠질 수 없는 자질들이 있었다. 나는 그것을 '일곱 가지 덕목'이라 부른다.*

호기심Curiosity**:** 보통의 투자자들은 모르는 것을 두려워한다. 하지만 현명한 투자자는 자신이 '안다고 믿는 것'조차 경계한다. 왜냐하면 그것이 편향되었거나, 불완전하거나, 틀렸을 수 있다는 사실을 알고 있기 때문이다.
그래서 그들은 배움을 멈추지 않는다. 더 배우기 위한 끝없는 여정에서 결코 벗어나지 않는다. 끊임없이 책을 읽고, 끝없이 질문한다. 그들은 살아 있는 '학습 기계'다.

회의주의Skepticism**:** 월스트리트는 투자 상품을 판다고 주장하지만, 실상 그들이 파는 건, 마법을 믿고 싶어 하는 이들에게 건네는 '희망'과 '꿈'이다. "AI 혁명의 초입에 올라타 은퇴자금을 마련하세요!", "낮은 위험으로 높은 수익을 얻으세요!", "대체 자산의 독점적인 수익 기회를 누리세요!" 현명한 투자자는 이런 말에 쉽게 휘둘리지 않는다.
이 책은 당신이 회의주의라는 무기를 갈고 닦아, 겉보기에 그럴듯한 허상과 진짜 기회를 구별할 수 있도록 도와줄 것이다.

독립성Independence**:** 당신이 가진 가장 소중한 투자 자산은 바로 '자기 자신의 생각'이다. 타인의 생각을 아무런 비판 없이 받아들이는 것은 그 가장 소중한 자산을 내다 파는 것이다. 그 순간부터 당신의 감정과 성과는, 수백만 낯선 사람들의 변덕에 휘둘리게 된다. 그레이엄, 버핏, 멍거 같은 위대한 투자자들은 대중과 함께 움직이지 않는다. 그들은 늘 한 발짝 물러서 있다. 그들은 타인의 인정 따위는 안중에 없다. 그리고 당신도 그래야 한다.

---

* 제이슨 츠바이크, 「위대한 투자자의 일곱 가지 덕목The Seven Virtues of Great Investors」, bit.ly/42MxqWA.

그레이엄은 20장에서 이렇게 말했다:

당신의 의견이 남들과 다르다는 사실 자체는 당신이 옳거나 그르다는 근거가 될 수 없다. 당신의 데이터와 추론이 옳다면 당신은 옳다.

겸손Humility**:** 가격이 오르는 어떤 자산을 매수할 때 가장 위험한 점은, 과거 수익이 지속된다고 확신하게 된다는 것이다. 돈을 벌면 자신이 뭘 하고 있는지 안다고 믿게 되고, 미래까지 꿰뚫고 있다고 착각하게 된다. 물론 그것은 사실이 아닐 수도 있다. 그래서 겸손을 잃지 않는 것이 무엇보다 중요하다. 배우면 배울수록, 우리는 자신이 얼마나 모르는지를 깨닫게 된다. 그리고 투자를 오래 할수록, 우리는 자신의 '실력'보다 '운'이 훨씬 컸음을 깨닫게 된다.

많은 사람들이 겸손이란 평판을 관리하는 기술이라고 생각한다. 그렇다면 참 쉬운 일일 것이다. 하지만 진짜 겸손은 자기 자신에게 솔직해지는 일이다. 그래서 어렵다.

규율Discipline**:** 현명한 투자자가 되려면 즉흥적으로 감으로 투자하거나, '이것도 좀 해보고 저것도 해보자'는 식으로 우왕좌왕해서는 안 된다. 그건 투자라기보다 시행착오에 의존한 도박이다. 대신 자신에게 규율을 부여하여 의사결정을 내리기 전에 미리 정해둔 원칙과 절차, 규칙을 따라야 한다. 그래야 투자를 단발성 사건들의 모음이 아닌, 단계마다 연습하고 개선할 수 있는 지속적인 과정으로 받아들일 수 있다.

규율이란 해야 할 일을 정해진 방식대로 꾸준히 실천하는 것만 뜻하지 않는다. 하지 말아야 할 일을 일관되게 하지 않는 것도 포함된다.

인내Patience**:** 즉각적인 만족이 일상이 된 세상이다. 정보는 넘쳐나고, 주식과 암호화폐는 하루 만에 천정부지로 치솟는다. 이런 세상에서 왜 굳이 인내심을 가져야 할까? 그냥 빨리 부자가 되려고 노력하는 것은 왜 안 될까? 당신이 반드시 기억해야 할 것이 있다. 빨리 부자가 된 사람치고, 오래 부자로 남는 사람은 거의 없다는 것이다.

며칠, 몇 주, 몇 달 만에 번 돈은 그만큼 빠르게 사라질 가능성이 훨씬 크다. 쉽게 달구어진 쇠가 쉽게 식고, 행운은 쉽게 고갈되며, 예상치 못한 한 방이 당신의 수익을 산산조각 낼 것이다.

장기적인 수익을 얻고 그것을 지키고 싶다면, 단기적인 생각을 버려야 한다. 부는 빠르게가 아니라 느리지만 꾸준하게 쌓아야 한다.

용기Courage**:** "시장이 떨어지면 더 사겠다"고 말하는 건 쉽다. 하지만 실제로 이를 행동으로 옮기는 것은 전혀 다른 일이다. 2007년 말부터 2009년 초까지 자산의 55%를 잃었을 때, '글로벌 금융위기임에도 불구하고'가 아니라 '글로벌 금융위기이기 때문에' 더 많은 주식을 사는 것이 용기다. 2020년 2~3월 팬데믹 공포 속에서 단 5주 만에 자산이 34% 빠졌을 때, '그럼에도 불구하고'가 아니라 '그렇기 때문에' 버텼다면, 그것이 바로 진짜 용기다.

투자자에게는 내일이 더 나아질 것이라는 믿음이 필요하다. 역사는 말해준다. 가장 믿기 어려울 때 그 믿음을 지킨 사람에게 가장 큰 보상이 돌아간다.

그레이엄을 길잡이로 삼는다면, 이런 덕목들을 하나씩 익히고 기를 수 있다. 이 덕목들은 단지 투자에만 도움이 되는 것이 아니다. 당신의 삶 전반에 걸쳐 든든한 자산이 되어줄 것이다. 이 책과 함께라면 당신은 더 현명한 투자자가 될 수 있다. 그리고 더 지혜로운 사람이 될 수 있다. 이제 책장을 넘기고 배움을 시작하라!

1장

투자와 투기: 현명한 투자자가 얻을 수 있는 것들

이번 장에서는 투자에 대한 이 책의 관점을 간략히 설명할 것이다. 특히 전문가가 아닌 일반 투자자에게 적절한 포트폴리오 전략에 대한 개념을 먼저 설명하고자 한다.

투자와 투기

'투자'란 무엇인가? 이 책 전반에 걸쳐 이 단어는 '투기'와 대비되어 사용될 것이다. 1934년에 나는 나의 저서 『증권분석Security Analysis』*에서 이 둘의 차이를 다음과 같이 명확히 구분하고자 하였다.

"투자란 철저한 분석을 통해 원금의 안전과 적절한 수익을 확보하는 작업

* 벤저민 그레이엄, 데이비드 L. 도드, 시드니 코틀, 찰스 태덤, 『증권분석Security Analysis』 4판, (맥그로-힐, 1962).

이다. 이러한 조건을 충족하지 못하면 투기이다."

40년 넘게 이 정의를 고수해왔지만, 이 기간 동안 '투자자'라는 용어는 급격한 변화를 겪어왔다. 1929~1932년 사이의 시장 대폭락 이후, 주식을 사는 모든 행위는 본질적으로 투기인 것으로 간주되었다. 어떤 권위자는 채권투자 말고는 모조리 투기라고 딱 잘라 말했다.* 그런 분위기에서 나의 정의는 투자를 너무 광범위하게 인정한다는 비판을 받았고, 나는 나의 견해를 방어하기 위해 노력해야 했다.

그러나 지금은 정반대의 상황이 우려되고 있다. 나는 '투자자'라는 용어가 주식시장의 모든 사람들에게 적용되는 일반적인 용어라는 주장에 맞서 나의 견해를 방어하고 있다. 이 책의 3판에서는 1962년 6월에 발행된 미국의 유력 금융 전문지의 1면 기사 제목을 인용했다.

소액투자자들 시장 약세 전망, 단주 공매도 잇달아

1970년 10월 같은 신문에 실린 사설에는 주식을 사려고 시장에 달려드는 사람들을 '무모한 투자자들'이라고 비난했다.

이러한 인용문들을 보면 오랜 기간 동안 투자와 투기라는 단어가 얼마나 혼란스럽게 사용되고 있는지 알 수 있다. 위에서 내가 제시한 투자에 대한 정의를 생각해 보고, 경험도 얼마 없는 사람들이 주가 하락을 확신하면서 주식을 공매도하는 것과 비교해 보라. (1962년 기사가 나왔을 때 시장은 이미 크게 하락한 시점이며, 시장은 오를 일만 남은 상황이었다. 공매도를 하기에는 최악의 시기였다.) 나중에 인용된 '무모한 투자자들'이라는 말은 '낭비하는 구두쇠'라는 표현처럼 명백한 모순이다.

---

* 로렌스 체임벌린(1931), 『투자와 투기Investment and speculation』

이와 같은 경우에 신문은 모두 '투자자'라는 단어를 사용한다. 왜냐하면 월스트리트에서는 증권을 사거나 파는 모든 사람을 아무 고민 없이 투자자라고 부르기 때문이다. 그가 어떤 종목을 사는지, 어떤 목적으로 사는지, 어떤 가격으로 사는지, 현금으로 사는지, 아니면 신용으로 사는지는 전혀 중요하지 않다. 이를 1948년 대중이 주식을 보는 시각과 비교해 보자. 당시 어느 설문조사에서 설문에 응한 사람의 90% 이상은 주식을 매수하지 않겠다고 답했다.* 그 이유를 묻는 질문에는 절반 정도가 '안전하지 않은 도박이기 때문'이라고 답했고, 절반 정도는 '잘 모르기 때문'이라고 답했다. 주가가 저점에서 곧 사상 최대 상승을 앞둔 시점에서 사람들은 주식 매수하는 것을 투기 또는 위험하다는 이유로 꺼려하고, 반대로 과거 경험상 의심의 여지없이 위험한 수준까지 오른 시점에서 주식을 매입하는 대중 전체를 '투자자'로 부른다. 놀라울 일은 아니지만 매우 역설적인 상황이다.

주식에 대한 투자와 투기는 항상 명확히 구별되어야 하는데, 이러한 경계가 흐려지는 현재의 상황은 매우 우려스럽다. 나는 투자업계가 이러한 구별을 다시 활용하여, 대중에게 제공하는 모든 거래에서 이를 강조해야 한다고 수시로 말해왔다. 그렇지 않으면 언젠가 주식 거래로부터 막대한 투기적 손실을 입은 사람들로부터 이에 대해 제대로 경고를 해주지 않았다는 비난을 받게 될 것이다. 역설적이게도, 최근 일부 증권회사들이 겪고 있는 재무적 어려움의 상당 부분이 자기자본으로 투기적인 주식을 거래한 데서 비롯된 것으로 보인다. 이 책을 읽은 독자들은 주식 자체에 내재된 위험, 즉 수익의 기회와 분리할 수 없는 위험을 합리적으로 명확하게 이해하고 투자 판단에 반드시 고려해야 한다.

---

* 연방준비제도이사회Federal Reserve Board가 실시한 설문조사에서 인용

이는 더 이상 우량주가 바닥을 찍고 추가 하락 위험이 완전히 사라질 때까지 무작정 기다려서는 안 된다는 것을 의미한다. 대부분의 경우 투자자는 자신이 보유한 주식에 일정 수준의 투기적 요소가 내재되어 있음을 인식해야 한다. 모든 투자자는 이러한 요소를 감내할 수 있는 수준으로 제한하며, 단기적 또는 장기적으로 발생할 수 있는 불리한 결과에 대해 재무적, 심리적으로 철저히 대비해야 한다.

투기적 주식 매매뿐만 아니라 주식 자체에 내재된 투기적 요소도 반드시 고려해야 한다. 노골적으로 말하자면 투기는 불법도 아니고, 부도덕한 것도 아니며, 쉽게 돈을 버는 지름길도 아니다. 대부분의 주식 투자는 이익과 손실 가능성이 혼재하며, 그에 따른 위험은 누군가가 감수해야 하기 때문에 어느 정도 투기적인 요소는 있을 수밖에 없다. 현명한 투자가 있듯이 현명한 투기도 있다. 그러나 투기는 종종 비이성적인 방향으로 흐를 수 있다. 그 중 대표적인 것은 (1) 투자라고 착각하며 행하는 투기, (2) 적절한 지식과 기술이 부족한 상태에서 과도하게 몰입하는 투기, (3) 감당 안 되는 거액을 투기하는 경우이다.

나의 보수적인 견해로는 비전문가가 신용을 활용해 거래를 하는 행위는 사실상 모두 투기라고 본다. 따라서 증권회사는 이러한 사실을 투자자에게 의무적으로 고지해야 한다고 생각한다. 그리고 소위 유행하는 주식을 따라 사거나 이와 유사한 방식으로 매수하는 모든 사람은 투기나 도박을 하는 것이다. 투기는 언제나 사람들을 현혹시키고, 이익이 나는 순간에는 매우 재미있다. 그러나 운을 시험해보고 싶다면 투기를 목적으로 하는 별도의 계좌를 개설해 자금의 일부만 넣고 운용할 것을 권한다. 그 계좌에 넣는 금액은 적을수록 좋다. 또한 만약 그 계좌에서 수익이 발생한다고 하더라도 절대 추가 자금을 넣어서는 안 된다. 오히려 그 순간이 바로 투기계좌에서 돈을 인출해야 할 때이다. 한 계좌에서 투자와 투기를 동시에 하는 것은 절대 피해야 한다. 그런 시도는 아예 생각조차 하지 말아야 한다.

방어적 투자자가 기대할 수 있는 성과

이미 정의한 바와 같이, 방어적 투자자는 주로 안전을 중시하며 번거로운 과정을 피하려는 사람이다. 그렇다면 이들은 어떤 전략을 추구해야 하며 앞으로 정상적인 상황이 된다면 어떤 수익을 기대할 수 있을까? 이러한 질문에 답하기 위해 먼저 7년 전에 이 주제에 대해 쓴 내용을 검토하고, 그 이후 투자자의 기대 수익률을 결정하는 기본 요인에 어떤 중요한 변화가 있었는지 분석하고, 마지막으로 현재(1972년 초) 상황에서 투자자가 어떤 행동을 취해야 하며, 무엇을 기대할 수 있는지 알아보자.

1. 7년 전 쓴 글

나는 방어적 투자자에게 보유 자산을 우량등급 채권과 우량주로 나누도록 권장한다. 채권 보유 비중은 25% 이상 75% 이하로 유지하고, 그 나머지 비중은 주식으로 구성되어야 한다. 가장 단순한 방식은 두 자산의 비중을 50 대 50으로 유지하되, 시장 상황으로 인해 비중이 5% 정도 변동하면 이를 조정하여 다시 50대 50으로 맞추는 것이다. 다른 전략으로는 '시장이 과열되어 위험 수준에 이르렀다고 판단되면' 주식 비중을 25%로 줄이고, 반대로 '주가 하락으로 인해 주식의 매력이 커졌다고 판단되면' 주식 비중을 최대 75%까지 늘리는 방법이 있다.

1965년에 우량등급 채권은 약 4.5%, 우량등급 비과세 채권은 약 3.25%의 수익률을 보였다. 다우지수는 892였고 배당수익률은 약 3.2%에 불과했다. 이런 상황에서는 주의가 필요했다. 나는 '정상적인 시장 수준이라면' 투자자가 주식을 매수했을 때, 3.5%에서 4.5% 사이의 배당수익을 얻을 수 있고, 여기에 거의 같은 수준의 주가 상승이 이루어진다면 배당과 가격 상승을 합쳐 수익률이 연간 약 7.5% 수준은 확보할 수 있을 것이라고 암시했다. 그러면 채권과 주식을 50대 50으로 투자했을 때 세전 약 6%의 수익률을 얻을 수 있다. 주식은 인플레이션으로 인한 구매력 손실을 방어하는 데 탁월한 역할을 한다.

1949년에서 1964년 사이에 주식시장의 수익률은 위의 산술적 계산보다 훨씬 높았다. 이 기간 동안 주식시장에서 실현된 수익률은 평균 10%를 가뿐히 뛰어넘었으며, 이는 사람들에게 미래에도 비슷한 결과를 어렵지 않게 달성할 수 있다는 기대를 하게 만들었다. 그러나 과거에 주가 상승률이 높았다는 것이 '현재 주가가 너무 높다'는 것을 의미하며, 따라서 "1949년 이후에 성과가 좋았으니, 향후에는 그다지 좋지 않거나 나쁜 결과를 초래할 것"이라고 진지하게 고려하는 사람은 거의 없었다.*

2. 1964년 이후의 과정

1964년 이후 가장 큰 변화는 투자등급 채권의 금리가 사상 최고 수준으로 상승했다는 점이다. 1970년 고점을 찍은 이후 금리가 다시 하락하긴 했어도 우량 회사채의 수익률은 현재 약 7.5%로 1964년의 4.5%보다 훨씬 높다. 그 사이 다우지수 종목들의 배당수익률도 1964년 말의 3.2%에서 1969~1970년 침체기에 많이 올라갔다가 다우지수가 900인 지금은 다시 3.5%로 내려왔다. 이와 같은 금리의 변화로 인해 이 기간 동안 20년 만기 중

* 현명한 투자자 1965년 개정판 서문

기채의 가격은 최대 38%까지 하락했다.

이러한 상황은 역설적인 측면이 있다. 1964년에 나는 주가가 너무 높아서 궁극적으로 급락할 가능성이 있다고 자세히 설명했지만, 당시에는 우량등급 채권 가격이 급락할 가능성이 있다는 것은 구체적으로 다루지 않았다. (내가 아는 한, 당시 그런 예측을 했던 사람은 아무도 없었다.) 이 책의 3판에서 '장기채 가격은 금리 움직임에 따라 크게 변동할 수 있다'고 경고하긴 했지만, 그 이후로 발생한 상황을 고려할 때, 적절한 예시를 들어 더 강하게 경고했어야 했다. 예를 들어 1964년 다우지수가 874일 때 투자자가 주식에 일정 금액을 투자했다면 1971년 말에는 소폭의 수익을 올렸을 것이고, 1970년 최저치인 631로 평가하더라도 장기채보다는 손실이 적었을 것이기 때문이다. 반면에 미국저축채권 United States Savings Bonds이나 단기 회사채를 사거나, 그냥 저축을 했더라면 투자한 자본의 시장 가치에서 손실이 없었을 것이고 우량주보다 더 높은 수익을 올렸을 것이다. 따라서 인플레이션이 발생하면 현금보다 주식이 더 유리한 투자라는 경험적 논리에도 불구하고, 1964년에는 현금성 자산이 주식보다 더 나은 투자였다. 우량등급 장기채의 가격 하락은 단기자금시장의 상황 때문이었는데, 이 분야는 일반적으로 개인의 투자 전략과 큰 관련이 없는 난해한 영역이다.

이는 증권 가격을 예측하는 것은 불가능하다는 것을 증명하는 수없이 많은 사례 중 하나일 뿐이다. 채권 가격은 거의 항상 주가보다 변동폭이 적었고, 일반적으로 투자자들은 시장가격 변동에 대한 걱정 없이 다양한 만기의 우량등급 채권을 매입할 수 있었다. 하지만 몇몇 예외가 있었는데, 1964년 이후가 그 예외 중 하나였다. 채권 가격의 움직임에 대해서는 나중에 더 자세히 설명하기로 한다.

3. 1971년 말, 1972년 초에 대한 기대와 투자 전략

1971년 말에는 우량 중기채의 경우 세전 약 8%, 비과세 국채 및 지방채는 5.7%의 이자소득을 얻을 수 있다. 단기인 국채 5년물은 약 6%를 지급한다. 국채 5년물의 경우, 매수자는 비교적 짧은 보유 기간이 끝나면 투자금 전액과 6%의 이자를 확실히 받을 수 있기 때문에 시장 가격 하락을 걱정할 필요가 없다. 다우지수는 900선까지 다시 상승하여 배당수익률이 3.5%에 불과하다.

과거와 마찬가지로 현재도 자금을 우량등급 채권(또는 '현금성 자산')과 다우지수 구성 종목과 같은 우량주로 배분하는 것이 기본적인 전략 결정이라고 가정하자. 향후 한동안 큰 폭의 상승 또는 큰 폭의 하락을 예측할 타당한 이유가 없다면 현재 상황에서 투자자는 어떤 전략을 취해야 할까? 먼저 심각한 악재가 없다면 방어적 투자자는 현재 3.5%의 배당수익률과 연평균 약 4%의 주가 상승을 기대할 수 있다는 점을 고려해야 한다. 나중에 설명하겠지만, 이러한 주가 상승은 기본적으로 매년 기업이 배당을 지급하고 남은 유보이익을 재투자하는 것에 기반한다. 그러면 세전 기준으로 주식의 총 수익률은 평균 7.5%로, 우량등급 채권에 대한 이자보다 약간 낮은 수준이다. 세후 기준으로는 주식의 평균 수익률은 약 5.3%로 계산된다.* 이는 현재 우량 비과세 중기채에서 얻을 수 있는 것과 거의 같은 수준이다.

이러한 상황을 고려하면 지금은 채권이 주식보다 훨씬 유리하다. 1964년 이후 채권수익률이 주식수익률보다 훨씬 더 많이 상승했기 때문이다. 또한 채권은 이자와 원금 상환이 보장되기 때문에 배당금이나 자본이득보다 훨씬 더 신뢰할 수 있다는 점도 중요하다. 따라서 1971년 현재 우리는 주식보다 채권

---

* 보수적으로 최고 세율을 적용하여 배당소득세 40%, 자본이득세 20%를 적용했다.

에 투자하는 것이 더 낫다고 결론을 내릴 수밖에 없다. 이 결론이 맞다면, 방어적 투자자는 주식수익률이 채권수익률 보다 확실히 유리해지기 전까지는 모든 자본을 주식이 아닌 채권에 투자해야 한다.

물론 채권이 실제로 주식보다 더 나은 성과를 낼 것이라고 장담할 수는 없다. 우선 인플레이션이 그 이유 중 하나일 것이다. 하지만 다음 장에서 살펴보겠지만 100년이 넘는 미국의 인플레이션 역사를 돌이켜보면 현재 주식이 더 유리하다고 단언할 수도 없다. 그러나 가능성은 희박하다고 생각하지만, 인플레이션 속도가 빨라지면 어떤 형태로든 주식이 채권보다 유리하게 될 수도 있다. 또한 이 역시 가능성은 낮지만, 향후 몇 년 동안 기업의 수익성이 (물가 상승률 없이) 매우 강하게 좋아진다면 주가도 높은 상승률을 보일 수 있다. 끝으로 펀더멘털 요인과 무관하게 투기적 요인으로 상승할 가능성도 있다. 이런 상황은 우리가 자주 경험한 상황이다. 이러한 상황이 발생하면 투자자들은 채권에 100% 집중한 것을 후회하게 될 것이다.

따라서 이러한 이슈들을 전체적으로 고려했을 때, 방어적 투자자는 항상 자산의 일정 부분을 채권과 주식에 투자하는 기본적인 절충안을 유지해야 한다는 점을 다시 한번 강조한다. 가장 단순한 방법은 채권과 주식에 50:50으로 나누는 것이며, 각자의 판단에 따라 최소 25%에서 최대 75%까지 비중을 다양하게 조정할 수도 있다. 다음 장에서 이러한 전략에 대해 더 자세히 살펴보겠다.

현재 주가 상승분을 포함한 일반 주식에서 기대되는 전체 수익률은 채권에서 예상되는 수익률과 비슷하므로 투자자가 현재 기대할 수 있는 수익률 역시 채권과 주식의 비중에 관계없이 거의 비슷하다. 위에서 계산한 대로 두 부분의 총 수익률은 세전 약 7.8% 또는 세후 약 5.5%가 되어야 한다. 이 정도의 수익률은 과거 대부분의 장기 투자에서 일반적인 방어적 투자자가 실현한 수익률보다 높은 수준이다. 하지만 이는 1949년부터 1969년까지 20년 동안 이어진 강세장에서 주식이 실현한 14%의 수익률에 비하면 썩 좋아 보이지는 않는다. 그러나 1949년부터 1969년 사이에 다우지수는 다섯 배 상승한 반면, 수익과 배당금은 두 배에 불과했다는 점을 기억할 필요가 있다. 따라서 이 기간 동안의 상승은 기업의 본질적인 가치보다는 투자자와 투기꾼의 태도 변화에 따른 이례적인 것이었다. 다시 말해 이는 주가상승과 이에 따른 추격매수가 반복되어 발생한 '자가발전 장세'라고 할 수 있다.

방어적 투자자의 주식 포트폴리오 구성에 대해 논의할 때 다우지수에 포함된 30개 구성 종목과 같은 주요 종목들에 대해서만 언급했다. 그렇다고 해서 이런 종목들만 투자하라는 의미는 아니다. 현재 다우지수 종목에 필적하는 다른 우량주도 많이 있으며, 여기에는 공익기업 주식도 여럿 포함된다. 그러나 여기서 중요한 점은 방어적 투자자의 전반적인 성과는 여러 우량주에 분산하여 투자하거나 지수를 복제한 수익률과 달라질 가능성이 별로 없다는 것이다. 더 정확하게는 어느 누구도 궁극적으로 어떤 차이가 발생할지 확실하게 예측할 수 없다는 것이다. 물론 숙련되고 통찰력 있는 투자 기법의 핵심은 시장 평균을 능가하는 종목을 고를 수 있느냐에 달려있다. 그러나 앞으로 설명하겠지만, 평균 이상의 성과를 내는 것은 대형 펀드를 운용하는 전문가들에게도 어려운 일이며, 따라서 나는 방어적 투자자가 평균 이상의 성과를 낼 가능성은 거의 없다고 생각한다.

지금 인용할 사례는 언뜻 보기에 지금까지의 논의와 조금 다를 수도 있다. 1960년 12월부터 1970년 12월까지 다우지수는 616에서 839로 36% 상승했다. 그러나 같은 기간 동안 훨씬 많은 500개 종목으로 구성된 S&P 500 지수는 58.11포인트에서 92.15포인트로 58% 상승했다. S&P 500 지수의 성과가 확실히 더 좋았다. 하지만 1960년만 해도 온갖 잡다하게 보이는 500

개 주식들이 다우지수의 위풍당당한 '30개 대장주'를 능가할 것이라고 과감히 예측한 사람은 별로 없었다. 이 모든 것은 절대적이든 상대적이든 미래 주가에 대해 신뢰할 수 있는 예측을 할 수 있는 사람은 거의 없다는 것을 증명한다.[2]

다시 한번 강조하지만, 투자자는 신규 상장주식이나 유망주라고 불리는 종목, 즉 단기 수익을 목적으로 추천되는 주식을 매수함으로써 평균 이상의 성과를 기대할 수 없다. 장기적으로는 그 반대의 경우가 거의 확실하게 발생할 것이다. 따라서 방어적 투자자는 수년간 수익성이 입증되고 재무상태가 건전한 기업의 주식으로 한정해서 투자해야 한다. 유능한 애널리스트는 이런 종목들의 리스트를 만들어 줄 것이다. 공격적인 투자자는 다른 유형의 주식을 매수할 수 있지만 철저한 분석을 거친 후 매력적인 투자 대상이라는 확신을 주는 종목을 골라야 한다.

이 절을 마무리하면서 방어적 투자자를 위한 세 가지 보완적 개념을 포함하는 전략을 추가적으로 언급하고자 한다. 첫째, 직접 주식 포트폴리오를 구성하는 대신 검증된 펀드에 가입하는 것이다. 신탁회사와 은행이 관리하는 공모펀드나 사모펀드 중 하나를 선택할 수도 있다. 둘째, 자금이 많다면 공인된 투자자문사의 서비스를 받을 수도 있다. 이렇게 하면 표준화된 가이드라인에 따라 전문적인 투자 관리를 받을 수 있다. 셋째는 정액분할매수 dollar-cost averaging 기법이라고 하는 방식인데, 적립식으로 매월 또는 분기마다 일정 금액을 주식에 투자하는 것이다. 이렇게 하면 가격이 높을 때보다 낮을 때 더 많은 주식을 매수하게 되어 전체적으로 만족스러운 평균 매입단가를 확보할 수 있다. 엄밀히 말하자면, 이 방법은 넓은 의미에서 '포뮬러 투자 formula investing[3]' 기법의 하나이다. 이는 투자자가 최소 25%에서 최대 75% 사이에서 시장의 움직임에 반비례하여 주식 비중을 변경할 수 있다는 것을 설명하면서 언급했다. 이러한 아이디어는 방어적 투자자에게 유용하며, 다음 장에서 더 자세히 설명할 것이다.

공격적 투자자가 기대할 수 있는 성과

공격적 투자자는 당연히 방어적 투자자보다 더 나은 성과를 얻고 싶어한다. 그러나 우선, 자신의 성과가 방어적 투자자보다 더 나빠지는 것을 막아야 한다. 증권시장 분석에 많은 노력과 재능을 쏟아 부었지만 수익 대신 큰 손실이 나는 것은 흔한 일이다. 자칫 방향을 잘못 잡으면 이러한 노력과 재능은 재앙이 되어 버린다. 따라서 공격적 투자자는 합리적으로 판단하여 성공 가능성이 높은 전략과 그렇지 않은 전략을 명확하게 구분하는 것이 시작하는 단계에서는 가장 중요하다. 먼저 투자자와 투기꾼이 일반적으로 평균 이상의 수익을 올리기 위해 시도해 온 다양한 방법을 살펴보자. 이러한 방법들 중에는 다음과 같은 것들이 있다.

1. 트레이딩 이는 일반적으로 가격이 상승할 때 주식을 매수하고 하락하기 시작할 때 매도하는 것을 의미한다. 선택한 주식은 시장 평균보다 주가 움직임이 더 나은 주식일 것이다. 일부 전문가는 공매도에 참여하기도 한다. 이 경우 이들은 증권거래소의 주식 차입 제도를 이용하여 자신이 보유하지도 않은 주식을 빌려서 매도하는 것이다. 이들의 목표는 이후 주가 하락으로 이익을 얻고 이전에 공매도한 가격보다 낮은 가격에 주식을 다시 매수하는 것이다. (46페이지에서 인용한 월스트리트 저널의 기사에서 알 수 있듯이, 전문성이 없는 '소액투자자'도 때때로 공매도를 시도한다.)

2. 단기 종목 선정 이는 실적이 좋아졌거나 좋아질 것으로 기대되는 기업,

또는 기타 호재가 곧 있을 것으로 예상되는 기업의 주식을 매수하는 것을 의미한다.

3. 장기 종목 선정 여기서 강조하는 것은 대개 과거에 우수한 성장세를 보였고 앞으로도 지속될 가능성이 높은 기업이다. 간혹 '투자자'는 아직 인상적인 성과를 거두지는 못했지만 높은 수익성이 기대되는 기업을 선택할 수도 있다. (이러한 기업은 컴퓨터, 제약, 전자 등 기술 분야에서 흔히 볼 수 있으며, 매우 유망해 보이는 새로운 공정이나 제품을 개발하는 경우가 많다.)

나는 이런 방법들을 통해서 투자자가 성공하기 어렵다는 견해를 이미 밝힌 바 있다. 첫번째 방식, 즉 트레이딩은 이론적, 현실적 근거를 바탕으로 투자 영역에서 제외했다. 트레이딩은 45페이지에서 정의한 '철저한 분석을 통해 원금의 안전과 적절한 수익을 확보하는' 투자가 아니기 때문이다. 트레이딩에 대해서는 나중에 더 설명하겠다.

단기 또는 장기적으로 가장 유망한 종목을 찾기 위해 노력하는 과정에서 투자자는 두 가지 유형의 장애물에 직면하게 되는데, 첫번째는 예측 능력의 한계이고, 두번째는 경쟁에서 비롯된 것이다. 미래에 대한 예측이 틀릴 수도 있고, 맞더라도 현재 가격이 이미 예상하는 내용을 모두 반영한 가격일 수 있다. 단기 종목 선정에서 일반적으로 해당 기업의 과거 실적은 주식시장에 모두 반영된 정보로 취급된다. 내년 실적 역시 예측 가능한 범위 내에서 면밀히 검토되고 있다. 따라서 올해의 우수한 실적이나 내년에 예상되는 실적을 근거로 주식을 선택하는 투자자는 다른 투자자들이 이미 같은 이유로 같은 행동을 했다는 것을 알게 될 것이다.

장기 전망을 통해 종목을 선정하는 경우에도 투자자의 장애물은 단기와 기본적으로 동일하다. 33페이지에서 설명했던 항공사 사례처럼 장기 예측이 잘못될 가능성은 단기 실적을 다룰 때보다 더 클 수밖에 없다. 전문가들이 틀린 예측을 하는 경우가 많기 때문에 이론적으로는 월스트리트 전체가 잘못된 예측을 할 때 올바른 예측을 하면 큰 이익을 얻을 수 있다. 하지만 이는 이론적인 이야기일 뿐이다. 장기적인 미래 수익을 예측하는 게임에서 전문 애널리스트들을 이길 수 있는 통찰력이나 예지력을 가진 투자자가 과연 몇 명이나 되겠는가?

따라서 우리는 다음과 같은 우울하지만 논리적인 결론에 도달하게 된다. 지속적으로 초과 수익을 낼 수 있는 합리적인 기회를 가지려면 투자자는 (1) 본질적으로 합리적이고 유망하며 (2) 주식시장에서 사람들이 별로 쓰지 않는 전략을 추구해야 한다는 것이다.

그렇다면 공격적 투자자가 구사할 수 있는 투자 전략 중에 이러한 전략이 있지 않을까? 이론상으로는 분명히 존재하며 실제로도 존재하지 않을 이유가 없다. 모두가 알다시피 주가의 움직임은 상승과 하락 양방향으로 심하게 요동치는 경우가 많은데, 주식시장 전체도 그렇지만 개별 종목 중에는 그런 움직임을 보이는 종목을 항상 찾을 수 있다. 또한 특정 주식이 관심 부족이나 시장 참여자들의 편견 때문에 저평가될 수도 있다. 한 걸음 더 나아가 어떤 주식을 매매하는 사람들이 그 주식에 대해서 잘 모르는 경우도 놀라울 정도로 많다. 이 책에서 나는 가격과 가치 사이의 괴리에 대한 수많은 예를 제시할 것이다. 따라서 숫자 감각이 좋은 똑똑한 사람이라면 다른 시장참여자들의 어리석음을 조금만 이용해도 주식시장에서 쉽게 이익을 얻을 수 있는 것처럼 보인다.

그러나 그게 그렇게 쉽지는 않다. 저평가된 주식을 매수하려면 일반적으로 오랜 인내심이 필요하고, 너무 인기 있어서 고평가된 주식을 공매도하려면 용기와 인내심뿐만 아니라 두둑한 자금력이 뒷받침되어야 하는 경우도 많다.

따라서 지금 설명한 전략은 건전하고 성공적인 실행도 가능하지만 쉽게 익힐 수 있는 기술은 아니다.

또한 차익거래, 워크아웃, 헤지거래와 같은 '특수 상황 special situations'도 광범위하게 존재하는데, 수년 동안 이런 분야에 대해 잘 아는 사람이라면 전반적인 위험을 최소화하면서 연간 20% 이상의 수익을 기대할 수 있었다. 가장 전형적인 사례는 합병이나 인수 계획 발표에 따른 기회인데, 발표일 가격보다 훨씬 더 높은 가치를 제공하는 경우가 이에 해당한다. 최근 몇 년 동안 이러한 거래의 수가 크게 증가했기 때문에 이 분야 전문가들에게는 매우 수익성이 높은 시기였어야 함에도 불구하고, 공개매수 발표가 늘어나면서 합병에 걸림돌이 되는 장애물도 늘어나고 거래가 성사되지 않는 경우도 늘어났으며, 한때는 안정적이었던 이 거래에서 손실을 본 개인도 많이 발생했다. 또한 경쟁이 치열해지면서 고수익을 올릴 수 있는 기회도 적어졌다.

이러한 특수 상황의 수익성 저하는 이 책의 초판 이래 지속적으로 발견되는 초과수익 소멸 과정이며, 경제학에서 말하는 '수확체감의 법칙'과 유사한 현상의 하나로 보인다. 1949년, 나는 지난 75년간의 주식시장 변동에 대한 연구를 통해 기업 수익과 현재 이자율을 기준으로 다우지수를 내재가치 이하에서 매수하고 그 이상에서 매도하는 투자 전략을 추천할 수 있었다. 이는 '싸게 사서 비싸게 팔라'는 로스차일드 가문의 격언을 적용한 것이다. 이 공식은 주식은 '올랐기 때문에 사고 내렸기 때문에 판다'는 뿌리 깊고 위태로운 월스트리트 격언과는 완전히 대조적이다. 안타깝게도 1949년 이후 이 공식은 더 이상 통하지 않고 있다. 두번째 예시는 1897년부터 1933년 사이에 큰 성공을 거둔 '다우 이론 Dow Theory'에 기반한 투자 전략이다. 하지만 이 전략도 1934년 이후에는 신뢰할 수 없는 성과를 보이고 있다.

마지막 세번째 사례는 아쉽지만 이제 더 이상은 오지 않는 기회들이다. 공장 건물과 기타 자산을 제외하고 모든 부채를 공제한 순유동자산(운전자본)의 가치보다 명백히 낮은 가격에 거래되는 저평가 종목들이 바로 그런 기회들인데, 이런 주식들은 기업의 가치보다 훨씬 낮은 가격에 거래되는 것이 분명하다. 나 역시 월스트리트에서 이런 종목들의 매수에 운용의 많은 부분을 집중했었다. 어떤 소유주나 대주주도 자신의 자산을 이렇게 터무니없이 낮은 가격에 매각하지는 않을 것이다. 하지만 이상하게도 이러한 비정상적인 사례는 어렵지 않게 찾아볼 수 있었다. 1957년 발표된 자료에는 시장에서 찾을 수 있는 이런 종목 200여 개가 수록되어 있었다. 이러한 종목은 거의 모두 수익성이 있는 것으로 판명되었으며, 수익률 또한 대부분의 다른 투자보다 훨씬 우수했다. 그러나 이런 주식들도 이후 10년 동안 주식시장에서 모두 사라졌다. 공격적 투자자가 현명하고 성공적으로 투자할 수 있는 믿을 만한 영역이 하나 사라진 것이다. 하지만 1970년의 주가 하락으로 이러한 저평가 종목들이 다시 상당수 등장했고, 시장이 많이 회복했음에도 불구하고 전체 포트폴리오를 이런 종목들로 구성할 수 있을 만큼 충분히 남아있다.

오늘날의 상황에서도 공격적 투자자는 평균 이상의 수익을 낼 수 있는 다양한 기회가 있다. 수많은 상장기업 중에는 여러 가지 합리적이고 신뢰할 수 있는 기준에 따라 저평가된 것으로 볼 수 있는 기업이 항상 포함되어 있다. 이러한 기업의 주식에 투자하면 평균적으로 다우지수 또는 이와 유사한 우량주 목록보다 만족스러운 결과를 얻을 수 있다. 그러나 이러한 선택은 투자자가 포트폴리오의 주식 부분에서 연간 최소 5% 이상의 초과성과를 창출할 수 있는 경우에만 의미가 있다고 생각한다. 앞으로 이러한 성공적인 투자를 위한 몇 가지 전략을 논의하고자 한다.

1장 논평

— 제이슨 츠바이크

"자신이 누구인지 모른다면 주식시장은 그것을 알아내기에 매우 비싼 장소다."

— 애덤 스미스(조지 J. W. 굿맨)*

주식이든 다른 어떤 금융자산이든, 사기 전에 가장 먼저 알아야 할 것은 '무엇을 사느냐'가 아니라 '당신이 누구냐'이다.

당신은 투자자인가?

'투자하다 invest'라는 말은 라틴어 vestire에서 유래했는데, 이는 '입히다, 둘러싸다, 감싸다'는 뜻이다. 투자한다는 것은 어떤 금융자산으로 자신을 감싸고 그것을 곁에 두는 일이다. 그러기 위해서는 다른 사람들의 말이나 행동

* 애덤 스미스 Adam Smith, 『머니 게임 The Money Game』(랜덤하우스, 1968), p30.

이 아니라 자신의 신중한 분석을 바탕으로 지금 무엇을 하고 있는지 이해하고 있다는 합리적인 확신이 있어야 한다.

그레이엄은 이렇게 썼다:

> 투자란 철저한 분석을 통해 원금의 안전과 적절한 수익을 확보하는 작업이다. 이러한 조건을 충족하지 못하면 투기이다.*

투자는 하나의 사건이 아니라 일련의 과정으로 봐야 하기 때문에 그레이엄은 '투자 활동investment operation'이라는 표현을 즐겨 사용한다. 투자는 수년에 걸쳐, 때로는 수십 년에 걸쳐 이루어진다. 그것은 사전에 세운 기준에 따라 모든 행동이 일관되게 이루어지는 구조화된 의사결정에 기반한다. 스마트폰 화면을 충동적으로 밀어 넘기는 행동이 아니라, 철저하고 일관된 분석을 견지하는 훈련된 태도가 요구된다.

투자에서 수익의 원천은 내재적인 것이다. 채권의 경우에는 이자수익, 주식의 경우에는 기업의 수익과 배당이 그것이다. 투자자는 주식을 장난처럼 대하지 않는다. 주식은 특정 기업에 대한 소유권의 일부이며, 그 기업이 지속적으로 창출하는 현금이 소비되는 현금보다 많아야 주가는 장기적으로 상승할 수 있다는 사실을 안다.

투자자는 단지 주가가 오르고 있다는 이유로 주식을 사거나, 떨어지고 있다는 이유만으로 팔지 않는다. 주가의 단기적 움직임 너머를 바라보며, 기업의 장기적 건전성과 성장 가능성을 평가한다.

---

* 여기서 그레이엄은 때때로 '적절한 수익adequate return' 대신 '만족할 만한 수익satisfactory return'이라는 표현을 쓰기도 한다.

투자자에게 중요한 질문은 이런 것들이다.

이 자산은 나에게 어떤 가치를 지니는가?
나는 얼마나 오래 이것을 보유할 수 있는가?

당신은 투기꾼인가?

지난 몇 년 동안, 많은 투자자들이 길을 잃었다. 그들은 자신도 모르는 사이에 투기꾼이 되어버렸다.

'투기 speculate'라는 단어는 라틴어 'speculum(거울)'과 'specula(망루)'에서 유래했다.

이는 투기가 거울을 들여다보듯 자신의 내면을 성찰하고, 망루에서 멀리 내다보듯 미래를 전망하는 것이라는 의미를 담고 있다.*

하지만 실제로 많은 투기꾼들은 자기 성찰을 하지 않으며, 미래를 내다보는 일에도 거의 관심을 두지 않는다. 그들은 종종 단지 다른 사람들이 사고 있다는 이유만으로 덩달아 매수한다.

투기는 짧은 시간 안에 이루어진다. 몇 달, 몇 주, 심지어 몇 시간이나 몇 분 안에 끝나는 경우도 있다. 수익의 원천 또한 내재적인 것이 아니라 외부에 있다. 누가 이 자산을 가지고 있는지, 얼마나 인기가 있는지, 가격이 오르고 있는지 또는 내리고 있는지가 중요하다.

투기꾼에게 중요한 질문은 이런 것들이다.

---

* 게일 로저스 Gayle Rogers, 『투기: 아리스토텔레스부터 AI까지의 문화사 Speculation: A Cultural History from Aristotle to AI』(컬럼비아대학교출판부, 2021).

이건 다른 사람에게 얼마나 가치가 있을까?

언제쯤 팔 수 있을까?

많은 사람들에게 투기는 감정의 롤러코스터를 경험하게 한다. 회의감에서 시작해 희망, 확신, 안일함과 탐욕으로 나아가다가, 두려움과 절망으로 추락한 뒤, 다시 회의감으로 돌아오는 사이클을 반복한다. 그것은 직감에 의존해 사고 팔기를 반복하는 다람쥐 쳇바퀴다. 주식이나 옵션 같은 금융상품에 돈을 던져 넣고 가능한 한 빨리 되팔며 단기 매매의 재미를 추구하지만, 결국 전혀 재미가 없는 때가 오고 만다.

이런 행태는 충분히 이해할 수 있다. 도박하고자 하는 충동은 인간 본성의 일부이며, 우리의 조상들도 최소 1만 년 전부터 주사위를 굴리며 도박을 했던 흔적이 있다. 게다가 투기는 흥분된다. 터무니없이 낮은 확률이라 해도, 일확천금의 가능성은 사람에게 희망과 상상의 나래를 펴게 해준다. 백만 분의 일 확률에 1달러를 건다고 해도, 지면 단지 1달러 손해일 뿐이다—그리고 거의 틀림없이 그렇게 된다. 하지만 만에 하나 이기기라도 하면, 순식간에 백만장자가 될 수 있고, 그 순간 삶이 완전히 달라질 것 같은 기분이 든다. 게다가 주식시장에 투기하는 것은 카지노나 복권에 비해 승산이 나쁘지 않다는 점도 사람들을 유인하는 요인이다.

〈그림 1-1〉 투기꾼의 행동 주기

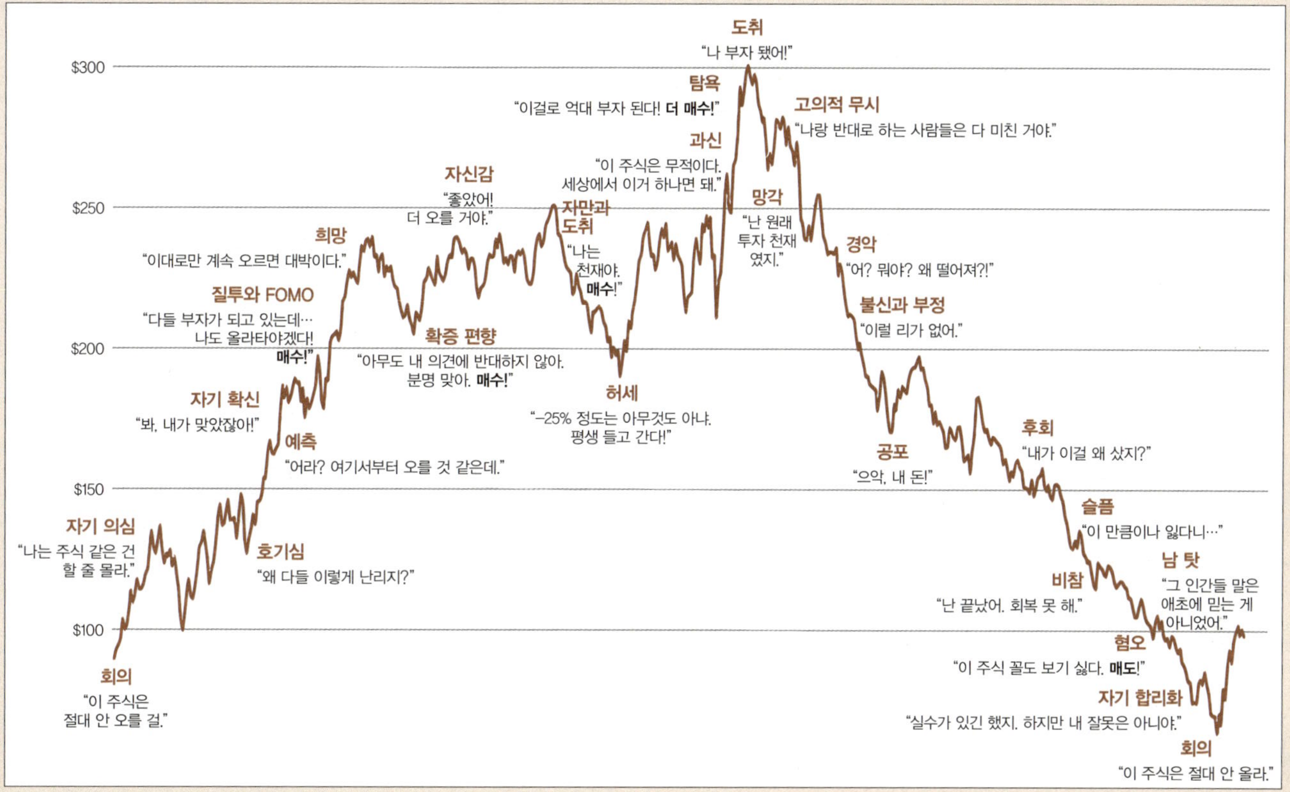

정진으로서의 투자

'정진endeavor'이란 어떤 목표나 목적을 향한 불굴의 노력을 뜻하며, 이는 프랑스어 devoir—즉 '의무'에서 유래한 단어다. 그 목표란 내 집 마련일 수도 있고, 자녀의 교육비 마련, 부모님의 요양비, 은퇴 후의 삶을 위한 자금 준비일 수도 있다. 혹은 단순히 돈 걱정 없이 살아가는 마음의 평온을 얻는 것일 수도 있다. 이런 목적들은 단 한 번의 매매나 한두 번의 영리한 결정으로 이룰 수 있는 것이 아니다. 그 길은 수년, 때로는 수십 년에 걸친 절제와 인내를 필요로 한다. 그렇기 때문에 투자는 정진의 영역으로 인식해야 한다.

오락으로서의 투자

오락이란 즐거움을 추구하는 일이다. 그리고 만약 당신이 투자를 오락처럼 대한다면, 실제로 어느 정도는 즐거움을 느낄 수도 있다—적어도 잠시 동안은 말이다.

하지만 그런 즐거운 질주는 결국 손실로 끝나는 경우가 많으며, 오히려 당신을 원하던 목표에서 더 멀어지게 만든다. 오락으로서의 투자는 이런 짜릿함을 안겨준다. "거의 부자가 될 뻔했어!" 혹은 정말로 대박을 맞아 희열을 느낄 수도 있다. 그러나 대박이 그렇게 짜릿한 이유 중 하나는, 대부분의 경우엔 실패하기 때문이다. 극소수만 성공한 방식을 답습한다면 당신이 장기적인 재무 목표를 달성하는 데 필요한 신뢰성과 지속성을 결코 얻지 못한다.

패자는 말이 없다

음식, 술, 약물, 섹스처럼 투기도 적당히 한다면 즐거움을 줄 수 있다. 하지만 과식이 건강을 해치고, 과음이 알코올 중독으로 이어질 수 있고, 약물이나 섹스를 남용하면 중독자가 되거나 감옥에 갈 수도 있듯이 당신의 자산 중 일정 부분 이상을 투기에 쓰기 시작한다면, 결국 전부를 잃게 될 가능성이 매우 높다.

금융시장에서의 확률은 대체로 일정하지 않다. 그 확률은 얼마나 많은 사람이 투기하고 있는지, 얼마나 많은 자금이 투입되고 있는지에 따라 달라진다. 투기꾼들이 어떤 자산의 가격을 지금 높이 끌어올릴수록, 그 자산이 앞으로 가져다줄 수익은 낮아질 가능성이 커진다. 단기적으로 투기에 몰리는 사람이 많아질수록, 그들 중 누군가 장기적으로 이익을 얻을 가능성은 그만큼 낮아진다.

하지만 투기에 나서는 사람이 많아질수록, 당신도 한번쯤 해보고 싶다는 유혹을 느끼게 된다. 모두가 하고 있는 것 같고, 그중 일부는 실제로 돈을 버는 것처럼 보이기 때문이다. 대부분의 패자들은 손실이 부끄러워서 말을 아끼지만, 이긴 사람들은 확성기를 들고 떠들어댄다. 심지어 그들이 무슨 말을 하는지 제대로 알지 못하더라도, 극단적인 주장을 하는 사람일수록 더 믿음직하고 신뢰감 있어 보이기도 한다. 실제로 돈을 걸고 자신의 말을 행동으로 옮겼기 때문에 더 설득력 있어 보이는 것이다.

그래서 이야기가 통계를 이긴다. 승자들의 영웅담은 곳곳에서 들려오지만, 대다수가 쓴맛을 보고 시장에서 사라졌다는 사실은 애초에 당신 귀에 들어오지도 않는다. 막대한 위험을 감수한 대형 기관들이 정부의 구제금융으로 계속 살아남는 모습을 보면 대박의 희망은 더욱 매력적으로 느껴진다. 그들이 지름길을 택해도 아무 일 없이 넘어간다면, 왜 나라고 안 되겠는가? 열심히 일해도 늘 제자리걸음이기에 주식으로 한 번쯤 승부를 걸어보고 싶은 마음이 들기도 한다.

그리고 투기는 쉽게 습관이 된다. 돈을 벌었을 때의 짜릿함은 곧 중독의 사이클로 당신을 끌어들인다. 마치 약물 중독자처럼, 한 번 느꼈던 쾌감을 다시 맛보기 위해선 점점 더 큰 자극이 필요해지고, 손실은 오히려 더 큰 수익에 대한 갈망을 부추긴다. 모든 중독자는 "언제든 그만둘 수 있어"라고 말하지만, 실제로는 멈추는 일이 거의 불가능해진다. 당장의 짧은 쾌감을 추구하다 보면, 결국 장기적인 목표를 잊게 된다. 그리고 손해를 만회하겠다는 집착 속에서 끝내는 남은 돈마저 모두 날려버릴 수 있다.

공짜 돈

2020년과 2021년, 코로나 팬데믹이 맹위를 떨치던 시기, 주식시장은 역사상 가장 거대한 온라인 비디오 게임으로 변모했다.

전 세계적으로 1억 1천만 명이 넘는 사람들이 일자리를 잃고 가족·친구들과 격리되었다. 대부분의 사업체가 문을 닫았지만, 주식시장은 열려 있었다. 각국 정부는 금리를 제로 수준으로 끌어내리고, 개인과 기업에 수조 달러에 달하는 현금을 쏟아붓기 시작했다.

쓸 곳도, 할 일도 없이 넘쳐나는 자금은 금융시장으로 쏟아져 들어갔다.

모든 것이 올랐다.

2021년 3월 말까지, 미국 주식시장은 12개월 동안 85% 상승했고, 소형주는 평균 120% 이상 뛰었다. 실제로 그 이전 1년간 미국 주식의 96%가 플러스 수익을 기록했다. 마치 주식시장이 레버를 당길 때마다 잭팟이 터지는 슬롯머신이 된 것 같았다.

다른 나라 시장도 마찬가지였다. 2021년 3월 31일까지 1년 동안 중국 주

거래 중독자들

2019년 말부터 2021년 초까지 약 15개월 동안, 온라인 증권사 로빈후드Robinhood의 계좌 수는 500만 개에서 1,800만 개로 늘어났다.

이는 약 1,300만 명—미국인 25명 중 1명꼴—이 새로 계좌를 만든 셈이다.

2021년 1분기 동안, 이 1,800만 명의 고객은 주식, 옵션, 암호화폐를 하루 평균 760만 건이나 거래했다.

싱가포르에 기반을 둔 온라인 증권사 무무Moomoo는 2021년 기준 젊은 고객들의 연간 평균 거래 횟수가 140회를 넘는다고 발표했다.

미국 매사추세츠주의 규제 당국에 따르면, 로빈후드는 투자 경험이 전혀 없는 한 고객이 불과 6개월 만에 1만 2,748건의 거래를 하도록 허용했는데, 이는 하루 평균 약 92회에 달한다.*

기존에는 거래에 별 관심을 보이지 않았던 사람들조차도 매매에 집착하는 모습을 보였다. 2020년, 로빈후드가 발표한 자료에 따르면 앱을 설치한 고객은 하루 평균 7번 앱을 열어본 것으로 나타났다.

당신이 연간 150번 가까이 거래를 하거나, 하루에 7번씩 계좌를 확인하고 있다면, 당신은 투자자가 아니다.

당신은 중독자다.

당신은 당신의 재정 건강뿐만 아니라 정신 건강까지 해치고 있는 것이다.

---

* 출처: bit.ly/46BxTga

식은 47%, 브라질은 52%, 독일은 67%, 인도는 84% 상승했다.

좋은 종목을 사도 돈을 벌 수 있었고, 나쁜 종목을 사도 돈을 벌 수 있었다. 실용적인 용도가 전혀 없고 농담처럼 만들어진 암호화폐 도지코인은 2021년 처음 다섯 달 동안 15,000% 넘게 상승했다.

그렇다면 굳이 좋은 자산과 나쁜 자산을 구별할 필요가 있을까? 아무것도 몰라도 돈이 되는데, 굳이 뭘 배워야 할 이유가 있을까?

"내가 뭐 하냐고요? 도무지 모르겠어요"

다들 이처럼 의도적으로 무시했다.

- 온라인 커뮤니티 레딧Reddit의 '월스트리트베츠WallStreetBets' 포럼에서, 많은 이용자들이 "투자할 때 신중히 분석하는 건 아무 의미도 없다"고 여겼다고 이 포럼의 창립자 하이메 로고진스키Jaime Rogozinski가 2020년에 말했다. "이들은 단지 변동성을 재미로 여긴다… 자신이 뭘 하고 있는지 모르고, 그걸 모른다는 사실조차 개의치 않는다."
- 2020년 중반, 스포츠 블로거이자 스스로를 '타락한 도박사'라고 소개한 데이브 포트노이Dave Portnoy는 스크래블 타일에서 뽑은 알파벳과 같은 종목 코드의 주식을 매수하는 장면을 실시간으로 트위터에 올리기 시작했다. 그는 종종 같은 날 그 주식을 팔아버렸고, 종목을 연구하는 일은 무의미하다는 듯 대놓고 조롱했다.*
- 2021년 초, 채드와 제니라는 눈빛 반짝이는 젊은 커플이 틱톡 영상 하나로 순식간에 유명세를 탔다. 그들은 9시부터 5시까지 일하지 않

* 「데이브 포트노이 이야기The Dave Portnoy Origin Story」, bit.ly/48SWkqF. 아카네 오타니Akane Otani, 「새로운 주식 인플루언서의 부상과 충성도 높은 팔로워들The New Stock Influencers Have Huge—and Devoted—Followings」 bit.ly/41ZDqfv.

고 돈 버는 법을 소개했다. "어떤 주식이 오르는 게 보이면 그냥 사요." 채드는 멀쩡한 얼굴로 어깨를 으쓱이며 말했다. "그리고 그게 더 이상 안 오를 때까지 그냥 지켜보다가 팔죠. 그걸 계속 반복하면, 우리 생활비가 다 나와요."

- "내가 뭐 하냐고요? 도무지 모르겠어요." 22세의 대니 트랜 Danny Tran 은 2021년 1월 틱톡 영상에서 이렇게 말했다. "근데 돈은 벌고 있잖아요." 그는 순식간에 약 50만 명의 팔로워를 모았다. 거래 전에 어떤 조사라도 하느냐는 질문에 트랜은 웃으며 말했다. "진짜 뭘 하는지 모른다는 말, 그냥 하는 말 아니에요. 저한텐 이게 그냥 게임일 뿐이에요." 그리고 이렇게 덧붙였다. "알고 하는 게 물론 좋겠죠. 하지만 지금 같은 장에서는 뭐든 가능하잖아요."

밈 주식

2020년과 2021년, 수백만 명의 초보 투자자들이 AMC 엔터테인먼트 AMC Entertainment Holdings, 베드 배스 앤드 비욘드 Bed Bath & Beyond, 게임스탑 GameStop, 버진 갤럭틱 Virgin Galactic Holdings 같은 이른바 '밈 주식 Meme Stocks'으로 몰려들었다. 그 기업들의 재무상태나 사업 전망은 상관없었다.

'밈 meme'이라는 용어는 생물학자 리처드 도킨스가 1976년에 만든 말로, 그리스어 '모방되는 어떤 것'이라는 의미의 미메마 mimema에서 유래했다. 다른 사람들이 모두 사고 있었고, 그 사실 하나면 충분했다.*

* 스펜서 자캅 Spencer Jakab의 The Revolution That Wasn't (Portfolio, 2022)에 이 광기에 대한 기록이 잘 정리되어 있다.

〈표 1-1〉 꿈의 밈 주식들

종목명	최고가 (달러)	최고가 날짜	최저가 (달러)	최저가 날짜	변동률 (%)
AMC 엔터테인먼트	38.43	2021-06-02	3.84	2022-12-28	-90
베드 배스 앤드 비욘드	46.08	2021-01-27	2.39	2022-12-28	-94.8
블랙베리	24.65	2021-01-27	3.19	2022-12-28	-87.1
클로버 헬스	22.15	2021-06-08	0.87	2022-12-28	-96.1
코인베이스	357.39	2021-11-09	32.53	2022-12-28	-90.9
드래프트킹스	71.98	2021-03-19	10.27	2022-05-11	-85.7
퓨얼셀 에너지	27.96	2021-02-09	2.55	2022-12-28	-90.9
게임스탑	86.88	2021-01-27	17.92	2022-12-28	-79.4
로즈타운 모터스	461.25	2021-02-11	15.75	2022-12-27	-96.6
마이크로스트래티지	1272.94	2021-02-09	136.63	2022-12-29	-89.3
니콜라	28.58	2021-01-27	2.11	2022-12-14	-92.6
니오	62.84	2021-02-09	9.25	2022-11-09	-85.3
팔란티어	39	2021-01-27	6	2022-12-27	-84.6
펠로톤	167.42	2021-01-13	6.93	2022-09-30	-95.9
플러그파워	73.18	2021-01-26	11.71	2022-12-28	-84
라이엇 블록체인	77.9	2021-02-17	3.29	2022-12-28	-95.8
리비안	172.01	2021-11-16	17.74	2022-12-28	-89.7
선디얼 그로워스	29.5	2021-02-10	1.99	2022-12-28	-93.3
버진 갤럭틱	59.41	2021-02-11	3.29	2022-12-27	-94.5
줌 비디오 커뮤니케이션	444.51	2021-02-16	65.36	2022-12-28	-85.3
S&P 500 지수	4796.56	2022-01-03	3577.03	2022-10-12	-25.4

* 일일 종가는 주당 달러 기준이며, 변동률(%)에는 배당금이 포함되지 않았다. 라이엇 블록체인Riot Blockchain은 이후 라이엇 플랫폼스Riot Platforms Inc.로 사명을 변경하였으며, 선디얼 그로워스Sundial Growers는 이후 SNDL Inc.로 변경하였다.
출처: 팩트셋

이러한 방식은 2020년과 2021년 찬란했던 몇 달 동안 잘 들어맞았다. 그러나 시간이 지나면서, 이 과대평가된 주식들은 과열된 플래시 전구처럼 하나둘씩 산산이 깨지기 시작했다.

초기에 뛰어든 소수는 엄청난 수익을 거뒀지만, 대부분의 사람들은 너무 늦게 사고, 너무 비싸게 샀으며, 결국 바닥 근처에서 손절했다. 어떤 트레이더는 시장을 카지노처럼 다뤄 한때 150만 달러를 벌었지만, 결국 전부 날리고 라스베이거스의 델리에서 시간당 14달러를 받으며 일하게 되었다.*

투자에서 거의 예외 없이 통하는 한 가지 법칙이 있다:

> 돈 버는 일이 너무 쉬워지는 순간, 그 돈을 지키는 일은 믿을 수 없을 만큼 어려워진다.

당신을 노리는 최악의 적으로부터 스스로를 지키는 법

이 책 전반에는 하나의 긴장이 흐르고 있다는 점을 미리 경고하고 싶다. 시장 수익률을 뛰어넘으려는 모든 시도는 아마도 헛된 일일 것이다. 왜냐하면 단순히 인덱스펀드를 매수해서 보유하기만 해도, 거의 아무런 노력이나 비용 없이 시장 수익률을 따라갈 수 있기 때문이다. 그럼에도 불구하고 대부분의 사람들은 '평균'에 안주하는 것을 본능적으로 싫어한다. 그리고 수많은 두뇌들이 맞붙는 시장을 상대로 우위를 점하려고 한다. 그 시도는 너무도 짜릿한 도전이라, 쉽게 포기하기 어려운 유혹이기도 하다.

우리의 목표는 바로 그 긴장을 조화롭게 풀어주는 것에 있다. 당신이 평균

---

* 군잔 바네르지Gunjan Banerji, 「개인 투자자들의 퇴장The Retreat of the Amateur Investors」, bit.ly/3F3VKcE.

수익률에 만족한다고 해서 부끄러워할 필요는 없다. 오히려 그것은 그레이엄이 말하는 '방어적 투자자'가 되는 것이며, 충분히 현명한 길이다.* 하지만 만약 당신이 시장을 능가하고자 하는 '공격적 투자자'라면, 당신은 불가능하지는 않을지 몰라도 가능성은 매우 낮은 목표를 세운 것이다. 그 목표에 도달하려면 엄격한 규율 속에서 명확한 원칙과 절차를 따라야 한다.

여전히 투기를 하고 싶다면, 핵심은 그것을 통제하는 데 있다. 아무리 신중한 사람이라도 가끔은 도박에서 짜릿함을 느낄 수 있다. 그 자체로 나쁠 것은 없다. 다만 중요한 조건이 있다. 잃어도 괜찮을 만큼만 걸고, 잃을 가능성이 크다는 사실을 스스로에게 솔직하게 인정할 수 있어야 한다.

하지만 순간적인 열기가 당신의 결심을 무너뜨릴 수 있다. 그래서 우리는 충동을 억제하고, 의사결정을 구조화하는 기술을 갖춰야 한다. 그에 대한 구체적인 방법들은 4장, 5장, 7장, 11장과 각 장의 논평에서 다룰 것이다.

혹시 이미 투기를 하다 크게 데이고 나서 '이제는 정말 바닥을 찍었다'는 사실을 인정하게 되었는가?

다행이다. 이 책의 나머지 부분에서 당신이 투자자로서 어떻게 제자리를 찾고, 그 자리를 어떻게 지켜나갈 수 있을지를 알려줄 것이다.

---

* 시장 평균 수익률을 추종하는 인덱스펀드에 투자하면 '평균' 이상의 결과를 얻게 되는 경우가 많다. 이에 대해서는 9장의 논평에서 더 자세히 설명한다.

미친 돈 계좌

투기하고 싶은 충동이 있다면, 그것을 '미친 돈' 계좌에 따로 떼어 관리하라. 이 계좌에는 자산의 최대 5%가 넘지 않도록 제한해야 한다. 이 정도면 운 좋게 성공했을 때 어느 정도 수익을 낼 수 있지만, 모두 날리더라도 위험한 수준의 손실은 피할 수 있다. '미친 돈' 계좌는 나머지 자산과 철저히 분리해, 다른 금융기관의 별도 계좌에 보관해야 한다. 그리고 무엇보다 중요한 원칙이 있다. 무슨 일이 있어도, 이 계좌에 돈을 추가로 넣어서는 안 된다.

2장

투자자와 인플레이션

최근 몇 년 동안 인플레이션과 이에 대처하는 방법은 대중의 주요 관심사였다. 최근의 화폐가치 하락과 이런 추세가 가속화될 수도 있다는 두려움은 월스트리트에 큰 영향을 미치고 있다. 생활비가 올라가면 수입이 고정되어 있는 사람들이나 고정 이자를 받는 채권 소유자는 당연히 손해를 보게 된다. 반면에 주주 입장에서는 배당금과 주가가 상승하기 때문에 구매력 손실을 일부 상쇄할 수 있다.

이러한 사실을 근거로 많은 금융 전문가들은 (1) 채권은 본질적으로 투자수단으로써 바람직하지 못하며, (2) 결과적으로 주식이 채권보다 훨씬 더 낫다는 결론을 내리고 있다. 심지어 자선기금이 자산의 100%를 주식에 투자하라는 권고를 받았다는 이야기를 들었다. 과거에는 이러한 기금들은 법에 의해 우량등급 채권(및 일부 우선주)에 100% 투자하게 되어 있었다.

우량주는 무조건 채권보다 더 나은 투자라는 주장은 틀렸다. 주가 수준에 따라, 현재 배당수익률과 채권수익률 중 어떤 것이 더 높은지에 따라 결론이 달라질 수 있기 때문이다. 이런 주장은 수년 전에 자주 들었던 '채권이 무조건 주식보다 안전하다'는 주장만큼이나 비이성적인 말이다. 이 장에서는 다양하게 인플레이션 요인을 분석하여 투자자가 향후 인플레이션의 영향을 얼마나 고려해야 하는지 설명하고자 한다.

금융과 관련된 다른 많은 문제가 그렇듯, 인플레이션에 대한 미래 전략 수립은 과거의 경험에 근거해야 한다. 인플레이션, 특히 1965년 이후 우리가 경험한 극심한 인플레이션은 처음 겪는 현상인가? 그렇지 않고 과거에 비슷하거나 더 심한 인플레이션을 경험했다면 오늘날 우리는 어떤 준비를 해야 하는가? 표 2-1은 물가 수준의 변화와 이에 연계되는 기업의 주당순이익Earnings Per Share(이하 EPS) 및 주가 추이에 대한 자료이다. 1915년부터 55년을 5년 간격으로 정리했다. (1945년은 전시 물가통제로 인한 왜곡을 피하기 위해 1946년을 대신 사용했다.)

가장 먼저 눈에 띄는 것은 과거에도 인플레이션이 있었다는 점이다. 그것도 아주 여러 번 있었다. 인플레이션이 가장 높았던 시기는 1915년에서 1920년 사이로, 당시 소비자물가지수는 거의 두 배로 올랐다. 최근 1965년과 1970년 사이의 15% 상승과 대조된다. 그 중간에는 세 차례의 물가 하락과 여섯 차례의 크고 작은 인플레이션이 반복되었다. 이 표를 보면 앞으로도 인플레이션은 지속되거나 반복될 수 있다는 것을 알 수 있다.

이 표만 보고 향후 인플레이션이 어떻게 될지 알 수는 없다. 워낙 다양하고 무작위로 발생하기 때문이다. 그러나 최근 20년간은 다소 일관된 기록이 나타나므로 여기서부터 단서를 찾을 수 있다. 이 기간 동안의 소비자물가지수의 연평균 상승률은 2.5%였고, 1965~1970년의 연평균 상승률은 4.5%였으며, 1970년의 상승률만 5.4%였다. 연방정부는 공식적으로 대규모 인플레이션을 강력히 억제하는 정책을 펴고 있으며, 이러한 정책은 최근보다 미래에 더 효과적일 것이라고 믿는다. 현 시점에서는 투자자가 미래의 인플레이션율

〈표 2-1〉 1915년부터 1970년까지 5년 간격의 물가지수, 기업 이익, 주가 추이

연도	물가지수[a]		S&P 500 지수[b]		전기 대비 변화율(%)			
	도매	소비자	EPS	주가지수	도매물가	소비자물가	EPS	주가지수
1915	38.0	35.4		8.31				
1920	84.5	69.8		7.98	+96.0	+96.8		−4.0
1925	56.6	61.1	1.24	11.15	−33.4	−12.4		+41.5
1930	47.3	58.2	0.97	21.63	−16.5	−4.7	−21.9	+88.0
1935	43.8	47.8	0.76	15.47	−7.4	−18.0	−21.6	−26.0
1940	43.0	48.8	1.05	11.02	−0.2	+2.1	+33.1	−28.8
1946[c]	66.1	68.0	1.06	17.08	+53.7	+40.0	+1.0	+55.0
1950	86.8	83.8	2.84	18.40	+31.5	+23.1	+168.0	+21.4
1955	97.2	93.3	3.62	40.49	+6.2	+11.4	+27.4	+121.0
1960	100.7	103.1	3.27	55.85	+9.2	+10.5	−9.7	+38.0
1965	102.5	109.9	5.19	88.17	+1.8	+6.6	+58.8	+57.0
1970	117.5	134.0	5.36	92.15	+14.6	+21.9	+3.3	+4.4

a 연평균. 1957년 물가지수 = 100 가정. 1967년 = 100으로 가정하면 1970년의 평균은 도매물가지수 및 소비자물가지수는 각각 110.4 및 116.3이 된다.

b 1941년부터 1943년까지의 평균이 10이라고 가정했다.

c 1945년은 전시 물가통제가 시행되었던 기간이기 때문에 이를 피하기 위해 1946년을 적용했다.

이 연 3%대에 머물 것이라고 가정하고 투자에 대한 의사결정을 내리는 것이 적당하다고 생각한다. (이는 1915년부터 1970년 사이의 연평균 인플레이션율 2.5%와 비슷한 수준이다.)* 이러한 인플레이션은 향후 어떤 결과를 가져올 것인가? 생활비가 높아지면 현재 비과세 우량 중기채로 얻을 수 있는 수익률(또는 세후 우량 회사채의 예상 수익률)의 약 절반을 갉아먹게 된다. 이는 심각한 손실이지만 확대해석할 필요

* 이 글은 1971년 8월 닉슨 대통령의 가격 및 임금 동결 조치와 그 후 이어진 '2단계' 통제 시스템이 시행되기 전에 작성되었다. 이러한 상황을 고려할 때, 이 가정은 적절했던 것으로 보인다.

는 없다. 투자자가 보유한 자산의 실질 가치나 구매력이 몇 년 사이에 갑자기 감소한다는 의미는 아니다. 세후 이자소득의 절반만 소비한다면 3%의 연간 인플레이션율에서는 구매력이 유지될 것이다.

자연스럽게 다음 질문은 "우량등급 채권이 1970년과 1971년과 같이 전례 없는 수익률을 보여주고 있는데, 주식을 사는 것이 더 낫다고 확신하는 근거는 무엇인가?"가 될 것이다. 예를 들어 포트폴리오에 주식만 담는 것이 주식과 채권을 나누어 담는 것보다 나을까? 주식은 인플레이션에 대한 방어가 가능하고, 그렇다면 시간이 지남에 따라 채권보다 성과가 더 좋을까? 실제로 연구 기간인 55년 동안 주식이 채권보다 투자자들에게 훨씬 유리하지 않았나?

이러한 질문에 대한 답은 다소 복잡하다. 과거 오랫동안 주식은 실제로 채권보다 수익률이 높았다. 다우지수는 1915년 평균 77포인트에서 1970년 평균 753포인트로 연 평균 4%의 수익률을 보였으며, 여기에 평균 4%의 배당금이 지급되었다. (S&P 지수 역시 비슷하다.) 물론 연 8%라는 총 수익률은 같은 55년 동안 채권으로 얻을 수 있는 수익률보다 훨씬 높다. 하지만 오늘날 우량등급 채권수익률에는 미치지 못한다. 그렇다면 앞으로 주식이 지난 55년보다 더 좋아질 것이라고 믿을 만한 설득력 있는 이유가 있을까?

한 마디로 '없다'. 주식 수익률이 과거보다 더 좋아질 수도 있지만 결코 확실하지 않다. 우리는 여기서 투자 성과를 두 개의 서로 다른 기간으로 나누어 다루어야 한다. 하나는 장기라고 표현하는 향후 25년 정도의 기간이다. 다른 하나는 단기 또는 중기라고 하며, 예를 들면 각 투자자가 5년 이내에 직면할 수 있는 재무적, 심리적으로 겪게 되는 일에 적용된다. 투자자의 마음가짐, 희망과 걱정, 과거 의사결정에 대한 만족이나 후회, 지금 당장 무엇을 해야 할지에 대한 모든 의사결정은 평생의 경험을 되돌아보는 것이 아니라 그때그때의 경험에 의존하게 된다.

이 시점에서 단호하게 말할 수 있다. 인플레이션(또는 디플레이션)은 기업 이익이나 주가와 큰 관련이 없다. 가장 최근인 1966~1970년 기간만 보더라도 분명히 알 수 있다. 소비자물가지수는 22% 상승하여 1946~1950년 이후 가장 높은 상승률을 기록했지만, 기업 이익과 주가지수는 1965년 이후 전반적으로 하락했다. 그 이전의 기록에서도 비슷한 사례가 발견된다.

인플레이션과 기업 이익

인플레이션을 분석할 때 기업의 자본이익률을 함께 보는 것도 매우 유용한 접근이다. 물론 자본이익률은 일반적으로 경기흐름에 따라 변동한다. 그러나 자본이익률이 도매물가지수나 소비자물가지수과 같은 방향으로 움직인다는 상관관계는 발견할 수 없었다. 실제로 지난 20년 동안 인플레이션이 지속되었음에도 불구하고 자본이익률은 오히려 크게 하락했다. (하락 중 일부는 감가상각률을 더 공격적으로 적용했기 때문이다. 표 2-2를 참조하라.) 추가 연구 결과 내가 내린 결론은 투자자는 지난 5년간 다우지수 기업들이 거둔 자본이익률(10%의 순유형자산이익률) 이상을 기대하기는 어렵다는 것이다.* 이 기업들의 주가는 순자산가치보다 훨씬 높기 때문에(1971년 중반에 순자산가치는 560인 반면, 주가는 약 900), EPS를 주가로 나눈 이익수익률은 6.25%에 불과하다. (역수인 주가수익배율(Price Earnings Ratio, 이하 PER)로 환산하면 18배에 해당된다.)

이런 내용은 1장에서 투자자는 보유 주식의 주가에 대해 평균 3.5%의 배당수익률과 재투자 수익으로 연간 4%의 추가 주가 상승을 기대할 수 있다고

* S&P 425 산업주 지수의 수익률은 자산가치 기준 약 11.5%에 달했는데, 이는 다우지수 30개 종목에 포함되지 않은 IBM이 높은 수익률을 기록했기 때문이다.

〈표 2-2〉 기업 부채, 이익 및 ROE

연도	순부채 (10억 달러)	세전 이익 (100만 달러)	당기순이익 (100만 달러)	ROE(%)	
				S&P 자료[a]	기타 자료[b]
1950	140.2	42.6	17.8	18.3	15.0
1955	212.1	48.6	27.0	18.3	12.9
1960	302.8	49.7	26.7	10.4	9.1
1965	453.3	77.8	46.5	10.8	11.8
1969	692.9	91.2	48.5	11.8	11.3

a S&P 산업주 지수의 이익 / 연간 평균 순자산가치
b 1950년과 1955년의 자료는 코틀 앤드 위트먼(Cottle and Whitman), 1960년부터 1969년까지는 포춘(Fortune) 자료 인용

설명한 것과 일맥상통한다. (순자산가치가 1달러 증가할 때마다 주가는 1.60달러씩 상승한다고 가정했다.)

만약 연간 3%의 인플레이션이 예상된다면 기업 이익과 주가 상승도 뒤따르지 않을까 하는 기대를 할 수도 있다. 그러나 과거에 비추어보면 인플레이션이 직접적으로 기업 이익에 긍정적인 영향을 미쳤다는 증거는 없다. 수치만 놓고 보면 지난 20년 동안 다우지수의 이익이 크게 증가한 이유가 대부분 유보이익의 재투자로 인한 투하자본 증가에 비례하여 이루어졌음을 알 수 있다. 만약 인플레이션이 별개의 호재로 작용했다면, 이는 원래 있던 기존 자본의 '가치'를 높이는 효과를 가져왔을 것이고 이는 기존 자본에 새롭게 투하된 신규 자본을 합친 전체 자본이익률이 증가하는 결과가 나왔어야 한다. 그러나 도매물가 수준이 40% 가까이 상승한 지난 20년 동안 실제로 그런 일은 일어나지 않았다. (기업 이익은 소비자물가보다 도매물가에 더 많은 영향을 받는다.) 인플레이션이 주가에 긍정적으로 반영될 수 있는 유일한 방법은 자기자본이익률Return On Equity (이하 ROE[4])을 높이는 것이다. 하지만 과거 기록을 보면 그런 일은 일어나지 않았다.

과거의 경기 사이클에서는 경기가 좋을 때는 물가상승이, 경기가 나쁠 때

는 물가하락이 동반되었다. 일반적으로 '약간의 인플레이션'이 기업 이익을 높인다고 대중은 인식하고 있다. 대체로 꾸준한 호황과 전반적인 물가상승이 동시에 이루어졌던 1959년에서 1970년 사이에는 이러한 견해가 맞았다. 그러나 수치를 보면 이 모든 것이 ROE에 미친 영향은 상당히 제한적이었고, 사실 이는 ROE를 유지하는 것에도 기여하지 못했다. 오히려 기업의 실질 ROE를 갉아먹는 효과가 있었다. 아마도 가장 중요한 것은 (1) 생산성 향상을 초과하는 임금 인상과 (2) 자기자본회전율(투하자본 대비 매출액 비율)[5]이 감소하면서 막대한 신규 자본이 필요해지기 때문일 것이다.

표 2-2는 인플레이션이 기업과 주주에게 유리하지 않았고, 오히려 그 반대의 효과가 있었다는 것을 보여준다. 표에서 가장 눈에 띄는 것은 1950년에서 1969년 사이에 급격히 증가한 기업 부채 부담이다. 경제학자와 주식시장이 이러한 기업 부채 문제에 대해 관심이 없다는 것이 놀라울 따름이다. 기업의 세전 이익은 두 배 증가에 그친 반면, 기업 부채는 거의 다섯 배 증가했다. 이 기간 동안 금리가 급격히 상승하면서, 기업 부채는 많은 개별 기업에게 치명적 문제를 초래했으며, 이는 경제 전반에도 부정적인 영향을 미쳤다. (1950년에는 이자 및 법인세 차감 전 순이익이 부채의 약 30%였던 반면, 1969년에는 13.2%까지 떨어졌다는 점도 기억해야 한다. 1970년의 비율은 훨씬 더 악화되었을 것이다.) 요약하자면 1969년 기업들이 달성한 11%의 ROE는 세후 4%의 비용이 드는 막대한 차입을 통해서만 달성할 수 있었다고 생각된다. 오늘날 기업들이 1950년과 같은 낮은 레버리지만 사용했다면 인플레이션에도 불구하고 ROE는 훨씬 더 낮아졌을 것이다.

일반적으로 인플레이션이 심화되면 공익기업의 경우 차입 비용은 급격히 증가하는 반면, 요금 인상은 가격 규제로 어렵기 때문에 이런 상황에서 불리한 업종이라고 인식되고 있다. 그러나 전기, 가스, 전화 서비스의 단가가 일반 물가지수보다 훨씬 적게 상승했다는 사실 자체가 이들 기업이 전략적으로 유리한 위치에 있다는 점을 반영한다.* 이 기업들은 법적으로 투자자본에 대한 적절한 수익을 낼 수 있는 요금을 부과할 권리가 있으며, 따라서 주주들은 과거에도 그랬듯이 향후에도 인플레이션의 타격을 어느 정도 방어할 수 있다.

지금까지 모든 사항을 종합해 볼 때, 투자자가 1971년 말 기준으로 다우지수와 유사한 주식 포트폴리오에서 평균 8% 이상의 수익률을 기대하기 어렵다는 결론에 도달하게 된다. 결과적으로 8% 이상의 수익률이 나올 수도 있겠지만, 그렇다 하더라도 주식에만 100% 투자하는 것은 바람직하지 않다. 미래에 한 가지 확실한 것이 있다면 주식 포트폴리오의 수익이나 가격이 매년 일정한 비율로, 예컨대 4% 또는 다른 어떤 비율로든, 성장하지는 않는다는 사실이다.

존 피어폰트 모건J. P. Morgan이 말했듯이 '주가는 올랐다 내렸다 하는 것이다.' 이는 첫째, 주식을 매수하는 사람은 수년 동안 만족스럽지 못한 결과를 얻을 수 있는 위험을 감수한다는 것을 의미한다. GE의 경우 1929~1932년 대공황으로 인한 주가하락을 만회하는 데 25년이 걸렸다. (다우지수도 마찬가지였다.) 또한 투자자가 포트폴리오를 주식으로만 채운다면 주가가 급등하거나 급락할 때 감정에 휩쓸려서 갈팡질팡할 가능성이 크다. 특히 투자 결정을 인플레이션과 과도하게 연관시키는 경우, 이런 경향은 더욱 심화된다. 예를 들어 강세장이 시작되었을 때, 이를 하락의 전조나 이익 실현의 기회로 보지 않고, 오히려 인플레이션 가설에 사로잡혀 주가가 아무리 높고 배당금이 아무리 낮더라도 주식을 계속 사야 한다고 믿게 된다. 결국 후회하게 될 가능성이 크다.

* 1971년 AT&T 발표에 따르면 가정용 전화요금은 1960년보다 1970년이 좀 더 저렴했다.

인플레이션에 대비할 수 있는 다른 대안

자국 통화를 신뢰하지 않는다면 어느 나라 사람이건 일반적인 전략은 금을 사는 것이다. 그러나 1935년 이래로 미국인의 금 보유는 법으로 금지됐다. 결론적으로는 다행스러운 일이었다. 지난 35년 동안 금 1온스 가격은 35달러에서 1972년 초 48달러로 상승했는데, 상승률로 보면 35%에 불과하다. 이 기간 동안 금 소유자들은 금에 대한 이자를 전혀 받지 못했고 오히려 보관 수수료를 지불해야 했다. 금 가격은 상승했지만 은행에 돈을 저축하여 이자를 받는 것이 훨씬 더 나았다.

금이 화폐의 구매력 상실을 막는 데 거의 실패한 것처럼 일반 투자자들이 돈을 쏟고 있는 '물건'들 역시 인플레이션을 막을 수 있을지 의문이다. 다이아몬드, 오래된 명화, 초판본, 희귀 우표 또는 동전 등 다양한 귀중품의 시장 가치가 수년 동안 크게 상승했다. 그러나 많은 경우, 어쩌면 대부분의 경우, 제시된 가격은 인위적이거나 의심스럽고 심지어 비현실적으로 보인다. 발행년도가 1804년이라고 적힌(그러나 그 해에 발행되지도 않은) 은화 1달러에 67,500달러를 지불하고 이를 '투자'로 간주하는 것은 터무니없는 일이다.* 이 분야는 내가 잘 알고 있는 분야는 아니라는 점을 인정한다. 하지만 이 분야에 대해 제대로 알고 있는 사람도 거의 없을 것이다.

부동산을 직접 소유하는 것은 인플레이션에 대비할 수 있기 때문에 오랫동안 안전한 장기 투자로 여겨져 왔다. 하지만 안타깝게도 부동산도 가격 변동이 심하고, 입지 선정이나 매수 가격과 관련하여 큰 실수를 할 수 있으며, 부동산 중개인의 교묘한 함정에 빠질 수도 있다.

---

* 1970년 10월, 『월스트리트 저널The Wall Street Journal』

마지막으로 고액자산가가 아닌 투자자는 분산 투자도 사실상 불가능하다. 분산 투자를 하기 위해서는 다른 사람들과 다양한 유형의 공동 투자를 고려해야 하지만, 이 또한 신규 주식 발행과 마찬가지로 특별한 위험을 수반하기 때문에 주식을 소유하는 것과 크게 다르지 않다. 다시 말하지만 이것은 나의 전문 분야가 아니다. 하지만 투자자에게 "이런 분야의 일은 뛰어들기 전에 당신에게 적합한지 충분한 조사를 하라"고 말하고 싶다.

결론

결국 1장에서 추천했던 전략으로 돌아가게 된다. 미래의 불확실성을 고려하면 투자자는 최근 채권수익률이 예상외로 높다고 해서 채권에만 투자해서도 안 되고, 지속적인 인플레이션이 전망된다고 해서 주식에만 투자해서도 안 된다.

포트폴리오의 수익에 더 많이 의존하는 사람일수록 예상치 못한 시장 흐름과 불안한 시장 상황으로부터 자신을 보호하는 것이 더 중요해진다. 방어적인 투자자는 위험을 최소화하기 위해 노력하는 것이 필수적이다. 예를 들어 연 7.5% 수익률의 통신회사 회사채를 매입할 때의 위험은 다우지수(또는 이와 유사한 다른 지수)를 900포인트에 매수할 때의 위험보다 훨씬 적다고 믿는다. 하지만 인플레이션이 대규모로 발생할 가능성은 여전히 존재하므로 투자자는 이에 대비할 필요가 있다. 주식이 이러한 인플레이션에 대한 적절한 보호 수단이라고 보장할 수는 없지만, 채권보다는 나을 것이다.

다음 내용은 이 책의 1965년 판에도 적었으며, 이에 대한 내 생각은 현재도 변함없다:

이미 이 가격대(다우지수 892)에서 주식에 열광할 필요는 없다. 하지만 앞서 언급한 이유 때문에 방어적 투자자는 포트폴리오에 주식을 적당한 비중으로 편입해야 하며, 그것이 채권만 보유하는 것보다는 덜 위험한 선택이라고 판단된다.

2장 논평

— 제이슨 츠바이크

"5센트짜리 동전은 절대 10센트가 되지 못한다."

— 요기 베라*

투자자에게 인플레이션은 단발성 사건이 아니다. 그것은 주어진 환경이다.

2009년부터 2020년까지의 긴 기간 동안 우리는 이 사실을 잊고 있었다. 그동안 적어도 많은 정부가 측정하는 기준으로는, 생활비가 거의 오르지 않았기 때문이다.

하지만 인플레이션은 결코 사라지지 않는다. 현명한 투자자에게 중요한 것은, 인플레이션에 과잉 반응하지 않으면서도 그에 맞서 방어하는 방법을 아는 것이다.

* 요기 베라Yogi Berra, 『요기의 책The Yogi Book』(Workman, 1998), p19.

화폐 착각The Money Illusion

투자자들은 단기적으로 높은 인플레이션에는 과잉 반응하면서, 장기적으로 지속되는 낮은 인플레이션은 과소평가하는 경향이 있다. 그 결과 우리 대부분은 심리학자들이 '화폐 착각'이라 부르는 근본적인 인식 오류를 겪는다.

세 사람(아멜리아, 벨라, 샬럿)이 각기 다른 시점에 50만 달러의 유산을 상속받아 전액으로 주택을 구입하고, 1년 뒤 그 집을 매각했다고 가정하자.

아멜리아가 집을 소유하던 해에는 심각한 디플레이션이 발생해 생활비가 25%나 하락했다. 그 해 말, 아멜리아는 집을 38만 5천 달러에 팔았다. 이는 구입가보다 23% 낮은 금액이었다.

벨라가 집을 소유하던 해에는 물가가 전혀 변하지 않았다. 즉 인플레이션도 디플레이션도 없었다. 그녀는 집을 49만 5천 달러에 팔았다. 이는 구입가보다 1% 낮은 금액이었다.

샬럿이 집을 소유하던 해에는 인플레이션이 25%에 달했다. 그 해 말, 샬럿은 집을 61만 5천 달러에 팔았다. 이는 구입가보다 23% 높은 금액이었다.

이 세 사람 중 가장 좋은 거래를 한 사람은 누구이며, 가장 나쁜 거래를 한 사람은 누구인가?

설문조사에 따르면, 많은 사람들은 샬럿이 가장 거래를 잘했고, 그 다음으로 벨라, 그리고 아멜리아가 가장 손해 본 거래를 했다고 답한다.

계산해 보면, 오히려 아멜리아가 가장 유리한 거래를 한 셈이다. 생활비 변화를 반영한 결과, 실질적으로 이익을 본 사람은 아멜리아뿐이었다. 상품과 서비스 가격이 25%나 하락했지만, 그녀는 집을 구입가보다 23% 낮은 가격에 팔았다. 결과적으로 실질 구매력 기준으로 약 2%의 이익을 얻은 것이다.

인플레이션을 고려하지 않은 명목 가격은 단순하고 직관적이며 눈에 쉽게 들어

오는 반면, 생활비 변화를 반영한 계산은 추가적인 사고가 필요하다. 61만 5천 달러가 50만 달러보다 훨씬 커 보인다는 사실은 무시하기 어렵다. 하지만 잠시 멈춰 생각하거나 계산기를 두드려 보면, 샬럿이 인플레이션을 고려했을 때 손해를 보지 않기 위해서는 최소한 62만 5천 달러에 집을 팔아야 했다는 사실을 알게 된다.*

마찬가지로 투자자들 역시 흔히 인용되는 투자 수익률이 인플레이션을 고려하지 않는다는 사실을 자주 잊는다. 장기적으로 생활비는 연간 최소 3% 이상 오를 것이라고 가정할 때, 예상 수익률에서 매년 3%를 빼는 습관을 들이는 것이 좋다. 예를 들어 주식이 연평균 10% 오를 것이라고 예상한다면 인플레이션을 감안한 실질 수익률로는 연 7% 이상을 기대하지 말아야 한다.

현명한 투자자가 되려면 화폐 착각을 경계해야 한다. 예상 수익률에서 적당한 인플레이션율을 항상 빼 줌으로써, 기대치를 현실적으로 유지해야 한다.

---

* 엘다르 샤피르 외, 「화폐 착각Money Illusion」에서 인용. bit.ly/45jx0YE.

공격할 것인가? 방어할 것인가?

인플레이션으로부터 가장 잘 방어해 주는 금융자산은 무엇일까?

인플레이션이 급등할 때는 자극적인 수사가 잘못된 논리를 가리는 눈속임이 될 수 있다. 이야기보다는 통계에 근거하여 판단해야 한다.

당신도 달걀이다

인플레이션에 대비하는 방법을 고민할 때, 자산을 마음속에서 세 개의 바구니로 나누어 생각하라.

금융 자본financial capital에는 현금, 채권, 주식, 리츠, 원자재, 그리고 기타 유통 가능한 자산이 포함된다. 이들 중 일부는 생활비 상승에 대해 다른 자산보다 더 나은 방어력을 지닌다. 인플레이션으로부터 스스로를 보호하기 위해서는 투자하는 금융 자본의 유동성이 풍부해야 한다. 즉 빠르고 쉽게 현금으로 전환할 수 있어야 한다.

인적 자본human capital은 당신의 직업, 경력, 교육을 통해 앞으로 벌어들일 모든 소득의 현재 가치를 의미한다. 학위 취득을 위해 다시 학교에 가거나, 전문 자격증을 공부하거나, 핵심적인 새로운 기술을 익히거나, 부업을 하거나, 창업을 하는 방식으로 인적 자본을 키울 수 있으며, 그렇게 하면 총소득의 성장률이 인플레이션율을 훌쩍 넘어설 수도 있다. 단 자신의 인적 자본이 집중된 산업에 금융 자본까지 과도하게 투자하지 말아야 한다. ('달걀을 한 바구니에 담지 말라'는 조언을 따를 때, 당신 자신도 그 달걀 중 하나라는 사실을 잊지 말자.)

물적 자본physical capital은 당신이 소유한 물리적 자산을 뜻한다. 예를 들어 주택, 자동차, 농지나 임야, 예술품, 골동품, 와인, 보석, 동전, 우표 등과 같은 고급 수집품이 이에 해당한다. 수십 년, 혹은 수세기에 걸쳐 이러한 물적 자본, 즉 실물 자산real assets은 인플레이션 시기에도 가치를 지키는 경향을 보여왔다. 특히 품질이 뛰어난 경우 그렇다. 하지만 이러한 자산들은 일반적으로 수익을 창출하지는 않는다.

> 인플레이션에 대비할 때는, 금융 자본만이 아니라 당신의 인적 자본과 물적 자본도 반드시 함께 고려해야 한다. 그렇지 않으면 투자업계의 홍보에 휩쓸려 당신의 관심은 온전히 금융 자산에만 집중하게 될 것이다. 그 결과, 당신은 겁에 질린 나머지, 인플레이션이 심해지면 그럴듯해 보일 것 같지만 실익은 없고 수수료만 높게 부과되는 펀드를 사게 될 수도 있다. 하지만 그런 펀드들은 대부분 유동성이 낮거나 수익을 제대로 내지 못해, 인플레이션 방어 수단으로서의 실효성이 떨어진다.

모든 투자자는 인플레이션이 치솟을 때나 잠잠할 때나 모두 좋은 성과를 내는 자산을 원하지만, 그런 자산은 존재하지 않는다. 월스트리트는 이상향과는 거리가 먼 곳이다.

보험은 공짜가 아니다

인플레이션에 대비해 보험을 든다는 것은 자동차, 주택, 생명보험처럼 대가를 지불해야 한다는 뜻이다. 다음은 인플레이션에 대비하는 주요 방법들이며, 각각은 나름의 비용을 수반한다.

- 금은 놀라울 정도로 오랜 시간 동안 가치 저장 수단으로 기능해 왔다. 예를 들어 기원전 27년부터 서기 14년까지 통치한 아우구스투스 황제 시대에 로마의 백인대장이 1년에 받았던 금의 양은 2,000년이 지난 후

에도 미 육군 대위의 1년치 급여를 충당할 수 있을 정도다.*

하지만 1900년부터 2022년까지 금의 인플레이션 조정 후 연평균 수익률은 0.8%에도 못 미쳤다. 현금보다 약간 나은 정도였을 뿐이다.** 1900년 1월 1일에 금에 1,000달러를 투자했다면, 2022년 말까지 그 가치는 약 2,500달러가 되었을 것이다. 반면 같은 시점에 미국 국채에 투자했다면 약 7,800달러, 주식에 투자했다면 200만 달러를 넘는 자산을 보유하게 되었을 것이다.

그 과정에서 금 가격은 주식만큼이나 심하게 요동쳤고, 그 결과 인플레이션을 앞서기보다는 오히려 뒤처지는 경우가 많았다. 예를 들어 2021년에는 생활비가 급등했지만 금 가격은 오히려 3.5% 하락했다. 2022년에는 현대 역사상 가장 높은 인플레이션이 기록되었음에도, 금은 0.4% 하락했다. 반면 2023년에는 인플레이션이 둔화되자 금 가격은 13% 상승했다.

매우 장기적인 관점에서는 금이 구매력을 유지하는 데 좋은 수단이었다. 그러나 단기적으로는 인플레이션을 방어하기에 믿을 만한 수단은 아니다.

- 미재무성 시리즈 I 채권U.S. Treasury Series I Bonds, (이하 I-본드)은 미국 정부가 발행하는 저축채권으로, 이자율이 연 2회 조정되며 공식 소비자물가

---

* 클로드 B. 어브Claude B. Erb와 캠벨 R. 하비Campbell R. Harvey, 「황금의 딜레마The Golden Dilemma」에서 발췌(bit.ly/3Ja7TPF). 미 육군 대위의 급여를 금으로 환산한 수치는 4년 경력 기준이며, 2023년 기준 온스당 약 2,000달러의 금 가격을 기준으로 계산된 것이다.

** 내가 이 책의 논평 전반에 걸쳐 '연평균 수익률' 혹은 '연 X%의 평균 수익률'이라고 표현한 것은 기하평균geometric mean, 즉 복리 기준 연환산 수익률compound annualized return을 의미한다. 대부분의 자산은 시간이 지나며 가치가 불규칙하게 변동하는 경향이 있다. 이를 기하평균으로 환산해 표현하면, 마치 그 수익률이 전체 기간 동안 일정한 비율로 꾸준히 발생한 것처럼 나타낼 수 있다.

상승률을 반영하도록 설계되어 있다. 이 채권은 사실상 무위험 자산이다. 미국 재무부가 원금과 누적된 인플레이션만큼의 이자를 보장해 주기 때문이다. 즉 인플레이션이 아무리 심해도 I-본드는 최대 30년간 구매력을 보존해 줄 수 있다.(단 인플레이션 이상의 수익은 발생하지 않는다.)

또한 세금 측면에서도 유리한 점이 있다. 하지만 몇 가지 제약 조건도 있다(연간 최대 1만 달러까지만 투자 가능, TreasuryDirect.gov에서만 구매 가능, 미국 시민 또는 거주자만 구매 가능, 구매 후 1년간은 매도 불가, 5년 이내에 매도하면 3개월치 이자 몰수).

I-본드는 인플레이션 방어 수단으로는 매우 뛰어나지만, 유동성이 떨어지고 대량 구매가 어렵다는 점에서 한계가 있다.*

- 물가연동채권 Inflation-Linked Bonds 역시 생활비 상승을 완화하는 데 도움이 될 수 있다. 미국에서는 이를 TIPS Treasury Inflation-Protected Securities 라고 부르며, 유럽, 아시아, 라틴아메리카 등 많은 나라에서도 '링커 linkers'라는 이름으로 발행된다. 이러한 채권은 인플레이션의 변화에 따라 원금이 자동으로 조정된다. 즉 만기 시 상환 받을 금액이 물가에 따라 올라가거나 내려간다.

  그러나 물가연동채권은 과대평가되기 쉽고, 금리 변화에 매우 민감하다는 단점이 있다. 예를 들어 2022년 미국의 TIPS는 11% 하락했고, 만기 30년짜리 TIPS는 40% 이상 폭락했다.

  반면 2024년 초 기준, 장기 미국 TIPS는 향후 30년 동안 인플레이션을 제외한 연 2% 이상의 실질 수익을 보장받을 기회를 제공했다. 이는 생활비 상승률을 상회하는 다소 낮은 수익률이지만, 매우 안전한 장기

---

* 더 자세한 정보는 다음 자료를 참고하라: TreasuryDirect, 「I-본드 I Bonds」: bit.ly/48EDPqJ, TIPSWatch, 「I-본드 관련 Q&A Q&A on I Bonds」: bit.ly/47lYf0H, 제이슨 츠바이크, 「I-본드로 치솟는 인플레이션에 맞서라 Fight Runaway Inflation with I Bonds」: bit.ly/43UbCsY.

보험과 같은 성격의 자산으로 평가되었다.

임금소득이 끊기고 인적 자본의 가치가 줄어드는 은퇴 시점에 가까워진 투자자라면, 물가연동채권이 노후에도 생활비 상승을 견딜 수 있도록 금융자산의 실질 가치를 지켜주는 이상적인 수단이 될 수 있다.*

- 부동산은 '쉼터'일 뿐, 당신이 생각하는 것만큼 인플레이션으로부터의 '피난처' 역할을 해주지는 않을 수 있다. 예일대 경제학자 로버트 실러Robert Shiller에 따르면, 1890년부터 2014년까지 미국 주택 가격의 인플레이션 조정 후 연평균 상승률은 고작 0.3%에 불과했다.**

  당신의 집은 '삶의 터전'이지 '헤지 수단'이 아니다. 그리고 상업용 부동산은 금리 상승에 매우 민감하기 때문에, 인플레이션에 대해 부분적인 방어만 가능할 뿐이다.
- 주식은 생활비가 연 4% 정도까지 완만하게 오르는 상황에서는 비교적 양호한 성과를 낸다. 하지만 인플레이션이 두 자릿수에 도달하면, 예컨대 1차·2차 세계대전 말기나 1970년대 후반의 미국처럼 주식은 참담한 성과를 보이며, 실질 수익률은 연평균 -7% 이상으로 떨어진다. 이러한 현상은 전 세계적으로도 100년 넘게 반복되어 왔다. 즉 인플레이션이 7.5%를 넘는 시기에는 주식의 실질 수익률이 연 1%도 채 안 되었고, 생활비가 두 자릿수 후반까지 치솟는 시기에는 연평균 실질

---

* 이는 TIPS가 인플레이션 차감 후 '실질 수익률'이 플러스일 때 매수하고, 만기까지 보유한다는 가정 하에서 성립하는 이야기다. TIPS에 대해 더 알고 싶다면 다음 자료를 참고하라: Bogleheads.org, 「TIPSTreasury Inflation-Protected Securities」, bit.ly/3JizCxP; Epiphany, 「TIPS 이해하기How TIPS Work」, bit.ly/3RGxSDE; The Finance Buff, 「TIPS: 물가연동채권TIPS: Inflation Linked Bonds」, bit.ly/3Q4hYSh; 앨런 로스Allan Roth, 「4% 룰이 훨씬 더 쉬워졌다The 4% Rule Just Became a Whole Lot Easier」, bit.ly/3JN3lyF.

** 로버트 J. 실러, 『비이성적 과열Irrational Exuberance』, (프린스턴대학교출판부, 2015), p19~28. 브렌트 W. 앰브로스 외, 「주택가격과 펀더멘털House Prices and Fundamentals」, bit.ly/46EDkLg.

손실이 거의 10%에 달했다.

그렇다고 해서 주식을 피해야 한다는 뜻은 결코 아니다. 어떤 자산이 '항상' 좋은 성과를 내지 않더라도, '장기적으로' 좋은 성과를 낼 수는 있다. 인플레이션이 빠르고 크게 상승할 때, 주식은 큰 손실을 입을 수 있고, 그 손실을 회복하는 데 몇 년이 걸릴 수도 있다. 하지만 아주 장기적인 관점에서 주식은 역사적으로 소비자물가 상승률을 훨씬 웃도는 성과를 보여줘 왔다.*

인플레이션이 급등하는 시기에는 주식의 시장 가치가 거의 확실하게 단기 하락을 겪는다. 하지만 이러한 하락은 주식이 장기적으로 더 높은 수익을 제공하기 위해 반드시 감수해야 하는 대가다.

또한 생활비 상승률은 시기와 국가에 따라 달라지므로, 주식 포트폴리오의 상당 부분을 해외 시장의 상장된 기업들에 분산 투자하는 것이 합리적이다. 이렇게 하면 인플레이션의 잠식 속도가 덜한 자산에서 수익을 얻을 수 있는 길이 열린다.

- 비트코인은 최근 몇 년간 인플레이션을 박살낼 디지털 터미네이터처럼 자주 선전되었다. 그 이유 중 하나는 이 암호화폐의 공급량이 2,100만 개로 제한되어 있기 때문이다. 마지막 비트코인이 발행된 이후에는 더 이상 발행되지 않기 때문에, 과도한 공급으로 인한 가치 희석이 일어나지 않을 것이라는 기대가 깔려 있다.

  반면 정부가 발행하는 법정화폐는 공급량에 제한이 없으며, 그 결과 시간이 지남에 따라 가치가 점점 훼손되는 경향이 있다. 비트와이

* 3장 논평과 다음 자료를 참고하라. 짐 오쇼너시Jim O'Shaughnessy, 「인플레이션과 미국 채권 및 주식 시장Inflation and the US Bond and Stock Markets」, bit.ly/3Nscnns.

즈Bitwise Asset Management에 따르면, 이런 선전 효과에 힘입어 비트코인은 2019년에 94%, 2020년에 308%, 2021년에 57% 상승했다.

하지만 비트코인은 2010년 7월까지는 공공 시장에서 거래조차 되지 않았다. 그만큼 역사가 짧아, 특히 그 기간 동안 인플레이션이 낮았다는 점을 감안하면 그 수익률만으로 일반화된 결론을 내리는 것은 무리다.

그리고 2022년, 인플레이션이 맹렬히 치솟던 시기에, 비트코인은 거의 3분의 2나 폭락하며 대부분의 자산보다 훨씬 더 큰 낙폭을 기록했다. 투자자들이 인플레이션으로부터 보호받고자 가장 절실했던 그 시점에, 비트코인은 오히려 '디플레이션'된 셈이었다. 2023년에는 인플레이션이 진정되자, 비트코인은 다시 156% 이상 폭등했다. 이 또한 인플레이션 헤지 자산이 보여야 할 모습과는 거리가 있다.

비트코인이 앞으로도 높은 수익률을 낼 수 있을까?

그건 누구도 확신할 수 없는 일이다. 더 우수한 암호화폐가 등장해 비트코인을 구시대의 유물로 만들 수도 있다. (물론 가능성은 낮지만) 소프트웨어 업데이트 과정에서 치명적인 결함이 생겨 신뢰를 무너뜨릴 수도 있고, 중앙은행이 자체 디지털 화폐CBDC를 도입하면서 비트코인을 변방으로 몰아낼 수도 있다. 혹은 비트코인 가격이 장기간 하락하면서 하락 자체가 하락을 부르고, 결국 네트워크의 매력마저 잃게 되는 자기소멸적 경로를 밟을 수도 있다.

비트코인을 단순한 '화폐'로만 보지 말고, 통화 기능도 갖춘 '희소 수집품'으로 생각해보자. 이는 금gold과 비슷한 개념이다. 이처럼 희귀한 대상을 소유하는 것은, 설령 그 대상이 더 이상 유행하지 않더라도 그 자체로 소장가에게 자부심과 즐거움을 안겨준다.

이런 점을 감안하면, 비트코인은 통화로서 완전히 보편화되지 않더라도 일정한 가치는 유지할 가능성이 있다.

그렇다면 향후 비트코인의 가치는 어디까지 오를 것인가? 비트코인은 금처럼 수세기에 걸쳐 안정적인 가치 저장 수단이 될 수도 있고, 희귀 예술작품처럼 시간이 지날수록 가치가 오르지만, 그 과정에서 극심한 변동성을 겪는 자산일 수도 있다. 혹은 비니 베이비 Beanie Babies, 캐비지 패치 키드 Cabbage Patch Kids, 펫 록 Pet Rocks 등 잠깐 유행하다 사라진 장난감들처럼 순식간에 가치가 증발할 수도 있다.

워렌 버핏은 한때 농담 삼아 이렇게 말했다. 주식 가치평가 수업을 한다면, 기말시험 문제로 '(어떤 투기적 인터넷 기업을 지목하며) 이 기업의 가치는 얼마인가?'를 내겠다고. 그리고는 "그 질문에 답을 한 학생은 전부 낙제시킬 거야"라고 덧붙였다.

같은 맥락에서 비트코인의 가치는 언젠가 100만 달러 이상이 될 수도 있고, 거의 가치가 없어져 버릴 수도 있다. 그 도박이 성공할 수도 있지만, 비트코인의 짧은 역사와 극심한 가격 변동성을 감안할 때, 인플레이션 헤지 수단으로서의 효과는 아직 입증되지 않았다.

- 원자재는 인플레이션을 헤지하는 데 널리 사용되지만, 완벽한 수단은 아니다. 대표적인 원자재 펀드들은 2022년에 20%에서 30% 이상 상승하며, 소비자물가 상승률을 훨씬 웃도는 수익률을 기록했다.

  하지만 개별 원자재의 수익률은 시간이 지남에 따라 극심하게 변동한다. 예를 들어 석탄은 2021년에 161% 상승했다가 2022년에는 48% 하락하고 2023년에도 10% 더 떨어졌다. 리튬은 2019년에 55% 하락하고 2020년에 추가로 38% 떨어졌지만, 2021년에는 무려 443% 상승했고 2022년에도 72% 올랐다. 그러나 2023년에는 다시 81% 급락했다.

최근 몇 년간 원자재에 대한 인기 급증은 시장을 왜곡시켜, 향후 인플레이션에 대응하는 능력을 약화시켰을 수도 있다. 장기적으로 보면 1871년에 미국 주식에 1달러를 투자했다면 2022년 말까지 1,896달러로 늘었을 것이고, 원자재에 투자했다면 고작 744달러에 그쳤을 것이다.*

요컨대 어떤 단일 자산도 인플레이션을 완벽하게 방어할 수는 없다. 하지만 주식 포트폴리오에 물가연동채권을 적절히 보완하여 편입하면, 금융 자본을 보다 견고하게 구축할 수 있다. 그리고 당신의 인적 자본과 물적 자본 역시 당신의 방어벽을 강화해 줄 것이다.

---

* 이 수익률은 현금 수익률을 초과한 초과성과excess return를 의미한다. 참고 문헌: 엘로이 딤슨Elroy Dimson 외, 「Global Investment Returns Yearbook 2023」, bit.ly/3CBJr6l; 헨리 네빌Henry Neville 외, 「인플레이션 시대에 가장 효과적인 투자 전략The Best Strategies for Inflationary Times」, bit.ly/3Q4bORZ.

3장

주식시장 100년, 그리고 1972년 초의 주가 수준

투자자의 주식 포트폴리오는 거대하고 복잡한 전체 주식시장의 극히 일부분에 불과하다. 주식시장에서 투자자가 신중하다는 것은 주식시장의 역사, 특히 주가의 흐름을 비롯하여 전체 주가 수준과 수익 및 배당금 간의 다양한 관계에 대한 적절한 배경 지식을 알고 있음을 의미한다. 이러한 배경 지식에는 다양한 시점에 나타나는 주식시장의 기회나 위험도 포함된다. 우리가 활용할 수 있는 주식시장의 가격, 기업이익 및 배당금에 대한 유용한 데이터는 정확히 100년 전인 1871년부터 찾을 수 있다. (초기의 자료는 최근 자료만큼 방대하거나 신뢰성이 높지는 않지만, 도움은 된다.)

이번 장에서는 다음 두 가지 목표를 염두에 두고 이러한 자료를 간추려 설명할 것이다. 첫번째 목표는 지난 100년간의 수많은 경기 사이클 동안 주가가 어떻게 움직였는지를 보여주는 것이다. 두번째 목표는 주가와 함께 기업 이익과 배당금까지 10년 단위로 살펴보면서 이 세 요소 간의 다양한 관계를 밝히는 것이다. 그리고 여기서 얻은 이해를 바탕으로 1972년 초의 주가 수준을

〈표 3-1〉 1871년에서 1971년 사이 주식시장의 주요 변동 사항

연도	카울즈 - S&P 500 지수			다우지수		
	고점	저점	하락률	고점	저점	하락률
1871		4.64				
1881	6.58					
1885		4.24	28%			
1887	5.90					
1893		4.08	31%			
1897					38.85	
1899				77.60		
1900					53.5	31%
1901	8.50			78.30		
1903		6.26	26%		43.2	45%
1906	10.03			103.00		
1907		6.25	38%		53.00	48%
1909	10.30			100.50		
1914		7.35	29%		53.20	47%
1916~1918	10.21			110.20		
1917		6.80	33%		73.40	33%
1919	9.51			119.60		
1921		6.45	32%		63.90	47%
1929	31.92			381.00		
1932		4.40	86%		41.20	89%
1937	18.68			197.40		
1938		8.50	55%		99.00	50%
1939	13.23			158.00		
1942		7.47	44%		92.90	41%
1946	19.25			212.50		
1949		13.55	30%		161.20	24%
1952	26.60			292.00		
1952~1953		22.70	15%		256.00	13%
1956	49.70			521.00		
1957		39.00	24%		420.00	20%
1961	76.70			735.00		
1962		54.80	29%		536.00	27%
1966~1968	108.40			995.00		
1970		69.30	36%		631.00	37%
1972 초	100		–	900		–

자세히 평가해보도록 하겠다.

주식시장의 역사를 두 개의 표와 하나의 차트에 요약했다. 표 3-1은 지난 100년 동안 19번의 하락장과 상승장의 고점과 저점을 보여준다. 이를 위해 두 가지 지수를 사용했다. 첫번째는 1870년부터 조사한 카울즈 커미션Cowles Commission의 초기 자료와 이후 S&P 500 지수를 연결한 것이다. 두번째 지수는 더욱 유명한 다우지수로 1897년에 시작되었다. 다우지수는 AT&T를 비롯한 대형 제조업체 30개 종목으로 구성되어 있다.*

스탠다드 앤 푸어스Standard & Poor's의 협조로 제공된 차트 1은 1900년부터 1970년까지 S&P 425 산업주 지수의 시장 변동을 보여준다.[6] (다우지수 차트 역시 거의 동일한 모습을 보일 것이다.) 이를 통해 세 가지 뚜렷한 패턴을 확인할 수 있는데, 각 패턴은 약 70년 중 3분의 1 정도씩 차지한다. 첫번째 패턴은 1900년부터 1924년까지로, 대부분 3~5년 주기의 비슷한 시장 사이클을 보여주며, 이 시기 이 지수의 연평균 상승률은 약 3%였다. 그리고 나서 흔히 '새로운 시대New Era'라고 부르는 강세장이 펼쳐졌다. 이 강세장은 1929년에 정점에 도달하였고, 이후 끔찍한 붕괴로 이어졌으며, 그 후 1949년까지 시장은 매우 불규칙하게 요동쳤다. 1949년과 1924년 평균 수준을 비교해보면 연간 상승률은 고작 1.5%에 불과했으며, 1949년 시점에는 주식에 대한 대중의 관심이 거의 사라졌다. 역설적이게도 이 때는 역사상 가장 큰 강세장이 막 시작하려는 시점이었다. 차트 1의 마지막 3분의 1에 해당하는 이 부분에서는 1968년 12월에 S&P 425 산업주 지수는 118(S&P 500 지수는 108)을 기록하며 정점에 도달했다. 표 3-1에서 보이듯, 1949년에서 1968년 사이에도 1956~1957년과

---

* S&P와 다우 모두 공익기업 지수와 철도주 지수가 별도로 있다. 1965년 뉴욕증권거래소는 당해 거래소에 상장된 모든 주식을 대상으로 하는 지수를 산출하고 있다.

〈차트 1〉 S&P 425 산업주 지수 추이(1900~1970년)

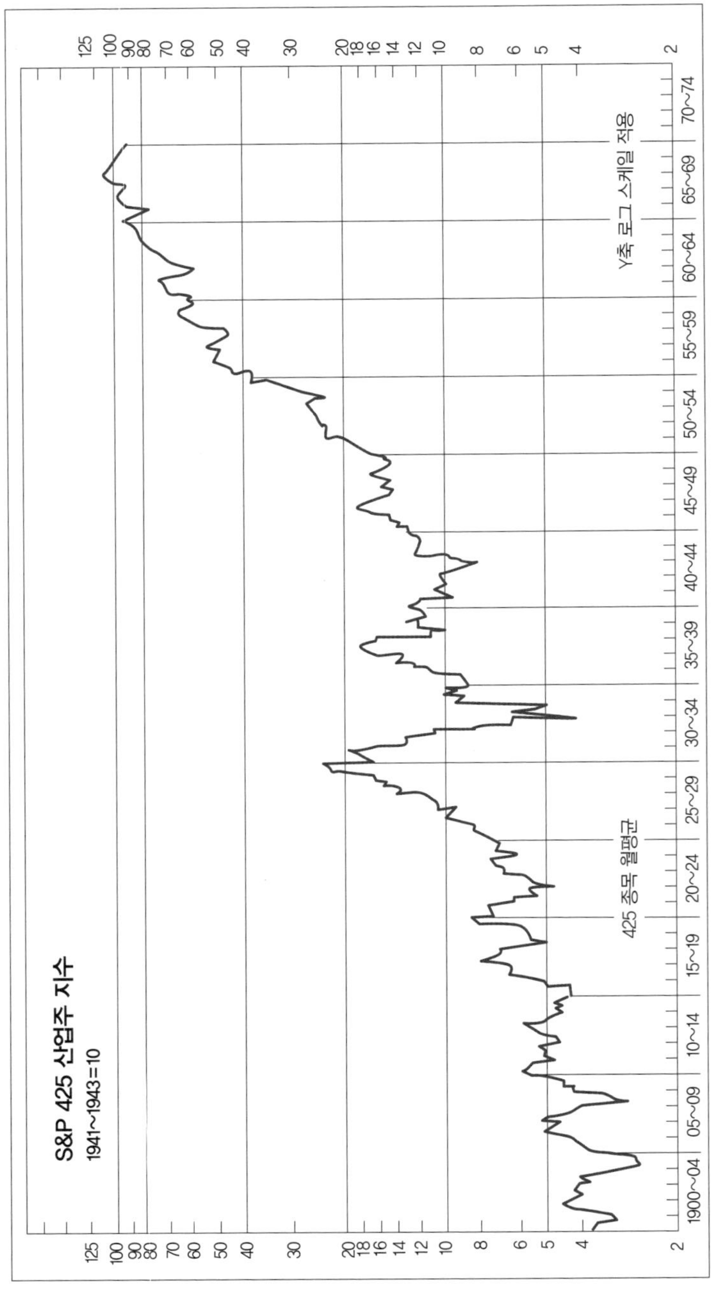

1961~1962년과 같은 몇 차례 큰 폭의 하락이 있었지만, 금방 회복되었기 때문에 별도의 시장 사이클이 아니라 강세장에서의 일시적인 조정으로 간주한다. 1949년 중반에 다우가 162에서 시작하여 1966년 초 995에 도달하는 17년 동안 약 여섯 배 이상 상승했으며, 이는 배당률 연 3.5%를 제외해도 복리로 연평균 11% 상승한 것이다. (같은 기간에 S&P 500 지수의 상승률은 다우보다 더 높아 14에서 96으로 일곱 배 정도 올랐다.)

1963년에는 어느 연구기관이 주가 수익률이 연 14% 이상이었다는 사실을 방대한 데이터와 함께 발표하였고, 이후에도 이와 관련한 많은 연구가 발표되었다.* 당연히 월스트리트는 훌륭한 성과에 환호하였다. 그러나 한편으로는 미래에도 이러한 성과가 지속될 것이라는 상당히 비논리적이고 위험한 확신이 퍼져갔다. 주가가 너무 올라서 걱정이라는 사람은 거의 없었다. 이후 1968년 고점에서 1970년 저점까지의 하락률은 S&P 500 지수는 36%, 다우지수는 37%로, 1939~1942년의 진주만 공습 이후의 위험과 불확실성을 반영했던 44% 하락 이후 가장 큰 폭이었다. 1970년 5월의 저점 이후 월스트리트는 특유의 극적인 반전을 보였다. 두 지수 모두 급격히 반등하였고, 1972년 초 S&P 산업주 지수는 다시 사상 최고치를 경신했다. 1949년에서 1970년 사이의 S&P 산업주 지수의 연평균 가격 상승률은 약 9%로 계산된다. 이는 1950년 이전의 비슷한 기간보다 훨씬 높았다. 반면 지난 10년 동안의 상승률은 훨씬 낮아졌는데, S&P 500 지수는 연 5.25%, 다우지수는 3% 수준으로 돌아갔다.

주식시장의 전반적인 개관을 보기 위해서는 주가 흐름과 더불어 기업 이

---

* 시카고 대학교의 증권가격연구센터Center for Research in Security Prices, 약칭 CRSP가 찰스 E. 메릴 재단Charles E. Merrill Foundation의 지원을 받아 연구를 진행하였다.

〈표 3-2〉 1871년부터 1970년[a]까지의 주식시장 성과 개요

기간	주가지수	이익	PER(배)	배당	배당 수익률(%)	배당 성향(%)	연 성장률[b]	
							이익(%)	배당(%)
1871~1880	3.58	0.32	11.3	0.21	6.0	67	–	–
1881~1890	5.00	0.32	15.6	0.24	4.7	75	–0.64	–0.66
1891~1900	4.65	0.30	15.5	0.19	4.0	64	–1.04	–2.23
1901~1910	8.32	0.63	13.1	0.35	4.2	58	6.91	5.33
1911~1920	8.62	0.86	10.0	0.50	5.8	58	3.85	3.94
1921~1930	13.89	1.05	13.3	0.71	5.1	68	2.84	2.29
1931~1940	11.55	0.68	17.0	0.78	5.1	85	–2.15	–0.23
1941~1950	13.90	1.46	9.5	0.87	6.3	60	10.60	3.25
1951~1960	39.20	3.00	13.1	1.63	4.2	54	6.74	5.90
1961~1970	82.50	4.83	17.1	2.68	3.2	55	+5.80[c]	+5.40[c]
1954~1956	38.19	2.56	15.1	1.64	4.3	65	+2.40[d]	+7.80[d]
1961~1963	66.10	3.66	18.1	2.14	3.2	58	+5.15[d]	+4.42[d]
1968~1970	93.25	5.60	16.7	3.13	3.3	56	+6.30[d]	+5.60[d]

a 이 데이터는 주로 『파이낸셜 애널리스트 저널Financial Analysts Journal』 1960년 5월호에 실린 N. 몰로도프스키N. Molodovsky의 논문 『주식의 가치와 가격Stock Values and Stock Prices』에서 인용. 이 논문은 1926년 이전은 카울즈 커미션 보통주 지수, 1926년부터 현재까지는 S&P 500 지수 자료 이용

b 연간 성장률은 몰로도프스키의 논문에서 인용

c 1958~1960년 대비 1968~1970년 성장률

d 이 성장률 수치는 1947~1949년 대비 1954~1956년, 1954~1956년 대비 1961~1963년, 1958~1960년 대비 1968~1979년에 적용

익과 배당도 함께 고려해야 하기 때문에, 표 3-2에 지난 한 세기 동안의 주요 내용을 정리했다. 모든 독자가 이 자료를 주의 깊게 살펴보는 것은 어렵겠지만, 일부 독자에게는 흥미롭고 유익한 정보가 될 것이다.

이 표는 기간을 10년 단위로 나누었기 때문에 연도별 변동이 완화되어 전체적으로 꾸준하게 성장한 모습을 보여준다. 첫번째 이후 90년 중 단 두 번(1891년부터 1900년, 1931년부터 1940년)만 이익이 감소하고 주가가 하락했으며, 1900년 이후에 10년 평균 배당금이 하락한 사례는 없었다. 그러나 이 세 가지 항

목 모두 성장률의 변화는 매우 크다. 일반적으로 2차 대전 이후의 성과는 이전보다 좋았지만 1960년대의 증가율은 1950년대의 증가율보다 낮았다. 이러한 과거 기록만 보고 향후 10년간 기업 이익, 배당금, 주가가 어떻게 될지는 알 수 없다. 하지만 이런 기록들을 보면 일관된 주식 투자 전략에 대한 필요성을 절감하게 된다.

하지만 표에서 드러나지 않는 또 다른 사실에 주목해야 한다. 1970년은 전반적으로 기업들의 수익 구조가 뚜렷하게 악화되기 시작한 해였다. 투하자본에 대한 수익률이 2차 세계대전 종전 이후 가장 낮았다. 그 해에 많은 기업이 순손실을 기록했고, 재정난을 겪는 회사들이 속출하면서, 30년 만에 처음으로 대규모 파산이 발생했다. 이러한 사실은 그 때까지 지속되던 대호황의 시대가 1969~1970년 사이 막을 내렸다는 것을 의미한다.

표 3-2에서 눈에 띄는 것은 2차 대전 이후 PER의 변화이다. 1949년 6월 S&P 종합지수의 PER은 6.3배에 불과했지만 1961년 3월에는 22.9배에 달했다. S&P 지수의 배당수익률은 1949년 7.0% 이상에서 1961년 3.0%로 떨어졌는데, 대조적으로 그 사이 고등급 채권의 이자율이 2.60%에서 4.50%로 상승했다. 이는 주식시장 역사상 대중의 태도가 가장 극적으로 변화한 사례라 할 수 있다.

오랜 경험과 신중한 성향을 가진 사람들에게는 이러한 극적인 변화는 어려움이 임박했다는 분명한 경고로 다가왔다. 그들은 1926년부터 1929년까지의 강세장과 그 직후에 벌어진 대공황이라는 후폭풍을 떠올리며 불안감을 느낄 수밖에 없었다. 그러나 이러한 두려움이 아직까지는 현실화되지는 않았다. 1970년 다우지수는 6년 전과 같았고, 그토록 기대되었던 '솟구치는 60년대 Soaring Sixties '는 상승과 하락이 연속되면서 결국 제자리로 마감했다. 경제환경과 주가 모두 1929~1932년의 대공황에 견줄 만한 참사는 나타나지 않았다.

1972년 초 주식시장

100년에 걸친 주가, 기업 이익, 배당의 흐름을 종합적으로 살펴본 후, 이제 1972년 1월 기준으로 다우지수 900포인트와 S&P 500 지수 100포인트 수준에 대해 몇 가지 결론을 내려 보겠다.

새로운 개정판을 낼 때마다 항상 그 당시의 주식시장 수준을 다루면서 보수적인 관점에서 주식을 매수하기에 적절한지 판단하려고 노력했다. 당시의 결론을 검토하는 것이 독자들에게 도움이 될 것이다. 이것은 단순히 과오를 되짚고자 하는 것만은 아니다. 지난 20년간 주식시장의 다양한 국면을 연결하는 일종의 맥락을 파악하고, 현재 시장 수준을 평가하려는 시도가 얼마나 어려운지를 보여주기 위한 것이다. 먼저 1965년 판에 실린 1948년, 1953년, 1959년의 분석을 요약해 보자:

> 1948년, 나는 보수적으로 평가해도 다우지수 180포인트는 '내재 가치를 고려할 때 과도하게 높지는 않다'고 쉽게 결론을 내릴 수 있었다. 5년 뒤인 1953년까지 50%가 상승하여 275포인트에 이르렀다. 다시 생각했다. '다우지수 275 수준은 건전한 투자 기준에 비추어 과도하게 높지 않나?' 그때까지 지수가 많이 올랐었기 때문에 매력적이라는 결론을 내리는 것은 쉽지 않은 상황이었다.
>
> 하지만 나는 '가치 지표의 관점에서 1953년 주가 수준에 대한 결론은 긍정적'이라고 단호하게 말했다. 그러나 1953년 지수가 대부분의 이전 강세장보다 더 오래 상승했고 절대적 수준 또한 사상 최고치였다는 사실은 우려되는 부분이었다. 이러한 요인들을 종합적으로 고려하여 신중하고 절충적인 전략을 추천했다. 결과적으로 이는 그리 좋은 조언이 아니었다. 훌륭한 예언자라

면 향후 5년 동안 시장이 추가로 100% 상승할 것임을 예견했을 것이다. 변명을 하자면, 주식시장에 대한 예측을 전문으로 하는 사람들 중 그나마 가장 정확하게 예측했다는 것에 위안을 삼고 있다.

1959년 초, 다우지수는 사상 최고치인 584포인트를 기록했다. 모든 관점에서 보았을 때 다음과 같은 결론을 내릴 수 있었고 1959년판 59페이지에 다음과 같이 요약했다: '결론적으로 모든 것을 고려했을 때, 현재 가격 수준은 상당히 위험하다는 판단을 내릴 수밖에 없다. 가격이 이미 너무 높다. 이번이 그런 상황인지는 모르겠지만 시장은 늘 과도하게 반응하기 때문에 주가가 정당화되지 않는 수준까지 오를 때도 있다. 솔직히 앞으로의 시장은 심각한 가격 변동이 발생하여 고수익을 기대하고 들어온 모든 시장참여자가 손실을 감수하게 될 것 같다.'

1959년의 경고는 1954년보다는 더 정확했다고 할 수 있다. 그럼에도 불구하고 그것은 다소 과장된 부분이 있었다. 다우지수는 1961년 685까지 상승했다가 584포인트까지 떨어졌다가 1961년 말 735까지 다시 상승했다가 1962년 5월 536으로 폭락하여 6개월이라는 짧은 기간 동안 27%나 하락했다. 당시 가장 인기있는 성장주들이 더 심각한 타격을 입었는데, 시장의 선두주자 IBM조차 1961년 12월 최고치인 607에서 1962년 6월에는 최저치인 300까지 급락하였다.

이 시기에는 소규모 기업의 신규상장 주식, 소위 '인기 종목'들이 터무니없이 높은 가격에 공모가 이루어졌고, 이후 무모한 투기로 인해 가격이 비정상적으로 높은 수준으로 치솟는 사태가 발생했다. 그러나 이 종목들 중 대다수가 단 몇 달 만에 90% 이상 폭락했다.

1962년 상반기의 주가 폭락은 많은 투기꾼과 자칭 '투자자'라고 하지만 실제로는 무모했던 많은 사람들에게 당혹스러운 일이었다. 하지만 그해 말, 누구

도 예상치 못한 반전이 찾아왔다. 주식시장은 다시 상승 궤도에 올라 다음과 같은 흐름을 가져왔다:

	다우지수	S&P 500 지수
1961년 12월	735	72.64
1962년 6월	536	52.32
1964년 11월	892	86.28

주가의 회복과 새로운 상승세는 괄목할 만한 것이었고 월스트리트의 분위기에도 큰 변화를 가져왔다. 1962년 6월의 저점에는 비관적인 전망이 지배적이었고, 연말에 부분적으로 회복된 이후의 전망 역시 엇갈리기는 했지만 여전히 다소 회의적이었다. 그러나 1964년 초에는 증권사들의 특유의 낙관론이 다시 우세해져서 대부분의 예측이 낙관적이었으며 1964년 주가 상승기까지 이러한 기조가 유지되었다.

1964년 11월, 나는 주식시장의 가격 수준(다우지수의 경우 892)을 평가해봤다. 여러 관점에서 상황을 숙고한 끝에 내린 결론은 세 가지였다. 첫번째 결론은 '기존의 평가 방법은 더 이상 적용하기 어렵고, 새로운 평가 방법은 아직 충분히 증명되지 않았다'는 것이었다. 두번째 결론은 '투자자는 불확실성이 큰 시장이 지속된다는 가정하에 각자의 전략을 결정해야 한다. 이는 한편으로는 가격 수준이 약 50%, 즉 다우지수의 경우 1,350포인트까지 장기적으로 상승할 수도 있고, 다른 한편으로는 같은 규모의 폭락으로 지수가 약 450포인트까지 하락할 수도 있는 상황이라는 것'이었다. 세번째 결론은 '솔직히 1964년 가격 수준이 너무 높은 게 아니라면, 도대체 어느 정도면 너무 높다

고 말할 수 있겠는가?'라고 좀 더 명확하게 표현되었다. 그리고 이 장은 다음과 같은 문장으로 마무리했다:

앞으로의 추세

투자자들은 이 책에서 읽었다고 해서 1964년 가격 수준이 위험하다고 단정해서는 안 된다. 주식시장에서 가장 유능하고 경험이 많은 사람들로부터 듣는 반대 의견과 이 책의 주장을 비교 검토해야 한다. 궁극적으로 모든 사람은 스스로 결정을 내리고 그에 따른 책임을 져야 한다. 그러나 투자자가 어떤 길을 따라야 할지 확신이 서지 않는다면 신중하게 결정해야 한다고 생각한다. 1964년 당시의 상황에서 우리가 제시하는 투자의 기본 지침은 중요도에 따라 다음과 같이 정리할 수 있다:

1. 주식을 매수하거나 보유하기 위해 차입하지 말 것
2. 포트폴리오에서 주식의 비중을 늘리지 말 것
3. 필요한 경우 주식 비중을 포트폴리오의 50%까지 낮출 것. 자본이득세는 주저 없이 납부해야 하며, 남은 자금은 우량등급 채권에 투자하거나 저축 예금으로 보유할 것

꾸준히 적립식으로 투자한 투자자는 기존 매수 전략을 유지해도 되고, 논리적으로 가격 수준이 더 이상 위험하지 않다고 느낄 때까지 매수를 중단할 수 있다. 새로운 적립식투자를 시작하는 것은 바람직하지 않다. 시작 직후에 결과가 매우 좋지 않으면 많은 경우 이를 지속하지 못하고 포기할 가능성이 크기 때문이다.

이번에는 내가 우려했던 바가 현실화되었다. 다우지수는 995로 11% 더 상승했지만 1970년 632로 하락했다가 839포인트로 마감했다. 1961~1962년과 마찬가지로 신규 상장된 인기 종목들은 최대 90%까지 폭락하는 사태를 경험했다. 그리고 서문에서 강조했듯이, 전체적인 금융환경은 열정은 식고 의심은 커지는 방향으로 전환되었다. 2차대전 이후 처음으로 1970년 다우지수가 6년 전보다 낮은 수준으로 마감했다는 사실이 이러한 상황을 대변한다.

나는 이런 식으로 과거 주식시장 수준을 평가하려고 노력했다. 이런 노력들을 통해서 한 가지 교훈을 얻을 수 있었다. 1948년과 1953년에는 가격수준이 '투자에 유리'라고 평가했으며, 다우지수가 584였던 1959년에는 '위험'이라고 평가했고, 다우지수가 892였던 1964년에는 '너무 높음'으로 평가했다. 이러한 모든 주장은 지금도 얼마든지 적당한 논리로 옹호할 수 있다. 하지만 이러한 평가들보다는 '오를 종목을 고르겠다'거나 '시장을 이기겠다'는 시도를 하지 말고 일관되고 통제된 방식으로 투자하라는 원론적인 조언이 더 유용했을 것으로 판단된다.

그럼에도 불구하고 어느 정도 도움이 될 것이라는 판단 하에 1971년 후반 현재의 주식시장 수준에 대한 평가를 해 보고자 한다. 이러한 평가는 실질적 유용성을 확보한 결론이라기보다는 어디까지나 흥밋거리에 가까운 참고자료에 불과하다는 점을 미리 밝힌다. 아리스토텔레스의 『니코마코스 윤리학』 서두에는 다음과 같은 훌륭한 구절이 있다. '교양인은 모든 분야에서 주제가 본질적으로 허용하는 만큼의 정확성을 요구한다. 수학자로부터 모호한 결론을 받아들이지 않는 것처럼 연설가에게 엄격한 논증을 요구해서는 안 된다.' 증권분석 업무는 수학자와 연설가의 업무 사이 어딘가에 있을 것이다.

1971년 다우지수는 이전 개정판에서 분석한 1964년 11월 수준인 892 근처에 와 있다. 그러나 이번 통계 연구에서는 S&P 500 지수를 사용하기로

〈표 3-3〉 S&P 500 지수 관련 자료

연도[a]	1948	1953	1958	1963	1968	1971
종가	15.2	24.81	55.21	75.02	103.9	100[d]
이익(최근 1년)	2.24	2.51	2.89	4.02	5.76	5.23
이익(최근 3년 평균)	1.65	2.44	2.22	3.63	5.37	5.53
배당금(최근 1년)	0.93	1.48	1.75	2.28	2.99	3.1
우량등급 채권수익률[b]	2.77%	3.08%	4.12%	4.36%	6.51%	7.57%
도매물가지수	87.9	92.7	100.4	105	108.7	114.3
재무비율						
PER(최근 1년)	6.3배	9.9배	18.4배	18.6배	18.0배	19.2배
PER(최근 3년)	9.2배	10.2배	17.6배	20.7배	19.5배	18.1배
이익수익률(최근 3년)[c]	10.90%	9.80%	5.80%	4.80%	5.15%	5.53%
배당수익률	5.60%	5.50%	3.30%	3.04%	2.87%	3.11%
이익수익률/채권수익률	3.96배	3.20배	1.41배	1.10배	0.80배	0.72배
배당수익률/채권수익률	2.1배	1.8배	0.80배	0.70배	0.44배	0.41배
이익/순자산가치[e]	11.20%	11.80%	12.80%	10.50%	11.50%	11.50%

a 1971년은 1971년 6월까지, 나머지는 1년
b S&P AAA등급 채권수익률
c 이익수익률 = EPS / 주가
d 1971년 10월 가격, 다우지수 900포인트에 해당
e 3년 평균

결정했는데, 그 이유는 다우지수 30개 종목보다 가격 수준과 관련 데이터가 주식시장을 더 포괄적이고 대표적으로 반영하기 때문이다. 현재 S&P 500 지수 수준을 편의상 100으로 하여 이전 판들, 즉 1948년, 1953년, 1958년, 1963년, 1968년 말의 자료와 비교했다. 표 3-3에는 고려해야 할 주요 자료를 요약했다. 이익은 최근 1년 이익과 최근 3년 평균 이익을 함께 사용했다. 1971년 배당은 최근 12개월 배당을, 1971년 채권수익률과 도매물가지수는 1971년 8월의 수치를 사용했다.

1971년 10월의 PER(최근 3년)은 1963년과 1968년 말보다 낮고, 1958년

과 유사하지만 장기 강세장 초기보다는 훨씬 높다. 이 지표만 보고 1972년 1월에 주가가 특히 높다고 판단할 수는 없다. 그러나 고등급 채권수익률을 고려했을 때, 주식의 매력도는 상당히 낮아졌음을 알 수 있다. 표 3-3에서 확인할 수 있듯, 주식의 이익수익률(EPS/주가)과 채권수익률의 비율은 해당 기간 내내 악화되어 1972년 1월 수치는 이전 조사된 어느 해보다 주식에 불리하다. 배당수익률과 채권수익률을 비교했을 때, 1948년과 1972년 사이의 관계는 완전히 역전된 것을 알 수 있다. 초기에는 주식의 배당수익률이 채권수익률의 두 배였으나, 지금은 채권수익률이 배당수익률보다 두 배나 되며 때로는 그보다 더 높은 경우도 있다.

1971년 말의 PER(3년 평균)은 다소 개선되었으나, 채권수익률 대비 배당수익률이 불리해지면서 모두 상쇄되어 버렸다. 따라서 1972년 초의 시장 수준에 대한 평가는 7년 전과 비슷하다고 본다. 즉 보수적인 투자자에게는 매력적이지 않다. (이는 1971년 다우지수의 대부분의 가격대, 즉 800~950 범위 역시 매력적이지 않다.)

과거 시장 변동 추이를 보면 1971년 상황은 1969~1970년의 침체에서 벗어나 불규칙한 회복을 보이는 국면이었다. 과거에는 이러한 회복이 1949년에 시작된 반복적이고 일관된 강세장으로 이어졌다. (1971년 당시 시장참여자들도 이런 기대를 하고 있었다.) 1968~1970년 사이클에서 개인 투자자들이 주식 약세로 겪었던 참혹한 경험 이후, 새롭게 투자를 시작하기에는 상처가 아직 아물지 않은 시기1971년 초였다. 따라서 이전 개정판에서 고려했던 1964년 11월 다우지수가 892에 도달했을 때와 마찬가지로 현재 시장에는 임박한 위험에 대한 확실한 신호가 없다. 순전히 기술적 관점에서 볼 때, 다음 심각한 침체나 붕괴가 오기 전에 900포인트를 훨씬 뛰어넘는 추가 상승이 있을 것으로 전망된다. 하지만 그렇다고 해서 안심해서는 안 된다. 1971년 초에 불과 1년 전의 참담한 경험을 무시하고 있다는 것도 우려스럽다. 시장이 이런 무모함을 허용할까? 나는 투자자들이 어려운 시기에 대비해야 한다고 생각한다. 앞으로 시장은 1969~1970년의 침체기가 더 빠르게 재연되거나 잠깐 강세를 보인 다음 더 치명적인 붕괴의 형태로 다가올 것이다.*

앞으로의 추세

이전 개정판 75페이지 내용을 다시 보면 1964년 말 다우지수가 900일 때 내가 시장을 보는 관점을 알 수 있을 것이다. 1972년 초 다시 다우지수는 그때의 수준이 되었고 내가 예상하는 앞으로의 추세 역시 그때와 마찬가지이다.

* 이는 1971년 초, 다우지수가 940일 때 처음 작성되었다. 월가의 일반적인 견해는 1975년 다우지수는 1520으로 설정한 상세한 연구에 나타나 있었으며, 이는 1971년 중반의 할인된 가치로 치면 약 1200에 해당한다. 1972년 3월 DJIA는 한때 798까지 하락한 후 다시 940에 도달했다.

3장 논평

— 제이슨 츠바이크

"월스트리트에서 거의 50년에 걸쳐 경험한 바로는,
주식시장이 앞으로 어떻게 움직일지 점점 더 알 수 없게 되었지만,
투자자들이 어떻게 행동해야 하는지는 점점 더 분명해졌습니다."

— 벤저민 그레이엄*

과거의 주식시장을 보고 미래에 대해 알 수 있는 것은 무엇인가?

3장에서 그레이엄은 주식은 수십 년에 걸쳐 대체로 상승해 왔지만, 그 여정은 좀처럼 순탄하지 않고 결코 예측 가능하지도 않음을 지적하고 있다. 이런 불확실성과 타협하는 일은 처음엔 불안하게 느껴질 수 있다. 하지만 끝은 희망을 가져온다고 약속할 수 있다.

* 벤저민 그레이엄Benjamin Graham, 「불안한 세상의 증권Securities in an Insecure World」, bit.ly/449pBuT.

당신이 앉아 있는 자리가 곧 당신이 일어설 자리다

만약 지금이 일하고 저축하며 자산을 축적해 가는 시기라면, 당신에게 필요한 것은 바로 부의 축적이다. 주식시장이 하락할수록, 당신은 더 오랜 시간 동안 더 낮은 가격에 더 많은 주식을 살 수 있게 된다.

그리고 주식이 궁극적으로 오른다고 가정하면, 초기 단계의 주가 하락은 오히려 로켓 연료처럼 작용하여 당신의 자산을 노년에 크게 불릴 수 있는 추진력이 된다.

하지만 만약 당신이 은퇴하여 더 이상 급여를 받지 않는 상태라면, 지금은 자산을 축적하는 것이 아니라 쓰고 쪼그라드는 시기다. 이럴 때 시장 하락은 재앙이 될 수 있다. 채권, 부동산, 연금, 사회보장(또는 그에 상응하는 제도)에서 나오는 소득에 의존할 수 없다면, 생활비를 충당하기 위해 주식을 일부 매도해야 한다. 그런데 하필 약세장 한가운데에서 주식을 판다면, 영구적으로 손실을 확정 짓게 되는 셈이다. 그리고 시장이 더 떨어질수록, 지속적인 현금흐름을 유지하려면 팔아야 할 주식의 양도 그만큼 더 많아진다.

양말과 주식 Socks vs. Stocks

주식의 문제는 그 단어에 T라는 글자가 들어 있다는 점이다. 그 T를 빼면 'socks양말'이 된다. 만약 주식이 양말이라면, 사람들은 20% 가격이 떨어졌다고 해서 투매selloff가 아닌 할인sale이라고 여길 것이다. 공포에 빠지는 대신, 기꺼이 더 사들이려 할 것이다.

양말이 20% 할인 중일 때, 당신은 지금 가진 양말들을 갑자기 버려야겠다는 충동을 느끼지 않는다. 대신 서랍을 열어보고 필요한지 확인해 본다. 젊은 투자자라면 주식을 양말처럼 생각하는 법을 배워야 한다.

양말	주식
필요할 때 산다.	다른 사람들이 사고 싶어 할 때 산다.
가격이 떨어지면 더 사고 싶어진다.	가격이 오르면 더 사고 싶어진다.
구멍이 좀 나도 그냥 갖고 있다.	가격이 떨어지자마자 팔아버린다.
기워서 쓰거나 걸레로라도 쓴다.	가격이 다시 오르기 전까지는 절대 갖고 싶지 않다.

CAPE 공포CAPE Fear

만약 주식시장이 언제 폭락할지를 정확히 예측할 수 있다면, 정점에서 매도하고 현금으로 피했다가 저점에서 다시 주식을 사들이는 전략이 가능할 것이다.

이런 예측을 시도하기 위해 많이 사용되는 지표 중 하나가 바로 CAPE 비율이다. CAPE 비율Cyclically Adjusted Price/Earnings Ratio은 S&P 500 지수의 현재 가격을, 지난 10년간의 평균 이익(물가 조정된)을 기준으로 나눈 값이다. 예일대 금융학 교수인 로버트 실러Robert Shiller가 벤저민 그레이엄의 아이디어에서 일부 영감을 얻어 고안했다.

많은 시장 논평자들은 CAPE 비율이 평균보다 높을 때는 향후 수익률이 평균 이하일 가능성이 높다고 주장한다. 이는 직관적으로도 타당하다. 지금 주식을 비싸게 사면, 나중에 얻는 수익은 줄어들 가능성이 크기 때문이다.

그리고 실제로 CAPE가 평균 이상일 때 그 뒤를 따른 수익률은 평균 이하인 경우가 많았다. 그 사실은 다음 산점도에서도 확인할 수 있다.

〈그림 3-1〉 과열지표 CAPE비율

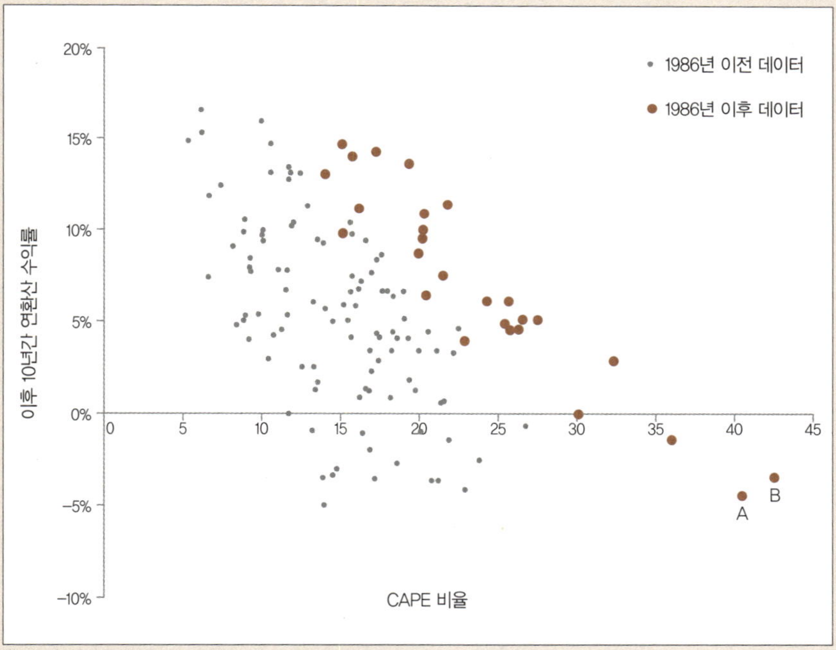

출처: 로버트 실러Robert Shiller, 예일대학교Yale University

하지만 그러한 경향이 있다 뿐이지, 항상 그런 것은 아니다.

그림 3-1에서 볼 수 있듯, CAPE가 1999년에 40.4까지 치솟았을 때(점 A), 그 후 10년 동안 주식은 연평균 −4.6%의 손실을 기록했다. 또한 2000년에 CAPE가 42.5를 기록했을 때 (점 B), 그 뒤 10년 동안의 연평균 수익은

−3.5%였다.

하지만 CAPE 비율이 높았음에도 오히려 이후 높은 수익률을 기록한 경우도 있다. 예컨대 2011년에 CAPE가 21.8까지 올라갔을 때, 그 후 10년간 주식은 연평균 11.4%의 수익률을 기록했다. 이 점은 그림 중앙 위쪽에 모여 있는 몇 개의 점들 중 하나로, CAPE도 높고 이후 장기 수익률도 높은 사례들을 나타낸다. (이 모든 수익률은 인플레이션 차감 후 수익률이다.)

2021년 말에는 CAPE가 거의 39에 도달했는데, 이는 역사상 가장 높은 수준에 속하며, 140년이 넘는 기간 동안의 평균인 17.4를 훨씬 상회하는 수치였다. 하지만 이 '평균'이라는 수치 자체도 시대에 따라 변해 왔다. 1910년까지 30년간 CAPE 평균은 17, 그 다음 30년간은 12.7, 또 그 이후 30년은 15.7, 반면 가장 최근 30년간 CAPE 평균은 거의 27에 육박한다.

역사는 늘 움직인다. 현재는 과거 속으로 흡수되며 불안정해지고 끊임없이 변화한다.

그렇다면 CAPE를 과거의 '평균'과 비교할 때, 과연 어떤 과거를 기준으로 삼아야 할까?

140년 전부터? 50년? 아니면 최근 30년? 기준 기간이 길수록, 지금과 전혀 다른 시대의 데이터에 의존하게 될 위험이 커진다. 반대로 기준 기간이 짧을수록, 최근의 특이한 상황이 전체 결과를 왜곡할 수 있다.

실러 교수는 이렇게 말한다: "시장은 본래 기업의 수익 가치를 평가해야 하는 존재입니다. 하지만 그 수익의 가치는 사람들이 그것을 얼마에 팔 수 있다고 '생각하는가'에 달려 있습니다." 그리고 그는 덧붙인다. "현재 CAPE 수준은 '역사적으로는 높은 편'일 수 있어요. 하지만 우리는 그 '역사' 자체가 변하지 않았다고 어떻게 확신할 수 있을까요?"

2008년 말에서 2009년 초의 짧은 시기를 제외하면, 미국 주식은 1988

가장 단순한 어림셈

향후 장기 주식 수익률을 추정하려면, 고든 방정식Gordon Equation을 사용할 수 있다. 이 공식은 1950년대 후반 경제학자 마이런 고든Myron Gordon이 고안한 것으로, 주식시장의 가격은 주식이 창출할 수 있는 소득과 성장에 따라 결정된다는 가정에 기반한다.

즉 주식시장의 미래 수익률은 현재 배당수익률과 배당의 평균 성장률을 합한 값과 비슷해질 것이라는 논리다. 2024년 초, S&P 500 지수의 배당수익률은 1.4%였다. 그에 앞선 50년간의 배당성장률은 연평균 2.2%였으며, 이는 인플레이션을 반영한 수치다. 이 둘을 더하면 3.6%가 된다. 이는 정확하진 않아도 합리적인 추정치로, 앞으로 수십 년 동안 주식이 인플레이션을 제외하고 연평균 약 3.6%의 실질 수익률을 제공할 수 있음을 뜻한다. 이는 과거의 장기 평균보다는 낮지만, 인내심 있는 투자자라면 이 수익률만으로도 목표를 달성할 수 있을 가능성이 크다.*

* 더 자세한 논의는 다음을 참고하라. 윌리엄 J. 번스타인, 『투자의 네 기둥The Four Pillars of Investing』, (맥그로-힐, 2023).

년 말 이후 매달 장기 평균 CAPE를 상회해 왔다. 만약 당신이 "역사적으로 가장 싸질 때만 주식을 사겠다"고 마음먹었다면, 30년이 넘도록 아직도 기다리는 중일 것이다.

결국 요점은 이렇다: 이미 고평가되어 보이는 주식이 더 비싸질 수도 있고, 그 상태가 믿기 어려울 정도로 오래 지속될 수도 있다. 그레이엄이 말했듯 '현재 시장 수준에 대해 정보에 기반한 비판적 판단을 시도하는 사람'이라면, 극

심한 어려움에 직면하게 될 것이다.*

잘못된 장기투자 신화

1990년대부터 투자자들은 그릇된 미신을 믿기 시작했다. "주식은 위험하지 않다." 2010년 무렵에 2,200명 이상의 투자자를 대상으로 한 설문조사에서는 무려 31%가 "5년 이상 투자한다면 주식은 현금이나 채권 같은 안전 자산보다 항상 수익이 좋다"고 믿는다고 응답했다.

하지만 그런 믿음은 터무니없는 착각이다. 그것은 역사를 왜곡하고, '리스크'라는 개념 자체를 오해하는 데서 비롯된 것이다.

먼저, 역사를 보자.

제레미 시겔Jeremy Siegel 교수는 1994년에 출간한 저서 『주식에 장기투자하라Stocks for the Long Run』에서 "주식의 위험은 채권이나 심지어 미국 국채보다도 낮다"고 주장했다. 그는 1802년까지 거슬러 올라가는 데이터를 바탕으로, 미국 주식은 거의 모든 20년 이상 기간 동안 채권과 현금을 능가했고, 그렇게 긴 기간 동안 실질(인플레이션 반영 후) 손실을 본 적이 없다고 주장했다.**

하지만 이 주장은 최소한 세 가지 심각한 결함을 안고 있다.

정확성의 문제 Inaccuracy**:** 생존 편향survivorship bias을 바로잡으면, 시겔의 주장과

---

* CAPE를 시장 타이밍 도구라고 주장하는 이들 가운데 상당수는 편법을 쓴다. 그들은 CAPE의 전체 역사 평균을 현재 시점까지 계산한 뒤, 과거에 그 평균보다 높았던 시기를 찾아내어, 그때는 "당연히 주식이 고평가되어 있었다"고 결론을 내린다. 하지만 그 과거 시점에는 그 이후의 CAPE 데이터를 알 수 없었다! 즉 훗날의 수치를 알고 있는 지금의 관점으로 과거를 재단하는 오류를 범하고 있는 셈이다.

** 제레미 J. 시겔Jeremy J. Siegel, 『주식에 장기투자하라Stocks for the Long Run』, (어윈, 1994), p31~33.

는 다른 결과가 드러난다. 경영학 교수 에드워드 맥쿼리Edward McQuarrie는 역사적 데이터를 조정하여 분석한 결과, 19세기 대부분 기간 동안 미국에서 주식이 채권보다 열등한 성과를 냈음을 밝혀냈다.* 또한 1793년 이후의 모든 20년 구간 중 3분의 1 정도는 채권이 주식보다 더 나은 성과를 냈다. 이는 시겔이 주장한 10% 미만과는 완전히 다른 결과다. 뿐만 아니라 세계의 다른 주요 시장들에서도 채권이 주식보다 수십 년에 걸쳐 우월한 성과를 낸 사례들이 존재한다.

비교 불가능성 Incomparability**:** 과거에는 지금과 같은 투자 환경이 아니었다. 중개 수수료와 운용 보수는 지금보다 최소 10배 이상 비쌌고, 시장 수익률을 추종하는 인덱스펀드도 존재하지 않았다. 분산 투자 역시 매우 번거롭고 비용이 많이 들었다. 이로 인해 과거의 주식은 지금보다 훨씬 더 위험한 자산이었다. 따라서 투자자들은 그 위험에 대한 보상으로 더 높은 수익률을 요구했고, 실제로도 그러한 보상을 받았다. 하지만 오늘날은 분산 투자가 저렴하고 손쉬워졌기 때문에 주식의 위험은 낮아졌고, 그에 따라 미래의 기대 수익률도 낮아질 가능성이 크다.

비현실성Impracticality**:** 역사적 수익률은 현실적으로 재현하기 어려운 가정을 전제로 한다. 예컨대 과거 데이터는 투자자들이 배당금을 전부 다시 주식에 재투자하여, 복리 효과compounding를 통해 수익을 키웠다고 가정한다. 하지만 1970년대 후반 이전까지, 배당금을 다시 주식으로 사는 경우는 드물었다. 대부분의 투자자들은 배당을 현금으로 받아 저축하거나 소비했으며, 그 돈은 시장 안에서 재투자되어 복리로 불어나지 못했다. 따라서 그

---

* 에드워드 F. 맥쿼리Edward F. McQuarrie, 「장기투자? 항상 정답은 아니다Stocks for the Long Run? Sometimes Yes. Sometimes No」, bit.ly/48guZhU; 롭 아노트Rob Arnott, 「채권, 왜 투자해야 할까? Bonds: Why Bother?」, bit.ly/44vclfS.

시기의 실제 투자자들이 체감한 수익률은 시겔이 주장한 이론적 수익률보다 훨씬 낮았을 가능성이 크다.*

생존 편향

한번 상상해 보라. 은퇴한 벌목꾼들만 모여 있는 요양원을 방문했을 때, 그들이 모두 매우 장수했다는 사실에 놀라게 된다면, 당신은 벌목업 종사자들이 대체로 오래 사는 직업군이라고 생각할지도 모른다. 하지만 진짜로 깨달아야 할 것은 벌목은 세계에서 가장 위험한 직업 중 하나이며, 당신이 만난 이들은 '아주 드물게 살아남은 생존자들'일 뿐이라는 사실이다. 그들은 평균적인 표본이 아니라, 극단적인 예외 사례에 해당한다. 당신의 첫 인상은 오해를 불러일으킨다. 왜냐하면 젊은 나이에 안타깝게 세상을 떠난 수많은 벌목꾼들은 당신 앞에 존재하지 않았기 때문이다.*

이것이 바로 '생존 편향'이다. 실패한 이들을 배제하고 역사 속 승자들만을 지나치게 반영함으로써 왜곡된 그림을 만들어낸다. 그 결과 우리는 통계적 증거를 실제보다 낙관적으로 오해하게 되며, 대표성이 없는 이미지를 진실인 양 받아들이게 된다. 이것은 마치 장밋빛 유리로 만든 백미러를 들여다보는 것과 같다.

* 미국 노동통계국Bureau of Labor Statistics에 따르면, 벌목업은 미국 내 모든 직업 중 직업 관련 치명적 사고 발생률이 가장 높은 업종이다.

* 그 당시까지만 해도 소액 거래에 대한 증권사 수수료는 5%를 넘는 경우도 있었고, 완전한 분산 투자는 현실적으로 불가능했기 때문에, 대부분의 투자자들은 주식시장의 평균 수익률을 실제로 누릴 수 없었다.

19세기 미국에서는 목재 포장도로, 고래기름, 증기선, 역마차 같은 산업들이 순식간에 생겨났다 사라지며, 투자자들의 자산을 송두리째 날려버리곤 했다. 비스비(애리조나), 찰스턴(사우스캐롤라이나), 호놀룰루(하와이), 휠링(웨스트버지니아) 등지의 지방 증권거래소들도 한때 활황을 누리다 결국 사라졌고, 그 외에도 이름조차 잊힌 수많은 시장들이 있었다.*

이처럼 투자자들은 실제로 막대한 돈을 잃었지만, 생존 편향이라는 마법의 지팡이는 그 손실을 지워버린다. 이 데이터 편향을 바로잡는다면, 주식의 초기 수익률 추정치는 상당히 낮아질 수밖에 없다.**

---

* 약 100년 전에도 미국 주식의 초기 데이터를 추적하려던 학자들이 편향된 표본 때문에 수익률을 잘못 측정했을 가능성이 있다는 주장을 했다. 월터 버킹엄 스미스 Walter Buckingham Smith & 아서 해리슨 콜 Arthur Harrison Cole, 『미국 비즈니스의 성쇠 Fluctuations in American Business, 1790~1860』, p23, 44. bit.ly/3NoRY1A.

** 20세기 이후부터는 S&P 500 같은 주가지수 및 시장 데이터에는 생존 편향이 일반적으로 존재하지 않지만, 뮤추얼펀드, 헤지펀드, 기타 '대체 자산'의 성과 데이터베이스에서는 여전히 생존 편향이 흔하게 발견된다.

위험한 장기투자

역사적으로 주식을 오래 보유할수록 수익률의 변동폭이 줄어드는 경향이 있다는 것은 일반적인 상식이다. 장기적으로 볼 때, 미국 주식은 연평균 약 10%의 수익률을 기록해 왔다. 인플레이션을 반영한 실질 수익률은 약 7% 수준이다. 심지어 미국 주식이 55% 이상 하락했던 2007~2009년의 대폭락장 시기에도 장기로 보면 평균 수익률은 10.4%에서 9.3%로 소폭 줄어드는 데 그쳤다.

만약 역사적 평균 수익률에서 벗어날 가능성을 위험이라고 본다면, 수십 년 동안 주식을 보유했을 때 그 위험은 실제로 줄어든 셈이다.

하지만 자산이 55% 하락하면, 원금 회복을 위해서는 122%의 수익이 필요하다. 그 상황에서 '와, 주식은 별로 위험하지 않네! 1926년 이후 평균 수익률이 고작 10.4%에서 9.3%로 조금 줄었을 뿐인데'라는 생각을 하는 사람은 거의 없을 것이다. 대신 '내 자산의 절반 이상이 17개월 만에 날아갔는데, 이게 위험이 아니면 도대체 뭐가 위험이라는 거지?'라는 생각이 당신 머릿속을 지배할 것이다.

앞서 CAPE 비율에서 살펴보았듯, 주식이 '위험할 정도로 고평가된 시점'이 언제인지 확실히 아는 것은 불가능하다. 그리고 만약 당신이 결국 고점이었던 시점에 매수했다면, 그 뒤에 기다리는 '장기투자'를 위한 '장기'라는 시간은 영겁처럼 느껴질지도 모른다.

그래서 워렌 버핏은 장기투자를 두고 이런 말을 했다.

> "사람들은 주식이 채권보다 나을 수밖에 없다고 말하지만, 나는 오히려 그 반대일 수도 있다고 지적해 왔습니다. 모든 것은 '시작할 때의 가격'에 달려 있지요."*

2000년 초 기술주 중심의 나스닥 지수를 매수한 투자자들은 원금 회복까지 15년이 넘게 걸렸다. 일본의 투자자들은 1989년 사상 최고치였던 주가 수준으로 돌아오기까지 30년이 넘는 시간을 기다려야 했다. 세계적으로도

---

* 제이슨 츠바이크, 「때로 주식시장은 '신앙의 기사'를 필요로 한다Sometimes the Stock Market Needs 'Knights of Faith'」 bit.ly/42YKEiC; 제이슨 츠바이크, 「결승선에서 시장 폭락에 당하지 않기Don't Let a Market Crash Hit You at the Finish Line」 bit.ly/3CKOJfW.

프랑스, 독일, 스위스, 대만, 태국 같은 시장에서는 주식이 인플레이션을 감안했을 때 20년 이상 실질 수익률이 마이너스였던 사례가 존재한다.*

단순히 보유 기간을 늘리기만 하면 주식의 위험이 사라진다는 믿음은 틀렸다. 시간은 당신의 친구가 될 수도 있지만, 당신의 적이 될 수도 있다. 긴 투자 기간은 시장 폭락으로부터 회복할 기회를 더 많이 제공하지만, 그만큼 폭락을 경험할 기회도 더 많이 만들어준다. 심지어 주식을 100년 동안 보유하더라도, 그 위험은 결코 사라지지 않는다.

투자자는 불확실성을 싫어한다

그런데 역설적으로, 여기서 우리는 희망의 실마리를 발견할 수 있다.

월스트리트에서 자주 들을 수 있는 말 중 하나는 "투자자는 불확실성을 싫어한다"는 것이다. 하지만 만약 당신이 주식이 반드시 높은 수익을 낼 것이라는 확신을 가질 수 있다면, 주식은 더 이상 위험한 자산처럼 보이지 않을 것이다. 하지만 그런 위험이 사라졌다는 착각은 오히려 사상 최악의 위험을 초래한다.

모두가 주식이 반드시 오를 것이라 믿고 매수에 나선다면, 가격은 비정상적으로 치솟고, 미래의 수익 여지는 사라지며, 결국 폭락은 피할 수 없게 된다. 이것이 바로 1720년, 1929년, 2000년, 그리고 그 외 수많은 버블의 실체였다.

주식은 위험하다. 오랜 상승장 끝에 예고 없이 말도 안 되게 큰 손실을 겪고 그 고통이 오래 지속될 수 있다. 하지만 주식을 보유할 때 발생하는 가장 교묘한 리스크는 지금이 과대평가된 시점인지 과소평가된 시점인지, 그리고

---

* 엘로이 딤슨Elroy Dimson 외, 「비이성적 낙관Irrational Optimism」 bit.ly/3RWhKOO.

'정상'으로 돌아오려면 얼마나 걸릴지를 결코 알 수 없다는 사실이다.

과거의 금융 데이터를 통해 확실하게 얻을 수 있는 단 하나의 교훈은 '미래는 항상 우리를 놀라게 한다'는 것뿐이다. 그리고 다가올 일을 가장 잘 안다고 확신하는 사람일수록, 가장 처참하게 놀라게 될 것이다.

현명한 투자자가 되기 위해서는 주식이 장기적으로 더 높은 수익을 낼 가능성은 있지만, 그것이 '확실하지는 않다'는 사실을 받아들여야 한다. 당신이 예상하는 상황이 벌어질 경우에만 잘 작동하는 포트폴리오를 만들기보다는, 무슨 일이 벌어지든 잘 작동할 수 있는 포트폴리오를 만들어야 한다. 알 수 없는 미래를 예측하려는 헛된 시도를 멈추고, 당신이 통제할 수 있는 것이 얼마나 적은지를 인정함으로써, 오히려 훨씬 더 큰 통제력을 발휘할 수 있다. 그것이야말로 당신이 실제로 통제할 수 있는 모든 결정에 정책과 원칙을 세워나갈 수 있는 첫걸음이 될 것이다.

4장

방어적 투자자를 위한 포트폴리오 전략

투자 포트폴리오의 기본적인 특성은 보통 투자자의 개별적인 입장과 특성에 의해 결정된다. 한쪽 극단에는 저축은행, 생명보험회사, 그리고 이른바 법적 신탁기금이 있다. 한 세대 전만 해도, 이들의 투자는 미국의 많은 주에서 법률에 의해 고등급 채권과, 경우에 따라서는 고등급 우선주로 제한되었다. 반면 반대쪽 극단에는 자금력과 경험이 풍부한 사업가들이 있다. 이들은 매수할 가치가 있다고 판단되면 어떠한 종류의 채권이나 주식도 기꺼이 포트폴리오에 편입시킨다.

위험을 감수할 준비가 되어 있지 않은 사람은 상대적으로 낮은 수익률에 만족해야 한다는 것은 널리 알려진 상식이다. 이로 인해 투자자가 목표로 삼아야 할 수익률은 그가 감수할 준비가 된 위험의 정도와 어느 정도 비례해야 한다는 견해가 생겼다. 그러나 내 생각은 다르다. 투자자가 추구하는 수익률은 오히려 투자자가 얼마나 많은 노력을 기울일 수 있는지에 따라 달라져야 한다고 생각한다. 더 안전하고 싶고 덜 신경 쓰고 싶은 방어적 투자자에게는 최소 수익률이 돌아가야 한다. 반면 능력과 기술을 최대한 발휘하는 민첩하고 공격적인 투자자는 최고의 수익을 실현할 수 있다. 이 책의 1965년 개정판에 나는 다음과 같이 덧붙였다.

'약 4.5%의 수익률을 내는 채권보다 고성장 기회가 있으면서 완전히 저평가된 주식을 매입하는 것이 실질적으로 위험이 더 작을 수 있다.'

이 주장은 예상보다 더 정확히 들어맞았다. 그 후 몇 년 동안 장기금리 상승으로 인해 최우량 장기채조차도 가격이 폭락했기 때문이다.

채권과 주식을 통한 자산배분의 근본적인 문제

앞서 방어적 투자자의 포트폴리오 정책을 간략히 설명한 바 있다. 방어적 투자자는 자산을 우량등급 채권과 우량주만으로 포트폴리오를 구성해야 한다. 기본적인 지침은 자산의 25% 이상 75% 미만으로 주식에 투자하는 것이며, 이에 따라 채권은 주식의 나머지인 75% 이상 25% 미만으로 가져가야 한다. 주식과 채권을 50:50 비율로 배분하는 것을 기본으로 하되, 장기적인 약세장에서 주식을 저렴한 가격에 살 수 있을 때는 주식 비중을 늘려야 하고, 반대로 주식시장 수준이 너무 높아서 위험하다고 판단되면 주식 비중을 50% 이하로 줄이는 것이 현명한 방법이다.

이런 전략은 말로는 쉬워 보이나 실행하려면 생각보다 어려운데, 그 이유는 강세장과 약세장을 초래하는 인간의 본성과 상반되기 때문이다. 시장이 일정 수준까지 상승하면 주식을 매도하고 일정 수준까지 하락하면 매수하는 전략은 일반 주식보유자에게 실현가능성이 매우 낮다. 과거에 비추어 보면,

대부분의 사람들은 주가가 오르면 주식을 사고, 내리면 주식을 팔아서 폭등과 폭락이 발생했다. 아마 미래에도 그럴 것이다.

예전처럼 투자와 투기가 명확히 구분된다면, 영리하고 노련한 투자자들은 경솔하고 불쌍한 투기꾼에게 높은 가격에 주식을 팔았다가 나중에 낮은 가격에 다시 사는 기회가 있을 것이다. 그러나 1949년 이후 금융이 발전하면서 이제 더 이상 이런 기회는 없어진 것 같다. 뮤추얼 펀드와 같은 전문 기관도 이런 방식으로 운영하지는 않는 것으로 알고 있다. 혼합형 펀드와 주식형 펀드라는 두 가지 주요 유형의 펀드에서 주식이 차지하는 포트폴리오의 비중은 거의 변하지 않는다. 이 펀드들은 전체 주식 비중은 유지하면서 그 안에서 더 유망한 종목의 비중을 높이는 식으로 운용을 한다.

주식시장의 가치를 평가할 때, 과거의 기준은 더 이상 유효하지 않고 새로운 기준은 아직 검증되지 않았기 때문에, 투자자에게 주식을 25%로 줄이고 나중에 75%까지 다시 늘리기 위한 마땅한 기준이 없다. 주식 포트폴리오가 건전하다고 확신하고, 1969~1970년과 같은 시장 침체에도 침착하게 대처할 자신이 있을 때만 주식 비중을 50% 이상 높여야 한다. 그러나 1972년 초 주가 수준에서 어떻게 그런 자신감을 가질 수 있는지 이해하기 어렵다. 이러한 이유로 지금도 50%보다 높은 주식 비중을 권고하지 않는다. 그러나 비슷한 이유로 투자자가 현재의 시장 수준이 너무 불안하다고 느끼지 않는 한, 주식 비중을 50% 이하로 크게 줄이는 것도 바람직하지 않다. 만약 이후에 시장이 크게 상승하는 경우에도 25% 주식 비중에 만족할 수 있다면 그렇게 해도 된다.

따라서 대부분의 독자들에게 포트폴리오에서 채권과 주식의 비중을 가능한 한 동일하게 50:50 포뮬러를 지속적으로 유지하도록 권장한다. 예를 들어 주가가 올라서 주식비중이 55%가 되면 주식 5% 주식보유의 11분의 1를 매도하고 그 대금으로 채권을 추가 매수하여 다시 50:50이 되도록 하는 것이다. 반대로 주식비중이 45%로 떨어졌다면 채권의 11분의 1을 매각하고 그 대금으로 주식을 추가로 매수해야 한다.

예일대학교는 1937년 이후 몇 년 동안 유사한 계획을 따랐는데, 주식 보유 비중을 35%에 맞춰서 운용했다. 그러나 1950년대 초에 예일대는 한때 성공적이었던 자산배분 비중을 포기한 것으로 보이며, 시장 침체기 직전인 1969년에 포트폴리오의 61%를 주식(일부 전환사채 포함)으로 구성했다. (당시 이러한 유형의 기부 기금 71개의 총 자산은 76억 달러였으며, 그 중 60.3%가 주식에 투자되었다.) 예일대의 사례를 보면 주가가 급격히 오르면 기존의 보수적 원칙을 지키기가 얼마나 어려운지 알 수 있다.

그럼에도 불구하고 50:50 전략은 방어적 투자자에게 매우 적합하다고 확신한다. 여기에는 다음과 같은 몇 가지 이유가 있다. 매우 간단하고, 의심할 여지없이 올바른 방향을 지향하며, 투자자들에게는 적어도 시장 상황에 어느 정도 대응할 수 있다는 느낌을 주기 때문이다. 그러나 가장 중요한 것은 주가 수준이 상승하여 시장이 위험한 수준까지 갈 때 주식에 점점 더 많은 비중이 몰리는 것을 방지할 수 있다는 것이다.

또한 진정한 방어적 투자자는 상승장에서 포트폴리오의 절반에서 나오는 수익에 만족하고, 급격한 하락장에서는 공격적인 친구들보다 훨씬 나은 상황에 있다는 사실에 위안을 삼을 것이다.

50:50 포뮬러는 가장 간단한 다목적 전략임에는 틀림없지만, 사후적 결과는 최고가 아닐 수도 있다. (모든 상황에서 가장 뛰어나다고 할 수 있는 전략은 없다.) 현재는 고등급 채권의 수익률이 주식의 배당수익률보다 훨씬 높기 때문에 채권 비중을 늘려도 될 것 같다. 포트폴리오에서 주식 비중을 50%로 할지 또는 그보다 낮게 가져갈지를 선택하는 것은 주로 자신의 기질과 태도에 달려있다. 만약 냉정하게 확률을 따지는 투자자라면 현재로서는 25%의 낮은 주식 비

중을 유지하다가, 다우지수의 배당수익률이 채권수익률의 3분의 2 정도까지 올라온다면 주식과 채권 간의 균형을 다시 50:50으로 맞추는 것을 선호할 것이다. 다우지수가 900이고 배당금이 36달러(배당수익률 4%)인 경우, 현재 주식 배당수익률이 유지된다면 과세 채권수익률이 7.5%에서 약 5.5%로 하락하거나, 채권수익률과 배당금이 유지된다면 다우지수가 660까지 하락해야 할 것이다. 그 사이 변화를 조합하면 일정한 '매수 시점'이 나온다. 이 전략은 특별히 복잡하지 않다. 그러나 이 전략을 채택하고 일관되게 실행하고 유지하는 것은 쉽지 않으며, 나아가 주가가 상승하면 결과적으로 너무 보수적이었다는 자책을 할 수도 있다.

채권 종목 선택

투자자의 포트폴리오에서 채권을 선택할 때는 두 가지를 고려해야 한다. 과세 채권을 매수할 것인가, 비과세 채권을 매수할 것인가? 그리고 만기는 단기와 장기 중 어느 쪽을 선택할 것인가? 과세 여부에 대한 결정은 수익률 차이와 투자자의 소득세율에 따라 달라진다. 1972년 1월, 20년 만기 Aa 등급 회사채의 수익률은 약 7.5%, 비과세 지방채의 수익률은 5.3%였다. (각 주에서 발행한 채권을 포함한 모든 비과세 채권은 '지방채munincipals'라고 표현한다.) 수익률만 따지면 20년 만기에는 회사채보다 지방채를 매수하는 것이 30% 정도 불리하다. 그러나 누진세 적용으로 인한 한계 세율이 30%보다 높은 투자자는 지방채를 선택하는 것이 더 유리하고, 30%보다 낮으면 반대가 된다. 미국에서는 독신자의 경우 과세표준이 1만 달러 이상인 경우 30%의 세율이 적용되며, 부부의 경우 부부합산 과세표준이 2만 달러 이상인 경우 이 세율이 적용된다. 따라서 개인 투자자는 대부분 우량 회사채 대신 세제 혜택이 있는 우량 지방채를 매수하는 것이 더 유리하다.

단기채를 선택할지, 장기채를 선택할지 결정하는 것은 완전히 다른 문제이다. 투자자가 채권 가격 하락을 방어하려면 (1) 더 높은 연간 수익률과 (2) 채권 가격 상승 기회를 포기하고 단기채를 선택해야 한다. 이 주제는 8장 '투자와 시장 변동성'에서 더 자세히 논의할 예정이다.

과거 수년 동안 개인 투자자에게 합리적인 채권은 미국저축채권이 유일했다. 안전성은 의심할 필요가 없었고, 다른 우량등급 채권에 투자하는 것보다 높은 수익을 얻었기 때문이다. 그 채권의 투자자들은 원금을 돌려받을 수 있는 풋백옵션과 기타 특권을 가지고 있었다. 이 책의 이전 판에는 '미국저축채권: 투자자들의 혜택'이라는 제목의 장을 따로 할애했었다.

더 자세히 설명하겠지만, 이러한 채권은 여전히 개인 투자자에게 적합한 투자로써 고유의 장점이 있다. 예를 들어 채권에 투자할 수 있는 금액이 1만 달러 이하인 소액 자산가들에게 여전히 가장 쉬운 최선의 선택이다. 그러나 투자 자본이 더 많다면 더 나은 대안이 있다.

다음으로 투자자가 고려해야 할 주요 채권 몇 가지를 안전, 수익률, 시장 가격, 위험, 세금 측면 및 기타 특징과 관련하여 간략히 살펴보고자 한다.

1. 미국저축채권 시리즈 E 및 시리즈 H

먼저 주요 조건을 요약한 후, 이 독특하고 매력적이며 매우 편리한 채권이 가진 다양한 장점에 대해 간략히 논의하겠다. 시리즈 H 채권은 다른 채권처럼 반기마다 이자를 지급한다. 표면금리는 첫해에 4.29%, 이후 만기까지 9년 동안 5.10%이다. 시리즈 E 채권은 이자가 지급되지 않는 할인채로서 액면가의 75%에 판매되며 발행 후 5년 10개월이 되면 액면가의 100%에 상환된다. 만기까지 보유할 경우, 수익률은 반기 복리로 계산해 5%가 된다. 조기 상환할 경우, 수익률은 첫해 최소 4.01%에서 시작하여 다음 4년 10개월 동안 평균 5.20%로 상승한다.

이 채권의 이자는 주 소득세가 면제되어 연방 소득세만 내면 된다. 여기서 시리즈 E 채권의 경우, 연방 소득세 납부방식을 보유자가 선택할 수 있는데, 매년 경과 이자에 대해서 납부하거나, 채권을 처분할 때 한 번에 납부할 수도 있다.

시리즈 E 채권의 소유자는 구매 후 얼마 지나지 않아 현재의 상환 가치를 기준으로 언제든지 채권을 현금화할 수 있다. 시리즈 H 채권 보유자도 원금(구입가)으로 현금화할 수 있는 비슷한 권리를 갖는다. 시리즈 E 채권은 특정 세금 혜택과 함께 시리즈 H 채권으로 교환할 수 있다. 분실, 파손 또는 도난당한 채권은 무상으로 다시 발급받을 수 있다. 연간 구매에 제한이 있지만, 규정상 가족 구성원의 공동 소유가 가능하여 대부분의 투자자는 원하는 만큼 구매할 수 있다.

논평: 다음 세 가지를 동시에 만족시키는 다른 투자는 없다. (1) 원금과 이자 지급이 절대적으로 보장되고 (2) 언제든지 투자금 전액을 상환받을 수 있으며 (3) 최소 10년 이상 5% 이상의 이자율이 보장된다. 초기에 발행된 시리즈 E 채권을 보유한 사람은 만기 시 채권의 만기를 연장할 수 있는 권리를 가졌으며, 이를 통해 이자까지 원금에 합산되어 점진적으로 더 높은 이자로 가치를 계속 누적할 수 있었다. 소득세 납부도 장기간 이연되는 커다란 이점을 누릴 수 있어, 일반적인 경우 세후 실효 수익률이 최대 3분의 1가량 증가했을 것으로 추정된다. 그리고 원가 또는 그 이상의 가격으로 채권을 현금화할 수 있는 권리가 부여되어 과거 저금리 시기에 매수한 투자자는 채권 가치 하락을 완전히 방어할 수 있다. 다시 말해 이 채권 투자자는 저금리 채권을 같은 금액의 고금리 채권으로 전환하여 금리 상승의 혜택을 누릴 수 있었다.

현재는 미국저축채권의 수익률이 다른 국채에 비해 다소 낮지만, 그래도 특별한 장점 때문에 충분한 보상이 된다.

2. 기타 국채

매우 다양한 표면금리와 만기의 채권이 발행되었다. 이 채권들은 이자와 원금 지급에 있어 완벽하게 보장된다. 연방 소득세는 과세 대상이지만, 주 소득세는 면제된다. 1971년 말 기준으로, 만기가 10년 이상인 장기 채권의 평균 수익률은 6.09%, 3~5년의 중기 채권은 6.35%, 단기 채권은 6.03%를 기록했다.

1970년에는 오래 전에 발행된 국채들을 큰 할인율로 매수할 수 있었다. 이 중 일부는 상속세 납부 시 액면가로 인정받는다. 예를 들어 미국 재무부 3.5% 채권(1990년 만기)은 1970년에 60에 거래되었지만 1970년 종가는 77 이상으로 마감되었다.

또한 동일한 만기의 직접적인 미국 정부 채무보다 간접적인 정부 채무가 상당히 높은 수익률을 제공하는 경우가 많다는 점도 흥미롭다. 이 글을 쓰는 현재 '미국 교통부 장관이 완전히 보증하는 증서'는 7.05%의 수익률로 거래되고 있다. 이 수익률은 같은 만기(1986년) 미국국채보다 무려 1%나 더 높다. 이 채권은 실제로는 펜 센트럴Penn Central Transportation Co.이 발행자로 되어 있으나, 미국 정부가 보증한다는 미국 법무부 장관의 확인을 근거로 판매되었다. 과거에도 미국 정부는 이와 같은 형태의 간접 채무를 여러 차례 인수한 바 있으며, 모두 엄격하게 지켜졌다.

논평: 절차도 복잡하고 비용도 더 높아져서 결국에는 납세자에게 더 큰 비용을 발생시키는데도, 이런 방식으로 채권을 발행하는 이유는 무엇인가? 주된 이유는 의회가 정한 정부의 부채 한도 때문이다. 정부의 보증은 부채가 아니기 때문에 위에서 설명한 방식으로 정부는 이 한도를 우회할 수 있다. 영리한 투자자들 입장에서는 유리한 투자수단이다. 이러한 상황의 또 하나의 산

물은 미국 정부가 보증하는 비과세 주택국채권 Housing Authority Bond 이다. 이는 사실상 정부 채권과 동일하게 거의 유일한 비과세 채권이다. 또 다른 정부 보증 채권으로 신종커뮤니티채권 New Community Debenture 이 있다. 이 채권은 1971년 9월 기준으로 7.60%의 수익률로 거래되었다.

3. 지방채

이 채권들은 연방 소득세가 면제된다. 일반적으로 채권을 발행한 주 안에서는 소득세가 면제된다. 지방채는 원금과 이자를 지방정부가 보증하는 일반채권 GO Bonds: general obligation bonds 과 원금과 이자가 채권발행으로 자금을 조달한 고속도로의 통행료 또는 건물의 임대료 등으로 확보되는 산업수익채권 revenue bond 으로 구분된다. 모든 비과세 채권이 방어적 투자자가 매수할 만큼 충분히 안전한 것은 아니다. 투자자는 무디스나 스탠더드 앤드 푸어스에서 각 채권에 부여한 신용등급을 참조할 수 있다. 두 서비스 모두에서 Aaa(AAA), Aa(AA), A 등 세 가지 신용등급 중 하나를 받은 채권은 충분히 안전한 것으로 간주해도 된다. 이러한 채권의 수익률은 등급과 만기 기간에 따라 다르며, 만기 기간이 짧을수록 수익률은 낮아진다. 1971년 말에 스탠더드 앤드 푸어스 지방채 지수에 포함된 채권의 평균 신용등급은 AA였고, 만기 기간은 20년, 수익률은 5.78%였다. 예를 들어 AA 등급인 뉴저지 주 바인랜드가 발행한 1년 만기 채권의 수익률은 3%에 불과했으나, 1995년과 1996년 만기 채권수익률은 5.8%였다.*

* 비교적 최근에 발행된 특정 산업수익채권은 충분한 안전성과 더 높은 비과세 수익률을 제공한다. 이러한 채권은 특히 공격적 투자자가 관심을 가질 만하다.

4. 회사채

회사채는 연방정부와 개별 주 모두에서 과세 대상이 된다. 1972년 초, 무디스 Aaa 회사채 채권지수 수익률을 보면 우량등급 25년물은 7.19%였다. 소위 중하위 등급으로 분류되는 Baa 등급의 채권은 만기가 긴 경우 8.23%의 수익률을 기록했다. 각 등급에서 단기물은 장기물보다 수익률이 다소 낮았다.

논평: 위의 요약은 일반 투자자가 신용등급이 높은 채권 중에서 몇 가지 선택권을 가지고 있음을 나타낸다. 소득세율이 높은 계층에 속하는 투자자는 과세 대상 채권보다 비과세 우량 채권에서 더 나은 순수익을 얻을 수 있다. 1972년 초 과세 대상 채권의 수익률 범위는 미국저축채권의 경우 5.00%에서 우량 회사채의 경우 약 7.50%까지다.

하이일드 채권[7]

더 낮은 신용등급 채권에서는 더 높은 이자 수입을 기대할 수 있다. 그러나 경험에 비추어 볼 때 일반 투자자는 이러한 하이일드 채권을 멀리하는 것이 좋다. 하이일드 채권은 우량등급 채권보다 수익률 면에서는 전반적으로 약간 나은 결과를 보이지만, 불리한 상황에 노출될 위험이 크다. 이런 위험에는 가격 하락에서 채무 불이행에 이르기까지 다양하다. (낮은 등급 채권에서 좋은 투자 기회가 종종 나오기는 하지만, 이를 성공적으로 활용하려면 각별한 연구와 기술이 필요하다.)

한편 정부가 의회의 국채 발행 한도를 우회하기 위해 채무를 보증하면서 새로운 기회들이 생겨났다. 하나는 비과세 신종주택국채권이고, 다른 하나는 최근에 발행된 (과세 대상) 신종커뮤니티채권이다. 1971년 7월에 발행된 신종주택국채권은 연방 및 주 세금이 모두 면제된 상태에서 수익률이 5.80%였으며, 같은 해 9월에 발행된 신종커뮤니티채권은 과세 대상으로 7.60%의 수익률을 기록했다. 두 발행물 모두 미국 정부가 전적인 신용과 신뢰를 보증하며, 따라서 절대적으로 안전하다. 그리고 세후 기준으로 일반적인 미국 국채보다 수익률도 상당히 높다.

예금

저축은행이나 시중은행에 예금을 하거나 양도성예금증서를 가지고 있으면 잔존 만기가 짧은 우량등급 채권 수준의 이자를 얻을 수 있다. 예금 금리는 향후 다시 하락할 수 있지만, 개인 투자자는 현재 조건에서는 단기 채권을 대체할 수 있다.

전환사채

이 내용은 16장 '전환증권과 신주인수권'에서 다루기로 한다. 일반적인 채권 가격의 변동은 8장 '투자와 시장 변동성'에서 설명하겠다.

콜 조항(상환청구권)

이전 판에서 콜 조항call provision을 세세하게 다루었던 이유는 투자자들은 거의 인식하지 못하지만 심각하게 불공정했기 때문이었다. 일반적인 경우, 채권은 발행 직후부터 발행 가격에 약간의 프리미엄이 붙은 채로 상환(콜 행사)이 가능했다. 이는 기본 금리가 크게 변동하는 동안, 투자자는 불리한 변화의 모든 위험은 감수해야 하지만, 유리한 변화에서는 거의 이익을 누릴 수 없음을 의미했다.

대표적인 예로 1928년 100년 만기 표면금리 5% 채권을 101달러에 발행한 아메리칸 가스 앤드 일렉트릭American Gas & Electric의 채권 발행을 들 수 있다. 4년 후, 거의 패닉에 가까운 상황이 오자 수익률이 8%가 되었고 채권가격은 62.5까지 떨어졌다. 1946년 무렵에는 상황이 완전히 바뀌었다. 이 회사 채권의 수익률은 3%까지 떨어졌고, 그러면 표면금리 5%짜리 채권의 가격은 160 가까이 올랐어야 했다. 그러나 이 시점에서 회사는 콜 조항을 이용해 106이라는 낮은 가격으로 채권을 상환했다.

이들 채권 계약의 콜 조항은 '앞면이 나오면 내가 이기고, 뒷면이 나오면 네가 진다'는 식의 불공정한 조건이었다. 결국 채권 매수 기관들의 반발로 최근에는 대부분의 고금리 장기 채권들은 발행 후 최소 10년이 지나야 콜 조항을 행사할 수 있게 되었다. 이러한 조치는 여전히 채권 가격 상승 가능성을 제한하지만, 부당하다고 할 정도는 아니라고 본다.

장기채에 투자할 때는 약간의 수익률을 희생하더라도 20년에서 25년 동안 콜(상환)되지 않는 조건을 확보해야 한다. 고금리 채권을 액면가에 가까운 가격으로 매수하고 몇 년 내 상환 위험에 노출되는 것보다는, 차라리 저금리 채권을 저렴한 가격에 매수하는 것이 더 유리하다. 예를 들어 표면금리 3.5% 채권이 할인되어 63.5에 매수할 수 있다면 불리한 콜 조항을 걱정할 필요가 없다.

비전환우선주

우선주에 관한 일반적인 특성을 소개하겠다. 정말 좋은 우선주가 존재할 수 있고 실제로도 존재한다. 하지만 본질적으로 우선주는 투자자에게 불리한 투자 형태다. 우선주 주주가 안전을 보장받기 위해서는 회사가 보통주에 배당금을 지급할 수 있는 능력과 의지가 있어야만 한다. 보통주 배당금이 중단되거나 중단될 위험이 있는 경우, 우선주 주주의 지위는 불안정해진다. 이사회가 보통주 배당을 지급하지 않는 한 우선주 주주에게 배당금을 지급할 의무가 없기 때문이다. 반면 전형적인 우선주는 고정된 배당률 이상의 이익은 공유할 수 없다. 따라서 우선주 주주는 채권자의 법적 청구권도, 보통주 주주의 높은 자본이득 가능성도 갖지 못한다.

우선주의 법적 지위에 대한 이러한 약점은 일반적으로 불황기에 두드러지게 나타난다. 모든 우선주 중에서 충분히 신뢰할 수 있는 것은 극히 일부에 불과하다. 경험적으로 우선주를 매수할 시기는 일시적인 충격으로 인해 가격이 과도하게 낮을 때이다. 이런 투자는 공격적인 투자자에게는 적합할 수 있지만, 방어적 투자자에게는 평소 투자와 너무 동떨어진 방식이기 때문에 적합하지 않다.

결론적으로 우선주는 주가가 현저하게 저평가된 경우가 아니면 아예 사지 말아야 한다. 앞으로 다루겠지만, 전환권이 부여된 우선주는 고수익을 얻을 가능성이 있지만, 이러한 증권은 일반적으로 방어적인 포트폴리오에 적합하지 않다.

우선주의 또 다른 특징은 적용 세율이다. 법인은 우선주를 매수할 경우, 세금 측면에서 개인 투자자보다 유리하다. 미국에서 법인은 배당소득에 대하여 15%가 과세대상이지만, 이자소득은 100% 과세 대상이다. 1972년 이후 법인세율은 48%로, 법인은 우선주 배당금 100달러에 7.20달러만 내면 되는 반면, 채권 이자 소득은 100달러에 48달러를 납부해야 한다.

반면 개인 투자자는 일부 공제되는 부분을 제외하고는 우선주 투자에 대해 채권 이자와 세금이 동일하다. 따라서 비과세 채권은 소득세를 납부하는 투자자가 매입해야 하는 것처럼, 모든 투자등급 우선주는 기업이 매입하는 것이 맞다.

다른 형태의 증권

채권과 우선주는 앞서 설명한 바와 같이 이해하기 쉽고 단순한 구조이다. 채권 보유자는 정해진 일정에 따라 이자와 원금을 받을 권리가 있다. 우선주 보유자는 보통주가 배당을 받을 때에만 배당금을 받을 권리가 있으며, 원금을 받는 만기가 있는 것도 아니다. (미지급 배당금을 누적해서 주는 우선주와 누적하지 않는 우선주가 있으며, 의결권이 있을 수도 있고 없을 수도 있다.)

위의 내용은 전형적인 채권 및 우선주의 주요 특징이다. 대다수는 이러한 특징을 갖지만, 아닌 경우도 많다. 가장 잘 알려진 것은 전환증권과 수익사채 income bond[8]이다. 수익사채의 경우, 회사가 적자인 경우 이자를 지급할 필요가 없다. (미지급 이자는 향후 이익에 누적될 수 있지만, 보통 이 기간은 3년으로 제한한다.)

기업들은 수익사채를 지금보다 훨씬 더 널리 활용해야 한다. 수익사채를 기피하는 이유는 단순한 오해에서 비롯된 것으로 보인다. 처음 수익사채가 대량으로 사용된 계기가 철도주의 구조조정이었으므로, 수익사채라고 하면 아직도 취약한 재무구조와 열악한 투자환경을 연상시키기 때문이다.

하지만 수익사채 자체는 여러 가지 실용적인 장점이 있다. 특히 최근 몇 년간의 수많은 전환우선주와 비교하면 더욱 두드러진다. 주요 장점 중 하나는 회사의 입장에서 이자지급액이 회사의 과세 소득에서 공제가 가능하다는 점으로, 이는 사실상 자본 비용을 절반으로 줄여준다. 투자자 입장에서의 장점은 일반적으로 (1) 회사가 이익을 창출했을 때 이자 지급을 무조건 받을 수 있는 권리가 있으며, (2) 적자 때문에 이자가 지급되지 않을 경우에도 파산절차가 아닌 다른 형태로 보장받을 수 있다. 수익사채의 조건은 발행자와 매수자 모두에게 적합한 방식으로 조정될 수 있다. (전환권을 포함하기도 한다.) 단점이 많은 우선주는 모든 사람들이 수용하고, 더 유리한 수익사채는 거부하는 것은 새로운 상황에 따라 새로운 관점이 요구됨에도 불구하고 구태적 제도와 폐습에서 벗어나지 못하고 있는 월스트리트의 현실을 보여준다. 새로운 낙관론이나 비관론이 물결치면 우리는 과거 기억과 검증된 원칙은 쉽게 버리지만, 우리의 편견에 대해서는 집착하고 꿋꿋이 고수한다.

4장 논평

– 제이슨 츠바이크

"나는 사건을 통제할 수 없으므로, 나 자신을 통제한다.

사건이 나에게 맞춰지지 않는다면, 내가 그것에 맞춘다."

— 미셸 드 몽테뉴*

방어적 투자자가 되는 데 있어 가장 어려운 점은 자기 자신으로부터 자신을 지켜내는 것이다. 대부분의 전통적인 투자 조언은 '무엇을 해야 하는가'에 초점을 맞춘다. 하지만 현명한 투자자는 노력의 대부분을 '무엇을 하지 말아야 하는가'에 쏟는다.

---

* 미셸 드 몽테뉴 Michel de Montaigne, 『몽테뉴 수상록 전집 The Complete Essays of Montaigne』 중 자만에 대하여 Of Presumption, (스탠퍼드대학교출판부, 1965), p488.

이건 모의고사가 아니다

얼마나 많은 위험을 감수해야 할까?

전통적인 대답은 금융 자문가들이 말하는 '위험 감수 성향 risk tolerance'에 따라야 한다고 말한다. 하지만 이 개념은 모호하고 추상적이며, 많은 경우 고작 몇 가지 질문(심지어는 여섯 개도 안 되는)을 통해 측정된다. 그 가운데는 "주식시장이 20% 하락한다면 당신은 팔겠는가? 그냥 보유하겠는가? 아니면 더 사들이겠는가?"와 같은 어이없는 질문도 있다.

시장이 평온할 때 '시장이 폭락한다면 나는 더 사겠다'고 말하는 것은 쉽다. 그건 마치 불타는 건물 안에 사람이 있다면 '당연히 뛰어들어 구하겠다'고 말하는 것과 같다.

하지만 불타는 건물 안으로 뛰어들겠다고 말하는 것과, 실제로 그 안으로 뛰어드는 것은 전혀 다른 일이다. 마찬가지로 폭락장에서 주식을 사겠다고 말하는 것과, 실제로 그 상황에서 주식을 사는 것 역시 완전히 다르다.

시장 폭락은 정답을 고르는 문제가 아니다.

당신의 휴대폰 화면에 모든 주식 가격이 온통 시퍼렇고, 뉴스 헤드라인은 종말을 예고하며, 시장 전문가들이 TV에서 "늦기 전에 전부 팔라"고 외쳐대고, 당신의 가족조차 "불타는 아궁이 속에 돈을 던져 넣는 짓은 이제 그만두라"고 애원할 때, 그 와중에 주식을 더 사는 일은 결코 배포의 문제가 아니다. 그건 두려움을 마주하는 일이다.

위험 감수 성향은 평생 동안 일정하지 않다. 심지어 몇 시간 사이에도 바뀔 수 있다. 그래서 그레이엄은 당신이나 당신의 재무 상담사가 '내가 어느 정도의 위험까지 감당할 수 있을 것 같다'고 느끼는 수준에 따라 포트폴리오를 구성하는 것을 우려했던 것이다.

당신의 '위험 감수 성향'은 당신 뜻대로 되지 않는다

- 최근 주식시장이 얼마나 좋았는지
- 최근 당신의 투자 성과가 어땠는지
- 혼자 투자하는지, 집단의 일원으로 투자하는지
- 당신이 지금 느끼는 감정: 기쁨, 분노, 슬픔, 불안, 공포, 혐오 등
- 당신이 18세에서 25세 사이에 가졌던 자산 수준
- 당신이 속한 국가나 문화
- 주가가 4, 8, 9 같은 숫자로 끝나는지
- 지금 투자하는 자금의 출처가 어디인지
- 지금이 어느 계절인지
- 지금이 하루 중 어떤 시각인지
- 어젯밤 잠을 얼마나 잘 잤는지
- 마지막으로 음식을 먹은 지 얼마나 되었는지
- 해가 떠 있는지 여부
- 최근 비행기 추락 사고 관련 기사를 읽었는지
- 당신이 좋아하는 스포츠팀이 중요한 경기에서 이겼는지, 졌는지

이것들은 단지 일부에 불과하다. 이 모든 요소들은 한 가지 사실을 상기시킨다: 당신이 정책과 절차 없이 투자에 임한다면, 시시각각 변하는 시장의 분위기와 당신 자신의 감정에 속수무책으로 끌려 다닐 수밖에 없다는 것이다.*

---

* 엘케 U. 베버Elke U. Weber, 요아힘 클레멘트Joachim Klement, 「위험 감수 성향과 환경Risk Tolerance and Circumstances」 bit.ly/45dJzp1.

방어적 투자자와 공격적 투자자

사람들의 위험 감수 성향은 변하지 않는다는 잘못된 전제에 근거하여, 많은 재무 상담사들은 투자자에게 '보수형', '중립형', '적극형' 포트폴리오를 제시한다. 이때 각 포트폴리오의 위험 수준은 주식 비중으로 정의된다. 예컨대 보수형 포트폴리오는 주식 비중이 40% 이하, 중립형은 60% 수준, 적극형은 80% 이상을 포함하는 식이다.

그레이엄은 이러한 접근이 터무니없다고 생각했다. 주식시장이 급등하면, '보수형' 투자자들은 애초에 손실을 피하고 싶어 했다는 사실조차 잊는다. '그때 주식을 40% 이상만 들고 있었어도…'라는 아쉬움에 점차 사로잡히게 된다. 그 아쉬움은 곧 질투와 조급함으로 변하고, 주변 사람들이 부자가 됐다는 자랑을 듣는 것에 지쳐, 그들은 결국 놓쳐버린 수익을 만회하겠다는 일념으로 주식을 급하게 사들이게 되는데, 이 때는 대부분 폭락 직전이다.

시장에 폭락이 닥치면, '적극형' 투자자들은 처음에 '빨리 부자가 되겠다'는 목표를 망각한다. 자산이 산산이 부서진 충격에 휩싸여, 주식을 버리고 현금이라는 '안전지대'로 도망친다. 주식이 비쌀 때는 사자처럼 용감하던 그들이, 주식이 싸졌을 때는 쥐처럼 움츠러든다.

그레이엄은 투자자가 감수해야 할 위험의 정도를 정함에 있어, 위험 감수 성향이라는 허구적 개념을 사용하는 대신, 투자에 쏟을 수 있는 시간과 노력이라는 전혀 다른 기준을 제시한다.

만약 당신이 너무 바쁘거나 혹은 이 책을 읽는 데 드는 시간과 노력 이상을 투자에 쏟을 자신이 없다고 느낀다면, 그레이엄은 당신이 스스로를 '방어적 투자자'로 인식하길 바란다. 그 말은 곧 투자에 힘들게 매달릴 필요가 없다는 뜻이다.

그렇다고 해서 방어적 투자자가 되는 일이 쉬운 것은 아니다. 방어적 투자자도 투자정책서(148~151페이지 설명 참조)를 따를 자기 절제력을 갖춰야 하고, 강세장에서는 자신이 시장에 뒤처질 수 있다는 점, 주변의 누군가는 항상 자신보다 더 많은 돈을 벌고 있을 거라는 점, 그리고 무엇보다도 "금융시장이 앞으로 어떻게 움직일지 나는 모르고, 심지어 알고 싶지도 않다"고 말할 수 있어야 한다는 점을 기꺼이 받아들여야 한다.

하지만 당신이 '방어적 투자자'가 되기로 결정했다면, 그 어떤 부끄러움도 느낄 필요 없다. 그것은 나약함을 고백하는 것도 아니고, 책임을 회피하는 것도 아니며, 당신이 멍청하거나 무능하다는 인정도 아니다. 이는 그저 공격적 투자자가 되기 위한 충분한 시간과 노력을 함께 투입하지 못하는 상황이라면, 더 높은 수익을 좇기 위해 더 많은 수수료와 비용을 부담하는 일은 돈 낭비에 불과하다는 사실을 인정하는 것이다.

반면에 당신이 기업을 연구하고 재무제표를 분석하는 일을 즐긴다면, 당신은 아마도 '공격적 투자자'에 가까울 것이다.

하지만 당신 역시 정식으로 작성된 투자정책서가 필요하며, 단지 자금만이 아니라 상당한 시간과 노력도 투자해야 한다.

먼저 투자를 결정하기 전에 그 대상을 깊이 있게 조사해야 하고, 투자 자산을 보유하는 동안에도 끊임없이 관찰하고 분석해야 한다. 그리고 무엇보다 당신 자신을 더 깊이 분석해야 한다. 이를 통해 지속적인 학습 환경을 만들어야 하며, 그 안에서 자신의 실수를 인식하고, 피드백을 받아들이며, 일관된 규칙을 개발하고, 그것을 따르는 능력을 키워야 한다.*

그레이엄이 제시한 방어적 투자자와 공격적 투자자 사이의 구분이 탁월한 이유는, 이 구분이 소위 말하는 위험 감수 성향과 달리 시장 상황이 급등하

* 자세한 내용은 본문 5장, 7장, 11장 및 각 장의 논평을 참고하라.

거나 급락한다고 해서 쉽게 바뀌지 않는다는 점이다. 방어적 투자자는 '보수형 투자자'보다도 주가가 급등할 때 '놓칠까 봐 불안한 마음 fear of missing out, FOMO'에 휘둘릴 가능성이 훨씬 낮고, 공격적 투자자는 '적극형 투자자'보다도 시장 폭락 속에서도 훨씬 더 높은 확률로 규율을 지키며 버틸 수 있다.

더 바람직한 질문들

다음은 당신이 주식에 어느 정도의 자금을 투자해야 할지에 대해 솔직한 답을 찾는 데 도움이 되는 질문들이다:

당신의 현재 상황, 선호, 그리고 목표는 무엇인가?

- 나이
- 결혼 여부
- 배우자나 동거인의 소득 또는 소득 잠재력 수준
- 현재 직업의 고용 안정성
- 집을 소유하고 있는가, 임대 중인가, 아니면 앞으로 구입할 계획이 있는가?
- 자녀가 있거나 앞으로 자녀 교육비를 부담하게 될 가능성이 있는가?
- 유산을 받을 가능성이 있는가, 아니면 부모를 부양해야 할 가능성이 있는가?
- 회사에서 제공하는 퇴직연금은 얼마나 충분한가?
- 정기적인 수입을 얻기 위해 투자 자산에 얼마나 의존하고 있는가?
- 현재 보유한 물적 자산(집, 토지, 소장품 등)은 얼마나 되는가?
- 인적 자본(소득 창출 능력)은 얼마나 더 성장할 수 있는가?

과거 하락장에서 당신은 어떻게 행동했는가?

당신이 지난번 폭락 때 한 행동을 보면, 당신이 다음 시장 폭락 때 어떻게 행동할지를 알 수 있다. 우리는 대개 자신의 과거를 재구성하는 경향이 있다. 실제보다 더 용감했다고 기억하며, 기억 속의 자신을 미화한다. 예를 들어 2008~2009년 금융위기를 기억하는 당신은 그때 주식을 더 샀다고 생각할지 모르지만, 실제로는 팔았거나 아무것도 하지 못했을 가능성이 크다. 2020년 코로나 쇼크 때도 '그때 과감히 더 샀지'라고 느낄 수 있지만, 실제 당시엔 너무 겁이 나서 아무 행동도 못했을 수 있다.

당시의 계좌 명세서를 꺼내서 직접 확인하라. 만약 당신이 과거의 폭락장에서 주식을 팔았거나 가만히 있었던 사람이라면, 다음 폭락장에서도 똑같이 행동할 가능성이 높다. 그렇다면 지금, 당시보다 더 높은 비중으로 주식을 보유해서는 안 된다.

당신의 목표는 얼마나 유연한가?

당신이 감당할 수 있는 위험의 범위는 단순히 현재 보유한 자금이나 앞으로 벌 수 있는 돈의 크기에만 달려 있지 않다. 그보다는 오히려, 당신이 미래 지출의 시점을 얼마나 통제할 수 있느냐에 크게 좌우된다. 만약 비싼 집을 조만간 반드시 사야 하거나, 자녀를 학비가 비싼 사립학교에 진학시켜야만 한다면, 당신의 리스크 감내 능력은 보유 현금보다 훨씬 더 제한적일 수 있다. 앞으로 6개월에서 12개월치 생활비에 해당하는 현금을 항상 보유하고 있다면, 그 자체가 당신의 재무적 유연성을 크게 높여준다.

당신은 당신의 포트폴리오 내 편입 자산의 위험을 얼마나 잘 이해하고 있는가?

많은 재무 자문가들이 고객들에게 신흥국 채권, 은행 대출 펀드, 비상장 부동산 상품과 같은 자산에 투자하라고 권유해 왔다. 이러한 자산들은 수익을 만들어내는 동시에 높은 위험을 안고 있다. 위기 상황이 닥치면 이들은 미국 주식만큼, 혹은 그 이상으로 하락할 수 있다. 또한 미국 국채 같은 장기채조차도 금리가 오르면 큰 손실을 볼 수 있다. 그리고 사모펀드, 벤처캐피털, 헤지펀드 등 요즘 유행하는 '대체자산'들은 당신이 급하게 현금이 필요할 때 쉽게 팔 수 있는 성격의 자산이 아니다. 만약 이런 투자들이 현금이나 단기~중기 국채의 자리를 대체하고 있다면, 당신은 생각보다 훨씬 더 주식시장 폭락에 취약할 수 있다.

당신은 '규칙'을 '습관'으로 만들었는가?

사람은 누구나 상황이 평온할 때는 위기 순간에도 올바르게 행동할 수 있을 거라 믿는다. 하지만 시장 폭락이 닥치면, 의지력은 아무 소용이 없다. 당신이 차분함을 유지할 수 있는 유일한 방법은, 유익한 행동 규칙들을 미리 반복 연습해 좋은 습관으로 체화시켜 두는 것이다. 예를 들어 강세장 동안 하루에도 여러 번 포트폴리오 수익률을 확인하는 습관을 들였다면, 당신은 이미 독이 되는 습관을 갖고 있는 것이다. 그리고 만약 '나는 폭락장이 오더라도 패닉에 빠져서 매도하는 일은 없을 거야'라고 믿고 있다면 당신은 자신을 속이고 있는 것이다.

투자정책서 작성의 기본 원칙

투자정책서IPS, Investment Policy Statement란 당신의 투자 환경, 선호, 목표를 명확하게 문서로 정리한 공식적인 문서다. 투자정책서가 담고 있는 내용은 '당신이 목표를 어떻게 달성할 계획인지', '중요한 결정을 어떻게 내릴 것인지', '성과를 어떻게 측정할 것인지' 등이다. 그리고 무엇보다 중요한 것은 투자정책서가 당신이 '하지 않겠다'고 다짐한 행동들을 꾸준히 상기시켜 주는 기준점이 된다는 점이다.

투자정책서는 투자자마다 각기 다르다. 아래에 제시된 기본 템플릿은 일반적인 형식일 뿐, 당신의 상황과 필요에 따라 자유롭게 수정해야 하며, 필요하다면 대폭 바꿔도 괜찮다.*

미션 선언문부터 작성하라

이 포트폴리오의 1차 목표는 장기적인 자산 성장이다. 궁극적인 투자 기간은 ______년으로 설정하며, 그 성과는 앞으로 수십 년 동안 우리 자신, 자녀, 그리고 손주들의 지출을 충당하는 데 활용될 것이다. 우리는 이 목표를 인내와 신중함으로 추구할 것이며, 불필요한 위험은 절대 감수하지 않고, 단기 수익 극대화도 추구하지 않을 것이다. 2차적인 목표는 정기적인 소득을 제공하는 것이다. 최종 의사결정은 ____________ 와 ____________ 가 한다.

포트폴리오 구조를 명확히 하라

포트폴리오는 광범위하게 분산 투자할 것이다. 우리의 목표, 제약 조건, 그리고 각 자산군의 현실적인 수익 기대치에 대한 신중한 검토를 바탕으로 다음과 같이 자산을 배분한다:

---

* 투자정책서 작성에 대한 자세한 정보는 다음 자료를 참고하라. CFA Institute, 「Elements of an Investment Policy Statement for Individual Investors」 bit.ly/3rDrKBn; Bogleheads.org, 「Investment Policy Statement」 bit.ly/3NEVjtb.

현금: ____________________%

채권: ____________________%

미국 주식: ________________%

해외 주식: ________________%

상장 부동산 (REITs 등): _________%

기타 (__________): _________%

각 자산군은 충분히 분산된 기초 자산으로 구성되며, 최소 _____개 이상의 종목(펀드, ETF, 개별 자산 등)을 포함한다. 우리는 마진이나 그 밖의 차입 자금은 절대 사용하지 않을 것이며,* 최소 6개월 치 생활비를 현금으로 유지한다.

실행 방식을 명시하라

우리는 인내심을 유지하기 위해 연 ___회 리밸런싱을 실시하고, 적립식 투자 Dollar-Cost Averaging 를 병행할 것이다. 투자 대상은 수익률이 아닌 비용 기준으로 선택하며, 뮤추얼펀드, ETF 및 기타 자산 모두 총 연간 비용(수수료 + 거래비용 포함)이 1%를 넘지 않아야 한다. 우리는 가격이 올랐다는 이유만으로 매수하지 않고, 가격이 내렸다는 이유만으로 매도하지 않을 것이다. 모든 매수 및 매도는 사전에 작성된 점검표 checklist 의 기준을 완전히 충족해야 하며, 실행 전 반드시 해당 점검표를 작성해야 한다. 만약 '미친 돈 계좌'를 운영하게 될 경우, 해당 계정에는 전체 금융자산의 5%를 넘지 않는 자금만을 사용하고, 기타 자산과는 별도의 금융기관에 분리하여 관리하며, 손익 여부와 관계없이

* 6장 논평을 참고하라.

추가 자금 투입은 절대 하지 않는다.*

모니터링 방법을 정하라

우리의 모든 보유 자산 가치는 1년에 네 번을 넘지 않는 범위에서 업데이트할 것이다. 성과는 ________를 비교지수(벤치마크)로 하여 측정하되, 먼저 다년간의 수익률을 평가하고, 최근 수익률은 나중에 평가할 것이다.

매년 한 번, 이 투자정책서를 검토하여 우리의 상황, 선호, 또는 목표가 변경되었는지 확인할 것이다.

이 IPS에서 벗어나는 어떠한 조치도 서면으로 명시되어야 하며, 모든 관련 당사자의 동의를 받아야 한다.

나는 종종 농담반, 진담반으로 이렇게 말하곤 한다. "투자정책서 원본은 '비상시 유리를 깨시오'라고 적힌 붉은 비상 상자에 보관해두세요." 만약 당신이 투자정책서의 어떤 내용도 망치로 유리 상자를 부수기 전에는 고칠 수 없게 만든다면, 시장이 하락할 때 충동적으로 내용을 바꾸기 전에 잠깐 멈춰서서 다시 생각하게 될 것이다.

방어적 투자와 공격적 투자

당신이 방어적 투자자라면 개별 종목을 고르거나 시장을 이기려는 시도는 애초에 하지 않는 편이 낫다. 시간과 노력을 들일 수 없다면 애초에 성공할

---

* 리밸런싱에 대해서는 153~155페이지를 참조하라. 적립식 투자에 대해서는 5장 본문 및 논평을 참조하라. 연간 비용 관리에 대해서는 9장 논평을 참조하라. 점검표 활용에 대해서는 11장 논평을 참조하라. '미친 돈 계좌'에 대해서는 1장 본문 및 논평을 참조하라.

수 없는 일을 시도할 이유도 없다.

다행히도 당신이 스스로 '방어적 투자자'임을 인정한다고 해서 좋은 투자 성과를 거둘 가능성이 사라지는 것은 아니다.

오히려 개별 종목을 고르거나 시장을 이기려는 시도를 포기하는 순간, 당신은 시장 전체를 소유하고, 시장 수익률을 그대로 따라가는 선택을 할 수 있다. 인덱스펀드는 S&P 500이나 MSCI ACWI All Country World Index I 와 같은 벤치마크에 포함된 거의 모든 종목을 보유하고 있다.

즉 인덱스펀드에 투자하면 당신은 모든 지수내 종목을 항상 지수 비중 대로 편입하는 셈이다. 성과가 좋은 종목은 자연히 비중이 커지고 성과가 낮은 종목의 비중이 줄어들며 당신은 전혀 매매할 필요 없이 시장 전체의 흐름을 따라가게 된다.

인덱스펀드는 운용 비용이 거의 들지 않기 때문에, 시장 수익의 대부분이 고스란히 투자자에게 돌아간다. 그 결과 높은 매매 비용이나 리서치 비용을 들이는 투자자들보다 훨씬 더 나은 성과를 낼 수 있다. 실제로 장기적으로 보면 인덱스펀드는 최소한 3분의 2 이상의 전문 투자자보다 더 높은 수익률을 기록하는 경향이 있다. 벤저민 그레이엄 자신도 가장 초기의 인덱스 투자 지지자 중 한 사람이었다.*

방어적 투자자라면 인덱스펀드를 한 번 사서 평생 보유해도 된다. 그리고 다시 큰 투자 결정을 내릴 일도 거의 없을 것이다. 더 좋은 점은 장기적으로 보면 대부분의 전문가들보다 훨씬 적은 비용과 스트레스로 더 나은 성과를 올릴 수 있다는 사실이다.

---

* 9장 본문 및 논평과 제이슨 츠바이크 「벤저민 그레이엄은 인덱스펀드를 어떻게 평가했을까?Would Benjamin Graham Have Hated Index Funds?」 bit.ly/3qb7iXS를 참조하라.

리밸런싱

방어적 투자자에게는 또 하나의 무기가 더 필요하다.

싸게 사서 비싸게 파는 것, 이것은 투자의 가장 기본적인 원칙이다. 그런데 설령 당신이 오직 인덱스펀드만을 보유하고 있다 해도, 결국에는 이 원칙과 정반대되는 행동, 즉 비싸게 사고 싸게 파는 실수를 저지를 수도 있다.

이는 인간의 뇌는 본래 그렇게 작동하기 때문인데, 비싸게 사고 싸게 파는 행동은 오히려 자연스럽고 불가피하게 느껴지고, 반대로 싸게 사고 비싸게 파는 행동은 두렵고 어딘가 잘못된 것처럼 느껴진다.

비싸게 사는 일은 특히 자신이 '물 올랐다'고 느낄 때에는 짜릿하고 흥분되는 경험처럼 느껴질 수 있다. 하지만 시장이 갑자기 반대로 움직이면, 싸게 파는 것이 오히려 손실의 블랙홀에 빠져드는 것을 막는 유일한 탈출구처럼 느껴진다. 우리가 투자할 때 우리의 신경 회로는 자동적으로 해로운 행동을 유익한 행동보다 더 쉽게 하도록 만든다.*

성과를 쫓는 이런 악순환을 막기 위해, 그레이엄이 제안하는 규칙은 아주 간단하다. 주식 비중은 최소 25% 이상, 최대 75% 미만으로 유지하라는 것이다. 이는 곧 채권 비중도 25% 이상, 75% 이하로 유지하라는 뜻을 포함하고 있다. 주식이 역사적으로 저평가되어 보일 때는 주식 비중을 늘리고, 주식이 고평가되어 보일 때는 주식 비중을 줄이며, 대부분의 기간에는 주식 50% : 채권 50%의 표준 분할을 유지하라는 것이다.**

3장 논평에서 설명했듯이 주식시장이 과대평가됐는지, 과소평가됐는지를

---

* 제이슨 츠바이크, 『당신의 돈과 당신의 뇌Your Money and Your Brain』, (사이먼앤슈스터, 2007).

** 벤저민 그레이엄의 리밸런싱 전략은 8장에서 별도로 다룬다.

우리는 결코 확신할 수 없기 때문이다. 그래서 그레이엄의 이 규칙은 올인하거나 완전히 빠지는 '모 아니면 도' 식의 접근을 애초에 막아준다. 주가가 두 세 배로 오른 상황에서, 당신은 "이제 더 오를 게 분명하다"며 전 자산을 주식에 넣고 싶어질 수 있다. 하지만 그레이엄의 규칙은 최대 75%까지만 허용한다. 당신이 틀릴 수도 있기 때문이다. 반대로 시장이 폭락하고 모든 것이 끝장날 것처럼 보일 때조차도, 그레이엄의 규칙은 주식 비중을 25% 밑으로 내리는 것을 허락하지 않는다. 그때도 역시 당신이 틀릴 수도 있기 때문이다.

그레이엄의 이 원칙을 실천하는 가장 대표적인 방식이 바로 '리밸런싱rebalancing'이다. 리밸런싱이란 총 자산에서 주식이 차지해야 할 목표 비중을 미리 정해두는 절차다. 1년에 한 번, 혹은 주식시장이 크게 상승하거나 하락하면, 많이 오른 자산은 일부 매도하고, 많이 떨어진 자산은 일부 매수하여, 원래 정해둔 목표 자산 비중으로 되돌리는 것이다. 리밸런싱을 하기 위한 가장 이상적인 계좌는 세금이 즉시 발생하지 않는 '퇴직연금 계좌'다. 이런 계좌 내에서는 매매해도 즉각적인 과세 부담이 없기 때문이다.*

간단하게 설명하기 위해 당신의 자산이 두 개의 광범위하게 분산된 ETF로 구성되어 있다고 가정하자. 하나는 주식, 다른 하나는 채권 ETF이다. 당신은 투자정책서에 주식 50% : 채권 50%으로 목표 자산 배분을 설정해 두었다고 하자.** 이때 주식이 20% 하락하고 채권이 20% 상승했다면, 리밸런싱은 아래 표와 같은 방식으로 진행된다:

---

* 리밸런싱 보너스 개념의 심화 논의는 윌리엄 J. 번스타인, 「The Rebalancing Bonus」 bit.ly/3rbDElh를 참조하라.

** 이 방식은 당신의 목표 자산 배분이 50/50이든, 60/40, 70/30, 80/20, 90/10, 76/24든, 혹은 그 어떤 조합이든 동일하게 적용된다. 항상 수익이 난 자산을 일부 매도하고, 손실이 난 자산을 일부 매수함으로써 목표 비중으로 되돌아가면 된다.

〈표 4-1〉 리밸런싱 실행 예시

항목	기초 잔액	시장 가치 변동	변동 후 잔액	리밸런싱을 위한 조치	리밸런싱 후 잔액
주식	$5,000	-20%	$4,000	$1,000 매수	$5,000
채권	$5,000	+20%	$6,000	$1,000 매도	$5,000
합계	$10,000	—	$10,000		$10,000

감정에 휘둘려 비싸게 사고 싸게 파는 대신, 기계적으로 싸게 사고 비싸게 파는 것, 이것이 바로 리밸런싱이다. 그리고 그렇게 함으로써 시장을 당신의 지배자가 아닌 하인으로 만드는 것이다.

결국 방어적 투자자의 궁극적인 목표는 노력에서 벗어나는 것이 아니라, 걱정에서 벗어나는 것이다.

5장

방어적 투자자를 위한 주식 투자

주식 투자의 가치

1949년 초판에서 나는 모든 포트폴리오에 주식을 일정 비중 포함해야 한다는 점을 강조했다. 당시 대부분의 사람들은 주식은 매우 투기적이며 안전하지 않은 자산으로 인식하고 있었다. 1946년 고점 이후 주가가 크게 하락했음에도 불구하고, 사람들은 낮아진 주가에 관심을 갖기보다는 오히려 주식을 믿지 못하는 상황이 되어버렸다. 그 후 20년 동안은 정반대의 상황이 펼쳐졌다. 주가가 사상 최고점 수준까지 오르면서 위험관리가 필요한 상황이었지만, 주식은 안전하고 수익성 높은 투자처로 인식되기 시작했다.

1949년 나는 주식에 대해서 두 가지를 중점적으로 설명했다. 첫째, 주식은 인플레이션으로 인한 화폐의 구매력 약화를 상당히 방어할 수 있는 반면, 채권은 이에 대한 보호 기능이 거의 없다는 점이다. 둘째, 주식의 장점은 평균적으로 성과가 더 좋다는 점이다. 이는 우량채권의 수익률을 초과하는 평균 배당수익률과 유보이익의 재투자로 주가가 장기적으로 상승하기 때문이다.

이 두 가지 장점은 매우 중요하고, 오랫동안 주식이 채권보다 훨씬 나은 성과를 내는 데 기여해왔다. 그러나 나는 항상 투자자들이 주식을 과도한 가격으로 매수할 경우 이러한 장점이 사라질 수 있다고 경고해왔다. 1929년을 돌이켜보자. 1929년부터 1932년까지의 폭락을 회복하는 데 이후 25년이 걸렸다. 1957년 이후로는 주식의 높은 가격 때문에 배당수익률이 채권수익률에 비해 높다는 전통적인 이점이 없어졌다. 앞으로 인플레이션과 성장이 이 상황을 극복할 수 있을지는 두고 봐야 한다.

다우지수가 900까지 오른 것은 결코 반가운 일이 아니다. 그러나 앞서 설명했듯이, 방어적 투자자는 포트폴리오에 주식을 어느 정도는 채워야 한다. 채권만으로 구성된 포트폴리오는 오히려 더 큰 위험에 노출되기 때문이다.

주식 포트폴리오 구성 규칙

방어적 투자자의 포트폴리오에 편입할 종목을 선택하는 것은 사실 간단하다. 다음 네 가지 규칙 정도만 기억하면 된다.

1. 적절하게 분산 투자해야 한다. 포트폴리오 종목 수는 최소 10개는 되어야 하고 최대 30개를 넘기는 것도 바람직하지 않다.
2. 대형주이고, 인지도가 높고, 재무구조가 건전해야 한다. 기준이 모호할 수는 있지만, 그 통상적 의미는 뚜렷하다. 이 장의 마지막 부분에 이 내용을 다시 다루겠다.
3. 오랫동안 꾸준히 배당금을 지급한 기업 중에서 선정해야 한다. (1971년 다우지수 종목은 모두 이 조건을 충족했다.) 좀 더 구체적으로 1950년 이후 지속

적으로 배당금을 지급한 회사들 중에서 선정한다.

4. 과거의 일정 기간(예를 들어 7년)의 평균 EPS를 고려하여 주가의 상한을 미리 정해야 한다. 주가가 그 기간의 평균 EPS의 25배를 넘지 않아야 하며, 지난 12개월 EPS의 20배를 넘지 않아야 한다. 이러한 제한을 두면 포트폴리오에서 가장 주가가 많이 오른 인기 종목은 거의 모두 제외된다. 특히 최근 몇 년 동안 투기꾼과 기관 투자자들이 선호해 온 성장주들은 모두 제외될 것이다. 다음 절에서 이처럼 엄격한 조건을 제시하는 이유를 설명하고자 한다.

성장주와 방어적 투자자

성장주는 EPS 성장률이 과거에 평균보다 훨씬 높았고, 또한 미래에도 그럴 것이라고 예상되는 주식을 지칭한다. (일부 전문가들은 진정한 성장주란 10년 이내에 EPS가 최소 두 배 이상, 즉 연간 성장률이 7.1% 이상 상승해야 한다고 말한다.) 물론 이런 주식은 보유할 만한 가치가 있다. 단 가격이 지나치게 높지 않아야 하는데, 문제는 성장주가 오랫동안 수익에 비해 높은 가격(높은 PER)에 거래되고 있다는 점이다. 따라서 성장주는 투기적 요소가 많이 포함되어 있으므로, 결론적으로 이 분야에서 성공적인 성과를 달성한다는 것은 결코 쉽지 않은 일이다.

오랫동안 IBM은 대표적인 성장주였으며, 몇 년 전에 매수하여 꾸준히 보유한 사람들에게 엄청난 성과를 안겨주었다. 하지만 이 '최고의 주식'도 1961~1962년 사이 6개월 동안 주가가 50% 폭락하였으며, 1969~1970년에도 비슷한 일이 벌어졌다는 사실을 이미 강조한 바 있다. 다른 성장주들은 열악한 상황에서 훨씬 더 취약한 것으로 나타났는데, 어떤 경우에는 주가 하락에다 실적까지 감소하여 보유자들은 이중고를 겪어야 했다. 텍사스 인스트루먼트 Texas Instruments 사례를 보자. 이 회사는 배당금도 지급하지 않았는데, 6년 동안 EPS가 40센트에서 3.91달러로 증가하였으며, 주가도 5달러에서 256달러로 상승했다. (주가는 EPS보다 다섯 배나 빠르게 상승했는데, 이는 인기 종목의 특징이다.) 하지만 2년 후 EPS는 50% 가까이 감소했고 주가는 80% 하락하여 49.93달러로 떨어졌다.

이제 방어적 투자자에게 일반적으로 성장주는 너무 불확실하고 위험하다고 생각하는 이유를 이해할 수 있을 것이다. 물론 적절한 개별 종목을 잘 선택해서 적당한 수준에서 매수하고 나중에 주가가 크게 오르면 하락하기 전에 매도하는 방식으로 엄청난 성과를 낼 수 있다. 하지만 일반 투자자가 이런 성과를 기대하는 것은 돈이 열리는 나무를 찾는 것과 같다. 반대로 상대적으로 인기가 없고 합리적인 PER 수준에서 살 수 있는 대형주들은 두드러지지는 않더라도 건전한 대안이 될 수 있다. 이 관점에 대해서는 14장 '방어적 투자자를 위한 종목 선정 방법'에서 구체적으로 설명하겠다.

포트폴리오 변경

보유한 종목들을 정기적으로 검토하여 전체 포트폴리오를 개선시킬 수 있는지 확인하는 것이 최근의 일반적인 관행이다. 그리고 이것은 투자자문사가 고객에게 제공하는 서비스의 주요 부분이기도 하다. 거의 모든 증권사는 매매수수료를 받기 때문에 추가 비용 없이 이러한 서비스를 제공한다. 그러나 이 서비스를 유료로 제공하는 증권사도 있다.

방어적 투자자는 적어도 1년에 한 번, 처음 포트폴리오를 구성할 때와 마찬가지로 포트폴리오 변경을 위한 조언을 받아야 한다. 스스로가 신뢰할 수 있는 충분한 지식을 가지고 있지 않다고 판단된다면 평판이 좋은 회사에 포트폴리오 상담을 의뢰해야 한다. 그렇지 않으면 전문성이 떨어지거나 부도덕한 업자의 꼬임에 빠지기 쉽다. 어떤 경우에도 이 장 앞부분에 제시한 '주식 포트폴리오 구성 규칙' 네 가지를 엄격히 준수하고 싶다는 것을 상담시에 분명히 밝히는 것이 중요하다. 포트폴리오를 설정할 때 이러한 규칙을 꼼꼼하게 준수하여 이루어졌다면 포트폴리오를 자주 변경할 필요가 없을 것이다.

정액분할매수

뉴욕증권거래소는 매월 일정한 금액으로 주식을 매수하는 '월적립식 투자 Monthly Purchase Plan'방식을 홍보하기 위해 많은 노력을 기울였다. 이는 미국에서 '정액분할매수 Dollar-Cost Averaging'로 알려진 일종의 포뮬러 플랜 Formula Plan 기법을 적용한 것이다. 1949년 이후 강세장에서 이 방식의 결과는 상당히 만족스러웠는데, 특히 이 방식은 투자자가 잘못된 시점에 집중적으로 매수하는 것을 방지하기 때문이다.

루실 톰린슨 Lucile Tomlinson는 포뮬러 플랜에 대하여 종합적으로 자세히 연구하고, 다우지수를 추종하는 주식 종목군의 정액분할매수 투자 성과를 계산해 발표했다.* 그 연구는 1920~1952년까지 10년을 단위로 하여 23개 기간의 성과를 분석했다. 포트폴리오의 가치가 일시적으로 크게 하락한 적도 있었으나, 23개 모든 기간에서 매수가 종료되는 시점 또는 종료 후 5년 이내 수익이 발생했다. 23개 매입 기간의 평균 수익률은 배당금을 제외하고 21.5%였다.

루실 톰린슨은 이 투자 포뮬러에 대하여 다음과 같은 인상적인 문장으로

---

* 1953년 『성공 투자를 위한 실용 포뮬러 Practical Formulas for Successful Investing』, 윌프레드 펑크 출판사 Wilfred Funk, Inc.

마무리했다.

"정액분할매수 투자처럼 주가와 무관하게 최종적으로 성공할 가능성을 확신할 수 있는 투자 포뮬러는 아직 어떤 것도 발견되지 않았다."

이 방법은 원칙적으로는 합리적이지만 20년 동안 매달 같은 금액을 주식에 투자할 수 있는 사람은 별로 없기 때문에 실제로는 비현실적이라고 주장하는 사람들도 있다. 하지만 이러한 비판은 점점 설득력이 떨어지고 있다. 이제 주식 투자는 일반적이고 합리적인 저축 수단의 하나로 받아들여지고 있기 때문이다. 따라서 저축이나 생명보험을 꾸준히 납부하듯이 주식을 체계적이고 일관되게 구매하는 것도 심리적, 재무적으로 크게 어렵지 않으며, 이러한 운용은 서로 보완적으로 이루어져야 한다. 매월 납부 금액은 적을 수 있지만, 20년 이상 시간이 지나면 그 결과는 인상적이고 중요한 의미가 될 것이다.

투자자의 개인적 특수성

이 장의 서두에서 개인 포트폴리오의 상황을 간략하게 살펴보았다. 이제 이 주제로 다시 돌아가, 일반적인 전략에 대해 좀 더 깊이 있게 다뤄보려 한다. 투자자의 상황에 따라 선택하는 주식의 유형은 얼마나 달라져야 할까? 이를 설명하기 위해 다음 세 가지 매우 다른 상황을 가정해 보겠다.

(1) 자신과 자녀를 부양해야 하며 20만 달러를 보유한 미망인, (2) 안정된 직업을 가지고 있고 10만 달러의 저축과 연간 1만 달러를 추가로 저축할 수 있는 의사, (3) 주당 200달러를 벌며 연간 1,000달러를 저축하는 청년.

미망인이 자신의 소득만으로 생활하는 것은 매우 어려운 일이다. 그렇다 하더라도, 그녀는 방어적으로 투자에 접근하는 것이 필수이다. 이런 상황을 고려할 때 자금을 국채와 우량주에 반씩 투자하는 것이 적절하다고 판단되며, 이는 방어적 투자자에 대한 일반적인 권고와 같다.(심리적으로 비중을 높이는 결정을 수용할 준비가 되어 있고, 주가가 너무 높은 가격이 아니라고 확신한다면 최대 75%까지 높일 수 있겠으나, 1972년 초는 확실히 그런 상황은 아니다.)

만약 미망인이 전문 투자자 수준의 충분한 지식을 가지고 있다면 미망인의 목표와 방법이 상당히 달라질 것이다. 하지만 투기적인 모험을 해서는 안 된다. 즉 필요한 지식이 없고 성공할 수 있다는 확신이 없으면, 주식을 통해서 고수익을 얻으려고 해서는 안 된다는 뜻이다. 자산의 절반은 투자하는 대신 매년 원금에서 2,000달러를 인출할 수 있도록 관리하는 것이 훨씬 더 나을 것이다.

의사의 경우는 미망인이 직면한 압박과 제약은 없지만, 그 역시 비슷한 선택을 해야 할 것이다. 진지하게 공격적 투자에 나설 준비가 되었는가? 투자에 대한 열정과 직관이 부족하다면 방어적 투자자의 역할을 수용하는 것이 가장 좋다. 그의 포트폴리오 배분은 예시의 미망인과 거의 다르지 않아야 하며, 포트폴리오에서 주식의 비율도 비슷하게 결정해야 한다. 연간 저축액은 총 자산 구성과 동일한 비중으로 배분해야 한다.

일반적으로 의사는 미망인보다 더 공격적인 투자 방식을 택할 수 있으며, 성공 가능성도 더 높다. 그러나 투자에 관한 한 의사에게는 중요한 제약이 하나 있다. 투자 교육과 자산관리에 할애할 시간이 부족하다는 것이다. 실제로 의사들은 주식 투자에 실패 확률이 높은 것으로 익히 알려져 있다. 그 이유는 의사들이 자신의 지능에 대해 큰 자신감을 가지고 있지만, 증권 투자에서 성공하려면 상당한 주의와 다소 전문적인 접근 방식이 필요하다는 사실을 깨닫지 못한 채 단기적으로 높은 수익을 내고자 하는 욕심만 가지고 달려들기 때문이다.

마지막으로 매년 1,000달러(아마도 앞으로 그 금액은 늘어날 것이다)를 저축하고 있는 청년을 만나보자. 그 역시 이유는 다르지만 결국 같은 결정을 내려야 한다. 그는 저축액의 일부를 시리즈 E 채권에 투자해야 한다. 그러고 나면 투자할 수 있는 자금은 너무 적어서 궁극적으로 공격적인 투자자로 행동하기 위해 많은 시간과 노력을 들이는 것은 별 의미가 없다. 따라서 방어적 투자자를 위한 전략에 의존하는 것이 가장 간단하면서도 적절한 전략이 될 것이다.

그러나 우리는 인간의 본성을 다시 기억해야 한다. 제한된 자산을 가진 많은 똑똑한 젊은이들에게 투자는 아주 매력적인 수단이다. 그들은 투자 수익이 월급보다 훨씬 덜 중요하더라도 저축한 돈으로 현명하고 능동적인 투자를 하고자 한다. 이러한 태도는 매우 긍정적이다. 젊은 자본가가 어릴 때부터 배우고 경험을 쌓는 것은 나중에 큰 장점이 될 것이기 때문이다. 그가 공격적으로 투자하려는 경우, 그는 분명히 실수를 하고 손해도 볼 것이다. 하지만 젊은이들은 그러한 실망에 더 잘 대처하고 그로부터 배울 수 있다. 주식에 투자할 때 초보자는 시장을 능가하기 위해 에너지와 시간을 낭비하지 말 것을 강력히 권한다. 먼저 투자에 익숙해지고 가능한 최소한의 금액으로 주식을 가격과 가치 측면에서 판단하는 방법을 익혀야 한다.

결국 어떤 주식을 살 것인지, 얼마나 벌 것인지 하는 문제는, 돈을 얼마나 가지고 있는지가 아니라 지식, 경험 및 기질과 같은 질적 도구에 따라 달라진다.

'위험'의 개념에 대한 참고사항

일반적으로 우량 채권은 우량 우선주보다 덜 위험하고, 우량 우선주는 우량 보통주보다 덜 위험하다는 인식이 있다. 이로 인해 주식이 '안전하지 않다'는 편견이 널리 퍼지게 되었다. 이러한 편견은 1948년 미국 연방준비제도이사회FRB의 조사에서도 확인되었다. 여기서 주목할 점은 '위험'과 '안전'이라는 용어가 두 가지 다른 의미로 증권시장에 적용되기 때문에 혼란을 초래할 수 있다는 것이다.

이자 지급이 지연되거나 투자한 원금이 상환되지 않는다면 채권도 안전하지 않다. 마찬가지로 특정 배당금의 지속을 기대하고 우선주나 보통주를 매수한 경우에도, 배당금이 줄어들거나 취소되면 해당 증권이 안전하지 않은 것이다. 또한 투자자가 매수가격보다 훨씬 낮은 가격에 주식을 팔아야 할 가능성이 있다면, 그 투자는 분명히 위험을 내포하고 있다.

이런 '위험'의 개념을 확장하면 가격 하락 가능성까지 포함된다. 이런 하락이 주기적이고 일시적이며 투자자가 그러한 시기에 매도해야 할 가능성이 거의 없어도 마찬가지이다. 미국저축채권을 제외한 모든 증권은 이러한 가격 변동 위험을 가지고 있으며, 일반적으로 보통주가 채권이나 우선주보다 더 크다. 하지만 이러한 가격 변동은 실제 위험이라기 보다는 잠재적인 위험일 뿐이다. 예를 들어 건물을 담보로 대출을 받은 사람이 불리한 시기에 집을 팔아야 한다면 손실을 입을 수 있다. 하지만 담보 대출을 심사할 때 이런 요소는 고려 대상이 아니며, 유일한 기준은 단지 원리금을 정확하게 상환할 수 있는지 여부이다. 일반적인 사업의 위험 역시 소유자가 강제로 사업을 접어야 할 가능성보다는 사업 운영 중 손실이 발생할 가능성에 따라 측정된다.

8장에서 더 설명하겠지만, 진정한 투자자는 단지 보유 자산의 시장 가격이 하락했다고 해서 돈을 잃는 것이 아니라는 믿음이 있어야 한다. 가격 하락이 발생할 수 있다는 가능성과 실제로 손해를 본다는 것은 다른 의미이다. 잘 선정된 포트폴리오가 오랜 기간에 걸쳐 전반적으로 만족스러운 수익을 보여준다면, 그 포트폴리오는 '안전하다'고 검증된 것이다. 그러나 그 기간 동안 시장 가치 변동은 있었을 것이고, 종종 매수가보다 낮은 가격으로 떨어지기도 했을 것이다. 그렇다고 해서 투자가 '위험하다'고 한다면, 그 투자는 동시에 위험하면서 안전한 투자라는 모순된 상황이 되어 버린다. 이런 혼란을 피하기 위해서는 위험의 개념을 실제 매도를 통해 실현된 가치 손실, 회사의 상황이 크게 악화된 경우, 또는 증권에 내재된 가치에 비해 과도한 가격을 지불한 결과로 인해 발생한 손실로만 한정해야 한다.*

물론 많은 주식이 가격 하락의 위험을 안고 있는 것은 사실이다. 그러나 엄선된 주식 포트폴리오 투자는 이러한 종류의 위험이 크지 않으며, 단순히 가격이 변동될 수 있다는 이유로 '위험하다'고 판단해서는 안 된다. 하지만 내재 가치 기준으로 명백히 너무 높은 가격에 매수한다면, 비록 오랜 시간이 지나 시장이 회복될 수 있다 하더라도, 위험한 투자라고 봐야 한다.

'대형주이고, 인지도가 높고, 재무구조가 건전'한 기업

이번 장의 초반부 '주식 포트폴리오 구성 규칙'에서 방어적 투자자에게 맞는 주식의 종류를 설명하기 위해 이런 조건을 제시했다. 다만 이들 주식이 상당한 기간 동안 지속적으로 배당금을 지급해온 경우에 한한다. 이 기준들은 모두 상대적이기 때문에 모호한 부분이 있다. 규모, 인지도 및 재무구조의 건전성을 충족하는 기준은 도대체 어느 정도를 말하는 것인가? 그나마 재무구조의 건전성에 대해서는, 이 역시 자의적이기는 하지만, 통상적으로 받아들여지는 구체적인 기준이 있다. 산업주들의 경우 보통주자본(순자산가치 기준)이 모

* 현재 투자 결정에 대한 수학적 접근법에서는 '위험'을 평균 가격 변동이나 '변동성'의 관점에서 정의하는 것이 표준 관행이 되었다. 예를 들어 리차드 브릴리Richard A. Brealey의 『위험과 수익률 기초 An Introduction to Risk and Return (M.I.T. Press, 1969)』를 참조하라. 그러나 시장의 변동을 '위험'과 동일시하는 관점은 건전한 투자 결정을 방해한다고 본다.

든 은행 채무를 포함한 총자본의 50%를 넘어야 한다.* 철도주나 공익기업의 경우, 이 비율은 최소 30%여야 한다.

'대형주'와 '인지도가 높다'는 것은 주요 업종에서 절대적 규모와 선도적인 지위를 결합한 개념이다. 이러한 회사들은 종종 '우량 primary '기업이라고 불리며, 모든 다른 기업들은 '비우량 secondary '기업으로 분류된다. 단 성장주는 일반적으로 이런 범주의 주식을 보유하는 사람들에 의해 별도로 구분한다. 여기에서 구체적인 기준을 제공하기 위해, 현재의 기준으로 '대형주' 기업이 되기 위해서는 자산이 5천만 달러 이상이거나 연매출이 5천만 달러 이상이어야 한다고 제안할 수 있다. 또한 '인지도가 높은' 기업이 되기 위해서는 해당 업종 내에서 규모가 상위 4분의 1 또는 3분의 1에 속해야 한다.

그러나 이러한 자의적인 기준을 고집할 필요는 없다. 이 기준들은 단지 조언을 구하는 이들을 위한 지침으로 활용하기 위한 조건들이다. 투자자는 '대형주'와 '인지도'의 통상적인 의미를 해치지 않는 범위 내에서 스스로 판단할 수 있을 것이다. 경우에 따라 방어적 투자자에게 적합한 기업의 범위에는 투자자들 사이에 견해 차이가 있을 수도 있다. 이러한 다양한 의견과 행동은 나쁠 것이 없다. 오히려 이는 주식시장 건전성에 긍정적인 영향을 미친다. 우량주와 비우량주 사이에 차별화가 심해지거나 서로 위치가 뒤바뀌는 상황이 점진적으로 이루어지게 하기 때문이다.

* 다우지수의 30개 기업 모두가 1971년에 이 기준을 충족했다.

5장 논평

— 제이슨 츠바이크

"나에게 투자와 투기의 차이는 이런 것이다.
미래에 얼마에 팔 수 있을 것인지에만 의존하는 것이 아니라
어떤 자산이 현금흐름을 창출하거나
가까운 미래에 현금흐름을 창출할 가능성이 있으면, 그것이 '투자'다.
반면 그 자산의 가치가 오직 미래 매수자가 얼마나 지불할지에만
전적으로 의존한다면, 그것은 '투기'다."

— 세스 클라만*

그레이엄이 4장에서 서술했듯 방어적 투자자는 투자에 소요되는 시간과 노력을 최소화하고, 걱정으로부터의 자유를 추구한다.

---

* 제이슨 츠바이크, 「전설적 투자자가 현 상황을 불안하게 보는 이유Why One Legendary Investor Is More Worried Than Ever」 2010년 5월 18일자 월스트리트 저널 칼럼(bit.ly/3tS6V6i).

그러나 방어적 투자자가 직면한 위험은 주식시장만이 아니다. 외부로부터 오는 두 가지 중대한 위협이 있다.

첫째, 증권업계의 유혹과 압박이다.

방어적 투자자는 거의 매매를 하지 않기 때문에, 증권사 입장에서는 수익을 창출하지 않는 고객이다. 요즘은 흔히 스마트폰만 있으면 누구나 저비용으로 주식을 거래할 수 있는 시대이다. 표면적으로는 개인 투자자들의 편의가 극대화되는 이른바 '투자의 민주화'라는 환상에 빠지기 쉽지만, 실상은 정반대일 수 있다. 이 흐름은 방어적 투자자조차도 빈번히 매매하는 과잉행동의 함정에 빠뜨려, 결국 증권사만 돈을 벌게 해준다.

또 하나의 위협은 사회적 전염이다.

다른 사람의 생각에 의존하기 시작하는 순간, 투자자에게 있어 가장 소중한 자산인 지적 독립성이 훼손된다. 그리고 자아감의 일부분을 잃고 나면, 그 다음에 따라오는 것은 재산의 손실이다. 스스로 사고하는 능력을 상실했다는 사실을 자각할 무렵이면 이미 늦은 것이다.

게임화인가, 도박화인가?

이토로 ETоro, 로빈후드 Robinhood, 테이스티트레이드 Tastytrade, 그리고 위불 Webull과 같은 거래 앱의 운영사들은 자사 서비스를 종종 '게임화 gamification'라고 홍보한다. 그러나 보다 정확한 표현은 '도박화 gamblification'일 것이다. 이러한 거래 앱을 교육, 운동, 다이어트 같은 활동을 더 재미있고 성취감 있게 만들어주는 게임화된 도구들과 동일선상에서 비교해서는 안 된다. 오히려 취약한 사용자를 노리고, 그들 중 많은 이들을 중독 상태로 몰아넣는 포커 앱, 카지노 앱, 스포츠 베팅 앱, 슬롯머신 등과 함께 분류해야 한다.

도박화된 투자 도구는 사용하기에 재미있게 설계되어 있지만, 그 안에는 세 가지 교묘한 함정이 숨어 있다. 첫째, 단기 매매를 부추기도록 설계되어 있다. 둘째, 중독성을 유발할 수 있다. 셋째, 도박 산업이 정교하게 발전시켜 온 조작적 기법에 의존한다.*

그 대표적인 예는 다음과 같다:

- **화려하고 자극적인 시청각 연출:** 주가의 움직임이 마치 슬롯머신의 릴처럼 보이도록 만들어, 자산의 총액이 아닌 변동성에 시선을 집중시키게 한다.
- **즉석복권형 보상:** 회원 가입 시 무작위 주식의 일부를 제공하는 방식으로, '공짜 돈'으로 게임을 시작하는 듯한 흥분감을 유도한다.
- **빈번한 알림:** 시장의 급등락 소식을 실시간으로 전달하여 즉각적인 거래 행동을 자극한다.
- **뱃지, 트로피, 등급제도**(예: Silver, Gold, Platinum)**:** 사용자의 경쟁심을 유발하도록 설계되어 있다.
- **인기 종목 리스트:** 지금 가장 '핫한' 주식을 보여주며 무리 행동herding을 유도한다.
- **모방 및 좋아요 기능:** 다른 사용자의 거래를 따라 하거나 호응할 수 있

---

* 필립 W. S. 뉴얼Philip W. S. Newall과 레오나르도 바이스-코언Leonardo Weiss-Cohen, 「투자의 도박화The Gamblification of Investing」, bit.ly/44nZOKI; 마에바 플라예유Maëva Flayelle 외, 「온라인 중독을 유발하는 기술 디자인의 분류 체계A Taxonomy of Technology Design Features That Promote Potentially Addictive Online Behaviours」, bit.ly/3wm9IWC.

는 시스템으로, 투자 결정을 사회적 승인에 의존하게 만든다.

- **수익 랭킹표:** 누가 얼마를 벌었는지 보여주어 성과 경쟁을 극대화한다.

도박화를 부추기는 앱은 사용자로 하여금 옵션 거래에까지 손을 대게 만든다. 옵션은 훨씬 더 높은 위험을 수반하며, 동시에 증권사에 훨씬 많은 수수료 수익을 안겨준다.*

카지노는 TOD Time on Device(장치 사용 시간)를 극대화하도록 설계되어 있다. 슬롯머신 앞에서 보내는 시간이 길어질수록 패배할 확률은 점점 더 높아진다. 잭팟에 당첨되었을 때 즉시 자리를 뜨는 것이 상식이지만, 카지노는 최면에 가까운 시청각 자극과 '나노화된 과금 방식'—즉 아주 작고 다수의 베팅을 동시에 할 수 있게 만드는 설계—을 통해 당신을 자리에 붙들어 놓는다. 도박화된 증권 거래 앱 역시 TOD 극대화라는 원리를 그대로 따른다. 나도 2020년, 로빈후드 Robinhood 앱을 테스트하던 중 일시적으로 '트레이딩 중독자'가 된 적이 있다.**

온타리오 증권위원회 Ontario Securities Commission의 한 연구에 따르면, 보상을 제공받은 참가자들은 거래 빈도가 39% 증가했고, 매주 상위 거래 종목 리스트를 본 참가자들은 해당 종목에 대한 거래를 평균 14% 더 많이 수행했다. 거래 앱에 뱃지, 등급, 수익률 랭킹표와 같은 요소를 추가하여 '도박화'할 경우, 투자자의 사고방식 자체가 변질될 수 있다. 더 이상 자신의 재무 목표를 달성하는 것이 목적이 아니라, 다른 사람을 이기기 위한 경쟁에 집중하게 된다. 그

---

* 16장 논평을 참조하라.

** 나타샤 다우 슐 Natasha Dow Schüll, 『중독의 설계 Addiction by Design: Machine Gambling in Las Vegas』, (프린스턴대학교출판부, 2014); 제이슨 츠바이크, 「로빈후드에서 유행주를 매매하기 시작했다. 나는 중단할 수 없었다 I Started Trading Hot Stocks on Robinhood. Then I Couldn't Stop」, bit.ly/3NVuYHw.

결과, 고위험 주식을 매수할 확률이 최대 두 배까지 높아질 수 있다.*

더 빨리 달릴수록, 더 뒤처진다

금융투자 앱이 조장하는 빠른 거래는 단기적으로는 재미를 줄 수 있지만, 장기적으로는 손실을 남긴다.

- 미국의 한 주요 온라인 증권사를 이용한 66,000여 가구의 투자 데이터를 분석한 결과, 가장 거래를 많이 한 투자자군은 가장 거래를 적게 한 투자자군보다 연평균 수익률이 7%포인트 이상 낮았다.
- 브라질의 약 2만 명의 개인 투자자를 대상으로 한 연구에서는, 300일 이상 단기 매매를 지속한 투자자 중 97%가 손실을 보았다.
- 대만에서는 적극적으로 데이 트레이딩을 하는 투자자 중 수익을 내는 비율이 3%도 되지 않았음에도 불구하고 대부분은 거래를 멈추지 못한다. 전체 거래의 75%가 과거 손실을 본 투자자들에 의해서 이루어진다.
- 또한 CFD(차액결제거래, Contracts for Difference)Ⅱ는 자산 가격의 오르내림에 단기 베팅을 거는 인기 있는 수단이지만, 이 상품을 거래하는 고객 중 평균적으로 74~89%가 손실을 본다.**

---

* 온타리오 증권위원회Ontario Securities Commission, 「소액 투자자들의 디지털 활용 관행Digital Engagement Practices in Retail Investing」, bit.ly/3rg29hb; 크리스토프 휠러Christoph Hüller 외, 「금융 플랫폼이 게임화되면 소비자의 리스크 선호도가 달라진다When Financial Platforms Become Gamified, Consumers' Risk Preferences Change」, bit.ly/3QcDCCT.

** 브래드 M. 바버Brad M. Barber와 테런스 오디언Terrance Odean, 「거래는 당신의 부를 위협한다Trading Is Hazardous to Your Wealth」, bit.ly/3LZdE49; 페르난도 샤게Fernando Chague 외, 「데이 트레이딩으로 생계가 가능할까?Day Trading for a Living?」, bit.ly/45D0qkU; 브래드 M. 바버 외, 「Learning, Fast or Slow」, bit.ly/3tvNn7n; 「유럽 증권시장감독청European Securities and Markets Authority」, bit.ly/45z1kyy.

주식시장은 본래 경제학자들이 말하는 '포지티브섬 게임positive-sum game'이어야 한다. 이 말은 기업이 성장함에 따라 수익이 증가하고, 이는 배당금과 주가 상승으로 이어지며, 투자자는 그 보상을 누리며 부를 축적해 나간다는 것이다.

그러나 투자 대신 도박을 택한다면, 주식시장은 '네거티브섬 게임negative-sum game'으로 전락한다. 장기 보유를 통해 얻을 수 있는 과실을 포기하고, 불필요한 거래 비용을 발생시키며, 높은 세금 부담까지 자초하게 된다. 시장이라는 열차에 편안히 올라타는 대신, 시장에 휘둘리며 끌려가는 셈이다.*

도박화가 곧 교육인가?

도박화된 증권 거래 앱의 옹호자들은 이렇게 주장하곤 한다. "투자를 재미있게 만들어야 젊은 세대가 시도라도 해보지 않겠는가. 처음에는 돈을 잃더라도 말이다." 혹은 "위험을 감수해봐야, 그것을 어떻게 관리하는지도 배울 수 있는 것 아니겠는가."

하지만 묻지 않을 수 없다. 왜 미숙한 투자자들이 '안전하게 행동하는 법'을 배우기 위해 '위험하게 행동'해야 하는가? 우리는 10대 청소년들에게 '책임감 있는 음주'를 가르친다며 위스키 50잔을 원샷하라고 권하지 않는다. 또 젊은이들

* 로빈후드Robinhood와 같은 앱에서 제공하는 '무료 거래'는 사실상 무료가 아니다. 겉보기에는 수수료가 없지만, 비용은 가격 구조 속에 숨겨져 있다. 브로커리지 회사는 종종 매수호가와 매도호가의 차이, 즉 스프레드spread의 일부를 자신들의 이익으로 취한다. 매수호가란 누군가가 사겠다고 제시한 최고 가격이고, 매도호가란 누군가가 팔겠다고 제시한 최저 가격이다. 또한 이들 중개사는 'PFOFPayment For Order Flow(투자자 주식 주문정보 판매)'라는 방식을 통해 법적으로는 허용되지만 거의 보이지 않는 형태의 리베이트를 받기도 한다.

에게 운전법을 가르치기 위해 시속 160km로 벽을 향해 돌진하라고 하지도 않는다. 총기 안전 교육을 한다고 해서 초보자들에게 자신의 발을 향해 산탄총을 쏘며 연습하라고 하지도 않는다.

취약한 사용자들에게 위험한 투자 습관을 '연습'하도록 유도하는 도박화된 거래 앱은 끔찍한 교육 수단이며, 어쩌면 비극적인 학습 도구다.

군중의 지혜

군중에 동참하는 행동은 이성적인 선택처럼 보일 수 있다.

우리의 일상 경험은 물론 진화의 역사도 다수가 옳을 가능성이 높다는 교훈을 전해준다.

예컨대 아무도 앉아 있지 않은 식당에서 식사를 하거나, 긍정적인 리뷰가 하나도 없는 제품을 구매하거나, 입찰자가 전혀 없는 집을 사려는 사람은 거의 없을 것이다.

타인의 판단을 참고하는 것은 협력과 집단적 문제 해결을 가능하게 하며, 집단은 종종 개인 한 사람보다 더 많은 것을 알고 있다.

또한 군중 속에 있을 때 우리는 더 안전하다고 느낀다. 누구나 주목받고 싶어 하고, 준거 집단에 속해 있기를 원한다. 우리가 속한 무리가 클수록 그 집단이 전하는 메시지는 더욱 강력하고 거부하기 어려워진다. 그리고 온라인 군중은 물리적 제약이 없다. 수백만 명이 한꺼번에 참여할 수 있다. 급등하는 주식을 보유하고, 그 주식에 열광하는 수천 명과 온라인에서 이야기를 나눌 수 있다면, 당신은 마치 사자 무리에 속해 있는 듯한 소속감을 느낄 것이다. 반면 아무도 거들떠보지 않는 하락세인 주식을 쥐고 있다면, 정원 파티에 나타난 스컹크처럼 외롭고 불편한 존재가 된 듯 느껴질 것이다.

더군다나 혼자 판단해 실수하면 그 책임은 오롯이 당신 자신에게 돌아간다. 하지만 군중을 따라가다가 실패하면 어깨를 으쓱하며 이렇게 말할 수 있다. "다른 사람들도 다 틀렸잖아."

결국 군중은 현실을 움직일 수도 있다. 2020년부터 Reddit, Twitter, Discord 같은 온라인 커뮤니티에 모인 투자자 무리들은 자신들의 매수 힘을 모아 선호하는 종목들의 주가를 끌어올리기 시작했다. AMC 엔터테인먼트, 게임스탑, 베드 배스 앤드 비욘드 등 여러 종목이 그 대상이었다. 선두에 섰던 이들이나 일찍 뛰어든 사람들은 투자금의 수백 배에 달하는 수익을 거두기도 했다. 수백만 명의 개인 투자자들이 하나의 종목에 매수를 집중하면서, 단지 온라인에서 언급되는 것만으로도 주가가 급등하는 일이 발생했다. 누구나 그 흐름에 올라탈 수 있었다. 그렇다면 그 재미에 동참하지 말아야 할 이유가 있을까?

군중의 광기

그러나 군중이 항상 옳은 것은 아니며, 그들의 오류는 전염되기 쉽다.

그 결과는 때로 참혹할 수도 있다. 수백만 명이 히틀러나 무솔리니 같은 살인적인 선동가의 주문에 빠질 때가 바로 그런 때이다. 또한 그 결과는 은밀하고 교묘할 수도 있다. 근거 없는 음모론이 정신적 유행병처럼 퍼지거나, 터무니없는 투자 신념이 바이러스처럼 확산될 때가 바로 그런 때이다.

군중의 지혜와 광기를 가르는 경계는 무엇인가?

1907년, 통계학자 프랜시스 골턴은 한 시골 박람회에서 열린 이색적인 경연을 소개했다. 참가자는 약 800명. 그들은 한 마리 황소의 무게를 맞히려 했다. 그들 대부분은 소에 대해 아는 게 거의 없었고, 추정치는 천차만별이었다. 그러나 놀랍게도 이들의 평균 추정값은 황소의 실제 무게와 정확히 일치했다.*

프랜시스 골턴이 지켜본 참가자들은 서로 다른 관점을 가지고 있었고, 가장 정확한 추정으로 상금을 받기 위해 진지하게 임했으며, 다른 사람의 추정을 알지 못한 채, 소정의 참가비를 내고 경쟁에 참여했다. 주최 측은 모든 추정치를 공정하게 수집하고 집계했다.

그 군중의 판단은 독립적이고, 비공개였으며, 다양했고, 동기부여가 있었으며, 체계적으로 집계되었다. 그래서 단순한 수치를 추정하는 데에는 놀라울 정도로 정확할 수 있었던 것이다.**

오늘날의 금융 시장에서는 온라인과 소셜미디어 군중이 감정으로 들끓는다. 하지만 정작 가치 있는 정보는 거의 없다. 예측은 공개적으로 이뤄지고, 수많은 낯선 이들이 서로의 판단에 영향을 끼치려 안간힘을 쓴다. 많은 팔로워를 거느린 '인플루언서' 한 사람이 불을 지피면, 수백만 명이 한 방향으로 몰려가며, 사고의 다양성은 짓밟힌다. 전문성에 진입장벽은 없고, 그 사람이 실제로 얼마나 정확했는지, 얼마나 극단적인지를 검증할 수 있는 기준도 없다.

이런 종류의 군중이 내리는 판단은 골턴이 말한 군중의 지혜와는 정반대인 경우가 많다. 그들의 판단은 서로 영향을 주고받고, 공공연하게 드러나며, 획일화되어 있고, 보상 구조도 없으며, 집단적으로 모이기보단 흩어진 채 존재한다. 그렇게 해서 군중의 지혜는 광기가 되어 버린다.

---

* 프랜시스 골턴Francis Galton, 「민중의 소리Vox Populi」, bit.ly/44kPaZY; 「투표함The Ballot-Box」, bit.ly/3PzB9U3; 케네스 월리스Kenneth Wallis, 「프랜시스 골턴의 예측 대회 재해석Revisiting Francis Galton's Forecasting Competition」, bit.ly/443G5Fh.

** 제임스 수로위키James Surowiecki, 『군중의 지혜The Wisdom of Crowds』, (더블데이, 2004); 마이클 J. 모부신Michael J. Mauboussin, 「군중의 지혜 해설Explaining the Wisdom of Crowds」, bit.ly/3D0j4Hu; 윌리엄 J. 번스타인William J. Bernstein, 『군중의 망상The Delusions of Crowds』, (그로브 애틀랜틱, 2021).

황소의 무게는 사람들이 얼마라고 추정하든 변하지 않는다. 하지만 수백만의 투기꾼들이 어떤 주식이 10만 달러의 가치가 있다고 갑자기 믿기 시작하면, 그 주식은 실제로 치솟는다. 설령 그 주식이 본질적으로 무가치하더라도 적어도 잠시 동안은 그럴 수 있다.

거리에 모인 무리들

타인의 생각을 알게 되는 순간, 당신의 생각도 달라진다. 동료 집단이 자신과 다른 의견을 가지고 있다는 사실을 알게 되면, 당신의 선택이 그들의 의견과 일치할 가능성은 최대 세 배까지 높아진다. 자신이 영향을 받았다는 생각은 전혀 하지 못한다. '전문가'라고 소개된 사람의 의견을 단 한 번 듣는 것만으로도 그 정보에 대한 기억은 또렷해지고, 그 정보에 대한 호감도 또한 높아진다. 그리고 동료들 또는 소위 '전문가'의 의견에 동의하는 순간, 우리 뇌에서는 보상을 기대할 때와 같은 영역이 활성화된다.

정보가 복잡하거나 애매할수록, 사람들은 그것을 주변 사람들과 같은 방식으로 해석하려는 경향이 강해진다. 그리고 소셜미디어는 애초부터 이런 편향을 더욱 증폭하도록 설계되어 있다. 한 최근 연구에 따르면 소셜미디어에서 활동하는 투자자들은 자신의 의견과 일치하는 사용자를 팔로우할 확률이 다섯 배나 높으며, 그 결과 자신이 이미 믿고 있는 생각을 강화하는 메시지를 접하는 비율은 반대 의견에 비해 거의 세 배에 달한다. 이처럼 일종의 '반향실' echo chamber 에 갇히게 되면 사람들은 더 자주 거래하게 되고, 그만큼 낮은 수익률을 기록하게 된다고 연구는 경고한다.*

---

* J. 앤서니 쿡슨 J. Anthony Cookson 외, 「반향실 Echo Chambers」, bit.ly/44KpkiC.

소셜미디어에서 어떤 게시물에 '좋아요'가 많이 달릴수록, 당신도 그 게시물에 '좋아요'를 달 가능성은 더 높아진다. 그리고 이미 많은 이들이 '좋아요'를 누른 글에 공감 버튼을 누를 때, 우리 뇌 속 보상 중추는 그렇지 않은 글에 '좋아요'를 달 때보다 훨씬 강하게 반응한다. 공개된 브로커리지 플랫폼에서도 마찬가지다. 당신의 거래에 다른 사람들의 '좋아요' 수가 올라가면, 당신의 거래 빈도수도 올라가는데, 그 수는 그렇지 않은 사람보다 무려 세 배 가까이 된다.

한편 다수의 의견에 반하는 행동을 하게 되면 우리 뇌에서 고통, 두려움, 불안, 혐오감을 유발하는 회로가 활성화된다. 경기장 홈팀 응원석에 앉아 혼자 원정팀을 응원해 본 적이 있는가? 혹은 정치 성향이 정반대인 사람들 사이에서 자신이 지지하는 후보를 공개적으로 옹호해 본 적은 있는가? 그럴 때 느껴지는 이질감과 불편함은 결코 가볍지 않다. 군중이 클수록, 그 안에서 홀로 남겨지는 고통은 더욱 크다.*

더 심각한 것은 페이스북, 트위터, 틱톡 같은 소셜미디어 플랫폼에 내장된 알고리즘들이 사용자가 화면 앞에 머무는 시간을 극대화하도록 설계되어 있다는 점이다. 이 알고리즘들은 당신의 시선을 유명인, 당신과 의견이 일치하는 사람들, 그리고 감정을 자극하는 정보와 이미지에 고정시킨다. 그 결과 특정 콘텐츠는 실제보다 훨씬 더 널리 퍼져 있는 것처럼 보이고, 그만큼 더 설득력 있어 보이게 된다.

---

* 전문 펀드매니저들도 개인 투자자들과 마찬가지로 집단의 압력에 시달리며, 이를 견디는 데 특별히 더 능숙하지도 않은 것으로 보인다. 해리슨 홍[Harrison Hong] 외, 「네 이웃의 포트폴리오[The Neighbor's Portfolio]」, bit.ly/44KJyZq; 리처드 W. 시어스[Richard W. Sias], 「기관 투자자들의 군집 현상[Institutional Herding]」, bit.ly/3pOeB7G; 데이비드 샤프스타인[David S. Scharfstein], 제레미 스타인[Jeremy C. Stein], 「군집 행동과 투자[Herd Behavior and Investment]」, bit.ly/3JZJ8WS; 하오 장[Hao Jiang], 미켈라 베라르도[Michela Verardo], 「군집 행동이 투자 능력을 드러내는가?[Does Herding Behavior Reveal Skill?]」, bit.ly/44p0aWN.

이러한 알고리즘은 눈에 보이진 않지만 일상 곳곳에 작용하는 중력장과도 같다. 당신이 스스로 생각하는 힘으로부터 멀어지게 만드는 보이지 않는 힘이다.*

집단 감염으로부터 나 자신을 지키는 백신

군중이 내 행동과 판단에 얼마나 영향을 끼치고 있는지, 나는 끝내 자각하지 못할 수도 있다. 그렇기에 더욱 중요한 건 군중에 합류하기 전에 나 자신을 먼저 보호해 두는 일이다.

먼저 당신의 가치관과 맞지 않는 집단에는 들어가지 마라. 투자란 즉석만남이 아니라 결혼이어야 한다. 시도 때도 없이 매매를 일삼는 사람들과 어울리다 보면, 당신의 투자 태도도 자연스럽게 그들의 습관에 감염될 수밖에 없다. 그러니 당신과 비슷한 철학을 지닌 인내심 있는 투자자들을 찾아라. 예컨대 bogleheads.org, HumbleDollar.com, MutualFundObserver.com, ValueInvestorsClub.com과 같은 온라인 커뮤니티는 그런 투자자들을 만날 수 있는 좋은 공간이다. 그리고 다음과 같은 글을 찾는 것이 좋다:

- 최신 뉴스에 대해 성급한 반응이나 자극적 단평을 하지 않는 글
- 분노, 자만, 조롱의 감정에 휘둘리지 않는 글
- 주장만 던지고 마는 것이 아니라, 장기 데이터나 학술 검토를 거친 연구 결과를 링크로 제시하며 출처를 분명히 밝히는 글

---

* 로렌 E. 셔먼Lauren E. Sherman 외, 「청소년기 '좋아요'의 영향력The Power of the Like in Adolescence」, bit.ly/4a596CG; 마티아스 펠스터Matthias Pelster, 바스티안 브라이트마이어Bastian Breitmayer, 「주변의 관심 끌기Attracting Attention from Peers」, bit.ly/44M8osi; 윌리엄 J. 브래디William J. Brady 외, 「온라인 소셜 네트워크의 알고리즘 매개 소셜 러닝Algorithm-Mediated Social Learning in Online Social Networks」, bit.ly/44GszY4.

당신이 어떤 자산이 좋을지, 어떤 투자 전략이 자신에게 맞는지에 대해 나름의 관점을 가지고 있다면, 온라인에서 다른 사람들의 의견을 보기 전에 그 믿음의 이유를 스스로 적어보라. 그리고 처음 세웠던 판단의 근거를 다시 검토해보고, 그 결정을 바꿔야 할 합리적인 이유가 있는지 확인하기 전까지는 절대 아무런 행동도 하지 마라. 그 이유는 데이터와 증거에 기반해야지, 인터넷 어딘가에 떠도는 익명의 누군가의 말이어서는 안 된다.

인터넷과 소셜미디어에서 현실은 늘 왜곡된다는 점을 잊지 말라. '좋아요'와 '찬성'은 가장 시끄럽고 대담한 조언에 몰리지, 가장 현명한 조언에 주어지는 것이 아니다. 이해상충은 곳곳에 널려 있지만 대부분은 드러나지 않은 채 숨겨져 있다. 그리고 어떤 글이 주목을 받게 될지는 자동화된 봇들에 의해 은밀하게 조작된다.

투자의 '잎벌레'가 되어라

방어적 투자자로서 성공하려면 군중에게 등을 돌릴 줄 알아야 한다. 그렇지 않으면 뉴스, 여론, 소문에 휘둘려 끊임없이 과잉 반응하며 살아가게 될 것이다.

투기하지 말고, 자동화하라.

정액분할매수 방법을 활용하면 매주, 매월, 매분기, 매년 혹은 당신이 가능한 시점에, 감당할 수 있는 만큼 정해진 금액을 꾸준히 투자할 수 있다. 증권사나 운용사가 당신의 은행 계좌에서 자동으로 자금을 이체해 주기 때문에, 당신은 손가락 하나 까딱하지 않아도 된다.

많은 기업의 퇴직연금 제도나 공적연금 시스템이 이런 자동 투자 방식을 당신을 대신해 실행해주고 있다. 하지만 자신의 추가 자금을 활용해 직접 투자하는 것은, 스스로에게 투자 규율을 부여하는 또 하나의 방법이다.

시장에 올인과 올아웃을 반복하기 보다는 잎벌레처럼 천천히, 그러나 꾸준히 시장이 어떻게 움직이든 정해진 금액을 계속 추가해 나가라. 이런 자동화된 투자 계획이 손실을 막아주는 보증 수표는 아니지만, 시장에 공포가 가득할 때에도 계속 투자하게 만들고, 주가가 치솟을 때 충동적으로 돈을 쏟아붓는 일도 막아준다. 자동이체로 이뤄지는 이런 매수는 눈에 띄지도 않고, 신경 쓰이지도 않기 때문에, 당장 결정하고 나중에 후회할 만한 선택을 자주 반복하지 않게 해준다.

몇 개의 간단한 인덱스펀드 바구니에 정액분할매수법을 적용하고, 오직 리밸런싱할 때만 거래한다면, 당신의 전체 포트폴리오는 여러 층의 자동 운항 모드에 들어가게 된다.

그레이엄은 1962년 판에 정액분할매수법에 대해 이렇게 썼다:

> "이 전략은 언제 시작하든 결국 보상을 안겨줄 것이다. 단 어떤 시장 환경에서도 성실하고 용기 있게 이를 지켜낸다면 말이다. 이 말은 곧 정액분할매수 투자자는 세대를 거쳐 반복돼 온 주식시장의 격렬한 등락에 따라 들뜨거나 절망하지 않을 사람이어야 한다는 전제를 포함한다."

그는 이듬해 연설에서 이렇게 덧붙였다:

> "이 방식은 시장이 하락할 때 더 많은 주식을 사고, 시장 수준이 높을 때는 적게 사들이게 만든다. 이 방법은 다음 세 가지를 갖춘 이들에게 매우 훌륭한 성과를 안겨주었다. (a) 투자할 자금, (b) 기다릴 시간, (c) 그리고 시장이

오르든 내리든 일관된 전략을 지켜낼 수 있는 인내심과 성격. 이 세 가지를 갖추고 있다면 당신의 투자는 분명 만족스러운 결과를 얻게 될 것이다."*

* 벤저민 그레이엄, 「적립식 투자의 일부 측면Some Investment Aspects of Accumulation Through Equities」, bit.ly/3RLiNjV; 「불안정한 세상의 증권Securities in an Insecure World」, bit.ly/449pBuT.

6장

공격적 투자자를 위한 포트폴리오 전략: 피해야 할 전략

공격적 투자자도 투자에 대한 기본적인 원칙은 방어적 투자자와 같다. 즉 우량등급 채권과 적정 가격에 매수한 우량주를 적당한 비중으로 포트폴리오에 편입하는 것이다. 물론 공격적인 투자자는 더 다양한 투자 기회를 찾고 싶겠지만, 그러기 위해서는 반드시 타당한 근거가 필요하다. 그렇지만 공격적 투자 전략에 이상적인 하나의 정답이 있는 것이 아니고, 선택할 수 있는 방법이 매우 다양하기 때문에 이 주제를 체계적으로 논의하는 것은 어렵다. 또한 그 선택은 개인의 역량과 기술 뿐만 아니라, 관심사와 선호도에 따라서도 달라지기 마련이다.

따라서 일반적으로 가장 도움이 될 수 있는 방법은 먼저 피해야 할 것부터 제외하는 이른바 네거티브적 접근법일 것이다. 우선 공격적 투자자는 우량기업의 우선주는 법인 투자자들에게 양보해야 한다. 또한 비우량등급 채권 및 우선주도 특별히 할인된 가격으로 구입할 수 있을 때를 제외하고는 피해야 한다. 특별히 할인된 가격이라 함은 대체로 표면금리가 높은 채권은 최소

30% 이상 할인된 가격으로 거래되는 경우를 의미하며, 표면금리가 낮은 채권은 더 큰 할인율로 매수해야 한다. 또한 외국 국채는 수익률이 아무리 높아도 다른 사람에게 양보하는 것이 좋다. 전환사채 및 우선주 외에도 신규로 상장된 종목이나 최근에 갑자기 우수한 실적을 기록한 종목들 역시 좋아 보일 수 있지만 신중하게 접근할 필요가 있다.

표준적인 채권 투자는 방어적 투자자에게 추천한 방법을 따르는 것이 좋다. 즉 현재 약 7.25%의 수익률을 제공하는 우량등급 과세 채권 또는 만기가 긴 경우 5.30%의 수익률을 제공하는 우량등급 비과세 채권 중에서 선택하는 것이 좋다.

비우량등급 채권 및 우선주

1971년 후반에는 7.25% 이상의 수익률을 제공하는 우량등급 회사채를 쉽게 찾을 수 있었기 때문에, 단지 수익률이 조금 더 높다는 이유로 비우량등급 채권을 구매하는 것은 실익이 없었다. 따라서 신용등급이 낮은 기업들은 지난 2년간 일반 대중을 대상으로 한 일반채권 발행이 거의 불가능했다. 이러한 기업들은 대부분 전환사채나 신주인수권부사채Bond With Warrant, BW 형태로 부채를 조달했다. 그 결과, 낮은 등급의 일반채권은 거의 모두 오래전에 발행된 것들이며, 현재는 큰 할인율로 거래되고 있다. 물론 이러한 채권은 유리한 조건이 된다면, 즉 기업의 신용등급이 개선되거나 시장 금리가 하락한다면 가치가 크게 오를 수 있다.

그러나 이런 가능성에도 비우량등급 채권보다 더 나은 대안은 없는지 살펴봐야 한다. 1970년에는 안정적인 채권들도 표면금리가 낮은 경우(2.5%에서 4% 사이) 액면가의 50% 수준이면 살 수 있었다. 예를 들어 AT&T의 2.625%

채권(1986년 만기)은 51에 거래되었고, 애치슨 토피카 & 산타페 철도의 4% 채권(1995년 만기)은 51에 거래되었으며, 맥그로-힐의 3.875% 채권(1992년 만기)은 50.5에 거래되었다.

1971년 말의 상황에서도 할인율이 높은 우량등급 채권을 매수한다면 충분한 수익률과 추가적인 가격 상승 모두 얻을 수 있을 것이다.

이 책 전반에서 과거에 장기간에 걸쳐 관찰된 시장 상황은 미래에 재현될 수 있다고 가정하고 있다. 우량채권의 가격과 수익률도 과거의 정상 수준으로 돌아간다고 가정하고 채권에 대한 전략을 짜야 한다. 이러한 이유로 1965년 개정판 내용을 여기 다시 싣기로 한다. 그 당시는 우량등급 채권의 수익률이 겨우 4.5%였다.

> 비우량등급 채권에 투자하는 것은 조심할 필요가 있다. 8% 이상의 수익률을 제공하는 비우량등급 채권은 쉽게 찾을 수 있다. 우량등급 채권과 비우량등급 채권의 주요 차이점은 일반적으로 이자보상배율로 판별한다. 예를 들어 1964년 초 시카고, 밀워키, 세인트폴 & 퍼시픽의 표면금리 5% 수익사채의 경우 가격은 68, 수익률은 7.35%였다. 그러나 철도채권의 경우, 이자보상배율이 다섯 배는 되어야 안전하다고 할 수 있는데, 1963년 이 회사의 이자보상배율은 1.5배 수준에 불과했다.*

많은 투자자들은 안전성이 부족하더라도 '오로지 수익률만' 보고 비우량등급 채권이나 우선주를 매수한다. 그러나 경험에 비추어 볼 때, 수익성만 보

---

* 이 중 밀워키 철도의 경우 1970년 큰 적자를 기록했다. 이로 인해 수익사채의 이자 지급을 중단했고, 5% 채권의 가격은 10으로 급락했다.

고 안전성을 간과한 투자는 현명하지 못한 행동임이 분명하다. 여기서 '오로지 수익률만' 본다는 것은 해당 증권이 얼마나 저렴한지, 그래서 이 투자로 얼마를 얻을 수 있을지를 확인하지 않았다는 의미를 내포한다. 만약 이런 증권을 액면가에 가까운 가격에 매수하면, 향후 심각한 가격하락을 보게 될 가능성이 매우 높다. 경기 침체나 단순한 시장 하락에도 이러한 유형의 증권은 버티지 못하고 폭락한다. 이자나 배당금 지급이 중단되거나 불안해지는 경우도 많고, 영업이 잘 된다 하더라도 증권 가격은 크게 하락할 수 있다.

1946~1947년에 있었던 10개의 철도기업 수익사채의 가격 변동을 보면 이러한 비우량등급 채권의 특성을 구체적으로 알 수 있다. 이들 채권은 1946년에 모두 96 이상의 가격을 기록한 채권들로, 그해 최고가의 평균은 102.5였다. 그러나 이듬해인 1947년, 이 채권들 최저가의 평균은 68로, 짧은 시간 동안 가격이 3분의 1이나 떨어졌다. 아이러니하게도 1947년에 미국 철도기업들의 실적은 1946년보다 훨씬 개선되었다. 증권시장 전반에 발생한 투매 때문에 경제 상황과 무관하게 채권가격이 움직인 것이다. 그러나 이 수익사채들의 하락폭은 다우지수의 보통주 하락률(약 23%)보다도 더 컸다. 100 이상의 가격으로 이들 채권을 구매한 사람은 이익을 기대할 수 없었을 것이다. 이들 채권의 유일한 장점은 평균 약 4.25%의 수익률(우량등급 채권의 2.50% 대비 1.75%p의 연간 수익 차이)이었다. 결국 비우량등급 채권 매수자는 수익률을 조금 높이려고 하다가 원금의 상당 부분을 날릴 위험을 감수한 것이다.

이러한 사례는 더 높은 수익을 얻기 위해서 더 큰 위험을 감수하는 것이 '사업가의 투자'라는 대중적 착각에 경종을 울리고 있다. 연간 수익률이 1~2% 더 높다는 이유만으로 투자한 원금에 심각한 손실을 야기하는 위험을 감수해서는 안 된다. 위험을 감수하려 한다면, 상황이 잘 풀렸을 때 높은 투자수익을 실현할 수 있어야 한다. 따라서 5.5%나 6%의 수익률을 제공한다고 해서 비우량등급 채권을 액면가에 구매하는 우를 범해서는 안 된다. 이런 채권의 경우 70 정도에 매수한다면 합리적이라고 판단되며, 인내심을 가지고 기다리면 그 가격대에서 충분히 매수할 기회가 온다.

비우량등급 채권과 우선주에는 투자자가 반드시 알아야 할 두 가지 상반된 속성이 있다. 우선 이런 증권들은 대부분의 경우, 시장 상황이 나빠지면 심각한 하락을 겪게 된다. 반면에 상황이 개선되면 다시 회복하며, 좋은 결과로 마무리되는 경우가 대부분이다. 배당금을 오랫동안 지급하지 못한 누적적 우선주도 마찬가지이다. 1930년대 대공황의 여파로 1940년대 초반에 이러한 우선주들이 속출했다. 하지만 1945~1947년 전후 호황기가 도래하자, 이들 중 상당수의 누적 미지급배당금을 현금이나 주식으로 배당하였고, 원금까지 상환한 경우도 많았다. 그 결과, 몇 년 전만 해도 아무도 주목하지 않아서 헐값에 거래되던 이러한 증권들을 매수했던 사람들은 큰 수익을 거둘 수 있었다.*

비우량등급 채권은 수익률이 높기 때문에 가격 하락을 상쇄할 수도 있다. 다시 말해, 이론적으로는 장기적으로 이러한 채권들을 발행가에 매수한 투자자는 우량등급 채권만 매수한 투자자와 비슷하거나, 심지어 더 나은 성과를 거둘 수도 있다.**

그러나 실제 투자를 해 보면 심각한 문제에 직면한다. 결과가 어떻게 되든, 비우량등급 채권을 정가에 매수한 투자자는 가격이 급락하면 심리적으로 휘둘릴 수밖에 없다. 그리고 '평균'성과를 확보하려면 유사한 여러 채권에 충분

---

* 예를 들어 시티즈 서비스의 6달러 우선주는 1937년에 배당을 지급하지 않으면서 최저 15달러에 거래되었고, 1943년 누적 배당이 주당 60달러에 도달했을 때 27달러에 거래되었다. 1947년에는 우선주 한 주당 3% 신주인수권부채권 196.50달러로 교환되었으며, 가격은 최고 186달러까지 상승했다.

** 전미경제연구소National Bureau of Economic Research 주도 하에 진행된 통계 연구도 실제 그런 실적이 나왔다고 발표했다.

하게 분산하여 투자를 해야 한다. 현실적인 한계로 일부 채권에 집중한다면, 다른 채권에서 발생하는 높은 수익으로 문제가 있는 채권의 원금 손실을 상쇄할 수 없다. 결론적으로, 약세장에서 70 이하로 살 수 있는 채권을 100에 매수하지 않는 것은 그저 상식이다.

해외 국채

경험이 거의 없는 투자자라도 1914년 이후 해외 채권은 전반적으로 성과가 좋지 않았다는 것은 알 것이다. 두 차례의 세계대전, 그리고 전례 없는 글로벌 불황이 그 주요 원인이었다. 그럼에도 불구하고 몇 년마다 시장 상황이 호전되어 일부 신규 해외 채권은 액면가에 발행되기도 한다. 이러한 현상은 채권 분야를 포함한 모든 분야에서 일반 투자자의 심리가 어떻게 작동하는지 많은 것을 알려준다.

호주나 노르웨이처럼 높은 신뢰를 갖고 있는 나라의 국채라면 미래에 대해 크게 걱정할 필요는 없다. 그러나 문제가 발생할 경우, 해외 채권의 소유자가 자신의 청구권을 법적으로나 다른 방식으로 구제받을 수 있는 방법이 없다. 1953년에 117까지 올랐던 표면금리 4.5% 쿠바공화국 채권은 이자가 지급되지 않자 1963년에는 20까지 떨어졌다. 그 해 뉴욕증권거래소의 채권 목록에는 5.25% 벨기에령 콩고 국채가 36, 7% 그리스 국채는 30, 폴란드 국채는 7까지 하락한 사례도 있었다. 1922년, 미국 시장에서 8% 체코슬로바키아 국채는 96.5로 발행되었다. 이후 1928년에 112까지 상승했으나 1932년에는 67.75로 급락했고, 1936년에는 다시 106으로 회복했다. 하지만 1939년에 6까지 폭락했다가, 1946년에는 117까지 믿기 어려울 정도로 상승했으나, 1948년에 즉시 35로 떨어졌다. 이후 1970년에는 8까지 재차 폭락하는 등

극심하게 요동쳤다.

과거에는 미국 같은 부유한 채권국은 해외에 자금을 공급할 도덕적 의무가 있다는 논리로 해외 채권 매수의 정당성을 주장하기도 했다. 하지만 시간이 흐르면서 이제는 미국도 자체적으로 해결하기 어려운 국제수지 문제에 직면해 있는데, 그 중 일부는 수익률이 조금 높다고 대규모로 해외 채권을 매수하는 미국 투자자들 때문이기도 하다. 나는 오랫동안 해외 채권이 매수자 입장에서 본질적으로 매력적인 투자 대상인지에 대해 의문을 제기해 왔다. 이제는 매수자가 이러한 기회를 포기하는 것이 개인적인 측면에서나 국가적인 측면에서 모두 더 이로울 것임을 덧붙이고자 한다.

신규 발행 증권 일반

신용등급과 매력도가 제각각인 신규 발행 증권을 하나의 범주로 묶어 설명하는 것은 지나친 일반화의 오류를 초래할 수 있다. 그러나 한 가지 분명히 지적해야 할 점은, 모든 신규 발행 증권은 매수할 때에 더욱 신중하게 검토해야 하며, 기존 증권보다 더 엄격한 기준을 적용해야 한다는 것이다.

이런 경고가 필요한 이유는 두 가지이다. 첫째는 신규 발행된 증권은 판매를 위한 특별한 상술이 동반되기 때문에 이에 대한 특별한 수준의 주의가 필요하다는 것이다. 둘째는 대부분의 신규 발행 증권이 '발행자에게 유리한' 시장 조건에서 발행된다는 점이다. 발행자에게 유리하다는 것은 결과적으로 매수자에게는 그만큼 불리한 조건이라는 뜻이다.

이러한 요인의 영향은 우량등급 채권에서 비우량등급 선순위 채권, 그리고 가장 아래에 있는 보통주 발행으로 내려갈수록 점점 더 중요해진다. 과거에는 금리가 내려가면 기존 채권은 콜 조항을 행사하여 상환하고, 낮은 표면금리를 가진 채권을 신규 발행하는 식으로 자금을 조달하는 사례가 많았다. 이들 대부분은 우량등급 채권과 우선주 범주에 속했으며, 매수자들은 대체로 자신의 이익을 충분히 보호할 수 있는 금융 기관들이었다. 따라서 이러한 신규 발행 증권들은 유사한 증권의 시장 금리에 맞춰 신중하게 가격이 결정되었으며, 발행 결과가 판매자들의 상술에 크게 휘둘리지는 않았다. 하지만 금리가 점점 더 낮아지면서 신규 발행 증권들의 가격이 너무 높아졌고, 그 결과 많은 경우 나중에 시장에서 큰 폭의 하락을 경험했다. 이는 발행자에게 가장 유리한 조건일 때 각종 신규 증권이 쏟아지는 전형적인 모습이지만, 그래도 우량등급 채권이라면 매수자가 심각한 손실을 입지는 않을 수 있다.

1945~1946년과 1960~1961년 기간에 판매된 비우량등급 채권과 우선주를 살펴보면, 상황이 다소 다르게 나타난다. 이 당시에 발행된 채권은 대부분 경험이 부족한 개인 투자자를 대상으로 발행되었기 때문에 판매에 투입된 상술은 다른 때보다 더 크게 영향을 미쳤다. 이 시기 발행된 증권의 특징은 장기간에 걸친 기업 실적의 안정성이 충분하지 않았다는 점이다. 대부분의 경우 최근의 실적이 별다른 차질 없이 미래에도 실현될 수 있다는 가정하에서만 안전해 보였다. 이러한 발행을 주관한 투자은행들도 아마 이러한 가정을 받아들였기 때문에, 별 어려움없이 자신과 고객을 설득했을 것이다. 결국 이는 잘못된 선택이었으며 큰 대가를 치르게 되었다.

많은 비상장기업이 기업을 공개하고 상장회사로 전환하는 것은 강세장의 일반적인 특징이다. 1945~1946년과 1960년 초가 바로 그런 시기였다. 이 시기 기업공개는 우후죽순으로 이루어졌고 결국 1962년 5월에 파국적인 결말을 맞이했다. 그러나 몇 년간의 '자성의 시간'이 지나자, 1967~1969년 사이에 이 슬프고도 웃기는 상황은 다시 단계별로 반복되었다.

신규 발행 보통주

다음 단락은 1959년 개정판의 내용을 재인용하였으며, 여기에 논평을 추가했다.

> 주식을 통해서 자금을 조달하는 방법은 두 가지가 있다.
>
> 첫째, 이미 상장된 기업의 경우, 기존 주주들에게 일정 비율로 신주를 발행한다. 청약단가는 현재 시가보다 낮게 책정되기 때문에 청약할 수 있는 '권리'인 신주인수권은 일정한 금전적 가치를 지니게 된다. 신주 발행에는 하나 이상의 투자은행이 인수자로 참여하지만, 일반적으로 모든 기존 주주가 신주인수권을 행사하여 신주를 배정받고자 하기 때문에 이미 거래소에 상장된 회사의 주식을 추가로 매각하는 데는 발행사의 특별한 노력이 필요 없다.
>
> 두번째 방법은 이전에 비상장기업이었던 회사의 주식을 대중에게 공개하면서 거래소에 상장하는 것이다. 이러한 기업공개는 대부분 대주주가 시장이 유리하다는 판단 하에 자금을 회수하고자 할 때 이루어진다. (앞서 언급한 바와 같이 기업이 신규 자금을 조달할 때는 우선주 발행을 통해 자금을 조달하는 경우가 많다.) 이러한 활동에는 명확한 패턴이 있고, 증권시장의 특성상 대중에게 많은 손실과 실망을 안겨줄 수밖에 없다. 강세장이 되면 대주주는 자금을 회수하여 이익을 실현하고자 하고 대중은 더 적극적으로 매수에 나서려고 한다. 두 시장 참여주체의 수요가 맞아 떨어지면서 위험이 발생한다.
>
> 20세기 초에 주요 기업들이 거래소에 대거 상장되기 시작했다. 시간이 흐르면서 주요 기업은 대부분 상장회사로 전환되었고, 그 결과 상대적으로 규모가 작은 기업들까지 기업공개를 통하여 상장회사가 되었다. 이 시기에 주식을 매수했던 대중은 주요 기업에 대해서는 우호적 관점을 유지하는 동시에 소규

모 기업에 대해서는 비관적 견해를 갖게 되었다. 그러나 이러한 견해는 늘 그렇듯이 강세장이 형성되면 사라지는 경향이 있다. 시장 전반에서 대박이 터지면 대중은 비판적 사고를 하는 대신 탐욕스러운 본능에 휩쓸리게 된다. 이 기간 동안 개인들 중에 놀라운 성과를 거두는 사람들이 나타나기도 하지만, 이들 대부분은 10년 이상의 장기 기록을 살펴보면 결과가 그리 인상적이지는 않을 것이다.

이러한 요인이 합쳐지면 다음과 같은 결과가 나타난다. 강세장이 한창인 어느 시점에 첫번째 기업공개가 등장한다. 공모가격이 매력적이고 초기의 일부 투자자는 높은 수익을 실현할 수 있다. 시장이 계속 상승하면 상장을 통한 기업 자금 조달이 더욱 보편화된다. 어느 순간부터 형편없는 기업들까지 상장되기 시작하고 공모가격은 터무니없이 오른다. 강세장의 막바지임을 알 수 있는 믿을 만한 신호를 하나 알려주겠다. 작은 규모이거나 별 특징 없는 기업들의 공모가격이 오랜 내력을 가진 중견 기업들의 현재 가격보다도 높은 가격에 상장되는 것이다. (추가적으로 이러한 기업 상장의 주관사는 대체로 규모가 작고 지명도가 낮은 증권회사들이다.)

대중의 무분별한 태도와 돈 되는 것은 무엇이든 판매하려는 투자은행의 태도가 결합되면 결과는 주가 폭락이다. 신규로 상장된 종목 중에는 공모가격에서 75% 이상 손실을 보는 경우도 많다. 상황을 더욱 악화시키는 점은, 앞서 언급한 대로 시장이 좋을 때는 기꺼이 매수하던 소규모 주식을 주가가 폭락한 후에는 혐오감을 가진다는 사실이다. 한때 실제 가치보다 훨씬 높은 가격에 거래되었던 많은 주식들이 이제는 실제 가치보다 훨씬 낮은 가격으로 떨어진다.

현명한 투자자가 갖추어야 할 기본 요건 중 하나는 강세장에서 신규 상장 주식을 팔려는 영업사원의 유혹을 거부하는 것이다. 면밀하게 분석하면 좋은 종목을 몇 개 찾을 수는 있겠지만, 이런 종목에는 아예 얽히지 않는 것이 좋다. 물론 판매하는 사람들은 거래 첫날 급격한 가격 상승을 보인 종목을 포함해 시장에서 큰 상승을 기록한 많은 주식을 들먹이며 부추길 것이다. 하지만 이 모든 것이 투기적인 분위기에서 나타나는 현상이다. 쉽게 번 돈은 쉽게 잃을 수 있다. 이런 방식으로 돈을 벌었다면, 번 돈의 두 배를 잃는다 해도 아쉬워 하면 안 된다.

이들 중 일부 주식은 몇 년 후, 아무도 쳐다보지도 않을 때, 그 주식의 가격이 실제 가치의 아주 일부에 불과할 때에는 훌륭한 매수 기회가 될 수도 있다.

1965년 판에서는 이 주제에 대한 논의를 다음과 같이 이어갔다:

1949년 이후 주식시장의 전반적인 동향은 달라졌지만, 위에서 설명한 신규 상장은 전형적인 방식 그대로 계속되고 있다. 1960~1962년처럼 아무 회사나 상장되었다가, 극심한 가격 폭락이 발생한 적은 아마 처음일 것이다.* 그러한 재앙을 겪고도 주식시장이 이렇게 빠르게 회복한 것은 놀라운 일이며, 이는 1925년 플로리다 부동산 거품 붕괴 당시 보여준 끊임없는 회복력을 떠올리게 한다.

현재의 강세장이 끝나기 전에 다시 한번 신규 상장의 광풍이 돌아올 것인가? 그건 아무도 모른다. 단지 내가 아는 것은 1962년을 기억하는 현명한 투자자라면, 다음에 올 광풍과 대박의 기회는 다른 사람에게 양보하고 그 후에 닥칠 막대한 손실을 감수하지 않을 것이라는 점이다.

---

* 『S&P 주식 가이드』에서 소개한 41개 종목 중 5개 종목은 고가의 90% 이상, 30개 종목은 절반 이상, 전체 종목은 3분의 2 정도 하락한 것으로 나타났다. 『S&P 주식 가이드』에 소개되지 않은 많은 종목은 의심할 여지없이 전체적으로 더 큰 폭으로 하락했을 것이다.

1965년 판에서는 1961년 11월에 9달러에 발행했던 에트나 메인터넌스Aetna Maintenance Co. 주식의 '처참한 사례'를 소개했었다. 주가는 15달러까지 상승했다가 이듬해 2.375달러로 떨어졌고 1964년에는 0.825달러까지 떨어졌다. 이 회사의 이후 변천 과정은 매우 이례적이었으며, 최근 몇 년 동안 기업들이 겪은 기묘한 변화를 대표적으로 보여준다. 관심 있는 독자는 '부록 4'에서 이 기업이 거쳐온 모습을 찾아볼 수 있을 것이다.

1967~1970년에도 새롭지는 않지만 더욱 처참한 사례를 쉽게 찾을 수 있다. AAA 엔터프라이즈AAA Enterprises의 사례 역시 그 중 하나이다. 이 회사는 당시 『S&P 주식 가이드』 맨 앞에 수록된 회사이기도 하다. 1968년에 14달러에 상장된 이 회사의 주식은 곧바로 28달러까지 올랐지만 1971년 초에는 1센트에 거래되었다.(이 가격조차도 회사가 막 파산 신청을 한 절망적인 상태였기 때문에 엄청나게 고평가상태였다.) 이 사건은 배워야 할 것이 너무 많고 중요한 경고가 많아서 17장에서 자세히 다루기로 한다.

6장 논평

— 제이슨 츠바이크

"실수의 크기가 도토리만 할 때 그것을 인정할 수 있다면, 그 뿌리가 넓게 퍼진 거대한 나무 크기가 되기 전에 훨씬 쉽게 바로잡을 수 있을 것이다."

— 캐럴 태브리스 & 엘리엇 애런슨*

설령 당신이 공격적인 투자자라 하더라도 경계를 늦춰선 안 된다. 당신의 돈을 묶어두려는 사람들과 쉬지 않고 움직이게 하려는 사람들, 양쪽 모두로부터 자신을 지켜야 한다.

무엇을 할지 생각하는 것은 즐거운 일이지만, 무엇을 하지 말아야 할지 생각하는 것은 생존에 가깝다. 그렇지 않으면 그레이엄이 경고한 대로 공격적인 투자자가 '번 돈의 두 배를 잃어도 다행'으로 여겨야 한다.

---

* 캐럴 태브리스Carol Tavris, 엘리엇 애런슨Elliot Aronson, 『거짓말의 진화Mistakes Were Made but Not by Me』, (마리너북스, 2020), p296.

대체투자

공격적인 투자자가 빠지기 쉬운 실수 중 하나는, 대박을 내겠다는 욕심에 높은 수수료를 감수하면서 수년간 자금을 묶어두는 것이다.

투자자가 접하게 되는 투자상품은 종종 그 상품에 부과되는 수수료에 따라 결정된다. 은행, 증권사, 투자상담사는 더 높은 수수료를 받을 수 있는 상품이 있다면, 그 상품을 더 집중적으로 더 집요하게 판매하려 들 것이다.

1980~1990년대에는 투자자들이 고비용 뮤추얼펀드와 연금 상품, 그리고 기업공개 IPO 에 끊임없는 강요를 받았다.* 최근 들어 그 손목 비틀기는 대체투자 쪽으로 옮겨갔다. 헤지펀드, 회사를 인수하는 사모펀드 PEF Private Equity Fund , 스타트업에 자금을 대는 벤처캐피탈, 비상장 부채에 특화된 사모 대출펀드 Private Credit , 그리고 사모 부동산펀드 등이 그 대상이다.

이런 자산들은 공격적 투자자들에게 매력적으로 보인다. 더 높은 수익률의 가능성, 그리고 한때 소수 엘리트만 접근할 수 있었던 펀드의 주인이 된다는 뿌듯함이 함께 주어지기 때문이다.

하지만 이러한 '특권'에는 대가가 따른다.

피치북 데이터 PitchBook Data 에 따르면 2013년부터 2022년까지 전 세계에서 사모펀드, 벤처캐피털, 부동산, 그리고 기타 사모펀드들이 총 11.7조 달러의 자금을 모집했다. 그 과정에서 투자자들은 운용사와 마케팅 조직에 수수료와 비용으로 수천억 달러를 지불했다.

---

* 9장과 그에 대한 논평에서는 뮤추얼펀드를 다룬다. 연금 Annuity 은 보험 계약의 일종으로 선납 수수료와 기타 비용을 지불하는 대가로 수년에 걸쳐 정기적인 소득을 지급받는 구조다. IPO(기업공개)는 비상장 기업이 자사 주식 일부를 시장에 내놓는 것으로, 이 과정에서 투자은행과 증권사는 4% 이상의 수수료 수익을 챙긴다.

어떤 유명한 재간접펀드 Fund of Funds, 즉 다른 비상장 펀드들에 분산 투자하는 비상장 포트폴리오에 가입하는 펀드는 극단적으로 높은 비용을 부담해야 한다. 하지만 이런 구조는 매우 흔히 볼 수 있다.

〈표 6-1〉 복잡한 수수료 체계
한 유명 '대체투자펀드'의 수수료 및 비용 구조:

항목	비율
선취 수수료	
판매 수수료(최대)	3.00%
연간 비용	
자문 수수료 Advisory Fee	1.20%
차입금 이자 비용	0.02%
기타 비용(행정, 감사 등)	1.60%
기초 펀드의 수수료 및 비용	4.67%
연간 비용 합계	7.49%

※ 판매 수수료는 초기 가입금액 기준, 기타 항목은 순자산 기준
출처: 2023년 7월 23일자 스카이브릿지 캐피탈 멀티전략 헤지펀드SkyBridge Multi-Adviser Hedge Fund Portfolios LLC Multi-Strategy Series G 투자설명서, bit.ly/3GuDGcp

이러한 펀드에 가입하면 '가능'한 것 두 가지와 '확실'한 것 한 가지를 얻게 된다.

당신은 훌륭한 성과를 얻을 '가능'성이 있다.

당신은 필요할 때 자금을 회수할 '가능'성이 있다.

당신은 높은 수수료를 '확실'하게 지불하게 된다.

대체투자펀드는 대개 공개 시장에서 거래되지 않으며, 자산 구성 내역조차 명확히 밝히지 않는 경우가 많다. 기준가 갱신이나 자금 인출 역시 월 단위나 분기 단위로 제한되며, 때로는 그보다도 오래 걸리기도 한다. 이를 홍보하는 사람들은 이런 펀드는 단기적인 시장 압력에서 자유로우며, 고도로 정교한 투자자들이 지배하는 비공개 시장에서 운용된다고 말한다. 따라서 투자 기간은 더 길고, 위험은 더 낮으며, 수익은 더 높다는 논리가 따라붙는다. 그래서 비싼 수수료를 지불할 만한 가치가 있다고 설명한다.

한번 곰곰이 생각해보자.

공개 시장에서 거래되지 않는다고 해서, 그 자산의 가격이 떨어지지 않는다는 뜻일까? 물론 아니다. 2000년대 초 기술주가 붕괴하면서 벤처캐피털펀드는 65% 폭락했고, 2000년대 말 글로벌 금융위기 당시에 사모 부동산펀드는 63% 손실을 기록했다.

시장은 참여자가 많고 의견이 다양할 때 가장 잘 작동한다. 즉 '깊이'와 '넓이'를 동시에 갖춘 시장일수록 더 효율적이라는 뜻이다. 그리고 이것은 많은 경우 상장 주식시장의 거래를 상당히 잘 묘사해주는 정의이기도 하다.*

비상장 시장은 참여자 수가 훨씬 적고, 그들 대부분은 비슷한 인맥 안에서 움직이며, 비슷한 신념을 공유하고, 유사한 포트폴리오를 보유한다. '깊고 넓은' 시장이라기보다는 얕고 좁으며, 독립적이라기보다 상호의존적인 구조에 가깝다. 이처럼 폐쇄적이고 배타적인 분위기 속에서는 비공개 시장의 자산가

---

* 항상 그런 것은 아니다. 자세한 내용은 8장과 그에 대한 논평을 참조하라.

치 평가가 독창적인 분석이 아니라 믿음과 추측, 그리고 집단사고에 의존할 위험이 크다.

약 900명의 벤처캐피털 관계자들을 대상으로 한 한 설문조사에 따르면, 투자 대상을 결정할 때 44%는 '직감에 의존하는 경우가 많다'고 답했고, 9%는 아예 재무적 지표를 전혀 사용하지 않는다고 밝혔다. 또 다른 설문에서는 수십 명의 사모펀드 운용 임원들을 조사했는데, 그들 역시 기업이 '저렴한지 여부'는 투자 결정의 핵심 요소가 아니며, '극히 소수만이' 미래 수익이나 현금흐름을 추정하여 기업을 평가한다고 답했다.*

혈액 검사 스타트업 테라노스 Theranos Inc., 공유 오피스 기업 위워크 WeWork, 그리고 암호화폐 거래소 FTX의 참사를 떠올려보라.

비공개 벤처캐피털 시장에서 2014년 테라노스는 90억 달러, 2022년 FTX는 320억 달러, 2018년 위워크는 470억 달러로 평가됐다.**

그런데 테라노스는 2018년에 문을 닫았고, 창업자는 사기로 징역 11년형을 선고받았다. FTX와 위워크는 2022년 말과 2023년에 파산 보호를 신청했으며, FTX의 창업자 샘 뱅크먼-프리드는 2024년 3월, 수십억 달러의 고객 자금 횡령 혐의로 징역 25년을 선고받았다.

이처럼 화려하게 불타버린 기업들도 세계적으로 이름난 헤지펀드, 사모펀드, 벤처캐피털로부터 자금을 지원받았었다. 이들은 막대한 실사 due diligence 수수료를 받아놓고, 정작 실사는 제대로 하지 않았던 것 같다.

---

* 폴 A. 곰퍼스 Paul A. Gompers 외, 「벤처 캐피털리스트들의 의사 결정 방법 How Do Venture Capitalists Make Decisions?」, bit.ly/3XOsTBL; 「사모펀드들이 주장하는 그들의 업무 What Do Private Equity Firms Say They Do?」, bit.ly/3rnxoHr.

** 다음 저작들은 위워크와 테라노스의 흥망성쇠를 날카롭게 서술했다. 엘리엇 브라운 Eliot Brown, 모린 패럴 Maureen Farrell, 『신흥종교 위워크 The Cult of We』, (크라운, 2021); 존 캐리루 John Carreyrou, 『배드 블러드 Bad Blood』, (크노프, 2018).

물론 공개 주식시장도 어이없는 실수를 저지르곤 한다. 하지만 스스로 전지전능한 척하지도 않으며, 거기에 팔과 다리를 내어줄 정도의 수수료를 요구하지도 않는다.

예일처럼 투자하려면, 예일처럼 되어야 한다

2021년 세상을 떠난 예일대학교 기금의 전설적 운용자 데이비드 스웬슨David Swensen은 헤지펀드, 사모펀드, 비상장 부동산 같은 대체자산에 대한 기관투자의 길을 개척한 인물이었다. 그가 35년간 예일 포트폴리오를 운용하는 동안, 기금은 연평균 13.1%의 수익률을 기록하며 미국·세계 주식시장뿐 아니라 다른 대학 기금들 대비 압도적인 초과 성과를 보여줬다.

스웬슨은 이렇게 설명했다. 사모 투자 자산은 주식이나 채권보다 더 위험하고, 더 유동성이 낮기 때문에 그만큼 더 높은 수익을 기대할 수 있다. 하지만 동시에 그는 사모시장에서 승자와 패자 사이의 격차는 공개 시장보다 훨씬 더 크다고 경고했다.

따라서 대체자산의 잠재적 초과수익은 높은 리스크와 낮은 유동성을 감수할 수 있는 전문 투자자만이 누릴 수 있는 영역이라는 것이다.*

예일처럼 투자하려면, 당신도 예일처럼 되어야 한다.

예일은 다음과 같은 비범한 조건들을 갖추고 있다:

- **전문성**

예일에는 대체투자펀드의 수수료 구조, 운용자 성향, 자산 평가 방식을 깊이 있

---

* 데이비드 F. 스웬슨David F. Swensen, 『포트폴리오 성공 운용Pioneering Portfolio Management』, (프리프레스, 2000).

게 분석하는 전담 조직이 존재한다. 당신이나 당신의 자문가는 그런 전문성과 경험을 갖고 있는가?

- **시간**

1701년에 설립된 예일은 앞으로도 수 세기는 거뜬히 존속할 기관이다. 수십 년을 내다보고 투자할 수 있는 여유가 있다. 당신에게도 그런 여유가 있는가?

- **규모**

예일 기금은 400억 달러 이상으로, 세계 최고 수준의 대체펀드에 우선 접근권을 갖고 있으며, 동시에 여러 펀드에 분산 투자할 수 있는 힘을 지녔다. 당신은 그런 규모와 기회를 가졌는가?

- **복원력**

예일은 영속 기관이기에 사모펀드에서 일시적이거나 심지어 영구적인 손실이 나더라도 버텨낼 수 있다. 당신은 막대한 손실과 자금 회수 불능 상태를 견뎌낼 수 있는가?

- **현금 흐름**

예일은 등록금, 기부금, 보조금 등 다양한 수입원을 통해 포트폴리오가 부진할 경우 지출을 줄이거나, 시장이 급락했을 때 기회를 포착해 자금을 투입할 수 있다. 당신에게도 그렇게 넉넉한 다중 수입원이 있는가?

위 다섯 가지 질문 모두에 "그렇다"라고 자신 있게 대답할 수 있을 때에만 당신에게 대체투자가 적합할 수 있다.*

---

* 로렌스 B. 시겔Laurence B. Siegel, 「대중을 위한 대체투자?Alternatives for the Masses?」, bit.ly/3O7T2YZ.

밀어붙이는 것은 밀어내라

고도로 훈련된 전문 투자자들인 연기금이나 대학 기금들이 전체 자산의 30%에서 많게는 60%까지를 대체투자펀드에 쏟아부었다. 투자 컨설턴트 리처드 에니스Richard Ennis의 추정에 따르면, 2008년 이후 이들 기관의 수익률은 단순히 70% 주식 + 30% 채권으로 구성된 포트폴리오에 비해 매년 최대 2%포인트까지 뒤처진 것으로 나타났다.*

그럼에도 불구하고 대체투자펀드를 홍보하는 사람들은 자신들의 펀드를 통해 더 높은 수익을 낼 수 있다고 말한다.

정말 그럴까? 앞서 '예일처럼 투자하려면, 예일처럼 되어야 한다'에서 소개한 조건들에 더해, 당신은 내가 서문 논평에서 강조했던 투자자의 덕목들도 고려해야 한다. 독립성의 잣대로 보면 '남들이 다 하니까'라는 이유는 대체투자에 손대야 하는 이유가 되지 못한다. 겸손함의 잣대로 보면 개인 투자자인 당신에게 예일 같은 거대 기관만 접근할 수 있는 몇 안 되는 걸출한 펀드들이 기꺼이 문을 열어줄 가능성은 거의 없다는 사실을 상기해야 한다. 그리고 회의주의적 잣대로 보면 이런 펀드들이 수수료로 배를 불리는 판매자들에 의해 과대 포장되고 있으며, 생존자 편향이 성과를 왜곡하고, 심지어 대부분의 기관 투자자들조차 대체 자산에서 뚜렷한 초과수익을 거두지 못하고 있다는 사실을 깨닫게 될 것이다.

---

* 리처드 M. 에니스Richard M. Ennis, 「사라진 탁월함Excellence Gone Missing」, bit.ly/3NQ4xmH; 대체투자의 저조한 실질 수익률에 대한 추가적인 증거는 다음을 참조하라. 아서 코트베그Arthur Korteweg, 「사모펀드의 위험조정수익률Risk Adjustment in Private Equity Returns」, bit.ly/3Of4NNf; 사이먼 랙Simon Lack, 『헤지펀드 환상The Hedge Fund Mirage』, (와일리, 2012); 다니엘 라스무센Daniel Rasmussen, 「사모펀드의 고평가 문제Private Equity: Overvalued and Overrated?」, bit.ly/3XPsn6F.

신용거래

금융업계는 공격적 투자자들에게 한편으로는 높은 수수료를 떼어가는 대체투자펀드에 평생 돈을 묶어두게 만드는 동시에 다른 한쪽에선 끊임없는 매매를 부추기고 있다.

2020~2021년의 투자 열풍 속에서 많은 미숙한 투자자들이 브로커에게 돈을 빌려 신용으로 위험한 자산을 매수했다. 모든 레버리지 수단이 그렇듯 신용거래는 수익을 키워주지만 손실도 똑같이 증폭시킨다. 여러 트레이딩 앱들은 신규 투자자들에게 이런 신용거래를 유도하며, 그것을 '매수 여력'을 두 배로 키우는 도구라고 홍보했다.

하지만 신용거래는 당신의 '손실 여력'도 두 배로 키운다.

가령 당신이 미국의 법정 한도인 50% 신용을 활용해 주당 50달러짜리 주식 100주를 매수했다고 상상해보자. 총 매수금액은 5,000달러지만, 그 중 2,500달러는 당신의 돈이고, 나머지 2,500달러는 증권사에서 빌린 돈이다. 이후 주가가 75달러로 오르면, 당신이 보유한 주식의 총 가치는 7,500달러가 된다. 당신은 2,500달러의 수익을 얻었는데, 이 수익은 당신이 투자한 자기자본 2,500달러를 기준으로 계산하면 100% 수익률이다. 반면 전액 5,000달러를 자기 돈으로만 투자했다면, 수익은 같지만 수익률은 고작 50%에 그쳤을 것이다.

그런데 만약 주가가 오르는 대신 25달러로 떨어진다면 어떻게 될까? 당신의 돈만으로 투자했다면 보유 주식의 가치는 2,500달러로 반토막 나게 되고, 당신의 손실은 50%에 그치게 된다. 하지만 신용을 사용했다면 그 2,500달러의 손실은 당신의 투자금 전액을 완전히 날려버린다.*

---

* SEC.gov, 「신용계좌의 이해Understanding Margin Accounts」, bit.ly/3O6Zb7U. 증권사에 대출 이자도 지

벤저민 그레이엄 자신도 대공황 당시 신용거래로 인해 거의 전 재산을 날릴 뻔했다. 그리고 그는 그 실수를 결코 반복하지 않았다. 그는 1963년에 이렇게 말했다. "신용계좌를 보유한 열 사람 중 아홉은 그 자체로 이미 투기꾼임을 나는 조금도 의심하지 않는다."*

신용을 사용하는 순간, 당신은 자신도 모르게, 그리고 원치 않았더라도, 투자자에서 투기꾼으로 바뀌게 된다고 이야기하고 있다.

가령 그레이엄이 1장에서 주장했듯, 충분한 분석을 거친 결과, 어떤 주식이 원금의 안전성과 적절한 수익을 제공할 것이라는 판단 하에 그 주식을 수 년, 어쩌면 수십 년 동안 보유할 생각으로 매수했다고 하자.

그 주식의 가격이 떨어지면 이제 그 주식은 당신이 처음 샀을 때보다 더 싸졌으니, 더 사들이기에 좋은 기회일 수 있다. 하지만 당신이 그 주식을 신용으로 샀다면 문제가 달라진다. 더 이상 살 수 없다. 증권사가 당신의 주식을 반대매매 하지 않도록 당신은 오히려 계좌에 현금을 더 넣어야 한다. 휴대폰 속 증권 앱이 보내는 실시간 알림은 당신의 불안을 더욱 자극할 것이다 (관련 설명은 204~205페이지 앱에 갇힌 시선 참조). 그리고 그 불안은 당초 수년간 보유하려 했던 주식을 공포에 휩싸여 투매하게 하는 원인이 되기도 한다.

미 연준Federal Reserve에 따르면 2022년 신용 잔액은 5,190억 달러에서 3,710억 달러로 급감했다. 이는 아마도 더 큰 손실을 피하려는 투자자들이 주식을 서둘러 매도해 신용을 상환했기 때문일 것이다. 공포에 떠밀린 투매가 그 원인이었다.

불해야 한다.

* 제이슨 츠바이크, 로드니 설리번, 『벤저민 그레이엄의 전문직 만들기Benjamin Graham: Building a Profession』, (맥그로-힐, 2010), p240.

마지막으로 짚고 넘어가야 할 점이 있다. 헤지펀드, 사모펀드, 사모대출펀드 등 대체투자 포트폴리오는 대개 레버리지를 활용한다. 당신이 직접 돈을 빌려 투자하지 않았더라도, 그 펀드들이 자산을 사기 위해 차입을 했다면, 결국 당신은 간접적으로 신용을 쓴 셈이 된다.

이로 인해 당신의 전체 포트폴리오 리스크는 커지게 되며, 이는 대체투자를 권유하는 사람들이 거의 언급하지 않는 불편한 진실이다.

앱에 갇힌 시선

2050년까지 전 세계 인구의 절반이 근시를 겪게 될 것이라는 전망이 있다. 이 문제는 아직 충분히 연구되지 않은 새로운 유형의 세계적 유행병이지만, 일부 학자들은 스마트폰의 과도한 사용이 근시 확산의 주요 원인 중 하나일 수 있다고 보고 있다.

매일 몇 시간씩 작은 화면을 들여다보는 습관이 멀리 있는 사물에 초점을 맞추는 눈의 능력을 떨어뜨릴 수 있듯이, 그 습관은 당신의 정신 또한 장기적인 투자 목표를 세우고 달성하는 능력에서 멀어지게 만들 수 있다.

브라질, 중국, 한국 등 여러 나라에서 진행된 연구에 따르면, 스마트폰을 손에서 놓지 못하는 청년들은 충동적인 결정을 내리는 경향이 강하다. 이들은 미래의 더 큰 보상보다, 더 작은 보상이라도 지금 당장 받는 쪽을 갈구한다. 또한 손실에 둔감하고, 수익성과 비수익성을 구별하는 데도 어려움을 겪는다. 또한 스마트폰을 과도하게 사용하면 수학 문제 해결 능력과 창의적 사고 능력마저 손상될 수 있다.

당신이 사용하는 온라인 증권사의 운영진은 이 모든 사실을 잘 알고 있다. 그래서 그들은 당신이 스마트폰 앱으로 거래하길 바란다. 당신이 그 작은 화면 앞에 머무는 시간이 길어질수록 거래 횟수는 더 많아지고, 그들은 그에 따른 수익을 확실히 챙긴다. 당신이 돈을 잃든 벌든, 그건 그들의 관심사가 아니다.
예전에는 주식을 사고 팔기 전에, 투자상담사와 전화로 말하거나 직접 얼굴을 마주해야 했다. 그 과정과 더불어 가혹할 정도로 높은 수수료 때문에 충동과 실행 사이에는 자연스러운 마찰이 존재했다. 투자상담사는 고객의 주머니를 노리고 있었고, 고객도 그 사실을 분명히 알고 있었다.
이제 당신의 투자상담사는 당신의 주머니 속, 스마트폰 안에 있다. 스마트폰은 눈의 근시뿐 아니라 투자의 근시까지 유발하고 있다.

SPAC 열병

공격적인 투자자들이 빠지기 쉬운 또 하나의 유혹은 '판에 편승하는 것'이다. 즉 유명 인사들과 손을 잡고, 그들의 바람을 타고 손쉽게 부를 향해 미끄러져 가는 착각에 빠지는 것이다.

최근 몇 년간 스테판 커리, 세레나 윌리엄스 같은 프로 스포츠 스타, 저스틴 비버, 에미넴 같은 뮤지션, 그리고 기네스 팰트로, 케빈 하트 같은 배우들 등 소위 인플루언서들은 NFT(대체 불가 토큰)를 앞다퉈 홍보했다. 그들의 영향력은 디지털 자산 시장의 광적인 매수 열풍에 불을 붙였다. 그중에서도 가장 '핫'했던 NFT는 'BAYC Bored Ape Yacht Club'로 무기력한 눈빛과 덥수룩한 턱수염, 세일러복 차림의 원숭이 캐릭터들로, 어떤 것들은 100만 달러가 넘는 가격에 거래되기도 했다. 하지만 2022년 말이 되자 거래량은 급감했고, 많은 NFT의 가격은 90% 이상 떨어졌다.

최근 투자 대상 가운데 유명 인사의 후광 효과를 가장 크게 본 사례는 아마도 SPAC(기업인수목적회사)일 것이다. SPAC은 자산도, 수익도 없다. 아직 존재하지도 않는 무언가에 순전히 기대만으로 베팅을 유도하는 것이다. 이들은 기업공개를 통해 보통 24개월 내에 다른 회사를 인수하겠다는 조건으로 자금을 모은다.

2020~2021년, 항공·음악계 거물 리처드 브랜슨과 전 페이스북 임원 출신의 스타 투자자 차마스 팔리하피티야 같은 유명 사업가들이 앞장서서, 수많은 투자자들이 그들의 SPAC 주식을 쓸어 담도록 유도했다.

잠시의 찬란한 순간 동안, 유명세를 쫓아가면 '부'가 따라오는 듯 보였다.

2020년, 미국에서 248개의 SPAC이 총 830억 달러를 조달했다. 2021년에는 613개가 1,600억 달러 이상을 끌어모았는데, 대부분은 새해 초에 몰아치듯 이뤄졌다. 하루 만에 주가가 50% 이상 급등하는 모습을 보이자, 새로운 시장참여자들이 몰려들었다.

안타깝게도 그레이엄이 6장에서 경고했듯 '시장 전반에서 대박이 터지면 대중은 비판적 사고를 하는 대신 탐욕스러운 본능에 휩쓸리게 된다.' 억만장자들이 당신의 이익을 우선할 것이라는 맹목적 믿음이나 아무 것도 없는 곳에서 자산과 수익이 갑자기 솟아날 것이라는 기대를 가진 사람들은 결코 장기적인 부를 쌓을 수 없다.

만약 당신이 한 유일한 '분석'이 그 투자에 유명인의 이름표가 붙어 있다는 것이라면, 당신은 그레이엄의 경고를 잊은 것이다. 공격적 투자자는 어떤 자산이든 매수하기 전에 상당한 시간과 노력을 들여 분석해야 한다.

SPAC은 이해 상충 투성이다. 일반적인 SPAC 공모의 투자설명서를 잠깐만 훑어봐도, 경고등이 번쩍이는 문제점들이 줄줄이 드러난다. 예를 들면 다음과 같은 것들이다.

- 내부자는 한 주당 0.1센트 수준의 헐값에 지분을 사들여 회사의 20%를 통제하게 된다.
- 내부자는 자신이 운영하는 회사로 SPAC과 직접 경쟁할 수 있는 권리를 갖는다.
- SPAC 매니저는 인수 대상 기업으로부터도 수수료를 받을 수 있어, 자신에게 유리한 거래를 추진할 유인이 생긴다.
- 감시 역할을 맡은 '독립' 이사들조차, 시장가보다 훨씬 낮은 가격에 수만 주의 지분을 받는다.
- 내부자들이 SPAC에 계속 투자한 채로 남아 있을 것이라는 보장은 없다.
- SPAC이 실제로 인수할 회사를 찾을 것이라는 보장도 없다.

〈그림 6-1〉 SPAC의 열풍과 그 후폭풍

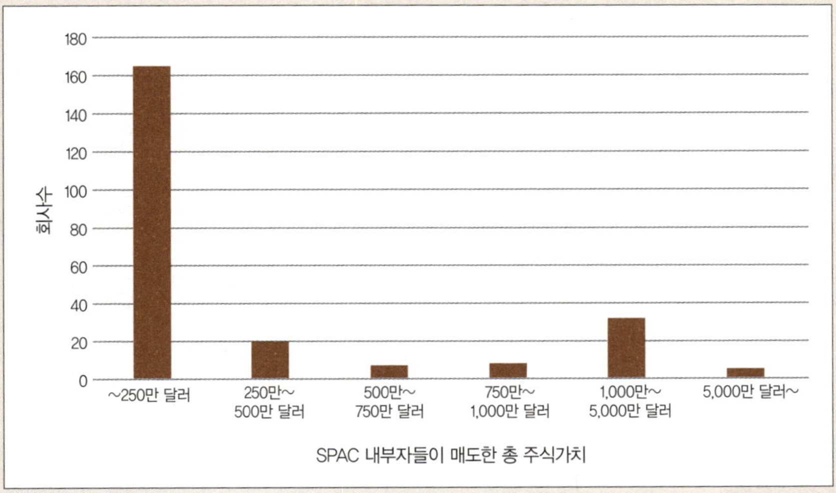

출처: 월스트리트 저널

SPAC은 흔히 '백지수표 회사'라고 불린다. 외부 투자자들이 내부자들에게 모금한 자금을 거의 아무 데나 써도 되는 무제한 위임장carte blanche을 넘겨 주기 때문이다. 한편 주관사들은 이 거래를 통해 2~5% 이상의 수수료를 챙긴다.

내부자들이 하나의 자산을 대중에게 떠넘기기만 하면 수억 달러를 벌 수 있는 환경이 조성되어 있기 때문에 그들은 그 자산을 어떻게든 밀어붙이려 들고 빠져나올 수 있을 때 누구보다 먼저 빠져나갈 것이다.

거래가 하나둘씩 실패로 돌아가면서 SPAC 시장은 붕괴했다. 2021년 2월부터 8월 사이에만 SPAC들의 시가총액은 1,000억 달러가 증발했다.* 이처럼 순식간에 '성공'에서 '도살장'으로 변한 투자 대상은 사례를 찾아보기 어렵다.

지름길은 없다

문제는 투자자들이 교훈을 배우지 않는다는 게 아니라 잘못된 교훈을 배우고 있다는 것이다.

NFT나 SPAC에 투기했다가 전 재산을 날린 사람들은 이렇게 다짐할 것이다.

"다시는 NFT나 SPAC에 손대지 않겠다!"

하지만 그것은 잘못된 교훈이다. 그들이 진짜로 배워야 했던 교훈은 이것이다.

"다시는 투기하지 않겠다."

* 톰 맥긴티Tom McGinty 외, 「SPAC 붕괴 전, 내부자들은 수십억 달러를 챙겼다Company Insiders Made Billions Before SPAC Bust」, bit.ly/3rXfSdy; 암릿 람쿠마르Amrith Ramkumar, 「SPAC 붕괴로 스타트업 가치 750억 달러 증발SPAC Rout Erases $75 Billion in Startup Value」 bit.ly/46wXd7F; 마이클 클로즈너Michael Klausner 외, 「SPAC의 민낯A Sober Look at SPACs」, bit.ly/3M0G4eh.

왜냐하면 다음 시장 광풍은 NFT나 SPAC이 아닐 것이기 때문이다. 그 대신 전혀 새로운 혁신이나 변화라는 이름으로 나타날 것이다. 완전히 다르게 들리면서도 치명적으로 매혹적일 것이다.

결국 모든 투자 광풍은 똑같은 이야기의 해묵은 반복일 뿐이었다. 노력은 없이, 위험은 낮게, 수익은 높게, 투자의 성배를 찾아 헤매는 이야기. 1980~1990년대에는 액티브펀드 매니저들이 운용하는 뮤추얼펀드였고, 1990년대 중반에는 신흥시장 emerging markets 이었다. 1990년대 후반엔 인터넷 주식, 2000년대 초반엔 부동산이 그 자리를 차지했다. 그 뒤를 이어 하락장에서 수익을 내는 인버스펀드, 사모 대체투자, 그리고 암호화폐, NFT, SPAC이 차례로 등장했다.

투자의 성배를 찾는 여정은 언제나 헛된 꿈이다. 평균 이상의 수익을 원한다면, 그만큼 더 큰 위험을 감수해야 하고, 더 많은 시간과 노력을 들여야 한다. 지름길이 있다고 믿는다면 당신은 자신을 속이고 있는 것이다.

7장

공격적 투자자를 위한 포트폴리오 전략: 해볼 만한 전략

일반적인 투자자보다 우월한 성과를 얻고자 하는 공격적 투자자는 많은 시간과 노력을 들여야 한다. 일반적인 포트폴리오 전략을 설명하는 과정에서 공격적 투자자들에게 적합한 채권을 추천했다. 다음은 그런 조건에 부합하는 채권들이다.

1. 신종주택국채권: 비과세이며 사실상 연방정부가 보증하기 때문에 높은 수준의 안정성을 보장한다.
2. 신종커뮤니티채권: 세금은 부과되지만, 높은 표면금리를 제공하며, 역시 미국 정부가 보증한다.
3. 비과세산업채권: 지방자치단체에서 발행하는 비과세 채권이며, 우량기업들이 납부하는 리스료가 이자의 재원이 된다.

4장에서 이러한 채권에 대하여 자세히 설명한 바 있다.

이 밖에 위의 채권들과 완전히 반대로 비우량등급 채권을 저가에 매수하여 고가에 되파는 기회를 노리는 방법이 있다. 그러나 이러한 매매는 주식과 마찬가지로 '특수 상황'에서만 가능하다.

주식 운용

주식시장에서 공격적 투자자가 수익을 내는 방법은 매매 특성에 따라 크게 다음 네 가지로 나눌 수 있다.

1. 주가수준이 낮을 때 매수해서 높을 때 매도
2. 엄선된 성장주 매수
3. 다양한 저평가 종목 매수
4. '특수 상황'을 이용한 매매

포뮬러 기법에 따른 매매시점 포착

주식시장이 저점일 때 매수했다가 고점일 때 매도하는 전략의 장단점에 대해서는 다음 장에서 추가적으로 설명하겠다. 주기적으로 오르내리는 주가 차트를 보면 이 전략이 유용하면서도 쉽게 적용할 수 있을 것처럼 보인다. 그러나 지난 20년간의 경험으로 비추어볼 때, 유감스럽게도 기계적 공식을 통한 매매 방법, 즉 포뮬러 기법은 잘 맞지 않는 것으로 판명되었다. 시장의 등락만 보고 의미 있는 수익을 내기 위해서는 특별한 재능, 즉 트레이딩에 대한 '감각'이 필요하다. 이러한 감각은 내가 독자들에게 기대하는 현명함과는 다른 차원의 문제이며, 그러한 재능에 기반한 매매는 논외로 한다.

내가 방어적 투자자에게 제안한 50:50 전략이 아마도 1972년의 조건에서 모든 투자자에게 추천할 수 있는 최고의 매매 포뮬러일 것이다. 그러나 여전히 개인들의 시장 전망을 반영하여 주식의 비중을 최소 25%에서 최대 75% 사이에서 결정하도록 권고하고 있다. 약 20년 전만 해도 포뮬러 기법으로 효과를 볼 수 있다는 믿음이 팽배했으므로, 포트폴리오의 주식 비중을 결정하는 일련의 규칙을 상세하게 기술하려는 시도가 많았으나, 시간이 지나면서 이러한 기법의 유용성은 사라졌다.* 1949년 이후 차트를 보고 매매 수준을 결정하는 것은 큰 의미가 없을 것이라 생각되는데, 미래에 대한 신뢰할 수 있는 지표를 제시하기에는 이 기간은 너무 짧기 때문이다.

성장주 투자

모든 투자자는 향후 더 나은 실적을 보일 주식을 선택하고 싶어 한다. 성장주는 과거에 성장했고 앞으로도 계속 성장할 것으로 기대되는 주식으로 정의할 수 있다.** 따라서 현명한 투자자라면 당연히 성장주 선택에 집중해야 할 것 같다. 그러나 그렇게 쉬운 문제가 아니다.

과거에 평균보다 더 나은 성과를 낸 기업을 찾아내는 것은 통계자료를 통해 쉽게 구할 수 있다. 증권사에 부탁하면 그런 기업 리스트를 50개든 100개든 원하는 대로 뽑아줄 것이다. 그 중에서 성장 가능성이 더 높아 보이는 종

* 포뮬러 기술적 분석의 활용을 다룬 루실 톰린슨Lucile Tomlinson의 『성공적 투자를 위한 실용 포뮬러Practical Formulas for Successful Investing』, 시드니 코틀Sidney Cottle과 W.T. 휘트먼W. T. Whitman의 『투자 시점: 포뮬러 접근법Investment Timing: The Formula Approach』과 같은 책들이 1953년에 출판되었다.

** 실적이 평범한 회사를 단순히 미래에 평균 이상의 성과가 기대된다는 이유만으로 성장회사 또는 '성장주'라고 부르는 것은 용어의 혼란을 초래할 수 있다. 그러한 회사는 그저 '유망주'일 뿐이다.

목으로 15개 또는 20개 정도 선택하면 훌륭한 주식 포트폴리오가 될 것이라고 생각하기 쉽다.

그러나 이 생각은 두 가지 문제를 간과하고 있다. 첫번째는 과거 실적이 좋고 미래 전망이 좋은 주식은 그에 상응하는 높은 가격에 거래된다는 것이다. 기업의 전망에 대하여 정확히 판단했다 하더라도 매수할 때 이미 가격에 반영이 되어 있다면 주가 상승은 기대에 못 미칠 수 있으며, 오히려 과도하게 반영이 되어 있을 수도 있다. 두번째는 미래에 대한 판단이 틀릴 수 있다는 것이다. 비정상적으로 높은 성장이 영원히 지속되기는 어렵다. 작은 회사들 중에는 탁월한 성장을 이루는 회사들이 많지만, 그렇게 해서 거대 기업이 된 이후에는 그러한 성과를 반복하지 못하는 경우가 많다. 어느 순간 성장 곡선은 평평해질 수밖에 없고, 하향 곡선을 그리게 되는 경우도 많다.

데이터를 기반으로 몇몇 사례를 살펴보면, 과거에 성장주 투자의 성과가 대체로 좋았는지 나빴는지 알 수 있다. 아마도 여기서 전체적인 결과를 가장 합리적이고 공정하게 평가하려면 성장주 투자를 전문으로 하는 투자회사들의 성과를 살펴보면 될 것이다.

뉴욕증권거래소 회원사인 아서 와이젠버거Arthur Wiesenberger & Co.가 매년 발행하는 권위 있는 연감 『투자회사Investment Companies』에서는 약 120개의 성장주 펀드의 장기 성과를 조사했다. 이 중 45개 펀드는 10년 이상의 기록을 가지고 있다. 표 7-1에 나와 있는 이 펀드들의 1961년부터 1970년까지의 10년간 평균 수익률은 108%였는데, S&P 500지수는 105%, 다우지수는 83%였다. 1969년과 1970년 두 해 동안에는 126개의 성장주 펀드 중 대다수가 두 지수보다 성과가 낮았다. 이전 연구에서도 결과는 유사했다. 결과적으로 일반 주식에 대한 분산 투자와 비교했을 때, 성장주 분산 투자는 크게 우월하지는 않았다.

〈표 7-1〉 성장주 펀드의 성과(1961~1970년)

	1년 1970	5년 1966~1970	10년 1961~1970	1970년 배당수익률
대규모 성장주 펀드(17개)	-7.5	+23.2	+121.1	2.3
소규모 성장주 펀드(A그룹 106개)	-17.7	+20.3	+102.1	1.6
소규모 성장형 펀드(B그룹 38개)	-4.7	+23.2	+106.7	1.4
펀드명에 '성장'이 있는 펀드(15개)	-14.2	+13.8	+97.4	1.7
S&P 500 지수	+3.5	+16.1	+104.7	3.4
다우지수	+8.7	+2.9	+83.0	3.7

출처: 와이젠버거 파이낸셜 서비스

일반 투자자가 아무리 많은 노력을 기울이더라도, 성장주 펀드를 전문적으로 운용하는 투자회사들보다 장기적으로 더 나은 성과를 얻기는 어려울 것이다. 그런 투자회사들은 개인 투자자보다 더 나은 환경에서 더 많은 인력이 일하고 있기 때문이다. 따라서 우리는 기업의 전망이 훌륭할 것이라고 이미 시장에 알려져서 현재 PER이 20 이상인 성장주에 대한 투자는 권장하지 않는다. (방어적 투자자를 위한 기준으로는 주가가 과거 7년간의 평균 수익의 25배 이상이면 매수하지 말 것을 권고했는데, 이 두 기준은 대부분의 경우에 거의 동일한 의미이다.)

성장주의 특징은 가격 변동이 심하다는 것이다. 이는 GE나 IBM과 같이 가장 크고 잘 알려진 기업뿐만 아니라 성공적으로 상장된 신생 및 소규모 기업에도 적용된다. 1949년 이후 주식시장에서 성공적이고 신용등급이 높은 기업은 이미 주가에 투기적 요소가 반영되어 있다. (이런 기업들은 신용등급이 우수하고 대출 이자율도 매우 낮다.) 이런 회사들의 신용등급은 한동안 안정적으로 유지될 수 있지만, 주식의 시장 위험은 다른 얘기다. 대중이 이런 주식에 대해 더 열광하고 실제 이익 증가에 비해 주가가 더 빨리 오른다면, 그 주식은 더욱 위험한 투자 대상이 되고 만다.

이런 주장에 대해 독자는 '정말로 큰 부자가 된 사람은 한 회사의 초창기에 그 회사의 미래를 믿고 큰 돈을 투자해서 꾸준히 보유한 사람들'이라고 반박할 수도 있다. 그 말은 맞다. 하지만 단일 회사에 대한 투자를 통해 큰 자산을 이룬 사람들은 거의 예외 없이 그 회사와 밀접한 관계 — 직업, 가족 관계 등 — 를 가진 사람들이다. 이러한 관계는 그들이 재산의 많은 부분을 하나의 기업에 투자하고, 수많은 유혹에도 불구하고 이를 장기적으로 보유해야 하는 당위성이 있다. 반면 이런 관계가 아닌 투자자는 자신이 너무 많은 자금을 한 곳에 몰아넣은 것 아닌지 끊임없이 고민하게 된다. 일시적인 작은 하락에도 심각하게 고민할 수밖에 없고, 안팎에서 오는 압력을 견디지 못하고 처분할 수밖에 없는 상황에 놓이게 된다. 이런 투자로는 어느 정도 수익을 낼 수는 있어도 궁극적으로 원하는 대박을 터뜨리는 것은 거의 불가능하다.*

공격적 투자자에게 추천하는 세 가지 투자 분야

장기적으로 평균 이상의 투자 성과를 얻기 위한 전략에는 두 가지 중요한 요소가 반드시 있어야 한다. (1) 객관적이고 합리적인 기준에 따른 기본적인 건전성을 확보해야 하며, (2) 대부분의 투자자나 투기꾼들이 따르는 일반적인 전략과는 차별화되어야 한다. 나의 경험과 연구에 근거하여, 이 두 가지 기준을 만족하는 세 가지 투자 분야를 추천하고자 한다. 각 분야는 서로 상당히 다르며, 그 분야에 투자하는 사람들은 각기 다른 유형의 지식과 성향을 필요로 한다.

---

* 이런 상황에 딱 들어맞는 월스트리트 격언이 두 개 있다. 하나는 '어떤 나무도 하늘까지 자라지 않는다'이고, 또 하나는 '황소(낙관론자)도 돈을 벌 수 있고, 곰(비관론자)도 돈을 벌 수 있지만, 돼지(욕심만 많은 사람)는 절대 돈을 벌지 못한다'이다.

상대적으로 소외된 대형주

시장이 뛰어난 성장세를 보이거나 특정 이유로 주목받고 있는 주식을 과대평가하는 경향이 있다면, 그에 반해 일시적인 문제로 인해 시장의 관심에서 멀어진 기업들은 상대적으로 저평가될 수 있다는 것도 논리적인 추론이다. 이러한 주식시장의 기본적인 특성을 활용하면, 방어적이면서도 유망한 투자 전략을 도출할 수 있다.

이러한 전략에서 특히 주의해야 할 점은 소외된 기업 중에서도 대형주에 집중해야 한다는 것이다. 소형주도 비슷한 이유로 저평가될 수 있으며, 이익과 주가가 상승할 가능성도 있지만, 작은 기업들은 사소한 문제도 극복하지 못할 위험이 크다. 설령 극복하더라도 시장에서 오랜 기간 소외될 위험이 크다. 반면 대형주는 두 가지 이점을 가진다. 첫째, 어려움을 극복하고 안정적인 수익 기반을 회복할 자본과 인적 자원이 풍부하다. 둘째, 실적이 개선되면 주가가 비교적 빠르게 반응할 가능성이 크다.

다우지수에서 소외된 주식들의 가격 변동을 연구한 결과, 이러한 이론의 타당성을 입증하는 사례를 발견하였다. 이 연구에서는 매년 현재 또는 전년도에 PER이 가장 낮은 6개 또는 10개의 다우지수 주식에 투자한다고 가정했다. 이러한 주식들은 지수내에서 '가장 저렴한' 주식으로, 투자자나 거래자들에게 상대적으로 소외된 주식들이었다. 연구에서는 이 주식들을 1년에서 5년까지의 보유 기간 후 매도하는 것으로 가정했다. 그런 다음 이러한 투자의 결과를 다우지수 전체 또는 가장 높은 PER(즉 가장 주목받는) 종목군과 비교했다.

〈표 7-2〉 다우지수 내 종목들의 PER 수준별 성과(1937~1969년)

기간	저PER 10종목	고PER 10종목	다우지수 30종목
1937~1942	-2.2	-10.0	-6.3
1943~1947	17.3	8.3	14.9
1948~1952	16.4	4.6	9.9
1953~1957	20.9	10.0	13.7
1958~1962	10.2	-3.3	3.6
1963~1969(7년간)	8.0	4.6	4.0

이런 가정으로 지난 53년간의 모의 투자를 분석한 연구가 있다.* 그 연구 결과, 초기 기간인 1917년부터 1933년까지 이 방법은 수익을 내지 못했다. 그러나 1933년 이후로 이 방법은 매우 성공적인 결과를 보였다. 드렉슬Drexel & Company(현재의 드렉슬 파이어스톤)이 1937년부터 1969년까지 분석한 결과, 저평가된 주식이 다우지수보다 현저하게 저조한 성적을 기록한 사례는 단 세 차례에 불과했다. 여섯 차례는 다우지수와 거의 동일했으며, 25차례는 저평가 주식이 다우지수를 훨씬 초과하는 성과를 냈다. 표 7-2는 이 전략과 다우지수 전체와 고 PER주 10개 종목과 비교한 자료이며, 저 PER 주식을 5년간 보유하는 전략의 성과가 일관되게 우수한 성과를 보이고 있다.

드렉슬의 계산에 따르면, 1936년에 PER이 낮은 종목군에 1만달러를 초기 투자한 후 매년 이 원칙에 따라 교체했다면, 1962년에 그 가치는 6만 6,900달러가 되었을 것이다. 반면 PER이 높은 주식에 같은 방식으로 투자했다면 최종 가치는 단 2만 5,300달러에 불과했을 것이며, 다우지수 전체 30

* 두 가지 연구 결과가 있다. 첫번째는 내 제자 중 한 명인 H. G. 슈나이더가 수행한 연구로, 1917년부터 1950년까지의 자료를 다루며, 1951년 6월『저널 오브 파이낸스Journal of Finance』에 게재되었다. 두번째는 뉴욕증권거래소 회원사인 드렉슬 파이어스톤Drexel Firestone에서 수행한 연구로, 1933년부터 1969년까지의 자료를 다루고 있다. 이 자료들은 그들의 친절한 양해 하에 이 책에 실었다.

〈표 7-3〉 크라이슬러 수익 및 주가 추이(1952~1970년)

연도	EPS(달러)	주가의 고점/저점	PER(배)
1952	9.04	고점 98	10.8
1954	2.13	저점 56	26.2
1955	11.49	고점 101.5	8.8
1956	2.29	저점 52(1957년)	22.9
1957	13.75	고점 82	6.7
1958	(적자) 3.88	저점 44[a]	–
1968	24.92[b]	고점 294[b]	11.8
1970	적자	저점 65[b]	–

a 1962년 최저점은 37.5
b 주식분할에 따른 조정

개 주식에 투자했다면 4만 4,000달러가 되었을 것이다.

'소외된 대형주'에 투자하는 것은 개념적으로도 이해하기 쉽고, 이를 포트폴리오로 구성하여 투자하는 것도 간단하다. 하지만 개별 종목을 선택할 때는 때때로 특별한 요소를 고려해야 한다. 수익의 변동성이 큰 기업은 실적이 좋은 해에는 상대적으로 가격은 높은 반면 PER은 낮게 거래되는 경향이 있으며, 반대로 실적이 나쁜 해에는 낮은 가격과 높은 PER로 거래된다. 이러한 관계는 표 7-3에 있는 크라이슬러의 실적과 주가의 흐름을 보면 알 수 있다. 이런 현상이 생기는 이유는 비정상적으로 높은 실적이 나오더라도 지속되기 어렵다는 것이 시장에는 반영되어 있으며, 반대로 수익이 낮거나 아예 없을 때도 이 역시 지속되지 않을 것이라는 것이 반영되기 때문이다.(산술적으로 보면, 만약 한 기업의 수익이 0에 가까우면, 주가가 낮더라도 PER은 높게 나타난다.)

크라이슬러는 다우지수의 주요 기업 목록에서 상당히 예외적이었고, 따라서 저 PER 종목을 분석할 때 크게 영향을 미치지 않았다. 그래도 이러한 주식을 포트폴리오에서 제외하고 싶다면, 과거 수익을 1년 대신 더 긴 기간의 평균 수익으로 대체하는 방법으로 간단히 해결할 수 있다.

이번 개정판을 쓰면서 1968년 말 다우지수 저 PER 종목을 1971년 6월 30일에 다시 평가해 봤다. 이번에는 저 PER 6개와 10개 포트폴리오는 급격한 손실이 발생했고, 고 PER 종목들이 좋은 수익을 기록하여 이 전략은 실망스러운 성과를 보였다. 물론 나쁜 사례가 하나 나왔다고 해서 과거 30여 년간의 실험을 기반으로 한 결론을 무시해서는 안 되지만, 아주 최근에 발생하는 현상이므로 주목할 필요가 있다. 그러므로 공격적 투자자는 포트폴리오를 구성할 때 저 PER 매수 아이디어로 시작하되, 다른 정량적 및 정성적 요건을 추가할 필요가 있다.

저평가 종목 매수

'저평가 종목'이란 기업의 가치보다 현재 시장 가격이 더 낮은 종목이라고 정의한다. 저평가 종목의 범주에는 액면가보다 훨씬 낮은 가격에 거래되는 주식은 물론 채권과 우선주도 포함된다. 보다 구체적으로 말하자면, 어떤 증권이 진정한 '저평가'라고 하려면 그 가치가 현재 시장 가격보다 최소 50% 더 높아야 한다. 그러면 그런 차이를 어떻게 판단할 수 있으며, 저평가 종목은 왜 발생하고, 투자자는 어떻게 저평가 종목으로부터 이익을 얻을 수 있는가?

저평가 종목을 찾기 위한 방법은 두 가지가 있다. 첫번째는 평가모형을 적용한 방법이다. 이는 주로 미래 수익을 추정하고 이 값에 적당한 자본화계수를 곱하여 가치를 계산한다. 평가모형이 신뢰할 만하고 결과값이 시장 가격보다 충분히 높다면 해당 주식을 저평가라고 평가할 수 있다. 두번째는 비상장기업의 가치를 평가할 때 사용하는 방법이다. 비상장기업도 미래 수익으로 가치를 평가하기도 하는데, 이 경우 결과는 첫번째 방법과 동일할 것이다. 하지만 일반적으로 비상장기업은 순운전자본이나 유동자산을 중심으로 자산의 청산가치를 위주로 평가한다.

일반적으로 시장이 저점에 있을 때, 위의 기준으로 측정하면 많은 종목들이 저평가 종목으로 분류된다. 예를 들어 1941년에 30달러 이하로 거래되었던 제너럴 모터스 주식이 있다. 당시 제너럴 모터스의 EPS는 4달러가 넘었고 배당도 3.50달러 이상 지급하고 있었다. 그해 실적과 미래의 전망이 모두 어두웠지만, 아무리 보수적으로 평가해도 주식의 가치가 시장 가격보다 훨씬 더 높았다. 이처럼 약세장에서 용기를 갖는 지혜는 경험에서 얻을 수도 있지만, 신뢰할 수 있는 가치 분석 기법을 통해서도 얻을 수 있다.

시장은 늘 변덕스러우며, 그런 변덕은 시장의 수준과 무관하게 늘 저평가 종목이 나타나게 한다. 시장은 종종 사소한 문제를 과장하여 큰 위기로 인식하고, 평범한 기복이 폭락으로 발전하기도 한다. 심지어 단순한 무관심만으로도 주가를 터무니없이 낮은 수준으로 끌어내릴 수 있다. 요약하면 저평가 종목이 나타나는 원인은 두 가지이다. (1) 현재 실망스러운 실적과 (2) 장기간의 무관심, 즉 소외이다.

그러나 이러한 원인 중 어느 하나만을 고려하여 성공적인 주식 투자에 대한 확실한 지침으로 삼을 수는 없다. 현재 실망스러운 실적이 정말로 일시적인 것인지는 확신할 수 없다. 물론 그러한 일이 일어났던 사례들은 많았다. 철강주들은 기본적으로 경기에 매우 민감하고, 현명한 투자자는 침체기에 저가로 매수하여 호황기에 고가로 매도할 수 있었다. 표 7-3에 나타난 크라이슬러의 사례를 보면 알 수 있다.

만약 변동성이 있는 주식들이 늘 이런 패턴이었다면, 주식시장에서 돈을 버는 것은 쉬웠을 것이다. 그러나 불행히도 수익과 주가가 하락한 뒤 모두가 자동적으로 회복되는 것은 아니다. 아나콘다 Anaconda Wire and Cable 가 그런 사례이다. 이 회사는 1956년까지 양호한 수익을 기록하여 그해 주가는 85까지 올랐다. 그러나 그 후 6년 동안 실적이 급격히 악화되었고, 주가는 1962년 23.5로 떨어졌으며, 그 이듬해 모기업인 아나콘다 코퍼레이션에 주당 33에 인수되었다.

이런 사례에서 알 수 있듯, 투자자가 매수 결정을 내리기 위해서는 단순히 실적이 나빠지고 주가가 낮아졌다고 저점이라는 판단을 하면 안 된다. 적어도 지난 10년 이상 손실이 발생한 해가 없이 안정적인 수익이 있어야 하고, 향후 발생할 수도 있는 역경을 견딜 수 있는 충분한 규모와 재무건전성이 있어야 한다. 따라서 이상적인 조합은 가격과 PER이 모두 이전보다 크게 하락한 인지도가 높은 대형주이다. 크라이슬러 같은 기업은 주가가 낮을 때 일반적으로 PER이 높았기 때문에 배제되어 수익기회를 놓쳤을 것이다. 그러나 '사후적으로 수익이 발생한 기회를 확인하는 것'와 '실제 돈을 투자해서 수익을 얻는 것'은 전혀 다른 것이다. 크라이슬러와 같은 롤러코스터 주식이 공격적 투자자에게 적합한지에 대해서는 매우 회의적이다.

두번째 원인으로 기업의 무관심 또는 소외에 대해 언급했다. 최근 사례로 내셔널 프레스토 인더스트리 National Presto Industries 가 있다. 1968년 강세장에서 이 회사는 45달러에 거래되었는데, 이는 그해 EPS 5.61달러의 여덟 배에 불과했다. 1969년과 1970년에는 EPS가 증가했지만 1970년에는 주가가 21까지 떨어졌다. 이 주가는 그해 수익의 네 배도 안 되었으며, 순유동자산가치에도 미치지 못하는 수준이었다. 1972년 3월, 이 회사는 34달러에 거래되었는데, 이는 순이익의 5.5배였으며 높아진 순유동자산가치와 비슷한 수준이었다.

또 다른 예로는 대기업인 스탠다드 오일 오브 캘리포니아 Standard Oil of California 가 있다. 1972년 초에 이 회사의 주가는 13년 전 가격인 52달러에 거래되었다. 그 기간 동안 기업이익은 단 한 번 소폭 하락을 제외하고는 계속 조금씩 증가할 정도로 안정적이었다. 회사의 순자산가치는 시가총액 수준이었으며, 1958년부터 1971년까지 이처럼 양호한 실적을 기록했음에도 불구하고, 회사의 PER은 15를 넘긴 적이 없으며, 1972년 초에는 약 10에 불과했다.

저평가 종목이 나타나는 세번째 원인은 기업의 실제 이익을 시장에서 인식하고 주가에 반영되기까지 걸리는 시간 때문일 수도 있다. 대표적인 예로 1946년부터 1947년까지 주가가 36달러에서 13.5달러로 하락한 노던 퍼시픽 레일웨이Northern Pacific Railway가 있다. 1947년 이 회사의 실제 수익은 주당 10달러에 육박했으나 배당금이 1달러밖에 지급되지 않았기 때문에 주가는 크게 하락했다. 또한 철도기업은 회계방식이 독특해서 수익을 정확히 파악하기 어렵기 때문에 시장에서 관심을 받지 못한 점도 영향을 미쳤다.

가장 쉽게 식별할 수 있는 저평가 종목 유형은 회사의 모든 선순위 채무를 차감한 후의 순운전자본보다도 주가가 낮은 주식이다. 이는 건물, 기계 등의 고정 자산이나 기업의 영업권에 대해 아무런 비용을 지불하지 않고 기업을 살 수 있다는 뜻이다. 가치만 놓고 보자면 순운전자본보다 가치가 작은 회사는 거의 없다. 그런데 놀라운 점은 시장에서 이와 같은 저가로 거래되는 기업이 상당히 많았다는 사실이다. 주가 수준이 결코 낮지 않았던 1957년에도 이러한 주식이 약 150개가 발견되었다. 표 7-4에서는 1957년 12월 31일 『S&P 월간 주식 가이드』에 자료가 있는 85개 회사의 주식을 각각 한 주씩 매수하여 2년 동안 보유했을 때의 결과를 요약하였다.

우연일 수도 있지만, 2년 동안 각각의 종목군은 순유동자산가치에 가까운 수준으로 상승했다. 그 기간 동안 전체 '포트폴리오'의 상승률은 75%였으며, 이는 S&P 425 산업주 지수의 50% 상승률보다도 훨씬 높다. 더욱 주목할 만한 점은 큰 손실을 입은 종목은 하나도 없었고, 일곱 개 종목은 지수와 비슷한 수익률을 보였으며, 78개 종목은 월등한 수익률을 보였다는 것이다.

〈표 7-4〉 **저평가된 주식의 수익률**(1957~1959년)

증권거래소	종목수(개)	주당 순유동자산 합계	주가 합계 (1957.12.)	주가 합계 (1959.12.)
뉴욕증권거래소	35	748	419	838
아메리칸증권거래소	25	495	289	492
미드웨스트증권거래소	5	163	87	141
장외시장	20	425	288	433
합계	85	1,831	1,083	1,904

이처럼 다양한 저평가 종목에 분산 투자하는 방식은 1957년 이전에도 일관되게 우수한 성과를 보였다. 따라서 이러한 방식은 안정성과 수익성을 갖춘 투자 전략으로 평가할 수 있다. 그러나 1957년 이후 전반적인 시장 상승기 동안 이러한 기회는 대부분 사라졌으며, 있다 하더라도 그런 회사들은 대부분이 영업이익이 적거나 적자였다. 1969~1970년 시장이 하락하면서 다시 '순운전자본 이하'로 거래되는 주식들이 생겨났다. 이에 대해 15장 '공격적 투자자를 위한 종목 선정 방법'에서 논의할 것이다.

비우량 저평가 종목의 움직임

5장에서는 비교적 중요한 산업에서 선도적인 회사를 우량주라 하고 우량주를 제외한 모든 회사를 '비우량주'라고 정의했다. 따라서 비우량주는 보통 해당 업종에서 규모가 작은 회사를 말하지만, 중요도가 낮은 업종에서는 주요 회사도 포함될 수 있다. 예외적으로 성장주로 자리 잡은 회사는 비우량주라고 하지 않는다.

1920년대 시장이 활황일 때, 규모가 어느 정도 되면 비우량주도 거의 우량주처럼 취급되었다. 대중은 이런 기업은 비우량 기업이라고 하더라도 어느 정도 외부 충격을 견딜 만큼 충분히 강하고, 고성장 가능성은 우량주보다 높다고 믿었다. 그러나 1931~1932년의 대공황 시기에 비우량주는 우량주에 비해 훨씬 더 치명적이었다. 이 경험을 통해 투자자들은 우량주를 선호하는 경향이 뚜렷해졌으며, 비우량주에 대한 관심은 현저히 감소했다. 그 결과 비우량주들은 수익과 자산에 비해 훨씬 낮은 가격에 거래되었고, 일부 종목은 가격이 너무 낮아져 저평가 종목이 되는 경우도 많았다.

투자자들이 상대적으로 싼 가격에 살 수 있는 비우량주를 사지 않은 이유는 그 기업의 미래가 암울하다고 전망했거나 아니면 불확실성이 크다고 믿었기 때문이다. 언제든 파산할 수 있기 때문에 아무리 싸더라도 이런 기업에 투자하면 위험하다고 생각했다. 1929년에 우량주에 대해서 어떤 가격에 사더라도 그 이상의 성장을 보일 것이라고 믿어서 '무조건 매수'를 외쳤던 것과 정반대의 상황이 벌어진 것이다. 두 가지 견해 모두 과장된 것이며 심각한 오류를 초래했다. 실제로 대부분의 상장기업은 평균적인 비상장기업과 비교하면 규모가 매우 크다. 미국 경제에서 발생하는 숱한 부침을 겪더라도, 전반적으로 이러한 기업들은 계속 존속하면서 투자 자본에 대해 적절한 수익을 올릴 것이다.

이런 사례들은 주식시장이 비우량주에 대해 과도하게 비관적인 태도를 취하는 경향이 있으며, 그로 인해 평상시에도 수많은 저평가 사례가 발생한다는 점을 보여준다. 제2차 세계대전 기간과 전후의 호황기는 대기업들보다 중소기업들에게 더 유리했다. 당시에는 판매 경쟁이 덜 치열했고, 따라서 중소기업이 매출과 이익률을 크게 높일 수 있었기 때문이다. 그 결과 1946년에는 시장의 흐름이 전쟁 이전과 완전히 달라졌다. 대형주 위주인 다우지수는 1938년 말부터 1946년 최고점까지 40% 상승한 반면, S&P 저가주 지수는 같은 기간에 무려 280%나 급등했다. 단기 기억에 의존하는 주식시장의 투기꾼들과 자칭 투자자들은 비우량종목을 과도한 가격에 사들이는 데 열을 올렸다. 그 결과 무게 중심이 완전히 반대 극단으로 넘어갔다. 과거에 가장 많은 매수 기회를 제공했던 바로 그 비우량주들이 이제는 과열된 투자 열기와 과대평가의 사례를 가장 많이 보여주고 있었다. 이 현상은 1961년과 1968년에 또 다시 반복되었는데, 이번에는 '전자', '컴퓨터', '프랜차이즈'와 같은 특정 유망 업종의 중소형 회사들에 초점이 맞춰져 있었다.

이러한 과대평가된 주식은 그후 시장 침체기가 오자 예상대로 가장 큰 타격을 입었다. 일부 경우에는 확실한 저평가 수준까지 내려갔다.

대부분의 비우량주들이 늘 저평가되는 경향이 있다면, 투자자는 단순히 저평가주라고 해서 이익을 얻을 수 있다고 믿어도 될까? 이러한 저평가 상태가 무기한 지속된다면, 주식을 매수한 후에도 계속 같은 시장 상황에 있을 수도 있지 않을까? 이에 대한 답변은 다소 복잡하다. 비우량주를 저가에 매수하면 유리한 이유가 여러 가지 있다. 첫째, 배당수익률이 상대적으로 높다. 둘째, 재투자된 수익이 주가에 비해 상대적으로 매우 크며, 이는 궁극적으로 주가에 영향을 미친다. 5년에서 7년 정도 지나게 되면 이러한 수익이 누적되어 상당히 큰 효과를 발휘할 수 있다. 셋째, 강세장은 일반적으로 저평가 종목에 가장 관대하며, 특히 낮은 가격에 매수한 주식은 합리적인 수준까지 상승할 것이다. 넷째, 상대적으로 정체된 기간 동안에도 저평가된 비우량주는 최소한 해당 유형의 주식에 적합한 수준까지 상승하는 정도의 가격 조정은 발생할 수 있다. 다섯째, 수익이 실망스러웠던 원인들이 새로운 환경의 도래, 새로운 전략의 채택, 또는 경영진의 교체로 인해 개선될 수 있다.

최근 몇 년간 중요한 변화로 대기업들이 중소기업을 인수하는 사례가 두드러지게 증가하고 있다. 이러한 인수는 대체로 사업 다각화를 목적으로 이루어지며, 인수가격은 거의 항상 후한 수준으로 책정되었다. 이는 불과 얼마 전까지 매매되던 저평가 수준을 크게 초과하는 경우가 대부분이었다.

과거 이자율이 1970년보다 훨씬 낮았을 때는 액면가 대비 대폭 할인된 채권과 우선주만 저가 매수 기회가 있었다. 현재는 다른 상황이 전개되고 있는데, 4.5% 이하의 쿠폰 금리를 가진 안전한 채권들도 크게 할인된 가격에 거래되고 있다. 예를 들어 1986년 만기인 AT&T의 표면금리 2.625% 채권은 1970년에 51까지 떨어졌으며, 1983년 만기인 디어 앤드 컴퍼니Deere & Co.의 4.5% 채권은 62까지 하락했다. 만약 이자율이 크게 낮아진다면, 이러한 채권들의 가격 또한 크게 상승할 것이다. 보다 전통적인 의미에서의 저가 채권 매수를 원한다면, 재정난에 처한 철도회사들의 1순위 담보채권으로 다시 눈을 돌려야 할지도 모른다. 이러한 채권들은 20~30 수준에서 거래되고 있다. 이 분야는 손해를 볼 수 있기 때문에, 확실한 가치 판단이 없는 비전문가는 시도하지 않는 것이 좋다. 그러나 전체적으로 볼 때, 이 분야는 가격이 너무 많이 빠진 상황이다. 따라서 신중히 분석해서 용기를 낸다면 특히 매력적인 기회가 될 것이다. 1948년까지의 10년 동안, 채무 불이행 상태인 10억 달러 규모의 철도기업 채권에서 극적인 수익이 발생했다. 그러한 기회는 그 이후로는 거의 드물었지만, 1970년대에 다시 나타날 것 같다.

특수 상황, '워크아웃'

얼마 전까지만 해도 이 분야는 시장 상황과는 상관없이 꽤 괜찮은 수익률을 꾸준히 얻을 수 있는 영역이었다. 또한 이 분야는 일반 대중도 접근이 가능했기 때문에, 성향이 맞는 일부 사람들은 조금만 노력해도 그 방법을 터득해 숙련된 투자자가 될 수 있었다. 또 다른 사람들은 이 전략의 기본적인 타당성을 인식하고, 주로 이러한 '특수 상황'에 특화된 유능한 전문가에게 투자를 위탁하기도 했다.

그러나 최근 몇 년 동안, 그리고 나중에 다시 언급할 이유 때문에 차익거래 및 워크아웃 분야의 위험은 증가하고 수익은 하락했다. 하지만 앞으로 이 분야의 상황이 호전될 가능성도 있기 때문에 이러한 거래의 일반적인 성격과 원리를 몇 가지 예시를 들어 개략적으로 설명하고자 한다.

전형적인 '특수 상황'은 점점 더 많은 기업의 경영진이 사업 다각화를 추구함에 따라 대기업의 중소기업 인수가 증가하면서 발생했다. 진출하고자 하는 분야에서 새로운 사업을 처음부터 시작하는 것보다, 기존 회사를 인수하는 것이 더 나은 경우가 많기 때문이다. 이러한 인수를 실현하기 위해서는 인수되는 회사 주주의 승인을 얻어야 하므로, 늘 현재 주가보다 높은 가격을 제시해야 한다. 이러한 상황이 보편화되면서, 좋은 판단력을 가지고 이 분야에 대한 연구와 경험을 쌓은 사람들은 좋은 기회를 얻을 수 있었다.

몇 년 전, 눈치 빠른 투자자들은 파산한 철도채권을 매입하여 막대한 돈을 벌었는데, 그들은 철도산업이 마침내 구조조정이 되면 이 채권들은 그 시장 가격보다 훨씬 더 큰 가치가 있을 것임을 알고 있었다. 구조조정 계획이 발표된 후에는 새 증권에 대한 '발행일전 거래시장'이 형성되었고, 이러한 신규 증권은 교환될 예정인 기존 증권보다 늘 훨씬 더 높은 가격에 발행되었다. 계획이 성사되지 않거나 예기치 않은 지연이 발생할 위험도 있었지만, 전반적으로 이러한 '차익거래'는 매우 수익성이 높았다.

1935년 법률에 따른 공익기업 지주회사의 해체 때에도 유사한 기회가 생겨났다. 대부분의 기업은 지주회사의 자회사에서 개별사업 회사로 전환되면서 그 가치가 상당히 높아졌다.

여기서 중요한 요인은 증권시장은 복잡한 법적 절차에 얽힌 주식을 과소평가한다는 점이다. 월스트리트의 오래된 격언 중 하나는 '소송에 연루된 주식은 절대로 사지 말라'는 것이다. 이는 보유 주식에서 빠른 수익을 원하는 투기자에게는 적절한 조언일 수 있다. 하지만 모든 사람이 같은 생각을 한다면, 이러한 편견으로 인해 해당 주식의 가격이 부당하게 낮은 수준으로 떨어지기 때문에 매수 기회를 만들어낸다.

이러한 특수 상황을 활용한 투자는 다소 특이한 사고방식과 준비가 필요한 기술적인 부분이며, 참여할 가능성이 있는 전문 투자자는 극히 일부일 것으로 판단되어 추가적인 설명은 생략하기로 한다.*

내 투자 원칙의 함의

투자자는 먼저 스스로가 방어적 투자자인지 혹은 공격적 투자자인지를 선택해야 한다. 공격적 투자자는 증권의 가치를 상당히 잘 이해하고 있어야 하며, 투자 활동 역시 사업 경영자와 같은 수준의 관련 지식이 있어야 한다. 방어적 투자자와 공격적 투자자 사이 어딘가에 어중간하게 자리잡는 것은 안 된다. 많은 투자자들이 그러한 중간 지대에 위치하려고 하지만, 이러한 시도는 늘 실패로 끝난다.

투자자가 '절반의 사업가'가 되려는 것은 바람직하지 않다. 그런 방식으로 온전한 사업가가 거두는 수익의 절반을 기대하는 것은 넌센스다.

이러한 점을 고려할 때, 대부분의 투자자는 자신을 방어적 투자자로 분류해야 한다. 사업을 하듯이 투자를 하기에는 시간, 결단력, 또는 자질이 부족하므로 방어적 투자에서 얻을 수 있는 양호한 수익(또는 그보다 적은 수익)에 만족해야 하며, 이보다 높은 성과를 올리려는 유혹을 단호하게 뿌리쳐야 한다.

반면에 공격적 투자자는 자신의 지식과 경험이 적합하다고 여겨지는 분야

---

* 1971년 특수 상황의 세 가지 사례는 458~461페이지를 참조하라.

에서, 확립된 기준에 따라 충분히 유망하다고 판단되는 경우에만 투자에 참여하는 것이 타당하다. 나는 투자자에 따라 권장 사항과 경고에서 이러한 기준을 적용하려고 했다. 방어적 투자자에게는 안전성, 선택의 간단함, 그리고 심리적인 측면 및 산술적인 측면 모두 만족스러운 성과가 보장되는지가 기준이다. 이러한 기준을 적용한 결과, 공격적 투자자에게만 적합할 수 있다고 여겨지는 일부 증권들은 추천 투자 대상에서 배제시켰다. 이러한 내용은 1장에서 이미 다룬 바 있다.

이러한 배제를 통해 암시하는 바를 좀 더 자세히 설명하겠다. 나는 세 가지 주요 증권 카테고리에 대해 '제값'을 다 주고 사는 것은 말리고 싶다. (1) 외국 채권, (2) 일반 우선주, (3) 비우량주, 그리고 이에 준하는 신규 발행도 포함된다. 여기서 '제값'이란 채권이나 우선주의 경우 액면가에 가까운 가격을, 보통주의 경우 기업의 공정한 기업가치를 반영하는 가격을 의미한다. 대부분의 방어적 투자자의 경우 이러한 카테고리는 가격을 불문하고 피해야 하며, 공격적 투자자는 해당 증권이 내재 가치의 3분의 2 이하의 저평가일 때만 매수해야 한다.

만약 모든 투자자가 이러한 권고를 따르게 된다면 어떻게 될까? 외국 채권에 대해서는 이미 6장에서 다루었고, 이에 대해 추가할 사항은 없다. 우량등급 우선주는 투자자가 보험사와 같이 세제 혜택을 받는 법인이 아니라면 매수할 필요가 없다.

가장 어려운 문제는 비우량주에 대한 판단이다. 방어적 투자자 대부분이 이를 전혀 매수하지 않는다면, 잠재적인 매수자들이 크게 제한될 것이다. 더 나아가, 공격적 투자자가 이를 오직 저평가 수준에서만 매수한다면, 이 증권들은 공정한 가치 이하로 거래될 수밖에 없을 것이다.

이러한 주장은 부정적이고 비관적으로 들릴 수도 있다. 그러나 이런 상황이 지난 40년 동안 실제로 일어나고 있다. 비우량주들은 대부분 공정 가치보다 낮은 수준에서 등락을 거듭한다. 이들이 공정 가치에 도달하거나 이를 초과하는 시점은 존재하지만, 이는 주로 강세장의 고점 구간에서 발생하며, 경험상 이 시점에 주식을 사는 것은 바람직하지 않다.

따라서 공격적 투자자는 비우량주에 대해 현실에서 일어나는 사실을 직시하고, 이런 주식들에 대하여 통상적인 주가의 상단과 하단을 알고 자신의 매수 기준을 정해야 한다.

그럼에도 불구하고 여기에는 역설이 존재한다. 잘 선정된 비우량주는 우량주 만큼이나 유망할 수 있다. 중소기업의 부족한 안정성은 성장을 통하여 충분히 보완될 수 있다. 따라서 이러한 비우량주를 '제값', 즉 기업가치 수준에서 매수하는 것을 '비합리적'이라고 표현하는 것은 논리적이지 않을 수 있다. 하지만 경험은 매우 강력한 논리이다. 금융 역사를 살펴보면 투자자가 비우량주로부터 만족스러운 결과를 기대하려면, 저평가되었을 때 매수해야 한다는 것을 알 수 있다.

단 기업 소유자로서 비우량회사를 통제할 수 있는 사람, 즉 이러한 통제권을 행사할 수 있는 내부자 집단에 속한 사람이라면, 비상장기업이나 다른 비공개기업에 투자하는 것과 같은 기준으로 매수해도 된다. 비우량기업일수록 내부자와 외부자의 입장 차이는 커지며 그에 따른 투자 전략도 달라져야 한다. 우량기업의 기본적인 특징 중 하나는, 개별 주식 한 주가 일반적으로 지배 주주의 주식 한 주와 거의 동일한 가치를 지닌다는 것이다. 반면 중소형주의 경우, 주식 한 주의 시장 가치는 지배 주주가 보유한 주식 한 주의 가치보다 현저히 낮다. 따라서 주주와 경영진 간의 관계, 그리고 대주주와 소액주주 간의 관계는 대형주보다 중소형주에서 훨씬 더 중요하게 이슈화되는 경향이 있다.

5장 마지막에서 우리는 우량주와 비우량주를 명확히 구분하기 어려운 이유에 대해서 설명했다. 경계 지역에 있는 많은 주식들은 적당히 중간 범위의 가격 움직임을 보일 수 있다. 투자자가 그러한 주식을 평가 가치에서 할인된 가격으로 매수하는 것은 비논리적이라 할 수 없다. 이는 그 주식이 우량주 범주에서 멀지 않은 곳에 있으며 가까운 미래에 우량주로 성장할 가능성도 있기 때문이다.

따라서 우량주와 비우량주를 너무 엄격하게 구분할 필요는 없다. 그렇게 하면 그 구분에 따라서 적정 매수 가격이 완전히 달라진다. 이렇게 말하면 주식 분류에서 중간 지대를 인정하는 것인데, 방어적 투자자와 공격적 투자자는 명확히 구분하라는 주장과 상충되는 것처럼 보일 수 있다. 하지만 두 사안은 명백히 다르다. 개별 주식의 위상에 대해 약간의 관점 차이는 예외적으로 발생하고 큰 피해가 발생하지 않는다. 그러나 투자자가 방어적 또는 공격적 지위 사이에서 선택하는 것은 매우 중요한 결과를 초래하는 기본적인 결정이므로 우왕좌왕하거나 절충해서는 안 된다.

7장 논평

– 제이슨 츠바이크

> "내 인생에서 내가 전혀 믿지 못하는 사람이 한 명 있다. 그건 바로 나다.
> 당신도 자신을 믿어선 안 된다!
> 결정을 내린다고? 그건 다섯 살 아이에게 뽁뽁이 포장재를 쥐여주는 것과 같다.
> 어떻게 될지는 뻔하다!"
>
> — 센딜 물라이너선*

그레이엄은 공격적 투자자라 해도, 자산의 100%를 주식에 넣어선 안 된다고 말하고 있다.** 위험이란 단지 맞을 확률 뿐 아니라 틀렸을 때 부담해야 할 결과의 함수이다. 아무리 강한 상승장이라는 확신이 들더라도, 당신의 판

---

* 센딜 물라이너선Sendhil Mullainathan, 「The Knowledge Project' 팟캐스트 진행: 셰인 패리시Shane Parrish」, bit.ly/3JXBnRu.

** 1장과 4장을 참고하라.

단은 틀릴 수 있다. 그리고 절대 전부(또는 전혀 안 함) 같은 극단을 피할 때, 우리는 틀렸을 때 맞게 되는 최악의 상황으로부터 자기 자신을 보호할 수 있다.

당신이 경계해야 할 것은 극단적 손실뿐만이 아니다. 반복적이고 피할 수 있었던 작은 실수들 또한 위험하다. 피할 수 있었던 실수들 때문에 원래는 뛰어났을 성과가 초라한 결과로 바뀌는 일은 흔하다.

가상 포트폴리오

공격적 투자자가 가장 먼저 해야 할 일은 자신의 아이디어를 시험하고 스스로를 훈련하는 것이다. 구체적으로 이를 실천하기 위해서 벤저민 그레이엄은 1년 동안 충분히 공부하고 몇 종목을 골라보되, 절대 실제로는 매수하지 말라고 조언한다.*

요즘 거의 모든 증권사 웹사이트나 투자 앱에는 가상의 포트폴리오를 만들어 실제 돈을 쓰지 않고도 투자 결과를 추적할 수 있는 모의투자기능이 있다. 이러한 모의투자기능을 활용하여 '가상 포트폴리오'를 운용하는 일은 배우나 음악가가 무대에 서기 전에 문 닫힌 연습실에서 리허설을 거듭하는 것과 같다.

가상 포트폴리오를 통해, 어떤 전략이 효과가 있는지 직접 시험해보라. 목표는 단기간에 가장 많은 수익을 내는 게 아니다. 당신은 지금 실제 돈을 쓰고 있는 게 아니다. 진짜 목표는 저평가된 좋은 종목을 선정하는 자신만의 시스템을 구축할 수 있는지를 실험하는 것이다. 포트폴리오를 구성할 때는 체크리스트를 따르라(11장 논평의 '판단에 대한 체크리스트' 참조).

* 패트리샤 A. 드레이퍼스Patricia A. Dreyfus, 「투자 분석을 위한 두 가지 핵심 교훈Investment Analysis in Two Easy Lessons」, bit.ly/3rlxejF.

한 해 동안은 선정한 종목들을 그대로 유지하라. 이리저리 사거나 팔지 마라. 당신의 성과를 판단할 때는 '얼마나 많이 올랐나'보다는 '얼마나 많은 종목이 올랐는가', 그리고 '왜 올랐는가'가 기준이 되어야 한다. 당신이 체크리스트에 따라 세운 원래의 분석이 맞아서 주가가 오른 것인가? 아니면 당신이 예상하지 못했거나 이해하지 못한 이유 때문인가?

1년 동안, 당신이 고른 기업들의 재무제표를 계속 읽고, 그들의 제품이나 서비스를 직접 경험해보며, 경쟁사에 대해서도 꾸준히 공부하라. 12개월이 지나면, 가상 포트폴리오를 냉정하게 들여다보라. 성과를 S&P 500 같은 전체 시장 지수와 비교하라. 그 결과를 보면 당신이 이 일에 재능이 있는지, 그리고 그 재능이 개선되고 있는지, 아니면 아예 감이 없는지 분명히 알 수 있을 것이다.

만약 당신의 가상 포트폴리오 수익률이 벤치마크보다 눈에 띄게 낮다면, 당신은 아직 배워야 할 것이 많으며, 그 배움을 위해 필요한 시간과 노력을 기꺼이 받아들일 준비가 안 되어 있을 수도 있다. 그렇다면 솔직하게 스스로를 방어적 투자자로 인정하는 편이 낫다. 그리고 그것은 결코 부끄러운 일이 아니다.

그레이엄의 마지막 펀드

그레이엄은 생의 말년에 자신이 '그룹 접근법Group Approach'이라 부른 전략을 제시했다. 업종과 무관하게, 그리고 개별 기업에 거의 주의를 기울이지 않은 채, 단순한 '저평가' 기준을 충족하는 주식들을 바구니에 담아 매수하는 방식이었다. 오늘날 우리가 흔히 '팩터 투자Factor Investing' 또는 '스마트 베타Smart-Beta' 전략이라 부르는 방식의 선구자는 바로 그레이엄이었다. 즉 통계적 기준을 충족하는 주식들을 묶음으로 보유하는 전략이다.

그레이엄은 50년치 데이터를 분석해, 특정 특성을 가진 주식들의 가상 포트폴리오가 과거에 어떤 성과를 냈는지 연구한 끝에, 다음과 같은 조건을 충족하는

기업에 주목할 것을 권했다:

- 부채가 자기자본보다 크지 않을 것(전체 자본 중 부채가 50% 이하일 것)
- 연간 배당수익률이 우량 회사채 수익률의 최소 3분의 2 이상일 것(당시 기준으로는 배당수익률이 최소 5%였으며, 투자등급 회사채 수익률이 약 5.5%인 최근 기준으로는 최소 3.7% 수준)
- 이익수익률(주당 순이익 ÷ 주가)이 우량 회사채 수익률의 최소 두 배 이상일 것(그레이엄 당시에는 14% 이상, 최근 기준으로는 약 11% 수준)*

1976년 그레이엄의 후배 연구 파트너였던 제임스 레아James Rea는 이 전략을 실제로 실행에 옮기기 위해 펀드를 설립했다. 그 펀드의 구조는 다소 독특했다: 전체 자산의 3분의 1은 미국 국채, 3분의 1은 순운전자본 가치보다 저평가된 주식, 나머지 3분의 1은 그레이엄의 배당·이익 기준을 통과한 종목에 투자했다. 그리고 모든 보유 종목은 50%의 수익이 나거나, 보유 기간이 2년에 도달하면 매도하는 원칙을 따랐다.

그레이엄은 그 펀드가 출범한 지 몇 달 뒤 세상을 떠났다. 레아-그레이엄 펀드는 몇 년간 준수한 수익을 올렸지만, 이내 사람들의 기억 속에서 사라졌다. 그 펀드는 몇 가지 이유로 무너졌던 것으로 보인다. 승자 종목을 너무 일찍 팔았고, 인플레이션이 치솟던 시기에 채권을 과도하게 보유했으며, 그레이엄 사후에는 원래의 규칙들을 손보는 실수를 범했기 때문이다. 가상의 포트폴리오를 실제 자산으로 전환할 때, '일관성'은 무엇보다 중요하다.

---

* 이익수익률earnings yield과 더 일반적으로 쓰이는 주가수익비율P/E ratio은 서로 역수 관계다. 예를 들어 어떤 주식의 이익수익률이 11이라면, 그 주식의 P/E 비율은 1÷11×100=9.1이 된다. 반대로 주가수익비율이 50이면, 그 주식의 이익수익률은 2%에 불과하다.

살피면서 기다리기

직감에 의존하지 않고 체계적으로 판단하는 또 하나의 방법이 있다. 바로 미리 잘 아는 기업들의 '관심종목 목록'을 만들어두고, 그 주가가 적정 수준 이하로 떨어질 때 매수 기회를 노리는 것이다. 요즘 대부분의 증권사 웹사이트나 앱에서는 목표 주가 이하로 떨어질 경우 알림을 받을 수 있는 기능을 제공한다. 예컨대 현재 주가보다 25% 낮은 지점을 목표가로 설정해두는 식이다. 만약 당신이 해당 기업의 본질가치와 적정 매수구간을 충분히 분석해놓은 상태라면, 그 가격에 도달했을 때 자동으로 주의를 환기시켜주는 표시를 관심종목 목록에 설정해두면 된다.

기다리는 동안에도 그 기업의 재무제표를 계속 읽어라. 그 회사가 계속 건전한 상태로 유지되는지 확인하기 위해서다. 그렇게 해두면 주가가 급락하더라도 기업의 본질이 훼손되지 않았다면 당신은 언제든 매수할 준비가 되어 있을 것이다.

관심종목 목록은 인간 본성에 뿌리 박힌 '비싸게 사고 싸게 파는' 파괴적 본능을 이겨내도록 도와준다. 이 목록은 당신에게 싸질 때 사는 쪽을 자동으로 고민하게 만들고, 떨어지는 시장을 두려워하기보다 기꺼이 받아들이게 만든다.

실수를 기려라

뉴욕에 있는 데이비스 어드바이저스Davis Advisors 사무실 한쪽 벽에는 '실수의 벽mistake wall'이라 불리는 공간이 있다. 그곳에는 액자에 담긴 주식 실물증서가 열여덟 개 넘게 걸려 있다. 그중에는 2008년에 주가가 96% 폭락한 아메리칸 인터내셔널 그룹AIG, 그리고 1999년부터 2001년 사이 94% 하락한 루슨트 테크놀로지스Lucent Technologies의 증서도 있다.

그 '실수의 벽'에는 두 종류의 잘못이 함께 걸려 있다. 하나는 '저지른 죄', 즉 주어진 데이터를 잘못 해석하여 잘못된 행동을 한 실수이고, 다른 하나는 '하지 않은 죄', 즉 중요한 정보를 놓치거나 고려하지 못해 행동으로 옮기지 못한 실수다. 벽에 걸린 주식 증서들은 무언가 잘못되었음을 매일 상기시키는, 피할 수 없는 증거다. 그리고 각 종목 아래에는 무엇이 어떻게 잘못되었는지를 간결하게 설명한 문구가 함께 붙어 있다. 데이비스는 그보다 훨씬 더 많은 실수 기록들을 개별 기업별로 정리한 방대한 파일 속에 따로 보관하고 있다.

회장 크리스토퍼 데이비스Christopher Davis의 말에 따르면 실수의 벽은 '결과(그 결정이 얼마나 나빴는가)'에서 '과정(무엇이 그런 결정을 낳았고, 같은 실수를 어떻게 피할 수 있을까)'으로 시선을 옮기게 만드는 역할을 한다. 이러한 방법으로 회사가 과거에 저질렀던 실수를 다시 반복하려는 조짐을 조기에 포착할 수 있도록 도와준다. "이건 사람들로 하여금 자기 생각을 바꾸기 쉽게 만드는 도구 상자 같은 겁니다. 우리가 하는 일을 평가하는 하나의 방식이자, 단순히 주식을 사고파는 행위가 아니라 기업의 가치를 평가하는 일이라는 북극성을 잊지 않게 해주는 방법이죠"라고 그는 이야기한다.

당신도 당신의 실수를 기념해야 한다. 꼭 주식 실물증서를 사용할 필요는 없다. 그 회사의 제품 하나를 책상 위에 올려두거나, 회사 로고 이미지를 벽이나 모니터, 바탕화면에 붙여두는 것만으로도 충분하다.

또한 기억하라. 당신의 실수는 '사서는 안 될 주식을 샀던 것'만이 아니다. 당신이 정말로 공격적 투자자가 되고자 한다면, 포트폴리오 추적 도구를 활용해 지금 보유 중인 종목뿐만 아니라 이미 팔아버린 종목들도 함께 추적해야 한다. 당신이 팔고 난 뒤 그 기업들이 당신이 계속 보유한 종목들보다 더 잘 나가고 있다면? 그렇다면 당신은 아마도 '너무 일찍 파는' 흔한 실수를 범하고 있는 것일지 모른다.

또한 당신이 살까 말까 고민하다 결국 사지 않은 종목들도 함께 추적해야 한다. 당신이 거의 살 뻔했던 종목들이 실제로 매수했던 종목들보다 더 좋은 성과를 내고 있다면? 그렇다면 당신의 체크리스트와 관심종목 목록 기준을 다시 다듬을 필요가 있다.

투자는 위험을 감수하지 않고는 불가능하고, 위험을 감수하는 한 실수는 피할 수 없다. 하지만 자신이 실수했다는 사실을 인정하지 않는다면, 그 실수로부터는 아무것도 배울 수 없다. 실수를 되짚어보는 것만이 당신의 투자 원칙과 실행 방식을 끊임없이 개선하는 길이다. 실수가 줄어들면 손실도 더 적고 작아진다. 그렇게 해서 더 많은 자본이 당신 손에 남게 되고, 당신의 실력이 향상될수록 그 자본을 제대로 활용할 기회도 더 많아진다.

8장

투자와 시장 변동성

투자자의 자금이 만기가 짧은(예를 들어 7년 이하) 우량 채권에 투자되어 있으면, 시장 가격 변동이 크지 않기 때문에 이를 고려할 필요가 없다.(이는 언제든지 매입 가격 또는 그 이상으로 상환받을 수 있는 미국저축채권도 해당된다.) 만기가 더 긴 채권은 금리 변화에 따라 가격 변동이 클 수 있으며, 주식으로 구성된 포트폴리오는 몇 년만 보유해도 심한 가격 변화를 경험하게 된다.

투자자는 이러한 가능성을 인식하고, 이에 대해 금전적으로나 심리적으로 준비해야 한다. 투자자는 주가 변동에서 이익을 얻고자 노력한다. 즉 보유 주식의 가격이 상승하거나 싸게 사서 비싸게 팔아 이익을 얻고 싶어 하는 것이다. 이러한 관심은 불가피한 것이며 정당한 것이다. 그러나 이러한 관심이 지나치면 투자자를 투기적인 태도와 행동으로 내몰게 된다. 투기하지 말라고 말하는 것은 쉽지만, 주식을 사고 팔면서 그 조언을 따르는 것이 쉽지는 않을 것이다. 1장에서도 말했듯이, 투기를 하려면 투기임을 알고서 하라. 결국 돈을 잃게 될 것이기 때문에 제한적인 금액만 위험에 노출시키고 이를 투자 계획과 철저히 분리해야 한다.

먼저 주요 주제인 주가 변동을 살펴본 다음, 채권에 대해 논의할 것이다. 3장에서 우리는 지난 100년 동안의 주식시장 동향에 대한 역사적 개요를 살펴보았다. 이 장에서는 그 내용으로 다시 돌아가, 장기적인 포트폴리오를 보유하는 전략과 저점에 사서 고점에 매도하는 전략의 성공 가능성을 비교해서 살펴볼 것이다.

시장의 등락을 활용한 투자 결정

주식은 항상 반복적으로 큰 폭의 가격 변동을 겪기 때문에, 현명한 투자자는 이러한 등락을 어떻게 활용해야 수익을 얻을 수 있을지 고민해야 한다. 생각할 수 있는 방법이 두 가지가 있다. 한 가지는 '시점'을 이용하는 방법이고 다른 한 가지는 '가격'을 이용하는 방법이다. 시점을 이용하는 방법이란 주식시장의 움직임을 예상하여, 향후 상승할 것으로 예상되면 매수 또는 보유하고, 하락할 것으로 예상되면 매도하거나 매수를 보류하는 시도를 의미한다. 가격을 이용하는 방법은 주식이 적정 가치보다 낮을 때 매수하고, 그 가치보다 높아질 때 매도하려는 것을 말한다. 소극적 형태의 가격 전략은 단순히 주식을 매수할 때 너무 비싼 값을 지불하지 않도록 하는 것이다. 장기 보유를 중시하는 방어적 투자자에게는 이 정도만으로도 충분할 수 있으나, 시장의 전반적인 주가 수준에 대하여 최소한의 주의는 기울여야 한다.*

현명한 투자자는 두번째 방법인 가격을 이용하는 방법을 통해 만족스러운 결과를 얻을 수 있다고 확신한다. 반면 시점을 예측하는 데 무게를 두면

---

* 적정 주가 수준에서 시작된 정액분할매수투자의 경우는 예외일 수 있다.

결국 투기꾼으로 전락하고, 투기꾼과 같은 결과를 맞이하게 될 것이라는 점도 확신한다. 투자자와 투기꾼의 차이는 일반인이 볼 때는 거의 알 수 없을 것이고, 월스트리트에서도 일반적으로 무시되고 있다. 비즈니스 관행 또는 신념으로 인해 증권사와 운용회사는 투자자와 투기꾼 모두가 시장 예측에 최선을 다해야 한다고 생각하는 듯하다.

월스트리트를 멀리할수록 주식시장을 예측하거나 시점을 맞추려는 시도를 덜 하게 되는 것 같다. 거의 매일 수많은 예측을 접하다 보면 투자자는 예측을 진지하게 생각하지 않게 된다. 그럼에도 불구하고 많은 경우 투자자는 이러한 예측에 주의를 기울이고 심지어 이를 바탕으로 행동하기도 한다. 왜 그럴까? 그는 주식시장의 향후 동향에 대하여 예측하는 것이 중요하다고 설득당했고, 증권회사나 관련 기관의 예측이 최소한 자신의 예측보다 더 신뢰할 수 있다고 느끼기 때문이다.

시장 예측의 장단점을 자세히 논의하지는 않겠다. 주식 투자 분야는 많은 인재가 유입되고 있으며, 그들 중 일부는 주식분석을 잘해서 많은 돈을 벌 것이라는 것은 의심의 여지가 없다. 그러나 일반 대중이 그러한 예측을 통해 이익을 얻을 수 있다고 믿는 것은 어리석다. 특정 신호가 발생한 시점에 대중이 일제히 차익을 남기며 매도하면 누가 그 주식을 매수할 것인가? 내가 누군가의 말이나 어떤 시스템을 추종하면서 몇 년 안에 부자가 되기를 기대한다면, 주식시장의 수많은 경쟁자들도 똑같은 기대를 할 것이라고 예상해야 한다. 결국 그들과 똑같은 생각을 하면서 그들보다 더 잘될 것이라고 기대하는 셈이다. 논리적으로나 경험적으로나 일반 투자자나 평균적인 투자자가 일반 대중보다 시장 움직임을 더 성공적으로 예측할 수 있다는 가정은 그 어떤 근거도 없다.

'시점 선택' 철학에는 간과하기 쉬운 한 가지 측면이 있다. 투기꾼에게는 시점이 심리적으로 매우 중요하다. 왜냐하면 투기꾼은 단기에 이익을 내고 싶어 하기 때문이다. 주식이 상승하기까지 1년을 기다려야 한다는 생각은 투기꾼들 생리에 맞지 않는다. 그러나 투자자에게는 이러한 기다림이 아무런 문제가 되지 않는다. 매수 적기(일지도 모른다)라는 믿을 만한 신호를 받기 전까지 자금을 투자하지 않고 기다리는 것은 바람직하지 않다. 이런 기다림으로 이익을 내기 위해서는 나중에 더 낮은 가격에 주식을 매수하여 배당소득 기회손실을 상쇄할 수 있어야만 한다. 이는 시점이 가격과 맞아 떨어지지 않으면, 즉 나중에 이전 매도 가격보다 훨씬 낮은 가격에 주식을 재매수할 수 없으면, 시점을 선택하는 전략은 투자자에게 실질적인 가치가 없다는 것을 의미한다.

이와 관련하여 매수와 매도의 시점을 결정하는 '다우 이론'은 독특한 역사를 가지고 있다. 간단히 말해 이 기법은 주가가 상승세에서 특정한 '돌파'를 할 때 매수하고, 하락세에서 유사한 돌파를 할 때 매도하라는 신호가 발생한다. 이 기법을 과거 다우지수에 적용한 결과 1897년부터 1960년대 초반까지 해마다 거의 끊기지 않고 이익을 낸 것으로 나타났다. 이 설명을 바탕으로 보면 다우 이론은 의미 있는 성과가 보장된 것처럼 보였다. (단 실제로 이런 수익을 낸 사람이 있다는 기록은 없다.)

그러나 결과를 더 자세히 살펴보면, 다우 이론의 성과는 1938년 이후, 즉 월스트리트에서 이 이론을 진지하게 받아들이기 시작한 지 불과 몇 년 안 되어 급격히 달라졌다. 이 이론의 가장 놀라운 성과는 1929년 대공황 직전에 주가가 306이었을 때 매도 신호를 주고, 그 이후 1933년까지 이어지는 장기 약세장에서 매수 신호가 나오지 않았다가, 거의 저점인 84에서 다시 매수 신호가 나온 것이다. 매우 불리한 상황에서 다우 이론의 추종자들은 시장 진입을 보류할 수 있었다. 그러나 1938년 이후 다우 이론은 매도 시점에서는 대부분 수익을 내고 팔도록 했지만, 그 후에는 더 높은 가격에서 다시 매수하게 만들었다. 그 후 거의 30년 동안은 다우지수를 단순히 매수 후 보유하는 것만 못한 성과를 보였다.*

이 문제에 대한 많은 연구를 바탕으로 볼 때, 다우 이론의 성과 변화는 우연이 아니다. 이는 비즈니스와 금융 분야에서 예측 및 매매 포뮬러가 가지는 본질적인 특성을 보여준다. 이러한 방식들은 일정 기간 동안 잘 작동했기 때문에, 아니면 어쩌면 과거의 통계 기록에 그럴듯하게 맞춰졌기 때문에 추종자가 몰려들고 그 영향력이 커지게 된다. 그러나 그런 방법은 인기가 높아질수록 신뢰성을 점차 잃게 된다. 이는 두 가지 이유 때문이다. 첫째, 시간이 지남에 따라 기존 방식이 맞지 않는 새로운 조건이 생겨난다. 둘째, 주식시장에서 어느 거래 이론이 유행하게 되면 그 자체로 시장 행동에 영향을 미쳐, 장기적으로는 수익 기회가 없어진다. (다우 이론과 같은 이론의 경우, 추종자가 많아지면 매수 또는 매도 신호가 발생할 때 그들의 행동에 의해 시장이 실제로 상승하거나 하락하게 되므로, 정확하게 들어맞는 것처럼 보일 수 있다. 하지만 이러한 '군집행동'은 참여자들에게 이익보다는 오히려 위험을 초래하는 경우가 많다.)

저점 매수 - 고점 매도

나는 일반 투자자가 가격 변동을 예측하여 성공적으로 대응하는 것은 불가능하다고 확신한다. 그렇다면 그는 이러한 변동이 발생한 후, 즉 폭락 후에 매수하고 폭등 후에 매도하는 전략으로 수익을 얻을 수 있을까? 1950년 이전의 시장 변동을 보면 가능할 것 같아 보인다. 실제로 예로부터 '영리한 투자

* 그러나 다우 이론Dow Theory의 권위자인 로버트 M. 로스Robert M. Ross에 따르면, 1966년 12월과 1970년 12월에 나타난 마지막 두 번의 매수 신호는 이전의 매도 시점보다 훨씬 낮은 수준이었다.

자'라고 하면 '모두가 매도하는 약세장에서 매수하고, 모두가 매수하는 강세장에서 매도하는 사람'을 일컫는 말이었다. 1900년에서 1970년 사이의 S&P 500지수 추이를 나타내는 차트 1과 이를 뒷받침하는 표 3-1의 자료를 살펴보면, 비교적 최근까지도 효과가 있었을 것 같기도 하다.

1897년에서 1949년 사이에 약세장 저점과 강세장 고점을 오가는 패턴을 가진 총 10개의 시장 주기가 뚜렷이 보인다. 이 중 여섯 개의 주기는 4년 이내에 끝났고, 네 개의 주기는 6~7년이 걸렸으며, 1921~1932년의 유명한 '새로운 시대 New Era' 주기는 11년 동안 지속되었다. 저점에서 고점까지 상승률은 44%에서 500%까지 다양했으며, 대부분은 약 50%에서 100% 사이였다. 이후 하락률은 24%에서 89% 사이였으며, 대부분은 40%에서 50% 사이에 속했다. (여기서 기억해야 할 것은 100% 상승했다가 50% 하락하면 제자리로 돌아온다는 것이다.)

거의 모든 강세장에는 몇 가지 뚜렷한 공통 특성이 있었다. 예를 들면 (1) 역사적으로 높은 주가 수준, (2) 높은 PER, (3) 채권수익률보다 낮은 배당수익률, (4) 신용 거래를 통한 투기의 횡행, (5) 부실한 기업의 신주 상장 성행 등이다. 따라서 주가를 꾸준히 연구하는 사람들이 보기에는 반복되는 약세장과 강세장을 식별하고, 약세장에서는 매수하고 강세장에서는 매도하면 대부분의 경우 비교적 단기에 좋은 성과를 실현할 수 있을 것처럼 보였다. 그래서 가치 요인이나 주가변동을 이용하여 시장의 매수 및 매도 수준을 결정하기 위한 다양한 기법이 개발되었다.

그러나 1949년의 전례 없는 강세장 이전에도, 주가의 패턴은 그 주기와 진폭이 늘 바뀌기 때문에 매매 시점을 맞추는 것은 어려웠고 때로는 포기하게 만들었다. 가장 특이했던 사례는 당연히 1920년대의 초강세장이었는데, 이때는 어떤 기법도 의미 있는 성과를 만들어 내지 못했다. 따라서 1949년에도 투자자가 약세장에서 낮은 가격에 매수하고 강세장에서 높은 가격에 매도하려는 노력만으로는 좋은 투자 전략을 만들 수 있다고 믿는 사람은 많지 않았다.

그 후에도 결과는 마찬가지였다. 지난 20년 동안에도 주식시장의 움직임이 이전의 패턴을 따르는 모습은 보이지 않았다. 과거에 잘 맞았던 신호는 무용지물이 되어 버려서, 싸게 사고 비싸게 파는 기존 규칙을 적용하여 좋은 수익을 얻는 것은 불가능했다. 비교적 규칙적이었던 과거의 강세장과 약세장 패턴이 궁극적으로 다시 돌아올지 여부는 알 수 없지만, 투자자가 고전적인 공식을 답습하여 자신의 현재 전략을 수립한다는 것은 비합리적이다. 현실적으로 확실한 약세장 수준을 기다렸다가 주식을 매수하려는 시도는 바람직하지 않다. 다만 투자자가 원한다면, 주가 수준이 가치를 기준으로 너무 낮거나 너무 높다고 판단된다면, 포트폴리오 내 주식과 채권의 비중을 조정하는 것을 권장한다.

포뮬러 플랜

1949~1950년 무렵 시작된 주식시장 상승 초기에는 주식시장의 패턴을 이용하려는 다양한 분석방법들이 많은 관심을 끌었다. 이러한 방법들을 '포뮬러 플랜'이라고 부른다. 이러한 기법의 본질은 단순한 정액분할매수의 경우를 제외하고, 시장이 상승하면 주식을 매도하여 이익을 실현하라는 신호를 보내는 것이다. 그중 대부분의 기법들은 시장이 크게 상승하면 주식 보유분을 전부 매도하도록 설계되었으며, 어떤 상황에서도 주식을 일정 부분 보유하도록 설계된 기법은 별로 없었다.

이 분석방법은 논리적으로 보이고, 과거 주식시장에 소급 적용하면 탁월한 성과를 보여줬기 때문에 대중의 관심을 이끌어낼 수 있었다. 그러나 불행히도 이 기법은 가장 유행하던 시기에 최악의 결과를 보였다. 많은 포뮬러 플랜 추종자들은 1950년대 중반에 주식을 대부분 또는 전부 매도해버린 상황에 처하게 되었다. 물론 그들이 이익을 실현한 것은 사실이지만, 그들의 기법은 주식을 다시 매입할 기회를 거의 주지 않았다. 그들은 그 이후 시장이 날아가는 데도 아무 행동을 취할 수 없었다.

1950년대 초에 유행한 포뮬러 플랜 방식은 20년 전 유행했던 다우 이론과 유사한 점이 있다. 두 경우 모두 그 방법이 유행하기 시작한 시기와 시스템이 잘 작동하지 않게 된 시기가 거의 정확히 일치했다. 내가 제시했던 매수 및 매도 수준을 결정하는 '중심 가치법Central Value Method' 때문에 나도 힘든 시기를 경험했다. 나는 이로부터 많은 사람들이 쉽게 이해하고 따라할 수 있는 것으로는 주식시장에서 지속해서 돈을 벌 수 없다는 교훈을 얻었다. 스피노자가 단언했던 발언은 철학 뿐만 아니라 주식시장에서도 적용된다. '모든 고귀한 것들은 드문 만큼 어렵다.'

투자자의 포트폴리오에서 발생하는 가격 변동

주가는 계속 등락을 반복한다. 1964년 개정판 이후에 보여지는 다우지수의 추이가 곧 '대형주이고, 인지도가 높고, 재무구조가 건전한 기업'들로만 구성한 포트폴리오에 일어난 상황이다. 지수는 890에서 1966년에 995까지 상승했고, 1968년에 985를 기록한 후, 1970년에는 631까지 하락했다가 1971년 초에는 940으로 거의 완전히 회복되었다. (다우지수는 각 개별 종목의 변화의 평균이기 때문에 다우지수의 전체 변동폭은 개별 종목의 변동폭보다 작다.)

다른 유형의 보수적인 분산 포트폴리오의 가격 변동을 분석해본 결과, 그 결과도 위에서 언급한 내용과 크게 다르지 않다는 것을 발견했다. 일반적으로 비우량주는 우량주보다 주가 변동폭이 더 크지만, 이는 안정적인 중견기업 포트폴리오의 장기 성과가 우량주보다 못할 것이라는 의미는 아니다. 어쨌든 투자자는 대부분의 보유 종목이 저점에서 50% 이상 상승했다면, 고점에서 3분의 1 이상 하락할 가능성에 미리 대비하는 것이 현명할 것이다.

신중한 투자자는 주식시장의 일일 또는 월간 변동 때문에 자신이 더 부유해지거나 가난해진다고 믿지는 않을 것이다. 그러나 장기적이고 큰 변동은 어떻게 받아들여야 하는가? 복잡한 심리적 문제를 포함한 근본적인 문제가 여기서 시작된다. 시장이 갑자기 오르면 기쁘기도 한 동시에 경계심도 갖게 만들지만, 또 한편으로는 모험을 해보고 싶은 강한 유혹을 느낄 수도 있다. 주가가 올라서 이전보다 부유해졌다. 좋다! 그렇다면 이제 주가가 많이 올랐으니 매도해야 할까? 아니면 가격이 더 낮을 때 주식을 더 사지 않은 자신을 자책해야 할까? 혹은 가장 최악의 경우로, 분위기에 휩싸여 대중의 열광, 과신, 그리고 탐욕에 감염되어 더 큰 위험을 감수해야 할까? 마지막 질문에 대한 답이 '아니오'라는 것은 누구나 알 것이다. 하지만 현명한 투자자라도 대중에 휩쓸리지 않기 위해서는 강한 의지력이 필요하다.

투자자의 포트폴리오에서 주식과 채권의 비중을 기계적으로 조절하는 방법을 권장하는 이유가 바로 이러한 심리적 특성 때문이며, 이는 재무적 손익보다 훨씬 더 큰 영향을 미치기 때문이다. 이러한 방법의 가장 큰 장점은 투자자가 자신이 무엇을 해야 할지 깨닫게 해 준다는 것이다. 시장이 오를 때는 주식을 일부 매도하여 그 돈으로 채권에 투자하게 만들고, 하락할 때는 그 반대로 하게 한다. 이러한 활동을 통해 불필요한 고민 때문에 소모되는 에너지를 아낄 수 있다. 올바른 유형의 투자자라면 자신의 행동이 군중과 정반대라는 점에서 추가적인 만족감을 느낄 것이다.

사업의 가치와 주식의 가격

주가의 움직임이 투자자에게 미치는 영향은 기업의 일부 지분을 보유한 소유주의 입장에서 바라볼 수도 있다. 사실 주주는 기본적으로 두 가지 지위를 동시에 가지고 있다. 첫째, 주주는 기업의 공동 소유주로서, 예를 들어 특정 회사의 소액주주나 익명동업자와 비슷한 입장에 있는 것이다. 이 경우 그의 지분 가치는 전적으로 자신이 지분을 소유한 기업의 수익과 그 가치변화에 의존하게 되며, 일반적으로 가장 최근의 재무 상태에 따라 평가할 것이다. 다른 한편으로 주주는 주식증서라고 하는 종이 한 장을 보유하고 있는 것이다. 이 종이는 매일 가격이 오르내리며, 이를 언제든지 시장에서 처분할 수 있다. 그리고 이 종이의 가격은 종종 대차대조표상의 가치와는 무관하게 움직일 수도 있다.

최근 수십 년간 주식시장이 발전하면서 대부분의 투자자는 스스로를 사업의 공동 소유주 지위보다는 주식증서 보유자 지위에 더 가깝다고 여기게 만들었다. 그 원인은 대중이 보유하고 있는 대부분의 주식이 현재 순자산가치(또는 장부가치, 대차대조표 가치)를 훨씬 초과하는 가격에 거래되고 있기 때문이다. 일단 이러한 프리미엄을 지불한 투자자는 다른 시장참여자들이 앞으로 프리미엄을 얼마나 더 지불할 것인지에 따라서 휘둘리게 된다.

이는 오늘날 주식평가에서 매우 중요한 요소인데도, 이에 대해 관심을 갖는 사람은 많지 않다. 현재 주식시장 가격 구조에는 내재된 모순이 있다. 과거에 실적이 빠르게 성장한 기업은 미래 전망도 밝다고 평가하여 주가가 순자산가치를 크게 초과하게 된다. 그러나 주가가 순자산가치를 초과할수록 명확한 평가 기준은 사라지고, 주가는 시장의 흐름, 분위기, 유행에 더욱 의존하게 된다. 따라서 우리는 다음과 같은 역설에 이르게 된다. 기업이 성공할수록 주가 변동성이 커질 가능성이 높아진다. 더 나아가 이는 좋은 기업일수록 그 기업의 주가는 더 투기적이 된다는 것을 의미하며, 특히 눈에 잘 띄지 않는 중견 기업들과 비교하면 그런 경향은 더욱 두드러진다. 여기서 언급된 내용은 주요 성장주와 대다수의 안정적인 기업 간의 비교에 적용되며, 사업 자체가 투기적인 주식은 이 비교에서 제외한다.

이러한 논리를 통해 매우 성공적인 기업들의 주가가 변동성이 큰 이유를 설명할 수 있다. 대표적인 사례가 IBM 주식이다. 이 회사의 주가는 1962년에서 1963년 사이 7개월 동안 607에서 300으로 급락했으며, 두 번의 액면분할 이후 1970년에 다시 387에서 219로 하락했다. 비슷하게 제록스Xerox는 1962년에서 1963년 사이에 171에서 87로, 1970년에는 116에서 65로 하락했다. 그렇다고 이 기업들의 미래 수익 성장을 의심하는 사람은 아무도 없었다. 단지 시장이 이 성장주들에게 부여했던 높은 주가 프리미엄이 의심스러웠을 따름이다.

여기서 하나의 현실적인 결론이 도출된다. 주가가 순자산가치를 지나치게 초과한 주식은 피해야 한다. 주가가 유형자산가치보다 3분의 1이상 높으면 배제해야 한다. 이러한 수준이나 그 이하에서의 매수는 회사의 재무제표에 근거한 것이므로, 주가의 등락에 초연할 수 있다. 어느 정도의 프리미엄은 투자자가 언제든지 자신의 자산을 청산할 수 있다는 상장주식의 장점 때문에 정당하다고 볼 수 있다.

하지만 여기에는 주의가 필요하다. 주식이 순자산가치 이하로 거래된다고 해서 무조건 건전한 투자 대상이라고 하면 곤란하다. PER이 지나치게 높지 않아야 하고, 재무제표가 만족스러워야 하며, 수익이 적어도 몇 년간 현재 수준을 유지할 수 있어야 한다. 저평가된 주식을 찾는 조건이 너무 복잡하다고 생각할 수 있지만, 시장이 전체적으로 과열된 상황이 아니라면 이를 충족하는 주식을 어렵지 않게 찾을 수 있을 것이다. 전망이 탁월한 주식, 즉 평균보다 높은 성장률을 보일 주식을 찾겠다는 생각만 어느 정도 포기하면, 이러한 기준을 충족하는 주식은 충분히 많이 있다.

14장과 15장에서 1970년 말 기준으로 다우지수의 거의 절반이 이러한 기준을 충족했다는 점을 보게 될 것이다. 세계에서 주주가 가장 많은 회사인 AT&T는 현재 유동자산가치 이하로 거래되고 있다. 또한 대부분의 에너지 공급 회사들도 1972년 초 현재 시장에서 자산가치와 비슷한 수준의 가격에 거래되고 있다.

이러한 자산가치를 갖춘 주식들로 포트폴리오를 구성한 투자자는 고평가된 성장주를 보유한 투자자보다 주식시장의 등락을 훨씬 더 공정하고 객관적으로 바라볼 수 있다. 보유 주식의 기업 실적이 만족스럽게 유지되는 한, 그는 주식시장이 변덕을 부릴 때도 두려워할 필요가 없다. 오히려 그는 이러한 변덕을 활용하여 저가에 사고 고가에 파는 매매의 정수를 즐길 수 있다.

A&P의 사례

이제 기업의 재무와 투자의 여러 측면을 아우르는 A&P Great Atlantic & Pacific Tea Co. 사의 흥미로운 사례를 소개할 차례이다. 이야기의 배경은 다음과 같다.

A&P의 주가 추이는 몇 가지 재무적 측면을 잘 보여준다. A&P의 주식은 1929년에 아메리칸증권거래소 American Stock Exchange(당시에는 Curb로 불림)에 상장되었고, 그때의 최고가는 494달러에 달했다. 1932년에는 전반적으로 재앙적인 해였음에도 불구하고 회사의 수익은 이전과 거의 동일했으나, 주가는 104달러로 떨어졌다. 1936년에는 주가가 111달러에서 131달러 사이에서 거래되었다. 그러다가 1938년의 경기 침체와 약세장으로 인해 주가는 36달러로 하락했다.

이 주가는 상식적으로 말이 안 되는 수준이었다. 회사는 8천5백만 달러의 현금을 보유하고 있으며, 순유동자산(유동자산에서 단기 부채를 뺀 금액)이 1억3천4백만 달러에 달했음에도 불구하고, 우선주와 보통주의 전체 시가총액이 1억2천6백만 달러 밖에 되지 않았다. A&P는 수년 동안 세계 최대 소매업체 중 하나로, 꾸준히 긍정적인 수익 성장을 기록해왔다. 그럼에도 불구하고 1938년에 이 회사의 가치는 순유동자산보다도 낮게 평가되었다. 그 이유는 무엇일까? 첫째, 체인점에 대한 특별세가 부과될 것이라는 우려가 있었다. 둘째, 전년도에 이익이 감소했다. 셋째, 전반적으로 주식시장이 약세였다. 첫번째 이유는 과장되었고 궁극적으로 근거 없는 두려움이었으며, 나머지 두 가지는 일시적인 영향을 나타내는 전형적인 이유였다.

투자자가 1937년에 A&P의 일반 주식을 5년 평균 수익의 12배, 즉 약 80달러에 구입했다고 가정해보자. 주가가 36달러로 하락한 것이 그에게 전혀 중요하지 않았다고 주장하는 것은 아니다. 그는 자신의 투자 결정을 잘 검토하여 잘못된 계산이 있었는지 살펴볼 필요는 있다. 그러나 분석 결과가 안심이 된다면(처음 매수할 때 분석이 제대로 되었다면 아마도 그럴 것이다), 그는 주식시장의 하락을 일시적인 변덕이라고 무시하거나, 여윳돈과 용기가 있다면 추가로 매수해도 될 것이다.

이후 상황

이듬해인 1939년, A&P의 주가는 117.5까지 상승하며 1938년의 저가 대비 세 배까지 뛰었고, 1937년의 평균 주가를 훨씬 웃도는 수준에 이르렀다. 이러한 급반전이 주식시장에서 결코 드문 일은 아니지만, A&P의 경우에는 특히 두드러졌다. 1949년 이후, 이 식료품 체인의 주가는 전반적인 강세장에 힘입어 함께 상승하였고, 1961년에는 10대 1로 액면분할된 주식이 70.5에

도달하였다. 이는 1938년 주가로 환산했을 때 705라는 뜻이다.

이 70.5라는 가격은 1961년의 수익에 대해 30배라는 매우 높은 PER이 적용된 것이었다. 그 해 다우지수의 평균 PER은 23배였다. 이는 회사의 수익이 크게 성장할 것이라는 기대를 내포하고 있었으나, 이전 몇 년간의 수익 기록을 보면 이러한 낙관은 전혀 근거가 없었고, 결국 완전히 잘못된 것임이 드러났다. 이후 수익은 급격히 하락세를 보였고, 70.5의 고점 다음 해에는 가격이 34로 절반 이상 떨어졌다. 하지만 이번에는 1938년 저가에서의 상황과 달리 저평가도 아니었다. 이후 다양한 변동을 겪은 가격은 1970년에 21.5, 1972년에는 회사가 최초로 분기 적자를 기록하면서 주가는 18까지 하락했다.

이 사례에서 우리는 주요 기업이 짧은 시간 동안 얼마나 큰 변화를 겪을 수 있는지, 그리고 대중이 얼마나 과도한 낙관과 비관에 빠지기 쉬운지, 그래서 기업의 전망을 예측하는 능력이 얼마나 형편없는지 확인할 수 있다. 1938년에는 주가가 완전한 저평가 수준까지 떨어졌고, 1961년에는 비현실적으로 높은 가격에도 주식이 거래되었다. 이후 얼마 지나지 않아 주가는 반 토막이 났고, 몇 년 후에는 추가적으로 폭락이 이어졌다. 그 사이에 회사는 뛰어난 수익을 창출하던 회사에서 평범한 회사로 전락했고, 호황기였던 1968년에 1958년보다도 낮은 실적을 보였으며, 실적 대비 형편없는 배당금을 지급했다. 1972년 현재 규모는 커졌지만, 경영난과 실적 악화가 부각되면서 투자자들의 관심에서 멀어졌다.

이 사례에서 두 가지 교훈을 얻을 수 있다. 첫째, 주식시장은 명백한 오류를 자주 범하며, 예리하고 용기 있는 투자자는 이러한 오류를 이용할 수 있다는 점이다. 둘째, 대부분의 사업체는 시간이 지나면서 특성과 견실도가 변화하며, 그 변화의 방향은 긍정적일 수도 있고 부정적일 수도 있지만, 부정적인 경우가 더 많은 것 같다. 투자자는 투자한 기업의 실적을 매 순간 주시할 필요는 없지만, 가끔 한 번씩은 철저히 검토해야 한다.

다시 상장주식 투자자와 비상장기업 투자자로서의 지위를 비교해 보자. 앞서 언급했듯이 투자자는 투자한 기업의 공동 소유주로의 권리와 언제든지 시세에 따라 매도할 수 있는 주식증서 보유자로서의 권리를 동시에 가지고 있다.

여기서 유의해야 할 중요한 사실이 있다. 진정한 투자자는 어쩔 수 없이 주식을 매도해야 하는 상황에 처하지 않으며, 따라서 현재의 시세를 무시할 수 있다. 그는 오직 자신의 목적에 맞추어 가격을 참고하고, 그 외에는 전혀 신경 쓰지 않아도 된다. 따라서 타당한 이유가 없는 일시적 시장 하락으로 인해 쓸데없이 불안해하거나 당황하는 투자자는 기업 소유주로서의 장점을 전혀 살리지 못하고, 오히려 주식증서 보유자로서의 단점을 부각시키고 있는 셈이다. 그는 차라리 주식의 시세를 전혀 알지 못하는 편이 더 나았을 것이다. 시세를 몰랐다면 대중의 오류에 본인도 빠지는 사태는 피할 수 있었을 것이다.

실제로 이와 같은 상황이 1931~1933년의 대공황 시기에 널리 퍼져 있었다. 이때는 시세가 없는 사업 지분을 보유하는 것이 심리적으로 유리했다. 예를 들어 시세를 확인하기 어려운 부동산 선순위 담보 채권을 보유한 사람들은, 이자가 꾸준히 지급되는 한 자산가격 하락을 체감하지 못했다. 반면에 신용등급이 더 높은 상장 채권의 경우, 재무건전성과 안정성이 더 나았음에도, 시장 가격이 급락하여 보유자들은 자신들의 재정상태가 상당히 악화되고 있다는 것을 인식할 수밖에 없었다. 그러나 실제 상황은 정반대였다. 시장에서 거래 가능한 상장 증권을 보유한 투자자는, 필요할 경우 이를 매도하여 더 좋은 투자 기회로 교환할 수 있었으며, 시장 가격의 하락을 단기적인 변동성으로 무시할 수도 있었다. 하지만 보유한 증권이 시장 시세를 모른다고 해서 손실이 없다고 믿는 것은 자기 기만에 불과하다.

1938년의 A&P 주주로 돌아가 생각해 보자. 주식을 계속 보유한다면 주식의 근본적인 가치가 훼손되지 않는 한, 주가 하락 때문에 손실이 발생하는 것은 아니다. 만약 그런 가치 감소가 발생하지 않았다면, 주가는 결국 1937년 수준으로 회복될 것으로 기대할 수 있었고, 실제로 다음 해에 그렇게 되었다. 이런 점에서 투자자는 비상장기업의 공동 소유주와 같은 지위를 갖는다고 말하는 것이다. 이 경우에도 회사가 1938년 불황의 영향을 받았다고 판단되면 보유 자산의 가치가 일부 하락했다고 보는 것이 타당할 수도 있다.

가치투자 접근법을 비판하는 사람들은, 상장주식은 거래소 시장에서 제공하는 유동성이라는 새로운 중요한 속성이 주식에 추가되기 때문에 비상장 개인 기업의 지분처럼 평가하면 안 된다고 주장한다. 그러나 이 유동성의 실제 의미는 첫째, 보유 주식에 대한 시장에서의 평가를 투자자가 알 수 있다는 것이고, 둘째, 투자자가 원할 경우 시장에서 형성된 가격을 기준으로 사거나 팔 수 있다는 점이다. 결국 거래소시장에 상장된 주식은 투자자에게 비상장주식이 줄 수 없는 몇 가지 혜택을 제공하지만, 어떤 식으로 가치를 평가할 것인가는 어디까지나 투자자의 선택이다.

이 절을 비유로 마무리하고자 한다. 가령 여러분이 비상장회사에 1,000달러를 투자해 작은 지분을 소유하고 있다고 가정해 보자. 이 사업의 파트너 중 한 명인 '미스터 마켓'은 매우 친절하여 매일 여러분의 지분 가치를 평가해 알려주고, 그 가격에 따라 지분을 사고 팔겠다고 제안한다. 그의 평가가 사업의 발전과 전망을 감안할 때 합리적일 때도 있지만, 종종 미스터 마켓은 지나친 낙관이나 두려움에 휩싸여 있어 그가 제안하는 가격이 황당하게 느껴질 때도 있다.

현명한 투자자나 이성적인 사업가는 미스터 마켓이 제시하는 일일 가격에 따라 자신의 지분 가치를 판단하지 않는다. 다만 그 가격에 동의하거나 거래를 원할 때만 활용할 것이다. 미스터 마켓이 지나치게 높은 가격을 제시하면 지분을 기꺼이 매도하고, 지나치게 낮은 가격을 제시하면 지분을 추가로 매입할 것이다. 이때 가격의 적정성을 판단하는 기준은 기업의 운영과 재무 상태에 대한 종합적인 사실을 바탕으로 스스로 평가한 지분의 가치가 되어야 한다.

진정한 투자자는 상장주식을 보유할 때도 바로 그러한 입장을 취한다. 매일의 시장 가격을 활용할지, 무시할지는 스스로의 판단과 의지에 따라 결정할 수 있다. 다만 중요한 가격 변동이 있다면 주의를 기울여야 하는데, 이는 판단을 위한 기초 자료로 필요하기 때문이다. 때로는 주가의 하락이 더 나쁜 상황이 예상되므로 주식을 매도하라는 신호로 해석될 수 있다. 하지만 이러한 신호는 유용할 때도 있지만, 오해를 불러일으킬 때도 많다. 근본적으로 가격 변동이 투자자에게 가지는 의미는 단 하나이다. 가격이 급락할 때는 현명하게 매수할 기회를 주고, 큰 폭으로 상승할 때는 현명하게 매도할 기회를 준다는 것이다. 그 외의 경우에는 주식시장을 잊고 배당수익과 보유 회사의 경영 실적에 집중하는 것이 더 바람직하다.

요약

투자자와 투기꾼의 차이는 주식시장 변동에 대한 태도에서 극명하게 드러난다. 투기꾼은 시장 변동을 예측해 이익을 얻는 데 관심이 있는 반면, 투자자는 적절한 가격에 적절한 주식을 매수하고 보유하는 데 중점을 둔다. 투자자에게 시장 변동은 낮은 가격대에서는 매수 신호, 높은 가격대는 매수 자제 또는 매도 신호의 의미가 있다.

일반 투자자의 경우, 시장이 바닥을 칠 때까지 매수를 망설이는 것은 항상 현명한 선택이라고 보기 어렵다. 이는 장기적인 대기 상태를 야기할 수 있으며, 투자 기회 상실을 초래할 가능성도 있다. 전반적으로 투자자는 시장 전체가 확고한 가치 기준을 초과해 과열된 상황이 아닌 한, 주식에 투자할 자금이 있을 때마다 매수하는 것이 더 나을 수 있다. 보다 신중을 기한다면 개별 종목 가운데 늘 존재하는 저평가된 주식을 찾는 것도 방법이다.

전체 시장의 움직임을 예측하려는 시도 외에도, 월스트리트에서는 특정 종목이나 업종이 상대적으로 더 나은 성과를 보일 것이라고 판단하여 매매하려는 노력이 빈번하다. 논리적으로 보일 수 있지만, 이러한 접근법은 현명한 투자자의 필요와 성향에는 맞지 않으며, 장기적으로 볼 때 그 효과는 무의미해질 가능성이 크다. 그는 같은 목표를 가진 수많은 주식 거래자와 일류 금융 분석가들과 경쟁해야 하기 때문이다. 본질적인 가치는 제쳐두고 가격 변동을 우선시하는 모든 행동은 서로 상쇄되고 결국 실패하고 만다.

건전한 주식 포트폴리오를 보유한 투자자는 주가가 변동할 것을 예상해야 하며, 큰 하락에 대해 걱정하지도, 큰 상승에 대해 흥분하지도 않아야 한다. 그는 시장 시세가 자신의 편의를 위해 존재하며, 이를 활용할 수도 있고 무시할 수도 있음을 항상 기억해야 한다. 주가가 올랐다고 해서 주식을 사거나, 주가가 떨어졌다고 해서 주식을 팔지 말아야 한다. 이 모토를 더 간단하게 표현한다면, '주가가 크게 올랐을 때는 절대로 주식을 사지 말고, 주가가 크게 떨어졌을 때는 절대로 팔지 말라'가 될 것이다.

추가 고려사항

주가는 경영 능력을 평가하는 지표로 볼 수도 있다. 보유기간 동안의 배당금 수령과 주가 상승폭으로 투자의 성공 여부를 판단할 수 있는 것처럼 회사 경영의 효율성과 주주를 대하는 태도의 건전성을 평가하는 데에도 동일한 기준을 적용할 수 있다.

당연한 소리로 들리겠지만, 그래도 강조할 필요가 있다. 아직까지 주주들이 경영진을 평가하기 위한 기준이 되는 기법이나 접근법이 없다. 경영진의 주장은 자신들이 자사의 주가에 대한 어떤 책임도 없다는 것이었다. 물론 지금까지 살펴본 바와 같이 주가는 회사의 근본적인 상태나 가치와는 아무런 관련 없이도 움직일 수 있고 그러한 가격 변동까지 경영진에게 책임을 물을 수는 없다. 그러나 타당한 이유 없이 주가가 바닥 수준에서 머물러 있거나 하락 추세에 있을 때에도 경영진에게 책임을 묻지 않는다면, 결국 주주들이 주가를 방치하고 있다는 뜻이다. 궁극적으로 좋은 경영진은 좋은 주가를 만들어내고, 나쁜 경영진은 나쁜 주가를 만들어낸다.

채권 가격의 변동성

원금과 이자의 안전성이 보장되더라도, 장기 채권은 금리 변화에 따라 시장 가격이 크게 변동할 수 있음을 인식해야 한다. 표 8-1에서는 1902~1970년 사이의 우량등급 회사채 및 비과세 채권의 수익률과 두 대표적인 장기 철도기업 채권의 가격 변동을 정리한 자료이다. (1995년 만기의 AT&SF Atchison, Topeka & Santa Fe 표면금리 4% 모기지 채권과 2047년 만기(원래 150년 만기로 발행되었다)의 노던 퍼시픽 Northern Pacific Railway 표면금리 3% 채권으로, 각각 오랫동안 우량등급 채권과 Baa등급의 대표적인 채권으로 평가받아 왔다.)

채권의 수익률과 가격은 반비례 관계에 있기 때문에 수익률이 낮을 때는 가격이 높고, 그 반대도 성립한다. 1940년 노던 퍼시픽 3% 채권의 하락은 주로 이 회사의 상환 능력에 대한 불신에서 비롯되었다. 이후 몇 년 만에 사상 최고가로 회복했다가, 시중 금리 상승으로 인해 가격이 3분의 2까지 하락했다. 지난 40년 동안은 우량등급의 채권 가격에서도 이처럼 놀라운 가격 변동이 있었다.

〈표 8-1〉 채권의 수익률과 가격 추이

채권수익률(%)			채권 가격		
	S&P AAA	S&P 지방채		AT&SF 4%, 1995	노던 퍼시픽 3%, 2047
1902 저점	4.31	3.11	1905 고점	105.5	79
1920 고점	6.40	5.28	1920 저점	69	49.5
1928 저점	4.53	3.90	1930 고점	105	73
1932 고점	5.52	5.27	1932 저점	75	46.75
			1936 고점	117.25	85.25
			1939~1940 저점	99.5	31.50
1946 저점	2.44	1.45	1946 고점	141	94.75
1970 고점	8.44	7.06	1970 저점	51	32.75
1971 종가	7.14	5.35	1971 종가	64	37.25

채권 가격이 수익률 변화와 동일한 비율로 변동하지 않는다는 점에 주목하자. 이는 만기에 상환되는 원금의 현재가치가 완충 역할을 하기 때문인데, 노던 퍼시픽 사례처럼 만기가 매우 긴 경우에는 가격과 수익률이 거의 같은 비율로 변화한다.

1964년 이후 우량등급 채권시장은 양방향으로 기록적인 변동이 발생했다. 예를 들어 비과세 우량등급 지방채의 수익률은 1965년 1월 3.2%에서 1970년 6월 7%로 두 배 이상 상승했다. 이에 따라 가격 지수는 110.8에서 67.5로 하락했다. 1970년 중반에는 우량등급 장기채 수익률이 거의 미국 200년 역사상 최고치에 달했다. 25년 전, 장기 강세장이 시작되기 직전에는 채권수익률이 역사상 최저 수준이었으며, 장기 지방채는 1%, 산업 채권은 2.4%의 수익률을 기록했다. 이는 과거 '정상'으로 여겨지던 4.5~5%보다 훨씬 낮은 수준이었다. 월스트리트에서 오랜 경험을 쌓다 보면 '작용과 반작용'이라는 뉴턴의 법칙이 주식시장에서 반복되는 것을 여러 차례 목격할 수 있다. 특히 1921년 다우지수가 64에서 1929년 381까지 상승한 후, 1932년에 41로 기록적인 폭락을 겪은 것이 대표적인 예이다. 하지만 이번에는 평소에 안정적이고 느리게 움직이던 우량등급 채권의 가격과 수익률에서 큰 폭의 진폭 변화가 일어났다. 한마디로 요약하자면, 증권시장에서 중대한 사건이 과거와 똑같은 방식으로 일어날 것이라고 기대해서는 안 된다. 이는 내가 가장 좋아하는 격언인 '양상이 바뀔수록 본질은 견고해진다'의 앞 부분을 나타낸다.

주가 변동을 유의미하게 예측하는 것이 거의 불가능하다면, 채권 가격을 예측하는 것은 완전히 불가능하다. 과거에 채권시장의 움직임을 통해 강세장이나 약세장의 끝을 예측할 수 있는 유용한 단서를 찾을 수 있었지만, 금리와 채권 가격 변동을 예측할 유용한 단서는 없다. 따라서 투자자는 주로 개인의 선호에 따라 장기 채권과 단기 채권 투자를 선택해야 한다. 시장 가치가 하락하지 않도록 확실히 하고 싶다면, 가장 적절한 선택은 앞서 언급한 미국저축채권, 시리즈 E 또는 H일 것이다. 두 채권 모두 첫해 이후 수익률이 5%이며, 시리즈 E는 최대 5년 10개월, 시리즈 H는 최대 10년까지 투자 원금 이상으로 상환을 보장받는다.

투자자가 현재 우량등급 장기 회사채에서 7.5%의 수익률이나, 비과세 지방채에서 5.3%의 수익률을 원한다면, 해당 채권들의 가격 변동을 감수해야 한다. 은행과 보험사는 이러한 채권들을 시장가격을 무시하고 '상각 후 원가 amortized cost'로 평가하기도 하는데, 개인 투자자들도 이런 방식으로 접근하면 된다.

전환사채와 우선주의 가격은 (1) 관련 주식 가격의 변화, (2) 회사 신용등급의 변화, (3) 시중 금리의 변화 등 세 가지 요인의 영향을 받는다. 대부분 전환사채는 신용등급이 낮은 기업들이 발행하였으며, 이 중 일부는 1970년 금융 위기로 큰 타격을 입었다.* 이로 인해 전환사채는 최근 몇 년 동안 위 세 가지 요인이 동시에 영향을 미치며 가격 변동이 매우 크게 나타났다. 전환사채에서 우량등급 채권의 안정성과 가격 보호, 그리고 주식 가격 상승의 혜택을 모두 기대하는 것은 착각에 불과하다.

이제 '장기채'의 새로운 변화에 대한 제안을 할 수 있을 것 같다. 금리 변동의 영향을 발행자와 투자자가 실용적이고 공정한 방식으로 나누는 방법은 없을까? 한 가지 방법은 적절한 지수에 금리가 연동되는 장기채를 발행하는 것이다. 이 방법의 주요 효과는 다음과 같다: (1) 투자자의 채권은 회사가 신용등급을 유지하는 한 항상 약 100의 원금 가치를 가질 것이며, 수취하는 이자는 기존 신규 발행채에서 제공되는 금리와 같이 변동할 것이다. (2) 기업은 빈번한 차환발행에 따르는 비용을 피하는 장기 채권 발행의 이점을 누리면서, 이자 비용은 매년 변동하게 된다.**

지난 10년간 채권 투자자는 점점 심각해지는 딜레마에 직면해 왔다. 안정적으로 원금 가치를 지킬 수 있지만 낮은 이자율을 지급하는 단기채와 높은 이자 수익을 제공하지만 원금 가치 변동이 큰 장기채 사이에서 선택해야 하는 것이다. 대부분의 투자자에게는 이 극단들 사이에서 타협하여, 예를 들어 20년 동안 이자 수익과 원금 가치가 일정 수준 이하로 떨어지지 않도록 하는 것이 바람직하다. 이와 같은 조건은 현재의 채권에 새로운 형태의 계약을 추

---

* 채권과 우선주의 상위 세 등급은 무디스의 경우 Aaa, Aa, A, 그리고 스탠더드 앤 푸어스의 경우 AAA, AA, A이다. 그 외에도 등급이 있으며, 최하 등급은 D이다.

** 이 아이디어는 이미 유럽에서 일부 채택되었다. 예를 들어 1980년 만기인 이탈리아 국영 전력회사의 '변동금리 보증사채'가 그러한 사례이다. 1971년 6월, 뉴욕에서 향후 6개월간 연 8.125%의 이자율을 지급할 것이라고 광고했다. 이러한 유연한 방식 중 하나는 1971년 6월에 발행된 토론토 도미니언 은행의 '7%-8% 채권'에도 도입되었다. 이 채권은 1976년 7월까지 7%를, 그 이후에는 8%를 지급하지만, 채권자는 1976년 7월에 원금을 상환받을 선택권이 있다.

가하면 큰 어려움 없이 만들 수 있다. 실제로 미국 정부도 저축채권의 계약 조건을 변경하여 더 높은 이자율로 연장할 수 있도록 하는 유사한 방식의 조치를 취한 적이 있다. 내가 제안하는 내용은 저축채권보다 더 긴 만기와 더 유연한 금리 결정 방식을 도입하자는 것이다.

비전환우선주에 대해서는 간단히 정리하고 넘어가겠다. 안전한 등급의 우선주는 세제 혜택을 볼 수 있는 보험회사와 같은 기업에게 적합한 자산이며, 더 낮은 등급 우선주는 일반적으로 가격변동이 심해서 주식과 유사하게 변동한다. 더 이상 다른 언급은 필요 없을 것 같다. 16장의 표 16-2에 1968년 12월부터 1970년 12월까지 저등급의 비전환우선주의 가격 추이에 대한 자료를 실었다. 이 기간 동안 S&P 500 종합지수 하락폭은 11.3%였던 반면, 비전환우선주의 평균 하락폭은 17%였다.

8장 논평

– 제이슨 츠바이크

"모두가 타락을 향해 나아가고 있다면,
그 흐름 속에선 아무도 움직이지 않는 것처럼 보인다.
그러나 그 가운데 누군가 한 사람이 멈춰 서면,
그는 기준점이 되어 앞으로 질주하고 있는 모두의 모습을 드러나게 한다."

— 블레즈 파스칼*

진정한 투자자는 어쩔 수 없이 주식을 매도해야 하는 상황에 처하지 않으며, 따라서 현재의 시세를 무시할 수 있다. 그는 오직 자신의 목적에 맞추어 가격을 참고하고, 그 외에는 전혀 신경 쓰지 않아도 된다. 따라서 타당한 이유가 없는 일시적 시장 하락으로 인해 쓸데없이 불안해하거나 당황하는 투자자는 기업 소유주로서의 장점을 전혀 살리지 못하고, 오히려 주식증서 보유

---

* 블레즈 파스칼Blaise Pascal, 『팡세Pensées』, (펭귄 클래식, 1995), p220.

자료서의 단점을 부각시키고 있는 셈이다. 그는 차라리 주식의 시세를 전혀 알지 못하는 편이 더 나았을 것이다. 시세를 몰랐다면 대중의 오류에 본인도 빠지는 사태는 막을 수 있었을 것이다.

이전 판에서 나는 8장에 나오는 이 문단(p253)이 이 책 전체에서 가장 중요한 문단일지도 모른다고 썼다.

하지만 내가 틀렸다. 이 문단은 아마도 '투자'라는 주제에 관해 인류가 지금까지 쓴 모든 글 중에서 가장 중요한 문단일 것이다.

미스터 마켓 소개

이번 장에서 그레이엄은 '미스터 마켓Mr. Market'이라는 탁월한 은유를 소개한다. 가령 당신이 작은 개인 사업체를 운영한다고 해보자. 어떤 것이어도 상관없다. 레스토랑이든, 자전거 가게든, 요가 스튜디오든, 옷가게든, 혹은 소프트웨어 컨설팅 회사일 수도 있다. 미스터 마켓은 이 사업에 함께 투자한 '가상의 파트너'다. 그는 매일 아침 당신의 문을 두드리고는 오늘 자기가 생각하는 이 사업의 '가치'를 말해준다.

미스터 마켓은 감정 기복이 심한 사람이다. 그가 제시하는 사업 가치의 추정치는 사업의 실적만큼이나 그의 기분에 좌우된다. 대부분의 날에는 그가 말하는 숫자가 그럴듯하게 들린다. 하지만 어떤 날에는 기분이 지나치게 들떠서 말도 안 되는 고평가를 매기고, 또 어떤 날에는 완전히 풀이 죽어 터무니없이 낮은 가격을 불러댄다.

그가 문을 두드리기 전까지, 당신은 미스터 마켓이 어떤 기분일지 전혀 알 수 없다. 그리고 그의 기분이 극단으로 치달을수록, 그는 자신이 제시하는 터무니없는 가격으로 거래하라고 더 강하게 당신을 압박할 것이다.

당신의 기분, 혹은 당신이 생각하는 사업의 가치가 그의 평가에 좌우되도록 할 것인가? 그가 팔고 싶어 한다고 해서 당신은 정말 그에게서 사야만 할까? 그가 사고 싶어 한다고 해서 당신은 정말 그에게 팔아야만 할까?

물론 미스터 마켓은 단순한 은유가 아니다. 그는 곧 주식시장 그 자체다. 수백만 개의 머리로 이루어진 집단적 괴물이며, 대부분의 시간엔 이성적이지만, 어느 날은 흥분에 들떠 날뛰고 어느 날은 암울한 비관에 몸서리친다. 그리고 그 감정의 포로가 되는 순간, 당신이 방어적이든 공격적이든 상관없이 더 이상 '현명한 투자자'가 아니다.

개인 대 기관

> 따라서 타당한 이유가 없는 일시적 시장 하락으로 인해 쓸데없이 불안해하거나 당황하는 투자자는 기업 소유주로서의 장점을 전혀 살리지 못하고, 오히려 주식증서 보유자로서의 단점을 부각시키고 있는 셈이다.

위 문장에서 '기업 소유주로서의 장점'이란 투자자가 시장의 가격에 즉각 반응할 필요가 없다는 점이다. 즉 미스터 마켓의 말을 듣는 것은 선택이지, 의무가 아니라는 점을 뜻한다. 그가 거래를 원한다고 해서 반드시 응할 필요는 없으며, 그의 관점을 자신의 것으로 받아들일 필요도 없다.

특히 개인 투자자에게 이런 특성은 매우 중요한 장점으로 작용한다.

전문 투자자들은 자신이 운용하는 포트폴리오의 수익률을 극대화하는 일을 하는 것이 아니다. 그들은 그 포트폴리오에서 거두는 수수료를 극대화하는 일을 하고 있다.

당신은 투자 자금의 소유자이고, 펀드매니저는 단지 당신을 대신해 운용하는 대리인일 뿐이다. 그리고 대리인은 당신과는 다른 유인과 다른 선호를 가지고 있다.

수십 년 전만 해도, 기관 투자자들이 개인 투자자보다 우위에 있었다. 기관은 더 낮은 거래 비용으로 매매할 수 있었고, 더 쉽게 포트폴리오를 분산할 수 있었으며, 기업 경영진에 접근할 수 있는 특권을 갖고 있었고, 개인 투자자가 닿을 수 없는 수준의 독자적인 리서치도 수행할 수 있었다.

하지만 그런 시대는 이미 지나갔다.

기관 투자자들은 대체로 막대한 규모의 포트폴리오를 운용하기 때문에 특정 종목이 성과에 의미 있게 기여할 수 있을 만큼의 포지션을 구축하기 위해서는 수백만 달러 규모를 사들여야 한다. 하지만 그들이 매수에 나서는 순간, 자신들의 수요만으로도 시장에 영향을 주게 되어, 원하는 만큼 다 사기도 전에 주가가 올라가 버린다. 반대로 매도할 경우에는 채 다 팔기도 전에 자신들의 물량이 시장 가격을 떨어뜨리는 결과를 낳는다.

개인 투자자는 대부분의 종목을 사거나 팔 때 시장에 거의 아무런 영향을 주지 않는다. 또한 전체 주식시장을 추종하는 인덱스펀드 하나만으로도, 매우 낮은 비용에 완전한 분산 투자를 실현할 수 있다. 오래전 시행된 규제 개혁 덕분에, 과거 기관 투자자들에게 정보 우위를 안겨주었던 선택적 정보 공개 역시 사라졌다.*

시장 분위기가 과열되면 고객들은 더 많은 자금을 포트폴리오 매니저에

---

* 기관 투자자들은 여전히 더 풍부하고 정교한 데이터에 접근할 수 있으며, 이런 데이터를 개인 투자자보다 더 빠르게 처리하고 분석할 능력을 갖추고 있다. 하지만 그런 능력 덕분에 일관되게 시장을 능가한 기관은 극히 드물다. 관련 사례는 그레고리 주커만Gregory Zuckerman의 『시장을 풀어낸 수학자The Man Who Solved the Market: How Jim Simons Launched the Quant Revolution』, (Portfolio, 2019)를 참조하라.

〈표 8-1〉 기관 투자자와 개인 투자자의 차이

기관 투자자는	당신은
고객, 규제당국, 언론에 답해야 한다	오직 자신에게만 답하면 된다
성과를 연, 분기, 월, 주, 심지어 일 단위로 시장과 비교해야 한다	장기적인 개인 목표에 따라 성과를 측정하고, 단기 시장 변동은 무시할 수 있다
시장과 지나치게 다른 전략, 평판 리스크, 운용 수수료 손실이 우려되는 전략은 피해야 한다	원하는 만큼 비전통적인 전략을 취할 수 있다
막대한 물량을 사고 팔아야 한다	소규모로 사고 팔 수 있다
높은 거래 비용을 부담한다	거의 제로에 가까운 거래 비용으로 투자할 수 있다
큰 손실을 본 종목은 비판을 피하기 위해 매도한다	큰 손실이 난 종목도 회복을 기대하며 보유할 수 있다
소형주가 대형주로 성장하면 보통 매도한다	과거 소형주였던 종목이 아무리 커져도 계속 보유할 수 있다
가능한 한 현금을 적게 유지한다	원하는 만큼 현금을 보유할 수 있다
운용 수수료를 부과하여 순수익을 줄인다	수수료 없이 투자할 수 있다
세금 문제는 고려하지 않고 매매하는 경우가 많다	세금을 최소화할 수 있는 방식으로 전략적으로 매매할 수 있다
시장이 고점일 때 더 사고, 저점일 때 더 파는 경향이 있다	원할 때에만 사고 팔 수 있다

게 맡기고, 수익이 나쁘면 자금을 빼간다. 그 결과 전문가들은 주가가 오를수록 더 비싸게 주식을 사고, 주가가 떨어질수록 더 싸게 주식을 팔 수밖에 없는 구조에 놓이게 된다. 하지만 당신은 자유롭게 그 반대로 행동할 수 있다.

소형주는 대형주로 성장해 가는 과정에서 가장 높은 수익률을 낸다. 하지만 많은 포트폴리오 매니저들은 너무 일찍 매도할 수밖에 없다. 왜냐하면 소형주 펀드는 대형주를 보유할 수 없도록 규정되어 있기 때문이다.* 반면 당신은 그런 제약 없이 원한다면 무기한 보유할 수 있다.

대형 펀드들은 큰 손실을 본 종목을 자주 매도한다. 고객들이 그 실수를 문제 삼을 수도 있기 때문에 책임 회피 차원에서 미리 정리해버리는 것이다. 하지만 당신은 다르다. 회복을 기대할 수 있는 종목이라면 손실이 나더라도 계속 보유할 수 있다. 또한 기관 투자자들은 최근에 주가가 급락한 종목은 잘 사지 않지만, 당신은 그런 종목도 기꺼이 매수할 수 있다.

단기적으로 보면 미스터 마켓을 무시하는 투자회사는 평균과 크게 벗어난 수익률을 기록할 가능성이 거의 확실하다. 그리고 이는 고객들의 불안을 자극해 자금 인출로 이어지고, 결국 그 회사의 운용 수수료를 줄이는 결과를 낳는다.

경제학자 존 메이너드 케인스John Maynard Keynes는 1936년에 장기적으로 시장을 능가할 가능성을 조금이라도 가지려면, 포트폴리오 매니저는 '평균적 시선으로 볼 때 괴짜이고, 파격적이며, 무모하게 보여야 한다'고 기술하였다. 하지만 그는 이렇게 덧붙였다.

> 그가 성공한다 해도, 이는 단지 그가 무모하다는 일반의 인식을 더욱 굳힐 뿐이다. 그리고 단기적으로 실패한다면—그럴 가능성이 매우 높다—그는 거의 어떤 관용도 얻지 못할 것이다. 세상의 지혜는 이렇게 가르친다. 비전통적

---

* 유진 F. 파마Eugene F. Fama와 케네스 R. 프렌치Kenneth R. French, 「이동Migration」, bit.ly/44W1O26.

으로 성공하는 것보다, 전통적으로 실패하는 편이 평판에는 낫다.*

표 8-2에 제시된 이 간단한 매트릭스는 고객들이 펀드매니저의 의사결정을 시장 전체의 움직임과 어떻게 비교하는지를 보여준다.

〈표 8-2〉 혼자 틀리는 경우

		펀드매니저의 결정	
		혼자	대중과 함께
결정의 결과	성공	특이함	편안함
	실패	무모함	이해됨

출처: 마크 크리츠만Mark Kritzman, Windham Capital Management에서 재구성

전문 투자자들은 왼쪽 아래 칸, 즉 혼자 틀리는 상황은 기필코 피하고 싶어한다. 그런 상황에 빠지면 고객들이 등을 돌릴 수 있기 때문이다. 그래서 그들은 대중과 함께 움직인다 — 이로 인해 고객이 시장을 능가할 가능성을 포기하는 대신, 자신의 운용 수수료가 줄어들 위험도 줄일 수 있다. 하지만 개인 투자자들은 그런 압박에 굴복할 필요가 없다.

시장이 점점 더 빠르게 움직이고, 거래가 더욱 변동성에 휘말릴수록, 개인 투자자가 가진 기본적인 이점은 더욱 빛을 발한다. 당신이 비인기 종목을 샀다고 해서 누구도 당신을 해고할 수는 없다. 당신은 자유롭게 가장 외면 받는 기업 속에서 가치를 찾을 수 있고 가장 어두운 순간 속에서 희망을 발견할

* 존 메이너드 케인스John Maynard Keynes, 『고용, 이자 및 화폐의 일반이론The General Theory of Employment, Interest, and Money』, (Macmillan, 1936), 제12장, bit.ly/3rF2SsN.

수 있다. 단기 중심의 세상에서 장기적으로 투자할 수 있는 당신의 능력이야말로 진정한 '초능력'이다.

당신은 전문가들을 능가할 수 있다. 왜냐하면 그들이 지닌 규모의 부담, 근시안적 시야, 경직성, 집단 순응, 그리고 높은 비용이라는 핸디캡이 당신에게는 없기 때문이다. 그러나 전문가들을 이기고 싶다면, 그들의 방식대로 싸워서는 안 된다. 당신만의 방식으로 게임을 해야 한다. 미스터 마켓은 당신의 이익을 위해 필요할 때만 상대하라. 그의 이익을 위해 움직이지 마라.

미스터 마켓이 투자자를 현혹시키는 방법

미스터 마켓의 말에 귀를 기울이기 시작하는 순간, 당신이 가진 개인 투자자로서의 장점은 모두 소멸된다. 군중의 대열에 합류하는 순간, 당신의 생각은 더 이상 온전히 당신의 것이 아니다.

만약 당신이 무인도에서 홀로 투자하고 있다면, 오직 자신의 판단이 맞을 확률과 그 결과에만 신경 쓸 것이다. 하지만 당신은 무인도에 있지 않다. 그래서 아마도 당신은 다른 사람들이 내리는 결정, 그들이 당신의 결정을 어떻게 생각할지, 그리고 그들이 당신이라는 사람을 어떻게 평가할지도 함께 신경 쓰고 있을 것이다.

기본적인 이점을 단점으로 바꾸는 방법

2023년 세상을 떠난 위대한 투자자인 벅셔 해서웨이의 부의장 찰리 멍거Charlie Munger는 문제를 해결할 때, 역발상 접근을 즐겨 사용했다. 성공하고 싶다면 먼저 어떻게 하면 실패하는지를 생각하는 것이 큰 도움이 된다.

- 거래 비용이 낮다는 이유로 전문가 흉내를 내며 자주 매매하다 보면, 당신의 자산은 사포에 문질러지듯 닳아 없어지고, 결국 세금 고지서만 늘어날 것이다.
- 저렴하게 분산 투자할 수 있다고 해서 무분별하게 분산해야 한다는 압박으로 착각한다면 당신은 결국 서부 사하라 동남부에 본사를 둔, AI 기반 사회책임 리튬 스타트업에 투자하는 세 배 레버리지 펀드 같은 걸 갖게 될 것이다.*
- 미스터 마켓을 무시할 수 있는 자유를, 그의 모든 변덕에 반응해야 하는 의무로 바꾼다면 당신은 결국 자기 만족을 위한 투자에 함몰되어, 구조적·체계적인 판단의 중요성을 잊어버리게 될 것이다.

노벨상을 수상한 경제학자 제임스 토빈은 대학이나 자선 재단 같은 기금의 수탁자들은 '현재의 요구로부터 미래를 지키는 수호자'의 역할을 해야 하며, '세대 간의 공평성을 지키는 것'이 그들의 임무라고 적었다.**
그 말처럼 우리가 자신의 미래를 위해 투자할 때 우리는 우리 자신의 오늘을 희생하여 내일의 삶을 지키는 것이다. 마찬가지로 자녀나 손주를 위해 저축할 때 우리는 다음 세대를 위한 수호자의 역할을 자임하는 셈이다.
그 책임을 다하기 위해서는 선택권과 의무를 명확히 구분할 수 있어야 한다. 그 구분이 흐려지는 순간, 투자자가 지닌 본래의 이점은 스스로를 해치는 약점으로 전락하고 만다.

---

* 레버리지 펀드에 대해서는 9장 논평을 참조하라.

** 제임스 토빈 James Tobin, 「영구기금의 수익What Is Permanent Endowment Income?」, bit.ly/3OnubR3.

군중 속에 섞여 있는 일은 더 안전하게 느껴진다. 특히 당신이 초보자이거나, 낯선 도전에 직면했거나, 큰 위험을 감수하고 있을 때는 더욱 그렇다. 결정이 어려워질수록 사람들은 더욱 군중의 합의를 따르려는 경향이 있다. 큰 실수를 저질렀을 때 책임을 회피할 수 있다는 사실은 때때로 옳은 결정을 내리는 것보다 더 큰 위안을 주기 때문이다.

당신이 다른 사람들과 동시에 같은 것에 주의를 기울일 때, 그 경험은 더 또렷이 기억에 남고, 감정은 더 격해지며, 판단은 더욱 극단적으로 기울고, 행동하려는 동기는 훨씬 강해진다. 집에서 혼자 스포츠 경기 재방송을 보는 것과 경기장에 가서 직접 관람하거나 심지어 휴대폰으로 생중계를 보는 것의 차이를 떠올려보라. 바로 그 차이가 모든 것을 설명해 준다.*

인터넷과 소셜 미디어는 수천, 아니 수백만 명이 동시에 하나의 주제나 사건에 집중할 수 있는 국경 없는 공동체를 만들어낸다. 모두가 동시에 정보를 주고받을 수 있는 환경에서는 각자 다른 사람들 또한 지금 이 순간 같은 것에 주목하고 있다는 사실을 즉시 확인할 수 있다. 이처럼 관심이 공유된 상태에서는 타인의 마음이 자신의 마음과 하나로 수렴되는 듯한 감각을 느끼게 된다. 그 경험은 더 이상 개인의 것이 아니다. 그것은 집단적 경험이며, 자신이 홀로 믿고 있는 것이 아니라는 확신에서 비롯된 강한 확신이 솟구친다. 그 순간 '나'는 '우리'가 된다.

인류는 본래 씨족이나 소규모 집단 속에서 협력하도록 진화해 왔다. 지금처럼 전 세계 곳곳에 흩어진 수많은 사람들이 하나의 집단적 사고를 공유하

---

* 마르와 엘 자인과 바하도르 바흐라미, 「집단에 속하면 후회와 책임이 개인에게서 분산된다 Joining a Group Diverts Regret and Responsibility Away from the Individual」, bit.ly/452X2zx; 가리 슈타인버그 Garriy Shteinberg, 「집단적 관점: 공유된 관심과 마음 A Collective Perspective: Shared Attention and the Mind」, bit.ly/3OvXWzt.

고 뭉칠 수 있게 된 것은, 인류 역사상 유례없는 일이다. 그러나 우리 각자의 뇌는 아직, 이 새로운 현실에 어떻게 대처해야 할지 배우지 못했다.

기술로 인해 '미스터 마켓'은 괴물이 되어 버렸다.

2020년과 2021년에 AMC 엔터테인먼트나 게임스탑 같은 이른바 '밈 주식'을 사기 위해 달려든 개인 투자자들은 이 현상이 지닌 위험을 단적으로 보여주는 사례다.

온라인 포럼 '월스트리트베츠WallStreetBets'는 2020년 12월 말에 구독자 수가 180만 명이었지만, 한 달 뒤에는 840만 명으로 급증했다. 2021년 1월 26일, 일론 머스크가 '게임스통Gamestonk!!'[III] 이라는 트윗을 올린 바로 그날, 월스트리트베츠 게시판에는 거의 대부분이 게임스탑 관련 내용인 352,597개의 댓글이 올라왔다. 1월 28일 이 포럼의 조회수는 2억 7,100만 건 이상을 기록하며, 그날 전 세계에서 Google과 YouTube 다음으로 방문자가 많은 웹사이트가 되었다. 2021년 1월 21일 종가부터 1월 28일 최고가까지, 게임스탑 주가는 무려 1,020% 이상 상승했다.*

정점에서 주식을 매도한 소수의 사람들만이 돈을 벌었다.

대부분의 사람들은 더 오를 것이라는 희망을 품고 주식을 붙들고 있었다. 그러다 2월에 주가가 자폭하듯 폭락하면서, 69%의 손실을 입는 대참사를 겪었다.

관심이 공유되면 기억과 감정, 행동 동기는 더욱 강하게 자극받는다. 그 결과 많은 이들이 여전히 주가의 작은 움직임 하나하나를 기억하고, 자신이 입은 손실에 분노하며, 이미 신뢰를 잃은 음모론을 믿고, 보유 주식이 눈앞에서 초라하게 쪼그라들었음에도 매도를 끝내 거부했다.

---

* 일론 머스크 트윗, bit.ly/3Ur5OUC; Daniel Bradley 외, 「베팅하시겠습니까?Place Your Bets?」, bit.ly/453LdcE. 'Stonk'은 'Gamestonk'에서 보이듯, 'stock(주식)'의 의도적인 철자 변형으로, 전통적인 투자 분석을 무시하겠다는 온라인 사용자들의 조롱 섞인 표현이다.

미스터 마켓은 어떻게 당신의 마음을 흔드는가

주식시장의 감정적 기복은 당신의 감정 세계에 큰 혼란을 초래할 수 있다. 심리학자들은 감정이 우리의 지각과 행동 모두를 지배하며, 심지어 우리가 인식하지 못하는 무의식적 편향까지 만들어낸다고 말한다. 감정이 살짝만 결부되어도, 당신의 판단은 다음과 같이 왜곡될 수 있다.

분노: 분노는 긴박함과 자신감, 통제감을 부추긴다. 분노한 사람은 즉흥적인 판단에 더 의존하며, 좋은 일은 자신에게 더 잘 일어나고, 나쁜 일은 덜 일어날 것이라 믿는다. 특히 남성은 분노할 때 더 큰 위험을 감수하는 경향이 있다.*

불안: 불안은 보상의 확률보다 규모에 더 민감하게 만든다. 돈을 잃은 상태에서 불안에 빠지면, 가능성이 희박하더라도 더 위험한 베팅을 하게 만든다.**

외로움: 외로우면 자신의 믿음을 뒤흔들 수 있는 정보를 피하려는 경향이 커진다. 동시에 불안은 커지고, 사고력은 떨어지며, 주의 집중력은 쉽게 흩어진다. '갇힌 공간 증후군 Cabin Fever'은 자제력을 약화시키고, 충동적인 행동을 부추긴다.***

---

* 제니퍼 S. 러너 Jennifer S. Lerner 외, 「감정과 의사 결정 Emotion and Decision Making」, bit.ly/3q37okj; 레베카 A. 페러 Rebecca A. Ferrer 외, 「분노가 위험 감수에 미치는 영향 재검토 Revisiting the Effects of Anger on Risk-Taking」, bit.ly/3Kccp0O.

** 캐서린 A. 하틀리 Catherine A. Hartley와 엘리자베스 A. 펠프스 Elizabeth A. Phelps, 「불안과 의사결정 Anxiety and Decision-Making」, bit.ly/3uaGYPg; 조지 F. 로웬슈타인 George F. Loewenstein 외, 「감정으로서의 위험 Risk as Feelings」, bit.ly/3Y76rnr; 제이슨 츠바이크, 「공포 Fear」, bit.ly/3Do3CF8.

*** 존 T. 카시오포 John T. Cacioppo와 루이스 C. 호클리 Louise C. Hawkley, 「인식된 사회적 고립과 인식 Perceived Social Isolation and Cognition」, bit.ly/3O8ctQe.

슬픔: 슬픈 감정은 사람들로 하여금 크지만 나중에 받을 보상보다, 작지만 즉각적인 보상을 선호하게 만든다. 갖고 있지 않은 물건에 더 많은 값을 지불할 용의가 생기기도 한다. 슬플 때는 위험한 선택이 더 매력적으로 보이고, 만족을 미루는 일은 훨씬 어려워진다. 슬픔은 인내심에 치명적인 감정적 독이다.*

스트레스: 스트레스는 작업 기억을 손상시키고, 장기 목표에 집중하기 어렵게 만든다. 반복해서 실패하는 행동을 계속하게 만드는 고착 상태에 빠질 수 있다. 스트레스 상태에서는 성급한 결론을 내리거나, 새로운 해결책을 외면할 위험이 높다. 또한 위험을 더 크게 감수하게 만들기도 한다.**

수억 명이 분노하고, 불안해하며, 외롭고, 슬프고, 스트레스를 받던 코로나 팬데믹 시기에 수천만 명이 충동적으로 주식 거래를 시작했다는 사실은 단순한 우연이 아니다.

미스터 마켓에게 맞서기

오늘 주식시장이 30% 넘게 폭락했다.

당신의 휴대폰은 뉴스 속보로 불이 나고, 관심종목 시세판은 온통 시퍼렇

* 제니퍼 S. 러너 외, 「슬픔의 재정적 비용The Financial Costs of Sadness」, bit.ly/3Kw0MSH; 라자고팔 라구나탄Rajagopal Raghunathan과 미셸 투안 팜Michel Tuan Pham, 「모든 부정적인 감정이 똑같지는 않다All Negative Moods Are Not Equal」, bit.ly/43vHjrK.

** 앤서니 J. 포르첼리Anthony J. Porcelli와 마우리시오 R. 델가도Mauricio R. Delgado, 「스트레스와 의사 결정Stress and Decision Making」, bit.ly/3rxcEgj; 카트린 스타크Katrin Starcke와 마티아스 브랜드Matthias Brand, 「스트레스 상태에서의 의사 결정Decision Making Under Stress」, bit.ly/44C4Ngk; 엘리자베스 A. 펠프스 외, 「감정과 의사 결정 Emotion and Decision Making」, bit.ly/3q1R0R3.

고, 대통령은 국민에게 침착하라고 호소하고, TV 속 전문가들은 모든 주식을 당장 팔아야 한다고 고함친다. 주위 친구들과 가족들까지 "아직 팔 수 있을 때 팔라"며 문자로 재촉한다. 당신이 자각하든 그렇지 않든, 당신의 심장은 이미 빠르게 뛰고 있고, 근육은 긴장됐으며, 손바닥에는 땀이 맺히고 있다.

미스터 마켓은 얼굴이 퍼렇게 질린 채 당신의 문을 두드리며 소리친다. "어제 당신이 주식에 넣어둔 1달러가 오늘은 70센트도 안 된다고!"

당신은 어떻게 대응할 것인가?

팔 수 있는 선택권은 당신에게 있다. 하지만 그보다 먼저, 행동하기 전에 깊이 생각해야 할 의무도 당신에게 있다.

조용한 방에 들어가 당신이 아닌 다른 누군가가 똑같은 일을 겪었다고 상상해 보라. 그리고 그가 당신에게 조언을 구하고 있다고 생각해 보라. 그 상상만으로도 다음과 같은 질문들을 스스로에게 던져보게 될 것이다:

- 주가 외에, 당신이 보유한 기업의 어떤 구체적인 요소가 달라졌는가?
- 지금 매도한다면 세금 부담은 얼마나 될 것인가?
- 이 주식이나 펀드가 '구입한 것'이 아니라 '선물로 받은 것'이었다면, 가격이 떨어졌다고 지금 그 선물을 되돌려줄 것인가?
- 이 주식이나 펀드는 이전에도 이만큼 떨어진 적이 있었는가? 그렇다면 그때 팔았더라면 더 나았는가, 아니면 더 샀더라면 더 나았는가?
- 더 높은 가격에서 이 자산을 살 만큼 마음에 들었다면, 지금 가격이 더 떨어졌을 때는 더 마음에 들어야 하는 것 아닌가?

이런 질문들에 답하려면 어느 정도는 조사와 검토가 필요하다. 그것이 바로 옳은 접근이다. 이런 과정을 통해, 단순한 가격 변동에 대한 미스터 마켓의 과잉 반응이 당신의 본질적 가치에 대한 관점을 오염시키지 않도록 막을 수 있다. 미스터 마켓이 옳을 수도 있고, 틀릴 수도 있다. 가격과 가치를 비교해 보지 않고서는 당신도 판단할 수 없다.

이 접근 방식은 단일 종목이 무너질 때도, 산업 전반이 흔들릴 때도, 심지어 시장 전체가 붕괴할 때도 똑같이 적용할 수 있다. 그리고 만약 가격이 예상보다 훨씬 더 빠르게, 더 높이 치솟을 때는 이 질문들을 거꾸로 뒤집어 스스로에게 다시 물어야 한다.

미스터 마켓은 또다시 길을 잃을 것이다.

준비하라. 그러면 당신은 길을 잃지 않을 것이다.

9장

펀드 투자

방어적 투자자로서 투자를 하려면 펀드에 가입하는 것도 좋은 방법이다. 가입자가 요청하면 수시로 가입이나 상환이 가능한 펀드를 '개방형 펀드 open-end fund'라고 부른다. 대부분의 개방형 펀드는 판매사를 통해 상시 판매되고 있다. 반면 일정 기간의 펀드 모집 후 펀드 만기 이전에는 가입 및 환매가 제한되는 펀드는 '폐쇄형 펀드 closed-end fund'라고 불리며, 이런 펀드는 펀드의 단위인 '좌수'가 비교적 일정하게 유지된다. 모든 주요 펀드는 증권거래위원회 SEC에 등록되어 있으며, 그 규제와 통제를 받는다.

펀드 산업은 규모가 매우 크다. 1970년 말에 SEC에 등록된 펀드는 383개였으며, 총 자산은 546억 달러에 달했다. 이 중 개방형 펀드는 356개로 규모는 506억 달러에 달하고, 폐쇄형 펀드는 27개, 40억 달러 규모였다.

펀드를 분류하는 방법에는 여러 가지가 있다. 첫째, 포트폴리오 구성에 따른 분류로, 채권을 일정 부분(일반적으로 약 3분의 1) 편입한 펀드는 '혼합형 펀드 balanced fund'로, 보유 자산이 거의 전부 주식인 경우 '주식형 펀드 stock fund'로 분류한다. (이 외에도 '채권형 펀드 bond fund', '헤지펀드 hedge fund', '비공개주 펀드 letter stock fund' 등 다양한 종류가 있다.) 또 다른 분류 기준은 펀드가 추구하는 목표에 따라 인컴형[9], 안정형, 성장형 등으로 분류하기도 한다. 또한 판매 방식에 따라 구분되기도 한다. '로드 펀드 load fund'는 펀드를 판매할 때 판매수수료(소액 가입자에게 일반적으로 자산가치의 약 9%)를 부과하는 펀드이다.* 반면 '노로드 펀드 no-load fund'로 알려진 펀드들은 판매수수료를 부과하지 않으며, 운용보수만 부과한다. 노로드 펀드는 판매를 적극적으로 할 경제적 유인이 없기 때문에, 규모가 상대적으로 작다. 폐쇄형 펀드는 고정된 매매 가격이 있지 않고, 주식시장에 상장되어 일반 주식처럼 가격이 결정된다.

대부분의 펀드 소득에 대해서는 이중과세 방지를 위한 소득세법상 특례 조건이 적용된다. 실제로 펀드는 모든 경상소득, 즉 배당소득과 이자소득에서 비용을 차감한 금액을 분배해야 한다. 또한 투자 자산 매각으로 실현된 이익을 자본이득의 형태로 지급할 수 있으며, 이는 펀드 투자자가 직접 주식 투자를 해서 얻은 이익과 똑같이 처리된다. (다른 방법도 선택할 수 있지만, 너무 복잡해지기 때문에 생략한다.) 거의 모든 펀드는 한 종류의 유가증권만을 발행하고 있다. 1967년에 도입된 '이중목적 펀드 dual purpose fund'라는 새로운 방식의 펀드는 자본 구조를 우선주와 보통주로 나누어서, 우선주 주주는 모든 경상소득을 갖고, 보통주는 자본이득을 모두 갖는다.

자본이득이 주 목표인 펀드들은 대부분 성장주를 집중적으로 매수하며, 대부분 그 펀드 명칭에 '성장'이라는 단어가 포함되어 있다. 일부는 화학, 항공, 해외 투자 등 특정 분야에 특화되어 있으며, 이 역시 보통 펀드 명칭에 표시된다.

---

* 판매수수료는 보통 판매 가격에 대한 비율로 표시하는데, 이렇게 하면 순자산가치에 대한 비율보다 낮아 보인다. 판매사들은 이런 치사한 상술로 투자자를 우롱한다.

이렇듯 많은 선택지 중에서 펀드에 현명하게 투자하고자 하는 투자자는 결정을 해야 한다. 이는 직접 투자할 때 선택하는 것과 크게 다르지 않다. 이 장에서는 주로 다음과 같은 질문을 다룰 것이다.

1. 투자자가 올바른 펀드를 선택하여 평균 이상의 성과를 달성할 수 있는 방법이 있는가? (하위 질문: 퍼포먼스 펀드는 믿을 만한가?)
2. 그런 방법이 없다면 평균 이하의 성과가 예상되는 펀드를 피할 수 있는가?
3. 혼합형 펀드와 주식형 펀드, 개방형 펀드와 폐쇄형 펀드, 로드 펀드와 노로드 펀드 등 다양한 유형의 펀드 사이에서 어떤 선택을 하는 것이 현명한 결정인가?

전반적인 펀드 투자의 성과

이 질문들에 답하기 전에 펀드 산업이 투자 생태계에 기여한 바를 언급하고자 한다. 투자자들은 펀드를 통해서 좋은 성과를 올렸는가? 펀드 투자자들은 직접 주식을 매매한 사람들과 비교하여 어떤 성과를 보였는가? 나는 펀드가 전체적으로 유용한 역할을 해왔다고 확신한다. 펀드는 좋은 저축 및 투자 습관을 촉진시켰고, 수많은 개인이 주식시장에서 치명적인 실수를 저지르지 않도록 보호해 주었다. 또한 펀드 가입자는 주식시장의 평균 수익률에 준하는 성과를 얻을 수 있었을 것이다. 굳이 비교하자면 평균적으로 지난 10년 동안 펀드에만 투자한 개인은 직접 주식을 사고 판 개인보다 더 나은 성과를 올렸을 것이다.

펀드의 실제 성과가 전반적으로 주식시장 전체보다 좋지도 않고, 펀드에 투자할 때 드는 비용이 직접 투자할 때보다 더 비싸다고 하더라도 마지막 요점은 사실일 것이다. 일반적인 개인 투자자의 현실은, 직접 균형 잡힌 주식 포트폴리오를 구성하여 보유하거나, 약간 더 비싼 비용을 지불하고 펀드에 투자하는 것 중에서 선택하는 것이 아니다. 오히려 펀드 판매사의 설득에 넘어가는 것과 더욱 교활하고 위험한 주식중개인이 추천하는 저질 신주를 매수하는 것 사이에서 선택하는 경우가 많다. 또한 어떤 개인이 방어적으로 투자를 하려는 생각으로 증권 계좌를 개설했다 할지라도, 매매하는 과정에서 투기의 유혹에 빠지기 쉽다. 반면 펀드 투자자는 이러한 유혹에 휩쓸릴 가능성이 훨씬 적을 것이다.

하지만 전체 시장에 비해 펀드의 성과는 어떠했을까? 이는 다소 논란의 여지가 있는 주제지만, 이해하기 쉽게 설명하도록 하겠다. 표 9-1은 1961년부터 1970년 말까지 가장 큰 10개 펀드회사를 선택한 후, 각각의 회사에서 가장 큰 주식형 펀드들의 성과를 나열했다. 이 표에는 1961년부터 1965년, 1966년부터 1970년 및 1969년부터 1970년까지 각각의 총수익률이 요약되어 있다. 또한 10개 펀드의 평균 성과도 보여주고 있다. 이들 펀드회사는 1969년 말 기준으로 150억 달러 이상의 순자산을 보유하고 있었으며, 이는 전체 주식형 펀드의 약 1/3에 해당한다. 따라서 이들은 전체 펀드를 대표할 수 있을 것이다. (이론적으로는 이 목록이 펀드 전체 성과보다 나은 성과를 보일 수 있는 편향이 있을 수 있다. 왜냐하면 성과가 우수한 회사들은 다른 펀드들보다 더 빠른 성장을 할 수 있었기 때문이다. 그러나 실제로 반드시 그렇지는 않다.)

이 표에서 몇 가지 흥미로운 사실을 확인할 수 있다. 첫째, 1961~1970년까지 이 10개 펀드의 전체 성과는 S&P 500 지수(또는 S&P 425 산업주 지수)와 크게 다르지 않았다. 그러나 다우지수보다는 분명히 더 나은 성과를 보였다. (다우지수에 포함된 30대 대기업이 S&P 500 지수에 속한 많은 개별 기업보다 성과가 저조하다는 사실도 생

〈표 9-1〉 10대 펀드 회사의 대표 펀드 운용 성과[a]

	1961~1965년(%)	1966~1970년(%)	1961~1970년(%)	1969년(%)	1970년(%)	순자산(100만달러) 1970년말
어필리에이티드	71	19.7	105.3	−14.3	2.2	1,600
드레퓌스	97	18.7	135.4	−11.9	−6.4	2,232
피델리티	79	31.8	137.1	−7.4	2.2	819
펀더멘털	79	1.0	81.3	−12.7	−5.8	1,054
인베스트먼트	82	37.9	152.2	−10.6	2.3	1,168
인베스터스 스탁	54	5.6	63.5	−80.0	−7.2	2,227
매사추세츠인베	18	16.2	44.2	−4.0	0.6	1,956
내셔널인베스터	61	31.7	112.2	4.0	−9.1	747
퍼트넘그로쓰	62	22.3	104.0	−13.3	−3.8	684
유나이티드	74	−2.0	72.7	−10.3	−2.9	1,141
평균	72	18.3	105.8	−8.9	−2.2	13,628
S&P 500	77	16.1	104.7	−8.3	3.5	(합계)
다우지수	78	2.9	83.0	−11.6	8.7	

a 1970년 말 순자산이 가장 큰 운용사 펀드 중에서 각 운용사 별 대표 펀드 하나만 선정했다.
출처: 와이젠버거 파이낸셜 서비스

각해 볼 주제이다.) 둘째, 지난 5년 동안 펀드의 S&P 500 지수 대비 성과가 이전 5년과 비교하여 다소 개선되었다는 점이다. 1961~1965년까지는 펀드의 수익이 S&P 500 지수보다 약간 낮았고, 1966~1970년에는 S&P 500 지수보다 약간 높았다. 셋째, 개별 펀드의 성과 간에는 큰 차이가 존재한다.

펀드의 성과가 전체 시장과 유사한 성과를 보였다는 것이 펀드 산업 전체가 비난받을 이유는 아니라고 생각한다. 펀드의 운용역들과 그들의 전문 경쟁자들은 시장에서 거래되는 주식의 상당 부분을 관리하고 있으므로, 시장 전체에 일어나는 일은 그들의 펀드에도 (대략적으로) 영향을 미칠 수밖에 없다. (1969년 말, 보험에 가입한 은행의 신탁자산에는 주식만 1,810억 달러가 포함되어 있었다. 여기에 투자자문사가 관리하는 계좌의 주식과 560억 달러에 달하는 펀드 및 유사 펀드를 합치면, 이러한 전문가들의 결정은 주식시장의 움직임을 거의 좌우하며, 주식시장의 움직임이 펀드의 총체적 성과를 거의 결정한다.)

평균보다 더 나은 펀드가 존재하며, 투자자가 이러한 펀드를 선택하여 더 나은 성과를 얻을 수 있을까? 절대로 모든 투자자가 그럴 수는 없다. 그렇다면 결국 아무도 다른 사람보다 더 나은 성과를 내지 못하는 상황으로 되돌아갈 것이기 때문이다. 우선 이 질문을 단순하게 생각해 보자. 투자자가 충분한 기간 동안 가장 우수한 성과를 낸 펀드를 찾아 그 회사가 가장 유능하다고 가정하고, 따라서 앞으로도 평균 이상의 성과를 낼 것이라 믿으며, 그 펀드에 자금을 투자하면 어떻게 될까? 뮤추얼 펀드의 경우, 다른 펀드와 비교해 특별한 프리미엄을 지불하지 않고도 이 '가장 유능한 운용역'을 이용할 수 있기 때문에 이 아이디어는 충분히 현실적이다. (반면 상장주식들은 좋은 실적을 내면 그에 상응하는 프리미엄이 붙어서 높은 PER과 PBR로 거래된다.)

이 아이디어의 효과에 대한 검증결과는 중구난방이다. 그러나 표 9-1을 보면 최근 10년간 10대 펀드 중에서는 1961~1965년의 상위 다섯 개 펀드 중 세 개의 성과가 1966~1970년에도 나머지 다섯 개 펀드보다 좋은 성과를 기록하면서 효과가 있었음을 알 수 있다. 따라서 펀드 투자자는 최소한 5년 정도의 과거 성과를 비교해 보면 펀드간 우열을 가릴 수 있을 것이다. 다만 이는 전체 시장이 크게 상승하지 않는 경우에만 유효하다. 시장이 큰 폭으로 상승할 때에는 비상식적인 방식으로 눈에 띄게 유리한 결과를 얻을 수 있으며, 이는 다음 '퍼포먼스 펀드'를 소개하면서 자세히 설명할 것이다. 이러한 결과는 펀드 매니저가 지나치게 투기적인 위험을 감수하고 단기적인 성과에 치중하고 있을 때 나타나는 현상이다.

퍼포먼스 펀드

최근 몇 년간 나타난 새로운 현상 중 하나는 투자 펀드에서 '성과(퍼포먼스)' 지상주의가 팽배해진 것이다. 여기서 주의할 점은 이것이 대부분의 기존 펀드 회사에는 해당되지 않으며, 업계의 상대적으로 작은 부분에만 해당되지만, 비정상적으로 많은 관심을 끌고 있다는 것이다. 이야기는 간단하다. 일부 운용사는 평균 이상의 성과(또는 다우지수 이상의 성과)를 내기 위해 노력했다. 그들은 일정 기간 동안 성공을 거두어 상당한 주목을 받았고, 더 많은 자금이 몰렸다. 그들의 목표는 정당했다. 하지만 관리하는 자금이 많아지면서 이 목표를 달성하기 위해 점점 더 큰 위험을 감수할 수밖에 없었다. 그리고 얼마되지 않아 그 위험이 수면 위로 떠올랐다.

나의 관점이 구식이며, 제2의 신시대인 지금은 맞지 않는다고 여겨질지도 모르겠으나, 1920년대를 경험했던 나 같은 사람들은 '성과' 현상을 둘러싼 여러 상황들이 불길하다는 의견을 표명했다. 그 이유는 우선, 이러한 뛰어난 성과를 낸 이들 중 거의 대부분은 30대와 40대의 젊은 남성들이었고, 그들의 금융 경험은 거의 끊임없이 이어진 1948~1968년의 강세장에만 국한되어 있었다. 둘째로, 이들은 종종 '건전한 투자'의 정의를 빠른 시일내에 시장에서 큰 상승이 예상되는 주식을 고르는 것으로 여기는 듯했다. 그들의 매매는 주가에 비해 자산이나 실적의 가치가 한참 못 미치는 신규 상장된 주식에 집중되었다. 이러한 매매는 오직 해당 주식들이 미래에 성과를 낼 것이라는 막연한 기대와, 정보 부족과 탐욕에 사로잡힌 대중의 투기적 열정을 교묘히 이용하겠다는 의도가 결합되었을 때 말고는 있을 수 없는 일이다.

당사자들의 실명을 밝히지는 않겠지만, 구체적인 사례는 짚고 넘어가도록 하자. 대표적인 사례는 맨해튼 펀드Manhattan Fund, Inc.이다. 1965년 말에 설립된

〈표 9-2〉 맨해튼 펀드의 주요 보유 종목과 성과(1969년 12월 31일 기준)

주식수 (1000주)	종목명	가격(달러)	1969년 EPS(달러)	1969년 배당금(달러)	평가액 (백만 달러)
60	텔레프롬프터	99	0.99	없음	6.0
190	델토나	60.5	2.32	없음	11.5
280	페더스	34	1.28	0.35	9.5
105	호라이즌	53.5	2.68	없음	5.6
150	라우즈	34	0.07	없음	5.1
130	마텔	64.25	1.11	0.20	8.4
120	폴라로이드	125	1.90	0.32	15.0
244[a]	내셔널 스튜던트 마케팅	28.5	0.32	없음	6.1
56	텔렉스	90.5	0.68	없음	5.0
100	바슈롬	77.75	1.92	0.80	7.8
190	포시즌스 널싱	66	0.80	없음	12.3[b]
20	IBM	365	8.21	3.60	7.3
41.5	NCR	160	1.95	1.20	6.7
100	색슨 인더스트리	109	3.81	없음	10.9
105	커리어 아카데미	50	0.43	없음	5.3
285	킹 리소시즈	28	0.69	없음	8.1
				합계	130.6
				기타 주식	93.8
				기타 투자	19.6
				총투자 금액[c]	244.0

a 2대 1 주식분할 후

b 110만 달러의 계열사 주식 포함

c 현금 부분 제외

연도별 성과

연도	1966	1967	1968	1969	1970	1971
맨해튼 펀드	−6%	+38.6%	−7.3%	−13.3%	−36.9%	+9.6%
S&P 500	−10.1%	+23.0%	+10.4%	−8.3%	+3.5%	+13.5%

이 펀드는 아마도 퍼포먼스 펀드 중에서 대중의 주목을 가장 많이 받은 펀드일 것이다. 이 펀드는 처음에 주당 9.25달러에서 10달러 사이에 2,700만 주의 주식을 발행하여 2억 4,700만 달러의 자본금으로 출범했다. 당연히 자본이득에 집중했다. 자산 대부분을 고 PER 주식에 투자하였으며, 배당금을 지급하지 않거나(아주 적은 배당만 지급) 대규모 투기적 수요와 급격한 가격 변동을 보이는 종목들이 주를 이루었다. 펀드는 1967년에 38.6%의 전체 수익률을 기록했고, 이는 S&P 500 지수의 23%와 대조된다. 그러나 그 이후의 성과는 기대에 한참 못 미쳤으며, 이는 표 9-2에 나와 있다.

1969년 말 맨해튼 펀드의 포트폴리오는 매우 이상했다. 이 펀드에 가장 많이 편입된 회사 중 두 곳이 그로부터 6개월 이내에 파산 신청을 했고, 세 번째 회사는 1971년에 채권자들이 권리행사를 시작했다. 이러한 부실 기업의 주식에 펀드 뿐 아니라 대학 기부금 펀드, 대형 금융기관의 신탁 부서 등에서도 투자했다는 사실은 놀라울 따름이다. 또 하나 놀라운 사실은 맨해튼 펀드의 설립자 겸 펀드매니저는 다른 운용사도 하나 설립해서 보유하고 있었는데, 그 회사를 다른 대기업에 2천만 달러 이상에 매각했다는 것이다. 당시 그 회사의 자산은 100만 달러도 채 되지 않았다. '펀드매니저의 개인적 성과'와 '펀드매니저의 펀드 성과' 간에 이렇게 큰 차이가 있었던 사례가 또 있었을까 싶다.

1969년 말에 출간된 책 『펀드매니저들The Money Managers』에서는 '다른 사람의 돈 수십억 달러를 관리하는 고도의 기술을 가진 19인의 프로필'을 소개했다*. 요약 부분에서는 '그들은 젊고… 연봉이 백만 달러를 초과하는 사람도

* 카플란G. E. Kaplan과 웰스C. Welles, 『펀드매니저들The Money Managers』, 랜덤하우스Random House, 1969.

있으며… 새로운 개념의 금융을 선도하며… 시장에 온전히 몰입하면서… 뛰어난 성과를 내는 능력을 지녔다'고 전하고 있다. 그들의 운용 방식을 알고 싶다면 그들이 관리하는 펀드의 실적을 보면 된다. 『펀드매니저들』에는 19인 중 12인이 관리하는 펀드의 실적이 나오는데, 이들은 1966년에 좋은 성과를 보였고, 1967년에는 탁월했다. 1968년에도 전체적으로는 양호했으나 개별 펀드에 따라 차이가 있었다. 1969년에는 모두 손실을 기록했으며, 단 한 명만이 S&P 500 지수보다 약간 나은 성과를 거두었다. 1970년에는 1969년보다 더 저조한 상대 성과를 보였다.

이 사례를 소개한 이유는 한 가지 교훈을 전하기 위해서이다. 아마도 이는 '양상이 바뀔수록, 본질은 견고해진다 Plus ça change, plus c'est la même chose '라는 오래된 프랑스 격언으로 가장 잘 표현될 수 있을 것이다. 에너지가 넘치는 영리한 사람들, 대개 젊은이들이 '다른 사람들의 돈'으로 기적을 보여주겠다고 장담하는 것은 하루이틀 이야기가 아니다. 이들은 종종 어느 정도 기간 동안 기적을 행하거나, 최소한 행하는 것처럼 보이곤 했지만, 결국 그 피해는 대중이 보게 된다.

약 50년 전에는 노골적인 주가 조작, 분식회계, 터무니없는 자본 구조, 그리고 사기성 금융 관행을 이용하여 이런 '기적'을 일으키곤 했다. 이런 폐해 때문에 결국 증권거래위원회 SEC 가 신설되어 정교한 금융 통제 시스템이 도입되었고, 일반 대중도 주식을 좀 더 신중한 관점에서 접근할 수 있게 되었다. 1965~1969년에 새로운 '펀드매니저'들은 1926~1929년 당시의 금융 부정행위가 있고 나서 한 세대가 조금 넘은 시점에 활동을 시작했다. 1929년 대폭락 이후 어떤 부정행위들은 금지되어 더 이상 찾아볼 수 없게 되었는데, 이는 실형의 위험이 따르기 때문이다. 하지만 월스트리트의 여러 곳에서는 새로운 기법과 속임수들이 등장하여 결국 매우 유사한 결과를 초래했다. 노골적인 주가 조작은 사라졌지만, '유망'종목에서 이익을 볼 수 있다는 가능성만 보여주면 사람들의 관심을 끄는 것이 어렵지 않으므로, 다양한 방법이 시도되고 있다. 예를 들어 '비공개주*'를 대량매매하면 시세보다 훨씬 낮은 가격에 매수할 수 있는데, 평가는 시세대로 했다. 사실상 그런 물량을 시장에 팔면 가격이 하락할 것은 뻔하지만, 실현 불가능한 가상의 이익을 실제 이익으로 둔갑시킨 것이다. 이렇듯 새로운 규제와 금지가 도입되어 분위기가 달라진 것 같아 보이지만 월스트리트에는 놀랍게도 1920년대의 과잉과 오류가 되풀이되고 있다.

또다시 새로운 규제와 금지가 도입될 것이고 1960년대 후반의 일부 악습은 시장에서 사라질 것이다. 하지만 투기 충동이 완전히 사라지거나, 그 충동을 악용하는 행위가 근절되리라 기대하는 것은 무리일 것이다. 현명한 투자자는 이러한 '대중의 미망과 광기**'를 이해하고 최대한 거리를 두어야 한다.

대부분의 퍼포먼스 펀드들은 1967년의 화려한 실적 이후 초라한 모습을 보인다. 1967년 수치를 포함하면, 이들의 전반적인 실적이 그렇게 참담할 정도는 아니다. 『펀드매니저들』에 따르면 같은 기간 '펀드매니저' 열 명 중 S&P 500 지수보다 월등히 나은 성적을 기록한 사람도 한 명 있었고, 여섯 명은 비슷한 성과에 머물렀으며, 세 명은 훨씬 저조한 성과를 보였다. 확인을 위해 1967년 한 해 동안 84%에서 301%까지 수익을 올린 10개의 퍼포먼스 펀드를 살펴보면, 이 중 네 개는 1967년 실적을 포함하여 4년간 S&P 500 지수 대비 초과성과를 보였으나, 1968~1970년에 S&P 500 지수 대비 초과성과

---

* 비공개주에 대해서는 30페이지의 정의를 참조하라.

** 1852년에 출판된 책 제목을 인용했다. 이 책은 남해회사 거품과 튤립 광풍, 과거의 다른 투기적 열풍을 설명하고 있다. 이 책은 1932년에 최근에 성공적인 투기꾼 중 한 명인 버나드 M. 바룩이 재출간했다.

를 보인 펀드는 단 두 개였다. 이 펀드들은 규모가 크지 않았고 평균 규모는 약 6천만 달러였다. 따라서 뛰어난 실적을 지속하려면 펀드의 규모가 작아야 한다는 것을 알 수 있다.

지금까지의 논의는 펀드매니저가 초과성과를 추구한다면 특별한 위험에 노출된다는 결론을 암시하고 있다. 나의 금융 경험에 따르면, 규모가 큰 펀드가 안정적으로 관리될 경우, 장기적으로는 평균 성과를 약간 초과하는 정도가 기대할 수 있는 최선이다. 만약 건전하지 않게 관리된다면 잠깐은 화려한 성과를 올릴 수 있지만, 그 뒤에는 필연적으로 큰 손실을 초래하게 된다. 예외적으로 10년 이상 시장 평균을 꾸준히 초과한 펀드 사례도 있었지만, 이러한 사례는 주로 전문 분야에 특화된 펀드로서, 자체적으로 운용자산 규모를 제한하여 대중은 가입하기 힘든 예외적인 경우였다.

폐쇄형 펀드 대 개방형 펀드

대부분의 개방형 펀드는 가입자가 포트폴리오의 일일 평가액에 따라 펀드의 지분을 현금화할 권리를 가지며, 신규 가입을 위한 시스템도 함께 갖추고 있다. 이 방식으로 대부분의 개방형 펀드는 수년간 운용규모를 키워왔다. 반면 폐쇄형 회사들은 대부분 오래 전에 설립되었고 고정된 운용규모를 가지고 있어, 상대적인 규모가 감소했다. 개방형 펀드는 수천 명의 열정적인 영업사원들이 판매를 종용하고 있지만, 폐쇄형 펀드는 그런 사람이 없다. 이로 인해 대부분의 개방형 펀드는 순자산가치보다 약 9%의 프리미엄(판매직원의 수수료 등을 포함)으로 대중에게 판매되는 반면, 대부분의 폐쇄형 주식은 순자산가치보다 낮은 가격에 구입할 수 있다. 이러한 가격 할인율은 개별 펀드마다 다르며, 전체 그룹의 평균 할인율 또한 시기에 따라 변동해 왔다. 표 9-3에

〈표 9–3〉 **폐쇄형 펀드, 개방형 펀드 및 S&P 500 지수 추이**

연도	폐쇄형 펀드 평균 할인율(%)	폐쇄형 펀드 평균 실적(%[a])	개방형 펀드 평균 실적(%[b])	S&P 500 지수 성과(%[c])
1970	−6	0	−5.3	+3.5
1969	–	−7.9	−12.5	−8.3
1968	(+7)[d]	+13.3	+15.4	+10.4
1967	−5	+28.2	+37.2	+23.0
1966	−12	−5.9	−4.1	−10.1
1965	−14	+14.0	+24.8	+12.2
1964	−10	+16.9	+13.6	+14.8
1963	−8	+20.8	+19.3	+24.0
1962	−4	−11.6	−14.6	−8.7
1961	−3	+23.6	+25.7	+27.0
10년 평균		+9.14	+9.95	+9.79

a 와이젠버거 발표 10개 펀드 성과의 평균
b 와이젠버거 발표 5개 펀드 성과의 평균
c 배당 포함 성과
d 프리미엄

1961~1970년의 펀드 유형별 성과와 할인율 자료를 정리했다.

조금 주의깊게 보면 폐쇄형 펀드가 할인되어 거래된다고 해서 그 성과가 개방형 펀드에 비해 떨어지는 것은 아니라는 것을 알 수 있다. 표 9-3에 포함된 1961~1970년 두 그룹의 연간 성과가 그 근거이다. 이로부터 투자자가 지켜야 하는 명확한 규칙 하나가 도출된다. 만약 펀드에 자금을 넣고 싶다면, 개방형 펀드에 자산가치보다 약 9% 프리미엄을 지불하는 대신, 자산가치보다 약 10%에서 15% 할인된 폐쇄형 펀드를 선택하는 것이 좋다. 미래 배당금과 자산가치 변화가 두 그룹에서 비슷하게 유지된다고 가정하면, 폐쇄형 펀드는 투자금 대비 약 20% 수익률이 개선된다.

개방형 펀드 영업사원은 즉각 이렇게 반박할 것이다. "폐쇄형 펀드에 가입하면 언제든지 환매할 수 있는 가격이 보장되지 않습니다. 매도하는 시점에 할인율이 오늘보다 커지면 손해를 볼 위험이 있습니다. 저희 주식은 100% 자산가치로 환매할 수 있는 권리가 보장되어 있어 절대 더 낮아지지 않습니다."

이 주장을 조금 더 살펴보자. 이것은 논리와 상식을 적용하는 좋은 연습이 될 것이다.

질문: 폐쇄형 펀드의 할인율이 더 커진다고 가정할 때, 그렇지 않다면 개방형 펀드보다 불리할 가능성은 얼마나 될까?

약간의 계산이 필요하다. 투자자 A가 자산가치의 109%로 개방형 펀드를 매수하고, 투자자 B가 자산가치의 85%에 1.5% 수수료를 더한 가격에 폐쇄형 펀드를 매수한다고 가정하자. 두 펀드 모두 4년 동안 자산가치의 30%를 벌어서 모두 배당하여 처음의 가치와 같아졌다고 가정해 보자. 투자자 A가 펀드를 자산가치의 100%에 환매하면, 지불한 9%의 프리미엄을 손해 본다. 그 기간 동안의 총 수익률은 자산가치 대비 30%에서 9%를 뺀 21%가 되며, 프리미엄을 감안한 투자금 대비 19%가 된다. 그렇다면 투자자 B가 투자자 A와 동일한 투자 수익률 19%를 얻으려면 폐쇄형 펀드를 얼마에 매도하면 될까? 정답은 73%, 즉 자산가치에서 27% 할인된 가격이다. 다시 말해 폐쇄형 펀드 투자자는 시장 할인이 12퍼센트 포인트(약 두 배) 확대되더라도 개방형 펀드 투자자의 수익률과 비슷한 수익률을 유지할 수 있다. 이런 정도까지 심하게 할인되는 상황은 폐쇄형 펀드가 나온 이래 거의 발생하지 않았다. 따라서 펀드의 성과가 비슷하다고 가정하면, 폐쇄형 펀드를 할인된 가격에 매수할 경우 개방형 펀드보다 투자수익률이 낮아질 가능성은 매우 적다. 프리미엄이 없는 펀드와 비교하는 경우에도 폐쇄형 펀드는 여전히 이점이 있다.

〈표 9-4〉 **폐쇄형 펀드의 평균 수익률**(1961~1970년)

기간	1970년	1966~1970년	1961~1970년	1970년 12월
프리미엄 펀드 3개	-5.2%	+25.4%	115.0%	11.4% 프리미엄
할인 펀드 10종	+1.3%	+22.6%	102.9%	9.2% 할인

출처: 와이젠버거 파이낸셜 서비스

〈표 9-5〉 **대표 폐쇄형 펀드의 평균 수익률**(1961~1970년)

기간	1970년	1966~1970년	1961~1970년	1970년 12월
제너럴 아메리칸 인베스터스	-0.3%	+34.0%	+165.6%	7.6% 할인
리먼	-7.2%	+20.6%	+108.0%	13.9% 프리미엄

출처: 와이젠버거 파이낸셜 서비스

일부 폐쇄형 펀드가 대부분의 개방형 펀드의 9% 실제 수수료를 초과하는 프리미엄에 거래된다는 사실은 또 다른 의문이다. 이러한 프리미엄 펀드들이 뛰어난 운용 능력을 갖추어 높은 가격을 정당화할 만한 충분한 가치가 있는가? 지난 5년 또는 10년 동안의 펀드 성과를 비교해 봤을때, 긍정적인 답변을 내놓기는 어려울 듯하다. 프리미엄을 가진 여섯 개 회사 중 세 개는 주로 해외 투자를 하고 있으며, 이들 중 몇몇은 몇 년 만에 가격이 심하게 요동쳤다. 1970년 말에는 한 펀드가 최고가의 4분의 3, 다른 펀드는 3분의 2, 또 다른 펀드는 절반 이상 하락하였다. 프리미엄이 붙어 거래되는 세 개의 국내 펀드의 경우, 10년간의 전체 수익률 평균은 10개의 할인 펀드보다 약간 나았지만, 지난 5년 동안의 성과는 반대였다.

표 9-5에는 1961년부터 1970년까지 가장 오래되고 가장 큰 폐쇄형 펀드

인 리먼Lehman Corp.과 제너럴 아메리칸 인베스터스General American Investors Co.의 실적을 비교한 결과가 나와있다. 이 중 하나는 1970년 말 투자 금액보다 14% 높은 가격에 거래되었고, 다른 하나는 투자 금액보다 7.6% 낮은 가격에 거래되었다. 따라서 프리미엄의 차이가 향후 실적 차이로 이어질 것이라는 가정은 타당하지 않는 것으로 보인다.

혼합형 펀드

와이젠버거 보고서에 포함된 23개의 혼합형 펀드는 전체 자산 중에서 우선주와 채권을 포함한 비중이 25%에서 59%까지 다양했으며, 평균은 약 40%였다. 펀드의 나머지 비중은 보통주로 채웠다. 일반 투자자가 채권과 주식에 동시에 투자하려면 혼합형 펀드에 투자하는 것보다 원하는 비중만큼 직접 채권에 투자하고 나머지는 주식형 펀드에 투자하는 것이 더 합리적일 것이다. 1970년 이들 혼합형 펀드의 평균 수익률은 순자산가치 기준 연 3.9%, 펀드 판매가 기준 약 3.6%에 불과했다. 채권 비중은 미국저축채권, A등급 이상의 회사채, 또는 비과세 채권으로 채우면 된다.

9장 논평

— 제이슨 츠바이크

"(펀드매니저들은) 고전적인 방식으로 자신과 고객 사이에 자금을 배분한다.
즉 하루 영업을 마친 뒤 모든 돈을 공중에 던진다.
그리고 천장에 붙는 것은 전부 고객 몫이다."

— 프레드 쉐드*

수십 년 동안 펀드 산업은 투자 대중을 철저히 속여 왔다.

1920년대부터 펀드매니저들은 자신들을 마치 위험을 최소화하고, 오를 주식과 내릴 주식을 정확히 판별하여 시장을 압도적으로 제압하는 기적의 조련사인 양 포장해 왔다. 그 덕분에 그들은 막대한 수수료와 연간 보수를 받으면서도, 마치 그 대가를 마땅히 지불할 만한 가치가 있는 것처럼 보이게 만들었다.

---

* 프레드 쉐드 Schwed, Fred Jr., 『고객의 요트는 어디에 있는가? Where Are the Customers' Yachts?』, (Wiley, 2006), p140.

2008~2009년 글로벌 금융위기를 겪고 나서야 비로소 대중은 미몽에서 깨어났다.

펀드 망상

해마다 잘 교육받고 고도로 훈련된 전문가들이 방대한 데이터와 강력한 컴퓨팅 파워를 무장한 채 S&P 500 지수와 같은 시장 수익률을 이기려 애쓴다. 하지만 해마다 그렇게 공격적으로 운용되는 펀드(액티브펀드)의 대부분은 실패한다.

모닝스타 Morningstar 에 따르면 2022년 한 해 동안 미국의 액티브 운용 뮤추얼펀드와 ETF의 43%만이 자신이 추종하는 시장 평균을 초과 달성했다. 이는 전년도인 2021년의 47%보다 낮은 수치다. 또한 2023년 6월 30일을 기준으로 최근 10년간 미국 대형주에 투자한 펀드 가운데 벤치마크를 이기면서 살아남은 펀드는 단 10.5%에 불과했다.

표 9-1은 미국 주식형 펀드의 순위 지속성에 관한 데이터로, 어떤 펀드가 한 해 시장을 이겼다 해도 그 성과를 다음 해에도 유지하는 경우는 극히 드물다는 사실을 보여준다.

〈표 9-1〉 정상은 외롭다

2020년 12월 상위 50% 펀드 수	2021년 12월에도 상위 50% 유지 비율	2022년 12월에도 상위 50% 유지 비율
975개	32.1%	7.2%
2020년 12월 상위 25% 펀드 수	**2021년 12월에도 상위 25% 유지 비율**	**2022년 12월에도 상위 25% 유지 비율**
488개	4.1%	0.0%

출처: S&P Dow Jones Indices, bit.ly/3rPkBO8

펀드매니저의 발목을 잡는 세 가지 걸림돌

자산 비대화

펀드 규모가 커질수록 소형주에 투자하기가 점점 더 어려워진다. 예를 들어 자산이 1억 달러인 펀드는, 특정 종목에 자산의 1%인 100만 달러를 배정할 수 있다. 그러나 자산이 100억 달러인 펀드는, 동일한 1% 투자만으로도 1억 달러를 투입해야 한다. 이는 대부분의 소형주에게는 감당할 수 없는 수준의 매수 수요이며, 유동성 문제와 가격 왜곡을 유발할 수 있다. 또한 펀드가 커질수록 거래 비용도 함께 증가한다. 무엇보다도 펀드에 유입되는 신규 자금이 많아질수록 운용사는 그 돈을 어디든 '굴려야 한다'는 압박이 커진다.

수수료

미국 투자회사협회Investment Company Institute에 따르면 2022년 기준 미국 주식형 펀드의 평균 연간 보수는 1.15%였다. 이 비용은 수익과 관계없이 매년 무조건 빠져나가는 비용이다.

거래 비용

예를 들어 어떤 펀드의 포트폴리오 회전율이 100%라면, 이는 평균적으로 각 주식을 1년 보유한 뒤 매도한다는 뜻이다. 매수와 매도에 각각 0.25%의 매매 비용이 든다면, 이 펀드 투자자는 매년 0.5%의 거래 비용을 부담하게 된다.

어떤 펀드가 연간 1.15%의 운용 보수를 부과하고, 여기에 0.5%의 거래 비용까지 발생한다면, 이 펀드는 매년 1.65%의 성과 저하 부담drag을 안고 가는 셈이다. 만약 시장이 1년 동안 10% 상승했다면, 이 펀드는 수수료 차감 전 11.65%를 벌어야 수수료 차감 후 겨우 시장 수익률과 같은 수준이 된다. 이는 곧 시장보다 뒤처지지 않으려면, 펀드가 수수료 차감 전 기준으로 시장 대비 16.5% 더 높은 수익률을 달성해야 한다는 뜻이다!*

따라서 시장을 초과하는 수익을 거두기는커녕, 시장 수익률을 안정적으로 추종하는 것조차 어려운 상황이다.

'평균'이 평균 이상일 때

벤저민 그레이엄은 이 모든 사실을 대부분의 사람들이 깨닫기 훨씬 전부터 알고 있었다. 1951년에 이미 그는 투자자들이 시장 평균에 투자할 수 있다면 그게 오히려 더 나을 것이라고 제안했다. 그레이엄은 이 생각을 죽기 직전까지, 즉 1976년까지 반복해서 강조했다. 그리고 같은 해, 뱅가드 그룹Vanguard Group의 존 C. 보글John C. Bogle은 최초의 인덱스 뮤추얼펀드를 세상에 선보였다.**

인덱스펀드는 S&P 500, MSCI ACWIAll-Country World Index, 블룸버그 미국 종합채권지수Bloomberg U.S. Aggregate Bond Index 같은 시장 벤치마크에 포함된 거의 모든 자산을 보유한다. 그 목적은 시장 수익률을 따라가는 것(수수료 차감 전 기준)이지,

* 펀드의 거래 비용은 0.25%보다 더 높은 경우가 흔하다. 자세한 내용은 필 매킨토시Phil Mackintosh의 「운용사들의 매매비용How Much Does Trading Cost the Buy Side?」, bit.ly/3Dychoy를 참고하라. 거래비용은 뮤추얼펀드나 ETF의 공식 연간 수수료 항목에 포함되지 않으며, 대신 펀드의 총 수익률에서 자동으로 차감된다. 예를 들어 시장이 5% 상승한 해라면, 앞서 예시의 펀드는 수수료와 거래비용을 감안해 6.65% 수익률을 기록해야 비로소 시장 수익률과 같아질 수 있다. 이는 시장 수익률보다 33% 더 높은 성과를 거둬야 한다는 뜻이다. 단지 시장 수익률을 따라잡기 위해서만도 말이다.

** 제이슨 츠바이크, 「벤저민 그레이엄은 인덱스펀드를 싫어했을까?Would Benjamin Graham Have Hated Index Funds?」, bit.ly/3qb7iXS.

시장을 이기려는 것이 아니다. 이들은 최고의 종목을 고르고 최악의 종목을 피하려는 노력을 하지 않기 때문에, 값비싼 리서치나 높은 거래 비용을 들일 필요도 없다. 그저 모든 자산을 사고, 보유하기만 하면 되는 것이다.

인덱스펀드에서는 수익이 나는 자산은 자연스럽게 비중이 커지고, 손실이 나는 자산은 자동으로 비중이 줄어든다. 운용자가 이를 따로 분석하거나 거래할 필요조차 없다. 이러한 구조 덕분에 인덱스펀드의 총비용은 연 0.05% 이하로 책정될 수 있으며, 이는 시장 수익을 이기려는 전통적 펀드들 비용의 10분의 1 이하 수준이다. 또한 거래가 거의 없기 때문에 세금 부담 역시 거의 발생하지 않는다.

평균에 만족함으로써 당신은 결국 평균 이상의 성과를 얻게 된다. 한 투자자가 거래에서 이익을 얻었다면, 반드시 누군가는 같은 금액만큼 손실을 본 셈이다. 시장 전체로 보면 이러한 모든 거래 활동은 결국 '제로섬'에 수렴한다. 그리고 이 모든 것은 비용이 반영되기 전 이야기다. 연구와 거래에 들어가는 비용까지 고려하면, 시장 수익률을 이기려는 대부분의 투자자들은 오히려 시장에 지게 된다.

반면 인덱스펀드를 보유하면 수수료 차감 전에는 시장 수익률과 같아지고, 수수료 차감 후에는 높은 비용을 지불한 거의 모든 아마추어·전문가들보다 더 나은 성과를 내게 된다. 결국 '평균에 만족하는 것'은 진정한 의미에서 평균 이상의 결과를 확보하는 길이다.*

* 윌리엄 샤프, 「액티브 운용의 셈법The Arithmetic of Active Management」, bit.ly/4572gud; 라세 헤제 페데르센Pedersen, Lasse Heje, 「액티브 운용의 셈법 심화 Sharpening the Arithmetic of Active Management」, bit.ly/3OgJucZ.

ETF, 이상적이고 탁월한 펀드

포트폴리오를 지수에 맞추려면 뮤추얼펀드나 상장지수펀드ETF를 이용할 수 있다. 미국 기준으로 뮤추얼펀드는 하루가 끝나는 시점의 단일 가격으로만 거래할 수 있는 반면, ETF는 주식처럼 장중 아무 때나 사고팔 수 있다.

ETF는 놀라울 만큼 저렴하다. 운용보수가 0.03% 수준인 상품도 있어 1만 달러를 투자하더라도 연간 비용이 고작 3달러에 불과하다.

인덱스 뮤추얼펀드도 비용 면에서 ETF 못지않게 저렴할 수 있다. 그러나 시장 수익률을 이기려는 전통적 뮤추얼펀드는 연간 평균 1.15%의 수수료를 부과하며, 이는 인덱스펀드보다 거의 40배 비싼 수준이다. 수십 년간의 연구 결과는 한 가지 사실을 명확히 보여준다. 펀드의 성공을 좌우하는 가장 중요한 요인은 바로 낮은 수수료라는 것이다.

ETF의 위험은 하루 종일 거래할 수 있다는 점 자체에 있다. 그리고 실제로 많은 사람들이 그렇게 한다.

ETF를 이런 식으로 사용하는 것은 굳이 본래의 큰 장점을 오히려 단점으로 바꾸는 행위이다. 수십 년 동안 거의 '0'에 가까운 비용으로 보유할 수 있는 자산을 굳이 단기 매매용 장난감으로 전락시킬 필요는 없다.

또 하나의 잠재적 문제는 필요한 거의 모든 목적을 위한 ETF가 있다는 점과 더불어 심지어 어떤 경우는 불필요한 목적을 위한 ETF도 있다는 점이다.

2023년 현재, 다음과 같은 ETF들이 실제로 존재한다:

- 한국 미디어 기업에 투자하는 ETF
- 니켈 채굴 회사 주식에 투자하는 ETF
- 미국 민주당 국회의원들이 매매한 종목만 추종하는 ETF

- 브라질 주식이 하루 1% 오르면 2% 손실이 나는 인버스 레버리지 ETF
- 시장 상황에 따라 테슬라Tesla Inc. 한 종목에 25%에서 200%까지 레버리지를 거는 ETF
- 인공지능을 이용해 농업 기업을 고르는 ETF
- 금융방송 진행자 짐 크레이머Jim Cramer의 추천 종목 수익률의 역수를 추종하는 ETF
- 낮 시간대가 아닌 '밤 동안의 주가 움직임'만 추종하는 ETF
- 대마초 관련 주식을 레버리지로 거래하는 ETF

〈표 9-2〉 과열된 ETF 시장

ETF 이름	티커	평균 일일 순자산(USD)	평균 일일 거래대금(USD)	일일 회전율	연간 회전율
SPDR S&P 500	SPY	394,849,683,157	34,405,432,438	8.7%	2,196%
iShares Core S&P 500	IVV	327,548,869,939	1,780,984,598	0.5%	137%
Vanguard S&P 500	VOO	308,258,084,527	1,551,640,052	0.5%	127%
Vanguard Total Stock Market	VTI	297,061,149,892	641,958,257	0.2%	54%
Invesco QQQ Trust Series 1	QQQ	186,230,121,010	17,957,771,186	9.6%	2,430%
Vanguard FTSE Developed Markets	VEA	110,636,676,983	460,759,200	0.4%	105%
Vanguard Value	VTV	100,219,303,401	325,980,613	0.3%	82%
Vanguard Total Bond Market	BND	92,587,446,741	410,510,468	0.4%	112%
iShares Core MSCI EAFE	IEFA	96,881,684,514	582,906,057	0.6%	152%
Vanguard Growth	VUG	86,279,720,336	244,972,436	0.3%	72%

* 2023년 데이터 기준. 연간 회전율 100%는 평균 보유기간이 12개월에 해당하며, 200%는 약 6개월, 2,400%는 약 2주라는 의미이다. 회전율의 연환산은 연간 252거래일을 기준으로 계산되었다.
출처: Strategas Securities

2023년 12월 31일 기준, 런던의 리서치 기관 ETFGI에 따르면 미국에는 총 3,383개의 ETF(및 관련 상품)가 존재했으며, 그 총 자산 규모는 8.12조 달러에 달했다. 반면 미국을 제외한 전 세계에는 8,486개의 ETF가 있었고, 그 자산 규모는 3.51조 달러에 그쳤다. 이는 ETF 시장에서 미국이 단연 압도적인 비중을 차지하고 있음을 보여주는 수치다.

많은 ETF들은 폭넓은 시장 전체를 포괄하기보다는 좁고 특화된 틈새에 집중하며 소수의 종목만 보유하는 경우가 많다. 이들은 종종 역사가 짧은 지수를 기반으로 만들어지기 때문에, 과거 성과가 미래 수익을 예측하는 데 있어 더욱 신뢰하기 어려운 지표가 된다. 또한 규모가 작기 때문에 수수료가 훨씬 높게 책정되는 경우가 많고, 청산되거나 사라질 위험도 그만큼 크다.*

이러한 ETF들 가운데 많은 수는 인버스 또는 레버리지 상품이다. 인버스 펀드는 기준지수와 반대 방향의 수익률을 추구한다. 예를 들어 어떤 지수가 하루 동안 1% 하락하면, 이 펀드는 1% 상승하는 구조다. 레버리지 펀드는 차입금이나 파생기법을 이용해, 수익과 손실을 모두 증폭시킨다. 어떤 펀드는 시장 평균의 하루 수익률을 2배 또는 3배로 따라가도록 설계되어 있다. 이는 곧 하루에 지수가 1% 하락하면 펀드는 2% 또는 3% 손실을 입는다는 뜻이기도 하다. 이런 펀드를 충분한 이해 없이 건드린다는 것은, 다이너마이트가 가득한 창고 안에서 성냥을 켜는 것과 같다.

피델리티 마젤란펀드의 전설적인 운용자 피터 린치Peter Lynch의 표현을 빌리자면, 이런 특화형 ETF들은 포트폴리오를 분산하여 개선시키는 것이 아니라, 오히려 악화시킨다. 이런 ETF들은 포트폴리오에 위험하고 낯선 자산들의 군집을 마구잡이로 끼워 넣음으로써, 구조를 복잡하고 혼란스럽게 만든다.

---

* 모닝스타, 「인덱스펀드로 알파 채굴하기Mining for Alpha with Index Funds」, bit.ly/3YhHZjw.

당신에겐 유별난 ETF를 살 수 있는 선택권이 있다. 그러나 그것을 사야 할 의무는 없다.

ETF 고르는 법

수천 개의 ETF가 존재하는 세상에서, 당신에게 맞는 ETF는 어떻게 골라야 할까? 팩트셋 리서치 시스템 FactSet Research Systems 의 글로벌 펀드 분석 책임자 엘리자베스 캐슈너 Elisabeth Kashner 는 다음의 간단한 기억법을 제안한다:

E – Efficiency (효율성)
T – Tradability (거래 용이성)
F – Fit (적합성)

효율성 Efficiency 은 연간 운용보수가 낮다는 의미이며, 바람직하게는 0.10% 이하가 이상적이다. 캐슈너는 "ETF를 오래 보유할수록 이 비용은 더욱 중요해진다"고 말한다. 운용보수는 수익률에 지속적으로 부담을 주는 요인이기 때문이다.

거래 용이성 Tradability 은 ETF를 사고팔 때 드는 비용을 의미한다. 미국 기준으로 해당 ETF의 일일 평균 거래액이 최소 25만 달러 이상이어야 하며, 매수호가와 매도호가 간 차이는 0.05% 이내, 이상적으로는 0.01% 이내여야 한다. 캐슈너는 "ETF를 오래 보유할수록 이 비용은 덜 중요해진다"고 말한다. 한 번만 발생하는 비용이기 때문에, 결국 매도할 때까지 다시 내지 않기 때문이다. 또한 매수 시에는 본인이 수용 가능한 최고 가격을, 매도 시에는 최저 가격을 지정하는 지정가 주문 limit order 을 활용해야 한다.

적합성Fit은 분산 투자를 의미하는 다른 말이다. ETF는 가능한 한 넓은 범위의 자산 묶음을 포괄해야 한다. 전체 시장 지수 ETF가 이상적이다. 캐슈너는 "자국 시장을 추종하는 ETF 하나, 전 세계 시장을 커버하는 ETF 하나면 충분하다"고 조언한다.

추종하는 지수가 특정 산업이나 테마에 국한된 ETF라면 해당 ETF에 투자하는 금액도 적어야 한다. (극히 소수 종목에 집중된 ETF에 소액을 투자하고 싶다면, 그 자산은 '미친 돈 계좌'에서 관리해야 한다.*)

전통적인 인덱스펀드도 수수료만 낮다면 ETF만큼 효과적으로 작동한다.

공격적으로 운용되는 뮤추얼펀드나 ETF가 의미 있을 수도 있다. 단 이는 수수료가 낮고, 보유 주식을 수년간 유지하며, 포트폴리오 구성이 시장과 현저히 다를 경우에만 해당된다.

ESG, 과장된 착한 투자

월스트리트의 최신 유행은 ESG 펀드다. 이들은 기업과 세상을 더 환경친화적Environmental이고, 더 사회적으로 공정하며Social, 더 건전하게 지배되는Governance 곳으로 만들고자 한다고 주장한다. 마케터들은 ESG 펀드를 통해 "착한 일도 하고, 돈도 벌 수 있다"고 말한다. 이 펀드를 보유하면 마치 선한 편에 서 있다는 도덕적 만족감을 누릴 수 있다는 것이다. 일부 연구들은 ESG 펀드의 수익률이 전통적인 포트폴리오와 비슷한 수준이라고 지적하기도 한다.

안타깝게도 당신이 실제로 선한 영향을 미칠지는 알 수 없지만, '좋은 일을

---

* 미친 돈 계좌에 대한 설명은 75페이지를 참조하라. ETF가 얼마나 광범위하게 분산되어 있는지는 각 ETF 웹사이트와 ETF.com, Finominal.com, PortfolioVisualizer.com 또는 VettaFi.com에서 확인할 수 있다.

하고 있다'는 기분을 느끼기 위해 더 많은 비용을 지불하게 될 것임은 분명하다.

월스트리트 저널에서 제임스 매킨토시James Mackintosh가 연재한 탁월한 칼럼에 따르면, ESG 펀드는 과장된 약속을 하고 실망스러운 결과를 낳는다. 오염 기업이나 비윤리적 기업들은 이미 지분을 시장에 팔아 넘긴 상태이기 때문에 이들의 주식을 사지 않는다고 해도 직접적인 영향을 줄 수는 없다. 게다가 모든 '좋은' 기업들이 '나쁜' 자산을 처분한다면, 그 자산—예를 들어 광산, 유전, 공장 등—은 여론에 아예 신경 쓰지 않는 운영자들의 손에 넘어가게 된다. 그 결과 오히려 더 큰 해악이 초래될 수 있다. 또한 ESG에 대한 열광적 수요는 테슬라 같은 대표 종목들의 주가를 비현실적인 수준까지 밀어 올렸으며, 이는 곧 향후 수익률이 낮아질 수밖에 없음을 의미한다.

게다가 많은 ESG 펀드들은 실제로 '좋은' 기업을 보유한다고 주장조차 하지 않는다. 그저 '덜 나쁜' 기업들을 담고 있을 뿐이다. 투자자들의 수요가 ESG 기업의 공급을 한참 넘어서다 보니, 기업을 선별하는 평가 기관들은 결국 '더러운 산업 안에서 그나마 가장 친환경적인 기업'을 추켜세우는 데 그치고 만다.

2021년, MSCI 글로벌 오염 방지 지수MSCI Global Pollution Prevention Index와 다수의 ESG 펀드가 보유한 주요 종목 중에는 뉴저지 주 정부로부터 악취 유발로 고소당한 기업이 있었다. 이 회사의 냄새는 주변 거주자들에게 편두통을 유발할 정도였다고 한다. 또 어떤 ESG 펀드들은 심해에서 희귀 금속을 채굴하는 기업에 앞다투어 투자했다. 하지만 환경 단체들은 이런 행위를 극도의 환경 파괴로 간주하고 있다.*

---

* 제임스 매킨토시James Mackintosh, 「지속 가능한 투자Sustainable Investing」, bit.ly/3rJxMA2; 저스틴 섹Justin Scheck 외, 「환경 투자 열풍으로 인한 '녹색'의 의미 확장Environmental Investing Frenzy Stretches Meaning of 'Green'」, bit.ly/3QkkvlE.

결국 많은 ESG 펀드는 일반적인 시장 포트폴리오와 거의 다르지 않다. 2022년, 한 경제학자 연구팀은 ESG 펀드 보유 종목의 68%가 전통적 펀드와 완전히 겹친다는 사실을 밝혀냈다. 이는 곧 투자금 전부에 대해 높은 수수료를 내고 있지만, 실제로 맞춤형으로 운용되는 자산은 3분의 1에 불과하다는 뜻이다. 이런 구조는 마치 삼중 수수료를 내는 것과 같으며, 연간 기준으로 그 비용은 0.63%에 달한다고 연구진은 추정했다.

결국 ESG 펀드가 세상을 더 나은 곳으로 만드는 데 실질적으로 기여하는 바는 크지 않을 가능성이 높다. 하지만 어쩌면 당신은 애초에 펀드가 세상을 바꾸길 기대하는 것이 아닐지도 모른다. 다만 당신의 돈이, 세상을 더 나쁘게 만든다고 느끼는 기업에 들어가는 것만은 원치 않을 뿐이다.

그렇다면 당신은 이 펀드를 가치 있는 투자처라서가 아니라, 당신의 '가치관'을 실천하고 있다는 느낌을 주기 때문에 사는 것이다. 충분히 이해할 수 있는 일이다. 단 몇 가지 유의해야 할 점이 있다. 높은 수수료는 피하고, 당신이 반대하는 기업이 실제로 펀드에 포함되어 있지는 않은가 확인해야 하며, 수익률이 다소 낮을 수도 있다는 점을 감수해야 한다. 또 한 가지 기억해야 할 점은 세상을 더 나은 곳으로 만들고 싶다면 직접 행동해야 한다는 사실이다. 뮤추얼펀드나 ETF는 단지 투자 자산을 담은 바구니일 뿐, 세상의 병을 치유해 줄 마법의 수단은 아니다.

수익을 내는 펀드, 손해를 보는 투자자

어떤 펀드가 연초에 주당 10달러로 시작해, 연말에도 10달러로 끝났다고 가정해보자. 연중에 가격은 등락을 거듭했지만, 배당은 지급되지 않았다. 즉 이 펀드의 연간 수익률은 0%다.

그렇다면 이 펀드에 투자한 모든 투자자들의 수익률도 0%였을까?

물론 아니다. 어떤 투자자는 10달러 이하에 매수했고, 또 어떤 이는 10달러 이상을 주고 샀다. 누군가는 연말 전에 수익을 실현하고 팔았고, 또 다른 이는 손실을 안고 매도했을 수도 있다. 즉 펀드 자체의 수익률과 투자자 개인의 수익률은 전혀 다를 수 있다.

펀드 투자자들의 실제 성과는 펀드 자체의 수익률뿐 아니라, 그들의 행동에 달려 있다. 만약 대부분의 투자자들이 시장 고점에서 매수하고 저점에서 매도했다면, 그들이 얻는 실질 수익률은 펀드 포트폴리오 자체의 수익률보다 훨씬 낮을 수 있다.

극단적인 경우에는 펀드 자체는 수익을 냈음에도 불구하고 투자자들은 수십억 달러의 손실을 입을 수 있다.

그 대표적인 사례 중 하나가, 스타 펀드매니저 캐시 우드Cathie Wood가 운용하는 ARK 펀드 시리즈다. 이 펀드는 수익을 낸 시기도 있었지만, 많은 투자자들이 잘못된 시점에 진입하고 회수하면서 결국 펀드보다 훨씬 낮은 수익률—혹은 손실—을 경험했다.

ARK 시리즈의 대표 ETF인 ARK 이노베이션ARK Innovation은 2017년에 87%의 수익률을 기록했다. 하지만 그해 초 펀드의 자산 규모는 불과 1,200만 달러에 불과했기 때문에, 이 엄청난 수익은 극소수의 초기 투자자들만이 누릴 수 있었다. 2020년에는 무려 153%라는 경이적인 수익률을 올렸지만, 그해 초에도 자산 규모는 19억 달러 수준에 불과했다.

결국 2020년에 들어서면서, 대중의 자금이 대거 유입되기 시작했다. 2020년 3월부터 7월 사이, 펀드의 자산은 세 배로 늘어나 60억 달러에 달했다. 그리고 2020년 9월부터 2021년 3월까지, 투자자들은 ARK 이노베이션 펀드에 130억 달러의 신규 자금을 쏟아부었다.

약속이라도 한 듯 수익률은 그 시점이 정점이었다. ARK 이노베이션은 2021년에 23% 손실을 기록했고, 2022년에는 무려 67%라는 참담한 손실을 냈다.

소수의 초기 투자자들은 펀드의 가장 큰 수익을 향유했지만, 그보다 훨씬 더 많은 수의 후발 투자자들이 입은 막대한 손실에 비하면 새 발의 피였다. 결과적으로 ARK 이노베이션의 투자자들은 이 펀드가 역사상 손꼽힐 만한 상승률을 기록했음에도 불구하고, 그리고 2023년에 다시 68% 상승했음에도 불구하고, 총 100억 달러에 달하는 손실을 본 것으로 추정된다.*

〈그림 9-1〉

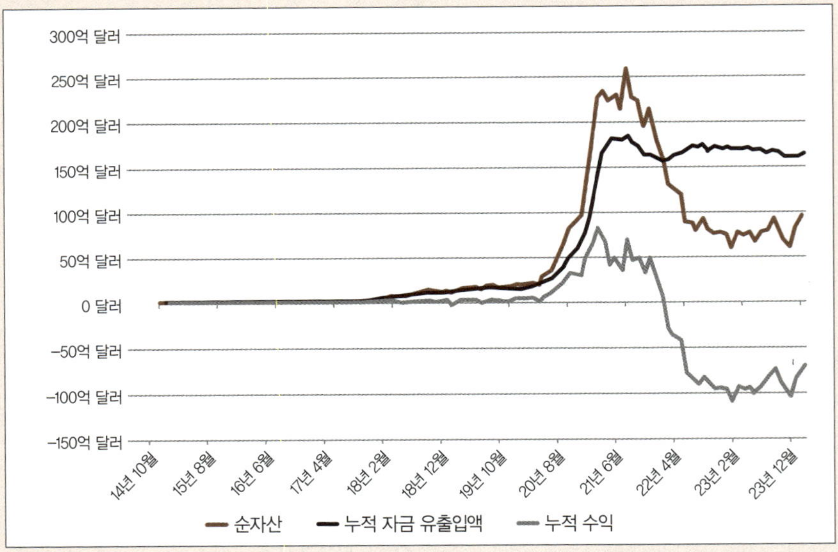

출처: 모닝스타

* 제이슨 츠바이크, 「캐시 우드의 ARK를 휩쓴 돈의 홍수How a Flood of Money Swamped Cathie Wood's ARK」, bit.ly/3OeNDyo; 에이미 아노트Amy Arnott, 「ARKK 주주들이 여전히 물속에 있는 이유Why ARKK Shareholders Are Still Underwater」, bit.ly/3qdh7Vb.

교훈은 분명하다. 결국 투자 대상의 손익이 아니라 투자자의 손익이 중요한 것이다. 펀드가 어떻게 움직이는가 보다는 당신이 그 펀드 앞에서 '어떻게 행동하는가'가 훨씬 더 중요하다. 그리고 '핫'한 성과에 열광하다 보면, 결국 그 열기에 데이게 된다.

10장

투자 조언

증권에 돈을 투자하는 것은 다른 사업 활동과 달리, 대부분 타인의 조언에 어느 정도는 의존한다. 대부분의 아마추어 투자자는 전문가의 도움을 받아 종목을 선정하면 쉽게 고수익을 올릴 수 있다고 생각한다. 그러나 투자 조언이라는 개념에는 독특한 특성이 있다.

사람들이 돈을 벌기 위해 투자한다면, 조언을 구한다는 것은 어떻게 돈을 벌 수 있는지 다른 사람에게 알려달라고 요청하는 셈이다. 순진한 발상이다. 사업가는 다양한 사업 요소에 대해 전문가의 조언을 구하지만, 그 전문가가 돈을 버는 방법을 알려줄 것이라고 기대하지는 않는다. 그것은 사업가 자신이 알아내야 하는 영역이다. 남들이 자신에게 돈을 벌어줄 것이라고 기대하는 것은 일반적인 사업에서는 있을 수 없는 일이다.

투자를 통하여 얻을 수 있는 정상적이고 표준적인 수익이 정해져 있다면, 조언자의 역할을 더 명확하게 정의할 수 있다. 조언자는 자신의 전문성을 활용해 고객이 실수하지 않도록 보호하고 투자한 자금에 걸맞은 성과를 얻을 수 있도록 돕는다. 그러나 투자자가 평균 이상의 수익을 요구하거나, 조언자가 더 나은 성과를 약속할 때는 과도한 기대나 약속이 이루어지고 있는지 의심해 봐야 한다.

투자 조언을 얻을 수 있는 출처는 다양하다. 예를 들면 (1) 증권에 대해 어느 정도 아는 것으로 보이는 친척이나 친구, (2) 지역의 상업은행 직원, (3) 증권 회사나 투자은행, (4) 금융 서비스나 정기 간행물, (5) 투자 상담사 등이 포함된다. 이처럼 다양한 출처가 있는 이유는 아직 이 문제에 대한 논리적이거나 체계적인 접근이 정립되지 않았음을 시사한다.

앞서 언급한 정상적이거나 표준적인 성과 기준과 관련하여 상식적으로 고려해야 할 몇 가지 사항이 있다. 나의 기본 논지는 다음과 같다. 투자자가 자금을 운용할 때 주로 남의 조언에 의존하려 한다면, 표준적이고 보수적이며 다소 평범한 형태의 투자로 한정해야 한다. 아니면 조언자가 전적으로 믿을 수 있는 사람이어야 한다. 그렇지 않고 투자자와 조언자가 일반적인 사업적 또는 직업적 관계에서 만났다면, 투자자는 자신의 지식과 경험이 충분히 쌓여 타인의 권고를 독립적으로 판단할 수 있는 수준에 도달했을 때만 공격적인 제안을 받아들일 수 있다. 이러한 경우 그는 더 이상 방어적 투자자가 아니라 공격적 투자자로 전환한 것이다.

투자자문 및 은행 신탁 서비스

진정한 투자 조언 전문가, 즉 고액 수수료를 받는 제대로 된 투자자문사는 어떤 약속이나 주장을 할 때 매우 신중하다. 이들은 대부분 고객의 자금을 표준적인 이자나 배당을 지급하는 증권에 투자하며, 성과 역시 그에 상응하는 정상적인 수준을 추구한다. 일반적인 경우, 총 자금의 90% 이상은 우량기업의 증권이나 정부 채권(주 및 지방채 포함)에 투자하며, 시장의 변동성을 활용하려는 시도는 하지 않는다.

선도적인 투자자문사들은 자신들이 탁월하다고 주장하지 않는다. 그들은 신중하고 보수적이며 능숙하다는 점을 자랑스럽게 여긴다. 이들은 수년에 걸쳐 원금 가치를 보존하고 보수적으로 수용 가능한 수익률을 창출하는 것을 목표로 한다. 그 이상의 성과를 이루는 것은 (물론 목표를 초과 달성하기 위해 노력은 하되) 서비스 범위를 넘어가는 것으로 간주한다. 아마도 이들이 고객에게 제공하는 가장 큰 가치는 그들이 심각한 실수를 저지르지 않도록 보호하는 데 있다. 그들은 일반 대중을 대상으로 하는 상담사로서 방어적 투자자가 기대할 수 있는 만큼의 서비스를 제공한다.

제대로 된 투자자문사에 대한 내용은 대형 은행의 신탁 및 자문 서비스에도 일반적으로 적용된다.

금융정보 서비스

금융정보회사는 일괄적으로 구독자에게 금융과 관련된 정보를 발송한다. 그 정보에는 비즈니스의 현황과 전망, 증권시장의 동향과 전망, 개별 이슈에 대한 정보와 조언 등의 주제가 포함된다. 종종 개별 구독자에게 영향을 미치는 질문에 응대하는 '상담부서'가 존재한다. 이 서비스의 비용은 투자상담사가 개인 고객에게 청구하는 수수료보다 평균적으로 훨씬 저렴하다. 뱁슨스 Babson's 와 스탠다드 앤드 푸어스 Standard & Poor's 같은 일부 회사들은 금융정보서비스와 투자상담 업무를 별도의 조직에서 관리한다.

금융정보회사는 전반적으로 투자자문사와는 매우 다른 고객을 대상으로 한다. 투자자문사의 고객들은 일반적으로 번거로움과 결정을 내리는 일을 피하고 싶어한다. 반면 금융정보회사는 자신이 직접 자산을 관리하거나 다른 사람에게 조언하는 이들에게 정보와 지침을 제공한다. 이런 회사들 중 대부분은 다양한 기술적 분석 방법으로 시장 움직임을 예측하는 데 전념한다. 그들이 하는 이와 같은 서비스는 이 책에서 사용되는 '투자'라는 용어와 관련이 없다는 점도 알아두기 바란다.

한편 무디스 투자서비스Moody's Investment Service와 스탠다드 앤드 푸어스와 같은 잘 알려진 금융정보서비스는 증권분석의 기초가 되는 방대한 통계 데이터를 수집하여 제공하는 역할을 한다. 이러한 서비스는 매우 방어적인 투자자부터 완전한 투기꾼에 이르기까지 다양한 고객층을 보유하고 있다. 그 결과 이런 서비스를 제공하는 회사들은 자신의 의견과 추천을 도출하는 데 있어 명확하거나 일관된 투자 철학을 고수하기는 어려울 것이다.

무디스와 같은 유서 깊은 회사는 분명히 다양한 투자자들에게 가치 있는 정보를 제공할 필요가 있다. 그렇다면 그들이 제공하는 것은 무엇인가? 기본적으로 이들은 일반 투자자나 투기자가 관심을 가질 만한 이슈를 분석하고 이에 대한 의견을 제시한다. 그리고 이러한 의견은 일정 수준의 권위를 가지며, 적어도 개별 투자자가 스스로 내리는 판단보다 더 신뢰할 수 있는 것으로 여겨진다.

수년 동안 금융정보회사는 주식시장을 예측하여 정보를 제공해 왔지만, 이를 진지하게 받아들이는 사람은 많지 않았다. 이들의 예측도 이 분야의 다른 시장전문가들과 마찬가지로 맞을 때도 있고 틀릴 때도 있다. 그래서 완전히 예측이 빗나가는 상황을 피하기 위하여 의도적으로 모호한 표현을 사용하는 경우가 많다. 그러면 나중에 실제 결과가 나오면 대충 자신들의 예측과 짜맞출 수 있다. 편향된 시각일 수도 있지만, 내가 볼 때 이들이 하는 서비스 중 이러한 예측 서비스는 증권시장에서 나타나는 인간의 투기적 본성을 부각시키는 것 외에는 별다른 의미가 없다. 주식에 관심 있는 사람은 누구나 시장이 어떻게 될 것인지 궁금해하며, 이러한 수요가 있는 한 이런 서비스는 사라지지 않을 것이다.

반면에 경제 상황에 대한 그들의 해석과 예측은 매우 유익한 정보를 제공한다. 말하자면 합리적으로 정확한 예측을 하기 위해 증권 매수자와 매도자 간에 끊임없이 교환되는 경제 정보의 한 축인 셈이다. 의심할 여지없이 금융정보회사가 발표하는 자료는 이용 가능한 정보의 양을 늘리고, 투자자의 의사 결정에 실질적인 도움을 준다.

개별 종목에 대한 그들의 추천서비스는 평가가 곤란하다. 각 금융정보서비스를 별도로 평가해야 하며, 평가는 적어도 수년에 걸친 포괄적이고 상세한 연구에 근거해야 한다. 경험에 비추어 볼 때, 더 유용한 서비스를 제공할 수 있음에도 불구하고, 이들은 불합리한 태도를 고수하고 있다고 생각한다. 그들은 일반적으로 현재 주가 수준과 관계없이 사업의 단기 전망이 긍정적이면 주식을 사야 하고 부정적이면 팔아야 한다고 조언한다. 이러한 피상적인 조언은 종종 건전한 분석 작업을 수행하는 데 방해가 될 뿐이다. 즉 특정 주식이 현재 주가에서 장기적인 수익력earning power[10]에 비추어 과대 평가되었는지 과소 평가되었는지를 파악하는 데 어려움을 겪게 된다.

현명한 투자자는 금융정보서비스에서 받은 추천만을 바탕으로 투자를 결정해서는 안 된다. 이 점을 분명히 해야 이 서비스가 제공하는 정보와 제안을 유익하게 이용할 수 있다.

증권회사의 조언

아마도 증권을 보유한 대중에게 가장 많은 양의 정보와 조언을 제공하는 것은 증권회사일 것이다. 이들은 뉴욕증권거래소 및 다른 거래소의 회원으로, 표준화된 수수료를 받고 매수 및 매도 주문을 실행한다. 대중과 거래하는 모든 증권회사는 거의 모두 계량부서나 분석부서를 두고 있어, 고객의 문의에 답변하고 추천을 한다. 많은 분석 보고서가 고객(그들은 고객들을 부를 때 클라이언트라는 인상적인 호칭을 사용하기도 한다.)에게 무료로 배포되며, 그 중 일부는 정교하고 비용이 많이 드는 자료도 있다.

'고객customers'과 '클라이언트clients' 중 어느 용어가 더 적절한지에 대한 논쟁이 벌어지곤 하는데, 일반적인 매장에서 제품이나 서비스를 구매하는 사람은 고객이라 하고, 전문 직종, 은행의 서비스를 받는 사람이나 회사 거래처는 클라이언트라 한다. 월스트리트 증권중개인들도 높은 윤리 기준과 전문성을 갖고 있겠지만, 아직 진정한 전문직의 기준과 위상에 도달했다는 느낌은 들지 않는다.

과거 주식시장 투기꾼들은 거의 손실을 보았지만, 월스트리트는 주로 투기에 의존해 발전해왔다. 따라서 증권회사들이 고객들이 합리적인 투자를 하도록 계도하는 것은 논리적으로 불가능했다. 그렇게 하려면 그들은 사업 확장을 포기하고 고객들에게 잦은 매매를 지양하도록 권고해야 하기 때문이다.

일부 증권회사들이 했던 최대한의 노력은 투기를 조장하지 않는 정도였다. 이러한 회사들의 업무는 주어진 주문을 실행하고, 기업의 재무 정보와 분석을 제공하며, 증권의 투자 가치를 평가하는 정도로 국한시켰다. 이로써 이론적으로는 고객이 투기를 해서 얻은 이익이나 손실에 대해 책임이 없는 중립적인 위치가 될 수 있었다.

그러나 대부분의 증권회사는 여전히 수수료를 벌기 위해 존재하며 고객이 원하는 것을 제공하는 것이 성공의 길이라는 구시대적 사고방식을 버리지 못하고 있다. 가장 돈이 되는 고객들이 원하는 것은 투기적 조언과 제안이기 때문에, 일반적인 증권회사의 사고방식과 활동은 시장의 일일 거래에 맞춰져 있다. 이로 인해 증권회사는 고객들이 돈을 벌도록 돕기 위해 노력하지만, 이는 궁극적으로 손실을 보게 될 가능성이 높은 분야이다. 여기서 말하고자 하는 것은 대부분의 증권회사 고객에게 투기적 운용은 장기적으로 수익을 창출하기 어렵다는 것이다. 그러나 진정한 투자에 가깝게 운용한다면 투기로 인한 손실을 막고 투자 수익을 낼 가능성이 커진다.

투자자는 증권회사의 두 유형의 직원으로부터 조언과 정보를 얻는다. 이들은 현재 공식적으로 '증권중개인'과 '애널리스트'로 불린다.

'증권중개인'은 '투자상담사'라고도 하는데, 오늘날 이들은 주로 훌륭한 인성과 상당한 증권 지식을 갖춘 인물로, 엄격한 윤리 규범 아래 영업활동을 한다. 그럼에도 불구하고 그의 업무는 수수료를 창출하는 것이기 때문에 투기적 사고방식을 피할 수 없다. 따라서 투기적 요소의 영향을 받고 싶지 않은 투자자는 주의 깊고 명확하게 자신의 의사를 증권중개인에게 표현해야 하며, 주식시장에서 나오는 단발성 정보에 관심이 없다는 것을 명확히 보여야 한다. 증권중개인이 자신의 고객이 진정한 투자자임을 분명히 알게 되면, 이 관점을 존중하고 이에 협력할 것이다.

'애널리스트'는 이전에는 주로 '증권분석가'로 알려졌으며, 내가 50년 넘게 직접 경험해왔고 많은 후배를 양성하는 데 기여했기 때문에 특히 많은 관심을 가지고 있다. 여기서는 증권회사에 고용된 애널리스트만 언급한다. 그들의 역할은 그 명칭에서 알 수 있듯이 개별 증권에 대한 상세한 연구를 수행하고, 같은 분야 내 다양한 종목을 신중하게 비교하며, 여러 종류의 주식과 채권의 안전성, 매력도, 내재 가치에 대한 전문적인 의견을 도출하는 것이다.

일반 사람들에게는 이상하게 보일 수 있겠지만, 증권중개인은 시험에 합격하고, 요구되는 인성 검사를 통과하며, 뉴욕증권거래소의 정식 승인과 등록을 받아야 하는 반면, 애널리스트가 되기 위해 필요한 공식적인 자격 요건은 없다. 그러나 대부분의 젊은 애널리스트는 경영대학원에서 광범위한 교육을 받았고, 고령의 애널리스트는 오랜 경험을 통해 그에 상응하는 역량을 갖췄다. 따라서 대부분의 경우에 증권회사에 고용된 애널리스트는 자격과 역량이 충분히 검증되었다고 볼 수 있다.

증권회사 고객은 애널리스트와 직접 소통하거나, 증권중개인을 통해 간접적으로 접할 수 있다. 어느 경우든 애널리스트는 상당한 양의 정보와 조언을 고객에게 제공한다. 여기에서 명확히 알아야 할 것이 있다. 애널리스트가 투자자에게 주는 가치는 상당 부분 투자자 자신의 태도에 달려 있다. 투자자가 애널리스트에게 적절한 질문을 한다면, 올바른 답변, 혹은 최소한 가치 있는 답변을 얻을 가능성이 높다. 증권사가 고용한 애널리스트들은 자신들이 시장 분석도 해야 한다는 일반적인 인식 때문에 큰 제약을 받는다. 누군가 특정 종목이 어떠냐고 물을 때, 그 질문의 행간에는 종종 '이 주식이 몇 달 안에 오를 가능성이 있나?'라는 의미가 들어있다. 그 결과 많은 애널리스트들이 주가의 단기 등락에 신경을 쓸 수밖에 없는데, 이런 상황에서는 올바른 분석과 유의미한 결론을 이끌어 내기 어렵다.

다음 장에서는 증권분석의 개념과 그로부터 기대되는 성과를 다룰 것이다. 많은 증권회사 애널리스트들은 투자자가 자신의 자금으로 정당한 수익, 또는 그 이상의 성과를 이루는 데 큰 도움을 줄 수 있다. 고객과 증권중개인의 관계와 마찬가지로, 먼저 필요한 것은 애널리스트가 투자자의 태도와 목표를 명확히 이해하는 것이다. 일단 투자자가 시세에 연연하기보다는 가치를 중시하는 사람이라는 확신이 있으면, 애널리스트는 전체적으로 진정한 이익이 되는 추천을 할 가능성이 높다.

CFA 자격증과 애널리스트

1963년, 애널리스트에게 전문적 지위와 책임을 부여하기 위한 중요한 조치가 취해졌다. 필수 시험을 통과하고 기타 적격성 기준을 충족한 숙련된 실무자에게 공인재무분석사CFA: Chartered Financial Analyst라는 공인자격증을 수여하기 시작한 것이다.* 시험과목에는 증권분석과 포트폴리오 관리가 포함된다. 이는 오랜 역사를 가진 공인회계사CPA 자격과의 직업적 유사성을 의도적으로 표명한 것이다. 이러한 새로운 인증과 관리 체계는 애널리스트의 수준을 높이고, 궁극적으로 진정한 전문성을 바탕으로 업무를 수행하는 데 기여할 것이다.

증권회사 활용법

내가 본 개정판을 집필하는 동안 접했던 가장 우울한 소식은 뉴욕증권거래소 소속의 여러 증권회사가 재정적 어려움에 처했다는 사실이다. 파산 또는 파산 직전 상태에 이른 회사가 적지 않으며, 대형사도 최소 두 곳이다. 이런 상황은 최근 반세기가 넘도록 한 번도 없었다. 현재 상황을 보면 더욱 역설적이다. 수십 년 동안 뉴욕증권거래소는 최소 재무 요건, 불시 감사 등 회원사의 활동과 재무 상황을 더욱 엄격하게 통제하고 있으며, 증권거래위원회SEC의 감독도 37년간 꾸준히 지속되고 있다. 증권업 자체의 환경도 유리하다. 거래량도 급증하였고, 최소 수수료율이 고정되어 수수료 경쟁도 거의 없고, 회원사 수도 제한되어 있는 상황이다.

---

* 이 시험은 재무분석사협회Financial Analysts Federation의 한 부서인 공인재무분석사협회Institute of Chartered Financial Analysts에서 주관한다. 재무분석사협회는 현재 5만 명 이상의 회원을 보유하고 있다.

1969년 증권회사들은 거래량이 너무 늘어서 재정적 문제를 겪고 있다고 주장했다. 시설 과부하, 고정비 증가, 결제업무 마비 등을 초래했다는 것이다. 역설적으로 너무 많은 거래량을 감당하지 못해 주요 증권회사들이 파산에 이르게 된 것은 아마도 역사상 처음 있는 일이었을 것이다. 1970년에 증권회사 파산이 속출하자 이번에는 그 원인으로 거래량 감소를 지목했다. 1970년 뉴욕증권거래소의 거래량이 29억 3,700만 주로, 1965년 이전 어느 해보다 두 배 이상 많은 최대 거래량을 기록했다는 점을 감안할 때 이는 설득력이 떨어진다. 1964년에 끝난 15년간의 강세장에서 연간 거래량은 평균 7억 1,200만 주에 불과했으며, 이는 1970년의 4분의 1 수준이었지만, 당시 증권사는 역사상 최대 호황을 누리고 있었다. 만약 회원사들이 한 해 동안 약간의 거래량 감소도 버티기 어려울 만큼 고정비와 기타 비용을 증가시켰다면, 이는 경영진의 판단이 잘못되었거나 재무건전성에 대한 관리가 소홀했다는 이야기이다.

증권회사들의 재정적 문제에 대한 세번째 이유가 쉬쉬하는 가운데 알려졌는데, 아마도 가장 그럴듯하고 중요한 이유일 것이다. 일부 증권회사의 경영진들이 자본의 상당 부분을 주식에 투자한 것으로 드러났다. 그중에는 투기성이 강하고 고평가된 주식들이 있었는데, 1969년 시장이 하락하면서 이러한 주식들의 가격이 급락하자 회사 자본금의 상당 부분이 함께 사라졌다.* 결국 그 경영진들은 고객들을 보호해야 할 자본으로 투기를 했던 셈이다. 이는 용납할 수 없는 일이었으며, 더 이상의 언급은 피하고자 한다.

투자자는 전략을 수립하는 과정뿐만 아니라, 관련된 주문을 실행할 신뢰할 만한 증권사를 선택하는 일과 같은 세부 사항에도 주의를 기울여야 한다.

---

* 뉴욕증권거래소NYSE는 이러한 위험을 최소화하기 위해 '헤어컷haircuts'으로 알려진 엄격한 평가 규정을 적용했으나, 충분한 효과를 발휘하지 못한 것으로 보인다.

지금까지는 특별한 이유가 없다면 비회원사를 이용하지 말고 뉴욕증권거래소 회원사와 거래하라고만 조언했었다. 그러나 이제는 여기에 추가적인 조언을 덧붙여야 할 것 같다. 신용계좌를 사용하지 않는 일반 투자자는 증권의 수령 및 인도를 은행을 통해 처리하도록 해야 한다고 생각한다. 매수 주문을 할 때 증권사가 매수한 증권을 은행에 인도하게 하고, 은행이 이를 대금 지급과 맞바꾸도록 지시할 수 있다. 반대로 매도 시에는 은행이 증권을 증권사에 인도하고 대금을 수령하도록 지시할 수 있다. 이러한 서비스에는 약간의 추가 비용이 들지만, 안전성과 심리적 안정을 생각할 때 그만한 가치가 있다. 증권회사의 모든 문제가 해결되었다고 확신할 수 있는 상황이 되기 전까지는 이 조언을 무시하지 않는 것이 좋다.[11]

투자은행

투자은행은 주식과 채권의 신규 발행을 기획, 인수, 그리고 판매하는 기능을 담당하는 회사를 말한다. (인수는 발행회사나 기타 발행 기관에 대해 해당 증권을 책임지고 모두 판매해주겠다고 보증하는 것을 의미한다.) 증권회사들도 인수 활동을 수행하는 회사가 있는데, 이는 주로 주요 투자은행이 결성한 인수단에 일부 참여하는 형태로 이루어진다. 그런데 강세장이 되면 증권사들이 소규모 주식 발행의 형태로 신주상장에 관여하는 경우가 늘고 있는 추세이다.

투자은행업은 월스트리트에서 아마도 가장 인정받는 부문일 것이다. 그 이유는 금융의 건설적인 역할, 즉 산업 확장을 위해 신규 자본을 공급하는 업무를 바로 이곳에서 수행하기 때문이다. 비록 투기로 인한 심각한 부작용을 늘 경험하지만, 그래도 증권거래소를 유지해야 하는 가장 큰 명분은 중앙화된 증권거래소가 새로운 주식과 채권의 발행을 촉진한다는 사실에 있다.

투자자나 투기꾼이 보유하고 있는 증권을 바로 매도할 수 있는 시장이 없다면, 증권 매수를 꺼릴 것이기 때문이다.

투자은행과 투자자 간의 관계는 기본적으로 판매자와 잠재적 구매자 간의 관계와 같다. 지난 수년간 신규 발행된 증권의 대부분은 은행이나 보험회사와 같은 금융기관들이 주로 매입하는 채권이었다. 이 분야에서는 증권판매자가 상대하는 구매자는 예리하고 경험이 풍부한 전문가들이다. 따라서 투자은행은 고객에게 상품을 추천하기 전에 비판적이고 신중한 검토를 통과해야만 했다. 그 결과 이러한 거래는 늘 매우 전문적인 수준에서 성사되었다.

그러나 일반인들을 상대할 때는 상황이 다르다. 그들은 경험이 부족하고 허술한 경우가 많아, 특히 신주 발행의 경우 영업직원의 말에 쉽게 영향을 받는다. 이는 대개 일반인들이 주식을 매수하는 동기가 빨리 이익을 얻으려고 하는 경우가 많기 때문이다. 결과적으로 발행을 담당하는 주관사가 양심과 윤리의식을 발휘해야 일반인들이 보호받을 수 있다.*

인수단에 포함된 회사들은 조언자와 판매자라는 상충되는 역할을 동시에 수행해야 하는데, 이런 역할을 잘 하고 있다는 것은 유능하면서도 정직하다는 것이다. 그러나 그렇다고 해서 그들의 판단에 전적으로 의존하는 것은 현명하지 못한 것이다. 1959년에 나는 다음과 같이 언급했다. "이러한 불건전한 태도 때문에 인수 분야에서 나쁜 결과가 반복적으로 나타나며, 투기가 과열되는 시기의 신주 발행 때 특히 두드러지게 나타난다." 이후 얼마 지

---

* 현재 신규 공모는 증권거래위원회 규정에 따라 작성된 투자설명서를 통해서만 판매할 수 있다. 투자설명서는 발행 및 발행자에 관한 모든 관련 사실을 공개해야 하며, 신중한 투자자가 제공받는 증권의 구체적인 성격을 충분히 이해할 수 있도록 작성된다. 그러나 요구되는 방대한 자료로 인해 투자설명서는 지나치게 길어지는 경우가 많다. 그래서 일반적으로 신주를 매수하는 개인 중 꼼꼼하게 투자설명서를 읽는 비율이 매우 낮다. 따라서 그들은 여전히 자신의 판단보다는 증권을 판매하는 기관, 영업사원, 또는 계좌 담당자의 권고에 주로 의존하고 있다.

나지 않아 이 경고는 현실이 되었다. 이미 언급한 바와 같이, 1960~1961년과 1968~1969년은 부실기업의 신규상장이 유례없이 쏟아져 나와 터무니없이 높은 공모가에 일반 대중에게 공모되었고 상장 이후에 더 높은 가격으로 치솟았는데, 대부분 무모한 투기와 조작 때문이었다. 많은 주요 월스트리트 회사들이 이 시기에 어느 정도는 참여했었다. 이는 탐욕, 어리석음, 무책임과 같은 익숙한 조합이 여전히 금융시장에서 사라지지 않았음을 보여준다.

현명한 투자자는 투자은행, 특히 평판이 좋은 투자은행으로부터 받은 조언과 권고를 따를 것이다. 그러나 이러한 제안에 대해 합리적이고 독립적인 판단, 즉 자신이 충분히 잘 알고 있다면 자신의 판단, 잘 모른다면 제3의 독립적인 전문가의 판단을 활용하는 것이 현명한 방식이다.

그 밖의 조언자들

작은 지역사회에서는 투자에 관해 지역 은행가와 상담하는 모습을 흔히 볼 수 있다. 시중은행 직원은 증권 전문가가 아닐 수 있지만, 대개 경험이 풍부하고 보수적인 편이다. 그래서 경험이 부족한 투자자가 공격적인 투자를 시도하고자 하는 유혹이 생길 때 신중한 사고를 통해 안정감을 찾을 수 있도록 도와준다. 반면 보다 활발하고 공격적인 투자자가 저평가된 주식을 찾고자 하는 경우에는 시중은행 직원의 조언은 별로 도움이 되지 않을 것이다.

주변에 있는 친척이나 친구에게 투자 조언을 받는 경우가 정말 많은데, 나는 이런 관행에 대해서 매우 비판적이다. 조언이 필요한 사람은 항상 조언을 구하는 상대방이 뛰어난 지식이나 경험을 가지고 있다고 믿는다. 그러나 좋은 종목을 고르는 것 만큼이나 좋은 조언자를 찾는 것도 어렵다. 공짜라는 이유로 터무니없는 조언이 난무하고 있다.

요약

자산관리에 수수료를 지불할 용의가 있는 투자자는 믿을 만하고 평판이 좋은 투자자문사를 선택하는 것이 좋다. 다른 대안으로는, 대형 신탁회사의 투자 부서나 몇몇 주요 뉴욕증권거래소 회원사가 수수료를 기반으로 제공하는 서비스를 이용할 수도 있다. 특별히 뛰어난 성과를 기대하지는 못하지만, 어느 정도의 정보와 신중함을 갖춘 투자자가 얻는 성과 정도는 얻을 수 있을 것이다.

대부분의 일반인이 주식을 매매할 때 별도의 비용을 지불하지 않고 조언을 얻는다. 이들은 평균 이상의 성과를 기대해서도 안 되며, 그럴 자격도 없다. 특히 증권중개인이나 증권회사 영업사원이 뛰어난 성과를 약속한다면 더 조심해야 한다. 이는 종목 선정만이 아니라 복잡한(그리고 아마도 환상적인) 매매기법에 대해서도 마찬가지다.

일반적으로 방어적 투자자는 누군가가 추천한 증권에 대해 독립적인 판단을 내릴 능력이 없다. 그러나 자신이 어떤 종류의 증권에 투자하고 싶은지는 명시적으로 제시할 수 있다. 만약 이들이 나의 권고를 따른다면, 우량등급 채권과 우량주에만 한정할 것이며, 이러한 증권이 과거의 경험과 분석에 비추어 가격 수준이 높지 않은 것들 중에서 고를 것이다. 평판이 좋은 증권회사의 애널리스트는 이와 같은 주식 목록을 작성하여 투자자에게 제공할 것이며, 과거 경험에 비추어 현재 가격 수준이 적절히 보수적인지 여부를 투자자에게 확인해 줄 수 있다.

공격적 투자자는 일반적으로 조언자와 더 적극적으로 협력한다. 그는 조언자가 추천하는 이유를 자세히 설명해 주기를 원하며, 자신의 판단을 반드시 반영하려 한다. 그리고 이런 투자자는 자신의 지식과 경험이 발전함에 따라 기대 수준과 투자 방식을 조정할 것이다. 투자자가 결정을 충분히 이해하지 못했거나 마음에 들지 않는데도 타인의 조언을 따르는 것은 매우 신중해야 한다. 이는 조언자의 성실성과 역량이 확실히 입증된 예외적인 경우에만 한정하는 것이 바람직하다.

부도덕하고 무책임한 증권중개인은 항상 있어 왔다. 따라서 가능하면 뉴욕증권거래소 회원사하고만 거래할 것을 권장한다. 그러나 추가적인 주의를 기울여야 하며, 증권 양수, 양도와 대금 지불은 반드시 투자자의 은행을 통해 처리하도록 조언해야 하는 상황까지 되었다. 불안한 월스트리트 업체들의 상황은 다시 개선되겠지만, 1971년 말 현재로서는 '조심해서 나쁠 것 없다'는 조언을 드린다.

10장 논평

– 제이슨 츠바이크

"슬기로운 자는 지식으로 면류관을 삼느니라."

— 잠언 14장 18절

좋은 재무 상담가는 당신이 스스로의 최악의 적이 되는 일을 막아 줌으로써, 자산을 벌게 하거나 지키도록 도와줄 수 있다.

훌륭한 재무 상담가는 당신이 고점에서 사고 저점에서 파는 일을 막아줄 수 있다. 또한 주택 구입, 자녀의 대학 학비 마련, 노부모 부양 등 인생의 주요 재정 과제를 계획하도록 도와줄 수 있으며, 세금, 상속, 은퇴 설계와 같은 복잡하고 난해한 문제를 헤쳐 나가는 데도 중요한 역할을 한다. 더불어 각종 사기와 금융 범죄로부터 당신을 보호하는 데에도 도움을 줄 수 있다.

방어적 투자자들뿐 아니라 공격적 투자자들 역시 훌륭한 재무 상담가의 조언으로부터 큰 혜택을 얻을 수 있다. 지나치게 많은 부채를 지고 있거나, 지출 통제가 잘 되지 않거나, 주식 거래로 큰 손실을 보았거나, 서로 어울리지 않는 자산들을 뒤섞어 쥐고 있거나, 혹은 중요한 재정 결정을 앞두고 도무지 마음을 정하지 못하고 있다면, 좋은 상담가는 말 그대로 하늘이 내린 존재가 될 수 있다. 하지만 안타깝게도 그런 상담가를 찾는 일은 생각만큼 쉽지 않다.

수수료에 눈이 멀어 숲을 보지 못하다

그레이엄은 다음과 같이 경고하고 있다.

> 대부분의 일반인이 주식을 매매할 때 별도의 비용을 지불하지 않고 조언을 얻는다. 이들은 평균 이상의 성과를 기대해서도 안 되며, 그럴 자격도 없다.

두 사람이 같은 치과에 갔다고 상상해 보자. 진료를 받은 뒤, 이들은 똑같은 치료를 받았음에도 불구하고 한 사람의 진료비가 다른 사람보다 다섯 배나 비쌌다는 사실을 알게 되었다. 비싼 요금을 낸 환자가 이유를 묻자, 수납 담당자는 이렇게 말했다. "고객님의 투자 포트폴리오가 다섯 배 크기 때문입니다."

로보어드바이저를 선택해야 할까?

소프트웨어를 활용해 온라인으로 저비용 투자 포트폴리오를 구성해 주는 디지털 자문 회사들이 인기를 끌고 있다. 이러한 '로보어드바이저robo-adviser'는 지난 10여 년 사이에 등장했으며, 현재 미국에서만 약 7,500억 달러 규모를 운용하고 있다. 이들의 수수료는 일반적으로 연 0.25% 수준이며, 고객은 ETF로 구성된 포트폴리오, 주기적인 리밸런싱, 그리고 손실 포지션의 선택적 매도를 통한 세금 효율 극대화 서비스를 제공받는다. 이처럼 간소화된 기본형 서비스는 자신의 포트폴리오를 직접 점검할 시간이나 에너지가 전혀 없는 방어적 투자자에게는 현명한 선택이 될 수 있다.*

일부 로보어드바이저는 인간 상담사를 통해 재무 설계 조언도 제공하지만, 이들 업체의 주력은 어디까지나 자동화된 포트폴리오 관리에 있다. 따라서 맞춤형 재무 설계는 부차적인 서비스일 뿐이다.

결국 인공지능이 그 간극을 메울지도 모른다. 체스 전문가 세계에서는 '켄타우로스'—즉 인간과 컴퓨터의 조합—가 최고의 인간 체스 기사나 잘 훈련된 컴퓨터 중 어느 쪽보다도 더 나은 실력을 보이는 경우가 많았다. 재무 설계 역시 언젠가는 자신만의 켄타우로스를 갖게 될지도 모른다. 경험 많은 재무 설계사와 정확하고 유용한 조언을 생성할 수 있는 인공지능 도구가 결합된 형태다. 하지만 지금으로서는 대부분의 고객들이 여전히 인간 상담사에게 재무 설계를 맡기기를 선호한다.

* 이 책을 읽고 있는 이상, 당신은 아마 그리 방어적인 투자자는 아닐 것이다.

그 누구라도 심지어 덜 낸 환자조차도 그것이 공정하다고 생각하지 않을 것이다.

그렇지만 바로 그것이 현재 재무 자문업계의 작동 방식이다. 대부분의 재무 상담가는 자신이 제공하는 서비스—예컨대 은퇴 후 예상 소득 계산이나 상속 설계 검토—에 따라 수수료를 받지 않는다. 그 대신 고객 자산 운용 규모 AUM Assets Under Management, 즉 자신이 관리하는 자산의 총액을 기준으로 연간 수수료를 부과한다.

관리 자산 규모에 따른 수수료는 재무 상담가와 당신을 투자 포트폴리오 성과라는 같은 이해관계로 엮어주는 역할을 한다. 포트폴리오 가치가 오를수록 상담가의 수익도 늘어나기 때문이다. 이는 거래가 발생할 때마다 수수료를 받는 중개인에게 비용을 지불하는 방식, 즉 과도한 매매를 부추길 수 있는 방식보다는 더 나은 선택일 수 있다. 하지만 규모 기반 수수료도 다음과 같은 왜곡된 유인을 만들어낼 수 있다.

- 상담가가 얼마나 좋은 조언을 했는지가 아니라, 당신이 얼마나 많은 자산을 맡기고 있느냐에 따라 보상을 받는다.
- 수수료에 걸맞은 성과를 보여야 한다는 압박감 속에, 필요 여부와 관계없이 위험을 감수하거나 적극적인 조치를 취하게 만든다.
- 대개 열등한 성과를 내는 자사 운용 상품을 권유하도록 유도한다.
- 사실상 거의 비용 없이 인덱스펀드를 통해 얻을 수 있는 '투자 관리'에는 보상이 주어지지만, 오히려 엄청난 가치를 지닐 수 있는 '맞춤형 재무 설계'에는 아무런 보상이 주어지지 않는다.

1%라는 숫자는 퍼센트로 표현하면 아주 작아 보인다. 하지만 100만 달러의 계좌에 적용하면, 이는 해마다 1만 달러에 해당한다. 투자자들이 자신이 실제로 얼마나 많은 수수료를 내고 있는지를 명확히 이해한다면, 분명히 더 낮은 수수료를 찾아 비교할 것이다.*

* 행동경제학자 리처드 제크하우저Richard Zeckhauser가 말하는 '분모 무시denominator blindness 편향'은 사람들이 어떤 판단을 내릴 때 기준이 되어야 할 전체값—즉 분모—을 간과하는 경향을 뜻한다. 영리한 마케터들은 이 점을 이용해, 소비자의 주의를 실제로 지불하는 높은 비용이 아니라 작은 숫

2020년과 2022년에 각각 산업 분석가 밥 베레스Bob Veres와 마이클 키츠Michael Kitces가 미국 내 재무 상담가 1,000명 이상을 대상으로 실시한 조사에 따르면, 상담가들은 자산 100만 달러 이하의 계좌에 대해 연간 평균 0.9~1.0%의 수수료를 부과하고 있었다. 자산이 500만 달러에 달하는 계좌조차도 0.6~0.7%의 수수료를 내고 있었다. 이러한 수수료율은 수십 년 동안 거의 변하지 않았으며, 그동안 뮤추얼펀드와 ETF를 통한 투자 비용이 90% 이상 하락했다는 사실을 고려하면 더욱 두드러진다.

이러한 구조는 투자자들을 매우 어처구니없는 상황에 놓이게 만든다. 즉 실제로 자금을 운용하는 사람들보다, 어떤 펀드를 고를지를 조언해 주는 사람에게 훨씬 더 많은 비용을 지불하게 되는 것이다. 지수형 뮤추얼펀드나 ETF는 연 0.1% 이하의 수수료로도 매수할 수 있으며, 그 후 수십 년 동안 그대로 보유해도 무방하다. 그런데도 왜 매년 1%씩 상담가에게 수수료를 내야 하는가? 복잡한 재무 조언은 무료인 반면, 단순한 펀드 선택 조언은 왜 이토록 비싸야 하는가?

이 모든 것은 전혀 이치에 맞지 않는다. 당신이 찾아야 할 재무 상담가는 자산 규모가 아니라 서비스의 내용과 그에 들어가는 시간, 전문성에 따라 수수료를 책정하는 사람이다. 일부 상담가는 시간당 요금을 청구하거나, 고정 수수료를 받거나, 월간 구독료 형식으로 비용을 청구하기도 한다. 그리고 상당수는 당신이 요청만 한다면 수수료 협상에도 응한다.

자. 이를테면 '퍼센트' 같은 수치에 집중하도록 유도한다. 관련 사례로는 야마기시 기미히코Kimihiko Yamagishi의 연구 「사망률 12.86%가 24.14%보다 더 위험할 때When a 12.86% Mortality Is More Dangerous than 24.14%」, bit.ly/3QnX5St를 참조하라. 이 연구는 사람들이 수치의 절대적 크기보다는 표현 방식에 따라 얼마나 다른 판단을 내리는지를 잘 보여준다.

책상조차 없던 최고의 재무 설계사, 맥스를 만나다

당신의 의사나 변호사, 혹은 회계사는 사무실 벽에 액자로 걸린 자격증이 한두 개뿐일 가능성이 높다. 의과대학 또는 법과대학 졸업장, CPA나 기타 회계 관련 자격증 정도가 전부일 것이다. 하지만 재무 상담가들의 경우, 벽 한 면 전체를 액자에 담긴 졸업장 비슷한 증서와 상장으로 가득 채운 모습을 흔히 볼 수 있다.

재무 상담가에 대해 전국적으로 통일된 지식, 역량, 직업 윤리 기준이 존재하지 않기 때문에, '공식 인증'을 부여한다고 주장하는 민간 단체들이 우후죽순처럼 생겨났다.

공인 재무분석사CFA Chartered Financial Analyst나 공인 회계사CPA Certified Public Accountant와 같은 일부 자격증은 수년에 걸친 엄격한 학습과 훈련을 요구한다. 다른 자격증, 이를테면 공인 재무설계사CFP Certified Financial Planner는 그보다는 덜 고된 과정이지만 여전히 성실한 준비가 필요하다.

하지만 많은 자격증들은 아무런 실질적 의미가 없다. 어떤 단체들은 단지 살아 숨 쉬는 사람이라면, 몇 백 달러만 내면 언제든 액자에 걸 수 있는 '재무 자격증'을 발급해 준다.

관련 자격증이나 학위가 있고, 관련 경력이 3년 이상 있다면, 349달러에 배송비 29달러만 추가로 내면 '마스터 재무설계사MFP Master Financial Planner' 자격증을 받을 수 있다. 공부도, 시험도 전혀 필요 없다.*

직함 역시 매우 유동적이다. '재산관리사wealth manager'라는 표현은 그럴듯하게 들릴지 모르지만, 이는 법적 정의가 전혀 없는 스스로 만들어 붙인 거창한 호칭

---

* FINRA, 「전문 자격Professional Designations」, bit.ly/47oJosS; 제이슨 츠바이크와 메리 필론, 「당신의 상담가는 자격을 과장하고 있는가?Is Your Adviser Pumping Up His Credentials?」, bit.ly/3KvRkOO.

일 뿐이다.

무엇보다도 각종 '수상 경력'은 놀라울 만큼 쉽게 얻을 수 있다. 2009년 '미국 최고의 재무 설계사 중 한 명'으로 선정된 맥스웰 테일와거Maxwell Tailwagger는 콜로라도 스프링스의 재무 설계사 앨런 로스Allan Roth가 183달러짜리 수표를 보내 그를 '후보'로 추천한 뒤 이 상을 받았다. 그 대가로 맥스는 그럴듯한 명패 하나를 받아 책상 위에 자랑스럽게 놓을 수 있었을 것이다. 하지만 아쉽게도 그는 책상이 없었다.

'최고의 전문 서비스를 찾을 수 있도록 소비자를 교육하고 돕는다'고 주장하는 미국 소비자연구위원회Consumers' Research Council of America가 상을 수여한 맥스는 사실 재무 설계사가 아니었다. 맥스는 로스의 생후 6개월 된 닥스훈트 강아지였다.

재무 상담가를 찾는 법

좋은 재무 조언을 받기 위한 첫걸음은 당신이 무엇을 필요로 하는지를 명확히 아는 것이다. 당신은 주로 자산 운용을 맡아줄 상담가를 원하는가? (만약 당신이 매우 방어적인 투자자라면 그럴 수도 있겠지만, 대개는 그렇지 않다.) 아니면 복잡한 재무 설계를 중심으로 도움을 줄 수 있는 상담가를 원하는가?

둘째, 당신의 이익을 최우선으로 하는 '수탁자fiduciary'로서 행동할 의무가 있는 상담가를 고집해야 한다. 수탁자는 조언을 제공할 때 고객의 최대 이익을 보장해야 하며, 비용이나 이해상충에 관한 모든 중대한 사실을 투명하게 공개하고, 그러한 이해상충이 조언의 질을 훼손하지 않도록 관리할 법적·윤리적 의무를 지닌다. 물론 수탁자 자격을 갖춘 상담가를 고용한다고 해서 반드시 좋은 조언을 받는다는 보장은 없다. 그러나 그것은 신뢰를 기반으로 한 관계를 맺기 위한 최소한의 전제조건이다. 미국에 거주한다면 먼저 NAPFA.org와 LetsMakeAPlan.org를 방문해 보자. 이 두 사이트에서는 거주 지역을 기준으로 재무 상담가를 검색할 수 있다.

가능성 있는 상담가 몇 명을 추려냈다면 간단히 배경을 조사하라. brokercheck.finra.org와 adviserinfo.sec.gov에 접속하면, 해당 상담가에게 징계 이력이 있는지 확인할 수 있다. 상담가 본인과 그가 소속된 회사 모두를 검색해 보라. 고객 민원, 소송 및 중재 기록, 규제 당국의 제재, 형사 사건, 개인 파산 이력 등이 있는지 살펴야 한다.

그 다음 adviserinfo.sec.gov에서 해당 인물이나 회사 이름을 검색해 Form ADV Part 2 브로셔를 다운로드하라. 그 브로셔에서 다음 중 하나라도 해당된다면, 그 상담가는 피하고 다른 사람을 찾는 편이 낫다:

- 수수료가 1% 이상인 경우
- 징계 기록이 brokercheck.finra.org에서 확인한 내용과 일치하지 않는 경우
- 커미션 기반 보험 회사를 운영하는 경우
- 특정 투자 상품에 고객을 소개하고 추가 수당을 받는 경우

그리고 브로셔에서 '연금보험', '차트 분석', '기술적 분석', '전술적 자산배분', '사모펀드'와 같은 용어들이 자주 등장하는지 검색해 보라.

연금보험은 일시불로 가입한 후 일정 기간에 걸쳐 소득을 지급받는 보험 계약이다. 그러나 대부분의 경우 적절한 선택이 되지 못한다. 연금보험은 여전히 높은 수수료가 남아 있는 대표적인 영역으로, 일부 상품은 최대 10%에 달하는 판매 수수료와 연간 2%를 넘는 운용 비용을 부과하기도 한다. 일부

재무 상담가는 연금보험을 신중하게 활용하지만, 어떤 이들은 마치 푸아그라 농장에서 거위의 목구멍에 사료를 억지로 밀어 넣듯, 이 상품을 고객에게 강제로 먹이기도 한다.

차트 분석과 기술적 분석은 과거 가격의 패턴을 분석해 미래의 가격을 예측하려는 시도이다. 이러한 기법들은 훈련받은 전문가가 사용하더라도 그 신뢰성이 의심받는, 난해한 영역에 가깝다. 그런데 많은 재무 상담가들이 이를 아마추어 수준에서 활용할 경우 높은 수수료, 불필요한 세금 부담, 그리고 형편없는 수익률만을 초래하게 된다.

전술적 자산배분을 추구하는 상담가들은 시장이 오르내릴 때마다 매매를 반복한다. 만약 그들이 시장의 상승과 하락을 꾸준히 예측할 수 있는 능력이 있다면, 당신의 돈을 끌어모으기 위해 초라한 사무실에 앉아 있겠는가? 아니면 요트 위에서 자기 돈을 세고 있겠는가?

사모펀드는 6장 논평에서 살펴보았듯이 비용이 터무니없이 높고, 이해충돌이 빈번하게 발생한다. 특히 자신들이 직접 운용하는 '자체 개발' 사모펀드를 판매하는 재무 상담가들은 당신에게 더 나은 선택지가 얼마든지 있음에도 불구하고, 다른 투자 상품을 추천하지 않으려는 강력한 유인을 지니고 있다. 극히 예외적인 경우를 제외하면 사모펀드는 상담가를 걸러내는 또 하나의 기준이 되어야 한다.

올바른 질문 던지기

가능성 있는 재무 상담가 후보를 세 명에서 다섯 명 정도로 추렸다면, 이들과 직접 만나 인터뷰할 수 있도록 약속을 잡아라.

각 상담가에게 동일한 질문들을 던져라.

다음은 반드시 물어야 할 핵심 질문들과 바람직한 답변이다:

1. 항상 수탁자로서 행동하실 의무가 있으며, 그것을 서면으로 명시해 주실 수 있습니까?

   → 예.

2. 자산 운용에 주로 집중하십니까, 아니면 세금·상속·은퇴·예산·부채·보험 등도 함께 자문하십니까?

   → 이 질문은 당신의 필요에 따라 적절한 답이 달라진다.

3. 특정 상품이나 서비스 추천 시, 금전적 보상이나 그 외 인센티브를 더 받습니까?

   → 아니오.

4. 사모펀드 등 고객에게 추천할 수 있는 투자에 대해 자문 수수료를 받습니까?

   → 아니오.

5. 수수료 협상이 가능하며, 자산 규모가 아닌 시간 단위나 서비스 단위로 요금을 부과하십니까?

   → 예.

6. 고객이 귀하나 귀하의 회사에 대해 서면 민원이나 중재 청구를 제기한 적이 있습니까? 고객으로부터 소송을 당한 적이 있습니까?

   → 아니오.*

---

* 단 한 건의 민원은 반드시 문제라고 볼 수는 없다. 하지만 민원이 반복적으로 제기되고 있다면 경계해야 한다. 미국의 규정에 따르면 민사 소송, 고객 불만, 중재 청구와 같은 사건이 Form ADV에 기재될 만큼 '중대한지' 여부는 상담가 본인의 판단에 맡겨져 있다. 따라서 이러한 사항에 대해서는 반드시 직접 만나서 물어봐야 한다. 관련 내용은 제이슨 츠바이크의 글 「당신은 당신 재무 상담

7. 시장 수익률을 초과할 수 있다고 믿으십니까?

→ 아니오.

8. 수수료, 비용, 세금, 물가 상승 등을 반영한 뒤, 제 포트폴리오의 장기 연평균 수익률에 대해 어느 정도가 합리적이라고 보십니까?

→ 기껏해야 4%. (이보다 훨씬 높은 수치를 말하는 사람은 바보 아니면 사기꾼이다)*

9. 귀하의 자산은 누가 운용합니까?

→ 제가 직접 운용하며, 고객에게 추천하는 자산과 동일한 상품에 투자합니다.

이처럼 많은 질문을 직접 만나서 묻는 것이 어색하게 느껴진다면, 미리 이메일로 질문을 보내는 것도 좋은 방법이다. 각 상담가에게 이메일로 답변해 달라고 요청하라. 대면 미팅에서는 그 답변을 바탕으로 필요한 내용을 추가로 설명 받을 수 있다.

미리 질문과 자문가의 답변을 기록할 수 있는 노트나 스프레드시트를 준비해서 각 답변을 1점(가장 낮음)에서 5점(가장 높음) 사이의 수치로 평가하라. 이렇게 동일한 척도로 점수를 매기면, 특정 답변에 대해 주관적으로 과도한 비중을 두는 오류를 방지할 수 있다.

상담가가 답변할 때마다 즉시 점수를 매겨라. 가능하다면 당신의 배우자

가에 대해서 모른다는 것을 모른다You Don't Know What You Don't Know About Your Financial Adviser」, bit.ly/44VryMo를 참고하라.

* 당신의 포트폴리오가 100% 주식으로 구성돼 있다고 가정하자. 인플레이션을 반영한 주식의 장기 실질 수익률은 연평균 약 7% 수준이다. 하지만 이 중에서 지수펀드가 아닌 상품에 투자할 경우, 각종 비용으로 수익률은 6%로 줄어든다. 여기에 1%의 자문 수수료를 더하면 5%, 세금을 감안하면 실제 수익은 4%로 줄어든다. 게다가 앞으로의 수익률이 과거보다 낮아질 가능성도 있으며, 당신의 포트폴리오에 현금과 채권이 일정 부분 포함되어 있다면, 실질 수익률 4%조차도 낙관적 추정일 수 있다.

나 파트너—배우자가 없다면 가장 가까운 친구나 가족—도 각자의 판단에 따라 독립적으로 평가하는 것이 좋다.*

경계해야 할 표현들

상담가 후보와 면담할 때는 두 개의 감정, 공포와 탐욕을 자극하려 하거나, 확실성의 환상을 심어주고, 즉각적인 행동을 유도하는 말투와 표현에 주의하라. 당신의 목표와 상황에서 자꾸 주제를 돌려, 다음과 같은 상투적인 문구들만 반복하고 있지는 않은가?

저희의 독자적인 알고리즘입니다
타이밍 모델이 있습니다
당사의 모델 포트폴리오입니다
옵션 전략을 활용합니다
보장된 수익입니다
이건 확실한 기회입니다
월별 수익률 자료입니다
저희의 독점 사모펀드입니다
지금 같은 시장에서는 대체투자가 필수입니다
저희는 특별한 투자 기회에 접근할 수 있습니다
기관투자가 수준의 품질입니다

---

* 이러한 인터뷰 방식에 대해 더 알고 싶다면, 다음 자료들을 참고하라: 제이슨 츠바이크, 「당신의 재무 상담가에게 반드시 물어야 할 19가지 질문The 19 Questions to Ask Your Financial Adviser」, bit.ly/45kjlRJ; 「올바른 재무 상담가를 찾는 특별한 요령The Special Trick to Find the Right Financial Adviser」, bit.ly/440yq9T.

시장을 잘 압니다

어떤 종목이 뜰지 파악하는 능력이 있습니다

저희 추천 종목은 ____% 올랐습니다

변동성은 낮추고, 리스크는 줄이며, 수익은 높입니다

고객님을 위해 모든 분석을 마쳤습니다

다른 사람들도 다 이거 하고 있습니다

이번 기회를 놓치지 마세요

지금 서둘러야 합니다

고객님 인생 최고의 결정이 될 겁니다

상승 여력은 무한합니다

저희가 무엇을 할 수 있는지 보여드릴 기회를 주세요

저희는 이해충돌이 전혀 없습니다*

---

* 이 목록은 오하이오 주 증권국장 안드레아 사이트Andrea Seidt와 메릴랜드 주 증권국장 멜라니 센터 루빈Melanie Senter Lubin의 도움으로 정리된 것이다. 투자자에게 해로운 투자 권유 사례에 대해 더 알고 싶다면 조슈아 M. 브라운Joshua M. Brown의 『월 스트리트 뒷무대Backstage Wall Street』(맥그로-힐, 2012)를 참고하라.

상담가와의 면담이 끝난 후에는 동일한 5점 척도를 사용해 두 가지 항목에 추가 점수를 매겨라. 하나는 의사소통 능력, 다른 하나는 전반적인 인상이다.

상담가는 진부한 표현만 늘어놓았는가? 아니면 수수료, 전략, 이해충돌에 대해 명확하고 구체적으로 설명했는가? 그에 따라 역시 이번에도 1~5점 척도로 평가하라.

이제 상담가가 유능하고, 배려심 있으며, 신뢰할 수 있는 사람인지에 대한 직관적인 느낌을 점수화해 보라. 너무 깊이 고민하지 말고, 눈을 감고 당신의 직감을 따라 1점에서 5점까지 빠르게 매겨라.

상담가들과의 면담을 마치고 모든 항목에 대한 점수를 기록했다면, 직감은 잊어도 좋다. 방금 당신은 그 직감을 점수로 반영했기 때문이다. 이제 각 상담가의 총점을 더해 가장 높은 점수를 받은 사람을 선택하라.

이 모든 과정을 '수고에 비해 너무 번거로운 일'로 여기지 말라. 당신은 지금, 자신의 현재 자산과 미래 재정 전체를 한 사람의 손에 맡기려 하고 있는 것이다. 아무런 기준 없이 느낌만으로 혹은 우연히 받은 추천 하나에 의존해 그 사람을 고르기보다는, 신중하고 체계적인 절차를 거치는 것이 당연하지 않겠는가?

11장

일반 투자자의 증권분석: 일반적인 접근 방식

오늘날 재무분석 업무는 하나의 전문분야로 확립되어 지속적으로 성장하고 있다. 미국재무분석사협회National Federation of Financial Analysts에 속한 여러 협회는 13,000명이 넘는 회원이 있으며, 대부분 애널리스트 업무를 전업으로 수행하고 있다. 협회는 교과서와 윤리 강령을 채택하고 있으며, 매 분기마다 학술지를 발행하고 있다.* 물론 해결해야 할 문제는 아직 남아 있다. 최근에는 '증권분석'이라는 개념이 점차 '재무분석'이라는 표현으로 대체되는 추세이다. 재무분석이라는 표현이 보다 폭넓은 의미를 지니며, 월스트리트의 대부분의 시니어 애널리스트들이 수행하는 업무를 더 잘 설명하기 때문이다. 증권분석이 주로 주식과 채권의 검토와 평가로 한정된다고 한다면, 재무분석은 그러한 업무에 더해 투자 전략 결정(포트폴리오 구성)과 방대한 범위의 경제 분석까지 포함한

---

* 교재로 채택한 『증권분석Security Analysis』은 벤저민 그레이엄, 데이비드 L. 도드, 시드니 코틀, 찰스 테이텀이 저술한 책으로, 이후 여러 개정판에서도 1934년에 처음 선택된 제목을 유지하고 있지만, '재무분석'의 많은 범위를 다루고 있다.

다고 볼 수 있다. 이번 장에서는 애널리스트 본연의 업무인 증권분석에 초점을 맞추어 다룰 것이다.

애널리스트는 특정 증권의 과거와 현재, 그리고 미래까지 다룬다. 그는 기업의 업황에 대해서 설명하고 경영 실적과 재무 상태를 요약하며, 강점과 약점, 가능성과 위험을 제시한다. 또한 다양한 가정 혹은 최적 추정치를 바탕으로 미래 이익창출능력을 추정하고, 여러 기업들을 비교하거나 같은 기업의 다른 시점과 비교하기도 한다. 마지막으로 그가 평가하는 증권이 채권이나 투자등급 우선주일 경우 그 안전성에 대한 의견을 제시하고, 주식이라면 투자 매력도에 대한 의견을 제시한다.

이 모든 작업을 수행하는 과정에서 애널리스트는 기초적인 것부터 매우 난해한 것까지 다양한 기법을 활용한다. 그는 공인회계사의 공식적인 감사를 거친 기업의 감사보고서에 포함된 수치를 과감하게 수정하여 분석하기도 하는데, 이는 감사보고서의 다양한 항목 중 표면적으로 드러난 것 외에 이면에 담긴 의미를 찾고자 하기 때문이다.

채권이나 우선주를 다룰 때 애널리스트는 투자자의 입장에서 충분히 안전한지 여부를 판별할 수 있는 안전성 기준을 개발하고 적용한다. 이러한 기준은 주로 과거 평균 수익을 기반으로 하지만, 자본구조, 운전자본, 자산가치 및 기타 사항들도 활용한다.

보통주를 평가하는 애널리스트는 최근까지 채권과 우선주에 대한 안전성 기준만큼 빡빡한 평가 기준을 적용하지 않았다. 대부분의 경우 과거 성과를 요약하고, 미래에 대한 일반적인 전망을 제시하는데 그쳤으며, 특히 향후 12개월에 대한 예측에 중점을 두었다. 이러한 분석의 결론은 다소 자의적이었으며, 주식 시세나 시장 차트를 염두에 두고 도출되는 경우도 많았다. 그러나 최근 몇 년 동안 애널리스트들은 성장주를 평가하는 것에 많은 관심을 기울였다. 이러한 주식들 중 많은 수가 과거와 현재의 수익에 비해 매우 높은 가격에 거래되었기 때문에 이를 추천하는 애널리스트는 주가에 걸맞은 높은 미래 수익이 예상된다는 강한 확신을 피력해야 했다. 그 결과, 평가의 신뢰성을 높이기 위해 복잡한 수학적 기법들을 도입하게 되었다.

이 기법들에 대해서는 나중에 간략히 다룰 것이다. 여기서는 역설적인 현상 하나를 지적하고자 한다. 그것은 수학적 평가 방법이 그다지 신뢰하기 어려운 영역에서 오히려 과도하게 적용되고 있다는 점이다. 가치 평가가 미래에 대한 예측에 의존할수록, 그리고 그 예측이 과거에 입증된 실적과 연관성이 적을수록 그 평가는 잘못 계산되거나 심각한 오류에 빠지게 된다. 고 PER 성장주의 가치를 정당화할 수 있는 것은 오직 미래 실적 추정치밖에 없는데, 이 추정치들은 성장률만 제외하고는 과거 실적과는 큰 차이가 있다. 이런 상황에서 애널리스트들에게 최대한 수학적이고 과학적으로 접근하라고 강요하면 신뢰할 수 있는 분석이 되기 어렵다.

그럼에도 불구하고 증권분석에 필요한 주요 요소와 기법에 대한 설명을 추가하겠다. 이 내용은 일반 투자자의 눈높이에 맞추어 단순하게 정리했다. 그들도 최소한 애널리스트가 무엇을 말하고 무엇을 의도하는지 알아야 한다. 더 나아가 가능하다면 피상적인 분석과 건전한 분석도 구별할 수 있으면 좋다.

일반 투자자를 위한 증권분석은 기업 재무제표의 해석에서 시작된다고 생각한다. 나와 내 동료가 쓴 『현명한 투자자의 재무제표 읽는 법 The Interpretation of Financial Statements』은 그 내용을 다룬 책이다.* 여기서 그 책의 내용을 반복할 필요는 없을 것 같다. 우리는 지금 정보와 설명보다는 원칙과 태도에 초점을 맞

* 벤저민 그레이엄이 찰스 맥골릭과 함께 저술, Harper & Row(1964), Harper Business에서 재출판(1998).

추고 있기 때문이다. 이제 종목 선정을 위한 근본적인 두 가지 질문으로 넘어가 보자. 회사채나 우선주의 안전성을 판단하는 주요 기준은 무엇인가? 주식의 가치를 평가할 때 가장 중요한 요소는 무엇인가?

채권분석

증권분석에서 가장 신뢰할 수 있고 인정받는 분야는 투자등급 채권과 우선주의 안전성과 관련된 것이다. 회사채에 사용되는 주요 기준은 과거 몇 년간 영업이익이 전체 이자 비용을 몇 배로 보상하는지, 즉 이자보상배율 interest coverage ratio에 있다. 우선주가 있는 경우에는 채권 이자와 우선주 배당을 포함하여 영업이익이 몇 배를 보상하고 있는지가 기준이 된다.

〈표 11-1〉 채권 및 우선주에 대해 권장하는 최소 이자보상배율

A. 투자등급 채권

총고정비 대비 이익(=영업이익 ÷ 총고정비)의 최소 비율

사업 유형	세전		세후	
	과거 7년 평균	대안(최악의 해)	과거 7년 평균	대안(최악의 해)
공익기업	4배	3배	2.65배	2.10배
철도회사	5배	4배	3.20배	2.65배
제조회사	7배	5배	4.30배	3.20배
소매회사	5배	4배	3.20배	2.65배

B. 투자등급 우선주

세전 수익이 총고정비와 우선주 배당에 2를 곱하여 더한 값 대비 이익(=영업이익 ÷ (총고정비+우선주 배당×2))이 위와 동일한 결과값을 보여야 한다.

참고: 우선주 배당은 법인세 공제가 되지 않는 반면, 이자비용은 공제되므로 우선주 배당에 2를 곱하여 이를 반영한다.

C. 기타 채권 및 우선주 카테고리

위에 명시된 기준은 공익기업 지주회사, 금융주 및 부동산기업에는 적용되지 않는다. 이러한 특정 종목군에 대한 설명은 생략한다.

적용되는 구체적인 기준은 전문가마다 다를 수 있다. 이런 기준은 본질적으로 자의적이기 때문에 어떤 기준이 가장 적합한지는 알 수 없으나, 나는 『증권분석』 1961년 개정판에서 내가 권장한 이자보상배율 기준을 명시했으며, 표 11-1은 그 내용이다.

이 기본 기준은 다년간의 평균 실적에만 적용할 수 있다. 어떤 기관들은 검토된 모든 연도에서 최소 이자보상배율 이상을 보여야 한다고 요구한다. 나는 7년 평균 기준의 대안으로 '최악의 해' 기준도 인정하며, 회사채나 우선주가 이 두 기준 중 하나만 충족해도 충분하다고 본다.

1961년 이후 채권 이자율이 크게 상승하면서 요구되는 이자보상배율을 일부 완화해야 한다는 반론이 있다. 이자율이 4.5%일 때보다 8%일 때 산업주가 일곱 배의 이자보상배율을 확보하는 것이 훨씬 어려운 것은 당연하다. 이러한 변화된 상황에 대응하기 위해 대체요건으로 부채 원금 대비 영업이익의 비율(= 영업이익 ÷ 부채 원금)을 제안한다. 이 비율이 산업주의 경우 세전 33%, 공익기업의 경우 20%, 철도주의 경우 25%를 넘어야 한다. 대부분의 기업이 과거에 발행된 표면금리가 낮은 경과물의 혜택을 받고 있기 때문에 총부채에 대해 실제로 지불하는 이율은 현재 8% 수준보다 훨씬 낮다는 점을 염두에 두어야 한다. '최악의 해' 요건은 7년 평균 요건의 약 3분의 2로 설정할 수 있다.

이자보상배율 외에도 일반적으로 적용되는 여러 다른 기준들이 있다. 예를 들면 다음과 같은 것들이다.

1. **기업 규모:** 산업주, 공익기업, 철도주 부문에 따라 사업매출 규모에 대한 최소 기준이 있으며, 지방 자치단체의 경우 인구를 기준으로 한다.

2. **시가총액/총부채:** 주식의 시가총액을 총 부채액 또는 부채와 우선주 합계로 나눈 비율을 의미한다. 이는 경기변동에 가장 민감하게 반응하는 보통주의 '완충장치'를 대략적으로 측정하는 기준이다. 또한 이 비율은 시장이 기업의 미래 전망을 어떻게 평가하는지도 반영한다.

3. **자산가치:** 자산가치는 대차대조표에 표시된 자산가치나 평가된 자산가치를 말하는데, 과거에는 자산가치가 채권의 안정성에서 가장 중요한 요인이라고 보았다. 그러나 경험상 대부분의 경우 안전성은 이익 창출 능력에 달려 있으며, 이 능력이 부족할 경우 자산가치도 대부분 상실하게 된다. 그럼에도 불구하고 공익기업(요금이 주로 자산 투자에 따라 결정되기 때문에), 부동산기업, 그리고 투자회사의 채권 및 우선주의 안정성을 평가할 때에는 자산가치가 별도의 기준으로서 여전히 중요하다.

이 시점에서 조심스러운 투자자는 '미래를 예측해야 하는 상황에서 과거와 현재의 성과를 기반으로 한 안정성 기준이 얼마나 신뢰할 수 있는가?'라는 질문을 할 수 있다. 경험에 근거해서 볼 때, 과거 자료를 기반으로 엄격한 안전성 기준을 통과한 채권과 우선주는 대부분의 경우 미래의 불확실성에 성공적으로 대응할 수 있었다. 파산과 심각한 손실이 빈번했던 철도채권 분야에서 그 증거를 찾을 수 있다. 어려움을 겪은 철도기업들은 과도하게 채권을 발행했으며, 호황기에도 고정비용을 충분히 감당하지 못했기 때문에 엄격한 안전성 기준을 적용한 투자자들은 투자에서 배제했을 것이다. 반대로 그러한 기준을 통과한 대부분의 철도회사들은 재정적 곤경을 피할 수 있었다. 1940년대와 1950년에 여러 철도기업이 구조조정을 겪는 상황에서 안정성 기준의 신뢰성은 확실히 입증되었다. 다른 철도기업들은 모두 구조조정을 단행하여 고정이자 부담을 충분히, 혹은 최소한 적정 수준까지 줄였으나, 유일하게 뉴헤이븐 철도만 1947년 당시 이자보상배율을 1.1배밖에 확보하지 못했다. 그 결과 다른 철도기업들이 어려운 시기를 무사히 넘긴 반면, 뉴헤이븐 철도는 1961년에 다시 법정관리에 들어갔다.(이 때가 세번째였다.)

17장에서 1970년 금융계를 뒤흔든 펜 센트럴 철도의 파산과 관련된 몇 가지 측면을 살펴볼 것이다. 이 사례에서도 기본적인 사실은 1965년부터 이자보상배율이 보수적인 기준을 충족하지 못했다는 점이다. 따라서 신중한 채권 투자자는 해당 회사가 파산하기 훨씬 이전에 아예 투자를 하지 않거나 투자했던 채권을 처분했을 것이다.

채권에 투자할 때 빼놓을 수 없는 공익기업도 과거 기록이 미래의 안전성을 판단하는 데 결정적인 역할을 한다. 자본구조가 건전한 공익기업이 법정관리에 들어가는 일은 거의 없다. 증권거래위원회SEC가 통제하기 시작하면서 대부분의 공익기업 지주회사는 해체되었으나, 그 결과 공익기업의 재무건전성이 향상되었고 이후 파산 사례는 발생하지 않았다. 1930년대 전력 및 가스 공익기업의 재정 문제는 거의 100% 방만한 재정과 부실 경영으로 인해 발생했으며, 이는 회사의 자본 구조에 뚜렷이 나타났다. 따라서 투자자는 단순히 안전성 기준만 엄격히 지키더라도 후에 채무불이행에 빠질 문제가 있는 채권을 피할 수 있을 것이다.

한편 산업주 채권들의 장기 성과는 종목별로 크게 차이가 났다. 산업주 전체로 보면 철도주나 공익기업보다 더 나은 실적 성장을 보여왔으나, 개별 기업이나 사업 부문은 상대적으로 안정성이 낮은 것으로 드러났다. 따라서 규모가 크고 과거 심각한 경기 침체를 견뎌낸 경험이 있는 기업에 한해 채권과 우선주를 매입하는 것이 타당하다.

1950년 이후 산업주 채권의 채무 불이행은 거의 없었는데, 그 이유 중 하나는 이 기간 동안 경기 침체가 없었다는 점이다. 그러나 1966년 이후 여러 제조회사의 재무 상태에 부정적인 변화가 나타났다. 호황기에 진행되었던 무리한 확장의 결과로 심각한 어려움이 발생했으며, 이는 한편으로는 대규모 은행 대출 및 장기 부채 증가로 이어졌고, 다른 한편으로는 영업 손실이 빈번하게 발생했다. 1971년 초 계산으로는, 지난 7년 동안 비금융권 기업들의 이자 지급액이 1963년 98억 달러에서 1970년 261억 달러로 증가했으며, 비율로 보더라도 1963년에는 이자 지급이 영업이익의 16%에 불과했으나, 1971년에는 29%를 차지하고 있다. 개별 기업들 중에는 이보다 훨씬 더 크게 증가한 경우도 많았다.* 과도한 채무를 지닌 기업들은 이런 상황에 너무나도 익숙해졌다. 1965년판에서 했던 경고가 또 필요한 상황이다.

투자자가 이 유리한 상황이 무한정 지속될 것이라고 확신하고 채권 선정 기준을 완화해서는 안 된다.

주식분석

이상적인 주식분석 방법은 해당 주식의 가치를 평가하여 현재 가격과 비교함으로써 그 주식이 매력적인 매수 대상인지 판단하는 것이다. 주식의 가치는 일반적으로 향후 여러 해 동안의 미래 이익을 추정한 후, 그 이익에 적정한 '자본화계수 capitalization factor'를 곱하여 도출된다.

미래 이익을 추정하는 표준적인 절차는 과거의 판매량, 판매가격, 영업이익에 대한 평균 데이터를 기반으로 시작된다. 이후 과거의 실적을 바탕으로

* 뉴욕의 대형 채권 하우스 '살로몬 브라더스 Salomon Brothers'의 자료

〈표 11-2〉 다우지수 종목별 목표가 추정

(1964년 6월에 예측한 1967~1969년 밸류라인의 목표가와 1968년에 실현된 실제 결과 비교)

	이익(달러)		주가(달러)		
	1967~1969년 추정	1968년[a] 실제	1964. 6. 30. 실제	1967~1969 목표가	1968년[a] 평균
얼라이드 케미컬	3.70	1.46	54.5	67	36.5
알코아	3.85	4.75	71.5	85	79
아메리칸 캔	3.50	4.25	47	57	48
AT&T	4.00	3.75	73.5	68	53
아메리칸 타바코	3.00	4.38	51.5	33	37
아나콘다	6.00	8.12	44.5	70	106
베들레헴 스틸	3.25	3.55	36.5	45	31
크라이슬러	4.75	6.23	48.5	45	60
듀폰	8.50	7.82	253	240	163
이스트먼 코닥	5.00	9.32	133	100	320
GE	4.50	3.95	80	90	90.5
제너럴 푸드	4.70	4.16	88	71	84.5
GM	6.25	6.02	88	78	81.5
굿이어 타이어	3.25	4.12	43	43	54
인터내셔널 하비스터	5.75	5.38	82	63	69
인터내셔널 니켈	5.20	3.86	79	83	76
인터내셔널 페이퍼	2.25	2.04	32	36	33
존스 맨빌	4.00	4.78	57.5	54	71.5
오웬스 글래스	5.25	6.20	99	100	125.5
프록터 앤 갬블	4.20	4.30	83	70	91
시어즈 로벅	4.70	5.46	118	78	122.5
스탠더드 오일 캘리포니아	5.25	5.59	64.5	60	67
스탠더드 오일 뉴저지	6.00	5.94	87	73	76
스위프트	3.85	3.41[b]	54	50	57
텍사코	5.50	6.04	79.5	70	81
유니언 카바이드	7.35	5.20	126.5	165	90
유나이티드 항공	4.00	7.65	49.5	50	106
US 스틸	4.50	4.69	57.5	60	42
웨스팅하우스	3.25	3.49	30.5	50	69
울워스	2.25	2.29	29.5	32	29.5
합계	138.25	149.20	2222	2186	2450
다우지수(총 % 2.67)	52.00	56.00	832	820	918[c]
다우지수 1968	57.89				906[c]
다우지수 1967~1969년	56.26				

a 1964년 이후 주식분할 반영

b 평균 1967~1969년

c 제수[Divisor] 변경으로 인한 차이

예상 판매량과 예상 판매가격의 변화를 적절한 가정을 통해 도출하고 이를 통해 미래의 매출액을 추정한다. 이 과정에서 필요한 가정은 먼저 국민총생산GNP에 대한 일반적인 경제 예측을 바탕으로 하고, 이후 해당 산업과 기업의 특수성을 반영한다.

1965년판에 수록된 이 평가방법의 예시를 최신 자료로 업데이트하여 설명하도록 하겠다. 주요 금융정보회사 중 하나인 '밸류라인Value Line'은 위에서 설명한 절차를 통해 미래 이익과 배당을 예측한 뒤, 주로 과거 관계를 기반으로 한 평가 공식을 각 종목에 적용하여 '목표가'를 도출한다. 표 11-2에는 1964년 6월에 예측한 1967~1969년 목표가와 1968년에 실제로 실현된 이익 및 평균 주가과 비교해 놓았다.

예상 실적이 실제 실적보다 낮게 추정되었으나, 큰 차이는 없었다. 그보다 6년 전의 추정에서는 이익과 배당에 대해 낙관적으로 전망했지만, 낮은 자본화계수를 적용하여 이를 상쇄한 결과, '목표가'는 1963년의 실제 평균 가격과 거의 일치했다.

반면에 여기 기록된 개별 기업에 대한 예측은 모두 틀렸다는 점에 주목하기 바란다. 이는 개별 기업에 대한 예측보다 종합적 또는 종목군 예측이 조금 더 신뢰할 만하다는 일반적인 견해를 뒷받침하는 사례이다. 이상적으로는 애널리스트가 미래를 가장 잘 알고 있다고 생각하는 서너 개 기업을 골라, 그 기업들의 예측에만 집중하는 것이 바람직할 수 있다. 그러나 아쉽게도 개별 예측이 신뢰할 수 있는지, 아니면 오류 가능성이 큰지 미리 구별하기는 거의 불가능해 보인다. 이것이 바로 펀드가 광범위한 분산 투자를 시행하는 근본적인 이유이다. 믿을 수 있는 예측이 있다면 확실히 높은 수익이 예상되는 한 종목에 집중하는 것이 낫다.* 종목을 여러 개로 분산시키면 수익 역시 희석되어 평균 수준으로 수렴하기 때문이다. 예측만 믿고 투자할 수 없기 때문에 분산 투자하는 것이다. 분산 투자가 보편적으로 이루어진다는 것 자체가 월스트리트에서 늘 자랑하는 '종목선정 능력'에 대한 반박의 증거라 할 수 있다.

자본화계수에 영향을 미치는 요인

기업 가치를 결정하는 핵심적인 요인은 미래 이익이지만, 애널리스트는 개별 주식 종목 특성 등 다른 여러 요인들도 고려해야 한다. 이러한 요인들을 반영하면, 자본화계수는 종목 간에도 서로 크게 달라질 수 있다. 예를 들어 두 회사가 1973~1975년 동안 예상되는 EPS가 동일하게 4달러라고 하더라도, 애널리스트는 각각의 주가를 하나는 40으로 평가하고 다른 하나는 100으로 평가할 수 있다. 이런 차이가 왜 발생하는지 간략히 살펴보겠다.

1. 일반적인 장기 전망

먼 미래에 어떤 일이 일어날지 정확히 아는 사람은 없지만, 애널리스트와 투자자는 이에 대해 확고한 의견을 가지고 있다. 그리고 이러한 의견을 개별 기업과 업종의 PER에 큰 차이로 반영한다. 이에 대해 1965년 판에서 다음과 같이 덧붙였다:

---

* 적어도 대다수의 증권분석가와 투자자에게는 그렇지 않다. 그러나 특정 기업이 심층적인 연구를 받을 가치가 있는지를 사전에 판단할 수 있으며, 이를 수행할 수 있는 역량과 시설을 갖춘 예외적인 분석가들은 이러한 방식에서 지속적인 성공을 거둘 수도 있다. 이에 대한 자세한 접근 방식은 필립 피셔Philip Fisher의 『위대한 기업에 투자하라Common Stocks and Uncommon Profits, (Harper & Row, 1960)』를 참고하라.

예를 들어 1963년 말 다우지수에 포함된 화학회사들은 석유회사들보다 PER이 훨씬 높았었는데, 이는 시장이 화학회사의 전망에 대해 더 큰 신뢰를 가지고 있음을 나타낸다. 시장에서 이러한 차이는 합리적인 근거가 있기도 하지만, 과거 성과에만 의존할 경우 잘못될 가능성도 높다.

표 11-3은 1963년 말 다우지수에 포함된 화학 및 석유회사들의 1963년 말과 1970년 말 주가와 실적을 보여준다. 이 표를 보면, 높은 PER을 기록했던 화학회사들은 1963년 이후의 기간 동안 이익 성장이 거의 없었다는 것을 알 수 있다. 반면 석유회사들은 화학회사보다 훨씬 나은 실적을 보였고, 1963년의 PER로부터 추정되는 성장과 대체로 일치하는 실적을 보여줬다.* 따라서 화학회사 주식의 예시는 시장의 예상이 틀릴 수도 있다는 것을 보여주고 있다.

〈표 11-3〉 다우지수 업종별 성과 비교(화학업종 vs. 석유업종, 1963년과 1970년)

업종	종목	1963년			1970년		
		종가(달러)	EPS(달러)	PER(배)	종가(달러)	EPS(달러)	PER(배)
화학	얼라이드 케미컬	55	2.77	19.8	24.125	1.56	15.5
	듀폰[a]	77	6.55	23.5	133.5	6.76	19.8
	유니언 카바이드[b]	60.25	2.66	22.7	40	2.60	15.4
	평균			25.3			
석유	스탠더드 오일 캘리포니아	59.5	4.50	13.2	54.5	5.36	10.2
	스탠더드 오일 뉴저지	76	4.74	16.0	73.5	5.90	12.4
	텍사코[b]	35	2.15	16.3	35	3.02	11.6
	평균			15.3			

a 1963년 숫자는 GM 주식 분배를 반영함
b 1963년 숫자는 주식분할을 반영함

* 351페이지에서 성장주의 자본화계수와 예상 성장률 간의 관계를 나타내는 공식을 확인할 수 있다.

2. 경영진

월스트리트에서는 경영진에 대해 끊임없는 평가가 흘러나오지만, 아직까지 경영진의 역량을 객관적이고 정량적이며 신뢰성 있게 평가할 수 있는 기법이 개발되어 적용되지 않고 있기 때문에 실제로 도움이 되는 것은 별로 없다. 뛰어난 성공을 거둔 기업은 특별히 우수한 경영진을 보유했을 가능성이 크다고 보는 것이 타당하다. 경영진의 역할은 이미 과거 실적으로 입증되었을 것이며, 향후 5년간의 전망에서도 다시 확인될 것이고, 장기적 전망에서도 또 한 번 반영될 것이다. 이를 또 하나의 긍정적인 요인으로 중복 평가하면 과도한 고평가로 이어지기 쉽다. 따라서 경영진 요인은 최근 교체되어 아직 실제 수치로 드러나지 않은 경우에만 유용할 수 있다.

크라이슬러Chrysler Motor Corporation와 관련된 두 가지 놀라운 사건이 있었다. 첫 번째 사건은 1921년에 일어났다. 당시 수많은 자동차회사들이 도산하고 있는 상황이었으나, 월터 크라이슬러는 거의 파산 직전이었던 맥스웰 모터스를 인수해 몇 년 만에 큰 성공을 거두며 고수익을 올리는 기업으로 만들었다. 두번째 사건은 비교적 최근인 1962년에 일어났다. 한때의 명성은 모두 과거가 되어 버린 크라이슬러의 주가는 수년 만에 최저치를 기록하고 있었다. 이후 컨솔리데이션 코울Consolidation Coal과 관련된 새로운 경영진이 회사를 인수하게 되었고, 1961년 1.24달러였던 EPS가 1963년에는 17달러로 급등했다. 이에 따라 주가는 1962년 최저 38.5달러에서 이듬해 거의 200달러에 가까운 수준으로 치솟았다.*

---

* 1963년 한 해에 두 번의 2대 1 주식분할을 단행한 것이 크라이슬러의 주가 상승에 일부 영향을 미친 것은 분명하다. 이는 대기업으로서는 전례 없는 일이었다.

3. 재무건전성과 자본 구조

주가와 EPS가 같다면, 많은 잉여현금을 보유하고 부채가 적은 기업, 그리고 우선주가 없는 주식이 확실히 더 좋은 투자 대상이다. 이런 요소들은 애널리스트들이 면밀히 조사하는 사항이다. 다만 적당한 수준의 채권이나 우선주가 있다고 해서 주식에 반드시 불리한 요소가 되는 것은 아니며, 단기적인 은행 신용의 적당한 사용 역시 마찬가지이다. (참고로 주식에 비해 채권과 우선주 비율이 지나치게 높은 구조는 유리한 조건에서 주식에 큰 투기적 이익을 몰아줄 수 있다. 이를 '레버리지' 요인이라고 한다.)

4. 배당 기록

일정 기간 이상 지속적인 배당 지급 여부는 우량주임을 판단하는 가장 설득력 있는 기준 중 하나이다. 20년 이상 중단 없이 배당을 지급한 기업은 확실히 긍정적으로 봐도 된다. 사실 방어적인 투자자는 이러한 기준을 충족하는 기업들로만 포트폴리오를 구성하는 것도 타당한 선택이라고 볼 수 있다.

5. 배당성향

마지막 결정 요소인 배당성향은 분석하기 까다로운 부분이다. 다행히 대부분의 기업은 이른바 표준 배당정책을 따르고 있다. 이는 EPS의 약 3분의 2를 배당으로 지급하는 것을 의미하지만, 최근 수익성이 높아지고 인플레이션에 따른 자본 수요가 많아지면서 이 비율은 낮아지는 추세이다. (1969년에는 다우지수 주식의 경우 59.5%, 전체 미국 기업의 경우 55%였다.) 배당이 이익과 정상적인 관계를 유지하는 경우, 이익 기준이나 배당 기준으로 평가해도 결과에는 큰 차이가 없다. 예를 들어 예상 평균 EPS가 3달러이고 예상 배당이 2달러인 일반적인 제조회사는 EPS의 12배 혹은 배당의 18배로 평가할 수 있으며, 양쪽 모두

36달러의 가치가 도출된다.

그러나 성장주의 수가 점점 더 많아지면서 EPS의 60% 이상을 배당으로 지급하던 기존 정책에서 벗어나 거의 모든 이익을 사내 유보하여 확장 자금으로 활용하는 것이 주주 이익에 더 부합한다고 주장하고 있는 기업들이 늘고 있다. 이러한 주장은 여러 가지 부작용을 야기할 수 있으므로 신중한 접근이 필요하다. 적절한 배당정책에 대한 논의는 경영진과 주주 관계의 일반적인 문제를 다루는 19장에서 상세히 설명하겠다.

성장주의 자본화계수

애널리스트들이 공식적으로 작성하는 보고서들은 대부분 성장주의 평가에 관한 것이다. 다양한 방법들을 검토한 결과, 성장주의 평가에 있어 쉽게 활용할 수 있는 다소 '간소화된 공식'을 개발하였다. 이 공식은 보다 정교한 수학적 계산을 통해 얻어지는 결과와 비슷한 값을 도출하는 것을 목표로 했다.

성장주의 적정 주가 = EPS × (8.5 + 2 × 기대성장률)

여기서 연간 기대성장률은 향후 7~10년 동안 예상되는 수치를 사용해야 한다.*

표 11-4에서는 이 공식이 성장률에 대한 가정이 바뀌면 어떻게 계산되는지 보여준다. 역으로, 이 공식이 유효하다고 가정할 때, 현재 주가가 암시하는

* 이 공식이 성장주의 '진정한 가치'를 산출한다는 것은 아니며, 다만 유행하는 보다 복잡한 계산 결과에 근접한 값을 산출할 뿐이라는 점에 유의하라.

〈표 11-4〉 **기대성장률로 역산한 PER**(간소화된 공식 기준)

기대성장률(%)	0.0	2.5	5.0	7.2	10.0	14.3	20.0
10년 성장률(%)	0.0	28.0	63.0	100.0	159.0	280.0	319.0
PER(배)	8.5	13.5	18.5	22.9	28.5	37.1	48.5

〈표 11-5〉 **기대성장률**(1963년 12월과 1969년 12월 비교)

종목	PER(배)	기대성장률[a](%)	EPS(달러)		실제성장률(%)	PER(배)	기대성장률[a](%)
	1963	1963	1963	1969	1963~1969	1969	1969
AT&T	23.0	7.3	3.03	4.00	4.75	12.2	1.8
GE	29.0	10.3	3.00	3.79[b]	4.0	20.4	6.0
GM	14.1	2.8	5.55	5.95	1.17	11.6	1.6
IBM	38.5	15.0	3.48[c]	8.21	16.0	44.4	17.9
인터내셔널 하비스터	13.2	2.4	2.29[c]	2.30	0.1	10.8	1.1
제록스	25.0	32.4	0.38[c]	2.08	29.2	50.8	21.2
다우지수	18.6	5.1	41.11	57.02	5.5	14.0	2.8

a 간소화된 공식으로 계산

b 1969년은 파업으로 인해 이익이 저조하여 1968년과 1970년 평균 사용

c 주식분할 반영

기대성장률도 쉽게 역산할 수 있다. 1965년 개정판에서는 다우지수와 여섯 개 주요 주식의 기대성장률을 계산했었다. 그 결과를 1969년 자료로 업데이트 하여 표 11-5에 다시 실었다. 당시 나는 다음과 같이 논평했다.

> 공식에 내재된 제록스의 기대성장률 32.4%와 GM의 미미한 기대성장률 2.8% 사이의 차이는 뚜렷하다. 이는 부분적으로 GM의 1963년에 기록한 (역사상 모든 기업 중 가장 큰) 이익이 유지하기 어려운 수준이며, 아무리 업황이 좋아

도 소폭 개선되는 정도에 그칠 것이라는 주식시장의 생각이 반영되어 있다고 설명할 수 있다. 반면 제록스의 PER은 최근 좋은 실적을 보인 회사에 대해 투자자들이 가지는 투기적 기대감을 잘 보여주며, 아마도 향후 실적은 이에 못 미칠 가능성이 크다.

공식에 내재된 다우지수의 1951~1953년과 1961~1963년 사이의 예상 성장률은 5.1%였으나, 실제 연평균 증가율은 복리로 3.4%였다.

위의 글에 다음과 같은 경고를 추가하고자 한다: 고성장 주식의 가치는 기대성장률이 실제로 실현된다고 가정하더라도, 반드시 더 낮게 평가해야 한다. 실제로 만약 한 기업이 향후 연 8% 이상의 성장을 무한정 지속될 것으로 가정하면, 그 가치는 무한대가 될 것이고, 그런 주식은 가격이 아무리 높아도 사야 한다. 이러한 경우 평가자는 건축가가 건물을 설계할 때와 마찬가지로 자신의 계산에 안전마진을 도입해야 한다. 이러한 방식으로 평가하면, 실제로 실현된 성장률이 공식에서 도출된 기대성장률보다 낮더라도 의도한 목표 이익률(1963년 기준으로 연간 7.5%)을 달성할 수 있다. 물론 만약 그 성장률이 실제로 실현된다면 투자자는 더 높은 수익을 누릴 수 있을 것이다. 연간 8% 이상 성장할 것으로 예상되는 고성장 기업의 가치를 평가하는 데 있어, 애널리스트가 적정한 PER을 추정하는 방법은 사실상 없다.

실제로 제록스와 IBM의 성장률은 간소화된 공식으로부터 역산된 높은 성장률에 거의 근접하게 나타났다. 방금 설명한 대로 이러한 뛰어난 실적 때문에 두 주식의 가격은 크게 상승하였다. 다우지수의 성장률 역시 1963년 종가가 예측했던 수준과 거의 일치했다. 그러나 다우지수는 성장률이 5%로 완만했기 때문에, 제록스와 IBM의 경우와 같은 수학적 딜레마는 없었다. 다우지수는 1970년 말까지 23% 상승하였고, 배당수익률 28%와 더불어 공식에서 추정된 연평균 7.5% 수익률에 근접한 결과를 보였다. 다른 네 회사의 경우에는 1963년 주가로 역산한 기대성장률을 충족하지 못했고, 다우지수보다도 주가 상승이 적었다.

주의: 이 자료는 단지 설명을 위한 예시로 제공되었다. 대부분의 주식분석에서 미래 성장률은 추정에 의존할 수밖에 없기 때문이다. 따라서 이러한 예측이 높은 신뢰성을 지닌다고 보거나, 예측치를 기준으로 가격이 위아래로 움직일 것이라 쉽게 단정하여 매매에 활용할 수 있다고 착각해서는 안 된다.

미래 결과를 예상해 주식을 과학적이고 합리적으로 평가하려면 반드시 미래 금리를 고려해야 한다. 일정한 이익이나 배당이 예상될 때, 금리가 높아지면 현재가치는 낮아지고, 금리가 낮아지면 현재가치는 높아질 것이다. 하지만 이러한 가정은 늘 빗나가기 마련이며, 최근 장기 금리가 크게 상승하면서 예측이 더욱 어려워졌다. 그래도 기존의 간소화된 공식을 유지했는데, 더 타당해 보이는 다른 공식이 없기 때문이다.

산업 분석

기업의 전반적인 사업 전망은 주가 결정에 중요한 역할을 하기 때문에 주식 애널리스트는 당연히 업계와 개별 기업의 경제 상황에 많은 관심을 기울여야 한다. 이러한 연구는 매우 세밀하게 다룰 수 있다. 때로는 통찰력을 발휘하여 현재는 시장에서 주목받지 못하지만 미래에는 중요하게 떠오를 수 있는 요소들을 찾아내기도 한다. 이러한 과정에서 어느 정도 신뢰할 수 있는 결론을 도출한다면 투자 결정에 대한 합리적인 근거가 될 수 있다.

그러나 내 경험에 따르면 투자자들에게 제공되는 산업 연구는 실제로 유용성이 크지 않은 경우가 많다. 일반적으로 제공되는 자료는 이미 대중에게 잘 알려져 있으며, 주가에도 이미 반영된 경우가 많다. 증권회사 보고서에서 인기 있는 산업의 하락 조짐이나 비인기 산업의 부상 가능성을 설득력 있게 미리 예견하는 경우는 별로 못 봤다. 월스트리트의 장기 전망은 늘 틀리는 것으로 유명하며, 업종별 수익성 예측 또한 예외가 아니다.

하지만 최근 몇 년간 빠르고 광범위한 기술의 발전은 애널리스트의 분석에 큰 영향을 미치고 있다. 앞으로 10년간은 과거 어느 때보다 신제품과 신기술이 개별 기업의 성장과 쇠퇴에 영향을 줄 것이며, 애널리스트는 이를 미리 연구하고 평가해야 한다. 따라서 애널리스트는 기업 탐방, 연구자와의 인터뷰, 기술적 조사 등을 통해 효과적인 작업을 수행할 수 있는 다양한 방법을 모색해야 한다. 다만 현재 실증 가능한 가치가 뒷받침되지 않는 미래 전망에만 기반한 투자 결론은 위험을 수반한다. 그렇다고 과거 실적에만 근거하여 너무 인색하게 가치를 평가하는 것도 위험하다. 투자자는 이 양 끝단 사이 어딘가를 선택해야 한다. 상상력을 발휘하여 미래에 대한 예측이 적중했을 때 큰 수익을 노릴 수도 있겠지만, 이는 크고 작은 계산 착오의 위험을 감수해야 한다. 반대로 아직 가능성이 입증되지 않았다고 프리미엄을 너무 작게 지불하려는 보수적 접근을 선택한다면, 이후 유망한 기회를 놓쳤다고 후회하게 될 지도 모른다.

2단계 평가 프로세스

다시 돌아와서 이미 논의했던 가치 평가에 대해 이야기를 이어가겠다. 이 주제에 대해 많은 고민을 한 결과, 주식 가치 평가는 현재와는 매우 다르게 접근하는 것이 더 낫다는 결론에 도달했다. 나의 제안은 애널리스트들이 첫 번째 단계에서 과거 실적만을 기반으로 하는 '과거 실적 가치'라는 것을 계산해야 한다는 것이다. 이는 오직 과거 기록을 기반으로 한 가치이다. 즉 과거의 상대적 실적이 향후에도 변함없이 지속될 것이라고 가정할 때, 이 주식의 절대적 가치 또는 다우지수나 S&P 500 지수 대비 상대적 가치가 얼마나 될지를 평가하는 것이다. (여기에는 최근 7년간 보여준 상대적 성장률이 앞으로 7년간도 동일하게 유지될 것이라는 가정이 포함된다.) 이 과정은 과거 수익성, 안정성, 성장성에 대한 개별 가중치를 적용하고 현재 재무 상태를 반영하여 기계적으로 수행하면 된다. 분석의 두번째 단계는 첫번째 단계에서 평가한 '과거 실적 가치'에 향후 예상되는 새로운 조건들을 감안하여 최종적 가치를 평가하는 것이다.

이 절차는 다음과 같이 경력이 오래된 시니어 애널리스트와 경력이 짧은 주니어 애널리스트 간의 업무를 나누어 진행할 수 있다. (1) 시니어 애널리스트는 모든 기업에 일반적으로 적용할 수 있는 과거 실적 가치를 산출하는 공식을 설정한다. (2) 주니어 애널리스트들은 지정된 기업에 대해 기계적인 방식으로 과거 실적 가치를 작성한다. (3) 이후 시니어 애널리스트는 특정 기업의 절대적 또는 상대적 실적이 과거와 어느 정도 차이가 날 것으로 예상되는지, 그리고 이러한 예상된 변화를 반영하기 위해 가치에 어떤 수정이 필요한지 결정한다. 이렇게 완성된 시니어 애널리스트의 보고서에는 원래 평가와 수정된 평가가 모두 제시되고, 수정 사유도 포함하는 것이 최선의 방식이다.

'이런 종류의 작업이 가치가 있는가?'라고 묻는다면, 나의 대답은 '그렇다'이다. 그 이유는 독자에게 다소 냉소적으로 보일 수 있다. 나는 대기업이든 중소기업이든 일반적인 산업주에 대한 평가 자체를 별로 신뢰하지 않는다. 다음 장에서 알코아ALCOA 사례를 보면서 이에 대해 더 자세히 설명할 것이다. 그럼에도 불구하고 이러한 주식에 대해 이 작업을 수행하는 것이 필요하다. 그 이유는 다음과 같다.

첫째, 많은 애널리스트들이 일상적으로 하는 업무가 현재 또는 미래의 가치를 평가하는 것이며, 내가 제안한 방법이 현재 일반적으로 사용되는 방법보다 더 낫기 때문이다.

둘째, 이 방법을 실천하는 애널리스트들에게 유용한 경험과 통찰을 제공할 수 있기 때문이다.

셋째, 이런 종류의 작업은 의료 임상 분야에서 오랫동안 그랬듯이 더 나은 절차와 한계 및 가능성에 대한 유용한 지식을 개발할 수 있는 소중한 발판이 될 수 있다. 공익기업 주식은 이러한 접근 방식으로 실제로 효과를 볼 수 있는 중요한 분야이다.

결국 현명한 애널리스트는 안전한 종목군으로 분석대상을 압축할 것이다. 애널리스트의 입장에서 안전한 종목군이란 합리적으로 미래 실적이 비교적 예측 가능한 종목군, 아니면 과거 실적 가치와 현재 가격 간의 안전마진이 충분히 커서 미래 변동 위험을 감수할 만한 종목군을 말한다.

다음 장에서는 분석 기법을 적용한 구체적인 사례를 제시할 것이다. 하지만 이 역시 단지 예시일 뿐이다. 만약 이 주제를 흥미롭게 여긴다면, 스스로 유가 증권에 대한 매수 또는 매도 판단을 내리기 전에 이를 체계적이고 철저히 탐구해야 할 것이다.

11장 논평

— 제이슨 츠바이크

"친구들이나 투자 분석가들 사이에서 인기 있는 것을 당신도 사고 싶다면,
그것은 결코 '싸게 사는 거래'가 될 수 없다.
그들과 똑같은 것을 산다면,
당신도 결국 그들과 똑같은 수익률을 얻게 될 뿐이다.
만약 그들을 능가하는 수익을 원한다면,
다른 사람들이 아직 사지 않은 것, 아니면 오히려 팔고 있는 것을 사야 한다."

— 존 템플턴 경*

현명한 투자자로서 언제나 경쟁이 치열하고 대부분 효율적인 시장에서 주식을 분석해 성공을 거두고자 한다면, 그레이엄의 핵심 원칙, 즉 대중과 다르

---

* 프랭클린 템플턴 인베스트먼트, 『투자, 인사이트, 영감: 존 템플턴 경의 지혜가 담긴 명언Investments, Insights and Inspiration: Words of Wisdom from Sir John Templeton』.

게 생각하고, 흔들림 없는 규율을 지켜야 한다는 원칙을 따라야 한다.

이 두 가지 목표는 즉흥적인 판단이나 충동적 행동으로는 절대 달성할 수 없다. 하지만 만약 당신이 스스로 규율을 세우고, 그것을 끝까지 지켜낸다면, 그 자체로 이미 당신은 대중과 다른 존재다.*

친절한 환경과 사악한 환경

우리가 어떤 경험으로부터 얼마나 배울 수 있는지는 그 경험에서 얻는 피드백의 질에 달려 있다. 바르셀로나 폼페우 파브라 대학교의 심리학자 로빈 호가스 Robin Hogarth는 학습 환경을 두 가지 유형으로 나눈다. 친절한 환경은 신속하고 정확하며 명확한 피드백을 통해 당신이 하고 있는 일이 효과가 있는지를 알려준다. 반면 사악한 환경은 지연되고 부정확하며 모호한 피드백을 제공한다.**

주식시장은 세계에서 가장 사악한 학습 환경 중 하나다. 피드백은 모호하고, 끊임없이 바뀐다. 예를 들어 당신이 어떤 기업의 가치를 주당 14~16달러로 확신하고 있다고 하자. 당신은 오전 11시 42분에 그 주식을 10달러에 매수한다. 11시 48분이 되자 주가가 10.87달러까지 오른다. 즉 시장이 벌써 당신의 판단에 동의한 셈이다. "봐라, 시장도 내 판단에 동의하잖아!" 그런데 한 시간 후 주가는 9.94달러로 떨어진다. "아니야, 시장이 틀린 거야!" 다음 날 장이 열리고, 종가는 다시 10달러로 마감된다. "그래도 본전은 했네." 일주일 후 주가는 11.50달러까지 오른다. "좋았어! 15% 상승이야!" 하지만 그 다음

* 그레이엄은 이 책 초판에서 이렇게 썼다: "투자자는 정신적으로 남다른 무장을 갖추지 않고서는, 주식시장이라는 전장에 들어서 성공을 기대할 수 없다. 그 '남다름'이란 결코 상상 속의 우월함이 아니라, 일반 대중과 본질적으로 구별되는 태도를 의미한다."

** 로빈 M. 호가스 Robin M. Hogarth, 『직관 Educating Intuition』, (시카고대학교출판부, 2001).

주에는 9달러로 떨어지고, 이어서 8.50달러, 다시 8달러로 하락한다. "안 돼! 벌써 20% 손해야!"그 후 한 달 동안 주가는 6.66달러까지 추락하자, 손실이 3분의 1을 넘지 않도록 하기 위해 결국 공황에 휩싸여 주식을 매도한다.

그날 오후, 경쟁 업체가 해당 회사를 주당 14달러에 인수하겠다고 발표한다.

당신은 옳았던 걸까?

아니면 틀렸던 걸까?

그것을 판단할 수 있는 유일한 방법은 당신의 판단 근거를 사전에 문서로 남겨두었는지 여부에 달려 있다. 그것이야말로 '사악한 학습 환경' 속에서도 '친절한 피드백'을 얻어내는 유일한 방법이다. 매수에 앞서 다음과 같은 내용들을 기록해 두어야 한다: 당신이 그 기업에 대해 파악한 구체적인 근거는 무엇인가? 다른 투자자들이 간과하고 있는 정보는 무엇이며, 왜 그들은 그것을 놓쳤는가? 그 기업의 적정 주가를 14~16달러로 판단한 이유는 무엇인가? 그 가격에 도달하기까지 얼마나 시간이 걸릴 것으로 예상하는가? 당신의 확신 수준은 어느 정도인가? 90%? 80%? 50%? 100%?

판단에 대한 체크리스트

당신의 판단 근거를 기록하고 그에 대한 피드백을 체계적으로 정리하는 가장 좋은 방법 중 하나는 체크리스트를 활용하는 것이다.

'체크리스트를 작성하지 않고는 절대 주식을 매수하지 않는다'는 자기만의 원칙을 세워두면, 충동적으로 매수한 뒤 공포에 휩싸여 매도하고 후회하는 일을 피할 수 있다. 또한 당신의 판단이 정말 옳았던 것인지, 아니면 단지 운이 좋았던 것인지를 사후적으로 명확히 검토할 수 있는 기반도 마련해 준다.

체크리스트가 기적을 만들어내는 것은 아니다. 그 자체로 차세대 아마존이나 애플을 찾아낼 수 있게 해주지는 않는다. 하지만 체크리스트는 주식시장의 사악한 피드백 환경을 상당 부분 무력화시켜 준다. 당신이 일관성을 유지하도록 강제하고, 의존하려 했던 요소들을 과소평가하거나 놓치는 일을 방지해 준다. 무엇보다 중요한 것은 어떤 분석이 효과가 있었고, 어떤 것이 효과가 없었는지, 그리고 그 분석을 어떻게 개선할 수 있을지 스스로 배울 수 있게 해준다는 점이다.*

투자자마다 체크리스트는 달라질 수밖에 없다. 그 체크리스트는 당신이 과거에 겪은 성공과 실패에서 얻은 교훈을 반영해야 하며, 기업이나 산업마다 분석 방식이 다를 수 있기 때문이다. 하지만 최소한 체크리스트는 당신의 관심을 주식이 아닌 사업 자체로 돌리는 역할을 해야 한다. 그 내용에는 다음과 같은 항목들이 포함될 수 있다:

- **최소한 최근 3년치 연차보고서와 최근 1년간의 분기보고서를 읽었는가?** 기업의 재무제표는 대차대조표, 손익계산서, 현금흐름표 이 세 가지 핵심 요소로 구성되어 있다. 나는 대차대조표를 충분히 이해하고 있는가? 이를 통해 이 기업이 위험할 정도로 많은 부채를 지고 있는지 파악할 수 있는가? 손익계산서를 보면 비용이 잘 통제되고 있는지, 수익이 증가하고 있는지 알 수 있는가? 현금흐름표는 이 회사가 현금을 어떻게 벌고, 어떻게 사용하는지를 보여주는데, 나는 그 내용을 이해할 수 있는가? 영업활동을 통해 벌어들이는 현금이 시간이 지남에 따라 꾸준히 증가하고 있는가? 회사 보고서의 서술형 파트를 통해 이 기업

* 아툴 가완디Atul Gawande, 『체크 체크리스트The Checklist Manifesto』, (Metropolitan, 2009), 그리고 Anabatic Investment Partners의 필 오드웨이Phil Ordway가 정리한 가이드라인 bit.ly/43ue88u, Cambria Investment Management의 메브 페이버Meb Faber가 정리한 가이드라인 bit.ly/3uvjg0x, 투자자 브렛 코런Brett Caughran의 가이드라인 bit.ly/45DGZsD을 참고하라.

의 가장 강력한 경쟁자가 누구인지 파악할 수 있는가? 특정 원자재, 특정 지역의 매출, 혹은 소수의 대형 고객에 지나치게 의존하고 있지는 않은가? 이 회사는 내부 확장을 통해 성장했는가, 아니면 다른 회사를 인수하면서 성장했는가? 경영진은 잉여 자본을 현명하게 배분하고 있는가? 아니면 잘못된 투자나 인수를 반복하며 회계상 손실처리(회계상 감액)를 자주 해 왔는가?*

- **가장 최근의 위임장권유신고서** proxy statement **를 읽었는가?**

  동일 산업 내 다른 기업들과 비교했을 때, 이 회사의 경영진은 공정하게 보상받고 있는가? 경영진이 과도한 특혜성 내부 거래 related party transactions 를 하고 있거나, 논란의 소지가 있는 사적 혜택 perks 을 받고 있지는 않은가? 이사들은 상당한 규모의 자사주를 보유하고 있는가? 최고경영진은 자기 돈을 들여 자사 주식을 매수하고 있는가, 아니면 단순히 스톡옵션을 무상으로 부여받고 있는가? 성과급은 자기자본이익률 ROE 의 성장, 주당순자산가치 Book Value per Share 의 장기 상승 등 합리적인 장기 지표에 연동되어 있는가? 아니면 단지 주가 상승률이나 '조정 EBITDA' 같은 조작 가능성이 큰 지표에만 연동되어 있는가?**

- **그 기업은 지속 가능한 경쟁우위를 가지고 있는가?**

  워렌 버핏은 이렇게 말했다. "투자의 핵심은 특정 기업의 경쟁우위를 파악하는 것이며, 그중에서도 가장 중요한 것은 그 경쟁우위의 지속성을

---

* 여기서 말하는 '연차보고서'란 회사의 정식 재무제표 전체를 뜻한다. 미국에서는 이를 Form 10-K라고 하며, 증권거래위원회SEC의 EDGAR 웹사이트 sec.gov/edgar에서 누구나 무료로 열람할 수 있다. 여기서 말하는 보고서는 주주들에게 우편으로 발송되는 화려한 사진과 홍보 문구가 가득한 유광지 홍보물을 의미하는 것이 아니다.

** 19장 논평을 참고하라.

판단하는 일이다." 그 기업의 브랜드는 얼마나 지배적이며, 그 이유는 무엇인가? 경쟁으로부터 기업을 보호해 주는 특허나 기타 지식재산권이 존재하는가? 경쟁사보다 지속적으로 낮은 가격을 제공하면서도 소비자에게 충분한 가치를 주는가? 사용자가 늘어날수록 제품이나 서비스의 가치가 높아지는 '네트워크 효과'를 창출하는가? 만약 내일 이 회사가 사라진다면 소비자들이 대체 공급자를 찾기 얼마나 어려울까?*

- **이 회사의 경영진은 실제로 경영을 하고 있는가, 아니면 홍보에만 치중하고 있는가?**

  최고경영진은 본인이 한 말을 실제로 지키는가? 과소 약속하고 과대 성과를 내는 경향이 있는가? 실수를 솔직하게 인정하는 태도를 가지고 있는가? 보수적인 회계 기준을 일관되게 적용하는가, 아니면 재무 실적 보고 방식을 자주 바꾸는가? 회사의 장기적 기업 가치에 집중하는가, 아니면 단기적인 주가 부양에만 몰두하고 있는가?

- **이 회사에 대해 사전 부검을 수행했는가?**

  이 사업을 충분히 이해하고 있어서 회사의 생존을 위협할 수 있는 경쟁상의 약점을 상상할 수 있는가? 한번 상상해 보라. 지금으로부터 1년 후, 이 회사가 파산보호 신청을 했다고 가정하자. 무슨 일이 잘못된 것인가? 새로운 경영진이 사업을 정상화하는 데 실패했는가? 금리 상

* 캐럴 루미스Carol Loomis, 「Mr. Buffett on the Stock Market」, bit.ly/3Dbxi8x. 지속 가능한 경쟁우위를 지닌 기업을 식별하는 고전적 논의로는 필립 A. 피셔Philip A. Fisher의 『위대한 기업에 투자하라Common Stocks and Uncommon Profits』(Wiley, 1996)를 참조하라. 경제적 해자와 네트워크 효과에 대해서는 팻 도시Pat Dorsey의 『경제적 해자 The Little Book That Builds Wealth』(Wiley, 2009), 그리고 마이클 J. 모부신Michael J. Mauboussin과 댄 캘러핸Dan Callahan의 「시장점유율Market Share」(bit.ly/44u1hVg) 및 「고객 기반 기업가치 평가The Economics of Customer Businesses」(bit.ly/3XSyK98)를 참고할 수 있다. 기업의 해자가 장기적으로 유지되기 위해서는 그 기업이 정부 규제 당국의 자의적 결정에 좌우되지 않고 스스로 가격을 결정할 수 있어야 한다.

승으로 인해, 기업의 부채 부담이 감당할 수 없는 수준으로 불어난 것인가? 회사가 지나치게 의존하던 인기 제품이 소비자에게 외면당했는가? 또는 무리한 인수합병이 재앙적인 결과를 초래했는가?

- **나만의 경쟁우위는 무엇인가?**
  이 회사에 대해 대다수의 투자자들이 놓치고 있는 점을 나는 구체적으로 어떤 방식으로 더 잘 이해하고 있는가? 그리고 왜 나는 그것을 더 잘 파악할 수 있었는가?
- **승산은 얼마나 되는가?**
  나의 경험을 바탕으로 볼 때, 내 판단이 옳다고 확신할 수 있는 정도는 어느 정도인가? 90%? 70%? 아니면 50% 이하인가? 그리고 주가가 내가 설정한 목표 가격에 도달하는 데 얼마나 시간이 걸릴 것이라고 예상하는가?
- **만약 주식시장이 앞으로 5년간 폐쇄된다 해도, 이 회사를 기꺼이 보유하고 있을 자신이 있는가?**
  주가와는 무관하게, 이 회사가 훌륭한 기업이며 앞으로 5년 뒤에는 지금보다 더 나아질 것이라 믿는 이유 세 가지에서 다섯 가지를 글로 적어보라.

무엇보다도 반드시 지켜야 할 원칙은 이것이다:

"내 체크리스트의 모든 항목을 통과하지 못하는 투자는 절대 하지 않는다."*

---

* 이 원칙에 대해 허용되는 유일한 예외가 있다면, 그것은 당신이 미친 돈 계좌로 투자를 하는 경우뿐이다(1장과 1장 논평을 참고하라). 그럴 경우에도 매우 소액만 투자해야 한다. 결코 전체 자산 중 큰 비중을 할당해서는 안 된다.

체크리스트의 모든 항목을 지키는 일이 너무 번거롭게 느껴진다면, 당신이 과연 진정한 공격적 투자자인지 다시 생각해볼 필요가 있다. 투자를 하기 전에 기업 분석에 많은 시간과 노력을 기꺼이, 그리고 꾸준히 투자할 준비가 되어 있지 않다면, 당신은 방어적 투자자에 더 가까운 것이다. 그리고 그것은 결코 잘못된 일이 아니다.

12장

주당순이익EPS에서 고려할 사항

이 장은 상반되는 함의를 가진 두 가지 조언으로 시작할 것이다. 첫째는 한 해의 실적을 심각하게 받아들이지 말라는 것이며, 둘째는 단기 실적에 주목할 경우 EPS의 함정에 주의하라는 것이다. 첫번째 조언을 충실히 따른다면 두번째 조언은 불필요할 것이다. 그러나 대부분의 주주가 장기 실적과 장기 전망만 보고 주식에 대한 모든 의사 결정을 하기는 어려울 것이다. 금융계에서는 연간 실적 뿐 아니라 분기 실적까지 관심을 쏟으며, 투자자도 이런 분위기에 영향을 받을 수밖에 없다. 이런 식으로 단기 실적에 치중하다 보면 투자자가 오해할 수 있으므로, 이런 부분에 대한 교육이 필요하다.

이 장을 저술하는 시점에 알코아의 1970년 성과가 『월스트리트 저널』에 다음과 같이 게재되었다.

	1970년	1969년
EPS[a]	5.20	5.58

[a]로 표시된 주석에는 이 EPS가 특별손실 차감 전 '근본 EPS primary earnings'를 의미한다고 설명하고 있다. 이 외에도 주석에는 많은 내용이 있는데, 본문 내용의 두 배에 달하는 지면을 차지하고 있다.

4분기만 놓고 보면, 1970년 EPS는 1.58달러로 1969년의 1.56달러에 비해 소폭 증가했다.

알코아 주식에 관심이 있는 사람들은 이 자료를 읽고 이렇게 생각할 수 있다. '그렇게 나쁘지 않군. 1970년은 알루미늄 산업의 불황기였는데도 4분기는 1969년보다 이익이 증가했고, 연간으로 환산하면 1.58에 4를 곱해서 6.32달러가 되겠네. 주가는 62달러니까 PER은 10배도 안 되잖아. 인터내셔널 니켈 International Nickel의 PER은 16배인데, 상대적으로 꽤 저렴해 보이는군.'

하지만 그가 주석에 있는 내용을 꼼꼼히 읽었더라면, 1970년 한 해 동안 EPS가 하나가 아니라 네 개나 있음을 알게 될 것이다. 즉 다음과 같은 내용이 나온다.

	1970년	1969년
근본 EPS	5.20	5.58
EPS(특별손실 차감 후)	4.32	5.58
EPS(완전 희석 가정, 특별손실 차감 전)	5.01	5.35
EPS(완전 희석 가정, 특별손실 차감 후)	4.19	5.35

4분기에만 EPS가 두 개다.

	1970년	1969년
근본 EPS	1.58	1.56
EPS(특별손실 차감 후)	0.70	1.56

이 모든 EPS가 의미하는 것은 무엇인가? 연간 및 4분기의 진짜 EPS는 어느 것인가? 만약 EPS를 계산할 때, 특별손실을 차감한 분기 순이익 70센트를 적용하여 연간으로 환산한다면, EPS는 6.32달러가 아닌 2.80달러가 될 것이며, 주가 62는 EPS의 10배가 아닌 22배가 된다.

알코아의 '진짜 EPS'에 대한 질문 중 일부는 비교적 쉽게 답할 수 있다. 희석 효과를 고려하면 EPS가 5.20달러에서 5.01달러로 감소하는 것은 분명하다. 알코아는 전환사채를 발행했는데, 전환사채 보유자는 유리할 경우 전환권을 행사할 것이기 때문에 1970년 성과를 기준으로 주식의 '수익력'을 평가할 때 이 부분을 고려해야 한다. 알코아는 전환사채 발행규모가 상대적으로 작아 별 문제는 없으나, 경우에 따라 전환권과 신주인수권 행사로 인해 겉으로 드러나는 이익이 절반 이상 줄어들 수도 있다. 492페이지에서 희석의 중요성을 다시 설명하겠다. (금융정보서비스 자료의 희석요인에 대한 분석은 틀릴 때도 많다.)

이제 사업을 위해 늘 발생하는 경상비가 아닌 불규칙하게 발생하는 비용인 '특별손실' 항목으로 돌아가 보자. 4분기 실적에서 차감된 1,880만 달러, 즉 주당 88센트는 결코 적지 않은 금액이다. 이를 아예 무시할 것인가, 아니면 전체를 실적 감소로 볼 것인가, 아니면 일부는 인정하고 일부는 무시할 것인가? 세심한 투자자는 왜 1970년 말 이후에 이러한 특별손실이 유행처럼 나타났는지, 그리고 이전에는 왜 나타나지 않았는지를 궁금할 것이다. 물론 합법적인 테두리 안에서 이루어진 것이겠지만, 회계 처리 과정에서 꼼수가 가미된 것일 수도 있다. 면밀히 살펴보면 발생하기도 전에 차감된 이 비용은 과거 또는 미래의 '근본 EPS'에는 아무런 부정적인 영향을 미치지 않음을 알 수 있다. 극단적인 경우에는 교묘하게 세금을 처리해서 미래 특정 년도의 이익을 실제보다 두 배 가까이 커 보이게 할 수도 있다.

알코아의 특별손실을 다룰 때, 우선 이러한 비용이 어떻게 발생했는가 확인해야 한다. 주석에는 이에 대해 구체적으로 설명되어 있다. 특별손실은 다음 네 개 항목으로 이루어져 있다.

1. 제품 제조 부문 폐쇄로 예상되는 비용에 대한 경영진의 추정치
2. 알코아 캐스팅 Alcoa Castings Co. 공장 폐쇄 비용 추정치
3. 알코아 크레딧 Alcoa Credit Co.의 단계적 폐쇄 비용 추정치
4. '커튼 월' 설치 계약과 관련된 예상 비용 530만 달러

이 모든 항목은 미래의 비용 및 손실에 대한 추정치들이다. 이런 항목들이 1970년의 '정상 영업 활동'에 포함되지 않는 것은 확실하다. 그렇다면 이 항목들은 어떻게 처리해야 할까? 이 항목들이 정말로 '특별한 일회성' 항목이어서 어디에도 속하지 않는 것인가? 연간 15억 달러 규모의 사업을 운영하는 알코아와 같은 대규모 기업은 많은 부문, 부서, 자회사 등을 가지고 있을 것이다. 그 중 하나 이상이 수익성이 없어서 폐쇄해야 하는 상황이 발생하는 것은 비정상적인 일이 아니라 오히려 지극히 정상적인 일이라고 봐야 한다. 마찬가지로 외벽을 새롭게 고치거나 유지 보수하는 비용도 마찬가지다. 이처럼 회사의 보고서에서 손실이 발생한 부분은 모두 일회성 '특별손실'로 처리하고, 수익성 있는 계약이나 영업만을 '근본 EPS'으로 분류한다면, 이는 '화창한 날씨'에만 볼 수 있는 에드워드 7세 시대의 해시계처럼 늘 좋은 실적만 기록될 것이다.

지금까지 논의한 알코아의 수법은 두 가지 측면에서 기발하다. 첫번째는 미래에 예상되는 손실을 특정 연도에 할당했다는 점이다. 이 손실은 실제로 1970년에 발생하지 않았기 때문에 1970년에 속하지 않으며, 실제로 이 손실이 발생하는 해에는 이미 충당금으로 처리되었기 때문에 비용으로 표시되지

않을 것이다. 틀린 부분은 하나도 없지만, 오해의 소지가 다분하다.

알코아의 주석에는 이러한 특별손실로 인한 향후 절세 효과에 대해서는 아무런 언급이 없다. (대부분의 다른 보고서는 '세후 효과'만 반영되었다고 명시하고 있다.) 알코아의 손실이 관련 세액 공제를 고려하지 않은 미래 비용을 나타낸다면, 향후 실제 비용이 발생할 때 실적에는 이러한 비용은 나타나지 않을 뿐 아니라, 약 50%의 세액 공제만큼 증가할 것이다. 이를 실제로 그런 방식으로 처리할 것이라 확신할 수는 없지만, 과거에 큰 손실을 기록한 일부 기업들은 이후 이익을 보고할 때 이월결손금을 공제받아 결과적으로 훌륭한 실적을 낸 것처럼 포장되기도 했다. 아이러니하게도 과거의 실망스러운 실적이 현재 훌륭한 실적의 기반이 된다. (과거 손실로 인한 세액 공제는 현재 '특별항목'으로 별도 표시되고 있으며 최종 '순이익'에 포함되어 향후 재무제표에 반영될 것이다. 그러나 미래 손실을 대비해 설정된 충당금이 예상 세액 공제를 반영한 경우, 미래의 순이익 수치에 이러한 항목이 추가되지 않아야 한다.)

두번째는 알코아 말고도 많은 다른 기업들이 1970년 연말을 이용하여 이러한 특별손실을 차감했다는 점이다. 1970년 상반기 주식시장은 유혈이 낭자하다는 표현이 어울릴 정도로 최악이었으므로, 대부분의 기업들은 실적이 바닥을 길 것이라는 예상이 지배적이었다. 월스트리트는 이제 1971년, 1972년 등 이후에는 더 나은 실적이 나올 것이라고 기대하고 있었다. 그렇다면 아무도 좋은 성과를 기대하지 않는 이 해에 가능한 많은 비용을 떠안고, 다음 몇 년 동안 더 멋진 성과를 보여준다면 더욱 멋진 흐름을 만들어 낼 수 있다. 이것은 훌륭한 회계 처리이자 효과적인 사업 전략이며 경영진과 주주 관계를 개선하는 데에도 도움이 되는 방식일 것이다. 그러나 여전히 미심쩍은 부분이 많다.

과도하게 다각화된 사업과 대대적으로 정리를 하고자 하는 의도가 결합되어 1970년도 감사보고서에는 특이한 주석들이 등장했다. 어느 뉴욕증권거래소 상장사(회사명은 밝히지 않겠다)는 총 2,357,000달러 차감 전 이익의 약 3분의 1에 달하는 '특별손실'에 대해 흥미롭게도 다음과 같이 설명했다. '스폴딩 영국 사업부 폐쇄를 위한 충당금, 한 부문의 조직 개편 비용을 위한 충당금, 유아용품 제조사 매각 관련 비용, 스페인 자동차 리스회사 지분 일부 처분 비용, 스키부츠 사업 청산 비용으로 구성된다.'

과거에는 우량 기업들도 호황기에 이익의 일부를 '비상준비금'으로 적립하여 앞으로 닥칠지 모를 불황기에 대비하곤 했다. 이러한 처리의 근본적인 목적은 이익을 어느 정도 평탄화하고, 기업 경영의 안정성을 높이는 데 있었다. 이는 충분히 일리 있는 동기로 보이지만, 회계사들은 이를 '진정한 이익'을 왜곡하는 행위로 간주하며 적절하지 않다고 비판했다. 그들은 각 연도의 실적을 있는 그대로, 좋든 나쁘든 보고하고, 평균화 및 평탄화는 주주와 애널리스트들이 직접 해야 한다고 주장했다. 그러나 현재 우리는 정반대의 현상을 목격하고 있는 듯하다. 모든 기업이 이미 열악해진 1970년 실적에 가능한 많은 비용을 몰아넣어, 1971년을 투명한 정도를 넘어 향후 이익이 더욱 커지도록 준비가 된 상태에서 시작하려는 것이다.

이제 처음의 질문으로 돌아가 보자. 그렇다면 알코아의 1970년 진짜 EPS는 얼마인가? 이에 대한 정확한 답은 희석 이후 EPS 5.01달러에서 82센트에 달하는 특별손실 중 1970년에 발생한 것으로 합리적으로 간주되는 부분을 차감한 금액이다. 그러나 우리는 그 부분이 얼마인지 알 수 없기 때문에, 그 해의 진짜 EPS 역시 정확히 알 수 없다. 경영진과 감사인은 이 점에 대해 명확한 답을 줘야 했지만, 그렇게 하지 않았다. 게다가 경영진과 감사인은 이 비용의 나머지 부분을 향후 몇 년간의 일반 이익에서 차감하도록 조정했어야 한다. 이를 위해 적절한 기준은 5년을 넘지 않는 범위가 될 것이다. 그러나 이 역시 실행되지 않을 것으로 보인다. 이미 이 비용 전액을 1970년의 특별손실로 처리했기 때문이다.

투자자가 EPS를 중요하게 여긴다면, EPS에 영향을 미칠 수 있는 다양한 회계적 요인에 대해서도 명확히 이해해야 한다. 우리는 이러한 요인 중 세 가지를 언급한 바 있다. 첫째, EPS에 반영되지 않을 수도 있는 특별비용의 사용, 둘째, 과거 손실로 인해 발생하는 정상적인 소득세 감소 효과, 셋째, 전환사채나 신주인수권에 내포되어 있는 희석 요인이다.* 추가적으로 EPS에 큰 영향을 미치는 네 번째 요소가 있는데, 이는 감가상각을 처리하는 방식, 특히 정액법과 가속상각법의 차이에 따른 것이다. 여기서 세부 사항은 생략하겠다.

하지만 구체적인 사례로 트레인Trane의 1970년 보고서를 살펴보자. 이 회사는 1969년 대비 주당 이익이 약 20% 증가하여 2.76달러에서 3.29달러로 상승했다고 보고했지만, 이 중 절반은 전년도에 사용했던 가속상각법보다 비용을 덜 반영하는 이전의 정액법 감가상각으로 전환한 결과였다. (회사는 세금 신고 시에는 가속상각법을 계속 사용할 것이며, 그 차액에 대한 세금 납부를 이연할 것이다.)

또 다른 중요한 요인은 연구개발비를 발생한 연도에 전액 비용 처리할 것인지 아니면 몇 년에 걸쳐 상각할 것인지의 선택이다. 마지막으로 재고 평가 방식에서 선입선출법FIFO과 후입선출법LIFO 중 무엇을 선택하느냐도 때로는 중요한 영향을 미친다.

다만 관련 금액이 비교적 적다면 이러한 회계처리에 주의를 기울이지 않아도 된다. 그러나 월스트리트의 현실은 사소한 항목조차도 심각하게 받아들이는 경향이 있다. 알코아의 감사보고서가 『월스트리트 저널』에 실리기 이틀 전, 같은 신문에서는 다우 케미칼Dow Chemical의 연례 보고서에 대해 광범위

---

* 신주인수권으로 인한 희석 효과를 계산할 때, 신주인수권의 시장 가치를 보통주 전체의 현재 시장 가격에 추가하는 방식으로 고려하는 것을 권장한다.

한 논평을 실었다. 이 논평은 말미에 다우 케미칼이 1969년의 보고서에 '특별이익'으로 처리했어야 하는 21센트를 경상이익으로 인식한 사실에 대해 '많은 애널리스트'들이 우려를 표했다고 언급했다. 왜 이렇게 논란이 되었을까? 아마도 그 차이로 인하여 1969년의 EPS 증가율이 9%가 될 수도 있고 4.5%가 될 수도 있는데, 그렇게 되면 다우 케미칼의 가치가 수백만 달러까지 달라질 수 있다는 우려 때문이었을 것이다. 이는 터무니없는 일이다. 한 해의 실적에 작은 차이가 발생한다고 해서 미래 평균 이익이나 성장에 그렇게 큰 영향을 미칠 가능성은 별로 없으며, 특히 현재를 기준으로 보수적으로 기업 가치를 평가하는 경우에 실질적인 영향을 미칠 가능성은 더더욱 없다.

이번에는 1971년 1월에 발표된 노스웨스트 인더스트리Northwest Industries INC.의 1970년 보고서를 살펴보자. 이 회사는 특별손실로 최소 2억 6,400만 달러를 한 번에 상각할 계획이었다. 이 중 2억 달러는 철도 자회사를 직원들에게 매각하면서 발생할 손실을, 나머지는 최근 매입한 주식에 대한 상각을 반영한 것이다. 이 금액은 희석 효과를 고려하지 않을 경우 보통주 한 주당 약 35달러의 손실에 해당하며, 이는 당시 시장 가격의 두 배에 달하는 수준이었다. 이 정도면 매우 중요한 사안이다. 만약 이 거래가 성사되고 세법이 변경되지 않는다면, 1970년에 반영된 이 손실 덕분에 노스웨스트 인더스트리는 향후 5년 동안 다른 사업에서 약 4억 달러까지 법인세 없이 이익을 실현할 수 있다. 그렇다면 이 회사의 실제 이익은 어떻게 계산해야 하는가? 법인세의 거의 50%가 실제로는 면제된다는 사실을 어떻게 고려해야 할 것인가? 이에 대한 나의 견해는, 우선 법인세를 완전히 부과할 때를 기준으로 한 수익력을 평가하고, 이를 바탕으로 주식 가치를 대략적으로 평가하고 나서, 여기에 추가적으로 발생하는 일시적인 법인세 감면 혜택의 가치를 더해 주는 것이 바람직하다고 판단된다. (이 경우 대규모 희석 가능성도 고려해야 한다. 실제로 전환우선주와 신주인수권이 행사될 경우, 발행된 보통주의 수가 두 배 이상 증가하는 경우도 있다.)

이런 절차들이 혼란스럽고 지루하게 느껴질 수 있지만, 이런 사례가 흔히 발생한다. 기업 회계는 늘 복잡하며, 증권분석은 늘 까다롭고, 주식가치 평가는 늘 신뢰하기 어렵다. 대부분의 투자자들은 그저 주식의 가치에 걸맞은 가격을 지불했다고 믿고, 더 깊이 고민하지 않는 것이 아마도 최선일 것이다.

평균 EPS의 활용

과거에는 애널리스트와 투자자들이 비교적 긴 기간, 보통 7~10년 동안의 평균 EPS에 많은 관심을 기울였다. 이러한 '평균 EPS'는 경기 순환의 변동을 완화하는 데 유용하며, 단순히 최근 연도의 결과만을 보는 것보다 기업의 이익 창출 능력을 더 잘 보여준다고 여겨졌다.

또한 평균값을 쓰게 되면 대부분의 특별비용과 세금공제를 처리하는 문제가 해결된다는 장점이 있다. 대부분의 특별 손익은 기업을 경영하다 보면 으레 생기기 마련인데, 평균 이익은 이러한 항목들을 모두 포함하고 있기 때문이다.

알코아의 경우 평균 EPS를 구해보면, 1961~1970년(10년) 동안에는 3.62달러이고, 1964~1970년(7년) 동안에는 4.62달러로 나타난다. 이러한 수치를 이익 성장성과 안정성에 대한 평가와 함께 사용하면, 회사의 과거 실적에 대한 유익한 정보를 파악할 수 있다.

과거 성장률 계산

성장률을 기업 실적에 적절히 고려하는 것은 매우 중요하다. 성장률이 높

〈표 12-1〉 평균 EPS

	알코아	시어스 로벅	다우지수
평균 EPS 1968~1970년	4.95[a]	2.87	55.40
평균 EPS 1958~1960년	2.08	1.23	31.49
성장률	141.0%	134.0%	75.0%
연 성장률(복리)	9.0%	8.7%	5.7%

a 특별손실 82센트의 60%를 여기서 차감

을 경우, 최근 이익은 과거 7년 또는 10년 평균값을 크게 상회하며, 이로 인해 애널리스트들은 이러한 장기적인 수치를 무의미하다고 여길 수 있다. 그러나 반드시 그렇지는 않다. EPS는 평균값과 최근값을 모두 감안할 수 있다.

성장률 계산 방법으로는, 최근 3년간의 평균 EPS를 10년 전의 3년 평균 EPS와 비교하는 방식을 추천한다. ('특별손실이나 특별이익' 문제가 있는 경우, 절충하는 방식으로 처리할 수 있다.) 표 12-1은 알코아를 시어스 로벅 및 다우지수와 비교한 자료이다.

논평: 이 항목들은 많은 정보들을 담고 있다. 이는 1958년부터 1970년까지의 장기간 이익성장률을 실제로 보여주는 지표로, 복잡한 수학적 분석으로 도출된 결과 못지않게 유용하며 일반적으로 주식가치 평가의 핵심으로 간주된다. 알코아의 경우 얼마나 반영해야 하는가? 알코아는 과거에 뛰어난 성장률을 보였으며, 다우지수는 물론 높게 평가받는 시어스 로벅보다도 우수했다. 그러나 1971년 초 기준으로 주가는 이러한 뛰어난 실적을 전혀 반영하지 않았다. 알코아는 최근 3년 평균 EPS의 단 11.5배에 거래된 반면, 시어스 로벅은 27배, 다우지수 자체는 15배 이상의 배수로 거래되었다.

왜 이와 같은 상황이 발생했을까? 분명히 월스트리트는 알코아의 과거 실적과는 달리, 미래 이익 전망에 대해 상당히 비관적인 견해를 가진 것으로 보인다. 놀랍게도 알코아의 최고가는 1959년에 기록되었으며, 그 당시 116달러로 거래되었는데 이는 EPS의 45배였다. (같은 해 시어스 로벅의 수정 주가 고점은 25.5달러로, 당시 EPS의 20배였다.) 그 이후 알코아는 양호한 EPS 성장을 보였지만, 미래 실적이 과대평가되어 있었기 때문에 시장이 기대했던 만큼 성장하지는 못했다. 1970년 말 알코아의 주가는 1959년 최고가의 정확히 절반 수준으로 마감한 반면, 같은 기간 시어스 로벅은 주가가 세 배가 되었고, 다우지수는 약 30% 상승했다.

주목할 점은 알코아의 ROE가 평균 수준에 불과하거나 그 이하였으며, 이것이 알코아 주가 하락의 결정적인 요인일 수 있다. 주식시장에서는 기업이 평균 이상의 수익성을 유지할 때에만 높은 PER이 지속되어 왔다.

이제 이전 장에서 제시한 2단계 평가 프로세스를 알코아에 적용해 보자. 이 접근법을 사용하면, 알코아의 과거 실적 가치가 다우지수의 10%, 즉 1970년 다우지수 종가 840을 기준으로 주당 84달러로 산정된다. 이 기준에 따르면, 주당 57.25달러라는 당시의 주가는 상당히 매력적으로 보였을 것이다.

그러나 미래에 상황이 안 좋아질 것이라고 추정하는 시니어 애널리스트는 과거 실적 가치를 얼마나 낮춰야 했을까? 솔직히 말해 이에 대한 확실한 답을 내리는 것은 어렵다. 가령 1971년 EPS가 2.50달러까지 하락할 것으로 추정된다고 가정해 보자. 이는 1970년보다 크게 감소한 것이며, 전반적으로 상승이 기대되는 다우지수와는 대조적이다. 주식시장은 이러한 부진한 실적을 심각하게 받아들일지도 모르겠지만, 과연 일류기업 알코아가 실적이 저조한 기업으로 간주되어, 주식의 유형자산가치보다도 낮게 평가받는 것이 당연한 것일까? (1971년, 알코아의 주가는 5월의 최고가 70달러에서 12월의 최저가 36달러로 하락했으며, 이는 BPS(주당순자산가치) 55달러를 하회하는 수준이었다.)

알코아는 분명 거대한 규모의 대표적인 산업주이지만, 그 PER의 등락은 대부분의 다른 대기업과는 사뭇 다르다. 11장에서 제기한 바와 같이 이 사례는 개별 종목에 일반적인 산업주 평가방법을 일괄적으로 적용하는 것은 그 신뢰성이 떨어질 가능성이 높다는 점을 다시 한번 확인하게 된다.

12장 논평

— 제이슨 츠바이크

"이건 피해망상이 아니다.

재무제표를 작성하는 사람들은 정말로 당신을 속이려 하고 있다!"

— 마틴 S. 프리드슨*

기업이 실적을 발표할 때, "이 보고서의 숫자들은 이 기업 본연의 수익성을 공정하게 보여주고 있는가?"하는 것은 그 무엇보다 중요하다.

질문은 간단하지만 답하는 것은 결코 쉽지 않은 문제이다.

GAAP과 비 GAAP

일반적으로 인정된 회계원칙(이하 GAAP: Generally Accepted Accounting Principles)

---

* 비공식적 견해

하에서는 수익과 비용을 그것이 실제로 발생한 회계 기간에 인식하는 것이 원칙이다. 언뜻 듣기에 이는 합리적인 것 같지만, 현실에서는 종종 왜곡된 그림을 만들어낼 수 있다.

한번 상상해 보자. 어느 제조업체가 작년에 화학회사 하나를 인수했다. 그리고 올해, 환경 규제 당국이 이 기업에 8천만 달러의 벌금을 부과한다. 이유는 인수한 자회사가 17년 전에 폐쇄한 공장 부지의 오염 정화 비용 때문이다. 문제의 화학물질은 이제 더 이상 생산조차 하지 않는다.

GAAP 기준에 따르면, 과거의 활동으로 인해 발생한 이 벌금은 올해의 비용으로 처리되어 순이익을 줄이는 항목이 된다. 하지만 이는 어디까지나 일회성이고 비반복적 성격의 비용이며, 지속적인 영업비용으로 간주되어서는 안 된다. 이러한 비용은 해당 기업의 당해연도 재무 건전성과는 큰 관계가 없으며, 향후 현금 창출력이나 수익성에 대해서는 더더욱 의미가 없다.

비슷한 예로 어떤 회사가 자사의 유일한 주요 경쟁사를 상대로 한 특허 침해 소송에서 10억 달러를 승소했다고 해 보자. 이 수익은 GAAP 기준상 회의 순이익을 크게 끌어올릴 것이다. 그러나 이는 거의 확실하게 일회성 사건이며, 앞으로 또다시 반복될 것이라 기대하는 것은 어리석은 일이다.

GAAP이 완벽하지 않기 때문에, 기업들은 점점 더 비(非) GAAP 지표에 의존하고 있다. 이러한 지표에서는 다양한 항목들이 수익이나 비용에서 제외된다. 기업들은 실적 발표, 일부 재무제표 항목, 컨퍼런스콜 등을 통해 이러한 비 GAAP 수치를 공개하며, 애널리스트와 투자자들도 이 수치들을 주요 참고 지표로 삼는다. 심지어 경영진의 보상체계조차도, 종종 이 수치에 따라 결정된다.*

---

* 미국 이외의 대부분 국가에서는 GAAP 대신 국제회계기준IFRS International Financial Reporting Standards

이제는 이 그림자 수치가 실제 수치만큼이나 중요해졌다. 뉴욕의 투자회사 임팩티브 캐피털Impactive Capital의 공동대표 로렌 테일러 울프Lauren Taylor Wolfe는 이렇게 말한다. "시장 전체가 비 GAAP 수치를 정당한 기준으로 받아들이도록 학습돼 버렸습니다."

미국 증권거래위원회SEC는 다음과 같이 밝히고 있다. 비 GAAP 방식으로 수익이나 비용을 조정하는 것이 정당한지, 혹은 오해를 불러일으키는지 여부는 해당 기업의 개별적인 사실관계와 상황에 따라 달라진다.

SEC는 다음과 같은 몇 가지 기준을 권고한다. 비 GAAP 수치는 시간이 지나도 일관되게 적용되어야 하며, 정상적이고 반복적인 현금 지출 성격의 영업비용은 제외해서는 안 되며, 특정 분기에 일회성 손실을 제외했다면, 그와 동시에 발생한 일회성 이익 또한 포함하지 말아야 한다.

원칙적으로 비 GAAP 수치는 비정상적이거나 일회성인 비용 및 수익을 제거함으로써, 그 기업이 현재 얼마나 건전하게 운영되고 있으며, 앞으로 얼마나 수익성이 있을지를 더 명확하게 보여주는 역할을 해야 한다.

하지만 실제로는 비 GAAP 수치는 온갖 조작의 온상이 되어버렸다. 이 수치에 대해 무엇을, 언제, 왜 제외할 수 있는지에 대한 규제나 회계 기준은 존재하지 않는다. 기업은 자신들이 원하는 시점에, 아무런 예고나 설명 없이 비 GAAP 지표를 바꾸는 것이 가능하다. 어떤 종류의 수익이나 비용을 얼마나 조정해야 하는지, 어떤 비용이 '정상적인 영업비용'에 해당하는지, 어떤 수익이 '반복 가능성이 낮다'고 볼 수 있는지, 그리고 이런 조정들이 과연 공정하고 합리적이며 일관된 것인지, 기업들이 판단하고 설명하는 기준이 없다. 이 모든

을 사용한다. 하지만 이들 기업도 마찬가지로 대체 성과 지표를 함께 제시하는 경우가 많으며, 그로 인해 공정성이나 비교 가능성에 대한 유사한 문제점이 제기되곤 한다.

판단은 결국 각 기업의 경영진에게 달려 있다. 해석도, 서술도, 결국 그들의 손에 맡겨져 있는 것이다.

비 GAAP 랜드에 오신 것을 환영합니다

기업들이 이야기꾼이 되면 그들 중 다수는 자연스럽게 동화를 만들어내기 시작한다. 그들이 펼치는 이 환상의 무대가 바로, 내가 부르는 '비 GAAP 랜드Non-GAAP Land'다.

이 마법 같은 세계에서는 모든 개구리가 왕자이고, 모든 콩나무가 성층권까지 뻗어나가며, 임금님은 언제나 옷을 입고 있다. 비 GAAP 랜드에서는 기업이 비용을 마법처럼 사라지게 만들고, 일회성 수익을 대리석처럼 견고한 수익처럼 보이게 만들 수 있다. 여기에 몇 가지 사례를 소개하겠다.

- 2011년 그루폰Groupon, Inc.은 자체적인 비 GAAP 수익성 지표인 ACSOIAdjusted Consolidated Segment Operating Income라는 항목을 만들어냈다. 2010년까지 3년 동안, GAAP 기준으로 그루폰은 4억 2,300만 달러의 손실을 기록했다. 그러나 ACSOI 기준으로는 오히려 6,300만 달러의 이익을 거둔 것으로 나타났다. 그루폰은 온라인 마케팅 회사임에도 불구하고 온라인 마케팅 비용을 일회성으로 인식하여 영업비용에서 제외했다. 나중에 SEC는 이 항목을 반드시 영업비용에 포함하도록 시정 조치했다.
- 2018년, 오피스 공유 스타트업 위워크WeWork Cos.는 자사의 수익성을 보여준다는 새로운 지표를 내놓았다. 이름하여 '커뮤니티 조정 EBITDAcommunity-adjusted EBITDA'. 이 수치는 판매, 마케팅, 관리 비용을

모두 제거했고, 건물주로부터 받은 선불 임대 할인을 일회성이 아닌 지속 가능한 수익원으로 간주했다. 현실 세계, 즉 GAAP 기준에서 위워크는 전년도에 9억 3,300만 달러의 손실을 냈다. 그러나 비 GAAP 랜드에서는 2억 3,300만 달러의 이익을 기록한 것으로 발표되었다. (위워크는 2019년 IPO에 실패했고, 결국 2021년에 상장한 뒤 2023년 말 파산 보호 신청을 했다.)*

- 매년 브리스톨 마이어스 스퀴브Bristol-Myers Squibb Co., 일라이 릴리Eli Lilly & Co., 화이자Pfizer Inc.와 같은 대형 제약사들은 신약 연구개발 비용의 일부를 비 GAAP 수익에서 제외해 왔다. 하지만 신약을 연구하고 개발하는 것이 이들 사업의 핵심 활동이라는 점을 감안하면, 이러한 회계 처리 방식은 단지 수익을 부풀리는 행위다. 비 GAAP 기준에서 이로 인해 수십억 달러의 이익이 더해졌다. (2022년, 규제당국의 압박에 따라 이들 기업은 마침내 이 관행을 중단했다.)**

당신은 마법을 믿는가?

비 GAAP 랜드의 다른 지역에서는, 항공사들이 항공기 임차 비용의 일부를 제외하고, 에너지 기업들은 석유와 가스를 탐사하는 데 들어간 비용 중 일부를 빼며, 소프트웨어 회사들은 소프트웨어 개발 비용의 일부를 지워버린다.

당신은 비 GAAP 랜드에 살고 있지 않기 때문에, 아마 이렇게 생각할 것

---

* 엘리엇 브라운Eliot Brown, 모린 패럴Maureen Farrell, 『위워크 신화의 몰락The Cult of We』, (크라운, 2021), p196~198, p321~322.

** 올라 우스비아츠키Olga Usvyatsky, 「심화 리포트: 제약사들이 비 GAAP을 활용하는 방법In-Depth: How Pharma Firms Use Non-GAAP」, bit.ly/47R3BYa.

이다. '나는 내 지출이 내 수입을 줄인다는 사실을 무시하고 살 수 없어. 그런데 왜 기업들은 그럴 수 있다는 거지?'

이에 대한 답은 단순하다. 전문 투자자들조차 이 가면극에 동조하고 있기 때문이다. 영향력 있는 누군가가 문제 제기를 하지 않는 한, 더 많은 기업들이 그런 방식의 회계를 따르게 된다. 눈에 띄는 이익 증가 덕분에 주가가 오르기 시작하면, 실질적인 이익 증가를 원하는 사람이 괜한 트집잡기를 할 필요가 없기 때문이다. 그리고 상승장세가 모든 배를 띄우고 있을 때, 누구도 그 물살을 뒤집고 싶어 하지 않는다.

하지만 그들은 그 실상을 잘 알고 있다.

상장기업의 최고재무책임자(이하 CFO: Chief Financial Officer) 169명을 대상으로 실시한 설문조사에서, 보고서 영업이익의 질적 개선을 위해 필요한 요인이 무엇인지 물었다. 그 결과 무려 94%의 CFO들이 '매 회계연도에 걸쳐 일관된 회계 기준을 유지하는 것'이라고 답했고, 3분의 2 이상은 '일회성 항목이나 특별 항목을 포함해서는 안 된다'고 밝혔다.

또 다른 설문조사에서는 절반이 넘는 전문 애널리스트와 투자자들이 비GAAP 조정 항목들 중 상당수가 때때로 혹은 항상 부적절하다고 응답했다.

그럼에도 불구하고 이러한 CFO들 중 다수는 현실과 동떨어진 '공상의 재무제표'를 만들어내는 일을 직접 지휘하고 있으며, 그 회계를 부적절하다고 판단한 바로 그 기업들에 투자한 전문가들 역시 그 기업의 주식을 여전히 보유하고 있다.

해당 CFO 설문조사에 따르면 93%의 CFO들이 기업들이 수익을 왜곡하는 이유는 주가를 떠받치고, 끊임없이 더 높은 수익을 요구하는 외부의 압력에 부응하기 위해서라고 믿고 있다. 또한 89%는 수익을 왜곡하는 목적이 경영진 보상에 영향을 주기 위해서, 다시 말해 이를 부풀리기 위한 것이라고 응답했다.*

연구에 따르면 비 GAAP 수익에서 비용항목을 상습적으로 제외하는 기업들은 대체로 설립된 지 오래되지 않았고, 규모가 작으며, 기관 투자자들의 지분율이 높고, 최근 주가 상승률이 높아, 앞으로도 더 큰 수익을 기대받고 있는 경우가 많다.**

기업들이 동화를 만들어내는 이유는, 청중이 그 마법이 깨지기를 원하지 않기 때문이다. 투자자들이 마법을 믿고 싶어 하는 한, 기업들은 소원을 현실처럼 보이게 만드는 환상을 만들어 낼 것이다.

다시는 이런 짓을 안하겠습니다… 내년까지는요

기업들이 실적을 더 좋아 보이게 만드는 대표적인 방법 중 하나는, 구조조정 비용을 비 GAAP 실적에서 제외하는 것이다. 이러한 비용은 기업이 자산을 손해 보고 매각하거나, 사업 부문을 폐쇄하거나, 직원을 해고할 때 발생할 수 있다.

현실 세계에서는 이런 항목들은 분명한 비용이다. 하지만 비 GAAP 랜드에서는 이러한 비용들이 마법처럼 사라질 수 있다.

원칙적으로 건전한 기업이라면 지속적으로 자산을 처분하거나 직원을 내보내는 일이 반복되어서는 안 된다. 지나치게 비싼 가격으로 회사를 인수하거나, 과도하게 인력을 확충하는 일은 정상적인 기업 활동의 범주에 포함될 수 없다.

---

* 일리야 디체프 Ilia Dichev 외, 「허위 수익 The Misrepresentation of Earnings」, bit.ly/3YNVA27; 「수익의 질: 현장 증거 Earnings Quality: Evidence from the Field」, bit.ly/3stivng.

** 패트리샤 드쇼 Patricia Dechow 외, 「비 GAAP을 배제한 질을 평가하는 평가 시스템 A Rating System to Evaluate Non-GAAP Exclusion Quality」, bit.ly/3KSOfc6.

하지만 현실적으로 모든 기업이 때때로 방향을 수정할 필요가 있기 마련이다. 따라서 구조조정 비용은 몇 년에 한 번씩 발생하는 일이다. 이러한 비용을 기업 수익성 평가에서 일시적으로 제외하는 것은 합리적인 판단이 될 수 있다. 단기적으로 산발적으로 발생하는 비용은 장기적으로 기업의 수익성을 제약하지 않을 가능성이 크기 때문이다.

하지만 구조조정 비용이 자주 반복된다면, 그것은 기업의 운영 방식 자체에 내재된 고정적인 특징으로 보아야 한다. 그런 경우에도 이를 무시하는 투자자는 지나치게 순진한 판단을 하고 있는 것이다.

그러나 많은 기업들은 바로 그런 순진한 판단을 하라고 투자자들을 유도하고 있다.

금융 데이터 분석 업체 칼크벤치Calcbench에 따르면 S&P 500 지수에 포함된 기업 중 68곳이 2013년부터 2022년까지 매년 구조조정 비용을 계상했다. 이 가운데 36개 기업은 2022년에 비 GAAP 수익 지표를 발표하면서, 그 구조조정 비용을 다시 더해 넣어 조정 수익을 부풀렸다.

이러한 기업들은 고전 영화 덕 수프Duck Soup 속 치코 마르크스Chico Marx의 유명한 대사처럼 투자자들을 조롱하는 태도를 보이고 있는 셈이다: "자, 그럼 어떤 걸 믿을 건가요—나일까요, 아니면 당신 눈일까요?"

당신의 눈으로 HP Inc.를 직접 확인해 보라.

2023년까지의 10년 동안, HP는 매해 구조조정 비용이 발생했다. 뿐만 아니라 매년 '인수 및 자산매각 관련 비용acquisition and divestiture charges'도 발생했다(비록 2015년에는 단 100만 달러였지만). 이러한 비용을 모두 합치면 총 51억 달러에 이르며, 이는 GAAP 기준 누적 영업이익 427억 달러의 8분의 1에 해당하는 금액이다. 그러나 HP는 이 비용들을 재무제표상에서 정리한 뒤, 비 GAAP 기준으로 총 495억 달러의 영업이익을 보고했다.

HP는 이러한 비용들이 일회성 비용이며, 금액과 빈도 면에서 일관되지 않으며, 향후 발생할 것으로 예상되는 영업비용을 대표하지 않는다고 설명한다. 하지만 이런 비용이 해마다 반복되어 왔다면 이 주장은 마치 이렇게 말하는 것과 다름없다. "'생일 축하합니다' 노래 가사는 매번 달라요. 사람마다 이름이 다르잖아요."

수익 축적

비 GAAP 랜드에서 수익을 부풀리는 또 하나의 항목은 바로 '주식보상비용 stock-based compensation'이다. 이는 기업이 임직원에게 주식이나 스톡옵션을 통해 보상할 때 발생하는 비용이다. 특히 소프트웨어 및 기술 기업에서는 이러한 보상 방식이 막대한 규모로 정기적으로 발생하며, 많은 경우 전체 보상 중 가장 큰 비중을 차지한다.

예컨대 오라클 Oracle Corp. 은 2023년 5월까지의 10개 회계연도 동안 비 GAAP 기준으로 누적 1,789억 달러의 영업이익을 기록했다. 이는 GAAP 기준 영업이익보다 3분의 1 이상 많은 수치다. 그 이유 중 하나는 오라클이 경영진과 직원에게 지급한 156억 달러 규모의 주식보상비용을 비 GAAP 영업이익에 다시 더해 넣었기 때문이다.

오라클은 자사의 실적 보고서에서 '주식보상비용은 앞으로도 계속 발생할 것'이라고 인정했다. 그러면서도 '우리는 여전히 주식보상비용을 제외한 상태에서 사업 성과를 평가한다'고 덧붙였다.

같은 기간 동안 또 다른 소프트웨어 대기업인 세일즈포스 Salesforce, Inc. 는 비 GAAP 기준으로 누적 256억 달러의 영업이익을 보고했다. 그러나 GAAP 기준으로 집계된 누적 영업이익은 겨우 31억 달러에 불과했다.

〈그림 12-1〉 일회성인가, 반복적일까?

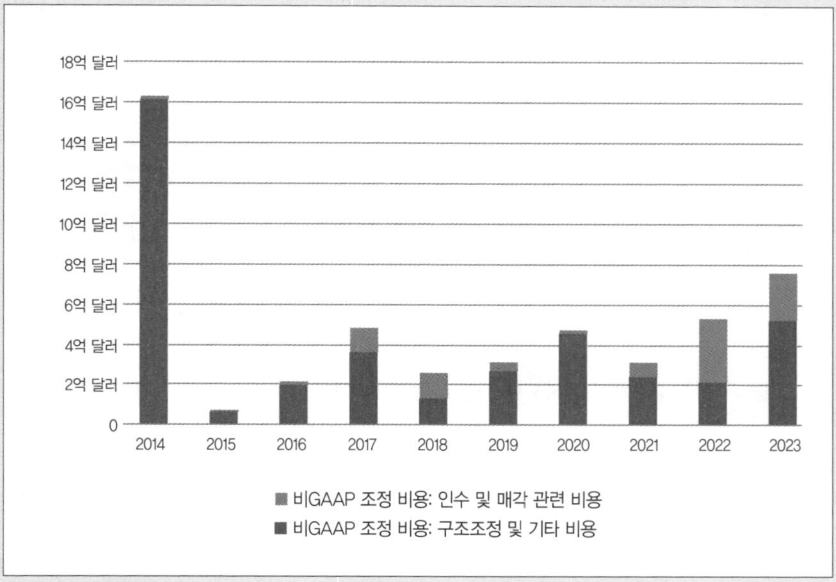

출처: HP 실적 발표 자료, SEC.gov

세일즈포스는 어떻게 실제 세계보다 비 GAAP 랜드에서 무려 8배 넘는 이익을 낼 수 있었을까? 그 비결은 간단하다. 직원과 경영진에게 지급한 141억 달러 규모의 주식보상비용을 '비용이 아니다'라고 선언하고, 비 GAAP 영업이익을 계산할 때 이를 제외했기 때문이다.

자사가 주식보상비용(및 기타 비용)을 비 GAAP 수익 계산에서 제외하는 이유에 대하여 세일즈포스는 이렇게 설명했다. 이러한 비용은 특정 분기의 매출을 늘리기 위한 것이 아니라, '여러 기간에 걸친 회사의 장기적인 이익을 위한 것'이기 때문이라는 것이다.

하지만 동일한 10년 동안, 마이크로소프트Microsoft Corp. 역시 무려 481억 달러에 달하는 주식보상비용을 지급했다. 그렇다면 마이크로소프트는 이 막대한 비용 중 얼마나 많은 금액을 비 GAAP 수익에서 제외했을까?

전혀 없다.

마이크로소프트는 주식보상비용을 비 GAAP 수익에서 일절 제외하지 않았다. 즉 이 비용을 있는 그대로 정상적이고 반복적으로 발생하는 기업의 실제 영업비용으로 인정한 것이다. 그리고 기업과 투자자 모두 이러한 비용을 동화 같은 '수익 지표'에 다시 더하는 일은 삼가야 한다는 메시지를 분명히 했다.

2016년에 워렌 버핏은 이렇게 썼다:

> 요즘 경영진들은 주주들에게 '실질적인' 비용을 무시하라고 말하는 일이 흔해졌다. 그 중 가장 터무니없는 예가 바로 '주식보상비용'이다. 이름이 모든 걸 말해 준다—'보상compensation' 아닌가? 보상이 비용이 아니라면, 그건 도대체 무엇인가? 그리고 만약 실질적이고 반복적인 비용이 수익 계산에 포함되지 않는다면, 도대체 어디에 포함되어야 한단 말인가?*

나는 한때 손익계산서를 '재무제표의 하나로서 기업이 수익은 과장하고, 비용은 축소하는 경향이 있는 장부'라고 정의한 적이 있다.** 이 말은 처음에는 농담이었지만, 비 GAAP 조정이 만연한 지금, 그 농담은 이제 농담이 아닌 현실이 되어버렸다.

공정하게 말하자면 일부 기업들은 비 GAAP 수치를 '가리는' 것이 아니라, '명확히 보여주기' 위해 사용하는 경우도 있다. 하지만 그보다 훨씬 더 많은 기업들은 그렇지 않다. 공격적 투자자에게 있어 가장 중요하면서도 어려운 과

---

* 벅셔 해서웨이 2015년 연례 보고서, bit.ly/3YQPgaj, p16.

** 제이슨 츠바이크, 『악마의 재무 사전The Devil's Financial Dictionary』, (퍼블릭어페어스, 2015), p114.

〈표 12-1〉 주식보상비용 누적 현황

회사	연도										
세일즈포스	1/31/14	1/31/15	1/31/16	1/31/17	1/31/18	1/31/19	1/31/20	1/31/21	1/31/22	1/31/23	누적
GAAP 영업이익	(286)	(146)	115	64	454	535	297	455	548	1,030	3,066
주식보상비용 조정	50	565	594	820	997	1,283	1,785	2,190	2,779	3,259	14,775
기타 조정	147	155	121	225	287	447	792	1,121	1.624	2,779	7,698
비 GAAP 영업이익	364	574	830	1110	1738	2,265	2,874	3,766	4,951	7,068	25,540
오라클	5/31/14	5/31/15	5/31/16	5/31/17	5/31/18	5/31/19	5/31/20	5/31/21	5/31/22	5/31/23	누적
GAAP 영업이익	14,759	13,871	12,604	12,710	13,264	13,535	13,896	15,213	10,926	13,093	133,871
주식보상비용 조정	795	928	793	981	1,245	1,293	1,590	1,837	2,613	3,547	15,622
기타 조정	2,524	2,567	2,379	2,305	2,599	2,536	1,892	1,948	6,054	4,262	29,066
비 GAAP 영업이익	18,109	17,393	15,786	16,167	17,155	17,384	17,382	19,000	19,593	20,902	178,871
마이크로소프트	6/30/14	6/30/15	6/30/16	6/30/17	6/30/18	6/30/19	6/30/20	6/30/21	6/30/22	6/30/23	누적
GAAP 영업이익	27,759	18,161	20,182	22,326	35,058	42,959	52,959	69,916	83,383	88,523	461,226
주식보상비용 조정											
기타 조정	127	10,011	7,753	7,013						1,171	26,075
비 GAAP 영업이익	27,886	28,172	27,935	29,339	35,058	42,959	52,959			89,694	487,301

* 모든 수치는 백만 달러 단위. 비 GAAP 영업이익의 총합은 반올림 및 기타 소수점 차이로 인해 위 항목들의 단순 합계와 정확히 일치하지 않을 수 있다.
출처: 각 사의 연간 실적 발표 자료

제 중 하나는 비 GAAP 수치가 진짜를 보여주는가, 아니면 그럴듯한 환상을 만들어내고 있는가를 판별하는 것이다.*

* 공격적 투자자들에게 있어, 기업 재무제표의 신뢰성을 감별하는 데 유용한 포렌식 가이드로는 다음 두 자료가 특히 뛰어나다: 하워드 M. 슐릿Howard M. Schilit 외, 『회계속임수Financial Shenanigans』, (맥그로-힐, 2018); 도론 니심Doron Nissim, 「수익의 질Earnings Quality, Fundamental Analysis and Valuation」, bit.ly/3R2pkX8.

13장

상장회사 비교

이 장에서는 실제로 증권분석이 어떻게 이루어지는지 구체적인 사례를 통해 설명하고자 한다. 뉴욕증권거래소에 상장된 기업 중에서 다소 임의적으로 네 개의 회사를 선정하였다. 이들 기업은 엘트라 Eltra Corp.(일렉트릭 오토라이트 Electric Autolite 와 머겐탈러 리노타입 Mergenthaler Linotype 의 합병 기업), 에머슨 Emerson Electric Co.(전자 및 전기 제품 제조업체), 에머리 Emery Air Freight(국내 항공 화물 운송업체), 엠하트 Emhart Corp.(원래는 병입 기계 제조업체였으나 현재는 건축용 하드웨어 분야에도 진출)이다. 항공 운송업체인 에머리를 제외한 세 제조업체 간에는 몇 가지 공통점이 있으나, 차이점도 확연히 보일 것이다. 다양한 재무 및 경영 자료를 검토해보면 충분히 흥미로운 분석이 가능할 것이다.

표 13-1는 1970년 말 기준 주가와 1970년 경영 데이터를 요약한 자료이다. 또한 주요 재무비율을 명시하였으며, 이를 통하여 영업 실적과 주가 수익률 간의 상관관계를 파악하여 다양한 측면에서 실적과 상대적 주가가 어떻게 연관되어 있는지에 대해 살펴보고자 한다. 마지막으로 네 개 회사를 비교하면서

〈표 13-1〉 네 개 상장 주식회사의 비교

	엘트라	에머슨	에머리	엠하트
A. 자본				
주가 1970.12.31	27	66	57.75	32.75
보통주 발행주식수	7,714,000	24,884,000[a]	3,807,000	4,932,000
시가총액	208,300,000	1,640,000,000	220,000,000	160,000,000
채권 및 우선주	8,000,000	42,000,000	–	9,200,000
총자본	216,300,000	1,682,000,000	220,000,000	169,200,000
B. 손익계산서 항목				
매출액(1970)	454,000,000	657,000,000	108,000,000	227,000,000
순이익(1970)	20,773,000	54,600,000	5,679,000	13,551,000
EPS(1970)	2.70	2.30	1.49	2.75[b]
평균 EPS(1968~1970)	2.78	2.10	1.28	2.81
평균 EPS(1963~1965)	1.54	1.06	0.54	2.46
평균 EPS(1958~1960)	0.54	0.57	0.17	1.21
현재 배당	1.20	1.16	1.00	1.20
C. 대차대조표 항목1970[c]				
유동자산	205,000,000	307,000,000	20,400,000	121,000,000
유동부채	71,000,000	72,000,000	11,800,000	34,800,000
보통주 순자산	207,000,000	257,000,000	15,200,000	133,000,000
BPS	27.05	10.34	3.96	27.02
D. 주요 재무비율				
PER 1970	10배	30배	38.5배	11.9배
PER 1968~1970	9.7배	33배	45.0배	11.7배
PBR 1970	1.00배	6.37배	14.3배	1.22배
매출액영업이익률	4.6%	8.5%	5.4%	5.7%
ROE	10.0%	22.2%	34.5%	10.2%
배당수익률	4.45%	1.78%	1.76%	3.65%
유동비율	2.9배	4.3배	1.7배	3.4배
운전자본/부채	매우 높음	5.6배	부채 없음	3.4배
EPS 성장률				
1963~1965 대비 1968~1970	+81%	+87%	+135%	+14%
1958~1960 대비 1968~1970	+400%	+250%	매우 높음	+132%
E. 주가 현황				
1936~1968 저가	0.75	1	0.125	3.625
1936~1968 고가	50.75	61.5	66	58.25
1970 저가	18.625	42.125	41	23.5
1971 고가	29.375	78.675	72	44.375

a 전환우선주는 전환되었다고 가정

b 주당 13센트 특별손실 차감 후

C 1970년 9월 30일 회계연도 결산 시점

관계를 알아보고, 각 회사를 보수적인 주식 투자자의 관점에서 평가할 것이다.

네 개 회사에서 가장 주목할 점은 현재의 PER이 영업 실적이나 재무 상태에 비해 훨씬 더 큰 차이를 보인다는 것이다. 다우지수의 PER은 15.5배인 반면, 엘트라와 엠하트는 1968~1970년 평균 PER이 9.7배와 11.7배 수준으로 상대적으로 가격이 낮게 평가되었다. 반면 에머슨과 에머리는 각각 33배와 45배로 매우 높은 PER을 보였다. 시장에서 이들 두 기업이 각광받는 이유는 최근 몇 년간의 이익 성장이 출중했기 때문이다. (그러나 나머지 두 회사의 성장률도 만족스럽지 못한 것은 아니었다.)

보다 포괄적인 분석을 위해 표에서 드러나는 주요 실적 요소들을 간략히 검토해 보겠다.

1. 수익성

(1) 모든 회사가 만족스러운 ROE를 기록했으나, 에머슨과 에머리는 나머지 두 회사보다 훨씬 좋았다. ROE가 높은 경우, EPS의 연간 성장률 또한 높은 경우가 많다. 에머리 외 다른 회사도 모두 1961년에 비해 1969년에 더 나은 ROE를 보였으나, 에머리는 두 해 모두 예외적으로 높았다.

(2) 제조업체의 경우, 매출액순이익률[12]은 상대적 경쟁력을 나타낸다. 여기에서는 『S&P 상장주식 보고서』에 명시된 매출액영업이익률[13]을 제시했다. 이 지표에서 네 회사 모두 만족스러운 성과를 보였으며, 특히 에머슨의 성과가 돋보였다. 그러나 1961년과 1969년 사이의 변화는 회사별로 큰 차이를 보였다.

2. 안정성

안정성은 최근 10년 동안 직전 3년 평균 EPS 대비 최근 EPS가 최대 얼마나 감소했는지를 기준으로 측정한다. 감소가 없으면 안정성 100%로 간주되며, 이는 PER이 높은 두 회사에서 나타났다. 반면 엘트라와 엠하트는 '불황기'였던 1970년에 각각 8% 감소하였는데, 다우지수의 7% 감소와 비교해 볼 때 그럭저럭 괜찮은 수준이었다.

3. 성장성

낮은 PER을 보인 두 회사도 모두 다우지수 평균보다 더 우수한 성장률을 기록하며, 상당히 만족스러운 성장세를 보였다. 특히 엘트라는 낮은 PER에도 불구하고 매우 인상적인 실적을 보였다. 한편 높은 PER을 기록한 두 회사의 성장은 더욱 두드러졌다.

4. 재무 상태

세 제조업체는 유동자산이 유동부채의 두 배를 초과하여 해당 비율의 기준을 충족한다. 따라서 재무 상태가 양호하다고 볼 수 있다. 에머리는 이 비율이 낮지만, 이는 업종의 특성에 기인하는 것이며, 우수한 실적을 바탕으로 필요한 자금을 조달하는 데 문제가 없을 것이다. 네 회사 모두 상대적으로 낮은 장기 부채 수준을 유지하고 있다.

희석 관련 사항: 에머슨은 1970년 말 기준으로 1억 6,300만 달러의 기발행된 저배당 전환우선주가 있었다. 분석 과정에서 이 희석 요인을 고려하여, 전환우선주를 보통주로 전환된 것으로 처리하였다. 이로 인해 최근 EPS가 약 10센트, 즉 약 4% 감소한 것으로 나타났다.

5. 배당금

배당금에서 가장 중요한 요소는 중단 없이 지속적으로 지급되었는지의 여부이다. 여기에서 가장 우수한 실적을 보인 것은 엠하트로, 1902년 이후 한 번도 지급을 중단한 적이 없다. 엘트라의 기록도 매우 우수하며, 에머슨도 상당히 만족스러운 수준이다. 에머리는 배당의 연속성을 평가하기에는 너무 신생기업이다. 배당 성향은 특별히 중요한 요인으로 보이지 않는다. 현재 배당수익률은 PER과 연관되어 '저 PER 두 회사'가 '고 PER 두 회사'보다 두 배 더 높다.

6. 주가 추이

지난 34년 동안 네 회사 주가의 저점과 고점을 비롯한 움직임에 주목해 보자. (네 회사 모두 저가는 주식분할을 반영하여 조정하였다.) 다우지수의 경우 최저에서 최고까지 약 11배의 변동을 보였으나, 네 회사는 엠하트의 17배에서 에머리의 528배까지 큰 차이를 보였다. 이러한 큰 폭의 주가 상승은 대부분의 오래된 주식에서 나타나는 특징으로, 과거 주식시장에서 얼마나 좋은 수익 기회가 있었는지 알 수 있다. (그러나 이런 수익은 1950년 이전 약세장에서의 과도한 폭락을 견뎠어야 가능하다.) 엘트라와 엠하트는 1969~1970년 주가 하락장에서 50% 이상의 주가 폭락을 경험했다. 반면 에머슨과 에머리 역시 심각한 하락을 겪었지만 상대적으로 덜 하락했으며, 에머슨은 1970년 말에, 에머리는 1971년 초에 사상 최고가를 갱신하며 반등에 성공했다.

네 회사의 전반적인 현황

에머슨의 시가총액은 나머지 세 회사를 모두 합친 것보다 훨씬 큰 막대한 규모의 회사이다. 이는 나중에 논의할 '영업권 기반 거대 기업' 중 하나에 속한다. 기억력이 뛰어난(축복일 수도 있고 저주일 수도 있다) 애널리스트는 에머슨을 생각하면 제니스 라디오가 연상될 것이며, 이에 심기가 불편해질 것이다. 제니스 라디오는 수년간 눈부시게 성장하며 1966년에는 17억 달러의 시장 가치를 기록했다. 그러나 이 회사의 이익은 1968년 4,300만 달러에서 1970년 절반 수준으로 급감했으며, 그 해에 대규모 매도가 이루어지면서 주가는 최고점인 89에서 22.5로 급락했다. 높은 평가를 받는 기업은 높은 위험을 수반한다.

에머리의 경우 거의 40배에 달하는 PER이 정당화되려면 향후 성장 가능성이 네 회사 중 가장 높아야 한다. 과거의 성장률은 매우 인상적이었다. 그러나 1958년 순이익이 57만 달러에 불과한 기업이었음을 고려할 때, 이러한 성장률이 미래까지 이어지지는 않을 수 있다. 이미 상당히 큰 규모로 성장한 기업은 높은 성장률을 지속하기가 훨씬 더 어렵다. 에머리의 성장과정에서 가장 놀라운 점은 1970년은 국내 항공업계에 최악의 해였음에도 불구하고 이익과 주가가 함께 상승했다는 것이다. 이는 정말로 주목할 만한 성과이지만, 향후 경쟁 심화, 운송업체와 항공사 간 새로운 계약 압박 등으로 인해 수익성이 취약해질 가능성도 있다. 전반적인 판단을 할 때에는 이런 부분들까지 고려하여 면밀히 분석하고 건전한 판단을 내려야 하며, 방어적 투자자는 특별한 주의가 필요하다.

엠하트와 엘트라: 엠하트는 지난 14년 동안 주식시장보다는 사업에서의 성과가 더 좋았다. 1958년에 엠하트의 PER은 22배 수준이었으며, 이는 다우지수와 비슷한 배율이었다. 그 이후 1970년까지 엠하트의 당기순이익은 세 배로 증가했지만 주가는 1958년 최고가에서 겨우 3분의 1 상승한 수준에 그쳤다. 반면 다우지수의 순이익은 100% 증가했고, 1970년까지 다우지수는 43% 상승했다. 엘트라의 기록도 비슷한 양상을 보인다. 이들 두 회사는 현재 시장에서 전혀 화려하거나 매력적이지 않다고 평가받고 있다. 그러나 모든 통계적 지표에서는 놀라운 성과를 보인다. 이제 네 회사의 미래 전망이 궁금할 것이다. 이에 대해 특별히 평가를 하지는 않겠지만, 대신 1971년 S&P가 이 네 회사에 대해 언급한 부분을 다음과 같이 인용한다.

엘트라 – '장기 전망: 일부 사업은 경기의 영향을 받지만, 확고한 경쟁력과 사업 다각화로 이를 상쇄 가능.'

에머슨 – '현재 주가(71달러)는 적정하다고 판단되며, 장기적으로 매력적인 주식임. 지속적 인수 전략과 산업 분야에서의 확고한 입지, 그리고 해외사업 프로그램 가속화에 따른 매출과 이익 성장 기대됨.'

에머리 – '현재 주가(57달러)는 적정하다고 판단되며, 장기적으로 보유할 가치가 있다고 평가됨.'

엠하트 – '올해는 유리 용기 산업의 자본적 지출이 감소함에 따라 영향을 받았으나, 1972년에는 경기 회복으로 수익성 개선 전망됨. 현재 주가(33달러)에서 보유할 가치가 있다고 평가됨.'

결론: 많은 애널리스트들은 에머슨과 에머리를 다른 두 회사보다 더 흥미롭고 매력적인 주식으로 평가할 것이다. 왜냐하면 첫째, 이 두 회사의 주가 흐름이 더 좋고, 둘째, 최근 이익 성장이 더 빠르기 때문이다. 그러나 우리의 방어적 투자 원칙에 따르면, 첫번째 이유는 주식 선택의 타당한 근거가 되지 않는다. 이런 분위기에 편승하는 것은 투기꾼의 영역이다. 두번째 이유는 어느 정도 타당할 수도 있으나, 이 역시 한계가 명확하다. 에머리의 과거 성장과 긍정적인 전망이 최근 이익의 60배에 달하는 주가를 정당화할 수 있을까?*

이 질문에 대한 나의 생각은 다음과 같다: 이 회사의 가능성에 대해 심도 있는 분석을 수행하고, 매우 확고하게 낙관적인 결론을 내린 사람에게는 그럴 수도 있다. 그러나 기업 실적과 주가를 쫓아다니며 열광하는 과도한 낙관주의의 함정에 빠지기를 거부하는 신중한 투자자에게는 결코 정당화될 수 없

* 1972년 3월, 에머리의 PER은 64배였다!

는 가격이다. 에머슨의 경우에도 마찬가지이며, 특히 영업력이라는 무형 자산이 현재 시장에서 10억 달러 이상으로 평가되고 있다는 점을 고려해야 한다. 더불어 한때 주식시장의 총아로 여겨졌던 전자 산업 전반이 이제는 큰 어려움을 겪고 있다는 점도 함께 고려해야 한다. 에머슨은 주목할 만한 예외적 사례이지만, 앞으로 수년간 그 예외성을 지속적으로 유지해야만 1970년의 종가가 이후의 실적으로 정당화될 수 있을 것이다.

반면 27달러의 엘트라와 33달러의 엠하트는 합리적으로 안전한 투자로 간주할 수 있을 만큼, 충분한 가치가 주가를 뒷받침되고 있다. 현재 수준의 주가라면 대차대조표에서 알 수 있듯이 자기자본의 가치와 유사하기 때문에 투자자는 해당 기업의 소유주 중의 한 명이라고 생각해도 무방하다. 투하자본 이익률은 오랜 기간 만족스러웠고, 이익의 안정성 또한 뛰어나며, 과거 성장률 역시 놀라울 정도로 우수했다.

이 두 회사는 방어적 투자자의 포트폴리오에 포함되기 위한 일곱 가지 계량적 요건을 충족한다. 이는 다음 장에서 자세히 다룰 예정이지만, 다음과 같이 요약할 수 있다:

1. 규모의 적정성
2. 충분히 건전한 재무 상태
3. 지난 20년 동안 연속 배당금 지급
4. 지난 10년 동안 연속 흑자
5. 최근 10년간 최소 1/3 이상의 EPS 성장
6. PER 15배 이하(최근 3년 평균 EPS 적용)
7. PBR 1.5배 이하

엘트라와 엠하트의 향후 실적을 예측하지는 않겠다. 투자자의 주식 포트폴리오에는 실망스러운 결과를 낼 종목이 포함되기 마련이며, 이 두 기업 중 하나나 둘 모두 그럴 가능성도 있다. 하지만 앞서 언급한 선정 원칙과 투자자가 추가로 적용하고자 하는 다른 합리적인 기준에 따라 분산된 포트폴리오를 구성한다면, 장기적으로 충분히 좋은 성과를 낼 것이다. 최소한 내 오랜 경험에 따르면 그렇다.

최종 논평: 경험 많은 애널리스트라 하더라도, 1970년 말 기준으로 에머슨이나 에머리 주식을 보유하고 있는 투자자에게 엘트라나 엠하트로 교환할 것을 권장하려고 하면 머리 속이 복잡할 것이다. 그러기 위해서는 투자자가 이러한 권고의 철학을 명확히 이해하고 있다는 전제가 필요하다. 저평가된 두 기업이 단기간 내에 고평가된 두 기업을 압도할 것으로 기대해서는 안 된다. 고평가된 기업들은 시장에서 긍정적으로 평가받고 있으며, 그에 상응하는 모멘텀이 있어 이 모멘텀이 장기간 지속될 가능성도 있다. 고객이 가치투자 방식을 선호한다면 엘트라와 엠하트를 에머슨과 에머리보다 선호할 것이다. 즉 투자자 개개인의 태도에 따라 주식의 투자 전략이 달라진다. 다음 장에서 이러한 접근 방식에 대해 더 자세히 설명하겠다.

13장 논평

— 제이슨 츠바이크

"과학자인 나는 증거가 있어도 끊임없이 의심하는 반면,

그들은 아무 증거도 없이 확신하는 경향이 있다."

— 애슐리 몬터규[*]

13장에서 그레이엄은 피상적인 것에서 본질적인 것으로 시선을 옮기라고 투자자를 설득하고 있다. 현명한 투자자라면 주식의 가격이 아니라 그 주식이 대표하는 '기업의 실적'에 주목해야 한다. 그레이엄은 수익성, 안정성, 성장성, 재무 상태, 배당금, 주가 흐름 등 여섯 가지 관점에서 기업의 실적을 평가할 것을 권고한다. 이 중에서 직접적으로 주식과 관련된 것은 마지막 항목 하나뿐이다. 나머지 다섯 가지는 그 기업 자체에 대한 이해 없이는 평가할 수 없는 항목들이다.

* 『현대 인류학』, 제36권, 제5호 (1995), p836.

네 개 회사가 선택한 길

그레이엄이 이 장에서 비교한 네 개 회사 중 지금까지 독립적으로 존속하는 기업은 에머슨 일렉트릭Emerson Electric 하나뿐이다. 이제 우리는 에머슨과 이름이 E로 시작하는 오늘날의 세 회사—에너자이저 홀딩스Energizer Holdings Inc., 이스트먼 코닥Eastman Kodak Co., 그리고 이잭트 사이언스Exact Sciences Corp.—를 살펴보며 어떤 교훈을 얻을 수 있을지 알아보자.

에머슨은 연 매출 150억 달러 이상, 2024년 초 기준 시가총액 540억 달러를 넘는 제조 및 엔지니어링 분야의 거대 기업이다. 이 회사는 밸브, 전동 모터, 온도 센서, 지진 분석 장비, 레이저 기반 용접 장비, 공정 제어 소프트웨어, 산업용 진공청소기 등 다양한 필수 장비와 기술을 제공한다. 많은 복합기업들처럼 에머슨도 자주 다른 회사를 인수하거나 일부 사업을 매각하며, 끊임없이 자산을 재구성하고 재설계해 나간다. 에머슨은 1965년부터 S&P 500 지수에 편입되어 있다.

에너자이저는 미주리주 세인트루이스 인근, 에머슨에서 불과 20마일 떨어진 곳에 본사를 두고 있으며, 주식 티커 심볼인 ENR은 에머슨의 EMR과 거의 흡사하다. 그러나 이 두 회사는 쌍둥이 회사가 아니다. 에너자이저의 주요 사업은 에너자이저Energizer, 에버레디Eveready, 레이오백Rayovac 브랜드를 가진 배터리 제조업이며, 자동차와 트럭용 왁스, 방향제, 연료 첨가제도 생산한다. 그러나 스마트폰이 카메라, 시계, 계산기, 손전등, 라디오, 게임기, 오디오 및 비디오 녹음기 등을 대체하면서 배터리 사업은 수 년째 죽을 쑤고 있다. 2024년 기준으로 에너자이저는 주로 비용 절감을 통해 수익성 안정 회복을 시도하고 있다.

이스트먼 코닥은 한 세기 넘게 사진 산업의 거인이었다. 그러나 결국 햇볕에 방치된 스냅사진처럼 서서히 빛이 바랬다. 코닥은 1975년 디지털 사진을 처음으로 발명한 후 소비자용 디지털 카메라를 출시하기까지 거의 20년이 걸렸다. 필름 판매로 대부분의 수익을 올리던 코닥은 필름이 필요 없는 제품을 앞세우는 데 소극적이었다. 경쟁사들이 빠르게 추월했고, 이후 스마트폰의 등장으로 전통적인 카메라는 공룡이 되었고 필름은 화석이 되었다. 1993년부터 2022년까지 코닥의 연간 매출은 93% 감소했으며, 2012년에는 파산보호를 신청했고 이후로도 휘청거렸다. 2020년 초, 코닥의 회계법인은 회사가 생존할 수 있을지 의문이라는 경고를 내놓았다.

대장암 검사 키트를 개발하는 이젝트 사이언스는 2001년 초 상장했다. 초창기에는 연구개발과 영업·마케팅에 막대한 비용을 쏟아부었다. 상장 후 처음 8년 동안 이 회사의 매출은 고작 2,100만 달러에 불과했지만, 누적 순손실은 1억 4,900만 달러에 달했다. 2008년 말, 주식시장에서의 회사 가치는 2천만 달러 이하로 떨어졌다. 그러다 2014년 미국 식품의약국[FDA]이 대장암 검진 키트인 콜로가드[Cologuard]의 판매를 승인하면서 회사는 급성장하기 시작했다. 2014년 연간 매출이 200만 달러도 되지 않았지만, 2018년에는 4억 5,400만 달러로 급증했다. 이 회사는 현재 유방암, 전립선암, 그리고 코로나19 바이러스를 검출할 수 있는 진단 키트도 생산하고 있다.

여섯 가지 관점

이제 그레이엄이 제시한 여섯 가지 관점을 기준으로 각 회사를 간략히 분석해보자.

1. 수익성

에머슨은 1993년부터 2022년까지 매년 흑자를 기록했지만, 성장세는 다소 불규칙적이었다. 2023 회계연도까지 최근 5년 동안 주당순이익은 누적으로 8% 증가하는 데 그쳤고, 2015년 수준을 간신히 넘겼다. ROE은 2022년 13.8%로, 이전 5년간 평균 26% 이상에서 크게 하락했다. 이는 2023년에 중단사업 매각으로 자기자본이 크게 증가한 영향도 있다.

에너자이저의 수익성은 매우 불안정했다. 2017년에는 2억 100만 달러를 벌었지만, 2022년에는 2억 3,100만 달러의 적자를 기록했다. 2023년에는 1억 4,100만 달러의 순이익을 냈다. 그보다 더 나쁜 점은 그 과정에서 신주를 발행했기 때문에 순이익이 약 20% 더 많은 주식 수에 희석되어야 했다는 것이다. 팩트셋의 자료를 보면 에너자이저의 ROE는 극심한 변동성을 보였는데, 2017년 700% 이상에서 2022년에는 -95%로, 2023년에는 다시 82%로 급등락을 거듭했다.

이스트먼 코닥은 지난 20년 동안 총 33억 달러의 손실을 기록했으며, 그중 흑자를 낸 해는 단 8년에 불과하다. 2022년에는 간신히 이익을 내며 ROE 1.4%라는 미미한 수치를 기록했다. 2023년 첫 9개월 동안에는 7,000만 달러의 순이익을 올려, 2022년 같은 기간의 1,900만 달러보다 증가했다.

이잭트 사이언스는 많은 고성장 기술기업들처럼 단기 수익을 희생하고 장기적인 성장과 수익성을 추구해왔다. 2023년까지 연간 매출은 10년 만에 1,000배 이상 증가해 25억 달러에 달했다. 같은 기간 동안 누적 손실은 31억 달러를 초과했는데, 이 금액은 회사의 성장이 지속된다면(그리고 그래야만), 별 문제가 아닐 수도 있다.

2. 안정성

그레이엄은 안정성을 "과거 10년 동안 한 해도 빠짐없이 직전 3개년 평균보다 이익이 감소하지 않는 것"으로 정의한다. 이 기준에 따르면 네 기업 모두 테스트를 통과하지 못했다. 특히 이스트먼 코닥과 이잭트 사이언스의 성적이 가장 부진했다.

3. 성장성

그레이엄은 기업의 주당순이익EPS이 여러 해에 걸쳐 어떤 속도로 성장했는지를 비교할 것을 권고한다. 이렇게 해야 경기 확장과 수축의 영향을 반영할 수 있고, 운이나 일시적인 요인으로 인한 과도한 실적이 분석에 왜곡을 주는 것을 방지할 수 있다.

여기서는 두 개의 5년 구간(2014~2018, 2019~2023)을 비교했다. 전자는 대체로 경기 호황기였고, 후자는 팬데믹으로 인한 경기 침체와 그 이후의 급속한 회복이 포함된다.

에머슨의 지속사업 기준 주당순이익은 2014년부터 2018년까지 연평균 2%라는 더딘 속도로 증가했으며, 2023년 EPS는 3.72달러로 2019년의 3.74달러보다도 낮았다.

에너자이저는 모회사로부터 분리된 첫 해인 2015년 1주당 6센트 손실을 기록했으나 2018년까지 1.52달러의 흑자로 회복했다. 이후 2019~2023년에는 58센트 이익에서 3.37달러 손실, 그리고 1.94달러 이익 등 불안정한 흐름을 보였다.

이스트먼 코닥의 손실은 2014년 주당 2.95달러에서 2018년 0.84달러까지 다소 완화되었다가, 2019년과 2020년에는 각각 2.74달러와 9.77달러로 늘어났다. 2021년 이후로는 소폭의 흑자 전환에 성공했고, 2023년에도 작은 이익이 예상된다.

이잭트 사이언스는 2014~2018년 동안 손실폭이 연평균 3%씩 확대되었고, 2020년 손실은 8억 2천만 달러 이상으로 정점을 찍었다. 하지만 2023년 말에는 첫 연간 흑자 달성이 가능할지도 모른다는 기대가 생겼다.

4. 재무 상태

에머슨은 총자산 약 430억 달러, 장부가치 약 210억 달러를 보유하고 있으나, 이 중 상당 부분은 인수합병 때 지불한 영업권 등의 무형자산이다. 총부채 160억 달러는 감당 가능한 수준으로 평가된다.

에너자이저는 장기부채가 33억 달러로 자기자본 2.1억 달러, 현금 2.2억 달러에 비해 상당히 높은 수준이다. 다만 2023년 한 해 동안 부채를 2억 달러 이상 상환했다.

이스트먼 코닥은 2023년 첫 9개월간 현금을 2,900만 달러 늘렸지만 여전히 장기부채 4.5억 달러 이상을 보유하고 있다.

이잭트 사이언스는 현금이 7억 달러 이상 있으며, 약 23억 달러 규모의 전환사채를 보유 중이다. 이 채권들은 결국 보통주로 전환되어 향후 주당이익을 희석시킬 가능성이 크다. 그 외 다른 부채는 거의 없다.

5. 배당금

에머슨은 1956년 이후 매년 배당금을 인상해왔다. 에너자이저는 2015년 주당 25센트였던 배당금을 2019년까지 1.20달러로 인상한 뒤, 그 수준을 유지하고 있다. 이스트먼 코닥은 2003년 이후 배당금을 지급하지 않았고, 이잭트 사이언스는 지금까지 배당금을 한 번도 지급한 적이 없다.

6. 주가 흐름

오랜 기간 시장 수익률을 웃돌았던 에머슨은 최근 들어 고전하고 있다. 2023년까지 10년 동안 연평균 수익률이 S&P 500 지수 대비 5.7%포인트 낮은 상황이다.

에너자이저는 2015년 독립 기업이 된 이후 연평균 약 2%의 수익률을 기록했으며, 이는 시장 수익률에 크게 못 미치는 성과다.

이스트먼 코닥의 수익률은 두 차례의 황당한 사건으로 인해 일시적인 급등을 보였다. 2018년 초, 코닥이 자체 암호화폐를 출시하겠다고 발표하자 주가는 하루 만에 두 배 이상 급등했지만, 이 사업은 곧 폐기되었다. 2020년에는 미국 정부가 7억 6,500만 달러를 대출해 제약 부문을 개발하게 할 것이라는 소문이 퍼지면서, 주가는 단 3일 만에 2달러에서 60달러까지 급등했다. 그러나 이 자금은 끝내 지급되지 않았다. 2023년까지 10년 동안 코닥의 주가는 88% 이상 하락했다.

이잭트 사이언스의 주가는 2013년부터 2023년까지 10년간 연평균 20% 이상의 수익률을 기록했다. 이 기간 동안 주가는 천문학적인 상승과 급락을 반복했다. 2017년부터 2019년 9월 초까지, 주가는 무려 817% 상승했다. 하지만 2020년 3월까지 55% 하락했고, 이후 1년이 채 되지 않아 180% 급등했다. 이 시기는 유명한 투자자인 캐시 우드Cathie Wood가 자신의 ARK 펀드에 500만 주 이상을 편입한 직후였다. 그러나 2021년과 2022년에는 18개월 만에 80% 넘게 폭락했고, 2023년에는 다시 49% 상승하며 부분적으로 회복했다.

기업의 생애주기

기업은 물리적 자산으로 구성된 인공적 조직이지만 그 모습은 자연의 생명체를 닮아 있다. 기업은 태어나고, 급격히 성장하며, 성장이 둔화되고, 비대해지며, 늙고, 종종 소멸한다.

새싹이 막 튼 식물이나 갓 태어난 동물은 엄청난 속도로 자랄 수 있다. 단 그러기 위해서는 질병에 걸리거나, 극한의 날씨에 죽거나, 포식자에게 잡아먹히는 위험을 피해야 한다. 상어, 거북, 브리슬콘 소나무처럼 수 세기 또는 심지어 수천 년을 살아가는 생명체도 있다.

〈표 13-1〉 가치평가

	에머슨 일렉트릭	에너자이저 홀딩스	이스트먼 코닥	이잭트 사이언스
주가 관련				
주가 (2023.12.31)	97.33	31.68	3.90	73.98
2023년 연간 상승률 (%)	3.8	−2.2	27.9	49.4
시가총액 (백만 달러)	55,954	2,360	315	13,996
영업 관련 항목				
최근 5개년 누적 매출 성장률 (%)	−17.4	18.7	−8.0	185.0
주당순이익 (최근 12개월)	3.72	1.94	0.63	−1.58
주당순이익 평균 (최근 5년)	3.98	−0.35	−2.29	−2.97
재무상태 (2023.9.30 기준)				
현금 및 단기투자 (백만 달러)	8,051	223	255	734
총부채 / 총자산 (%)	37.8	95.3	50.5	51.4
주당 장부가치	36.17	2.95	12.06	17.26
가치평가 지표 (최근 회계년도 기준)				
주가수익비율 (P/E)	26.0	16.5	6.7	NM (적자)
주가순자산비율 (P/B)	2.7	10.9	0.3	4.0
주가매출비율 (P/S)	3.7	0.8	0.3	5.2
자기자본이익률 (ROE, %)	13.8	82.3	6.2	−9.1
투하자본이익률 (ROIC, %)	9.0	3.8	5.0	−5.1
배당수익률 (%)	2.2	3.7	0.0	0.0
운전자본 / 총부채 비율	0.54	0.19	0.37	0.20
주가 흐름 (단위: 달러/주)				
10년 최고가와 최저가	105.70 - 38.08	65.06 - 25.14	37.20 - 1.55	155.01 - 4.94
2023년 최고가와 최저가	100.12 - 77.68	37.55 - 28.80	6.17 - 3.11	99.04 - 47.19

* 모든 주가 및 비율은 2023년 8월 기준이며, 수치는 GAAP 기준에 따른다.
출처: 팩트셋

1890년에 설립된 에머슨은 현재 재도약을 위한 변신을 시도하고 있다. 동시에 1890년대에 뿌리를 둔 에너자이저는 성장 정체를 받아들여야 할지도 모른다. 이스트먼 코닥은 1892년에 법인화되었지만, 본래 사업은 흔적조차 사라진 채 오직 생존을 위해 분투하고 있는 상황이다. 한편 이잭트 사이언스는 창업 7년 만인 2009년에 상장 폐지 직전까지 몰렸던 벼랑 끝에서 가까스로 살아남았다. 하지만 2024년 초에는 시가총액이 120억 달러에 이르는 기업으로 성장해 있다.

최근 들어 이 네 기업의 주가는 모두, 적어도 일시적으로는 급등했다. 만약 주가의 모멘텀만을 보고 판단했다면, 그저 일시적인 상승을 근거로 성장세가 계속될 것이라 착각하기 쉬웠을 것이다. 그러나 그런 기대는 대개 환상에 불과했다.

하지만 그레이엄의 여섯 가지 기준에 따라 기업을 평가하면, 당신의 시선은 주가에서 벗어나 그 기업 자체의 본질로 향하게 된다. 이를 통해 그 기업이 기업 생애주기의 어느 시점에 와 있는지를 훨씬 더 잘 판단할 수 있다. 어떤 기업의 미래도 완벽하게 예측할 수는 없지만, 주가에 대한 집착을 체계적으로 떼어내는 것, 그것이야말로 그 기업의 다음 국면이 도약일지, 아니면 소멸일지를 가늠하는 가장 좋은 방법이다.

14장

방어적 투자자를 위한 종목 선정 방법

이제 증권분석 기법을 보다 폭넓게 적용해보자. 앞에서 방어적 투자자와 공격적 투자자, 두 유형을 위한 투자전략을 일반적인 관점에서 설명했으므로, 이제 이러한 전략을 실행하기 위해 증권분석을 어떻게 구체적으로 활용하는지에 대하여 설명할 순서이다. 이 책의 추천을 따르는 방어적 투자자는 우량등급 채권과 우량주만으로 분산된 포트폴리오를 구성할 것이다. 이때, 주식 포트폴리오에 편입하는 종목은 일반적인 기준에서 지나치게 높지 않은 가격에 매수하도록 주의해야 한다.

주식 포트폴리오를 구성할 때 방어적 투자자는 두 가지 접근 방식 중에서 하나를 선택할 수 있는데, 첫번째 방식은 다우지수 전체를 복제하는 방식이며 두번째 방식은 정량적 조건을 통과한 종목들만으로 포트폴리오를 구성하는 방식이다. 첫번째 방식에서는 높은 PER의 인기있는 성장주 뿐만 아니라 PER이 낮고 덜 주목받는 기업들까지 아우르는 우량주들을 모두 편입한다. 간단히 말하면 다우지수에 포함된 30개 종목 모두를 동일한 수량으로 편입하면 된다.[14] 예를 들어 지수가 900 수준일 때 각 종목을 10주씩 매입하면 총 약 16,000달러 정도 투자된다.* 과거 성과를 보면, 여러 대표적인 펀드와 대체로 비슷한 성과를 얻을 수 있다.

두번째 방식은 모든 종목에 일관된 기준을 적용하여 (1) 회사의 과거 실적과 현재 재무 상태를 점검하여 적정한 질적 기준을 충족하고, (2) PER과 PBR을 기준으로 너무 고평가되지 않은 종목들을 선별하는 것이다. 13장의 마무리 부분에서 종목을 선정할 때 참고할 수 있는 일곱 가지 질적 및 양적 기준을 제시하였다. 이제 그 기준들을 더 세부적으로 설명하겠다.

1. 규모의 적정성

여기 적시한 모든 기준은 어느 정도 자의적일 수밖에 없으며, 규모 기준 역시 마찬가지이다. 나의 기본적인 의도는 변동성이 과도하게 나타날 가능성이 높은 소규모 기업, 특히 산업주 부문의 기업을 배제하려는 것이다. (이러한 기업들에도 종종 좋은 기회가 존재하지만, 방어적 투자자가 투자하기에는 적합하지 않다고 판단된다.) 이러한 관점에서 대략적으로 적정하다고 판단되는 금액 기준은 산업주의 경우 연간 매출이 최소 1억 달러 이상, 공익기업의 경우 총자산이 최소 5천만 달러 이상은 되어야 한다.

2. 충분히 건전한 재무 상태

산업주의 경우, 유동자산은 유동부채의 최소 두 배 이상이어야 한다. 즉 유동비율이 두 배를 넘어야 한다. 또한 장기부채는 순유동자산(또는 운전자본)보

* 수년 동안 여러 차례의 주식분할 등으로 인해 1972년 초 다우지수 구성종목의 실제 평균 가격은 주당 약 53달러였다.

다 적어야 한다. 공익기업의 경우, 부채는 자기자본의 두 배를 초과하지 않아야 한다.

3. 배당 실적

지난 20년 동안 연속으로 배당을 지급했어야 한다.

4. 이익 안정성

지난 10년 동안 연속 흑자를 기록했어야 한다.

5. 이익 성장성

지난 10년 동안 EPS가 최소 33% 이상 성장했어야 한다. 이는 시작 시점과 종료 시점에서 3년 평균치를 사용하여 계산한다.

6. 적정한 PER

현재 주가는 최근 3년 평균 이익의 15배를 초과해서는 안 된다.

7. 적정한 PBR

현재 PBR이 1.5배를 초과해서는 안 된다. 그러나 PER이 15 미만일 경우, PBR이 이에 반비례하여 더 높아지는 것은 허용할 수 있다. 대략적인 기준으로 PER과 PBR의 곱이 22.5를 초과하지 않으면 된다. (이 기준은 PER 15배와 PBR 1.5배에 해당한다. 예를 들어 PER이 9배 밖에 되지 않는다면 PBR이 2.5배 정도가 되어도 이 기준을 충족한다.)

논평: 이 기준들은 방어적 투자자의 필요와 성향에 특화해서 설정하였으므로, 이 기준들을 적용하면 주식 대다수가 포트폴리오 후보에서 탈락하게

된다. 또한 이러한 기준들은 크게 보면 두 가지 관점에서 접근하고 있다. 첫번째는 재무건전성의 관점에서 (1) 규모가 너무 작거나, (2) 재무 상태가 상대적으로 취약하거나, (3) 최근 10년 동안에 적자를 기록한 적이 있거나, (4) 배당 지급이 지속되지 않은 기업들이다. 최근의 재무 여건 하에서 가장 엄격한 요건이 재무건전성에 관한 것으로서 대부분의 배제되는 종목이 여기에 해당된다. 최근 몇 년 동안에도 많은 대기업과 중견기업의 유동비율이 급격히 저하되거나 부채가 과도하게 확대됐다.

다른 관점에서 설정된 마지막 두 기준은 해당 종목의 가격에 비해서 더 많은 이익과 더 많은 자산을 가지고 있는지를 평가한다. 일반적인 애널리스트는 결코 이런 식으로 주식을 평가하지 않는다. 실제로 대부분의 애널리스트는 방어적인 투자자라 할지라도 좋은 주식이라면 주가가 고평가되어 있더라도 과감하게 매수하는 것이 타당하다고 주장한다. 앞서 설명했듯이 나는 이러한 견해에 반대하며 미래 성장에만 지나치게 의존하여 높게 형성된 주가는 충분한 안전마진을 확보하기 어렵다고 본다. 이 문제는 두 의견을 신중히 검토한 후, 독자 스스로 판단해야 한다.

여기에 더해서 포트폴리오 편입 요건에 지난 10년 동안의 적정한 이익 성장성 요건도 포함시켰는데, 이러한 요건이 없다면 EPS가 감소하는 기업도 포트폴리오에 편입되는 결과가 나올 수 있기 때문이다. 방어적 투자자의 관점에서 이런 종목까지 포트폴리오에 편입할 필요는 없다. 다만 가격이 충분히 낮다면 이러한 기업도 좋은 매수 기회가 될 수 있다.

모든 종목에 PER 15배 기준을 적용하면 전체 포트폴리오는 평균적으로 약 12~13배 수준의 PER을 가지게 될 것이다. 참고로 1972년 2월 기준으로 AT&T는 최근 3년 및 현재 이익 기준 PER은 11배이며, 캘리포니아 스탠더드 오일의 최근 PER은 10배 미만이다. 기본적으로 권장하는 주식 포트폴리오의 전체 이익수익률(PER의 역수)은 현재 우량등급 채권수익률보다 높아야 한다. 예를 들어 AA등급 채권의 수익률이 7.5%일 경우, PER이 13.3을 넘지 않아야 함을 의미한다.

다우지수에 종목 선정 기준 적용하기

1970년 말 기준으로 다우지수 종목들은 제시된 일곱 개 기준을 모두 충족했지만, 두 가지 기준은 빠듯했다. 아래는 다우지수 종목 전체의 1970년 종가와 관련 자료에 일곱 개 기준을 적용한 결과이다. (각 기업의 기본 데이터는 표 14-1과 14-2에 정리되어 있다.)

1. 규모: 모든 기업이 기준을 가뿐히 충족했다.
2. 재무 상태: 전체적으로는 기준에 부합하지만, 일부 기업은 기준을 충족하지 못했다.*
3. 배당 기록: 모든 기업이 최소 1940년 이후로 배당을 지급해 왔다. 그 중 다섯 기업은 19세기부터 지속적으로 배당을 지급했다.
4. 이익 안정성: 지난 10년 동안 전체 이익은 비교적 안정적이었다. 1961년부터 1969년까지의 호황기 동안은 모든 기업이 흑자를 기록했으나, 1970년에는 크라이슬러가 소폭의 적자를 기록했다.
5. 이익성장률: 10년 전 3년 평균 EPS와 최근 3년 평균 EPS를 비교했을 때 총 이익성장률은 77%로 연평균 약 6%이다. 하지만 이익성장률이

* 1960년에는 29개 제조업체 중 유동비율이 두 배를 초과하지 못한 회사는 두 개 밖에 없었고, 순유동자산이 부채를 초과하지 못한 기업도 두 개에 불과했다. 그러나 1970년 12월에는 두 기준을 충족하지 못하는 회사가 각각 12개로 증가했다.

〈표 14-1〉 다우지수 30종목의 기본 데이터(1971. 9. 30.)

	주가	EPS[a]			연속 배당 시작연도	BPS	배당금
		1971년	1968~ 1970년 평균	1958~ 1960년 평균			
얼라이드 케미컬	32.5	1.40	1.82	2.14	1887	26.02	1.20
알코아	45.5	4.25	5.18	2.08	1939	55.01	1.80
아메리칸 브랜즈	43.5	4.32	3.69	2.24	1905	13.46	2.10
아메리칸 캔	33.25	2.68	3.76	2.42	1923	40.01	2.20
AT&T	43	4.03	3.91	2.52	1881	45.47	2.60
아나콘다	15	2.06	3.90	2.17	1936	54.28	없음
베들레헴 스틸	25.5	2.64	3.05	2.62	1939	44.62	1.20
크라이슬러	28.5	1.05	2.72	-0.13	1926	42.40	0.60
듀폰	154	6.31	7.32	8.09	1904	55.22	5.00
이스트먼 코닥	87	2.45	2.44	0.72	1902	13.70	1.32
제너럴 일렉트릭	61.25	2.63	1.78	1.37	1899	14.92	1.40
제너럴 푸드	34	2.34	2.23	1.13	1922	14.13	1.40
제너럴 모터스	83	3.33	4.69	2.94	1915	33.39	3.40
굿이어	33.5	2.11	2.01	1.04	1937	18.49	0.85
하베스터	28.5	1.16	2.30	1.87	1910	42.06	1.40
인터내셔널 니켈	31	2.27	2.10	0.94	1934	14.53	1.00
인터내셔널 페이퍼	33	1.46	2.22	1.76	1946	23.68	1.50
존스-맨빌	39	2.02	2.33	1.62	1935	24.51	1.20
오웬스-일리노이	52	3.89	3.69	2.24	1907	43.75	1.35
프록터 앤 갬블	71	2.91	2.33	1.02	1891	15.41	1.50
시어스 로벅	68.5	3.19	2.87	1.17	1935	23.97	1.55
스탠다드 오일 캘리포니아	56	5.78	5.35	3.17	1912	54.79	2.80
스탠다드 오일 뉴저지	72	6.51	5.88	2.90	1882	48.95	3.90
스위프트	42	2.56	1.66	1.33	1934	26.74	0.70
텍사코	32	3.24	2.96	1.34	1903	23.06	1.60
유니언 카바이드	43.5	2.59	2.76	2.52	1918	29.64	2.00
유나이티드 항공	30.5	3.13	4.35	2.79	1936	47.00	1.80
US 스틸	29.5	3.53	3.81	4.85	1940	65.54	1.60
웨스팅하우스	96.5	3.26	3.44	2.26	1935	33.67	1.80
울워스	49	2.47	2.38	1.35	1912	25.47	1.20

a 배당금 및 주식 분할 반영

b 일반적으로 1971년 6월말까지 12개월 기준

〈표 14-2〉 다우지수 30종목의 주요 비율(1971. 9. 30.)

	PER(배)		배당 수익률	EPS 성장률(%) 1958~1960년 대비 1968~1970년	유동 비율[a]	순유동자산/ 부채[b]	PBR(배)
	1971. 9	1968~ 1970년 평균					
얼라이드 케미컬	18.3	18.0	3.7	-15.0	2.1	74	1.25
알코아	10.7	8.8	4.0	149.0	2.7	51	0.84
아메리칸 브랜즈	10.1	11.8	5.1	64.7	2.1	138	2.82
아메리칸 캔	12.4	8.9	6.6	52.5	2.1	91	0.83
AT&T	10.8	11.0	6.0	55.2	1.1	–[c]	0.94
아나콘다	5.7	3.9	–	80.0	2.9	80	0.28
베들레헴 스틸	12.4	8.1	4.7	16.4	1.7	68	0.58
크라이슬러	27.0	10.5	2.1	–[d]	1.4	78	0.67
듀폰	24.5	21.0	3.2	-9.0	3.6	609	2.80
이스트만 코닥	35.5	35.6	1.5	238.9	2.4	1764	6.35
제너럴 일렉트릭	23.4	34.4	2.3	29.9	1.3	89	4.10
제너럴 푸드	14.5	15.2	4.1	97.3	1.6	254	2.40
제너럴 모터스	24.4	17.6	4.1	59.5	1.9	1071	2.47
굿이어	15.8	16.7	2.5	93.3	2.1	129	0.80
하베스터	24.5	12.4	4.9	23.0	2.2	191	0.66
인터내셔널 니켈	13.6	16.2	3.2	123.4	2.5	131	2.13
인터내셔널 페이퍼	22.5	14.0	4.6	26.1	2.2	62	1.39
존스-맨빌	19.3	16.8	3.0	43.8	2.6	–	1.58
오웬스-일리노이	13.2	14.0	2.6	64.7	1.6	51	1.18
프록터 앤 갬블	24.2	31.6	2.1	128.4	2.4	400	4.60
시어스 로벅	21.4	23.8	1.7	145.3	1.6	322	2.85
스탠다드 오일 캘리포니아	9.7	10.5	5.0	68.8	1.5	79	1.02
스탠다드 오일 뉴저지	11.0	12.2	5.4	102.8	1.5	94	1.15
스위프트	16.4	25.5	1.7	24.8	2.4	138	1.58
텍사코	9.9	10.8	5.0	120.9	1.7	128	1.38
유니온 카바이드	16.6	15.8	4.6	9.5	2.2	86	1.46
유나이티드 항공	9.7	7.0	5.9	55.9	1.5	155	0.65
US 스틸	8.3	6.7	5.4	-21.5	1.7	51	0.63
웨스팅하우스	29.5	28.0	1.9	52.2	1.8	145	2.86
울워스	19.7	20.5	2.4	76.3	1.8	185	1.90

a 1970년 회계연도 기준

b 출처: 『무디스 산업 매뉴얼 Moody's Industrial Manual』(1971)

c 순유동자산의 차변 잔액

d 1958년부터 1960년까지 적자 기록

33% 미만으로 기준에 미달인 회사가 다섯 개 있었다.

6. PER: 연말 주가(839달러)와 3년 평균 EPS(55.5달러)의 비율은 15배를 기록하여 기준 상한선에 근접했다.
7. PBR: 주가(839달러)와 순자산가치(562달러)의 비율은 제시된 1.5배 상한선 기준을 겨우 맞췄다.

그러나 이 일곱 가지 기준을 개별 기업에 적용할 경우, 모든 요건을 충족하는 종목은 다섯 개에 불과하다. 이들 기업은 아메리칸 캔, AT&T, 아나콘다, 스위프트, 울워스이다. 표 14-3에 이 다섯 기업의 종합적인 데이터를 정리했다. 이들은 이익성장률 말고는 다우지수 전체보다 훨씬 나은 실적을 보여준다.*

〈표 14-3〉 1970년 말 7개 투자 기준을 모두 충족한 다우지수 종목

	아메리칸 캔	AT&T	아나콘다	스위프트	울워스	5개 기업 평균
1970년말 주가	39.75	48.875	21	30.125	36.5	
PER(배) 1970	11.0	12.3	6.7	13.5	14.4	11.6
PER(배) 3년 평균 EPS	10.5	12.5	5.4	18.1[b]	15.1	12.3
PBR(%)	99	108	38	113	148	112
유동비율(배)	2.2	해당 없음[d]	2.9	2.3	1.8[c]	2.3
순유동자산/부채(%)	110	해당 없음[d]	120	141	190	140
안정성 지수[a]	85	100	72	77	99	86
이익성장률(%)[a]	55	53	78	25	73	57

a 정의는 398페이지를 참고하라.
b 1970년 불황에도 스위프트가 좋은 실적을 기록한 것을 고려하여 기준 대비 소폭 미달하는 부분은 무시했다.
c 기준인 2배보다 소폭 부족하지만 추가 자금 조달 여력이 충분하다고 판단하여 상쇄했다.
d 부채가 자기자본보다도 적어서 이 부분은 충분하다고 판단했다.

* 하지만 1970년 12월부터 1972년 초까지의 이 종목들의 시장 성과는 다우지수보다 저조했다. 이는

다우지수와 같은 우량주 지수에 선정 기준을 적용한 결과로 유추해 보면, 전체 상장회사 중에서도 모든 기준을 충족하는 기업의 수는 상대적으로 적은 비율을 차지할 것임을 시사한다. 1970년말 『S&P 주식 가이드』에서 선정 기준을 충족하는 종목은 약 100개 내외에 그칠 것이다. 그래도 이 정도면 투자자가 개인적 선택이 가능한 포트폴리오를 구성하기에 충분한 숫자이다.

공익기업 투자 전략

이제 공익기업 영역으로 눈을 돌리면, 투자자는 훨씬 더 안정적이고 매력적인 투자처를 찾을 수 있다. 재무 실적과 주가로 판단할 때, 대부분의 공익기업은 방어적 투자자의 종목 선정 기준에 부합하는 것으로 보인다. 유동비율 기준은 공익기업을 평가할 때는 제외해도 된다. 공익기업들은 지속적으로 채권 및 주식을 발행하는데, 이는 기업 성장을 위한 자금 조달 과정이므로 운전자본 요건이 자연스럽게 해결되기 때문이다. 그럼에도 불구하고 부채비율(=부채 / 자기자본)은 적정 수준을 유지해야 한다.*

표 14-4는 다우 공익기업 지수에 포함된 15개 종목에 대한 기본 자료이다. 비교를 위해 표 14-5에는 뉴욕증권거래소 상장기업 중 무작위로 선정한 15개의 다른 공익기업에 대한 자료를 제시하였다.

1972년 초, 방어적 투자자는 실적과 주가 측면에서 모든 종목 선정 기준

어떤 시스템이나 공식도 우수한 시장 성과를 보장할 수 없다는 것을 다시 한번 상기시켜준다. 내가 제시한 기준은 단지 '포트폴리오 구매자가 투자금에 걸맞은 가치를 얻는다는 점'만을 보장한다.

* 대부분의 가스 파이프라인 기업들은 채권을 많이 보유하고 있기 때문에 제외해야 한다. 이러한 재무구조의 이유는 가스 구매업체가 이자 지급을 보장하는 계약 구조에서 기인하지만, 이런 것까지 고려하는 것은 방어적 투자자에게 너무 복잡할 수 있다.

〈표 14-4〉 다우 공익기업 지수 15개 종목(1971. 9. 30.)

	주가	EPS[a] (달러)	배당금	BPS	PER (배)	PBR (배)	배당 수익률 (%)	EPS 성장률 (%)
아메리칸 일렉트릭 파워	26	2.40	1.70	18.86	11	1.38	6.5	87
클리블랜드 일렉트릭	34.75	3.10	2.24	22.94	11	1.50	6.4	86
컬럼비아 가스 시스템	33	2.95	1.76	25.58	11	1.29	5.3	85
커먼웰스 에디슨	35.5	3.05	2.20	27.28	12	1.30	6.2	56
컨솔리데이티드 에디슨	24.5	2.40	1.80	30.63	10	0.80	7.4	19
컨솔리데이티드 내츄럴 가스	27.75	3.00	1.88	32.11	9	0.86	6.8	53
디트로이트 에디슨	19.25	1.80	1.40	22.66	11	0.84	7.3	40
휴스턴 라이트닝 앤드 파워	42.75	2.88	1.32	19.02	15	2.22	3.1	135
나이아가라-모호크 파워	15.5	1.45	1.10	16.46	11	0.93	7.2	32
퍼시픽 가스 앤드 일렉트릭	29	2.65	1.64	25.45	11	1.14	5.6	79
팬핸들 일렉트릭 파이프라인	32.5	2.90	1.80	19.95	11	1.66	5.5	79
피플스 가스	31.5	2.70	2.08	30.28	8	1.04	6.6	23
필라델피아 일렉트릭	20.5	2.00	1.64	19.74	10	1.03	8.0	29
퍼블릭서비스 일렉 & 가스	25.5	2.80	1.64	21.81	9	1.16	6.4	80
사우스 캘리포니아 에디슨	29.25	2.80	1.50	27.28	10	1.07	5.1	85
평균	28.5	2.66	1.71	23.83	10.7	1.21	6.2	65

a 1971년 추정치

을 충족하는 다양한 공익기업 주식을 포트폴리오에 편입할 수 있었다. 이러한 공익기업들은 다우지수로 대표되는 주요 산업주와 비교할 때, 과거 이익성장률도 뒤지지 않았고, 실적의 변동성은 더 적었다. 또한 이들의 PER 및 PBR은 더 낮았으며, 배당수익률은 훨씬 더 높았다. 공익기업은 독점적 지위를 제도적으로 보장받는다는 점도 방어적 투자자에게 장점으로 작용한다. 법률에 따라 공익기업은 지속적인 확장을 위해 필요한 수익성이 보장되도록 충분한 요금을 부과할 권리가 있으며, 그 요금에는 인플레이션도 당연히 반영될 것이다. 그 과정에서 규제 때문에 종종 번거롭고 업무가 지연되기도 하지만, 지난 수십 년간 공익기업이 투자되는 자본에 대해 적정한 수익을 지속적으로 창출하

〈표 14-5〉 다우 공익기업 지수 외 상장 공익기업(무작위 선정) 15개 종목(1971. 9. 30.)

	주가	EPS[a] (달러)	배당금	BPS	PER (배)	PBR (배)	배당 수익률 (%)	EPS 성장률 (%)
앨라배마 가스	15.5	1.50	1.10	17.80	10	0.87	7.1	34
앨러게니 파워	22.5	2.15	1.32	16.88	10	1.34	6.0	71
AT&T	43	4.05	2.60	45.47	11	0.95	6.0	47
아메리칸 워터 웍스	14	1.46	0.60	16.80	10	0.84	4.3	187
애틀랜틱 시티 일렉트릭	20.5	1.85	1.36	14.81	11	1.38	6.6	74
볼티모어 가스 & 일렉트릭	30.25	2.85	1.82	23.03	11	1.32	6.0	86
브루클린 유니온 가스	23.5	2.00	1.12	20.91	12	1.12	7.3	29
캐롤라이나 파워 & 라이트닝	22.5	1.65	1.46	20.49	14	1.10	6.5	39
센트럴 허드슨 가스 & 일렉트릭	22.25	2.00	1.48	20.29	11	1.10	6.5	13
센트럴 일리노이 라이트닝	25.25	2.50	1.56	22.16	10	1.14	6.5	55
센트럴 메인 파워	17.75	1.48	1.20	16.35	12	1.13	6.8	62
신시내티 가스 & 일렉트릭	23.25	2.20	1.56	16.13	11	1.45	6.7	102
컨슈머 파워	29.5	2.80	2.00	32.59	11	0.90	6.8	89
데이튼 파워 & 라이트닝	23	2.25	1.66	16.79	10	1.37	7.2	94
델마버 파워 & 라이트닝	16.5	1.55	1.12	14.04	11	1.17	6.7	78
평균	23.5	2.15	1.50	21.00	11	1.12	6.5	71

는 데 문제가 없었다.

현재 시점에서 방어적 투자자에게 있어 공익기업 주식의 가장 큰 장점은 PBR수준이 높지 않다는 점이다. 이는 투자자가 주식시장 상황을 무시하고 싶을 경우, 자신을 안정적이고 수익성이 높은 사업의 공동 소유주로 간주할 수 있음을 의미한다. 이런 관점에서 보면, 투자자는 늘 움직이는 시장 시세를 유리한 때에 선택적으로 활용하면 된다. 즉 주가가 비정상적으로 낮으면 매수하고 주가가 너무 높은 것이 확실해 보이면 매도하면 된다.

S&P 공익기업 지수 추이와 PER이 표 14-6에 요약되어 있으며, 다른 지수와 함께 비교하였다. 이 표를 보면 이러한 투자를 통해 충분한 수익을 창출했음을 알 수 있다. 상승폭은 S&P 산업주 지수보다 크지 않았지만, S&P 공

<표 14-6> 1948년에서 1970년 사이 각 S&P 지수의 가격 및 PER 추이

연도	S&P 산업주 지수		S&P 철도주 지수		S&P 공익기업 지수	
	지수[a]	PER(배)	지수[a]	PER(배)	지수[a]	PER(배)
1948	15.34	6.56	15.27	4.55	16.77	10.03
1953	24.84	9.56	22.60	5.42	24.03	14.00
1958	58.65	19.88	34.23	12.45	43.13	18.59
1963	79.25	18.18	40.65	12.78	66.42	20.44
1968	113.02	17.80	54.15	14.21	69.69	15.87
1970	100.00	17.84	34.40	12.83	61.75	13.16

a 연말 종가

익기업 지수 내 종목은 대부분의 기간 동안 다른 지수보다 주가 변동성 측면에서 더 안정적이었다. 이 표에서 특히 주목할 점은 지난 20년 동안 S&P 산업주 지수와 S&P 공익기업 지수의 상대적인 PER이 역전되었다는 사실이다.

이러한 변화는 공격적 투자자에게 더 큰 의미가 있겠지만, 방어적 투자자 역시 일정 기간이 지나면 포트폴리오 조정이 필요할 수 있음을 시사한다. 특히 보유한 증권이 지나치게 상승하여 과대평가된 경우, 보다 합리적인 가격의 증권으로 교체하는 것이 바람직하다. 그러나 아쉽게도 이에 따른 자본이득세를 부담해야 하며, 이는 일반 투자자에게 있어 부담이 될 수도 있다. 그러나 오랜 경험으로 비추어 볼 때, 이러한 상황에서는 세금을 내더라도 매도하는 것이 그냥 보유하고 있다가 후회하는 것보다는 낫다.

금융주 투자 전략

금융회사에는 은행, 보험회사, 저축대부조합, 저축은행, 모기지회사, 그리고 투자회사 등이 포함된다. 금융회사의 공통적인 특징은 자산 중 고정자산이나

〈표 14-7〉 1948년과 1970년 사이 다양한 금융 서비스 제공업체의 주식 상대 가격 변화

회사명 \ 연도	1948	1953	1958	1963	1968	1970
생명보험	17.1	59.5	156.6	318.1	282.2	218.0
손해보험	13.7	23.9	41.0	64.7	99.2	84.3
뉴욕 소재 은행	11.2	15.0	24.3	36.8	49.6	44.3
뉴욕 외 지역 은행	16.9	33.3	48.7	75.9	96.9	83.3
할부금융회사	15.6	27.1	55.4	64.3	92.8	78.3
저축은행	18.4	36.4	68.5	118.2	142.8	126.8
S&P 500 지수[a]	13.2	24.8	55.2	75.0	103.9	92.2

a 각 연도의 연말 지수. 1941~1943년까지의 평균이 100이다.

재고자산과 같은 실물 형태의 비중이 상대적으로 작다는 점이다. 반면 대부분의 금융회사는 단기부채가 자본금 대비 상당히 많다. 따라서 재무건전성의 문제는 제조업체나 유통업체의 경우보다 금융회사에 더 중요하게 작용한다. 이러한 특성 때문에 건전하지 못한 금융 관행을 방지하기 위하여 다양한 형태의 규제와 감독이 도입되었다.

대체적으로 금융주는 다른 업종과 유사한 투자 성과를 보여 왔다. 표 14-7은 1948년부터 1970년까지 S&P 지수에 포함된 여섯 업종 지수의 추이를 보여준다. S&P 500 지수는 1941~1943년 평균을 기준으로 이 때 지수를 10으로 한다.

1970년 말 기준으로 금융회사의 지수는 44.3(뉴욕 소재 9개 은행 종목의 지수)에서 218(생명보험 11개 종목의 지수)까지 분포하여, 해당 기간 동안 같은 금융회사라고 하더라도 각 지수 수익률은 큰 차이가 난다는 것을 알 수 있다. 시기별로도 편차가 있는데, 예를 들어 뉴욕 소재 은행은 1958년부터 1968년까지 양호한 성과를 냈던 반면, 생명보험 지수는 같은 기간에 오히려 하락세를 기록했다. 이러한 업종별 차별화는 S&P 지수에 포함된 다수의 업종 지수에서 흔

히 나타나는 현상이다.

금융주 분야에 대하여 특별히 따로 필요한 조언은 없다. 결국 산업주 및 공익기업 투자에서 제안했던 것과 마찬가지로 주가를 수익과 장부가치에 대비하여 평가하는 것이 바람직하다.

철도주 투자 전략

철도주의 상황은 공익기업과는 완전히 다르다. 철도운송업은 치열한 경쟁과 엄격한 규제가 겹치면서 심각한 어려움을 겪어 왔다. (인건비 문제 또한 철도주에 큰 부담이 되었지만, 이는 철도주에만 국한된 문제는 아니었다.) 자동차, 버스, 항공사 등이 여객수송시장의 대부분을 잠식하면서 철도 여객사업은 심각한 적자에 빠졌으며, 화물운송시장에서도 트럭에 시장을 많이 빼앗겼다. 그 결과 지난 50년 동안 미국 철도망의 절반 이상이 파산 또는 법정관리 상태를 경험했다.

그러나 지난 반세기가 철도 산업에 있어 전적으로 하락세만 있었던 것은 아니다. 특히 전쟁 기간 동안 철도업은 특수를 누렸으며, 일부 철도회사는 어려움 속에서도 수익성과 배당을 유지할 수 있었다.

S&P 철도주 지수는 1942년의 최저점에서 1968년의 최고점까지 일곱 배 상승하여 공익기업 지수의 상승률과 유사한 성과를 기록했다. 1970년, 미국에서 가장 중요한 철도기업 중 하나였던 펜 센트럴Penn Central Transportation Co.의 파산은 금융계를 충격에 빠뜨렸다. 파산 직전인 1~2년 전만 해도 이 회사의 주가는 역사상 최고 수준에 근접한 가격으로 거래되었으며, 120년 이상 연속적으로 배당을 지급해 왔다. (509~512페이지에서 이 회사의 사례를 따로 간략히 분석했다. 숙련된 애널리스트라면 회사의 악화 징후를 사전에 감지하고 해당 종목 보유를 피할 것을 권장했을 것이다.) 이 재앙 때문에 철도기업 전체의 주가가 심각한 피해를 입었다.

어떤 업종이라도 업종 전체를 대상으로 추천을 하는 것은 보통 타당하지 않으며, 업종 전체를 비판하는 것 역시 적절하지 않다. 표 14-6에서 나타난 철도주의 기록을 보면, 이 업종 전체에서 큰 수익을 얻을 수 있는 기회가 종종 있었다는 사실을 확인할 수 있다. (그러나 이러한 주가 상승이 본질적으로 정당한 사유가 있었던 것 같지는 않다.) 따라서 다음과 같은 제안으로 논의를 마무리하고자 한다. 투자자가 철도주를 반드시 보유해야 할 이유는 없다. 철도주를 매수하기 전에 주가 대비 가치가 충분한지 확인하여, 다른 대안보다 합리적인지 판단해야 한다.

방어적 투자자를 위한 선택 기준

모든 투자자는 자신의 투자 포트폴리오가 평균보다 더 우수한 성과를 얻기 바란다. 따라서 많은 사람들이 능력 있는 조언자나 애널리스트를 통해서 정말 뛰어난 가치를 가진 투자 포트폴리오를 추천받을 수 있을 것이라는 기대를 하기도 한다. 아마도 그들은 이렇게 생각할 것이다. '결국 이 책에서 제시하는 규칙은 너무 단순하고 한가한 방법이군. 고도로 훈련된 애널리스트라면 그의 모든 기술과 기법을 활용해 다우지수와 같은 뻔한 포트폴리오보다 훨씬 나은 종목들을 찍어줄 것이야. 그들이 매일 숱한 통계분석과 계산, 판단을 수행하는 데는 분명 이유가 있는 것 아니겠어?'

가령 100명의 애널리스트에게 1970년 말 기준으로 다우지수에서 '최고'의 주식 다섯 개를 선정하라고 요청했다고 가정해 보자. 똑같은 종목 목록을 작성한 사람은 거의 없을 것이며, 완전히 다른 목록을 작성한 사람도 많을 것이다.

이 결과가 놀랍게 보일 수 있지만, 사실 그리 이상한 일은 아니다. 그 근본적인 이유는 잘 알려진 주식의 현재 가격에는 그 회사의 재무 기록에 나타난 주요 요인들은 물론, 해당 주식의 미래 전망에 대한 일반적인 의견까지 거의 반영되어 있기 때문이다. 따라서 특정 주식이 나머지보다 더 나은 투자 대상이라고 판단하는 애널리스트의 견해는 대체로 개인적인 선호와 기대에서 비롯되거나, 평가 작업에서 특정 요인을 다른 요인에 비해 더 높은 가중치를 두었기 때문일 것이다. 만약 모든 애널리스트가 특정 주식이 나머지보다 우수하다고 동의한다면, 그 주식은 가격이 곧바로 올라 이전의 모든 장점이 상쇄될 것이다.[15]

현재 주가가 과거의 알려진 사실과 미래 예상치를 모두 반영한다는 것은 이 두 가지 모두 시장 가치 평가에 중요하다는 점을 강조하기 위함이다. 이러한 과거와 미래 두 가지 가치 요소에 대응하여 증권분석에는 기본적으로 두 가지 접근 방식이 존재한다. 물론 모든 유능한 애널리스트는 과거보다는 미래를 중시하며, 자신의 직업적 성패 여부가 과거의 성과가 아닌 미래 일어날 일에 좌우된다는 것을 잘 알고 있다. 이와 관련해 미래에 접근하는 방식은 두 가지로 나눌 수 있다. 하나는 예측의 방식이고 다른 하나는 보호의 방식이다.

예측을 중시하는 이들은 기업이 앞으로 몇 년 동안 어떤 성과를 기록할지, 특히 두드러지는 기업 이익이 지속적인 성장을 보일지를 가능한 한 정확히 맞추려고 한다. 이들이 내린 결론은 산업 내 수요와 공급, 물량, 가격, 비용 등의 요인을 매우 신중히 분석한 결과일 수도 있고, 과거 성장률을 단순히 미래로 연장 적용한 다소 단순한 예측에서 비롯될 수도 있다.

이들은 장기 전망이 유망하다고 확신하는 주식에 대해서는 주가 수준을 크게 고려하지 않고 주식을 매수할 것을 추천한다. 예를 들어 항공운송주에 대한 전반적인 그들의 태도가 그러했다. 이러한 태도는 1946년 이후 실망스러운 실적에도 불구하고 수년 동안 지속되었다. 이미 서문에서도 나는 이 업종의 강한 주가 움직임과 상대적으로 실망스러운 실적 기록 간의 불균형을 지적했다.

반면 보호를 중시하는 사람들은 항상 연구 시점에서의 주가에 특히 신경을 쓴다. 그들의 주된 목표는 시장 가격보다 충분히 높은 현재 가치를 나타내는 안전마진을 확보하여, 미래의 불리한 상황을 완화할 수 있는지 확인한다. 따라서 일반적으로 그들에게는 기업의 장기 전망에 대해 열광적으로 추종하기보다는 해당 기업이 무난히 운영될 것이라는 합리적인 확신을 가지는 것이 더 중요하다.

첫번째, 즉 예측 중심 접근법은 정성적 접근법이라고도 할 수 있다. 이는 전망, 경영진, 기타 측정할 수는 없지만 매우 중요한 요소들, 즉 질적 요인을 중시하기 때문이다. 반면 두번째, 보호 중심 접근법은 정량적 또는 통계적 접근법으로 불릴 수 있다. 이는 주가와 기업 실적, 자산, 배당금 등 측정 가능한 요소들 간의 관계를 중시하기 때문이다. 덧붙이자면 사실 정량적 접근법은 채권 및 우선주를 투자 대상으로 선정할 때 신뢰할 만하다고 여겨온 증권분석 방법을 주식의 영역으로 확장하여 적용한 것이다.

나는 주식을 분석할 때 항상 정량적 접근법을 고수해 왔다. 처음부터 구체적이고 입증 가능한 기준으로, 가격에 비해 충분한 가치를 확보하고 있는지 확인하고자 했다. 미래의 전망과 약속이 지금 당장 부족한 가치를 보완할 수 있다고 믿지 않았다. 이러한 관점은 애널리스트의 표준적인 견해는 아니다. 실제로 대다수 애널리스트는 미래 전망, 경영진의 역량, 기타 무형적인 요소, 그리고 인적 요소가 과거 기록, 대차대조표, 그리고 모든 냉정한 숫자로 구성된 지표들보다 훨씬 더 중요하다고 생각할 것이다.

결국 '최고의 주식'을 선정하는 문제는 본질적으로 매우 복잡한 주제이다. 방어적 투자자는 이 문제를 피하는 것이 최선이다. 즉 개별 종목 선정보다 분산 투자에 더 집중해야 한다. 분산 투자라는 개념이 보편적으로 받아들여지는 이유는, 적어도 부분적으로는 뛰어난 선정 능력을 과신하지 않기 때문이다. 만약 최고의 주식을 정확히 선택할 수 있다면, 분산 투자는 오히려 기회비용이 커져서 불리해지는 결과를 초래한다. 그러나 방어적 투자자도 일반적인 주식 포트폴리오 구성 규칙(157~158페이지 참조)을 지키는 범위 내에서 충분히 자유롭게 선호하는 주식을 선택해도 된다. 그런 정도의 포트폴리오라면 불리한 상황이어도 큰 해가 되지 않을 것이며, 운이 좋다면 좋은 성과를 가져올 여지도 있다. 또한 기술 발전이 기업의 장기적인 성과에 점점 더 큰 영향을 미치고 있는 만큼, 투자자는 이를 염두에 두어야 한다. 다만 이런 부분도 다른 분야와 마찬가지로 무시하지도 과신하지도 않는 그 사이 어딘가에서 균형을 잡아야 한다.

14장 논평

— 제이슨 츠바이크

"무언가를 '해야 한다'는 유혹은 투자자가 직면하는 가장 나쁜 유혹 중 하나다. 언제나 지평선 너머엔 파랑새가 있는 법이다."

— 존 C. 보글

14장에서 그레이엄은 한 발 물러선다.

방어적인 투자자가 어떻게 주식을 고를 수 있는지에 대해 몇 가지 일반적인 지침을 제시하긴 하지만, 그의 주장에서는 열의가 느껴지지 않는다.

그레이엄은 주식이 충족해야 할 일곱 가지 기준을 제시한 뒤 결국 이렇게 조언한다.

> 결국 '최고의 주식'을 선정하는 문제는 본질적으로 매우 복잡한 주제이다. 방어적 투자자는 이 문제를 피하는 것이 최선이다. 즉 개별 종목 선정보다 분산 투자에 더 집중해야 한다.

그러므로 만약 당신이 포트폴리오 구성에 많은 시간과 노력을 들일 수 없거나 그럴 의지가 없는 그레이엄이 말하는 방어적 투자자에 속하는 사람이라면, 굳이 개별 주식을 고를 필요조차 없다고 그는 본다.

그렇다고 해서 모든 책임이 면제되는 것은 아니다. 주식 고르는 법을 배울 필요는 없지만, 세운 계획을 끝까지 지키는 법은 반드시 배워야 한다.

마음속 사기꾼과의 싸움

5장과 8장, 그리고 그에 따른 논평에서 우리는 이미 증권업계와 사회적 전염이 어떻게 결탁하여 당신을 투기꾼으로 만들 수 있는지를 살펴보았다.

그러나 모든 방어적 투자자에게 있어 궁극적인 과제는 자기 안에 있는 사기꾼으로부터 자신을 지켜내는 일이다. 자신을 속이지 않는 것, 그것이야말로 가장 치열한 싸움이다.

방어적 투자자로서 당신은 두 가지 방식으로 스스로를 속일 수 있다.

- 자신이 아는 것보다 덜 안다고 생각하거나
- 자신이 아는 것보다 더 많이 안다고 착각하는 것이다.

자신의 지식과 능력을 과소평가하면, 전문가만이 성공할 수 있을 것 같은 시장에서는 아예 투자를 시작조차 못하게 된다.

반대로 자신감을 지나치게 가지면, 스스로를 전문가라고 착각하게 되고, 미래를 알고 있다는 확신에 빠져 무모한 판단을 내리기 쉽다.

자신감을 지나치게 잃었다면, 그레이엄이 제시한 방어적 투자자 지침을 따르고 인덱스펀드, 정액분할매수, 그리고 리밸런싱 같은 방법을 통해 투자 행동을 자동화함으로써 극복할 수 있다.*

그러나 과도한 자신감을 극복하는 일은 훨씬 더 어려운 과제다. 운이 좋아서 시장에서 몇 번 큰 수익을 거두고 나면 과도한 자신감이 방어적 투자자의 역할을 수행하는 능력을 잠식해버린다.

방어적인 자세에 만족하는 것은 인간 본성을 거스르는 일처럼 느껴진다. 우리는 종종 우연이 지배하는 세상에서 자신이 실제보다 더 많은 통제력을 가지고 있다고 믿는다. 과거를 실제보다 더 잘 이해했다고 생각하고, 미래도 실제보다 더 정확히 예측할 수 있으리라 착각한다.

수십 년 전, 두 명의 심리학자가 시애틀 지역 운전자들을 대상으로 운전 실력에 대한 자기 평가를 조사했다. 조사 대상은 두 집단으로 나뉘었는데, 하나는 무사고 운전자들이고, 다른 하나는 최근에 사고를 낸 운전자들이었다. 다음은 그 결과의 일부다.

이 운전자들은 총 28대의 자기 차량과 6대의 타인 차량을 완전히 파손시켰고, 동승자 세 명이 사망했으며, 많은 운전자들이 뇌진탕과 골절상을 입었고, 최소 한 명은 전신 마비가 되었다. 자신의 운전실력 수준을 잘 모르겠다고 대답한 한 운전자는, 연구자들의 조사 결과 사고 당시 단거리 자동차 경주를 하고 있었던 것으로 밝혀졌다.**

자신의 운전 실력이 서툴다고 답한 사람은 몇 명이었을까?

단 한 명도 없었다.

심리학자들은 이러한 과장된 자기평가를 '긍정적 착각'이라고 부르기도 한

---

* 각각 9장, 5장, 4장의 논평을 참조하라.

** 캐롤라인 E. 프레스턴Caroline E. Preston과 스탠리 해리스Stanley Harris, 「교통사고 운전자의 심리학Psychology of Drivers in Traffic Accident」, bit.ly/3EziGAx.

다. 하지만 그것이 얼마나 긍정적인지는 상황에 따라 달라진다. 데이트를 하거나 구직 면접을 볼 때라면, 성공 가능성을 과대평가하는 것이 인생을 바꿀 용기를 줄 수도 있다. 그러나 자동차나 비행기를 몰 때 그런 착각을 하게 되면 삶이 망가지거나 아예 끝장날 수 있다. 그리고 투자의 세계에서는 과도한 자신감이 당신의 재무적 삶을 송두리째 무너뜨릴 수 있다.

〈표 14-1〉 운전이 가르쳐주는 교훈
최근 심각한 교통사고를 겪은 운전자 50명을 대상으로 한 조사 결과

항목	응답자 수
사고 책임을 부인한 사람	30명
부분적 책임을 인정한 사람	5명
전적인 책임을 인정한 사람	15명
자동차 보험이 없던 사람	10명
과속 등 유사 위반 전력이 있는 사람	29명
사고 전 음주 사실을 인정한 사람	21명
과실, 난폭, 음주운전 등으로 적발된 적 있는 사람	11명
운전면허 시험에 한 번 이상 낙방한 사람	11명
운전면허가 한 번 이상 취소된 적 있는 사람	6명
사고 후 과실 운전 혐의로 기소된 사람	15명
사고 후 난폭 운전 혐의로 기소된 사람	3명
사고 후 기타 혐의로 기소된 사람	4명
사고 당시 자신의 운전을 '정상', '보통', '좋음', '100%', '아주 좋음'이라고 평가한 사람	32명
사고 당시 자신의 운전이 평소보다 못했다고 응답한 사람	16명
사고 당시 운전 상태를 모르겠다고 응답한 사람	2명
사고로 입원 중인 상태에서 설문에 응답한 사람	50명
스스로를 '서툰' 또는 '매우 서툰' 운전자라고 표현한 사람	0명

출처: 캐롤라인 E. 프레스턴과 스탠리 해리스, 「교통사고 운전자의 심리학」(1965)

과도한 자신감이란 우리의 믿음과 현실이 충돌하는 상태다. 이는 세 가지 주요 형태로 나타난다. 첫째, 과대평가 overestimation 이다. 이는 자신의 수행 능력이 실제보다 낫다고 믿는 것이다. 둘째, 과잉 설정 overplacement 이다. 이는 다른 사람들과 비교했을 때 자신의 수행이 더 뛰어나다고 여기는 것이다. 셋째, 정확성 과신 overprecision 이다. 이는 현실은 대개 불확실하고 혼란스러움에도 불구하고, 자신이 정답을 정확히 알고 있다고 확신하는 것이다.*

이와 관련된 현상으로는 비현실적인 낙관주의가 있다. 이는 좋은 일이 다른 사람보다 자기 자신에게 더 많이 일어날 것이라고 믿는 경향이다. 한 설문 조사에서 이 비현실적 낙관주의의 극단적인 예가 드러났다. 미국 성인 2,000명을 대상으로 한 조사에서 54%는 자신이 죽은 뒤 천국에 갈 것이라고 믿었지만, 지옥에 갈 것이라고 생각한 사람은 단 2%에 불과했다.**

나는 최고의 투자자야

2021년처럼 거의 모든 자산이 오를 때면, 자신이 탁월한 투자자가 되었다는 착각에 빠지기 쉽다. '웬 문 Wen Moon: when will the price soar to the moon? '이나 'WAGMI We're All Gonna Make It ' 같은 유행어가 퍼져 나가는 것도 이상할 게 없다.

보유 자산이 더 많이, 더 빠르게 오를수록 자존감도 함께 치솟는다. 그러면 당신 안의 사기꾼이 속삭이기 시작한다. '봐, 네가 얼마나 잘하고 있는지! 이렇게 주식, 옵션, 암호화폐로 큰돈을 벌 수 있는데, 왜 아직도 직장에서 힘

---

* 과도한 자신감에 대한 훌륭한 개요는 Don A. Moore의 『완벽한 자신감 Perfectly Confident 』(HarperCollins, 2020)을 참고하라.

** 문화 연구 센터 Cultural Research Center , 「미국인 세계관 조사 2020 American Worldview Inventory 2020 」, bit.ly/44rulrE.

들게 일하고 있는 거야?'

나는 통제하고 있어

또 다른 형태의 자기기만은 아무런 영향력을 행사할 수 없는 상황에서도 자신이 통제하고 있다고 느끼는 것이다.

신경과학자들은 통제하고 있다는 느낌이—설령 실제로는 그렇지 않더라도—뇌의 내측 전전두엽 피질을 활성화시킨다는 사실을 밝혀냈다. 이 부위는 스트레스와 부정적인 감정을 억제하는 역할을 한다. 즉 자신이 상황을 주도하고 있다고 믿는 착각은 불확실성 앞에서 느껴야 할 불안을 막아주는 방패가 되어준다.*

도박을 할 때 우리는 주사위에 행운을 빌며 입김을 불고, 손에 감이 올 때까지 더 오래 흔들거나, 높은 숫자가 나오기를 바라며 더 세게 던지기도 한다. 엘리베이터 버튼을 반복해서 누른다고 해서 더 빨리 오는 것은 아니지만, 왠지 그렇게 느껴진다. 미국에서 주state 복권이 본격적으로 확산된 것도 긁어서 숫자를 확인하는 스크래치 방식이 등장한 뒤였다. 이 방식은 마치 자신이 직접 복권을 만들어낸 듯한 착각을 줬기 때문이다.

수십 년 전, 심리학자 엘렌 랭거는 이러한 통제 착각을 부추기는 요인들을 밝혀냈다. 그것은 선택권, 익숙함, 개인적 개입, 경쟁심이다. 목표를 명확히 알고, 그것을 달성하는 것도 중요한 요소로 작용한다.**

---

* 로렌 리오티Lauren A. Leotti 등, 「타고난 선택능력: 통제의 필요성의 기원과 가치Born to Choose: The Origins and Value of the Need for Control」, bit.ly/48clrnA.

** 엘렌 랭거Ellen J. Langer, 「통제의 환상The Illusion of Control」, bit.ly/460LptO; 수잔 톰슨Suzanne C. Thompson, 「통제의 환상: 우리의 개인적 영향력을 과대평가하는 방법Illusions of Control: How We

이러한 요소 때문에 금융시장은 당신 안의 사기꾼이 통제 착각을 만들어내기에 완벽한 배경이 된다. 무엇에, 언제, 얼마나 투자할지 스스로 선택할 수 있고, 시장은 오늘의 뉴스처럼 익숙하게 느껴진다. 당신은 포트폴리오를 실시간으로 지켜보며 거래할 수 있고, 수억 명의 사람들과 경쟁한다. 목표는 돈을 버는 것이며, 실제로 아무것도 몰라도 가끔은 순전히 운만으로도 돈을 벌게 된다.

거의 아무런 통제권이 없는 환경에 있다 보면, 자신이 가진 통제력을 실제보다 과대평가하지 않기란 참으로 어렵다.

전문 트레이더들을 보면 알 수 있다. 런던의 투자은행에서 107명의 트레이더들에게 컴퓨터 시뮬레이션 게임을 하도록 하고 실험을 실시했다. 연구원들은 트레이더들에게 그들이 키보드의 버튼을 눌러 금융지수를 오르내리게 만들 '수도 있다'고 설명했다. 하지만 실제로 그 버튼들은 지수 가격에 아무런 영향을 미치지 않았다. 네 차례의 게임을 마친 뒤, 연구원들은 이 트레이더들에게 자신이 얼마나 통제력을 발휘했다고 느꼈는지를 물었다.*

많은 트레이더들이 자신이 시장 지수에 어느 정도 영향을 미쳤다고 믿었다.

그리고 놀랍게도 그런 착각에 더 쉽게 빠진 사람일수록 분석력이 떨어졌고, 소속 은행의 수익 기여도도 낮았으며, 연간 보수 역시 적었고, 위험 관리 능력도 부족한 것으로 드러났다.

자기 긍정이 자기 기만에까지 이르게 되면, 타인의 조언을 받아들이는 데 저항감을 느끼게 된다. 그리고 피할 수 없는 손실조차도 자신이 한계를 넘었

Overestimate Our Personal Influence」, bit.ly/3Qsnmyr.

* 마크 펜튼-오크리비Mark Fenton-O'Creevy 등, 「착시에 근거한 거래: 통제 및 거래 성과에 대한 비현실적인 인식Trading on Illusions: Unrealistic Perceptions of Control and Trading Performance」, bit.ly/46aUFv8.

다는 경고로 받아들이기보다는, 곧 성공이 재개될 것이라는 신호로 해석하게 된다. 자신이 가진 통제력을 실제보다 더 크다고 믿는 것은, 마땅히 얻었어야 할 수익률보다 낮은 결과로 귀결되는 가장 확실한 길이다.

난 처음부터 알고 있었어

다음 그림은 내가 찍은 페덱스FedEx 봉투 사진의 일부다. 한번 자세히 살펴보기 바란다.

〈그림 14-1〉

출처: 제이슨 츠바이크

많은 사람들이 이 로고에 F, e, d, E, x라는 글자 외에 무언가 숨겨져 있다는 사실을 알고 있다. 하지만 모두가 아는 것은 아니다. 그 숨은 요소는 한 번에 보이거나, 아니면 아예 보이지 않는다.

다시 한번 잘 보라. 무엇이 보이는가?

아직도 안 보인다면 그림 14-2를 보라. 그건 앞서 본 사진에서 한 부분만 확대해 놓은 것이다.

이제 다른 걸 시도해보자. 페덱스 로고 전체를 다시 보되, E와 x 사이에 있는 그 화살표를 '보지 않으려고' 해보라. 그 화살표가 있다는 걸 알기 전, 아무것도 몰랐던 시각적 무지의 상태로 되돌아가려 애써보라.

글자만 보고, 그 화살표는 보지 않을 수 있는가?

〈그림 14-2〉

출처: 제이슨 츠바이크

이와 마찬가지로 한 번 금융시장에서 무슨 일이 일어났는지를 알고 나면, 그 일이 일어나기 전에 우리가 그것을 알지 못했다는 사실을 떠올리기란 거의 불가능해진다.

그리고 자신이 앞으로 무슨 일이 일어날지 알고 있었다고 착각하게 되면, 앞으로도 무슨 일이 일어날지를 알고 있다고 스스로를 속이게 된다.

심리학자들은 이것을 '사후확증 편향 hindsight bias'이라고 부른다. 이 편향은 일어나기 전에는 믿기 어렵거나 불가능해 보였던 결과들을 이미 일어난 뒤에는 마치 피할 수 없는 일이었던 것처럼 바꿔버린다. 노벨상 수상자인 대니얼 카너먼의 표현을 빌리자면 사후확증 편향은 '놀라움을 사라지게 만든다.'

시장이 급등한 뒤에는 그 당시 실제로 기대했던 것보다 더 많이 오를 줄 알았다고 기억하게 된다. 반대로 시장이 급락하면 자신이 그보다 더 비관적이었다고 기억하게 된다. 사후확증 편향을 가진 사람들은 자신들이 모든 것을 꿰뚫어보는 혜안을 가졌다고 생각하기 쉬우나, 오히려 아무 것도 보지 못하는 것과 마찬가지이다.*

이 효과는 매우 강력해서 앞으로 1년 동안 무슨 일이 일어날지 전혀 몰랐던 투자자조차도 12개월이 지난 뒤에는 시장이 실제로 움직인 방향을 거의 정확히 예측했다고 기억하게 된다. 이는 당신 안의 사기꾼이 방어적 투자자의 원칙을 포기하게 만들려는 또 하나의 수법이다. "넌 처음부터 시장이 어떻게 움직일지 알고 있었잖아! 그렇다면 다음에 뭘 할지도 알고 있겠지. 늦기 전에 행동해!"

사후확증 편향은 선택적 기억과 뒤섞여 강력한 자기 망상을 유발한다. 당신의 과거 투자 결정을 되돌아보면, 실제보다 수익은 더 많고 손실은 더 적었던 것처럼 '기억'하게 될 가능성이 크다. 당신 안의 사기꾼은 당신이 미래를 예견했을 뿐 아니라 그 예측을 바탕으로 내린 결정들까지 실제보다 훨씬 뛰어났다고 믿게 만든다.**

당신 안의 사기꾼에게 수갑 채우기

보유 자산이 크게 올랐다고 해서 당신이 현명한 투자자라고 말할 수는 없다.

---

* 바룩 피쉬호프Baruch Fischhof와 루스 베이즈Ruth Beyth, 「내 이럴 줄 알았다: 한때 미래였던 일들의 확률을 기억하다I Knew It Would Happen: Remembered Probabilities of OnceFuture Things」, bit.ly/45PPH7u; 닐 J. 로즈Neal J. Roese 와 캐슬린 D. 보스Kathleen D. Vohs, 「사후확증 편향Hindsight Bias」, bit.ly/3PCeGFB; 제이슨 츠바이크, 『투자의 비밀Your Money and Your Brain』 (사이먼 앤 슈스터, 2007).

** 제이슨 츠바이크, 「2020년의 패닉? 아, 나는 엄청 벌었지. 당신도 그랬잖아The Panic of 2020? Oh, I Made a Ton of Money—and So Did You」, bit.ly/3RnXWTM; 「거울아 거울아, 주식이 하락할 줄 알았던 건 누구니? Mirror, Mirror on the Wall, Who Knew That Stocks Would Fall?」 bit.ly/45NHbWz; 「사후확증 편향 깨부수기Busting Your Hindsight Bias」, bit.ly/3r3aJ3u; 카트린 괴드커Katrin Gödker 외, 「투자자의 기억Investor Memory」, bit.ly/3EDKDXS.

당신이 자신의 한계를 알고 있다면 당신은 현명한 투자자다.

그리고 성공한 공격적 투자자가 되기 위해 요구되는 시간과 노력을 기울일 의지가 없거나 그럴 수 없다고 이미 스스로 판단했다면, 당신은 방어적 투자자인 것이다.

과도한 자신감은 모호함을 먹고 자란다. 포트폴리오의 시장 가치가 올랐다는 이유만으로 자신이 실제보다 뛰어난 투자자라고 믿는 것이다. 반면 구체적인 질문은 과도한 자신감의 '크립토나이트'다. 당신 안의 사기꾼이 당신을 뛰어난 투자자라고 부추기기 시작할 때, 스스로에게 다음과 같은 구체적인 질문을 던져보라:

- 내 포트폴리오 수익률은 시장 수익률에 비해 얼마나 높은가?
- 내가 이 자산에 대해 알고 있는 것 중 대부분의 사람들이 모르는 것은 무엇인가?
- 나는 그 사실을 어떻게 알게 되었는가? 다른 사람들은 왜 그것을 아직 모를까?
- 이 자산이 여전히 저평가되어 있다고 말할 수 있는 구체적인 이유를 세 가지 이상 댈 수 있는가?

구체적인 질문에 의존하는 습관은 심리학자 돈 무어가 말한 '근거 기반 자신감', 즉 희망적 사고가 아닌 객관적인 현실에 바탕을 둔 자신감에 더 가까이 다가가게 해준다.

그 질문들에 대한 당신의 답변이 실제로 다른 투자자들에 비해 의미 있는 우위를 보여준다면, 그때는 자신을 '공격적 투자자'로 새롭게 정의해도 좋다. 하지만 더 가능성 높은 시나리오는 세 번째 질문쯤에 이르면 어깨 위에서 속삭이는 그 작은 악마의 목소리가 사라질 거라는 점이다. 그를 떨쳐내고 다시금 그레이엄의 원칙을 따르기로 마음먹고 당신의 일상으로 돌아가라.

사후확증 편향 깨부수기

개인이든 전문가든 거의 모든 투자자가 자신의 사후확증 편향을 자각하지 못한 채 살아간다. 하지만 당신은 그것을 직시할 수 있다. 자신의 예측을 기록하기만 하면 된다! 내가 '사후확증 편향 깨부수기'라 부르는 이 방법은 1년에 단 몇 분이면 충분하다.

매년 1월, 아래 빈 양식을 두 장 출력해 그 중 한 장을 작성한다. 그런 다음 12월 31일이 지나고 연간 실적이 모두 공개되면, 당시 자신이 어떤 예측을 했는지 가능한 한 정확히 떠올려본다. 작성해두었던 양식을 보지 말고, 기억나는 대로 다른 빈 양식에 적는다. 그런 뒤, 원래의 예측과 기억을 바탕으로 재구성한 예측을 비교해보라.

당신은 거의 틀림없이, 자신이 기대했던 바를 실제보다 왜곡해서 기억하고 있다는 사실을 발견하게 될 것이다.

12월 31일 기준으로 당신은 다음 수치를 어떻게 예상하는가?

다우존스 산업평균지수의 종가:

____

S&P 500의 연간 총수익률:

____________________%

10년 만기 미국 국채 수익률:

________________________%

공식 인플레이션율 (소비자물가지수 기준 최근 12개월 변화율):

________________________%

비트코인 가격:

________________________원

금 가격 (온스당):

________________________원

원유 가격 (배럴당):

________________________원

수익률이 가장 좋을 것으로 예상되는 주요 금융자산:

____

이 연습을 몇 해만 반복해도, 당신은 시장을 예측할 수 있다는 착각과 그 예측에 따라 행동하고 싶은 충동에서 벗어날 수 있을 것이다.

(재무 상담사와 함께 일하고 있다면, 그들도 이 연습을 하게 하라.)

15장

공격적 투자자를 위한 종목 선정 방법

14장에서는 방어적 투자자가 분산 투자만 적절히 한다면, 자신의 선호를 자유롭게 반영하는 포트폴리오를 구성할 수 있도록, 일반적인 종목 선정 기준을 다양한 업종에 적용하여 설명했다. 적용하는 방식은 주로 선정 기준에 미달하는 종목을 제외하는 방식에 중점을 두었다. 한편으로는 재무적 건전성이 떨어지는 모든 종목을 제외시켰고, 다른 한편으로는 건전한 회사라 하더라도 주가가 너무 높아 투기적 위험을 감수해야 하는 종목들을 제외시켰다. 이번 장에서는 공격적 투자자에게 초점을 맞추어, 전체 평균보다 더 높은 수익을 거둘 가능성이 있는 개별 종목을 선택할 수 있는 방법과 가능성에 대해 설명하겠다.

우선 이러한 방법이 성공할 가능성에 대해서 논의해 보자. 솔직히 말해 우려가 앞선다. 얼핏 생각하기에는 시장을 앞서는 것이 어렵지 않을 것 같다. 평균적인 성과, 즉 다우지수와 비슷한 수준의 성과를 얻기 위해서는 별다른 능력이 필요하지 않을 것이다. 그저 다우지수를 구성하는 30개 주요 종목과 동일하거나 유사한 포트폴리오를 보유하면 충분하기 때문이다. 그렇다면 거기에다가 연구, 경험, 그리고 타고난 능력을 통해 얻은 약간의 기술을 더한다면, 다우지수를 크게 초과하는 성과를 내는 것이 가능할 것이라고 생각하는 것도 무리는 아니다.

그러나 이를 실현한다는 것은 이 분야 최고 수준의 전문가들에게도 매우 어렵다는 것을 알려주는 뚜렷한 증거들이 있다. 장기간 운영되어 온 다수의 투자회사 또는 펀드의 성과가 바로 그런 증거들이다. 대부분의 펀드는 충분히 큰 규모를 자랑하며, 해당 분야 최고의 금융 또는 증권 애널리스트들과 적절한 연구 부서 운영에 필요한 모든 요소들을 확보하고 있다. 이런 펀드들의 평균 운영비용은 연간 약 0.5% 이하이다. 이러한 비용은 무시할 수 없는 수준이긴 하지만, 1951년부터 1960년까지 일반 주식의 수익률이 연평균 15%였고, 1961년부터 1970년까지의 수익률이 연평균 6%라는 것과 비교하면 아주 크지는 않아 보인다. 따라서 약간이라도 우수한 종목 선정 능력이 있다면 이 정도 비용 차이는 쉽게 극복하여 시장 대비 초과성과를 낼 수 있었을 것이다.

그러나 전반적으로 주식형 펀드들은 장기간에 걸쳐 S&P 500 지수나 시장 전체가 보여준 수익률에 미치지 못하는 결과를 보였다. 이러한 결론을 입증하는 연구들은 매우 많다. 다음 문장은 1960년부터 1968년까지의 기간을 다룬 최근의 연구에서 인용했다.

> 연구 결과에 따르면 뉴욕증권거래소 상장 주식 중 무작위로 선정된 주식에 동일비중으로 투자한 포트폴리오가 같은 위험 등급별 펀드의 평균보다 더 나은 성과를 기록한 것으로 보인다. 저위험 및 중위험 포트폴리오의 경우 연간 각각 3.7%와 2.5%의 성과 차이가 나타났으며, 고위험 포트폴리오에서는

연간 0.2%로 차이가 미미했다.*

9장에서 언급한 바와 같이, 이러한 비교가 금융기관으로서 펀드의 유용성을 부정하고자 하는 것은 결코 아니다. 펀드 투자자는 대부분 주식 투자에서 얻을 수 있는 대략 평균적인 성과를 얻을 수 있다. 다양한 이유로, 개인적으로 종목을 선정하여 투자하는 대부분의 일반 투자자들은 이보다 훨씬 낮은 성과를 내는 경우가 많다. 그러나 관찰자 관점에서 객관적으로 볼 때, 펀드가 시장 지수보다도 낮은 성과를 보이는 것은 그러한 성과를 달성하는 것이 결코 쉽지 않으며, 실제로는 매우 어렵다는 점을 보여주는 결정적인 사례라 할 수 있다.

왜 이렇게 어려운 것인가? 두 가지 이유가 있다. 첫번째는 주식시장이 실제로 기업의 과거와 현재 실적에 관한 정보뿐만 아니라, 합리적으로 형성될 수 있는 미래에 대한 기대치까지도 현재 주가에 반영하고 있을 가능성이다. 만약 이 가정이 사실이라면, 주가가 극단적이고 다양하게 움직이는 이유는 아직 주가에 반영되지 않은 돌발적인 상황과 가능성이 새롭게 나타났기 때문일 것이다. 이는 주가 변동이 본질적으로 우연적이고 무작위적임을 의미한다. 이 가정이 사실일 경우, 증권 애널리스트의 작업은 아무리 지능적이고 철저하더라도 비효율적일 수밖에 없다. 본질적으로 예측할 수 없는 것을 예측하려고 시도하는 것이기 때문이다.

증권 애널리스트의 수가 급증한 사실 자체가 이러한 결과를 초래하는 데

---

* 프랜드I. Friend, 블룸M. Blume, 크로켓J. Crockett 공저, 『뮤추얼 펀드 및 기타 기관 투자자: 새로운 관점, 1권Mutual Funds and Other Institutional Investors: A New Perspective, I』 맥그로-힐, 1970. 내가 연구한 펀드 중 여럿은 1966~1970년 성과는 S&P 500 지수보다 다소 우수했으며 다우지수보다는 월등히 우수했다.

중요한 역할을 했을 가능성이 있다. 수백, 심지어 수천 명의 전문가들이 어떤 종목의 가치 요인을 연구한다면, 해당 주식의 현재 가격이 그 가치에 대한 정보에 기반한 의견의 합의를 충분히 잘 반영할 것임은 당연하다. 다른 종목보다 그 종목을 선호하는 사람들은 단지 개인적인 선호나 낙관적인 견해 때문이며, 이는 맞을 수도 있지만 틀릴 수도 있다.

월스트리트의 수많은 증권 애널리스트들의 작업과 브리지 대회에 출전한 고수들의 작업은 비슷한 부분이 많다. 전자는 '성공 가능성이 가장 높은' 주식을 선택하려 하고, 후자는 각 패에서 최고의 점수를 얻으려 한다. 두 경우 모두 이러한 목표를 달성할 수 있는 사람은 극히 제한적이다. 모든 브리지 플레이어의 실력이 거의 비슷한 수준이라면, 승패는 우수한 기술보다는 여러 형태의 운에 의해 결정될 가능성이 크다. 월스트리트에서는 동료 의식 때문에 아이디어와 정보가 여러 모임에서 다양하게 공유된다. 그렇기 때문에 실력의 평준화 과정은 빠르게 진행된다. 이는 마치 브리지 토너먼트에서 각 전문가들이 서로의 패를 살펴보며, 각 플레이가 진행될 때마다 이에 대해 논쟁하는 것과 같다.

두번째 이유는 완전히 다른 성격의 문제이다. 많은 증권 애널리스트들이 종목 선정을 하는 방식 자체에 결함이 있는 것 같다. 이들은 성장 전망이 가장 좋은 산업, 그리고 해당 산업에서 최고의 경영진 및 기타 장점을 가진 기업을 찾으려고 한다. 이러한 접근법의 함의는, 주가가 아무리 높아도 유망한 산업과 기업에 투자하며, 주가가 아무리 낮아도 덜 유망한 산업과 기업은 회피한다는 것이다. 만약 유망 기업의 이익이 미래에도 빠른 속도로 영원히 성장할 것이 확실하다면, 이론적으로 그 가치는 무한대가 될 것이므로 그런 방식만이 성공을 위한 유일한 방법일 것이다. 또한 덜 유망한 기업들이 아무런 잔존 가치도 남지 않고 완전히 사라져버릴 것이 확실하다면, 애널리스트로서는 아무리 싸다고 해도 이러한 기업을 추천하지 않는 것이 마땅하다.

그러나 우리가 접하는 기업의 실상을 보면 많이 다르다. 오랜 기간 동안 높은 성장률을 지속적으로 유지한 기업은 극히 드물다. 또한 대기업 중 궁극적으로 사라져버린 사례도 별로 없다. 대부분의 기업은 흥망성쇠와 부침, 그리고 상대적 지위가 뒤바뀌는 것을 경험한다. 어떤 기업은 거의 주기적으로 쪽박과 대박 사이를 오가는 과정을 반복하였으며, 철강업종은 그 대표적인 사례였다. 다른 업종도 마찬가지로 경영 상황이 악화되거나 개선되면서 극적인 변화가 나타나기도 했다.

그러면 공격적 투자자의 입장에서 개별 종목 선정을 통해 초과성과를 거두기 위해 이러한 현상을 어떻게 활용할 수 있을까? 일단 매우 어렵고 어쩌면 실행 불가능한 과제일지도 모른다는 점을 인정해야 한다. 이 책의 독자가 아무리 지적이고 박식하더라도, 최고 수준의 애널리스트들보다 더 나은 포트폴리오 구성을 기대하기는 어려울 것이다. 그러나 만약 주식시장에서 많은 부분이 표준적인 분석 과정에서 자주 소외되거나 완전히 간과된다면, 현명한 투자자는 그로 인한 저평가 상태에서 이익을 얻을 기회도 있을 것이다.

그러나 이를 위해서는 월스트리트에서 일반적으로 받아들여지지 않는 차별화된 방법을 따라야 한다. 왜냐하면 모두가 사용하는 방법으로는 아무도 시장을 이기지 못할 것이기 때문이다. 주식시장에 종사하는 수많은 전문가들이 활동하고 있음에도 불구하고, 건전하면서도 상대적으로 소외된 접근 방식이 있다면 이상하다고 생각할 것이다. 그러나 나는 이처럼 이상해 보이는 방식을 기반으로 지금의 경력과 평판을 쌓았다.

그레이엄-뉴먼 방식 요약

1926년부터 1956년까지 30년 동안 그레이엄-뉴먼Graham–Newman Corporation 사에서 수행했던 주요 투자 방식들을 알고 나면, 앞서 언급한 내용을 구체적으로 이해할 수 있을 것이다. 이 방식들은 다음과 같이 분류할 수 있다.

차익 거래 Arbitrages**:** 조직 개편, 합병 등으로 어느 종목이 다른 종목으로 교환될 예정인 경우 한 종목을 매수하는 동시에 다른 종목을 공매도하는 거래 방식

청산 투자 Liquidations**:** 회사를 청산하면서 자산을 현금으로 지급하는 기업의 주식을 매수하는 방식

위 두 가지 투자 기법은 (1) 연 수익률은 20% 이상 예상되어야 하고, (2) 성공 가능성은 최소 80%라고 판단되는 경우 실행했다.

전환권 차익거래 Related Hedges**:** 전환사채 또는 전환우선주를 매수함과 동시에 해당 증권으로 교환 가능한 주식을 공매도하여 거의 균형 상태Parity Basis로 포지션 구축. 향후 전환 증권을 실제로 전환하고 해당 거래를 종료할 경우 최대 손실은 미미한 반면, 주가가 전환 증권보다 훨씬 더 크게 하락하면 포지션을 시장에서 청산하여 이익을 얻는 구조

저평가 종목 Bargain Issues**:** 이 전략의 핵심은 순유동자산가치보다 주가가 낮은 종목에 투자하는 방식. (여기서 순유동자산가치는 자산 중에 공장이나 기타 고정자산의 가치를 뺀 최소한의 자산가치를 의미한다.) 보통 순유동자산가치의 3분의 2 이하 가격으로 매수하며, 100개 이상의 다양한 종목으로 광범위하게 분산 투자

추가적으로 대규모 인수합병과 같은 경영권 인수를 위한 투자도 몇 건 있었으나, 이는 현재의 주제와는 무관하여 논외로 한다.

다른 투자 방식들도 성과를 면밀히 추적하였으며, 그 결과 전반적으로 만족스러운 성과를 내지 못한 두 가지 투자 전략은 폐기하였다. 그 중 하나는 일반적인 분석에 따라 매력적으로 보이는 종목을 선정하여, 주가가 가치보다 과도하게 높더라도 매수하는 방식이었다. 다른 하나는 유사 차익거래 unrelated hedging로, 매수한 주식을 공매도한 주식으로 교환할 수 없는 경우를 포함한다. (이런 방식의 투자는 최근 투자회사 분야에서 새롭게 등장한 '헤지펀드'들이 주로 활용하고 있다.)

두 경우 모두 10년 이상의 기간 동안 실현된 결과를 분석한 결과, 성과의 신뢰도가 떨어지고 많은 스트레스를 유발하는 전략이었기 때문에, 이를 지속할 명분이 없다고 결론지었다.

나는 1939년 이후, 차익거래, 청산, 전환사채 차익거래, 저평가 종목, 그리고 경영권 인수로 투자를 한정했다. 이들 각각의 투자 방식은 이후로도 꾸준히 만족스러운 성과를 제공했으며, 특히 전환권 차익거래의 경우 약세장에서 저평가된 종목들이 부진한 성과를 보일 때도 양호한 수익을 냈다.

모든 현명한 투자자들에게 이런 투자 방식을 권장하고자 하는 것은 아니다. 이런 방식은 너무 전문적이기 때문에 본질적으로 아마추어인 방어적 투자자에게 적합하지 않다. 공격적 투자자 중에서도 아마 소수만이 일부 종목에 집중 투자할 수 있는 성향을 가지고 있을 것이다. 따라서 대부분의 공격적 투자자들은 더 많은 종목들로 영역을 넓게 가져가는 것을 선호할 것이다. 그러면 자연스럽게 공격적 투자자들의 매수 조건을 충족하는 종목은 (1) 보수적인 기준으로 명백하게 고평가되지 않은 종목 중에서 (2) 전망이나 과거 실적이 다른 주식보다 현저히 매력적으로 보이는 종목이다. 이런 종목 중에서 선택을 할 때, 방어적 투자자에게 제안했던 질적 및 가격적 적정성 기준을 다양한 방식으로 응용할 수 있다. 이러한 기준들을 덜 엄격하게 적용해도 되며, 한 가지 요소에서의 장점이 두드러진다면, 다른 요소에서의 약간의 단점이 있더라도 상쇄할 수 있도록 허용하는 것이 바람직하다. 예를 들어 1970년과 같은 해에 적자를 기록했다 하더라도 평균 수익이 높거나 다른 중요한 속성들로 인해 그 주식이 저평가되었다고 판단되면 제외시키지 않아도 된다. 공격적 투자자는 낙관적으로 보는 업종과 종목을 집중적으로 선택해도 되지만, 그러한 열정 때문에 과도한 PER 또는 PBR의 주식을 매수하는 실수를 범해서는 안 된다. 나의 투자철학을 따르는 투자자라면, 현재 상황이 불리하고 단기 전망이 좋지 않으며, 현재의 비관론이 완전히 반영되어 저평가된 주요 경기 순환주(예를 들어 철강주)도 매수 대상으로 삼을 것이다.

비우량주

다음으로 검토하고 선택할 수 있는 주식은 과거 실적을 포함하여 양호한 실적을 보이지만, 대중의 관심에서 벗어난 비우량주이다. 1970년 말 종가 기준으로 엘트라 및 엠하트와 같은 기업이 이에 해당한다(13장 참조). 이러한 기업을 찾는 방법은 여러 가지가 있다. 여기에서 나는 독자적인 접근법을 적용하여 종목을 선정하는 과정에 대하여 상세히 설명하고자 한다.

이 접근법을 설명하는 목적은 두 가지이다. 첫째는 많은 독자가 이 방식을 실제로 활용할 수 있도록 돕는 것이고, 둘째는 이 방식에서 영감을 얻어 유사한 새로운 방식을 시도할 수 있도록 하는 것이다. 그 과정에서 독자들이 주식시장의 현실을 이해하고 다루는 데 가장 유용한 자료 중 하나인 『S&P 주식 가이드』를 소개할 것이다. 이 책자는 월간으로 발행되며, 연간구독을 통해 일반 대중에게 배포된다. 또한 많은 증권사에서 고객이 요청하면 나눠 주고 있다.

『S&P 주식 가이드』는 주요 증권거래소에 상장된 3,000개 주식과 약 1,500개의 비상장 주식을 포함한 4,500개 이상의 기업 주식에 대하여 약 230페이지에 달하는 요약 통계 정보를 담고 있다. 이 책자에는 수록된 기업에 대해 우리에게 필요한 대부분의 항목들을 제공한다.(중요하지만 빠져 있는 데이터는 BPS인데, 이런 자료는 이 책자의 종합판 등의 다른 자료에서 찾아야 한다.)

『S&P 주식 가이드』는 계량적 방법을 위주로 주식을 분석하는 투자자에게 필요한 풍부한 자료를 제공한다. 모든 페이지마다 1936년 이래 주식시장의 환희와 고난을 한 눈에 볼 수 있다. 그 기간 동안 IBM의 주가는 333배 상승하였으며, 주가가 2,000배 상승한 종목도 있다. 주식이 0.375달러에서 68달러로 상승한 후 3달러로 떨어진 기업의 사례도 있다.* 배당 기록란에서는 1791년부터 배당금을 지급한 인더스트리얼 내셔널 뱅크 오브 로드아일랜드도 나온다. 펜 센트럴(구 펜실베이니아 철도)은 1848년부터 1969년 연말까지 꾸준히 배당금을 지급해 왔으나, 안타깝게도 1970년에 파산하였다. 또 다른 예로 어떤 회사는 최근 실적 기준으로 PER이 2배에 불과한 경우도 있고, 다른 어떤 회사는 99배에 이르는 경우도 있다.** 워낙 다양한 회사들이 있다보니 대부분의 경우 기업명만 보고는 어떤 사업을 하는지 판단하기 어렵다. 예를 들어 US스틸과 같은 이름의 회사도 있지만, ITI(빵 제조업체)나 산타페(대형 철도회사)와 같은 이름의 회사가 훨씬 더 많다. 이 책자를 통해 투자자는 주가 추이, 배당 및 실적, 재무 상태, 자본 구조 등 다양한 정보를 마음껏 찾아볼 수 있

---

* 개인적인 기록: 이 회사가 주식시장에서의 급격한 변동이 일어나기 훨씬 전에, 나는 연봉 3,000달러라는 당시로서는 꽤 높은 급여를 받으며 '재무담당 부사장'으로 근무한 적이 있다. 당시 그 회사는 실제로 불꽃놀이 사업을 하고 있었다.

** 『S&P 주식 가이드』는 99를 초과하는 배수를 표시하지 않는다. 이러한 경우 대부분은 계산식에서 분모에 해당하는 EPS가 거의 0에 가까운 상태에서 발생하는 수학적인 착시현상에 해당한다.

다. 구태적 보수주의를 고수하는 기업, 평범하고 특징 없는 기업, 주요 사업 여러 개가 특이하게 결합된 복합기업, 그리고 온갖 종류의 월스트리트의 기법과 도구들이 모두 그곳에 있으며, 가벼운 열람은 물론 심도 있는 연구 대상이 대기하고 있다.

이 책자에는 최근연도 배당수익률과 최근 12개월 EPS를 기준으로 한 PER이 별도의 열에 정리되어 있다. 바로 이 항목에서부터 종목 선정 연습을 시작해 보자.

『S&P 주식 가이드』를 통한 종목 선정

우선 주가가 저평가되었는지 판단할 수 있는 대표적인 지표를 살펴보자. 가장 먼저 떠오르는 것은 PER이다. 1970년 말 기준으로 PER이 9 이하인 종목을 선별하는 것으로 시작하자. 이 자료는 『S&P 주식 가이드』 짝수 페이지의 마지막 열에 기록되어 있다. 저 PER 주식 20개를 맨 앞에서부터 찾아보면, 첫번째 종목은 애버딘 매뉴팩처링Aberdeen Mfg. Co.으로 6번째 행에 나온다. 해당 종목은 1970년 말 기준 EPS 1.25달러, 주가 10.25달러로 PER이 9배 이하로 마감했다. 20번째 종목은 아메리칸 메이즈 프로덕츠American Maize Products로 역시 PER 9배인 9.50달러로 마감했다.

선별된 20개 종목 중 10개 종목이 주당 10달러 이하로 거래되었으며, 이는 다소 밋밋해 보일 수 있다. (이 사실 자체는 그리 중요하지 않다. 방어적 투자자에게는 이런 주식들이 기피 대상일 수도 있지만, 공격적 투자자에게는 오히려 긍정적으로 해석될 여지도 있다.) 추가 분석에 앞서 몇 가지를 계산해 보자. 이 목록은 처음 검토한 200개 종목 중 약 10%에 해당한다. 이런 비율이라면 이 책자에서 PER 10배 이하로 거래되는 종목을 450개 정도 찾을 수 있을 것이다. 이 정도면 추가로 선별 작업을 진행하기에 충분한 후보군을 형성할 수 있다.

이제 이 목록에 추가적인 기준을 적용해 보자. 이 기준들은 방어적 투자자를 위한 기준과 유사하지만, 그보다는 덜 엄격한 편이다.

1. 재무 상태:

(a) 유동자산이 유동부채의 최소 1.5배 이상일 것

(b) 부채가 순유동자산의 110%를 초과하지 않을 것(산업주의 경우)

2. 수익 안정성: 『S&P 주식 가이드』 기준으로 최근 5년 동안 적자가 없을 것

3. 배당 기록: 최근에 배당이 있을 것

4. EPS 성장: 작년 EPS가 1966년 EPS보다 높을 것

5. 주가: 순유형자산의 120% 미만일 것

『S&P 주식 가이드』에 제시된 이익은 일반적으로 1970년 9월 30일로 끝나는 최근 12개월 실적이므로, 불경기였던 1970년 마지막 분기가 반영되지 않았기 때문에, 지혜로운 투자자는 시작부터 지나치게 높은 기대치를 가지지 말아야 한다. 또한 기업 규모에 제한을 두지 않았다는 점을 주목하자. 소규모 기업도 신중하게, 그리고 적절히 분산한다면 충분히 안전하게 투자할 수 있다.

위의 다섯 가지 추가 기준을 적용한 결과, 20개 후보 목록은 단 다섯 개로 줄어들었다. 이제 『S&P 주식 가이드』의 첫 450개 종목을 분석하여, 여섯 가지 조건을 충족하는 15개 종목으로 작은 포트폴리오를 구성하여, 표 15-1에 그 목록을 관련 자료와 함께 정리했다. 물론 이 목록은 단순한 예시일 뿐이며, 투자자가 반드시 이 종목들로 포트폴리오를 구성할 필요는 없다.

동일한 기준을 전체 주식에 적용하면 훨씬 더 많은 종목을 선별할 수 있을 것이다. 이 선별 방식을 『S&P 주식 가이드』에 포함된 4,500개 기업 전체

〈표 15-1〉 **제조업 저 PER 종목 포트폴리오**(예시)

(1971년 12월 31일자 『S&P 주식 가이드』에서 여섯 가지 요건을 충족하는 맨 앞의 15개 종목)

	주가 (1970. 12. 말)	EPS (최근 12개월)	BPS	S&P 등급	주가 (1972. 2. 말)
애버딘 매뉴팩처링	10.25	1.25	9.33	B	13.75
알바-발덴시안	6.375	0.68	9.06	B+	6.375
앨버트	8.5	1.00	8.48	n.r.[a]	14
얼라이드 밀스	24.5	2.68	24.38	B+	18.25
아메리칸 메이즈 프로덕트	9.25	1.03	10.68	A	16.5
아메리칸 러버 앤 플라스틱	13.75	1.58	15.06	B	15
아메리칸 스멜팅 러파이닝	27.5	3.69	25.30	B+	23.25
아나콘다	21	4.19	54.28	B+	19
앤더슨 클레이튼	37.75	4.52	65.74	B+	52.5
아처-다니엘-미들랜드	32.5	3.51	31.35	B+	32.5
바그다드 카퍼	22	2.69	18.54	n.r.[a]	32
D. H. 볼드윈	28	3.21	28.60	B+	50
빅베어 스토어	18.5	2.71	20.57	B+	39.5
빙스 매뉴팩처링	15.25	1.83	14.41	B+	21.5
블루필드 서플라이	22.25	2.59	28.66	n.r.[a]	39.5[b]

a 등급 없음(not rated)

b 주식분할 반영

에 적용하고, 첫번째 10%에서 나타난 비율이 전체에도 동일하게 적용된다고 가정한다면, 여섯 가지 기준을 모두 충족하는 종목은 약 150개 정도일 것이다. 공격적인 투자자는 이 목록 가운데 자신의 판단 또는 개인적인 선호나 편향에 따라 20% 정도를 선택해 종목 선정을 진행할 수 있을 것이다.

『S&P 주식 가이드』 자료에는 지난 8년간의 이익 및 배당의 안정성과 성장을 기반으로 한 '이익 및 배당 등급'이 포함되어 있다.(여기에는 가격 매력도는 반영하지 않는다.) 표 15-1에 이 등급을 포함했다. 15개 종목 중 10개는 B+ 등급(평균 수준)으로 평가되었으며, 한 종목(아메리칸 메이즈)은 A 등급(높은 수준)을 받았다. 만약 공격적인 투자자가 선택 기준에 S&P 등급을 일곱 번째 기준으로 추가한다면, 투자 가능한 종목은 100여 개로 줄어들 것이다. 재무 상태 기준도 충족하고, 낮은 PER과 PBR 주식 중에서 등급도 평균 이상인 주식들을 매수한다면, 만족스러운 투자 성과를 보게 될 것이다.

단일 기준에 의한 종목 선정

시장 평균을 이기는 포트폴리오를 구성하는 데 지금까지 설명한 것보다 더 간단한 방법은 없을까? 낮은 PER, 높은 배당수익률, 혹은 낮은 PBR과 같은 설득력 있는 기준 하나만으로는 효과적인 종목 선정이 불가능할까? 과거에 장기적으로 일관되게 좋은 성과를 보인 두 가지 종목군은 다음과 같다. (1) 대표주(예: 다우지수 종목) 중에 저 PER 종목 (2) 순유동자산가치(또는 운전자본가치) 이하로 거래되는 저평가 종목의 분산 포트폴리오. 그러나 앞서 언급했듯이 1968년 말 다우지수 중 저 PER 종목들은 1971년 중반까지의 성과는 상대적으로 부진했다. 반면 저평가 종목 매수는 과거에는 양호한 성과가 유지되었지만, 지난 10년 동안 이러한 기회는 점점 줄어들어 이제는 거의 사라졌다.

다른 선택 기준들도 살펴보자. 나는 이 책을 집필하면서 기준 하나에 기반한 여러 가상 매매를 진행해 보았다. 사용된 데이터는 『S&P 주식 가이드』에서 쉽게 찾을 수 있는 것들이었다. 모든 가상 포트폴리오는 30개 종목으로 구성하였으며, 1968년 종가에 매수한 후 1971년 6월 30일 종가에 매도하는 것을 가정하여 평가하였다. 적용된 개별 기준은 다음과 같다. (1) 저 PER(다우지수 종목에 국한되지 않음), (2) 높은 배당수익률, (3) 장기 연속 배당지급, (4) 발행주식수 기준 거대기업, (5) 건전한 재무 상태, (6) 저가주, (7) 전고점 대비 낮은 가격, (8) 높은 S&P 등급 등이다.

『S&P 주식 가이드』에는 위의 각 기준과 관련된 정보를 제공하는 열이 있다. 이는 이런 기준들이 주식의 분석 및 선택에 있어 중요하다고 출판사가 믿고 있다는 뜻이다.(위에서 언급했듯이 여기에 BPS도 추가되기를 바란다.)

무작위로 선택한 주식들을 분석한 결과, 중요한 사실이 밝혀졌다. 나는 1968년 12월 31일자 『S&P 주식 가이드』에 포함된 종목 중 1971년 8월 31일자에도 여전히 남아 있는 종목들로 30개씩 구성한 포트폴리오 세 개를 분석했다. 이 기간 동안 S&P 500 지수는 거의 변동이 없었고, 다우지수는 약 5% 하락했지만, 무작위로 선택된 90개 종목은 평균적으로 22% 하락했다. 이는 『S&P 주식 가이드』에서 기록이 삭제된 19개 종목을 제외하고 분석한 결과로, 삭제된 종목들은 아마도 더 큰 손실을 기록했을 가능성이 크다. 이 비교 결과는 비우량 소형주는 강세장에서 상대적으로 과대평가되는 경향이 있으며, 하락장이 오면 우량주에 비해 더 심각한 하락을 겪는다는 점을 보여준다. 뿐만 아니라 이런 종목들은 하락 후 회복 과정도 훨씬 더디며, 경우에 따라서는 전혀 회복하지 못하는 사례도 많다는 사실이 드러났다. 따라서 현명한 투자자라면 당연히 포트폴리오를 구성할 때 비우량주는 피해야 한다는 교훈을 얻게 된다. 다만 공격적 투자자에게는 그러한 종목이라도 명백한 저평가 상태라면 예외로 볼 수 있다.

여덟 가지 개별 기준으로 선정한 포트폴리오 연구 결과는 다음과 같이 요약할 수 있다.

연구된 포트폴리오 중 아래 세 기준만이 S&P 500 지수(및 다우지수)보다 더 나은 성과를 보였다. (1) 최고 등급(A+)의 산업주: 해당 포트폴리오는 S&P 산업주 지수가 2.4% 하락하고, 다우지수가 5.6% 하락한 기간 동안 9.5% 상승했다. 하지만 A+ 등급을 받은 공익기업 10개 종목은 18% 하락하여, S&P 공익기업 지수(55개 종목) 하락률인 14%를 하회했다. 이 연구에서 S&P 등급이 좋은 성과를 보였다는 점은 주목할 만하다. 모든 경우에서 높은 등급 포트폴리오가 낮은 등급 포트폴리오보다 더 나은 성과를 보였다. (2) 발행 주식 수가 5천만 주 이상인 기업들: 전체적으로 변동이 없었으며, 소폭 하락한 비교지수 대비 초과성과를 보였다. (3) 주가가 높은 주식(100달러 이상): 해당 종목군은 1%의 소폭 상승을 기록하며, 특이하게도 비교지수 대비 초과성과를 보였다.

『S&P 주식 가이드』에 제공되지 않는 데이터인 BPS를 기준으로도 테스트를 진행했는데, 나의 투자 철학과는 달리, 주가에 영업권good-will 요소가 큰 부분을 차지하는 대형 기업들이 2년 6개월 보유 기간 동안 전체적으로 매우 좋은 성과를 보였다는 점을 발견했다.

여기서 '영업권 요소'란 주가가 BPS를 초과하는 부분을 의미한다. 이른바 '영업권 거대기업good-will giants' 리스트는 각 기업이 10억 달러 이상의 영업권 요소를 가지고 있으며, 이는 전체 시장 영업권 비중의 절반 이상을 차지하는 30개 종목으로 구성되었다. 1968년 말 기준 이들 영업권 항목의 총 시장 가치는 1,200억 달러를 초과했다. 이러한 낙관적인 시장 평가를 받는 해당 종목군은 1968년 12월부터 1971년 8월까지 주당 가격이 평균 15% 상승하며, 약 20개 가상의 포트폴리오 중 가장 뛰어난 성과를 기록했다.

이와 같은 사실은 투자 전략을 수립할 때 간과할 수 없는 부분이다. 적어도 거대한 규모, 뛰어난 과거 실적과 지속적인 이익 성장에 대한 대중의 기대, 그리고 수년간 강한 주가 움직임이 결합된 기업들은 강한 모멘텀이 있다는 점이 분명하다. 이러한 기업의 주가는 비록 정량적 기준으로는 과도해 보일 수 있지만, 내재된 시장 모멘텀 때문에 어느 정도 지속적인 상승으로 이어질 가능성은 있다. (물론 이 가정이 이 범주에 속하는 모든 개별 종목에 적용되는 것은 아니다. 예를 들어 영업권 부문의 독보적 선두주자인 IBM은 30개월 동안 315에서 304로 하락했다.) 이와 같은 우수한 주가 움직임이 실질적이고 객관적인 투자 가치 때문인지, 아니면 단순히 오랜 지명도 때문인지는 알 수 없다. 둘 다 중요한 역할을 하는 요인이라는 것은 의심의 여지가 없다. 분명히 영업권 거대기업의 장기 및 최근 시장 움직임을 보면, 이런 종목들을 분산 투자 포트폴리오에 포함해야 함을 알 수 있다. 그러나 나는 여전히 주가의 3분의 2이하의 BPS를 비롯하여 여러 유리한 투자 요인을 조합한 다른 유형의 종목들을 선호한다.

다른 척도를 사용한 테스트 결과, 긍정적 요인 한 가지에 기반하여 추출한 포트폴리오가 그 요인의 정반대에 기반한 종목군보다 대체로 더 나은 성과를 보였다. 예를 들어 낮은 PER 종목들은 높은 PER 종목들보다 해당 기간 동안 하락폭이 작았다. 또한 1968년 말을 기준으로 장기간 배당금을 지급해온 종목들이 배당금을 지급하지 않았던 종목들보다 손실이 더 적었다. 이러한 결과는 정량적이고 실질적 기준을 조합하여 종목을 선택해야 한다는 나의 권고를 뒷받침한다.

마지막으로 전체적으로 S&P 종합지수의 성과와 비교했을 때 무작위로 선정된 종목들의 성과가 훨씬 저조했던 점에 대해 주목할 필요가 있다. S&P 종합지수는 각 기업의 규모에 따라 가중치를 부여하는 반면, 가상 포트폴리오는 각 기업의 주식을 동일하게 1주씩 편입하는 방식으로 테스트했다. S&P 방식은 대기업에 더 큰 비중을 두고 있는데, 이 차이는 결과에 많은 영향을 미치게 된다. 대기업들은 무작위로 선정한 평범한 주식들보다 가격 안정성이 더 뛰어나다는 점을 다시 한번 강조하는 바이다.

저평가 종목

위에서 논의한 실험에는 주가가 순유동자산가치보다 낮은 종목들로 포트폴리오를 구성한 경우의 결과는 포함하지 않았다. 그 이유는 1968년 말 『S&P 주식 가이드』에 이러한 종목이 거의 없었기 때문이다. 그러나 1970년의 하락장에서는 상황이 달라졌고, 전반적으로 주가가 낮아져 많은 종목이 순유동자산가치 이하에서 거래되고 있었다. 모든 부채를 차감하고 고정자산 및 기타 자산을 제외한 순유동자산가치 이하로 매수할 수 있는 다양한 저평가 종목을 확보할 수 있다면, 분석 과정도 단순할 뿐 아니라 그 결과는 여전히 매우 만족스러울 것이다. 경험을 비추어 볼 때 이러한 전략은 1930~1932년의 대공황기를 제외하고는 1923년부터 1957년까지 30년 이상 매우 효과적이었다.

이 방법이 1971년 초에도 효과가 있을까? 나는 효과가 있을 것이라고 생각한다. 단 조건이 있다. 『S&P 주식 가이드』를 대충만 훑어봐도 순유동자산가치 이하로 매수할 수 있는 것으로 보이는 종목이 50개 이상 발견될 것이다. 예상대로 이들 중 다수는 어려운 1970년을 거치며 부진한 성과를 보였을 것이다. 지난 12개월 동안 순손실을 기록한 종목을 제외하더라도, 여전히 다양한 종목들이 남아 있다.

표 15-2는 1970년 최저가 기준으로 순유동자산가치보다 낮은 가격에 거래된 다섯 종목에 대한 자료이다. 이는 주가 변동의 본질에 대해 생각해 볼 단초를 제공한다. 어떻게 전국적으로 잘 알려진 브랜드를 보유한 유수의 기업들이 이렇게 낮은 평가를 받을 수 있었을까? 동시에 물론 이익성장률이 더 높기는 하지만, 어떤 기업들은 순자산가치보다 수십억 달러를 초과하는 가격에 거래되었을까? '옛날'을 다시 떠올려 보면, 무형가치의 요소로서의 영업권 개념은 보통 특정 '상표'와 관련되어 있었다. 예를 들어 레이디 페퍼렐Lady Pepperell(침대 시트), 잔센Jantzen(수영복), 파커Parker(만년필)와 같은 유명 상표들은 대단히 가치 있는 자산으로 여겨졌다. 그러나 지금은 시장에서 어떤 회사를 선호하지 않으면, 유명 상표 뿐만 아니라 토지, 건물, 기계 등도 시장 평가에서 가치가 없다고 간주되고 있다. 파스칼은 '마음에는 이성이 이해할 수 없는 마음만의 이유가 있다'

〈표 15-2〉 1970년 순유동자산가치보다 낮은 가격으로 거래된 유명 기업의 주식

회사	주가	주당 순유동 자산가치	BPS	EPS 1970	최근 배당	1970년 이전 최고가
콘 밀스	13	18	39.3	1.51	1.00	41.5
잔센	11.125	12	16.3	1.27	0.60	37
내셔널 프레스토	21.5	27	31.7	6.15	1.00	45
파커 펜	9.25	9.5	16.6	1.62	0.60	31.25
웨스트포인트 페퍼렐	16.25	20.5	39.4	1.82	1.50	64

고 말했다. 여기서 '마음' 대신에 '월스트리트'로 넣으면 내 생각이 된다.

정반대 사례도 있다. 경기가 좋고 신규 상장 주식이 쉽게 판매되는 시기에는 가치가 전혀 없는 주식들이 상장되고 금세 매수자들이 몰린다. 종종 상장 직후 자산가치와 이익가치에 비해 주가는 과도하게 급등하여 IBM, 제록스, 폴라로이드 부럽지 않은 수준까지 가격이 급등한다. 월스트리트는 이런 광란을 아무렇지 않게 받아들이며, 주가가 불가피하게 폭락하기 전까지 이를 막으려는 어떠한 노력도 하지 않는다. (SEC는 정보 공개를 강요하는 것 외에는 별로 할 수 있는 일이 없으며, 투기적인 대중은 그 정보에 관심이 없다. 또한 명백한 법률 위반이 발각되어도 보통 경미한 처벌 조치가 내려진다.) 미미한 기업이 이렇게 지나치게 부풀려지는 광풍이 거의 사라질 무렵에는 모두가 현학적으로 '게임의 일부'로 받아들인다. 모두가 다시는 이러한 속임수에 당하지 않겠다고 굳게 다짐하지만, 역사는 또 다시 반복된다.

"무슨 말인지는 알겠는데, 그렇다면 '저평가 종목'은 어떤가? 정말로 그런 위험 없이 돈을 벌 수 있나?"라는 질문을 할 수도 있다. 가능하다. 단 충분한 수의 저평가 주식을 찾아서 포트폴리오를 구성하고, 매수 직후 주가가 오르지 않더라도 인내심을 잃지 않는다는 조건이 붙는다. 때로는 필요한 인내심이 상당히 클 수 있다.

이전 판(1965)에서 들었던 사례를 다시 살펴보자. 내가 글을 쓸 무렵, 버튼-딕시 Burton-Dixie Corp. 의 주가는 20달러밖에 안되었지만, 주당 순유동자산가치는 30달러, 순자산가치는 약 50달러였다. 이 주식을 매수하고 나서 즉각 이익실현을 할 수는 없었다. 그러나 1967년 8월, 모든 주주들에게 53.75달러에 공개매수 제안이 들어왔으며, 이는 순자산가치와 비슷한 수준이었다. 1964년 3월에 20달러로 매수했다면, 3년 반 만에 165%(연평균 47%)의 수익을 올릴 수 있었다. 물론 내 경험으로는 대부분의 저평가 주식은 이렇게 긴 시간이 필요하지 않았으나, 이처럼 높은 수익률을 보이는 경우도 이례적이었다. 비슷한 사례로 내가 이 책을 집필하면서 논의한 내셔널 프레스토 인더스트리의 상황도 참고할 만하다.(221페이지 참조)

특수 상황('워크아웃')

이 부분은 공격적 투자자의 투자 방식으로 한정되므로 간단히 다루기로 한다. 앞서 이에 대해 언급한 바 있다. 여기서는 이 장르에 속하는 몇 가지 사례를 제시하고, 열린 마음과 예리한 관찰력을 가진 투자자를 위해 몇 가지 예시와 의견을 제시하고자 한다.

1971년 초에 발생한 세 가지 특수 상황 사례를 요약하면 다음과 같다.

상황 1: 보든 Borden 의 카이저-로스 Kayser-Roth 인수

1971년 1월, 보든은 의류업체인 카이저-로스의 경영권을 인수하기 위하여 자사 주식 1.33주를 카이저-로스 주식 1주와 교환하겠다고 발표했다. 다음 날 활발한 거래 속에서 보든의 주가는 26달러, 카이저-로스의 주가는 28달러로 마감되었다. 만약 한 투자자가 종가에 카이저-로스 주식 300주를 매

수하고 보든 주식 400주를 공매도했다면, 이 거래가 발표된 조건대로 성사될 경우, 이 투자자는 주식 매입 비용 대비 약 24%의 이익(수수료와 기타 비용 제외)을 얻었을 것이다. 만약 거래가 6개월 내 완료되었다면, 최종 수익률은 연환산 기준 약 40%에 달했을 것이다.

상황 2: 내셔널 비스킷National Biscuit Co.의 오로라 플라스틱Aurora Plastics Co. 인수 제안

1970년 11월, 내셔널 비스킷은 오로라 플라스틱의 경영권을 주당 11달러에 인수하겠다고 제안했다. 당시 오로라 플라스틱의 주가는 약 8.5달러였으며, 11월 말에는 9달러로 마감했고 연말까지 그 수준에서 거래되었다. 거래가 무산될 위험과 시간적 제약은 있지만, 이 거래에서 예상되는 총 이익은 약 25%였다.

상황 3: 유니버설-매리언Universal-Marion Co.의 청산 제안

유니버설-매리언은 사업 운영을 중단하고 주주들에게 회사 청산을 승인해 줄 것을 요청했다. 회사의 재무담당자는 BPS가 약 28.5달러에 달하며, 대부분은 유동자산이라고 밝혔다. 1970년 말 기준 주가는 21.5달러로 마감되었으며, 만약 청산 과정에서 잔여재산을 BPS가치만큼 분배받을 수 있다면 30% 이상의 총 이익이 발생한다는 의미였다.

이러한 유형의 투자 활동이 위험을 분산하기 위해 다양한 종목으로 운영되고, 연간 20% 이상의 수익을 낼 수 있다면, 이는 단순히 가치가 있는 정도가 아닐 것이다. 그러나 이 책은 '특수 상황'에 관한 책이 아니기 때문에 더 세부적인 내용은 다루지 않겠다. 실제로 이런 투자는 하나의 사업이라고 봐야

한다. 다만 여기에서 주목해야 할 최근의 모순적인 흐름 두 가지는 짚고 넘어가도록 하겠다.

첫째, 투자할 수 있는 특수 상황 거래의 수가 10년 전과 비교해 엄청나게 늘었다. 이는 기업들이 다양한 유형의 인수합병 등을 통해 사업을 다각화하려는 수요가 그만큼 늘었기 때문이다. 1970년에는 총 5,000건의 합병 발표가 있었는데, 이것도 1969년의 6,000건 이상에서는 다소 감소한 수치이다. 이 거래들에 수반된 총 금액은 수십억 달러에 달했다. 5,000건의 합병 발표 중 수익 창출이 확실한 기회는 아마도 소수였을 것이다. 그러나 이 소수만으로도 특수 상황 투자자는 끊임없이 연구하고 선택하며 투자 결정을 내리느라 바빴을 것이다.

둘째, 발표된 합병 중 실제로 성사되지 않는 비율이 점점 늘고 있다. 이러한 경우에는 수익은 고사하고 심각한 손실을 입게 될 가능성이 크다. 성사가 되지 않는 이유는 다양하다. 독점 금지법 관련 정부 개입, 주주 반대, 시장 상황의 변화, 실사 등 추가 진행 과정에서 발견된 잠재적 위험에 따른 포기, 세부 사항에 대한 합의 실패 등이 주요 원인이다. 따라서 이 특수 상황을 활용하기 위해서는, 경험을 바탕으로 성공 가능성이 높은 거래를 선별하고, 실패하더라도 손실을 최소화할 수 있는 거래를 선택할 수 있는 판단력을 갖추는 것이 핵심이다.

위 세 가지 특수 상황 사례의 뒷이야기

카이저-로스. 본 장이 작성되는 1971년 1월, 이 회사의 이사회는 보든의 제안을 이미 거절한 상태였다. 만약 합병이 무산되는 즉시 포지션을 청산했다고 가정하면, 카이저-로스 주식 매수 금액을 기준으로 전반적인 손실은 수수료를 포함하여 약 12%에 달했을 것이다.

오로라 플라스틱. 1970년 이 회사의 실적 부진 때문에 인수 조건을 재협상한 결과, 인수 가격이 10.5달러로 낮아졌다. 주식 대금은 5월 말에 지급되었으며, 여기서 실현된 수익률은 연환산 약 25%였다.

유니버설-매리언. 이 회사는 즉시 주당 약 7달러에 해당하는 현금 및 주식 배당을 실시하여 실질적인 초기 투자 금액은 약 14.5달러로 감소했다. 그러나 이후 주가가 13달러까지 하락하면서 청산의 최종 결과는 장담할 수 없게 되었다.

위의 세 가지 사례가 1971년 전체 '워크아웃 차익거래' 기회의 전형적인 예라고 가정한다면, 무작위로 이러한 거래에 참여하는 것은 매력적이지 않다는 것이 분명하다. 이제 이 분야는 과거 어느 때보다도 경험과 판단력을 충분히 갖춘 전문가들이 아니면 참여하기 어려운 영역이 되었다.

카이저-로스 사례에는 흥미로운 측면이 있다. 1971년 말, 카이저-로스의 주가는 20 아래로 떨어졌고, 보든의 주가는 25에 거래되며, 이는 교환 조건에 따라 카이저-로스의 주가가 33에 해당하는 수준이었다. 이는 카이저-로스 이사회가 해당 기회를 거절한 것이 큰 실수였거나, 카이저-로스 주식이 시장에서 심각하게 저평가되었음을 나타낸다. 이는 애널리스트가 조사해볼 가치가 있는 부분이다.

15장 논평

— 제이슨 츠바이크

"불안감은 사라지지 않을 것이다.
멀리서 보기엔 평범해 보일지라도
막상 닥쳤을때 그 길은 분명 좁고 가파르다.
원한다면 봐도 괜찮다. 하지만 어차피 결국엔 뛰어들어야 한다."

— W. H. 오든*

만약 당신이 초과 수익을 얻으려고 시장에서 잘못된 가격으로 거래되는 주식을 찾아 다니는 공격적 투자자라면, 이는 극히 소수만이 성공하는 도전을 하고 있는 것이다. 개별 종목을 고르는 방식으로 시장을 지속적으로 이기는 일은 극히 어렵다.

그렇기에 당신의 분석적 에너지는 오직 소수 종목에 집중되어야 한다. 대

* W. H. 오든W. H. Auden, 『확인하기 전에 뛰어라Leap Before You Look』, (1940).

부분의 주식은 깊이 있는 연구가 이루어지기 전에 심각하게 잘못된 가격으로 거래되는 상태는 사라져 버리기 때문이다.

엉덩이 투자법

워렌 버핏은 투자자들이 평생 동안 할 수 있는 모든 거래가 20개의 구멍이 뚫린 펀치 카드 한 장에 담겨야 한다면 훨씬 더 나은 성과를 낼 수 있을 것이라고 했다. 투자 의사결정을 내릴 때마다 그 카드에 펀치 하나가 찍히는 식이다. "사람들은 평생 동안 20개의 훌륭한 아이디어를 얻지 못합니다." 버핏은 말했다. "세 개, 다섯 개, 일곱 개쯤 되는 거죠. 하지만 그 세 개, 다섯 개, 일곱 개만으로도 부자가 될 수 있어요. 결코 부자가 될 수 없는 방법은 매일 하나씩 아이디어를 찾으려 드는 겁니다."

버핏의 오랜 사업 파트너인 찰리 멍거는 같은 생각을 훨씬 더 직설적으로 표현했다. 대부분의 시간 동안, 멍거는 "엉덩이를 붙이고 가만히 있으라 sit on your ass"고 말한다. 미스터 마켓이 미쳐버리는 드문 순간을 기다리라는 것이다. (멍거의 이 조언을 덜 민망하도록 'SOYA'라고 줄여 부르기도 한다.) 기다리는 동안 매매를 해서는 안 되지만 학습은 계속해야 한다. 산업을 꾸준히 공부하고, 기업의 연례 보고서를 읽고, 가격이 폭락한다면 사고 싶은 몇몇 종목의 관심종목 목록을 만들어두라.* 수년이 걸릴지 수십 년이 걸릴지는 모르겠지만, 언젠가 그 기회는 온다. 그때가 되면, 그리고 오직 그때에만, 과감하게 매수하라.

그 동안에는 자산 대부분을 주식 인덱스펀드에 넣어두라. 그래야 특정한 기회를 기다리는 동안에도 시장 전체의 성장에는 계속 참여할 수 있다.

---

* 7장 논평의 체크리스트를 참고하라.

엉덩이 투자자가 된다는 것은 공격적 투자자에 대한 흔한 오해—즉 빈번하게 매매한다는 이미지—와는 정반대다. 거의 아무 행동도 하지 않는 것이 오히려 핵심이다.

행동을 최소화함으로써 수익을 얻을 가능성을 극대화할 수 있다.

먼저, 거울을 보라

뮤추얼 셰어스Mutual Shares 주식 펀드를 운용했던 고(故) 맥스 하이네는 이렇게 말하곤 했다. "예루살렘으로 가는 길은 많다." 공격적 투자자가 되는 길 역시 마찬가지다. 당신은 다음과 같은 방식으로 공격적 투자를 실천할 수 있다:

- 오늘날 가장 저렴한, 그레이엄의 기준으로도 싸다고 할 수 있는 '초저평가deep value' 주식 찾기
- 악재 덕분에 좋은 가격에 거래되고 있는 우량 기업 매수
- 늘 비싸게 거래되지만 장기적으로 고성장이 기대되는 미래의 슈퍼주식superstock 발굴*

무엇을 선택할지는 당신의 기질에 달려 있다. '얼마나 공격적인가'보다 '어떤 방식으로 공격적인가'가 더 중요하다. 중고 매장에서 보물을 찾거나, 신용카드의 포인트 혜택을 최대한 뽑아내는 데서 즐거움을 느끼는가? 그렇다면 '초저평가주' 전략이 당신의 성향에 잘 맞을 수 있다. 대중을 피하고, 유행하

---

* 공격적인 개인 투자자라면 기관 투자자들이 외면하는 영역도 고려해볼 수 있다. 예를 들어 자회사의 주식을 처음으로 공개 상장하는 인적분할spinoff이나, 시장 지수에서 제외되어 관심에서 멀어진 소외주들이 그런 대상이다.

는 의견을 불신하는가? 그렇다면 악재에 시달리는 기업을 깊이 파고드는 투자 방식이 어울릴 수 있다. 큰 수익을 노리고 과감한 승부를 즐기는가? 그렇다면 미래의 슈퍼주식 전략이 당신에게 적합할 것이다.

어떤 방식의 공격적 투자이든, 절제와 차별화라는 그레이엄의 계명은 반드시 지켜야 한다.

저가 매장의 보물찾기

초저평가주 전략을 원한다면 이른바 '팩터 펀드'나 '스마트 베타 펀드'를 고려할 수 있다. 이들 펀드는 PSR, PER, PBR 등 일정한 통계적 저평가 기준을 통과한 수십 개에서 수백 개의 주식을 보유한다.

하지만 공격적 투자자가 된다는 것의 핵심은 시장을 능가하려는 시도에 시간과 노력을 기꺼이 쏟을 의지가 있고, 또 그럴 수 있는 능력이 있다는 데 있다. 즉 그 일을 낯선 누군가에게 맡기지 않는다는 뜻이다. 가치주 펀드를 사는 것은 방어적 투자자에게는 타당한 선택일 수 있다. 하지만 공격적 투자자에게는 오히려 안절부절 못하고 만족하지 못하는 결과를 낳을 가능성이 크다.

그레이엄이 판단한 가장 깊은 수준의 가치란, 한 기업의 주식이 순운전자본가치 Net Current Asset Value 이하로 거래되는지를 보는 것이었다. 이는 곧 주가가 그 기업의 현금, 매출채권, 재고자산 등 쉽게 현금화할 수 있는 자산의 합계에서 모든 부채를 뺀 금액보다 낮게 형성되어 있다는 뜻이다.

2023년 말 기준으로, 필라델피아 소재 투자회사 AJO 비스타에 따르면, 미국에서 정기적으로 거래되는 약 3,100개 주식 가운데 약 2.5%인 80개 종목이 순운전자본가치보다 낮은 가격에 거래되고 있었다.

이들 대부분은 거래량이 적고 규모가 작은 바이오주나 제약 스타트업이었다. 일반적인 기관 투자자들은 이런 종목에 손을 대지 않는다. 그러나 공격적인 개인 투자자라면 이 80개 종목 전체로 포트폴리오를 구성할 수 있다. 그중 하나가 획기적인 신약을 개발하거나, 몇몇이 대형 기업에 인수되기라도 하면, 다수의 기업이 실패하거나 사라진다 해도 전체 포트폴리오는 좋은 성과를 낼 수 있다.*

시가총액이 1억 달러 미만인 마이크로캡microcap 기업들에 집중하는 방법도 있다. 이 영역 역시 대부분의 기관 투자자들이 경쟁할 수 없는 분야다.

그 외에는 미국을 비롯한 많은 선진국 시장에서 초저평가 주식은 눈에 띄게 희소한 편이다. 하지만 다음 약세장이 도래하면 또 다시 새로운 초저평가 종목들이 생겨날 것이다.

기회가 두드리는 문소리는 위험처럼 들린다

주가가 심하게 잘못 책정될 가능성이 가장 높은 순간은, 한 기업이 제품 실패, 전략적 실책, 최고경영진 교체 같은 심각한 위기를 겪거나, 2008~2009년이나 2020년처럼 경제 전반이 혼란에 빠졌을 때다.

이러한 과잉 반응은 종종 저평가를 낳는다. 역설적이게도 위험이 높게 인식될 때 실제 위험은 오히려 낮아지는 경우가 많다. 위험 인식이 높아지면 가격이 하락하고, 낮아진 가격은 향후 더 높은 수익의 가능성을 만들어낸다.

* 이 접근법은 극도로 위험하며, 대부분의 자산을 전체 주식시장 인덱스펀드에 넓게 분산 투자한 뒤에 남은 일부 자산만 소수 기업에 집중하라는 우리의 원칙(4장과 20장의 논평 참고)에 대한 드문 예외로 간주되어야 한다. 바이오주는 변동성이 매우 크기 때문에, 소수 종목만 보유하는 것은 바람직하지 않다. 분산 투자를 하더라도 버다드 캐피탈Verdad Capital의 「바이오주의 무덤The Biotech Boneyard」(bit.ly/48TDksc)을 먼저 읽어보라.

무엇보다도 기업이나 전체 주식시장에 가해진 충격은 투자자들로 하여금 가장 중요한 질문을 놓치게 만듦으로써 기회를 만들어낸다. 그 질문은 당연히 "이 기업이 앞으로도 일관되게 더 많은 현금을 창출할 수 있을 것인가?"이다.

W. W. 그레인저W. W. Grainger, Inc.라는 기업을 떠올려보자. 이 회사는 유지보수 장비를 도매로 유통하는 업체다. 2017년 4월, 아마존과의 치열한 경쟁 속에서 그레인저는 자사 제품 가격을 '전방위적으로' 인하하겠다고 전격 발표했다. 그레인저는 이 가격 인하로 인해 2017년 수익이 기존 전망치보다 9~12% 낮아질 것이라고 경고했다.

그 소식에 미스터 마켓은 완전히 난리가 났다.

그날 그레인저의 주가는 11% 급락했고, 이후 몇 달 동안 계속 하락세를 이어갔다. 7월에는 2분기 순이익이 전년 대비 43% 감소했다고 발표했다. 2017년 2월의 고점에서 8월 저점까지 그레인저의 시가총액은 거의 40%나 증발했다.

그렇다면 정작 사업 자체는 어땠을까? 실제로 가치의 3분의 1 이상을 잃은 걸까?

그레인저의 고객들은 대거 이탈하지 않았다. 아마존으로 몰려가는 일도 없었다. 오히려 그들은 그레인저에서 더 많이 구매했다. 전문적인 서비스와 신뢰할 수 있는 배송으로 정평이 난 덕분이었다. 온라인 구매 수요가 급증하자, 그레인저는 중앙 창고의 재고를 늘리는 방식으로 대응했고, 지역 지점을 추가로 늘릴 필요가 없었기에 수익성도 유지할 수 있었다.

스크린라이팅 Screenwriting

Koyfin, FinViz, Finchat.io, Finbox, TIKR, 야후 파이낸스 Yahoo Finance와 같은 웹사이트나 앱에서 제공하는 무료 주식 스크리너를 활용하면, 여러 가지 기준을 설정하여 특정 조건에 부합하는 기업들을 선별할 수 있다.*

그레이엄의 원칙에 따라 부채비율이 낮고, 주가수익비율 P/E과 주가순자산비율 P/B이 낮으며, 배당수익률이 높은 기업들을 스크리닝할 수 있다. 반면 앞으로 설명할 슈퍼주식을 찾고 있다면 순영업현금흐름, 총자산이익률 ROA, 투하자본수익률 ROIC이 상승하고 있는 기업을 필터로 걸러낼 수 있다. (이때는 결과치를 3~5년 평균으로 보정해서 평가하는 것이 좋다.)**

처음 주식 스크리너를 돌려보고, 들어본 적도 없는 기업들이 믿을 수 없을 만큼 저렴해 보인다는 사실을 발견하면, 스스로 꽤 똑똑하다고 느낄지도 모른다. 하지만 당신이 막, 수백억 원 규모의 리서치 예산과 슈퍼컴퓨터, 인공지능을 바탕으로 시장을 샅샅이 뒤지는 전문 투자자들조차 발견하지 못한 보물 같은 기업들을 찾아냈을 가능성은 극히 낮다.

그래서 주식 스크리너의 결과를 매수 목록으로 간주해서는 안 된다. 그것은 어

---

* 상대적으로 저렴한 구독료로 이용할 수 있는 주식 스크리너는 AAII.com, Morningstar.com, YCharts.com 등에도 있다. 대부분의 주요 증권사들도 자사 웹사이트나 앱을 통해 주식 스크리너를 제공한다. 또한 인공지능을 투자 분석에 적용한 도구들도 빠르게 확산되고 있지만, 그 성능은 천차만별이다. 어떤 스크리너를 사용하기로 결정하기 전에는, 그 도구가 당신을 빈번한 매매로 유도하려는 구조는 아닌지 반드시 확인해야 한다.

** 스크리닝 조건을 많이 걸수록 그 결과물은 너무 자의적이고 취약해서 쓸모없게 될 가능성이 커진다. 예컨대 13가지 서로 다른 조건을 걸었는데 결과가 잘 나오지 않았다면, 그 중 어떤 조건을 조정하거나 없애야 할지를 판단하기란 거의 불가능에 가깝다. 예측 모델은 복잡할수록 좋을 것 같지만, 단순한 모델이 오히려 더 잘 작동하는 경우가 많다. (참고: 로빈 M. 도스 Robyn M. Dawes, 「의사 결정에서 부적절한 선형 모델의 강건한 아름다움 The Robust Beauty of Improper Linear Models in Decision Making」, bit.ly/3PQp5xy.

디까지나 관심종목 목록이다. 당신이 엉덩이 투자자라면 그 기업들을 공부하고 관찰하며, 그들이 정말 저렴해질 때까지 기다리는 것이다.

2018년, 그레인저의 매출은 2017년 대비 8% 증가했고, 순이익은 33% 상승했다. 순영업현금흐름도 안정적으로 유지되었다. 그 전 기간 내내, 이 회사는 꾸준히 흑자를 냈다. 표 15-1을 참조하라.

〈표 15-1〉 그레인저의 판도를 바꾼 전환점
연도별 그레인저 실적

항목 \ 연도	2012	2013	2014	2015	2016	2017	2018	2019	2020	2021	2022
매출액 (백만 달러)	8,950.0	9,437.8	9,965.0	9,973.4	10,137.2	10,424.9	11,221.0	11,486.0	11,797.0	13,022.0	15,228.0
순이익 (백만 달러)	677.5	785.4	792.2	761.4	600.5	581.0	776.0	849.0	695.0	1,043.0	1,547.0
주당순이익 (EPS, 달러)	9.52	11.13	11.45	11.58	9.87	10.02	13.73	15.46	12.94	19.98	30.27
순이익률 (%)	7.6	8.3	7.9	7.6	5.9	5.6	6.9	7.4	5.9	8.0	10.2
총자산이익률 (ROA, %)	13.9	15.3	15.0	13.7	10.4	10.1	13.3	14.3	11.3	16.2	21.8
자기자본이익률 (ROE, %)	24.0	25.0	24.5	27.8	29.5	33.3	43.0	45.0	37.7	56.3	71.7
투하자본수익률 (ROIC, %)	21.5	21.9	21.7	20.9	16.5	15.3	19.5	21.4	16.7	23.3	32.3
주당 배당금 (달러)	3.06	3.59	4.17	4.59	4.83	5.06	5.36	5.68	5.94	6.39	6.78
배당성향 (%)	32.1	32.3	36.4	39.6	48.9	50.5	39.0	36.7	45.9	32.0	22.4

출처: 팩트셋

그레인저의 가격 인하에 대해 미스터 마켓이 과잉 반응한 뒤 5년 동안, 이 회사의 주가는 연평균 22.2% 상승해 S&P 500을 연간 평균 6.8%포인트 웃돌았다.

2023년에 이르자 오히려 '그레인저의 수익성이 지나치게 높은 건 아닐까?' 같은 질문이 나올 정도였다. 회사의 수익률이 워낙 높다 보니, 일부 회의론자는 남는 자본을 더 많이 주주에게 환원하지 않는 것이 오히려 부당한 처사가 아니냐고 불만을 제기할 정도였다.*

과잉 반응

공격적 투자자는 어떤 기업이나 세계 전반에서 일어나는 일에 대해 미스터 마켓이 과잉 반응할 때, 자유롭게 그 반대편 포지션을 취할 수 있다.

2008~2009년 글로벌 금융위기 당시 페어 아이작Fair Isaac Corp.에 벌어진 일을 보자. 페어 아이작은 돈을 빌리거나 주택을 구입하려는 소비자의 신용등급을 평가하는 FICO 점수를 제공하는 회사이다.

2006년 11월 고점에서 2009년 3월 저점까지, 페어 아이작의 주가는 76% 하락했다. 그 후 이 주식은 매출 대비 1배, 장부가치 대비 약간 넘는 수준, 현금흐름 대비 4배, 그리고 순이익 대비 9배로 평가되었다. 이 모든 지표는 2006년 대비 약 3분의 1 수준으로 떨어진 것이었다.

그렇다면 사업 자체도 그렇게까지 타격을 입었을까?

2006년 12월 31일에 끝난 분기부터 신용경색이 최악에 달했던 2009년 3월 31일 분기까지, 페어 아이작의 매출은 23% 줄었고 순이익은 43% 감소

* 19장 논평을 참조하라.

했다. 하지만 그 기간 동안 투하자본수익률ROIC과 총자산이익률ROA은 각각 약 25% 정도만 하락했으며, 자기자본이익률ROE은 자사주 매입을 공격적으로 단행한 덕분에 거의 떨어지지 않았다. 한편 순영업현금흐름은 10% 이상 증가했다.

2009년 3월 바닥을 찍은 이후 10년 동안, 페어 아이작의 주가는 2,400% 이상 상승했다. 연평균 성장률은 38.2%에 달했으며, 이는 S&P 500을 연평균 20.6%포인트나 웃도는 성과였다.

또 다른 예를 보자.

2020년 2월과 3월, 코로나19 팬데믹 공포가 절정에 달했을 때, NVR, Inc.의 주가는 45.1% 하락했다—S&P 500보다 훨씬 더 큰 낙폭이었다.

NVR은 미국 최대 규모의 주택 건설업체 중 하나다. 팬데믹 초기에 회자되었던 최악의 시나리오처럼 코로나19가 수년에 걸쳐 지속되거나, 수천만 명의 미국인이 사망하는 사태가 벌어진다면 주택 수요는 붕괴되었을 것이다.

하지만 코로나가 정말로 수년간 지속되고 수천만 명이 사망했다면, 당신이 NVR 주식에 넣은 돈을 잃는 것보다 훨씬 더 심각한 문제가 생겼을 것이다.

NVR은 오랜 기간 탁월한 수익성을 유지해왔으며, 2008~2009년 금융위기 이후의 주택 경기 침체기를 제외하고 지난 20년 중 15년 동안 업계 평균을 훨씬 웃도는 투하자본수익률을 기록했다.

2020년 전체를 놓고 보면, NVR의 매출과 순이익은 소폭 상승했고, 순영업이익은 7% 증가하며 당시 기준으로 역대 최고치를 기록했다.

2020년 시장 저점부터 2023년 말까지, NVR의 주가는 222% 상승했으며 이는 같은 기간 S&P 500의 127% 상승률을 훨씬 능가하는 성과였다.

슈퍼주식의 특징

많은 사람들은 최고의 수익률을 기록한 주식들이 거의 전적으로 기술 산업에서 나온다고 믿는다. 하지만 지난 30년간 누적 수익률이 10,000%를 훌쩍 넘는 상위 30개 슈퍼주식을 살펴보면, 그 믿음이 사실이 아님을 알 수 있다.

반도체와 휴대전화 기업도 목록에 포함되어 있지만 수영장, 중고차, 담배, 경찰 장비를 만드는 회사들도 포함되어 있다.

경고: 표 15-2에 나온 많은 기업들의 수익성은 이미 둔화 조짐을 보이고 있다. 과거의 승자들을 무작정 고른다고 해서 그것이 미래의 승자라는 보장은 없다.

〈표 15-2〉 슈퍼주식들

회사명	누적 수익률	주요 사업 분야
몬스터 비버리지	210,588%	에너지 음료
아마존	155,073%	온라인 유통 및 클라우드 컴퓨팅
엔비디아	131,500%	컴퓨터 하드웨어 및 소프트웨어
애플	89,085%	스마트폰 및 컴퓨터
NVR	71,699%	주택 건설
풀	57,572%	수영장 용품 및 장비
HEICO	55,427%	항공 및 전자 부품
액슨 엔터프라이즈	45,155%	경찰 장비
로스 스토어	44,932%	의류 할인 매장
넷플릭스	40,594%	엔터테인먼트

코그니전트 테크놀로지	39,511%	IT 서비스
쿠퍼 컴퍼니즈	37,529%	콘택트렌즈 및 의료기기
페어 아이작	36,728%	금융 소프트웨어 및 신용 평가
발켐	35,382%	인체 영양, 동물 사료, 산업 화학
미들비	34,609%	식품 서비스 장비
코파트	32,064%	온라인 차량 경매
레스메드	30,161%	의료기기
바이오젠	29,200%	바이오테크놀로지
길리어드	28,973%	바이오테크놀로지
벡터 그룹	27,056%	담배 및 부동산
오라일리 오토모티브	26,109%	자동차 부품
올드 도미니언	24,072%	트럭 운송
마이크로소프트	23,924%	소프트웨어
왓스코	23,419%	에어컨 유통
어도비	22,458%	소프트웨어
코히어런트	22,187%	레이저 및 전자 장비
배저 미터	21,945%	수도 계량기 및 장비
AAON	21,154%	에어컨 제조
내셔널 비버리지	20,955%	탄산수 및 기타 음료
인튜이트	19,581%	소프트웨어

출처: Center for Research in Security Prices

이들 주식이 지난 30여 년간 그렇게 높은 주가 상승률을 보인 한 가지 이유는 월스트리트를 깜짝 놀라게 했기 때문이다. 대부분의 애널리스트와 전문 투자자들은 이른바 꾸준한 수익 성장 — 시간이 지날수록 이익이 매끄럽고 지속적으로 상승하는 것 — 을 원한다. 현실은 워낙 지저분하고 예측 불가능해서 어떤 기업도 매 분기마다 이익을 반드시 증가시킬 수 없으며, 정확히 동전 단위까지 기업 이익을 예측할 수 있는 사람도 없다. 그럼에도 불구하고 월스트리트는 반복적으로 시장 컨센서스, 즉 기대를 충족하는 기업을 열렬히 좋아한다.

특히 성장 초기 시기에, 슈퍼주식은 시장의 기대를 산산이 부순다. 그들은 기계처럼 꾸준히 성장하지 않는다. 빠르게 성장하긴 하지만 불규칙한 간헐적 성장과 엄청난 변동성을 동반한다.

다음 슈퍼주식을 찾아내고자 한다면 정성적 요인과 정량적 요인이 어우러진 기업을 주목해야 한다.

슈퍼주식의 특징은 다음과 같다.

- 단기 실적이 아닌 5~10년 후를 바라보는 경영진이 있다. 이들은 분기마다 이익을 일정하게 만들어내거나, 애널리스트의 기대에 맞추는 데 신경 쓰지 않는다.
- 경쟁자를 막아내는 '해자'를 갖고 있다. 고객이 충성도를 유지할 수밖에 없을 정도로 따라잡기 어려운 공정, 제품, 서비스, 네트워크, 기술 등을 보유한다.*
- 순이익이 매분기 고르게 늘지 않더라도 현금 창출 능력은 꾸준히 증가

---

* 해자에 대해서는 11장 논평을 참고하라.

한다. (이 때문에 그레이엄은 3~5년 평균 이익을 기준으로 삼자고 제안했다.)

- 일반적으로 광산업이나 에너지처럼 원자재에 의존하는 산업에는 속하지 않으며 항공, 화학, 호텔 같은 경기순환 업종에서도 드물게 나타난다.
- 인수합병이 아니라 자기 성찰을 통해 성장한다. 제품, 서비스, 기술을 끊임없이 재검토하고 탐색하면서, 기존 사업에서 새로운 수익 기회를 발굴한다.

아마존은 상장 이후 처음 18개 분기 동안 29억 달러의 손실을 기록했다. 창업자 제프 베이조스는 이를 두고 "소극적인 투자보다 과감한 투자를 선택했고, 단기 수익성이나 월가의 반응보다 장기적인 시장 지배력을 더 중시한 결정이었다"고 설명했다.

30년 동안 누적 수익률 35,382%를 기록하며 마이크로소프트조차 능가한 슈퍼 주식인 발켐Balchem Corp.은 영양소와 미네랄을 코팅하는 기술을 개발하는 회사다. 수십 년 전, 이 회사의 한 엔지니어는 자사의 영양염류nutritional salts가 점토의 수분 흡수를 제어할 수 있을지 모른다는 사실을 관찰했다. 그 기술은 오랜 시간 잊혀졌지만, 나중에 셰일 오일 및 가스의 수압 파쇄fracking 기술이 부상하면서 과거의 기술이 새로운 시장을 창출했고, 발켐은 이로 인해 수천만 달러의 추가 수익을 얻었다.*

---

* 제이슨 츠바이크, 「최근 30년간 최고의 주식? 당신은 들어보지도 못한 주식일 것이다The Best Stock of the Last 30 Years? You've Never Heard of It」, bit.ly/3PorE8C 및 「월스트리트가 얻지 못하는 고수익을 올리는 방법How You Can Get Big Gains That Wall Street Can't」, bit.ly/3ZtVKw0. 지속 가능한 고성장 기업을 식별하는 방법에 대해서는 브루스 그린왈드Bruce Greenwald 외, 『가치투자Value Investing: From Graham to Buffett and Beyond』(Wiley, 2021) 6~8장을 참고하라.

무형자산의 가치

1938년, 경제학자 존 버 윌리엄스는 이렇게 썼다. "주식의 가치는 결국 그로부터 얻을 수 있는 것에 달려 있다." 즉 그 주식이 앞으로 창출할 것으로 기대되는 순현금흐름의 현재 가치가 전부라는 말이다.* 그래서 워렌 버핏은 오래전부터 '성장은 언제나 가치 계산의 한 요소'라고 강조해왔다.

그레이엄이 활동하던 시절에는 철도, 자동차, 화학, 철강 같은 산업이 시장을 지배했다. 그 당시 기업의 가치는 주로 재무제표에 기재된 유형 자산 즉 부동산, 공장, 제조 설비 및 기타 장비에서 비롯되었다.

오늘날에는 소프트웨어, 헬스케어, 금융, 소비재 산업이 시장을 주도하고 있다. 기업의 가치는 이제 종종 무형자산에서 비롯되며, 이들은 대개 손익계산서상 비용으로 처리된다. 예를 들어 소프트웨어 개발, 직원 교육, 광고 및 마케팅, 특허, 라이선스, 상표권, 그 밖의 지적 재산 등이 이에 해당한다.

애플의 로고, 디자인, 소프트웨어, 브랜드명은 물리적인 사물이 아니지만, 그 가치는 막대하다. 코카콜라의 상징적인 이미지, 아마존의 주문 처리 및 배송 시스템, 구글의 정보 검색·정리·표시 알고리즘 역시 마찬가지다. 이 모든 것은 광고, 인적 자본, 연구개발R&D에 수십억 달러를 쏟아부은 결과물이다.

무형자산의 부상은 오랫동안 진리였던 사실을 다시금 상기시킨다. 가치란 어디까지나 추정치일 뿐이며, 정직성을 갖춘 분석이라면 그 가치는 하나의 숫자가 아니라 추정 범위로 제시되어야 한다. 미래는 불확실하고, 먼 미래일수록 더욱 불확실하다. 기업의 핵심 자산들의 가치가 얼마인지를 판단하는 일은 정확한 과학이 아니라 본질적으로 불완전한 추정이다.

---

* 존 버 윌리엄스, 『투자가치이론The Theory of Investment Value』 (North-Holland, 1938), p57.

투하자본수익률ROIC

회사를 하나의 살아있는 유기체로 본다면, 투하자본수익률은 그 조직 내 현금의 흐름을 진단하는 핵심 도구다.

수년간의 평균치를 기준으로 다음과 같은 질문을 던질 수 있다. 수익은 꾸준히 증가하고 있는가? 현금흐름이 생존과 성장에 필수적이지 않은 영역으로 새고 있지는 않은가? 애초에 이익을 충분히 창출하지 못하고 있는 건 아닌가? 사업이 현금을 계속 흘려보내고 있지는 않은가?

투하자본수익률은 여러 방식으로 계산할 수 있지만 가장 단순한 형태는 다음과 같다:

$$\text{투하자본수익률} = \frac{\text{법인세 차감 후 영업이익}^{\text{Net Operating Income After Tax}}}{\text{투하 자본의 장부가치(자기자본 + 부채 − 현금성 자산)}}$$

즉 세후 영업이익을 실제 사업에 투입된 자본의 장부가치로 나눈 값이다.

모든 기업이 재무제표에서 투하자본수익률을 공개하는 것은 아니지만, 여러 제3자 데이터 제공업체에서 다양한 방식으로 산출한 투하자본수익률을 제공한다. 미국 대부분 산업에서 장기 평균 투하자본수익률은 대략 9% 내외다.

높거나 꾸준히 상승하는 투하자본수익률은 단순히 기업의 수익성이 개선되고 있다는 신호일 뿐만 아니라, 경영진이 수익성이 높은 투자 기회를 잘 포착하고 자본을 효과적으로 배분하고 있음을 의미한다. 무형자산을 감안해 투하자본수익률을 조정하는 작업은 세밀한 분석을 필요로 하는 중요한 단계다.*

그림 15-1은 지난 30년간의 슈퍼주식 중 하나인 풀Pool Corp.의 주가 차트이다.

〈그림 15-1〉 풀의 주가 차트

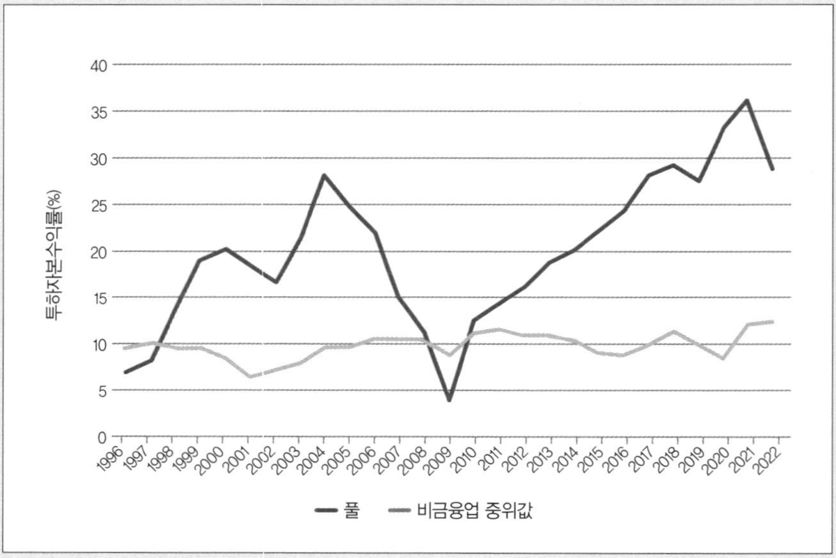

* 참고: 무형자산은 반영되지 않았다.
출처: 팩트셋, 모건스탠리

---

* 투하자본수익률 계산 및 조정에 관한 안내는 다음 자료들을 참고하라: 마이클 모부신과 댄 칼라한, 「투하자본수익률Return on Invested Capital」, bit.ly/3L8ccMJ; 「ROIC와 투자 프로세스ROIC and the Investment Process」, bit.ly/45cvLus; 「ROIC와 무형자산ROIC and Intangible Assets」, bit.ly/3GGRRvh; 카이 우Kai Wu, 「무형자산 가치: 여섯 번째 팩터Intangible Value: A Sixth Factor」, bit.ly/48g91f0. 투하자본수익률은 기업과 경영진의 질을 평가하는 데 있어 아마도 가장 탁월한 지표일 것이다. 자세한 내용은 풀락 프라사드Pulak Prasad의 『투자, 진화를 만나다What I Learned About Investing from Darwin』(Columbia Business School, 2023) 중 '은여우, 기업 선별을 말하다The Siberian Solution'를 참고하라.

수영장 용품 유통은 그다지 화려하지 않은 업종이지만, 이 회사는 2009년 글로벌 금융위기 기간을 제외하면 소프트웨어나 온라인 유통 같은 더 명망 있는 산업들이 부러워할 만한 수준의 투하자본수익률을 기록했다. 특히 초기 몇 년간은 투하자본수익률 상승 속도가 주가의 상승 속도보다 더 빨랐다. 1990년대 후반에는 주가가 시장 평균 주가수익비율P/E보다 훨씬 낮은 수준에서 거래되었는데, 당시 풀은 소규모 기업이었고, 애널리스트들의 관심도 적었으며, 기관 투자자들의 보유도 드물었기 때문이다. (분석기간 말에는 성장세가 워낙 높아 주가가 고평가되었다고 볼 수도 있다.)

월스트리트가 주목하기 전에 공격적 개인 투자자가 슈퍼주식을 발견할 기회가 있다면, 그 기회는 아마도 풀과 같은 기업들에서 찾아야 할 것이다.

자만하지 말라

오늘 당장 내일의 슈퍼주식을 찾아낼 확률은 극히 낮다. 또한 중간에 충격적인 하락이 있더라도 그 주식을 끝까지 보유해 슈퍼주식으로 성장할 때까지 견딜 수 있을 가능성도 매우 낮다.

1926년부터 2022년까지 수익률을 추적할 수 있는 미국 주식 28,114개 중, 전체 역사 기간 동안 투자자에게 손실을 안긴 주식은 16,000개 이상으로, 이는 거의 59%에 달한다. 전체의 3.4%에 불과한 966개 주식이 미국 주식시장 전체의 누적 순이익을 책임졌다. 또한 거의 100년에 걸쳐 창출된 부의 약 3분의 1은 단 25개 주식에서 나왔는데, 이는 전체 기업의 0.09%에도 못 미치는 숫자이다. 다른 주요 국가의 주식시장에서도 유사한 결과가 관찰된다.*

---

* '누적 순이익'과 '창출된 부'는 미국 재무부 단기채권 수익률을 기준으로 측정되었다. 자세한 내용

실제로 1926년부터 2022년까지 모든 10년 구간을 살펴보면, 일반적인 개별 주식은 전체 시장 대비 누적 27.1%포인트 낮은 수익률을 기록했다. 이는 연평균으로 약 2%포인트 이상 뒤처진 셈이다. 이 2%의 차이는 개별 주식에 투자하는 투자자들이 시장 전체에 자금을 분산 투자하지 않은 결과로, 장기 평균 주식 수익률의 약 5분의 1을 포기하는 것과 같다.

20년 단위 기간을 기준으로 특정 주식에 투자했을 때 그 가치가 시장 포트폴리오 대비 절반 이하로 떨어질 확률은 거의 3분의 1에 달한다. 반면 장기적으로 시장을 1,000% 이상 능가하는 대박 주식은 전체 주식의 0.55%에 불과하다.*

다음 슈퍼주식을 찾는 것은, 수년 또는 수십 년 후에 거대한 당첨금을 노리는 복권을 사는 것과 같다. 하지만 복권을 사기 전에 그리고 보유하는 동안 끊임없이 위험을 면밀히 분석해야 한다는 점이 다르다.

공격적 투자자의 긍정적 면

이처럼 길고 험난한 확률 앞에서 개별 주식을 직접 고르는 것이 과연 의미가 있을까?

그렇다. 의미가 있을 수 있다.

은 헨드릭 베셈빈더Hendrik Bessembinder의 논문 「주주 자산 증식, 1926년부터 2022년까지Shareholder Wealth Enhancement, 1926 to 2022」, bit.ly/44yB08i와 헨드릭 베셈빈더 외, 「장기 주주 수익률: 64,000개 글로벌 주식의 증거Long-Term Shareholder Returns: Evidence from 64,000 Global Stocks」, bit.ly/3ROcJXz를 참고하라.

* 안티 페타지스토Antti Petajisto, 「집중 주식 포지션의 저조한 성과Underperformance of Concentrated Stock Positions」, bit.ly/48BFpd2. 미국 주식의 CRSP 시가총액 가중 포트폴리오에서 중위값에 해당하는 주식에 대한 분석 결과이다.

개별 주식 중 시장을 능가할 종목을 고르는 데 성공할 가능성은 낮지만, 불가능한 것은 아니다. 당신이 뛰어난 실력을 가졌거나, 혹은 단지 운이 좋을 수도 있다.*

시장 대비 초과수익을 올리는 것이 반드시 성공의 전제 조건은 아니다.

그레이엄의 절차적 지침과 멍거의 엉덩이 원칙을 따른다면, 공격적인 투자 기회를 기다리는 동안에도 나머지 포트폴리오에서 안정적인 수익을 얻을 수 있다. 그리고 만약 그런 기회를 발견했다면, 그들이 초과수익을 낼 지 지켜보는 동안에도 마찬가지다.

공격적 투자자가 되는 것은 전통적인 초과수익을 내지 못하더라도 심리적 보상을 가져다줄 수 있다. 레크리에이션 체스, 축구, 농구를 즐기는 사람이 매그너스 칼센, 킬리안 음바페, 르브론 제임스만큼 잘하지 못한다고 해서 그만두는 것은 어리석은 일이다. 마찬가지로 공격적 투자자가 되는 것은 즐거움을 주고, 투자 실력을 향상시키며, 좋아하는 사람들과 시간을 보내는 기회를 제공한다. 비록 시장을 이기지 못하더라도 말이다.

게다가 주식을 처음부터 꼼꼼히 공부하는 훈련은 당신의 분석 도구를 갈고 닦고, 독립적인 사고를 촉진하며, 만족을 미루는 능력을 기르고, 좋은 기업과 아이디어를 나쁜 것과 구분하는 통찰을 심화시킨다.

이런 습관들은 당신이 선택한 주식이 슈퍼주식이 되지 못하더라도 평생 동안 막대한 보상을 안겨줄 수 있다.

---

* 그레이엄은 후기에서 이렇게 썼다. "판단 하나가 평생의 노력보다 더 큰 결과를 가져올지도 모른다는 점이다. 그 판단은 단지 운이 좋아서 일 수도 있고 탁월한 통찰력일 수도 있지만 어차피 구별할 수는 없을 것이다." 그는 각주에서 자신의 투자 경력 중 가장 큰 성공이 '순전히 운에 의한 것'일지도 모른다고 솔직히 고백했다.

16장

전환증권과 신주인수권

최근 몇 년간 전환사채와 전환우선주는 선순위 금융상품 분야에서 중요한 위치를 차지하게 되었다. 이와 동시에 주식을 정해진 가격에 매수할 수 있는 권리를 제공하는 신주인수권(또는 워런트)의 발행이 증가하고 있다. 현재 『S&P 주식 가이드』에 수록되어 있는 우선주 중 절반 이상에 전환권이 부여되고 있으며, 1968년에서 1970년 사이 발행된 회사채도 같은 권리를 가지고 있는 경우가 많다. 현재 아메리칸증권거래소에서는 최소 60여종의 다양한 신주인수권이 거래되고 있다. 1970년에는 뉴욕증권거래소 역사상 처음으로 장기 신주인수권이 상장되었는데, 이는 AT&T 주식 3,140만 주를 주당 52달러에 매수할 수 있는 권리를 부여하는 것이었다. '마더 벨Mother Bell'[16]이 판을 깔았기 때문에, 앞으로 더 많은 기업들이 신주인수권을 '작당'하게 될 것이다. (이후에 설명하겠지만 이러한 발행은 분명히 '작당'에 해당한다.)

전환증권이 여러모로 신주인수권보다 훨씬 더 중요한 위치를 차지하기 때문에, 우선 이에 대해 설명하겠다. 투자자의 관점에서 고려해야 할 측면은 다음 두 가지이다. 첫째, 전환증권의 투자 기회는 어떤 것이고 또 어떤 위험이 있는가? 둘째, 전환증권이 있다면 관련 보통주 가치를 어떻게 평가해야 하는가?

전환증권은 투자자와 발행사 모두에게 장점이 있다고 주장하는 사람들이 있다. 투자자는 채권 또는 우선주의 높은 안전성을 확보하는 동시에, 보통주의 가치가 크게 상승할 경우 이에 참여할 기회를 얻는다. 발행 기업은 상대적으로 낮은 이자와 적은 배당 비용으로 자본을 조달할 수 있으며, 사업이 번창하면 전환증권은 보통주로 전환되기 때문에 선순위 채무가 줄어든다. 결과적으로 이 거래는 양측 모두에게 현저하게 좋은 성과를 가져올 수 있다는 것이다.

그러나 이러한 주장은 어딘가 과장된 부분이 있는 것이 분명하다. 어떤 상품이 있을 때, 단순히 거래 조건을 기발하게 바꾼다고 양측 모두에게 훨씬 더 유리하게 만들 수는 없기 때문이다. 전환권을 얻는 대가로, 투자자는 보통 수익성이나 안정성, 또는 이 두 가지 모두에서 중요한 부분을 포기하게 된다.* 반대로 기업이 전환 조건 덕분에 더 낮은 비용으로 자금을 조달한다면, 이는 미래에 기업 가치가 상승하면 보통주 주주에게 돌아가야 할 권리 일부를 타인에게 양도하는 것이다. 이와 관련하여 찬반 양측 모두 그럴 듯한 논리가 있을 것이다. 적절한 절충안은 전환증권도 다른 형태의 증권과 마찬가지로 그 자체로 유리하거나 불리하지는 않다는 주장일 것이다. 전환증권의 가치 역시 개별 발행 조건과 이를 둘러싼 모든 상황에 따라 결정되기 때문이다.

우리가 알고 있는 사실은 강세장 막바지에 발행된 전환증권은 전체적으

---

* 1971년 11월에 포드 모터 파이낸스 회사가 동시에 발행한 두 종류의 채권이 대표적인 사례이다. 하나는 20년 만기의 전환권이 없는 일반사채로, 수익률은 7.5%였다. 다른 하나는 이보다 후순위 채권으로 만기가 25년이며 수익률이 4.5%에 불과했지만, 당시 68.5에 거래되던 포드 모터 주식으로 전환할 수 있는 권리가 부여되었다. 전환권을 얻기 위해 투자자는 40%의 수익을 포기하고 후순위 채권자로서의 위치를 감수해야 했다.

〈표 16-1〉 1946년 발행된 우선주의 최저가

발행일 이후 최저가의 가격 하락률 (1947년 7월까지)	비전환우선주 (종목수)	전환우선주 (종목수)
하락 없음	7	0
0~10%	16	2
10~20%	11	6
20~40%	3	22
40% 이상	0	12
총 종목수	37	42
평균 가격 손실	약 9%	약 30%

로 성과가 안 좋을 수밖에 없다는 점이다.(불행히도 과거에는 이러한 시기에 낙관적인 분위기에서 대부분의 전환증권 발행이 이루어졌다.) 주식시장이 하락하면 해당 전환증권의 기초자산 자체의 안전성까지 떨어지기 때문에, 그 결과 전환권의 매력은 현저히 감소하게 된다. 표 16-1은 이 책의 초판에 소개된 자료로서, 다시 인용했다. 이 표를 보면 1946년 강세장 막바지에 발행된 전환우선주와 일반우선주(비전환우선주)의 상대적 가격 변화를 알 수 있다.

1967년에서 1970년 사이에는 일반우선주의 신규 발행이 거의 없었기 때문에 비교 가능한 사례를 찾기 어렵다. 그러나 1967년 12월부터 1970년 12월까지 전환우선주의 평균 가격 하락폭이 전체 보통주의 하락폭5%에 불과보다 더 컸다는 점은 쉽게 확인할 수 있다. 또한 표 16-2는 1968년 12월부터 1970년 12월까지 각 유형별로 무작위로 선택한 20개 발행물을 비교한 자료이다. 역시 전환우선주가 이전에 발행된 일반우선주보다 훨씬 더 부진한 성과를 보였다는 점을 확인할 수 있다. 이러한 비교를 통해 전환증권이 전체적으로 안정성이 상대적으로 떨어지며, 투기적 상승기 동안을 제외하면 보통주보다 부진한 성과를 보인다는 것을 알 수 있다. 물론 이러한 사례가 모든 전환

〈표 16-2〉 1968년 12월 대비 1970년 12월 우선주, 보통주 및 신주인수권 가격 추이

(유형별 20종목 무작위 선정)

	비전환우선주		전환우선주	보통주	신주인수권
	A 등급 이상	A 등급 미만			
가격 상승	2	0	1	2	1
가격 하락 0 ~ 10%	3	3	3	4	0
가격 하락 10 ~ 20%	14	10	2	1	0
가격 하락 20 ~ 40%	1	5	5	6	1
가격 하락 40% 이상	0	0	9	7	18
평균 가격 손실	10%	17%	29%	33%	65%

증권에 적용된다고 할 수는 없다. 특히 1968년과 1969년에는 일부 견실한 기업들까지도 과도하게 높은 금리를 극복하기 위해 전환증권을 활용한 사례가 있었다. 그러나 20개 전환우선주 표본 중 단 한 종목만이 상승세를 보였고, 14종목은 폭락을 겪었다는 점은 주목할 만하다.

이런 사례를 통해 내릴 수 있는 결론은 전환증권 자체가 전환권이 없는 일반증권보다 불리하다는 것이 아니다. 다른 조건이 동일하다면, 오히려 전환증권이 더 유리하다. 그러나 실제로는 다른 조건들이 동일하지 않으며, 전환권을 부여하는 이유가 해당 증권의 투자 가치가 떨어지기 때문인 경우가 대부분이라는 것을 알 수 있다.

물론 같은 기업의 보통주에 비해 전환우선주는 더 안전하다. 즉 원금 손실 위험이 더 작다. 따라서 보통주 대신 전환우선주를 매수하는 것은 그 점에서 논리적이라 할 수 있다. 그러나 대부분의 경우 당시의 시장 상황에서 해당 보통주 자체가 애초에 좋은 투자 대상이 아니었고, 전환우선주로 대체한다고 해서 상황이 충분히 개선되는 것이 아니었다. 게다가 많은 투자자들이 해당 보통주에 대한 특별한 관심이나 신뢰 없이 전환증권을 매수한 사례가 많

다. 이들은 당시 보통주를 매수할 생각은 없었으면서도 선순위 청구권에다가 전환권까지 주어진다는 데에 매료되었다. 일부 사례에서는 이러한 조합이 성공적인 결과를 낳았지만, 통계적으로는 이것이 함정이 될 가능성이 더 높다는 점을 보여준다.

전환증권 보유와 관련하여 많은 투자자들이 간과하는 특별한 문제가 있다. 수익이 발생할 경우, 이는 곧 딜레마로 이어진다. 보유자는 소폭 상승한 시점에 매도해야 할지, 아니면 더 큰 상승을 기대하며 기다려야 할지 결정해야 한다. 또한 보통주가 크게 상승하여 발행사가 콜을 행사한다는 통보를 받을 경우, 시장에서 매도할지 아니면 전환하여 보통주를 보유할지 선택해야 한다. 구체적인 사례를 살펴보자. 한 투자자가 6%의 이자를 지급하는 채권을 액면가인 100에 매수했다고 가정하자. 이 채권은 주식으로 전환이 가능하며, 전환가는 주당 25달러이다. 즉 1,000달러 채권 한 장당 40주의 주식으로 전환할 수 있다. 주가가 30달러로 상승하면 이 채권의 내재가치는 120달러가 되고, 실제로는 125달러에 거래된다. 이때 투자자는 매도하거나 보유하는 선택을 해야 한다. 보유를 선택하고 더 높은 가격을 기대한다면, 이는 사실상 보통주 주주와 비슷한 입장에 놓이게 된다. 주가가 하락하면 채권의 가치도 하락할 것이기 때문이다. 방어적인 투자자는 채권 가격이 125달러를 넘어선 시점에서 자신이 지나치게 투기적인 위치에 있다고 판단할 가능성이 높다. 따라서 그는 매도하여 25%의 수익을 실현하고, 이를 만족스러운 결과로 받아들일 것이다.

여기까지는 순조로워 보인다. 하지만 문제를 조금 더 깊이 살펴보자. 보유자가 채권을 125달러에 매도한 경우, 종종 보통주의 가격이 계속 상승하여 전환증권의 가치도 함께 오르게 된다. 이로 인해 투자자는 너무 일찍 매도했을 때 겪게 되는 특유의 상대적 박탈감을 느끼게 된다. 다음 번에는 그는 150

달러나 200달러까지 오를 때까지 보유하기로 결심한다. 실제로 해당 증권의 가격이 140달러까지 상승했을 때 매도하지 않고 참았지만, 시장이 하락하면서 그의 채권 가격은 80달러로 떨어지게 된다. 또 실패했다.

이러한 잘못된 판단에서 오는 정신적 고통 외에도, 전환증권에 대한 투자에는 산술적인 규칙을 적용하는 것도 현실적으로 어렵다. 다수의 자산을 보유하고 있을 때, 25% 또는 30%의 수익이 났을 때 매도하는 엄격하고 일관된 전략이 궁극적으로 가장 좋은 결과를 가져올 수 있다고 가정해 보자. 이는 수익의 상단을 제한하게 되며, 수익실현은 성공적으로 상단에 도달하는 투자에서만 가능하다. 하지만 전환증권은 대개 기초 증권의 안전성이 결여된 경우가 많으며, 대세 상승장의 후반부에 발행되는 경향이 있다는 점을 고려해야 한다. 따라서 전환증권의 수익은 25%에 도달하지 못하는 경우가 많고, 시장이 하락할 때 가치를 크게 상실할 가능성이 높다. 결과적으로 전환증권에서의 화려한 수익 기회는 간혹 발생하기는 하지만 실제로는 환상에 불과한 경우가 많으며, 전체적인 경험에서는 참담한 손실을 동반하는 경우가 많다.

1950년부터 1968년까지의 약 18년 동안 비정상적으로 긴 대세 상승장이 지속되었으며, 전환증권도 전체적으로 양호한 성과를 보였다. 하지만 이는 대다수의 보통주가 큰 상승을 경험했기 때문에 이와 연계된 전환증권도 그 상승에 동참했을 뿐이다. 전환증권 투자가 얼마나 건전한지는 하락장에서의 성과로만 검증될 수 있는데, 이는 항상 전반적으로 실망스러운 결과를 보여왔다.

1949년에 발행된 이 책의 초판에서, 전환증권의 가격이 상승했을 때 이를 '어떻게 처리할 것인가'라는 사례를 특수 문제로 다루었다. 이 사례는 여전히 유의미하다고 판단되어 다시 수록한다. 다른 참고자료들과 마찬가지로 이는 실제 투자 경험에 기반한 것이다.

나는 투자펀드 위주로 구성된 '선정단'의 일원으로서, 에버샵Eversharp이 진행하는 표면금리 4.5% 사모 전환사채의 액면가 발행에 참여했다. 이 전환사채는 주당 40달러에 보통주로 전환할 수 있었다. 이후 주가는 빠르게 65.5달러까지 상승했고, 3:2 주식 분할 이후에는 88달러에 이르렀다. 주가가 이렇게 오르자 전환사채도 220달러 이상에서 거래되기 시작했다. 이 기간 동안 전환사채의 프리미엄은 높지 않게 유지되었으므로 대부분 보통주로 전환되었다. 초기에 투자한 일부 펀드에서는 전환된 보통주를 매도하지 않고 그대로 보유했다. 그러나 주가는 즉시 급락하기 시작했고, 1948년 3월 주가는 7.375달러까지 하락했다. 이는 전환사채의 가치로 환산하면 27달러에 불과하며, 100% 이상의 이익을 볼 수 있었던 기회는 날아가고, 결과적으로 원금 대비 73% 손실을 내고 말았다.

이 이야기의 핵심은 일부 초기 투자자들이 자신들이 보유한 채권을 주식으로 전환하고, 주식이 큰 폭으로 하락하는 동안 이를 보유했다는 점이다. 그 과정에서 그들은 월스트리트의 오래된 격언, 즉 '전환사채는 절대 전환하지 말라'는 조언에 반하는 행동을 했다. 이 격언의 의미는 일단 전환하면 이자에 대한 우선 청구권과 주가 상승에 대한 이익을 얻을 기회를 동시에 제공하는 전략적 조합이 깨지기 때문이다. 전환 후에는 투자자에서 투기꾼으로 변모할 가능성이 높으며, 이는 종종 부적절한 시점에서 이루어진다. 대체로 주가가 이미 크게 상승한 후에 전환하게 되기 때문이다. 만약 '전환사채는 절대 전환하지 말라'는 조언이 모범답안이라면, 왜 이 경험 많은 펀드 매니저들이 에버샵 사채를 주식으로 전환하여 이런 당혹스러운 손실을 입게 되었을까? 아마도 그들이 회사의 전망에 대하여 너무도 열광하였고 긍정적인 시장 분위기에 휩쓸렸기 때문일 것이다. 월스트리트에는 현명한 철칙이 몇 가지 있지만, 문제는 가장 필요한 순간에는 그것들이 항상 잊혀진다는 점이다. 그래서 월스트리트의 고수들이 남긴 또 다른 유명한 격언이 있다. '말은 따라 하되 행동은 따라 하지 마라.'

나는 신규로 발행되는 전환증권은 여전히 의심의 눈초리로 보고 있다. 투자자는 이러한 증권을 매수하기 전에 신중히 검토해야 한다. 비판적인 검토를 충분히 거친 다음에도 포기하기 어려울 정도로 좋은 조건을 가진 상품이 있을 수도 있다. 물론 가장 이상적인 조합은 강력한 담보를 가진 전환증권으로, 매력적인 보통주로 교환 가능하며, 전환 가격이 현재 시장 가격보다 약간 높은 수준인 경우이다. 이러한 조건을 만족시키는 전환증권이 신규 발행물에서도 가끔씩 등장하곤 한다. 하지만 주식시장의 특성상, 이러한 기회를 신규 발행물에서 찾기보다는 기존 발행물이 유리하게 된 경우에서 발견할 가능성이 더 크다. (신규 발행물이 정말로 우수하다면, 좋은 전환 조건을 부여할 필요가 없기 때문이다.)

AT&T는 자금조달 과정에서 전환증권을 광범위하게 활용하고 있는데, 전환 조건이 적절한 균형을 유지하고 있다. 1913년부터 1957년까지 이 회사는 전환사채를 아홉 차례 이상 발행했으며, 대부분은 기존 주주들에게 청약권을 제공하여 그들에게 판매하였다. 전환사채는 일반 주식 발행보다 훨씬 더 다양한 구매층을 확보할 수 있는데, 이는 매우 중요하다. 금융기관 중 일부는 주식 매수를 못하도록 막아놓았는데, 전환사채는 그런 제한이 없어서 막대한 자금을 보유한 금융기관들도 참여할 수 있었기 때문이다. 전환사채의 표면금리는 일반적으로 주식의 배당수익률의 절반 이하였는데, 이는 사채권자의 우선 청구권 때문이었다. 회사가 1919년부터 1959년 주식분할 시점까지 40년간 9달러의 배당지급을 유지함에 따라, 이 전환사채 대부분은 결국 주식으로 전환되었다. 이를 통해 전환사채 구매자는 수년간 양호한 성과를 거두었으나, 처음부터 주식을 매수했으면 더 좋은 수익을 얻을 수 있었다. 따라서 이 성과는 전환사채가 매력적이었기 때문이 아니라, AT&T가 매력적이었기 때문이라고 봐야 한다. 실질적으로 전환사채의 우수성을 입증하려면 보통주의 성과가 실망스러운 경우에도 전환사채가 성공적으로 작동한 사례가 다수 존재해야 한다. 그러나 그러한 사례를 찾기는 매우 어렵다.

전환증권이 보통주에 미치는 영향

많은 경우 전환증권은 합병 또는 신규 인수와 관련하여 발행된다. 이와 관련된 가장 두드러진 사례 중 하나는 NVF NVF Corp.가 샤론 스틸 Sharon Steel Co.의 절대 지분을 인수하기 위해 약 1억 달러 규모의 표면금리 5% 전환사채와 신주인수권을 발행한 것이다. 이 독특한 거래는 17장 515~519페이지에 자세히 다루었다. 일반적으로 이러한 거래가 발생하면 주식의 EPS가 형식적으로 증가하게 된다. 이에 따라 경영진이 주주를 위해 더 많은 이익을 창출할 수 있는 역량과 의지를 보여주었다는 신호로 받아들여지게 되고 주가는 상승하는 경향을 보인다. 그러나 이러한 긍정적인 효과에 가려진 부정적인 요소를 생각해야 하는데, 이는 사실상 간과되고 있으며, 특히 낙관적인 시장 환경에서는 완전히 무시되고 만다. 대표적인 것은 새로운 전환권으로 인해 발생하는 보통주의 현재 및 미래 이익의 희석 효과이다. 새로운 전환증권이 발행되면 보통주의 현재 및 미래 순이익이 희석된다. 이는 최근 실적 데이터를 기반으로 하거나, 다른 산술적 계산을 사용하여 모든 전환사채나 전환권이 실제로 전환된 경우의 조정된 EPS를 계산함으로써 정량화할 수 있다. 대부분의 경우 이로 인한 EPS 감소가 크지 않다. 그러나 예외적인 사례는 늘 존재하며, 이러한 사례가 빠르게 증가할 위험이 있다. 빠르게 성장하는 복합기업 conglomerates은 전환증권을 교묘하게 활용하고 있다. 표 16-3은 전환사채나 신주인수권과 관련

〈표 16-3〉 1969년 말 전환사채 및 신주인수권 발행 물량이 많은 기업(단위: 천 주)

	보통주 발행주식수	희석가능 보통주 수량			
		전환사채	전환우선주	신주인수권	전체
애브코	11,470	1,750	10,436	3,085	15,271
걸프 앤드 웨스턴	14,964	9,671	5,632	6,951	22,260
ITT	67,393	190	48,115	–	48,305
링-템코-보트	4,410[a]	1,180	685	7,564	9,429
내셔널 제너럴	4,910	4,530	–	12,170	16,700
노스웨스트 인더스트리[b]	7,433	–	11,467	1,513	12,980
래피드 아메리칸	3,591	426	1,503	8,000	9,929

a 특별 주식 포함
b 1970년 말

해 대량의 주식 희석이 가능한 일곱 개 기업을 보여준다.

보통주에서 전환우선주로 교체 전략

1956년 이전 수십년간, 일반적으로 같은 회사의 전환우선주보다 보통주의 배당수익률이 더 높았다. 특히 우선주 전환권의 행사가격이 보통주의 시장가격과 근접한 경우 더욱 그러했다. 그러나 현재는 그 반대 상황이 일반화되었다. 그 결과 관련 보통주보다 전환우선주가 훨씬 더 매력적인 경우가 많다. 보통주 보유자는 자신의 후순위 주식인 보통주를 선순위 주식인 우선주로 교체함으로써 아무 손해 없이 차익을 얻을 수 있다.

사례: 1970년 말 스투드베이커-워딩턴Studebaker-Worthington Corp. 보통주는 57달러에 거래되었고, 5달러 배당을 지급하는 전환우선주는 87.5달러에 거래되었다. 전환우선주는 1.5주 보통주로 전환 가능했으므로, 이는 보통주 가치

로 환산하면 85.5달러였다. 이로 인해 전환우선주로 갈아타려면 보통주 대비 약간의 추가자금을 부담해야 했다. 그러나 배당 측면에서 보통주는 연간 1.20달러(1.5주 기준으로 1.80달러)를 지급했지만, 전환우선주는 한 주당 5달러의 배당을 지급했다. 따라서 초기의 불리한 가격 차이는 1년도 안 되어 배당으로 보상받게 되며, 이후에는 배당수익률이 높은 전환우선주가 보통주보다 훨씬 유리한 조건이 될 것으로 예상되었다.

가장 중요한 점은 이러한 교체매매를 통해 보통주 보유자가 선순위권을 확보한다는 것이다. 1968년과 1970년의 낮은 주가 상황에서 전환우선주는 보통주 패키지(1.5주)의 가치보다 15포인트 높은 가격에 거래되었다. 또한 전환권이 있기 때문에 전환우선주는 보통주 패키지 가격보다 낮게 거래되지는 않는다.*

신주인수권

긴 말이 필요 없을 것 같다. 최근에 확장되고 있는 신주인수권은 현실적 위협이며, 잠재적 재앙이다. 한마디로 사기다. 이들은 순전히 거품을 기반으로 막대한 가치를 창출해냈다. 신주인수권 Stock-Option Warrants 의 존재 이유는 투자자와 투기꾼을 오도하는 것 외에는 없다. 따라서 법으로 금지하거나, 최소한 기업 총 자본금의 극히 일부로 발행 비중을 엄격히 제한해야 한다.

---

* 1971년 말, 스투드베이커-워딩턴의 보통주는 최저 38에 거래된 반면, 5달러 배당이 지급되는 우선주는 77 부근에서 거래되었다. 이 차이는 1년 동안 2포인트에서 20포인트로 확대되었으며, 이는 이러한 교체 전략의 유용성을 다시 한번 보여줄 뿐만 아니라 주식시장이 종종 산술적 균형을 무시하는 경향이 있음을 시사한다. (참고로 1970년 12월에 우선주가 보통주 대비 소폭 비쌌던 부분은 이후 더 높은 배당금으로 보상되었다.)

문학에서도 유사한 사례가 나오는데, 대표적으로 괴테의 소설 『파우스트』 2부에 나오는 지폐의 발명 장면을 들 수 있다. 물론 월스트리트 역사에서도 이런 흉흉한 선례가 있다. 아메리칸 앤드 포린 파워 American & Foreign Power Co. 의 신주인수권도 그런 선례 중 하나이다. 이 신주인수권은 1929년에 회사 대차대조표의 각주에만 기재되어 있었음에도 불구하고, 시장 가치가 10억 달러 이상으로 평가되었다. 그러나 1932년까지 이 가치는 800만 달러로 급락했으며, 1952년에는 회사의 구조조정 과정에서 해당 신주인수권은 전액 소멸되었다. 회사가 지급 불능 상태에 빠지지 않았음에도 발생한 일이다.

원래 신주인수권은 채권을 발행할 때 가끔 부여되어 전환권의 일부 역할을 하곤 했다. 발행량이 적어 중요하지 않았고, 따라서 별다른 해를 끼치지도 않았다. 그러나 1920년대 후반, 여러 금융 남용 사례들과 함께 사용이 확대되었다가 이후 오랫동안 자취를 감췄었다. 하지만 마치 불량주화처럼 다시 등장하였고, 1967년 이후 익숙한 금융 수단으로 자리를 잡았다. 특히 새로운 부동산 개발 프로젝트를 위한 자본 조달에서는 표준화된 절차의 일부가 되었다. 예를 들면 대형 은행의 계열사들이 신규 부동산 사업을 위해 보통주와 더불어 보통주를 같은 가격에 매수할 수 있는 신주인수권을 한 단위로 구성하여 판매하는 방식이다. 1971년 클리브트러스트 리얼티 인베스터 CleveTrust Realty Investors 는 신주인수권부보통주 250만 주를 단위당 20달러에 발행했다.

이 금융 구조에서 실제로 무슨 일이 벌어지고 있는지 잠시 살펴보자. 일반적으로 회사 이사회가 자본을 증자할 필요가 있다고 판단할 때, 신규로 발행되는 보통주를 우선적으로 매수할 권리, 이른바 '신주인수권'은 보통주 주주가 가진다. 이러한 신주인수권은 배당을 받을 권리, 회사 성장에 참여할 권리, 이사를 선출할 권리와 더불어 보통주의 가치를 구성하는 요소 중 하나다. 그러나 별도의 신주인수권이 발행되면, 보통주에 내재된 가치를 일부 분리해 별도의 증서로 전환시키는 결과를 초래한다. 이는 배당을 받을 권리(제한 기간이 있거나 없는), 기업의 매각이나 청산 수익에 참여할 권리, 혹은 의결권을 별도의 증서로 발행하는 것과 유사한 상황이다. 그렇다면 주주들은 왜 이러한 신주인수권을 기업의 자본 조달 수단의 하나로 받아들이는가? 그 이유는 사람들이 금융에 대한 이해가 부족하기 때문이다. 신주인수권이 발행되기 전보다 발행된 후에는 보통주의 가치가 더 낮아진다는 사실을 인지하는 사람은 많지 않다. 따라서 주식과 신주인수권 패키지는 주식만 있는 경우보다 시장에서 더 높은 가격에 거래되는 경향이 있다. 또한 일반적인 회사 보고서에서는 발행된 신주인수권의 영향을 배제한 채 EPS를 산출하는 경우가 대부분이다.(또는 과거에는 그랬다.) 이는 당연히 EPS와 보통주의 가치를 과대평가하는 결과로 이어진다.

신주인수권의 희석 효과를 반영하는 가장 간단하고 최선의 방법은 신주인수권의 시장 가치를 보통주 시가총액에 더하여, 주당 실질 가격을 산출하는 것이다. 보통 대규모 신주인수권이 선순위증권(채권이나 우선주 등)과 연계되어 발행된 경우, 이 조정을 수행하는 방식으로 일반적으로는 신주인수권이 행사될 때 받게 되는 주식 대금을 관련 채권이나 우선주를 상환하는 데 사용한다고 가정하고 있다. 그러나 이 방법은 신주인수권이 내재가치를 초과하여 가지는 '프리미엄'을 충분히 반영하지 못한다. 이에 대한 예로 내셔널 제너럴National General Corp.의 1970년 데이터를 사용하여 두 가지 계산 방식의 영향을 비교한 표 16-4를 참고할 수 있다.

또한 회사가 신주인수권 발행을 하면 자본 조달의 불확실성이 커진다는 문제도 있다. 일반적으로 회사는 신주인수권 보유자에게 만기일 이전에는 권리를 행사하도록 강제하지 못한다. 따라서 회사가 만기일 이전에 추가적인 자금을 조달하려면 통상적인 방식으로 보통주를 기존 주주들에게 발행해야 한

〈표 16-4〉 대규모 신주인수권을 감안한 보통주의 '실질 주가'와 수정 PER
(1971년 6월 내셔널 제너럴 사례)

1. 실질 시장 가격	
1971년 6월 30일 신주인수권의 시장 가치(3종목)	94,000,000 달러
보통주 1주당 신주인수권 가치	18.80 달러
보통주 단독 가격	24.50 달러
신주인수권을 감안한 보통주의 수정 주가	43.30 달러

2. 신주인수권을 통한 희석을 감안한 PER 계산

(1970년 EPS)	워런트 발행 전	신주인수권 희석 전	신주인수권 희석 후
		회사 계산	내 계산
A. 특별손실 반영 전			
EPS(달러)	2.33	1.60	2.33
보통주 주가(달러)	24.50	24.50	43.30(수정)
PER(배)	10.5	15.3	18.5
B. 특별손실 반영 후			
EPS(달러)	0.90	1.33	0.90
보통주 주가(달러)	24.50	24.50	43.30(수정)
PER(배)	27.2	18.4	48.1

회사 계산에서는 특별손실이 발생하면 EPS는 증가하고 PER은 낮아지나, 이것은 말도 안 된다. 내가 제안하는 방법에서는 당연히 PER이 크게 높아지는 효과가 있다.

다. 이는 대개 시장 가격보다 낮은 가격에서 이루어진다. 이 과정에서 신주인수권은 아무런 도움이 되지 않을 뿐만 아니라, 행사가격을 하향 조정해야 하며 상황이 더욱 복잡해진다. 다시 한번 강조하겠다. 대규모 신주인수권 발행은 실질적인 목적을 수행하지 못하며, 단지 가상의 시장 가치를 만들어내기 위한 수단에 불과하다.

괴테가 『파우스트』를 집필할 당시, 프랑스에서 발행된 아시냐Assignats는 놀라운 발명품이라고 환영받으며 지폐처럼 통용되었으나, 결국 가치가 급속도로 떨어져 휴지조각이 되어 버렸다. 이는 아메리카 & 포린 파워American & Foreign Power

에서 발행한 10억 달러 규모의 신주인수권이 겪은 운명과 동일하다.

괴테의 다음 대사는 이러한 발명품에 정말 잘 어울린다.

파우스트: 아무리 상상력을 발휘해 봐도, 결국 완전히 파악할 수는 없을 것입니다.

메피스토펠레스 (발명가): 돈이 필요하다면 브로커들이 만들어 줍니다.

광대 (결국): 마법의 종이로구나…

추가 해설

신주인수권은 존재 자체가 범죄다. 물론 신주인수권 역시 한 번 발행되고 나면, 다른 형태의 증권처럼 이익을 보는 사람도 있다. 최근 발행된 신주인수권 대부분 5년에서 10년 사이에 만료되는 만기가 있다. 예전에는 만기가 없이 영구적인 신주인수권이 발행되기도 했었는데, 중장기 가격 추이를 살펴보면 재미있다.

예를 들어 1929년 발행된 트리 컨티넨탈Tri-Continental Corp.의 신주인수권은 대공황 시기 최저점이 0.03달러까지 하락했으나 1969년에는 75.75달러로 상승하며, 약 24만2천%라는 천문학적인 상승률을 기록했다. (당시 신주인수권 가격은 실제 주식 가격보다 훨씬 높게 거래되었는데, 이런 상황은 주식분할 같은 기술적 이유 때문에 종종 발생한다.)

최근 사례로는 링-템코-보트Ling-Temco-Vought의 신주인수권을 들 수 있다. 1971년 상반기에 이 신주인수권은 2.5달러에서 12.5달러로 상승한 후, 다시 4달러로 하락했다.

신주인수권에 지혜롭게 투자하는 방법도 있지만, 이는 지나치게 기술적인 문제이므로 여기에서 다루지 않겠다. 다만 신주인수권은 일반적으로 채권이나 우선주의 전환권 가치보다 상대적으로 높은 가격에 거래되는 경향이 있다. 이러한 점에서 발행사의 입장에서는 전환증권을 통해 동일한 희석 효과를 만드는 것보다 신주인수권이 첨부된 채권을 발행하는 것이 더 나은 선택이라는 주장도 일리가 있다. 따라서 신주인수권 발행량이 비교적 적다면 크게 문제가 되지 않는다. 그러나 신주인수권 발행량이 기존 발행주식수에 비해 과도하게 많다면, 이는 기업의 자본구조가 과도하게 부풀려져 있을 가능성이 크다. 이런 경우 기업은 신주인수권을 발행하는 대신, 보통주를 발행하는 것이 더 적절하다. 따라서 채권을 발행할 때 활용하는 소규모의 신주인수권을 비판하는 것은 아니다. 다만 이러한 종류의 거대한 '종이 괴물'을 무분별하게 만들어내는 행태를 지적하는 것이다.

16장 논평

— 제이슨 츠바이크

"나는 옵션 거래로 두 아이를 하버드에 보냈다.

안타깝게도 그 아이들은 내 브로커의 자식들이었다."

— 오래된 월가 농담*

오늘날 미국에서 대부분의 전환사채는 장외에서 거래된다. 최초 발행 시에는 기관 투자자만 매수할 수 있으며, 이후에도 극소수의 부유한 개인만이 이를 매수할 수 있다. 그마저도 대부분의 브로커들은 규제 및 법적 책임을 우려하여 개인 투자자에게 전환사채를 권하지 않으려 한다. (다만 전환사채에 특화된 뮤추얼펀드나 ETF는 아무나 이용 가능하다.)**

---

* 마이클 르부프 Michael LeBoeuf 2001 인용.

** 트레이시 V. 메이틀랜드 Tracy V. Maitland 외, 『전환증권 Convertible Securities』(맥그로-힐, 2022)은 전환사채에 대해 더 깊이 알고자 하는 이들을 위한 종합적인 안내서다.

그레이엄이 16장에서 전환사채와 신주인수권에 대해 여러 비판을 제기하고 있지만, 당시 그에게 주식 옵션에 대해 조심하라고 투자자들에게 경고해야 한다는 발상은 떠오르지도 않았을 것이다. 왜냐하면 표준화된 형태의 주식 옵션이 전국 거래소에서 처음 거래되기 시작한 것이 1973년이었기 때문이다. 하지만 오늘날에는 수백만 명이 옵션을 거래한다. 그들 중 다수는 옵션에 대해 거의 이해하지 못한 채 거래하고 있고, 일부는 신중하게 활용하지만 다른 일부는 무모하게 남용한다.

옵션 가격을 프리미엄이라 부르는 근거

옵션option은 라틴어 optio, 즉 '선택'에서 유래한 말로, 특정 자산(보통 주식이나 주가지수)을 정해진 가격에, 정해진 날짜에 매수 또는 매도할 수 있는 권리를 의미한다. 매수할 수 있는 권리는 콜call 옵션, 매도할 수 있는 권리는 풋put 옵션이라 부른다. (전환사채는 해당 기업의 보통주에 대한 콜옵션을 포함한 일종의 회사채다.)

옵션은 보험의 일종이라고 볼 수 있다. 그래서 옵션에 대해 지불하는 금액을 '프리미엄premium'이라고 부르기도 한다. 옵션을 통해 투자자는 손실 위험, 수익 기회를 놓칠 위험, 혹은 미리 정한 가격 범위 내에서 발생할 수 있는 특정한 상승 또는 하락 위험에 대비할 수 있다.

옵션은 위험과 수익의 구조를 재편한다. 유망한 주식에 대해 콜옵션을 매수했는데 만약 그 주식이 짧은 기간 안에 크게 오른다면, 주식 자체를 매수했을 때보다 훨씬 높은 수익률을 기대할 수 있다. 하지만 주식이 하락하거나, 충분히 오르지 않거나, 너무 늦게 오른다면 옵션 가치는 0이 될 수도 있다. 보유 중인 주식에 대해 콜옵션을 매도하면 주가 하락에 따른 손실 위험은 일부 줄일 수 있지만, 주가가 급등할 경우 일정 수준 이상의 수익은 모두 놓치게 된다. 풋옵션이나 콜과 풋의 조합도 마찬가지로, 기초자산의 위험과 보상의 구조를 변화시킨다.

옵션은 만기가 있고, 그 가격이 다른 자산의 변동에 따라 결정되기 때문에 '사두고 잊어버리는' 식의 투자가 거의 불가능하다. 옵션 거래는 오직 공격적 투자자들을 위한 것이다.

버지니아 맥클린 소재 투자자문사 베스트 파이낸셜의 리서치 수석 고문 조앤 힐은 "옵션을 주식 보유의 대안으로 활용하거나, 수익을 목표로 하거나, 수익 구조를 재편하기 위해 성공적으로 사용하려면 정말 깊이 있는 위험 분석이 필요합니다"라고 말한다. 그리고 "개인이 옵션 전략이나 옵션 투기에 시간을 들이고 전문성을 발휘할 수 있는 경우는 드뭅니다"라고 덧붙였다.

하지만 스스로 그렇게 할 수 있다고 생각하는 사람들은 흔하다.

왜 당신의 브로커리지 앱은 옵션 거래를 끊임없이 권할까

옵션은 직접 거래할 수도 있고, 위험을 관리하거나 수익을 창출하기 위해 옵션을 활용하는 펀드를 매수할 수도 있다. 옵션을 직접 거래하는 데 있어 가장 먼저 이해해야 할 점은 월스트리트에는 당신이 옵션 거래를 하도록 유도할 강력한 유인이 존재한다는 것이다.

불과 얼마 전까지만 해도 브로커들은 당신이 뮤추얼펀드를 매수할 때 5% 이상, 주식을 매수하거나 매도할 때도 1% 이상의 수수료를 받을 수 있었다. 하지만 인덱스펀드, ETF, 그리고 초고속 기술의 치열한 경쟁으로 인해 그 높은 수수료는 사라져버렸다.

하지만 옵션에서는 브로커리지 회사들이 여전히 막대한 수익을 올린다. 거래를 중개하는 마켓메이커들은 주식보다 옵션 주문을 처리할 권리를 얻기 위해 브로커들에게 훨씬 더 많은 리베이트를 지불한다. 또한 주식과 달리 옵션은 만기가 있고, 그 만기는 대개 몇 달을 넘기지 않는다. 즉 동일한 포지션을 유지하려면 반복적으로 거래해야 하며, 그때마다 브로커는 더 많은 수익을 얻게 된다.

그림 16-1에서 보듯 2023년 상반기에 로빈후드는 고객들의 옵션 거래로 2억 6천만 달러의 수익을 올렸다. 이는 주식 거래로 벌어들인 수익의 다섯 배에 달하는 금액으로, 고객들이 주식을 옵션보다 두 배 반 더 자주 거래했음에도 불구하고 이런 결과가 나왔다.

〈그림 16-1〉 수수료를 챙길 수 있는 곳

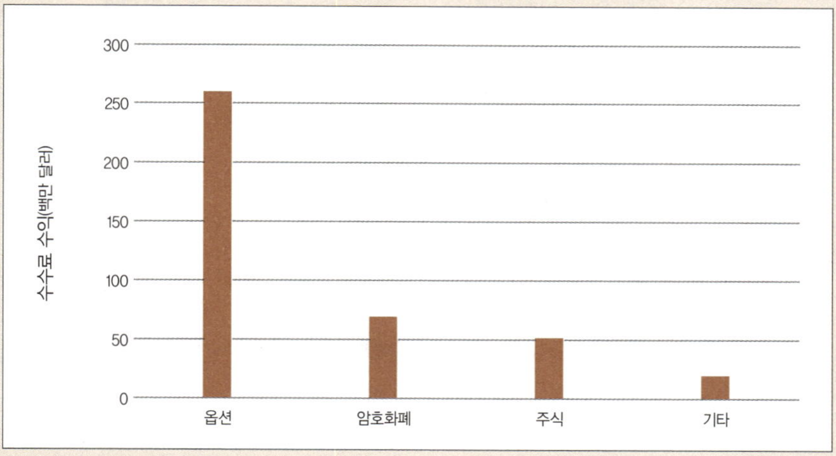

* 2023년 상반기 기준 데이터
출처: 로빈후드

브로커리지 회사들이 고객들에게 옵션 거래를 끊임없이 권유하는 것도 당연하다. 고객들로부터 많은 돈을 벌어들일 수 있는 가장 확실한 수단이기 때문이다.

규칙도 모른 채 도박하기

많은 사람들이 옵션 거래에 대해 잘 알지 못한다는 점은 브로커리지 업계에 다행스러운 일이다. 심지어 자신이 모른다는 사실조차 모른다.

2021년 말, 미국 투자자 2,800여 명을 대상으로 한 설문조사에 따르면, 그들 중 거의 일곱 명 중 한 명꼴로 옵션 거래를 해본 적이 있었다. 그들 가운데 62%는 매우 쉽게 맞혔어야 할 질문에 틀린 답을 했다.

〈그림 16-2〉 실패도 옵션이다

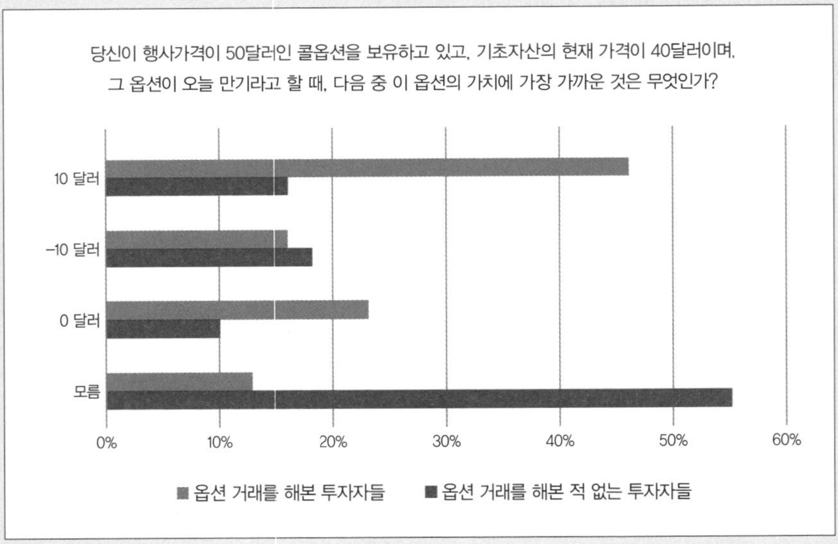

출처: FINRA 재단

여기서 설명된 옵션은 현재 40달러에 거래되는 주식을 50달러에 살 수 있는 권리를 준다. 오늘 40달러에 살 수 있는 것을 굳이 50달러에 살 이유는 없기 때문에, 누구도 이 옵션을 행사하려 하지 않을 것이며, 결국 이 옵션은 아무런 가치 없이 만료된다. 따라서 그 가치는 0달러다.

그럼에도 불구하고 옵션 거래를 해본 설문 응답자 중 거의 절반이 이 옵션의 가치가 10달러라고 생각했다. 이들은 옵션 거래를 해본 적 없는 사람들보다 이 오답을 고를 가능성이 세 배나 높았는데도, 자신이 모른다고 인정하는 빈도는 훨씬 낮았다.

이처럼 쉬운 질문에도 답하지 못한 채 옵션을 거래하는 것은 포커에서 '포카드four of a kind'가 단순히 4가 들어간 패라고 생각하면서 이기길 기대하는 것과 같다. 이건 단순한 도박 정도가 아니다. 규칙조차 모른 채 벌이는 도박이다.

이러한 위험한 행태는 '0DTE' 옵션이라 불리는 만기 당일 옵션zero-days-to-expiration options의 폭발적 인기 때문에 더욱 악화되었다. 이 옵션은 매수한 날과 같은 날에 만료되므로 변동성이 극대화된다. 특정 주식이나 지수가 오늘 하루 안에 오를지 내릴지를 두고 돈을 거는 것은 금융시장 안에서 가능한 순수한 형태의 위험에 가장 가까운 행위다.

예측이 맞으면 당일 안에 투자금의 몇 배를 벌 수 있지만, 틀리면 동일한 속도로 전액 손실을 볼 수도 있다. 이기기만 하면 짜릿할 수 있겠지만, 그건 마치 다음 빗방울이 자동차 유리창의 어디에 떨어질지를 두고 돈을 거는 것이나 다름없다.

빠른 거래, 빠른 손실

"시장도 하늘처럼 스스로 돕는 자를 돕는다"고 워렌 버핏은 썼다. 그러고는 "하지만 하늘과는 달리 시장은 자기가 무슨 짓을 하는지 모르는 자를 용서하지 않는다"고 덧붙였다.

네덜란드의 한 온라인 브로커리지에서 옵션 거래를 했던 2만 6천여 명을 대상으로 한 연구에 따르면, 거래 비용을 반영한 후 이들의 수익률은 같은 회사에서 주식만 거래한 고객들보다 월간 기준 2.75%포인트 낮았다.

최근 연구에 따르면, 2019년 11월부터 2021년 6월 사이에 미국에서 개인 투자자들이 옵션 거래로 입은 손실은 총 21억 달러에 달했다. 이 과정에서 그들은 73억 달러에 이르는 브로커리지 비용도 부담했다. 사실상 막대한 부(富)가 메인스트리트(일반 투자자)에서 월스트리트(금융업계)로 무분별하게 이전되고 있는 것이다.

최근 한 연구에 따르면, 2010년부터 2021년 사이에 기업 실적 발표 시점에 옵션에 베팅한 개인 투자자들은 평균 5%~9%의 손실을 보았으며, 그 규모는 약 30억 달러에 달하는 것으로 나타났다.*

지금까지의 논의가 옵션 거래가 의미 없다는 뜻은 절대 아니다. 다만 다른 자산으로는 달성할 수 없는 구체적인 목표가 있을 때만 옵션을 거래해야 한다는 뜻이다. 옵션은 과세 방식이 다르고, 브로커리지 비용이 더 높으며, 다른 투자자산보다 훨씬 더 면밀한 관리가 필요하기 때문에, 그만큼 더 높은 기준을 충족해야 한다.

커버드 콜의 진실

보유한 주식과 함께 사용하는 보수적인 옵션 전략은 위험을 줄이거나, 수익을 창출하거나, 또는 그 둘을 동시에 이룰 수 있다. 이미 보유하고 있는 주

* 롭 바우어 외, 「옵션 거래 및 개인 투자자 성과Option Trading and Individual Investor Performance」, bit.ly/3ZITgdp; 스베틀라나 브리츠갈로바Svetlana Bryzgalova 외, 「개인 옵션 거래와 빅3 도매업체의 부상Retail Trading in Options and the Rise of the Big Three Wholesalers」, bit.ly/46yemh2; 팀 드 실바 외, 「잃는 것도 옵션이다Losing Is Optional」, bit.ly/3FqiPX7.

식에 대해 콜옵션을 매도하면, 그 주식의 불확실한 미래 수익을 확정된 현재 수익으로 전환하게 된다. 선취하는 프리미엄은 단기적인 주가 하락에 대한 완충 역할을 해준다. 그 대가로 일정 수준 이상의 주가 상승에 대한 참여권을 포기하게 된다.

커버드 콜 전략, 즉 보유주식에 '콜옵션을 매도하는 writing' 전략은 적당한 수익률을 내는 주식이나 지수에 가장 적합하다. 주가가 급락하면 콜옵션을 팔아 얻은 수익만으로는 손실을 만회할 수 없다. 반대로 주가가 급등하면 콜옵션의 매수자가 미리 정해진 행사가격에 당신의 주식을 싸게 가져갈 수 있고, 손해를 감수하고 옵션을 되사들이지 않는 한 당신은 이후의 수익 기회를 놓치게 된다.

대부분의 투자자가 주식을 보유하는 주된 이유는 미래 성장에 대한 참여이므로, 이 기회를 놓친다는 점은 커버드 콜 전략의 중대한 단점이다.

하지만 주가가 좁은 범위 내에서 움직인다면, 커버드 콜 매도는 꾸준한 수익을 창출하면서 주식 단독 보유에 따른 위험을 줄여준다. 자신이 기대하는 목표 주가에 맞춰 행사가격을 설정할 수 있으며, 행사가격을 높게 설정할수록 선취 프리미엄은 줄어들지만, 추가 수익을 얻을 수 있는 가능성은 커진다.

2022년에 주식과 채권이 모두 큰 타격을 입은 이후, 커버드 콜 펀드가 급부상했다. JPMorgan Equity Premium Income ETF는 2022년 초부터 2023년 말까지 무려 260억 달러에 달하는 신규 자금을 투자자들로부터 끌어모았고, 그 자매 펀드인 JPMorgan Nasdaq Equity Premium Income ETF 역시 80억 달러가 유입되었다.

이러한 펀드들과 일반적인 커버드 콜 전략은 대체로 약속한 대로 성과를 내왔다. 즉 주식에서 얻는 수익의 상당 부분을 확보하면서도 손실은 줄이고, 중간에 더 많은 수익을 제공하는 방식이다. '버퍼드 Buffered' 펀드라 불리는 상품들은 풋옵션과 콜옵션과 결합한 다양한 옵션 전략을 활용하여 주가지수에 대한 노출을 조절한다. 이는 큰 수익 가능성을 일부 포기하는 대신, 큰 손실 위험을 줄이는 방식이다. 또한 투자자가 직접 옵션 거래를 할 필요도 없게 해준다.

하지만 더 저렴하고 더 단순한 형태로 주식의 위험을 줄이는 다른 대안들이 있다.

2021년 이후 금리가 급등하면서 머니마켓 뮤추얼펀드, 미국 단기 국채, 정기예금[CD] 등을 통해 5% 이상의 수익을 올릴 수 있게 되었다. 이는 현금을 전체 주식 포트폴리오의 20%만 보유해도 수익률이 1%포인트 상승함을 의미한다. 주식과 함께 현금을 보유하는 것보다 더 안전하고 더 단순하게 수익을 창출하는 방법은 없다.

또 다른 방법으로는 주식 포트폴리오에서 매달 일부를 매도하여 수익을 실현하는 방식도 있다. 미국의 경우 이때 발생한 수익은 최고 약 20% 수준의 자본이득세율로 과세된다(또는 일부 포지션을 손실 상태에서 매도하면 세금이 줄어들 수도 있다). 반면 커버드 콜 매도를 통해 얻는 수익은 대체로 훨씬 높은 세율로 과세된다.

옵션을 선택해야 할 때

다음은 옵션이 합리적인 선택이 될 수 있는 몇 가지 가상의 사례들이다.

- 당신은 약 15개월 뒤 주택 계약금으로 쓸 10만~16만 달러 정도를 따로 마련하고 싶다. 현재 일라이 릴리의 주식 200주를 보유하고 있으며, 2023년 말 한 시점에 이 주식은 주당 약 600달러에 거래되었고, 총 가치는 12만 달러 조금 넘는 수준이었다. 이 경우 다음과 같은 전

략을 쓸 수 있다: 200주에 대해 행사가격 800달러, 15개월 후 만기인 콜옵션을 매도하면 7,000달러의 프리미엄을 받을 수 있다. 동시에 같은 만기와 수량으로 행사가격 500달러의 풋옵션을 매수하면 7,000달러의 비용이 든다. 이 전략을 통해 주당 800달러 이상으로는 팔 수 없지만, 주당 500달러 이하로 팔 위험도 제거된다. 즉 어떤 상황에서도 당신은 세전 기준으로 최종 가치를 10만~16만 달러 사이로 고정할 수 있게 된다.

- 당신의 이모가 최근 세상을 떠났고, 유언에 따라 10만 달러 상당의 S&P 500 인덱스펀드를 상속받게 되었다. 해당 지분은 6개월 후에 수령하게 되며, 당신은 이를 좋아하는 자선단체에 기부하고자 한다. 기부금액이 10만 달러 아래로 떨어지지 않도록 보장받기 위해, S&P 500에 대한 풋옵션을 매수할 수 있다. 옵션 프리미엄으로 수천 달러를 지불하게 되며, 시장 상승 시 이 금액은 잃게 되지만, 그 대가로 6개월 후 기부금의 최소 가치를 10만 달러로 확정할 수 있다.
- '1장 논평'에서 언급한 미친 돈 계좌로 투기를 하고 싶다면, 사고자 하는 주식에 대해 콜옵션을 매수하는 것은 시도해볼 만하다. 콜옵션은 100주를 직접 매수하는 것보다 훨씬 적은 금액으로 거래할 수 있기 때문에, 더 적은 자본으로 더 높은 수익률을 실현할 가능성이 있다. 하지만 이 전략은 높은 브로커리지 비용, 잦은 거래, 면밀한 관리가 필요하다. 주가가 상승하지 않거나, 충분히 오르지 않거나, 오히려 하락할 경우 프리미엄 전액을 날릴 위험이 있다. 더 나쁜 것은 옵션 거래의 흥분감과 아드레날린에 휘말려 당신이 투자자가 아니라 투기꾼이 되어버릴 위험이 있다는 점이다.

17장

네 가지 극단적 사례

이 장의 제목에 붙인 '극단적'이라는 단어는 일종의 말장난이다. 월스트리트에는 참으로 다양한 극단적인 사건들이 과거에도 일상적으로 있었고, 최근에도 여전히 나타나고 있기 때문이다. 이런 사례들에는 주식 및 채권시장에 관여하는 모든 이들에게 보내는 교훈과 심각한 경고가 담겨있다. 이는 단순히 일반 투자자나 투기꾼뿐만 아니라, 전문직 종사자, 애널리스트, 펀드 매니저, 신탁 계좌 관리자, 그리고 기업에 자금을 대출하는 은행가들에게도 해당된다. 우리가 살펴볼 네 개의 기업과 이 기업들이 관련된 극단적인 사례는 다음과 같다.

펜 센트럴 Penn Central (Railroad) Co.

재무적 부실화의 징조가 되는 지표들을 관리하고 감독해야 할 모든 책임자들이 이를 방조해서 발생한 극단적인 사례. 휘청이는 대기업의 주가가 터무니없이 높게 형성되었다.

링-템코-보트 Ling-Temco-Vought Inc.

성급하고 허술하게 기업 제국을 건설하려다 결국 붕괴된 사례. 무분별한 은행 대출도 한몫했다.

NVF NVF Corp.

기업 인수의 극단적인 사례. 한 작은 회사가 자신의 일곱 배 규모인 회사를 인수하면서 막대한 부채를 떠안았으며, 그 과정에서 사용한 회계 기법은 정말 경악스럽다.

AAA 엔터프라이즈 AAA Enterprises

가치를 평가할 만한 거리조차 없는 작은 회사가 '프랜차이즈'라는 기발한 단어 하나로 높은 공모가로 주식을 공개한 사례. 유력 증권사가 이를 후원했으며, 상장 초기에 부풀려진 가격이 두 배로 오른 지 불과 2년 만에 회사는 파산했다.

펜 센트럴 사례

펜 센트럴 Penn Central 은 자산 규모와 매출액 면에서 미국 최대의 철도기업이다. 1970년 이 회사가 파산하자, 금융계는 충격에 빠졌다. 이 회사가 발행한 채권 대부분은 채무불이행 되었으며, 사업 전체의 운영을 중단할 위기에 직면했다. 해당 회사의 증권 가격은 급격히 하락하였으며, 주식의 경우 1968년에 기록한 최고가 86.5에서 1970년 최저가 5.5로 폭락했다. (구조조정 과정에서 이 주식은 상장폐지될 가능성이 매우 높은 것으로 보인다.)

기본적으로 아주 단순한 증권분석 규칙과 건전한 투자 기준만 적용했어도 이 회사의 근본적인 위험을 파산 이전에 충분히 파악할 수 있었을 것이다. 이는 특히 1968년, 해당 주식이 1929년 이후 최고가를 기록하던 시점에서는 명백했다. 당시 이 회사의 채권은 표면금리가 비슷한 공익기업의 안전한 채권과 비슷한 가격으로 교환할 수 있었다. 이 사례에 대하여 하나씩 설명하면 다음과 같다.

1. 『S&P 채권 가이드』에 따르면 펜 센트럴의 이자보상배율은 1967년에 1.91배, 1968년에 1.98배로 나타나 있다. 나의 저서 『증권분석』에서 철도채권에 대해 제시한 최소 이자보상배율 기준은 세전 기준 다섯 배, 세후 기준 2.9배이다. 내가 아는 한, 이 기준의 타당성에 대해 투자 권위자 중에는 아무도 의문을 제기한 적이 없다. 이 회사의 경우, 세전 기준 다섯 배는 물론, 세후 기준으로도 안전성에서 크게 부족한 상태였다. 특히 세후 요건은 세전 기준 다섯 배를 기준으로 하며, 이자 비용을 차감한 후 일반 세율에 따른 법인세를 차감하여 산출된 값에 근거하는데, 펜 센트럴은 지난 11년 동안 사실상 소득세를 거의 내지 않았으므로 결과적으로 세전 이자보상배율이 두 배에도 미치지 못하는 수준이며, 이는 보수적으로 정한 기준 다섯 배와 비교할 때 터무니없이 부족했다.
2. 회사가 이렇게 오랜 기간 동안 소득세를 내지 않는다면, 회사가 발표한 이익의 신뢰성에 대해 심각하게 의심해야 한다.
3. 1968년과 1969년, 펜 센트럴 시스템의 채권은 가격이나 수익률 손실 없이 훨씬 더 안전한 채권으로 교환할 수 있었다. 예를 들어 1969년 펜실베이니아 레일로드(펜 센트럴 자회사)의 만기 1994년 표면금리 4.5% 채권가격의 범위는 61에서 74.5였으며, 펜실베이니아 일렉트릭의 4.375% 채권(1994년 만기)은 64.25에서 72.25의 범위에서 움직였다. 이 공익기업의 경우 1968년 세전 이자보상배율이 4.20배였던 반면,

펜 센트럴은 1.98배에 불과했다. 1969년에는 이 격차가 더욱 심화되었다. 이 공익기업 채권은 펜 센트럴 채권 보유자들에게는 구원의 길이었으며, 당연히 교체했어야 했다. (1970년 말, 펜실베이니아 레일로드의 4.5% 채권은 지급불능 상태가 되었고 18.5까지 하락한 반면, 펜실베이니아 일렉트릭의 4.375% 채권은 66.5에 마감되었다.)

4. 펜 센트럴은 1968년에 주당 3.80달러의 이익을 발표했다. 그 해 주식의 최고가는 86.5였으며, 이는 PER 24배에 해당한다. 그러나 유능한 애널리스트라면 이와 같은 이익이 실제로 얼마나 신뢰할 수 있는지 의문을 가졌을 것이다. 특히 이익에 대해 법인세를 전혀 납부하지 않은 상태에서 발표된 이익이라면 더욱 그랬을 것이다.
5. 1966년, 새로 합병되어 설립된 회사는 EPS가 6.80달러라고 발표했다. 이에 따라 주가는 나중에 최고가 86.5에 도달했으며, 이는 기업 가치가 20억 달러 이상이라는 의미였다. 하지만 그 당시 이 주식을 구매한 사람들 중 그 누구도 1971년이 되면 '합병과 관련된 비용과 손실'로 2억 7,500만 달러, 즉 주당 12달러가 차감될 것이라는 사실은 몰랐을 것이다. 월스트리트라는 경이로운 세계에서는 같은 회사가 여기서는 EPS가 6.80달러라고 발표하고, 저기서는 12달러의 '특별비용과 손실'을 발표하는 일이 비일비재하다. 그리고 그런 상황에서도 주주와 투기꾼들은 아무 생각 없이 마냥 즐거워한다.
6. 철도주 애널리스트라면 펜 센트럴의 경영 상황이 제대로 굴러가는 다른 철도주들에 비해 매우 열악하다는 사실을 오래 전에 알았을 것이다. 예를 들어 펜 센트럴의 운송 비율은 1968년에 47.5%였던 반면, 이웃 회사인 노퍽 앤드 웨스턴은 35.2%였다.
7. 그 과정에서 이상한 거래들이 있었으며 그러한 거래들은 특이한 회계

결과를 유발했다.* 그 세부 사항은 너무 복잡하여 여기서는 생략한다.

결론: 경영을 더 잘 했다면 펜 센트럴의 파산을 막을 수 있었을 지도 모른다. 그러나 1968년 이후, 유능한 증권 애널리스트, 펀드 매니저, 신탁 담당자, 투자 상담사가 관리하는 어떤 증권 계좌에도 펜 센트럴의 채권과 주식이 남아 있으면 안 된다는 것은 확실하다.

교훈: 증권 애널리스트는 주식시장의 움직임을 연구하거나 정교한 수학적 계산을 하거나 탐방을 나가기 전에 그들의 본업에 충실해야 한다.

링-템코-보트 사례

이것은 무분별한 확장과 과도한 부채 때문에 결국 막대한 손실과 심각한 재무적 문제를 초래한 사례이다. 이 거대 제국의 급격한 부상과 치욕적인 몰락의 중심에는 우상화된 '젊은 천재'가 있으며, 그에게 일차적인 책임이 있다. 그러나 비난받아야 할 사람은 그 뿐만이 아니다.

표 17-1은 1958~1970년 중 5년 동안의 링-템코-보트 Ling-Temco-Vought Inc의 손익계산서와 대차대조표 항목을 요약한 자료로서, 링-템코-보트의 흥망성쇠를 함축적으로 보여준다. 첫번째 열은 1958년 회사의 겸손한 시작을 보여주는데, 그 해 매출은 700만 달러에 불과했다. 그 다음은 1960년의 실적을 보여준다. 이 시점에서 기업은 불과 2년 만에 20배 성장했지만, 여전히 비교적 작은 규모였다. 그 후 1967년과 1968년의 전성기를 거쳐 매출은 다시 20배

* 브릴로프 박사Dr. A. J. Briloff가 1971년에 쓴 『여섯 개의 추모 깃발 Six Flags at Half Mast』등의 논문을 참고하라.

〈표 17-1〉 1958~1970년 링-템코-보트(단위: 백만달러, 달러(EPS))

	1958년	1960년	1967년	1969년	1970년
A. 영업실적					
매출액	6.9	143.0	1,833.0	3,750.0	374.0
영업이익	0.552	7.287	95.6	124.4	88.0
이자	0.1(추정치)	1.5(추정치)	17.7	122.6	128.3
이자보상비율(배)	5.5배	4.8배	54배	1.02배	0.68배
법인세(예상)	0.225	2.686	35.6	cr. 15.2	4.9
특별손실	–	–	–	dr. 40.6	dr. 18.8
특별손실 차감 후 이익	0.227	3.051	34.0	dr. 38.3	dr. 69.6
보통주 순이익	0.202	3.051	30.7	dr. 40.8	dr. 71.3
보통주 EPS	0.17	0.83	5.56	def. 10.59	def. 17.18
B. 재무 상태					
총 자산	6.4	94.5	845.0	2,944.0	2,582.0
1년 이내 만기 부채	1.5	29.3	165.0	389.3	301.3
장기 부채	0.5	14.6	202.6	1,500.8	1,394.6
주주 지분	2.7	28.5	245.0[a]	def. 12.0[b]	def. 69.0[b]
주요 재무비율					
유동비율	1.27배	1.45배	1.80배	1.52배	1.45배
자본/비유동부채	5.4배	2.0배	1.2배	0.17배	0.13배
PER 범위	–	28~20	169.5~109	97.75~24.125	29.5~7.125

a 자산에서 사채할인발행차금을 제외하고 우선주 상환액도 차감한 금액

b cr. = 대변, dr. = 차변, def. = 적자

증가하여 28억 달러에 이르렀으나, 부채는 4,400만 달러에서 자그마치 16억 5,300만 달러로 눈덩이처럼 불어났다. 1969년에는 새로운 기업을 인수하였으며, 이로 인해 부채가 더욱 증가하여 총 18억 6,500만 달러에 달하게 되었다. 이때부터 심각한 문제들이 나타나기 시작했다. 이 해 특별 항목을 제외한 큰 손실이 보고되었고, 주가는 1967년의 최고치인 169.5에서 최저 24로 하락했다. 젊은 천재는 회사의 수장 자리에서 물러났다. 1970년의 결과는 더욱 처참했다. 기업은 7,000만 달러에 가까운 순손실을 보고했으며, 주가는 최저

7.125까지 떨어졌고, 회사채는 한때 달러당 15센트로 거래되었다. 회사의 확장 전략은 벼랑 끝으로 내몰렸다. 중요한 사업 부문들이 매물로 나오게 되었으며, 막대한 부채를 줄이기 위한 절차를 밟아 나갔다.

표에 나와 있는 수치들은 매우 명확하기 때문에 별다른 설명이 필요하지 않다. 그러나 몇 가지 설명을 부연하고자 한다.

1. 확장 기간에도 부침이 있었다. 1961년에는 소규모 적자를 기록했는데, 오히려 앞으로 발생 가능한 모든 비용과 준비금을 이 해에 몰아서 반영했다.[17] (1970년에는 많은 회사들이 이런 방법을 관행처럼 채택했다.) 이 금액은 약 1,300만 달러였으며, 이는 이전 3년 동안의 순이익 합보다 더 많았다. 이제 회사는 1962년부터 '역대 최고 이익'을 기록할 준비가 되어 있었다.
2. 1966년 말 기준으로 순유형자산은 보통주 1주당 7.66달러(3대 2 주식 분할을 반영한 금액)로 나타났다. 따라서 1967년에는 PBR이 22배에 달하게 되었다. 1968년 말에는 대차대조표상 보통주와 클래스 AA 우선주 380만 주에 대해 순유형자산이 2억 8,600만 달러였다. 이는 주당 약 77달러에 해당한다. 그러나 우선주를 시장가 그대로 평가하고, 영업권 항목과 거액의 사채발행차금을 제외하면 보통주에 남는 자산가치는 1,300만 달러, 즉 주당 겨우 3달러였다. 이 자산마저도 다음 해의 손실로 모두 사라졌다.
3. 1967년 말, 유력 은행 두 곳이 링-템코-보트 주식 60만 주를 주당 111달러에 매도했다. 이 주식은 한때 169.5달러까지 상승하기도 했으나, 3년 만에 가격은 7.125달러로 급락했다.
4. 1967년 말 은행 대출금은 1억 6,100만 달러에 달했으며, 1년 후에는

무려 4억 1,400만 달러로 폭증했다. 또한 장기 부채는 12억 3,700만 달러에 달했다. 1969년 총 부채는 18억 6,900만 달러에 달했다. 철옹성 같은 기업, 스탠더드 오일 오브 뉴저지를 제외하고는 이것이 제조업체 부채 중 가장 큰 금액일 것이다.

5. 1969년과 1970년 단 두 해의 손실이 회사 설립 이후의 전체 이익을 훨씬 초과했다.

교훈: 링-템코-보트의 사례에서 가장 중요한 질문은 상업 은행들이 회사의 확장 기간 동안 '어떻게 그렇게 막대한 금액을 대출해 주었는가?'이다. 1966년과 그 이전에 회사의 이자보상배율은 보수적인 기준에 미달하였으며, 유동비율과 부채비율도 마찬가지였다. 그럼에도 불구하고 이후 2년 동안 은행들은 회사에 추가로 4억 달러 이상을 대출하여 '다각화'를 진행하도록 도왔다. 이는 은행에게도 위험한 대출이었지만, 주주들에게는 결과적으로 더 나쁜 영향을 초래했다. 상업 은행들은 이런 사례를 교훈삼아 향후 이런 종류의 무분별한 확장을 지원하는 일은 없어야 한다.

NVF의 샤론 스틸 인수 사례

1968년 말, NVF는 장기부채 460만 달러, 자본금 1,740만 달러, 매출 3,100만 달러, 순이익 50만 2천 달러(특별 공제 37만 4천 달러 제외 전 기준)를 보유한 기업으로, '경화 섬유 및 플라스틱'이 주력사업인 회사이다. 이 회사는 샤론 스틸Sharon Steel 인수를 결정했는데, 샤론 스틸은 장기 부채 4,300만 달러, 자본금 1억 100만 달러, 매출 2억 1,900만 달러, 순이익 292만 9천 달러를 기록, NVF 규모의 일곱 배에 육박하는 회사였다. 1969년 초, NVF는 샤론 스틸의 주식 전량 인수를 제안했다. 제안 조건은 NVF 후순위 채권(표면금리 5%, 액면가 70달러, 1994년 만기)과 NVF 신주인수권(행사가격 22달러, 교환주식수 1.5주)으로 구성되었다. 샤론 스틸의 경영진은 이 인수 시도에 강력히 반대했으나, 결국 NVF는 샤론 스틸의 주식 88%를 확보했다. 이 과정에서 NVF는 1억 200만 달러 상당의 5% 채권과 219만 7,000주에 해당하는 신주인수권을 발행했다. 만약 인수가 100% 완료되었다면, 1968년 기준으로 부채 1억 6,300만 달러, 유형자본금 단 220만 달러, 매출 2억 5천만 달러의 통합된 회사가 탄생하는 것이다. 순이익 계산은 다소 복잡한데, 회사는 세액 공제 환급 전 주당 50센트 순손실을, 세액 공제 환급 후에는 주당 3센트의 순이익을 보고하였다.

첫번째 논평: 1969년에 이루어진 모든 인수 중, 이 거래는 재무 불균형 면에서 가장 극단적인 사례 중 하나이다. 인수 기업은 과도하고 불안정한 새 부채를 떠안았을 뿐 아니라, 이 과정에서 1968년 흑자를 내던 회사는 적자로 전환되었다. 이 거래가 회사의 재무 상태에 미친 부정적 영향을 측정할 수 있는 한 가지 지표는, 신규 발행한 표면금리 5% 채권의 시장 가격이 달러당 42센트를 넘지 못했다는 사실이다. 이는 채권의 안정성과 회사 미래에 대한 심각한 의구심이 드러난 것이다. 그러나 경영진은 이러한 낮은 채권 가격을 이용해 연간 약 100만 달러에 달하는 소득세를 절감했다. 이에 대해서는 뒤에서 추가적으로 설명하겠다.

샤론 스틸 인수 후 연말 기준으로 작성된 1968년 보고서는 두 가지 매우 특이한 계정과목을 포함하고 있다.

1. '이연 대손상각비'로 분류된 5,860만 달러의 항목이 자산으로 기록되었다. 이 금액은 주주 지분 4,020만 달러를 초과하는 금액이다.

2. 그러나 '샤론 스틸에 대한 투자 원금을 초과하는 지분'이라고 표시된 2,070만 달러의 항목은 주주 자본에 포함되지 않았다.

두번째 논평: 만약 '이연 대손상각비'를 자산에서 제외하고, '샤론 스틸에 대한 투자 원가를 초과하는 지분' 항목을 주주 자본에 포함한다면, NVF 주식의 실질적인 자본을 보다 현실적으로 나타낼 수 있다. 이를 기준으로 하면 NVF의 '실질 자기자본'은 1,740만 달러에서 220만 달러로 감소하며, 총 유통주식수 73만 1,000주를 기준으로 주당 23.71달러에서 약 3달러로 하락하게 된다. 게다가 NVF 주주들의 입장에서는 1968년 말 시장 가격보다 6포인트 낮은 가격으로 3.5배에 달하는 추가 주식을 구매할 권리가 다른 이들에게 넘어갔다. 해당 신주인수권의 초기 시장 가치는 개당 약 12달러로, 총 약 3,000만 달러에 달했다. 실제로 이 신주인수권의 시장 가치는 NVF 발행 주식의 총 시장 가치를 훨씬 초과했으며, 이 거래는 꼬리가 몸통을 흔들고 있음을 알 수 있는 또 다른 증거이다.

회계 조작

다음 연도의 보고서를 보면 몇 가지 이상한 항목들이 눈에 띈다. 기본 이자비용으로 750만 달러의 막대한 금액이 들어가 있고, 추가로 이연 대손상각비도 179만 5,000달러나 된다. 그러나 이 금액은 다음 줄에 기록된 매우 이례적인 이익 항목인 '자회사 투자 원금을 초과하는 자기자본 상각, 165만 달러'로 거의 상쇄된다. 주석 중 하나에는 우리가 아는 다른 보고서에서는 찾아볼 수 없는 항목이 등장한다. 자기자본의 일부가 '인수와 관련하여 발행된 신주인수권의 공정 시장가, 2,212만 9,000달러'로 지정되어 있다.

도대체 이 항목들은 무엇을 의미하는가? 이들 중 어떤 것도 1969년 보고서에는 설명이 없었다. 숙련된 증권 애널리스트는 마치 탐정처럼 이러한 수수께끼를 스스로 풀어야 한다. 실마리는 5% 전환사채의 낮은 초기 가격으로부터 세금 혜택을 얻고자 하는 기본 아이디어에서 출발한다. 이 기발한 발상에 관심이 있을 독자를 위해, 이에 대한 해답을 부록 5에 제시했다.

기타 특이한 항목들

1. 1969년 말 직후, 회사는 65만 개나 되는 신주인수권을 개당 9.38달러에 매수했다. 이는 이례적인 행보로 보이는데, 그 이유는 다음과 같다.

(a) NVF는 연말 기준으로 현금이 70만 달러에 불과했고, 1970년에는 부채 440만 달러의 만기가 도래할 예정이었다. (신주인수권 매입에 소요된 600만 달러는 차입한 것으로 보인다.)

(b) NVF가 이 신주인수권을 매수하던 시점에 5% 전환사채가 액면가의 40% 이하에서 거래되고 있었는데, 이는 일반적으로 재정적 어려움이 임박했다는 경고 신호로 간주된다.

2. 이를 일부 상쇄하기 위해 회사는 510만 달러 상당의 전환사채와 25만 3,000개의 신주인수권을 동일 금액의 보통주로 교환하여 상환했다. 이는 증권시장의 변동성 덕분에 가능했는데, 당시 5% 채권은 액면가의 40% 미만으로 거래되고 있었던 반면, 배당도 지급하지 않는 보통주는 평균 13.5달러의 가격으로 거래되고 있었다.

3. 회사는 직원들에게 주식뿐 아니라 신주인수권까지 판매할 계획을 세웠다. 이 신주인수권 역시 주식과 마찬가지로 직원들은 5% 선불금만 지불하고 나머지는 수년에 걸쳐 분할 납부하는 방식이었다. 내가 아는 한 직원들에게 신주인수권을 판매한 유일한 사례이다. 곧 누군가가 '신주인수권을 살 권리'까지 할부로 판매하는 방식을 개발하지 않을까 싶다.

4. 1969년, 새롭게 인수된 샤론 스틸은 연금비용 인식 방식을 변경하고 감가상각률도 낮추었다. 이러한 회계 변경 덕분에 희석 전 NVF의 EPS가 약 1달러 증가했다.
5. 1970년 말, 『S&P 주식 가이드』에 따르면 NVF의 PER은 단 두 배로, 책자에 포함된 약 4,500개의 종목 중 최저치였다. 월스트리트 방식으로 표현하자면, 이는 '사실이라면 중요했을 것'이다. 이 비율은 연말 주가 8.75달러와 1970년 9월까지 12개월간 계산된 EPS 5.38달러를 기준으로 산출된 것이다. (이 수치를 기준으로 하면 PER은 1.6배였다.) 그러나 이 비율은 대규모 희석 효과와 1970년 마지막 분기에 실제로 발생한 실적 악화가 반영되지 않았다. 전체 연간 실적이 최종적으로 발표되었을 때, EPS는 희석 전 2.03달러, 희석 후 1.80달러에 불과했다. 또한 당시 주식과 신주인수권의 총 시장 가치는 약 1,400만 달러에 불과했으며, 이에 비해 채권 부채는 1억 3,500만 달러로 극히 빈약한 자기자본 상태였다.

AAA 엔터프라이즈 사례

약 15년 전, 윌리엄스라는 대학생이 이동식 주택(당시 '트레일러'라고 불림)을 판매하기 시작했다. 1965년 그는 회사를 법인으로 전환했고, 같은 해에 580만 달러의 매출을 올려 세전 이익 6만 1,000달러를 기록했다. 1968년에는 '프랜차이즈' 사업 모델에 동참하여 자신의 상호로 이동식 주택을 판매할 권리를 타인에게 판매하기 시작했다. 또한 그는 자신이 만든 이동식 주택을 사무실로 쓰면서 소득세 신고 대행 사업이라는 참신한 아이디어를 구상했으며, 이를 위해 '미스터 택스 오브 아메리카Mr. Tax of America'라는 자회사를 설립했고,

이 아이디어와 상호를 사용할 수 있는 권리를 프랜차이즈에 판매하기 시작했다. 그는 회사 주식을 271만 주로 늘리고 주식 공개를 준비했다. 1969년 3월, 주요 증권거래소 중 한 곳을 포함한 몇몇 증권사들이 거래를 주관했다. 이들은 AAA 엔터프라이즈AAA Enterprises의 주식 50만 주를 주당 13달러에 일반 투자자에게 공모했다. 이 중 30만 주는 윌리엄스의 개인 계좌로, 나머지 20만 주는 신주로 발행되어 회사는 240만 달러를 추가로 조달했다. 주가는 곧 두 배인 28달러까지 상승하며, 자기자본은 8,400만 달러에 달했다. 이는 순자산가치 420만 달러와 최대 실적인 순이익 69만 달러 대비 매우 높은 수준이었으며, 당시 PER 역시 115배라는 엄청난 수준에서 거래되었다. 윌리엄스가 AAA 엔터프라이즈라는 이름을 선택한 이유는 전화번호부와 옐로 페이지에서 가장 먼저 나오게 하려는 의도였을 것이다. 그 결과, 그의 회사는 『S&P 주식 가이드』에서도 첫번째로 나온다. 이로서 회사는 아부 벤 아드헴Abou Ben Adhem처럼 가장 영광스러운 자리를 차지하며 나머지를 선도하였다. 이 회사를 1969년 공개된 인기 종목의 경악스러운 사례로 꼽은 특별한 이유도 바로 이것이다.

논평: 윌리엄스에게는 결코 나쁜 거래가 아니었다. 그는 1968년 12월 기준 순자산가치가 18만 달러에 불과한 30만 주를 20배에 달하는 360만 달러에 판매한 것이다. 또한 기업공개를 주선한 주관사와 인수단은 50만 달러(경비 제외)를 나눠 가졌다.

1. 이 거래는 판매 주관사 고객들에게는 그다지 유리한 거래로 보이지 않았다. 고객들은 순자산가치의 약 10배에 달하는 가격을 지불해야 했으며, 결과적으로 주당 자기자본은 59센트에서 1.35달러로 증가했다. 1968년 최고의 실적을 거두기 전까지 회사의 최대 EPS는 고작 7센트

에 불과했다. 물론 미래를 위한 야심 찬 계획이 있었으나, 일반 대중은 이러한 계획이 실현될 것이라는 기대에 미리 비싼 대가를 지불한 것이다.

2. 그럼에도 불구하고 주가는 발행 직후 곧 두 배로 상승했으며, 증권사를 통해 주식을 매입한 사람들은 누구나 큰 이익을 얻고 빠져나올 수 있었다. 하지만 그렇다고 해서 즉 이러한 가능성이 사전에 존재했다고 해서 공모가가 비싸다는 본질이 달라지거나, 해당 공모와 이후의 결과에 대한 주관사들이 책임이 없다고 말하기는 어렵다. 이는 월스트리트와 정부 감독당국이 신중히 검토해야 할 중요한 사안이다.

이후 상황: 확대된 자본을 바탕으로 AAA 엔터프라이즈는 두 가지 신규 사업에 진출했다. 1969년에 카펫 소매점 체인을 열고, 이동식 주택 제조 공장을 인수했다. 처음 9개월 동안 보고된 실적은 눈부실 정도는 아니었지만, 전년보다는 약간 개선되어 EPS가 14센트에서 22센트로 증가하였다. 그러나 이후 몇 달 동안 벌어진 일은 믿기 어려운 수준이었다. 회사는 436만 5천 달러(주당 1.49달러)의 손실을 기록했다. 이는 자금 조달 이전의 모든 자본뿐 아니라, 신규 주식 발행으로 조달한 240만 달러와 1969년 처음 9개월 동안 보고된 이익의 3분의 2를 갉아먹은 것이다. 결과적으로 남은 자본은 24만 2천 달러에 불과했으며, 이는 7개월 전에 새로 발행된 주식을 주당 13달러에 구입했던 공모 투자자들의 자본이 주당 8센트밖에 안 남았다는 뜻이었다. 그럼에도 불구하고 해당 주식은 1969년 말 8.125 달러의 매수 호가로 거래를 마쳤으며, 시가총액은 여전히 2,500만 달러 이상이었다.

추가 논평

1. 1969년 1월부터 9월까지 68만 6천 달러를 벌어들인 후, 다음 3개월 동안 436만 5천 달러의 손실이 발생했다는 회사의 주장은 믿기 어렵다. 9월 30일자 사업보고서에는 심각한 문제, 결함, 그리고 의심할 만한 요소가 분명히 존재했을 것이다.
2. 연말 종가인 8.125달러는 주식시장이 얼마나 부주의한지를 극명하게 보여주고 있다. 최초 공모가인 13달러나 이후 인기를 끌면서 기록했던 최고가 28달러보다도 더 심각했다. 초기 가격 역시 현실과 상식에서 한참 벗어난 광기와 욕망이 반영된 것이었지만, 최소한 이해는 할 수 있었다. 반면 연말 시점의 2,500만 달러 기업가치는 거의 모든 자본을 상실한 회사, 파산이 임박한 상황, 그리고 '광기'나 '욕망'이라는 단어조차 냉소적으로 들릴 정도의 기업에 대한 시장의 평가였다. (연말 실적이 12월 31일까지 발표되지 않았다는 점은 사실이나, 증권회사들은 회사의 월간 운영 현황과 정확한 상황을 파악해야 하는 책임이 있다.)

최종 결과: 1970년 상반기 동안, 회사는 100만 달러의 추가 손실을 기록했다. 이제 회사는 막대한 자본잠식 상태에 빠졌다. AAA 엔터프라이즈는 윌리엄스가 대출한 250만 달러 덕분에 파산을 면했으나, 이후 추가적인 실적은 발표되지 않았다. 결국 1971년 1월이 되어서야 AAA 엔터프라이즈는 파산 신청을 하게 되었다. 그럼에도 불구하고 월말 기준 주식 매수 호가는 여전히 주당 50센트, 즉 전체 발행 주식 기준으로 약 150만 달러의 가치를 유지하고 있었지만, 이는 사실상 벽지 이상의 가치는 없었다. 이렇게 이야기는 마무리된다.

교훈과 질문: 투기에 빠진 대중은 도무지 대책이 없다. 금융 용어를 써서 말하자면, 그들은 3 넘어가는 것은 셀 줄 모른다. 뭔가 오를 기미가 보이면 그게 무엇이든, 그게 얼마이든 일단 사고 본다. 대중은 프랜차이즈, 컴퓨터, 전자, 과학, 기술 등 유행이라면 손쉽게 속아 넘어간다. 이 책의 독자들인 현명한 투자자 여러분은 이러한 어리석음을 범하지 않으리라 믿고 싶지만, 믿어도 되나 싶은 생각이 드는 것도 사실이다. 기업공개 10건 중 9건이 결국 실패로 끝날 것이 뻔하다면, 책임 있는 투자은행은 그런 거래에는 참여하지 않는 것이 명예를 지키는 길일 것이다. (내가 1914년 월스트리트에 처음 발을 들였을 때, 실제로 투자은행들이 그런 선택을 한 사례가 있었다. 이를 비교해 보면, 지난 57년 동안 모든 개혁과 규제에도 불구하고 월스트리트의 윤리적 기준은 오히려 타락한 것처럼 보인다.) SEC(증권거래위원회)에는 현재의 관련 사실 공시 요구 권한 외에 대중을 보호하기 위한 추가적인 권한이 부여되어야 한다. 다양한 유형의 신규 공모에 대한 성과 지표를 작성해 널리 알리게 해야 한다. 모든 투자설명서나 신규 공모를 위한 주식청약서에는, 공모가가 이미 시장에서 확립된 동일 유형의 다른 주식 가격과 크게 동떨어지지 않았다는 표준화된 보증을 포함하도록 하는 방법도 있다. 이 개정판을 집필하는 현재, 월스트리트의 비윤리적 관행에 대한 개선 작업이 진행되고 있다. 그래도 신규 공모 시장에서 실질적인 변화를 이끌어내는 일은 쉽지 않을 것이다. 왜냐하면 이 분야에서 문제의 대부분은 대중의 무분별함과 탐욕에 기인하기 때문이다. 그렇다 하더라도 이 문제는 오랜 기간 신중하게 고민과 노력이 필요한 주제이다.

17장 논평

— 제이슨 츠바이크

"유행하는 여론의 극단적인 변동에 휘둘리지 않기 위한 유일한 방어책은
모든 증거를 빠짐없이 고려하려는 단호한 결단뿐이다.
이 조언은 보기에는 매우 쉬워 보이지만 실제로 따르기는 매우 어렵다."

— 앨프리드 노스 화이트헤드*

그레이엄의 방식대로 최근 몇 년간 월스트리트에서 나타난 여러 종류의 극단을 대표하는 네 개의 기업을 살펴보자. 그레이엄이 처음 제시했던 사례들처럼 이 기업들 역시 진지하게 투자와 관계를 맺고 있는 모든 이에게 귀중한 교훈과 중대한 경고를 담고 있다.

다음은 그 네 개 기업과 그들이 보여주는 극단의 사례들이다:

---

* A. N. 화이트헤드Alfred North Whitehead, 『과학과 근대세계Science and the Modern World』 (Free Press, 1967), p187.

니콜라 코퍼레이션 Nikola Corp. — 고평가된 산업 속 고평가된 기업

주가가 치솟는 동안 투기꾼들은 회사 주변에 펄럭이던 수많은 경고 신호들을 무시했다. 니콜라의 주력 제품인 전기 트럭은 실체 없는 가짜였고, 창업자는 사기로 유죄 판결을 받았다.

펠로톤 인터랙티브 Peloton Interactive Inc. — 일시적 호황을 달까지 뻗칠 성장으로 착각한 홈트레이닝 관련주

2020년 팬데믹 당시, 마치 사람들이 다시는 집 밖으로 나가지 않을 것처럼 보였다. 그러나 삶은 언제나 그렇듯 정상화되었고, 펠로톤은 점차 사라져갔다.

버진 갤럭틱 홀딩스 Virgin Galactic Holdings Inc. — 밈 주식 열풍을 선도했던 채맛 팔리하피티야 Chamath Palihapitiya 가 주도한 SPAC(기업인수목적회사)

그와 내부자들은 수억 달러를 벌었지만, 외부 투자자들은 80% 이상의 손실을 입었다.

앨버말 Albemarle Corp. — 전통적인 특수 화학 기업이 신기술 수요 급증에 편승해 투기 열풍에 휩쓸린 사례

유행 기술에서 이익을 볼 수 있는 주식을 좇던 트레이더들 사이에서 뜨거운 감자처럼 이리 저리 던져졌으나 이내 차갑게 식어버렸다.

애초에 없었다

니콜라는 수소 연료전지를 이용해 화물을 운반할 수 있는 전기 트럭을 곧 생산할 것이라 주장했다. 2020년 6월 4일, 수백만 명이 코로나19로 자택에 격리된 채 속옷에 불이 붙은 듯이 거래를 하던 시기에 상장되었고, 주가는 단 3일 만에 136% 급등했다. 한때 주가가 79.73달러까지 치솟으며 니콜라의 시가총액은 300억 달러를 넘어, 한때 포드 Ford 나 피아트 크라이슬러(현 스텔란티스)보다도 높은 평가를 받았다. 하지만 니콜라는 매출이 전혀 없었고, 수천만 달러의 적자를 기록하고 있었으며, 판매는커녕 개발된 차량조차 하나도 없는 상태였다.

단 세 달 후, 투자회사 힌덴버그 리서치Hindenburg Research는 니콜라의 창업자 트레버 밀턴이 10년 넘게 거짓말과 사업 실패를 반복해왔다는 충격적인 온라인 보고서를 발표했다. 보고서에 따르면 고속도로를 질주하는 니콜라 트럭의 영상은 실제로는 중력만으로 내리막길을 굴러가는 장면을 촬영한 것에 불과했다. 해당 차량은 스스로 움직일 수조차 없었으며, 니콜라는 자체적인 배터리나 수소 기술도 거의 보유하고 있지 않았다고 힌덴버그는 주장했다.

니콜라의 주가는 이틀 만에 24% 급락하며 35달러 이하로 추락했다. 곧이어 미국 증권거래위원회SEC와 법무부DOJ가 조사에 착수했다. 《월스트리트저널》은 자체 배터리를 개발 중이라고 주장했던 니콜라가 사실은 오랫동안 외부 공급업체로부터 배터리를 조달할 계획을 비밀리에 세워왔다고 보도했다.

그럼에도 불구하고 니콜라는 여전히 로빈후드에서 가장 인기 있는 주식 중 하나였다. 한때 20만 명이 넘는 투자자들이 이 종목을 보유하고 있었고, 트레버 밀턴의 공격적인 트윗에 부추겨진 개인 투기자들은 주가를 떠받치며, 수개월간 20달러 이상을 유지하게 했다. 심지어 2020년 11월에는 34.50달러까지 반등하기도 했다.

2020년부터 2022년까지 니콜라의 매출은 불과 5,100만 달러에 그쳤으며, 같은 기간 손실은 15억 달러를 기록했다.

2022년 10월, 트레버 밀턴은 증권 사기 및 전신 사기 혐의로 유죄 판결을 받았고, 연방 교도소에서 4년형을 선고받았다.*

---

* 2023년 12월 형이 확정된 밀턴은 현재 유죄 판결에 대해 항소 중이다.

〈그림 17-1〉 멈춰버린 질주

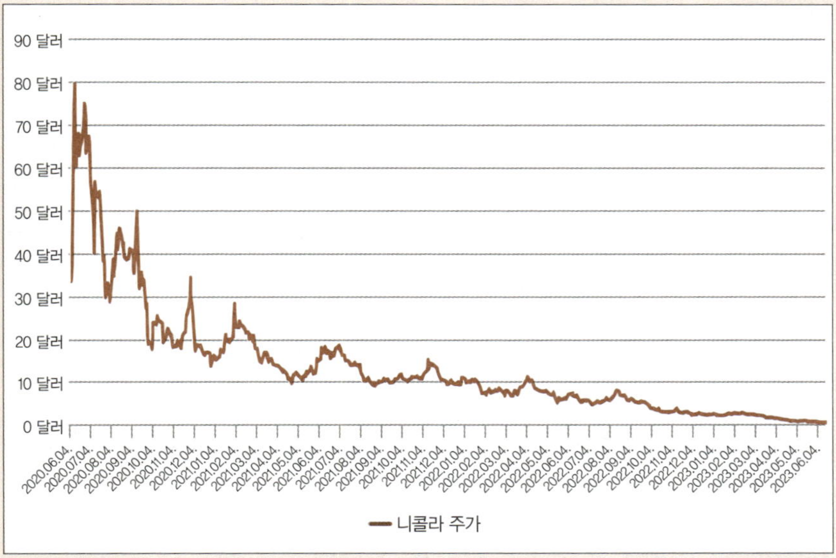

출처: 팩트셋

2023년 말 기준, 니콜라의 주가는 상장일 대비 98% 하락한 90센트 이하에서 거래되고 있다.*

팬데믹은 영원하지 않았다

하이테크 자전거 및 운동기구 업체인 펠로톤 인터랙티브는 2019년 9월 기업공개IPO 당시 투자설명서에서, 미국 가정 4,500만 가구를 '회원', 즉 유료

* 니콜라 사태에 대한 가장 적나라한 기록은 『월스트리트 저널』의 6부작 팟캐스트 「Bad Bets」(벤 폴디 진행)이며, on.wsj.com/3VycmT1에서 들을 수 있다. 참고 자료로는 힌덴버그 리서치 보고서(bit.ly/3Mb091p)와 로빈트랙 자료(bit.ly/46K2VDm)도 있다.

고객으로 확보할 수 있다고 선언했다. 이는 미국 전체 가구 3가구 중 1가구에 해당하는 수준이었다.

몇 달 뒤, 그 대담한 목표는 많은 투기자들에게 그럴듯하게 보이기 시작했다. 2020년 팬데믹 동안, 운동에 중독된 수백만 명의 사람들이 자가격리로 미칠 지경이었고, 정부의 경기부양 수당 덕분에 현금도 넉넉히 갖고 있었다. 자택의 안전한 공간에서 사용할 수 있고, 라이브 스트리밍 수업에도 연결되는 2,495달러짜리 운동 자전거는 사치처럼 느껴지지 않았다.

2020년 7월, 펠로톤은 10만 대가 넘는 자전거 주문 대기량을 기록하고 있었다. 이 회사의 시가총액은 380억 달러에 달하며, 당시 거대 온라인 소매업체인 이베이 eBay Inc.와 맞먹는 수준에 이르렀다. 하지만 이베이의 지난 12개월간 매출은 펠로톤의 6배에 달했다.

2020년 한 해 동안, 펠로톤의 주가는 434% 상승했다.

펠로톤과 그 주식에 올라탄 투기자들은 팬데믹이 끝난 뒤에도 사람들이 여전히 집에서 운동하길 원할 것이라고 주장했다. 2020년 9월 실적 발표 콜에서 공동 창업자 존 폴리는 "'코로나 이후의 정상화'라는 표현은 우리에게 해당되지 않는다"고 선언했다. 하지만 2021년 중반쯤, 경제는 재개되었고 소비자들은 외출을 시작하며 다시 헬스장으로 향했다. 봉쇄가 풀리자 사람들은 더 이상 집에서 혼자 땀 흘리는 자전거 운동을 원하지 않았다.

월스트리트에는 이런 말이 있다. "추세는 당신의 친구다." 하지만 막바지에 이르면 그 추세는 더 이상 친구가 아니다.

펠로톤은 2021년과 2022년에 걸쳐 총 39억 달러의 손실을 기록했다. 2023년이 되자 회원 수는 650만 명에 불과했으며, 이는 당초 목표였던 4,500만 명에 훨씬 못 미치는 수치였다.

2020년에 폭등한 이후, 펠로톤 주식은 2021년에 76% 하락, 2022년에 다시 78% 하락, 2023년에도 23% 추가 하락했다.

2020년 초에 펠로톤에 1만 달러를 투자했다면, 2023년 말에는 2,150달러도 안 되는 금액만 남았을 것이다.

2023년 말 기준, 중고 펠로톤 자전거는 이베이에서 300달러 정도의 가격에 거래되고 있다.*

〈그림 17-2〉 기어 내리기

출처: 팩트셋

---

* 펠로톤 IPO 투자설명서, bit.ly/3FrLZFs; 샤론 터렙Sharon Terlep, 「펠로톤의 1년: 팬데믹 승자에서 HBO의 조롱거리로Inside a Year at Peloton: From Pandemic Winner to HBO Punchline」, bit.ly/497qCXO.

언라이크 어 버진

버진 갤럭틱 홀딩스는 원래 '소셜 캐피털 헤도소피아 홀딩스Social Capital Hedosophia Holdings Corp.'라는 거창한 이름으로 불리던 우주여행 기업이다. 이 회사는 2019년 10월에 기업공개IPO를 진행했으며, 주당 12.34달러에 상장했다.

버진 갤럭틱의 기업공개는 'SPAC의 왕SPAC King' 채맛 팔리하피티야가 이끄는 기업인수목적회사SPAC와의 합병을 통해 이뤄졌다. 이 억만장자이자 전직 페이스북 임원은 100만 명이 넘는 트위터 팔로워들을 대상으로 대중 영합적인 발언, 자신이 투자한 기업들의 잠재력에 대한 과장, 그리고 자신의 거래를 과시하는 거친 게시글로 매수 열풍을 부추기곤 했다.

카리스마 있는 인플루언서에게 자극받은 투기자들은 버진 갤럭틱 본연의 사업성은 무시한 채 맹목적으로 주식을 좇았다. 이 주식은 하루에 1,000만 주 이상, 때로는 5,000만 주 넘게 거래되기도 했다.

주가는 치솟아 2021년 2월에는 59달러까지 세 배 이상 급등해서 회사의 시가총액은 약 140억 달러에 달했다.

그 가격에 매수자들이 얻은 것은 무엇이었을까?

미스터 마켓이 어느 날 와서 이렇게 말한다고 가정해 보자. "내 사업체 하나 살래? 2020년에 1억 1,700만 달러를 써서, 23만 8천 달러어치 상품과 서비스를 팔았고, 2억 7,300만 달러의 손실을 냈지. 단돈 140억 달러만 주면 네 거야."

이 제안을 받아들였겠는가?

소셜미디어의 해악이 유독 강했던 시기, 그런 일이 실제로 일어났다.

결과는 어땠을까?

2021년 초 주가가 성층권까지 치솟은 뒤, 버진 갤럭틱의 사업은 2023년 말까지 12억 5천만 달러의 손실을 기록했다. 2023년 10월 주가가 저점을 찍었을 무렵, 시가총액은 약 5억 5천만 달러로 추락, 최고가 대비 96% 하락했다.

그 수많은 개인 투자자들을 부추겼던 팔리하피티야는 이미 오래 전에 주식을 팔아치운 상태였다. 내부자로서 헐값에 매수했던 주식을 정점 근처에서 매도해 1억 6,600만 달러 이상의 차익을 거뒀다.*

〈그림 17-3〉 우주 망상

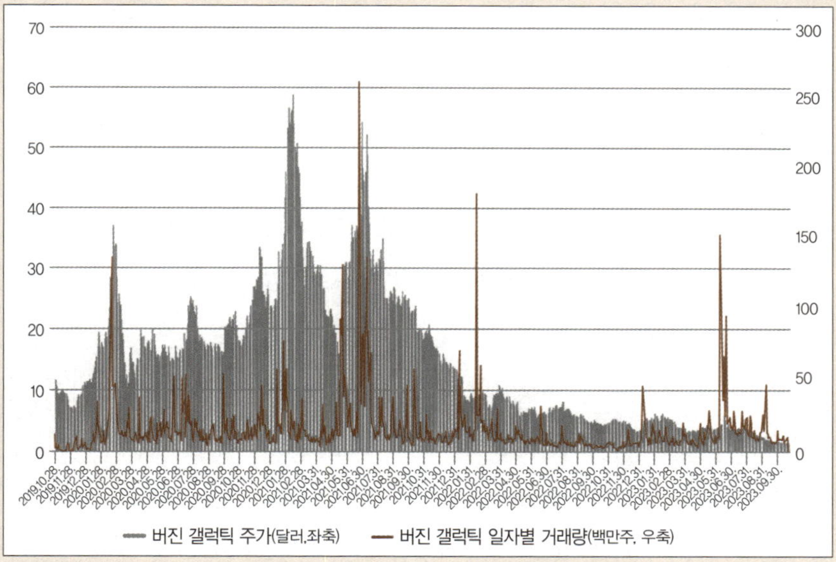

출처: 팩트셋

* 피터 루드게어Peter Rudegeair 및 모린 패럴Maureen Farrell, 「SPAC맨 채맛 팔리하피티야가 말하면, 레딧과 월스트리트가 귀를 기울인다When SPAC-Man Chamath Palihapitiya Speaks, Reddit and Wall Street Listen」, bit.ly/3QFwbWh; 톰 맥긴티Tom McGinty 외, 「SPAC 붕괴 전, 회사 내부자들은 수십억 달러를 벌었다Company Insiders Made Billions Before SPAC Bust」, bit.ly/3rXfSdy.

뜨겁다가, 차갑게 식다

앨버말의 역사는 1887년 설립된 제지회사로 거슬러 올라간다. 이후 이 회사는 리튬, 브롬, 기타 특수 화학물질을 생산하는 기업으로 사업을 전환했다.

앨버말은 빠르게 성장하는 기업은 아니었다. 2020년 초의 매출은 2011년과 별반 다르지 않은 수준이었으며, 불과 2017년까지만 해도 리튬의 매출 비중은 전체의 3분의 1에 불과했다.

그러다 전기차 배터리 시장이 성장하면서 리튬 수요가 급증했고, 미래 성장에 대한 기대가 폭발적으로 커졌다. 2019년, 앨버말의 리튬 매출은 약 11% 증가했고, 2020년 주가는 102% 급등했다. 2021년에는 리튬 매출이 19% 증가하면서 주가는 다시 58% 상승했다.

2021년 말, 앨버말의 주가는 매출 대비 8배 이상, 순이익 대비 218배에 거래되었으며, 이는 회사 역사상 가장 비싼 수준이었다.

2022년 10월부터 2023년 말까지, 리튬 공급 과잉으로 인해 금속 가격은 절반 이상 폭락했다. 앨버말의 주가는 2022년에 7% 하락, 2023년에는 무려 33% 급락했다. 리튬 열풍이 뜨거워지던 2019년 초에 앨버말 주식을 매수했다면, 2023년 말까지의 수익률은 2020년과 2021년의 큰 상승에도 불구하고, 단순히 인덱스펀드에 투자했을 때보다 오히려 낮은 수준에 그쳤을 것이다.

2023년 말, 앨버말의 주가는 매출 대비 3배 미만, 순이익 대비 7배 이하로 거래되며, 회사 역사상 가장 저렴한 수준에 근접해 있었다.

앨버말의 주가가 비쌀수록 미스터 마켓은 앨버말에 더 애착을 가졌다. 그러다 큰 손실을 입고 나자 주가가 싸질수록 그것을 더 미워하게 되었다.

〈그림 17-4〉 달까지 갔다가, 다시 추락

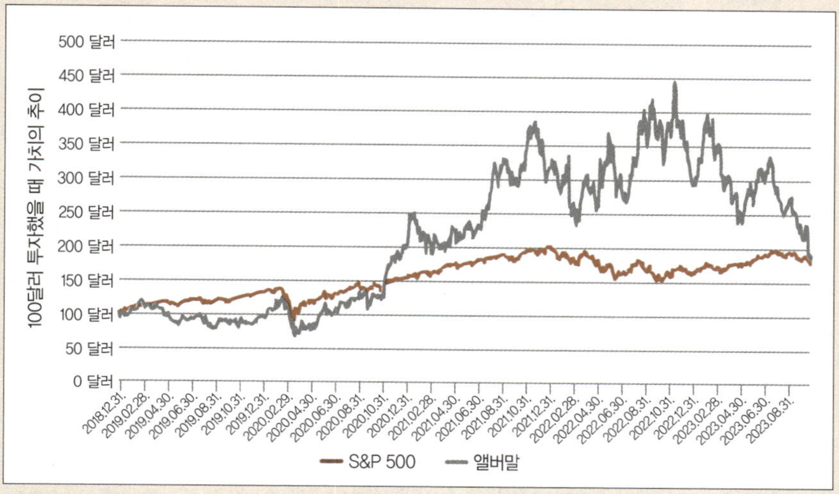

출처: 팩트셋

호랑이 등에 올라타기

그레이엄이 말했듯 "투기에 빠진 대중은 도무지 대책이 없다." 2023년 8월, 베트남의 전기차 업체 빈패스트 오토VinFast Auto Ltd.가 상장을 단행했다. 마치 아무도 아무런 교훈도 얻지 못한 듯한 모습이었다. 또다시 IPO 광풍이 불었고, 빈패스트의 주가는 불과 2주도 안 되어 8배 이상 급등, 주당 93달러에 도달했다. 시가총액은 한때 1,900억 달러에 육박했으며, 이는 포드Ford와 GMGeneral Motors의 시가총액을 합친 것의 두 배에 달했다. 하지만 당시 빈패스트는 미국에서 단 740대의 차량만을 판매했으며, 하루에 약 700만 달러의 손실을 내고 있는 상태였다.

그로부터 두 달 동안, 빈패스트의 주가는 90% 이상 폭락했다.

기업과 시장이 존재해온 이래로 투기자들은 언제나 극단으로 치달았다.

다른 사람들이 사니까 자신은 그 주식에 대해 아무것도 모른 채 매수하고, 명백한 경고 신호들을 무시하며, 단기 추세를 영원한 미래로 착각하고, 그림의 떡에 불과한 주식에 거의 무한한 값을 지불해왔다. 인간의 본성은 변하지 않는다. 그리고 어떤 이들은 탐욕의 꿈을 끝까지 쫓을 것이다.

그들과 함께해야 할까?

니콜라, 펠로톤, 버진 갤럭틱, 앨버말에 급등 초기 시점에 투자해 절정에서 매도했다면, 막대한 수익을 거둘 수 있었을 것이다. 하지만 그것은 마치 달리는 호랑이 등에 올라타서 시속 60킬로미터로 내달리는 동안 버텼다가, 상처 하나 없이 뛰어내리는 것과 같다.

세상 어딘가에는 아마 그런 짓을 해낼 수 있는 사람이 있을지도 모른다.

하지만 그럴 수 있다고 믿었던 수많은 투기자들은 착각 속에 살았던 것이고, 지금 당신도 그런 식으로 '뜨는 주식'에 올라탔다가 제때 빠져나와 부자가 될 수 있다고 믿는다면, 그들처럼 스스로를 속이고 있는 것이다.

18장

기업 비교 분석 방법

이번 장에서는 새로운 방식의 설명을 시도하려고 한다. 증권거래소 목록에서 서로 인접한 8쌍의 기업을 선택하여 비교분석함으로써 최근 몇 년간 금융 현장에서 관찰된 다양한 기업의 성격, 재무 구조, 전략, 성과, 변동성, 그리고 투자 및 투기 태도를 구체적이고 생생하게 보여주려는 것이다. 각 비교에서는 특별한 의미와 중요성을 지닌 측면만을 중심으로 다룰 것이다.

비교 1: REI(상점, 사무실, 공장 등)와 REC(부동산 투자, 종합 건설)

첫 비교에서는 특별히 중요한 의미가 있다. REI Real Estate Investment Trust 와 REC Realty Equities Corp. of New York 이 두 기업 중 하나는 전통적 방식의 안정적이고 합리적인 자금 관리 방법을 대표하는 반면, 다른 하나는 현대적인 기업 운영에서 종종 관찰되는 무모한 확장, 재무 조작과 같은 급격한 변화를 상징한다. 두 기업은 비슷한 이름을 가지고 있으며, 오랫동안 아메리칸증권거래소 목록에 나란히 이름을 올리고 있다. 주식 티커 기호인 REI와 REC도 혼동하기 쉽다. 하지만 REI는 뉴잉글랜드의 보수적인 신탁회사로서, 세 명의 수탁자가 운영하며 거의 100년의 역사를 자랑하고, 1889년 이후로 배당금을 꾸준히 지급해왔다. 이 신탁은 신중한 투자 방식을 고수하며, 적당한 수준으로 확장하고 부채를 관리 가능한 수준으로 유지하고 있다.

REC는 뉴욕을 기반으로 급성장한 벤처 기업으로, 8년 만에 자산이 620만 달러에서 1억 5,400만 달러로 급증했고, 부채도 비슷한 비율로 증가했다. 이 기업은 일반적인 부동산 운영에서 벗어나 여러 가지 다양한 사업을 시작했으며, 그 중에는 경마장 두 곳, 영화관 74개, 저작권 대행사 세 곳, 홍보회사, 호텔, 슈퍼마켓, 대형 화장품 회사의 26% 지분(1970년에 파산) 등이 있었다. 이처럼 다양한 사업 영역은 이에 상응하는 복잡한 재무 구조로 얽혀 있으며, 이들 중 몇 가지 주요 사례는 다음과 같다.

1. 우선주는 연간 7달러의 배당금을 지급하지만, 액면가는 1달러에 불과하여 주당 1달러로 부채 계정에 인식하고 있다.
2. 보통주 평가액은 250만 달러(주당 1달러)였으나, 20만 9,000주의 자사주 매입 비용으로 550만 달러를 차감했다.
3. 신주인수권을 세 차례 발행하여 총 157만 8,000주의 주식을 매수할 수 있는 권리가 부여되었다.
4. 모기지, 채권, 공모사채, 은행 차입금, 지급해야 할 어음, 대출, 계약금 및 중소기업청SBA 대출 등 부채가 여섯 종류를 넘었고, 금액은 1969년 3월에 1억 달러를 초과했다. 여기에 추가로 미지급법인세와 외상매입금도 있었다.

〈표18-1A〉 REI와 REC 비교(1960년)

	REI	REC
매출액	3,585,000	1,484,000
순이익	485,000	150,000
EPS	0.66	0.47
주당배당금	없음	0.10
BPS	20.00	4.00
주가 범위	20~12	5.375~4.750
총자산	22,700,000	6,200,000
총부채	7,400,000	5,000,000
보통주 순자산가치	15,300,000	1,200,000
보통주 시가총액 평균	12,200,000	1,360,000

먼저 표 18-1A에 기록된 1960년 두 기업의 몇 가지 주요 지표를 간략히 살펴보자. 여기에서 우리는 REI의 시가총액이 REC의 아홉 배에 해당하는 가격에 거래되고 있다는 것을 확인할 수 있다. REI는 상대적으로 더 낮은 부채비율과 더 높은 매출액순이익률을 보였으며 PER도 더 높았다.

표 18-1B는 8년 후 상황이다. REI는 조용하고 한결 같은 길을 걸어가며 이익과 EPS를 약 75% 정도 증가시켰다. 반면 REC는 기형적인 변화를 겪으면서 취약한 상태가 되었다.

월스트리트는 이러한 변화에 어떻게 반응했을까? REC에는 큰 관심을 쏟았던 반면 REI에는 별 관심을 보이지 않았다. 1968년, REC의 주가는 10달러에서 37.75달러로, 상장된 신주인수권은 6달러에서 36.5달러로 급등했으며, 총 242만 주가 거래되었다. 반면 같은 기간 REI의 주가는 20달러에서 30.25달러로 비교적 점진적으로 상승했으며, 거래량도 적었다. 1969년 3월 기준 REC의 BPS는 3.41달러에 불과했으며, 이는 그 해 최고가의 10분의 1

〈표 18-1B〉 REI와 REC 비교(1968년)

	REI	REC
주가(1968. 12. 31)	26.5	32.5
보통주 발행주식수	1,423,000	2,311,000(1969년 3월)
시가총액(보통주)	37,800,000	75,000,000
시가총액(신주인수권, 추정치)	–	30,000,000[a]
시가총액(보통주+신주인수권)	–	105,000,000
부채	9,600,000	100,800,000
우선주	–	2,900,000
총자본	47,400,000	208,700,000
신주인수권 반영 보통주 주가	–	45
BPS	20.85(11월)	3.41
	1968년 11월	**1969년 3월**
매출액	6,281,000	39,706,000
영업이익	2,696,000	11,182,000
이자비용	590,000	6,684,000
법인세	58,000[b]	2,401,000
우선주 배당금	–	174,000
보통주 경상이익	2,048,000	1,943,000
특별항목	245,000(이익)	1,896,000(비용)
보통주 순이익	2,293,000	47,000
특별항목 반영 전 EPS	1.28	1.00
특별항목 반영 후 EPS	1.45	0.20
보통주 배당금	1.20	0.30
이자보상배율	4.6배	1.8배

a 신주인수권은 다양한 행사가격으로 160만 주 이상의 주식을 구매할 수 있었다. 상장된 신주인수권의 가격은 30.5달러였다.

b 부동산 신탁회사는 1968년에 연방법인세가 부과되지 않았다.

에도 미치지 못하는 수준이었다. 반면 REI의 BPS는 20.85달러였다.

다음 해가 되자 REC 상황의 심각성이 드러났고, 주가는 9.5달러로 하락했다. 1970년 3월 보고서가 발표되었을 때, 주주들은 이 회사가 순손실 1,320만 달러, 주당 5.17달러의 손실을 기록했다는 사실에 충격을 받았다. 이는 사실상 얼마 남지 않은 자기자본이 완전히 잠식되었다는 의미였다. (이 참담한 손실에는 향후 투자 손실에 대비한 880만 달러의 충당금이 포함되어 있었다.) 그럼에도 불구하고 이사회는 회계연도 말 직후 5센트의 특별 배당금을 과감히(?) 선언했다. 그러나 더 큰 문제가 나타났다. 회사의 감사인은 1969~1970년 회계연도 사업보고서에 대해 의견거절을 통보하였으며, 증권거래소에서 주식 거래가 중단되었다. 장외시장에서는 매수 호가가 2달러 이하로 떨어졌다.

REI의 주가는 1969년 이후에도 여전히 이전과 같은 흐름을 보였다. 1970년 최저가는 16.5달러였으며, 1971년 초에는 26.83달러로 회복되었다. 최근 보고된 EPS는 1.50달러였고, 주가는 1970년 PBR 수준인 21.60달러를 약간 상회하는 수준에서 거래되었다. 1968년 기록적인 최고가에서는 다소 고평가되었을 수 있지만, 회사는 정직하고 성실하게 주식의 가치를 관리하고 있다. 반면 REC의 이야기는 안타깝게도 전혀 다른 결과를 보여준다.

비교 2: 에어 프로덕츠(산업 및 의료용 가스 등)와 에어 리덕션(산업용 가스 및 장비, 화학제품)

에어 프로덕츠Air Products and Chemicals와 에어 리덕션Air Reduction Co.은 비교 1의 두 기업보다도 이름과 사업 분야에서 서로 더 유사하다. 따라서 성격이 더 이질적인 다른 비교 대상들과 달리, 이 두 회사의 비교는 더 전통적인 방식의 증권분석이 될 것이다. 에어 프로덕츠는 에어 리덕션보다 설립 시기가 더 최근이고, 1969년 기준 매출 규모도 에어 리덕션의 절반에도 못 미쳤다. 그러나 에어 프로덕츠의 시가총액은 에어 리덕션보다 25% 더 높게 형성되어 있다. 그 이유는 표 18-2에서 확인할 수 있듯 에어 프로덕츠가 수익성이 더 높고 실적 성장도 더 강력하기 때문이다. 여기서 우리는 질적 우위가 시장에 반영되는 전형적인 모습을 볼 수 있다. 에어 프로덕츠는 최근 실적 기준으로 PER

〈표 18-2〉 에어 프로덕츠와 에어 리덕션

	에어 프로덕츠	에어 리덕션
주가 (1969. 12. 31.)	39.5	16.375
보통주 발행주식수	5,832,000[a]	11,279,000
보통주 시가총액	231,000,000	185,000,000
부채	113,000,000	179,000,000
총자본 시가총액	344,000,000	364,000,000
BPS	22.89	21.91
매출액	221,500,000	487,600,000
순이익	13,639,000	20,326,000
EPS(1969년)	2.40	1.80
EPS(1964년)	1.51	1.51
EPS(1959년)	0.52	1.95
최근 배당금	0.20	0.80
연속 배당 지급 시점(년)	1954	1917
주요 재무비율		
PER	16.5배	9.1배
PBR	1.65배	0.75배
배당수익률	0.5%	4.9%
매출액순이익률	6.2%	4.25%
ROE	11.0%	8.2%
유동비율	1.53배	3.77배
운전자본/부채	0.32배	0.85배
EPS 성장률		
1964년 대비 1969년	+59%	+19%
1959년 대비 1969년	+362%	역성장

a 우선주 전환을 가정한 경우

이 16.5배로, 에어 리덕션의 9.1배보다 높았다. PBR 역시 에어 프로덕츠는 1.65배로 평가되었으나, 에어 리덕션은 0.75배로 저평가된 상태였다. 배당금은 에어 리덕션이 더 많이 지급했는데, 에어 프로덕츠는 이익을 유보할 필요성이 더 컸기 때문이다. 또한 에어 리덕션은 에어 프로덕츠보다 안정적인 운전자본 상태를 유지하고 있었다. (이 점에 대해 부연하자면 수익성이 높은 기업은 언제라도 일정 형태의 장기 자금을 조달하여 운전자본 상태를 개선할 수 있다. 하지만 나의 기준에 따르면, 에어 프로덕츠는 부채 부담이 다소 과도했다.)

애널리스트가 두 기업 중 어디가 더 전망이 좋은지 선택해야 한다면, 에어 프로덕츠가 에어 리덕션보다 더 유망해 보인다고 결론을 내리기 쉽다. 그러나 상대적 주가가 현저히 높다는 점을 고려하면 전망이 좋다고 해서 에어 프로덕츠가 투자 대상으로서 더 매력적이라고 말할 수는 없다. 일반적으로 월스트리트는 '양'보다 '질'을 더 중시하는 경향이 있기 때문에 대다수의 증권 애널리스트는 '저렴하지만 질이 낮은' 에어 리덕션보다는 '비싸지만 질이 높은' 에어 프로덕츠를 선택할 것이다. 하지만 이 선택이 옳은지 그른지는 예측할 수 없는 미래에 달려 있을 것이며, 어떤 투자 원칙의 논리적 우열에 의해 결정되는 일은 아닐 것이다. 이 경우 에어 리덕션은 낮은 PER 종목군에 속한 주요 기업으로 보인다. 앞서 언급한 연구에 따르면 이러한 종목군 전체가 높은 PER 주식보다 더 나은 성과를 보일 가능성이 높다. 따라서 에어 리덕션은 논리적으로 우선시되어야 하지만, 이는 어디까지나 분산 투자 전략의 일부로써 고려되어야 한다. (또한 개별 기업에 대한 철저한 연구는 다른 결론에 이르게 할 수도 있다. 그러나 이는 과거 실적에 이미 반영된 요인이 아닌 다른 이유에서 찾아야 할 것이다.)

이후 상황: 에어 프로덕츠는 1970년 하락장에서 에어 리덕션보다 더 견조한 모습을 보이며 16% 하락에 그쳤고, 에어 리덕션은 24% 하락했다. 그러나 1971년 초반 반등에서는 에어 리덕션이 더 나은 성과를 기록하며 1969년 종가 대비 50% 상승한 반면, 에어 프로덕츠는 30% 상승에 머물렀다. 이번 사례에서는 저 PER 종목의 성과가 더 좋은 결과를 보였으며, 적어도 일정 기간 그 우위가 두드러진다는 것을 보여준다.

비교 3: 아메리칸 홈 프로덕츠(의약품, 화장품, 가정용품, 사탕)와 아메리칸 호스피탈 서플라이(병원용품 및 장비 유통 및 제조)

홈American Home Products Co.과 호스피탈American Hospital Supply Co. 이들 두 기업은 1969년 말 기준으로 10억 달러 규모의 거대 영업권을 보유한 회사로, 빠르게 성장하며 막대한 이익을 창출하던 '헬스케어 산업'의 서로 다른 부문을 대표하고 있다. 각각을 '홈'과 '호스피탈'로 지칭하겠다. 두 회사에 대한 주요 데이

〈표 18-3〉 홈과 호스피탈

	홈	호스피탈
주가 (1969. 12. 31.)	72.00	45.125
보통주 발행주식수	52,300,000	33,600,000
보통주 시가총액	3,800,000,000	1,516,000,000
부채	11,000,000	18,000,000
총자본	3,811,000,000	1,534,000,000
BPS	5.73	7.84
매출액	1,193,000,000	446,000,000
순이익	123,300,000	25,000,000
EPS(1969년)	2.32	0.77
EPS(1964년)	1.37	0.31
EPS(1959년)	0.92	0.15
최근 배당금	1.40	0.24
연속 배당 지급 시점	1919	1947
주요 재무비율		
PER	31.0배	58.5배
PBR	12.5배	5.75배
배당수익률	1.9%	0.55%
매출액순이익률	10.7%	5.6%
ROE	41.0%	9.5%
유동비율	2.6배	4.5배
EPS 성장률		
1964년 대비 1969년	+75%	+142%
1959년 대비 1969년	+161%	+405%

터는 표 18-3에 제시되어 있다. 두 기업 모두 다음과 같은 장점이 있다. 우선 1958년 이후 단 한 번의 침체도 없는 우수한 성장 기록(즉 100%의 이익 안정성)과 건전한 재무상태를 유지하였다. 1969년 말까지 호스피탈의 성장률은 홈에 비해 상당히 높았다. 반면 홈은 매출액순이익률과 자본이익률 모두 훨씬 더 우수했다. 특히 1969년 호스피탈의 자본이익률이 9.7%에 불과했다는 점은 이 사업이 당시 높은 성장률에도 불구하고 실제로 수익성이 높은 사업이었는지 의심스럽게 만든다.

상대 가치를 보면, 과거와 현재의 이익과 배당을 고려할 때 홈이 더 가치가 높다. 홈의 PBR은 상대적으로 매우 높은데, 주식분석은 근본적으로 이런 모호성을 다루게 된다. 한편으로 홈의 자기자본이익률이 그만큼 높다는 것을 의미하며, 이런 현상은 일반적으로 사업이 성공적으로 번창하고 있을 때 나타난다. 다른 한편으로 이런 상황에서 회사의 실적에 중대한 부정적 변화가 발생할 경우 주가가 급격히 하락할 수 있음을 시사한다. 1969년 호스피탈 역시 PBR이 네 배 이상으로 거래되었으므로, 이러한 주의 사항은 두 회사 모두에 적용될 수 있다.

결론: 방어적 투자자의 입장에서는 두 회사 모두 현재의 가격이 지나치게 고평가되어 고려 대상에서 제외되어야 한다. 두 회사의 미래에 대한 가능성을 폄하하고자 하는 것은 아니다. 다만 문제는 그들의 주가가 실제 성과보다는 지나치게 많은 '미래에 대한 기대'를 반영하고 있다는 것이다. 두 기업을 합산했을 때, 1969년 주가는 영업권을 약 50억 달러로 반영하고 있었다. 이 영업권 가치를 배당금이나 유형 자산으로 실현하려면 우수한 실적이 얼마나 오랜 기간 쌓여야 할 것인가?

이후 단기 상황: 1969년 말 시장을 보면 호스피탈의 PER이 홈의 두 배에 달하고 있으므로, 홈보다 호스피탈의 이익 전망을 더 높이 평가한 것으로 보

인다. 그러나 실제로는 시장에서 주목받던 호스피탈은 1970년 미미한 이익 감소를 보인 반면, 홈은 8%라는 양호한 이익 증가를 기록하였다. 이러한 1년간의 실망스러운 성과에 시장 가격이 즉각 반응하여, 호스피탈은 1971년 2월이 되자 1969년 말 대비 약 30% 하락한 32달러에 거래되었다. 반면 홈의 1971년 주가는 1969년 보다 약간 높은 수준에서 거래되었다.

비교 4: H&R 블록(소득세 서비스)과 블루 벨(작업복, 유니폼 등 제조업체)

블록 H & R Block, Inc. 과 블루 벨 Blue Bell, Inc. 이 두 기업은 비교적 최근 비슷한 시기에 뉴욕증권거래소에 상장되었지만, 각각 다른 성장 과정을 거쳐왔다. 블루 벨은 치열한 경쟁 산업에서 성장하며 결국 업계 최대의 기업으로 자리 잡았다. 이 회사의 이익은 산업 여건에 따라 다소 변동이 있었지만 1965년 이후로는 인상적인 성장을 보여주었다. 블루 벨은 1916년에 사업을 시작하여 배당 지급은 1923년부터 지속되고 있다. 1969년 말, 주식시장은 이 회사에 대해 별 관심을 보이지 않았으며, S&P 종합주가지수의 PER이 17인데 비해 이 주식의 PER은 11에 불과했다.

이에 반해 H&R 블록은 혜성처럼 등장했다. 이 회사의 최초 공시 자료는 1961년에 발표되었으며, 당시 매출 61만 달러에서 8만 3천 달러의 순이익을 기록했다. 그러나 8년 후 1969년 말에는 매출이 5,360만 달러로 급증했고 순이익은 630만 달러에 달했다. 당시 주식시장은 이 뛰어난 실적에 대해 열광했다. 1969년 말 55달러로 마감된 주가는 역대 최고인 당시 실적을 기준으로 PER이 100배를 초과했다. 발행된 주식의 총 시가총액은 3억 달러로, PBR은 약 30배에 달했다. 이는 주식시장 역사상 거의 전례가 없는 일이었다. (참고로 같은 시기 IBM의 PBR은 약 9배, 제록스는 11배 수준이었다.)

〈표 18-4〉 블록과 블루 벨

	H&R 블록	블루 벨
주가(1969. 12. 31.)	55	49.75
보통주 발행주식수	5,426,000	1,802,000[a]
보통주 시가총액	298,000,000	89,500,000
부채	–	17,500,000
총자본	298,000,000	107,000,000
BPS	1.89	34.54
매출액	53,600,000	202,700,000
순이익	6,380,000	7,920,000
EPS(1969년)	0.51(10월)	4.47
EPS(1964년)	0.07	2.64
EPS(1959년)	–	1.80
최근 배당금	0.24	1.80
연속 배당 지급 시점	1962	1923
주요 재무비율		
PER	108.0배	11.2배
PBR	29.2배	1.42배
배당수익률	0.4%	3.6%
매출액순이익률	11.9%	3.9%
ROE	27%	12.8%
유동비율	3.2배	2.4배
운전자본/부채	부채 없음	3.75배
EPS 성장률		
1964년 대비 1969년	+630%	+68%
1959년 대비 1969년	–	+148%

a 전환우선주가 전환되었다고 가정

표 18-4는 H&R 블록과 블루 벨을 비교 평가한 자료인데, 금액과 비율 모두 큰 차이를 보이고 있다. 블루 벨의 총 시가총액은 H&R 블록의 3분의 1에도 미치지 못했다. 물론 H&R 블록의 ROE가 블루 벨의 두 배에 달했으며, 지난 5년간의 EPS성장률(사실상 거의 제로에서 시작한)도 훨씬 더 높았다. 그러나 블루 벨은 H&R 블록보다 네 배 많은 매출을 기록했으며, 2.5배 많은 EPS를

시현했고, 유형자산 규모는 5.5배나 크고, 배당수익률이 9배에 달했다.

결론의 함의: 경험 많은 애널리스트는 H&R 블록의 강력한 모멘텀을 인정하며, 미래 성장 전망이 뛰어나다고 판단했을 것이다. 하지만 한편으로 H&R 블록이 실현한 높은 ROE를 보고 다른 경쟁자들이 이 사업에 뛰어들 수 있다는 위험도 인식했을 것이다.* 그러나 경쟁이 치열한 분야에서도 에이본 프로덕츠[18]와 같은 우수 기업들이 지속적으로 성공한 사례를 고려하면, H&R 블록의 성장이 급격히 완만해질 것이라고 섣불리 예측하지도 않았을 것이다. 다만 애널리스트의 입장에서 H&R 블록을 추천할 때 고려했어야 하는 부분은 3억 달러에 달하는 기업 가치가 이미 이 비즈니스에서 기대할 수 있는 모든 가능성을 충분히, 어쩌면 과도하게 반영했는지 여부이다. 반면 블루 벨의 경우, 애널리스트는 보수적으로 평가해도 가치가 우수한 기업으로 평가받을 수 있기 때문에 추천하는 데 큰 어려움이 없었을 것이다.

이후 상황: 1970년의 공황에 가까운 시장 혼란으로 블루 벨의 주가는 4분의 1 정도, H&R 블록의 주가는 3분의 1 정도 하락했다. 그러나 두 회사는 이후 시장 전반의 놀라운 회복세에 동참했다. H&R 블록의 주가는 1971년 2월 75달러까지 상승했으며, 블루 벨은 2대 3 주식 분할 이후 기준으로 훨씬 더 많이 상승하여 109달러에 도달했다. 이는 1969년 말 기준으로 블루 벨이 H&R 블록보다 더 나은 투자대상이었음을 명확히 보여준다. 그러나 H&R 블록이 명백히 과대평가된 가치에서도 약 35%나 상승할 수 있었다는 사실은 애널리스트와 투자자들이 우수한 기업을 과소평가하거나 단순히 비싸다는 이유로 함부로 공매도하는 것이 얼마나 위험한지 보여준다.

---

* 독자는 519~523페이지에서 AAA 엔터프라이즈가 이 사업에 진출하려 했으나 빠르게 실패했다는 점을 기억할 것이다.

비교 5: IFF(향료회사)와 하비스터(트럭, 농기계, 건설기계 제조사)

IFF International Flavors & Fragrances 와 하비스터 International Harvester Co. 이 두 회사를 비교해 보면 여러 면에서 놀라울 것이다. 누구나 다우지수 30대 기업 중 하나인 하비스터는 알 것이다. 그러나 IFF에 대해 들어본 독자는 많지 않을 것이다. 그러나 놀랍게도 1969년 말 IFF의 시가총액은 하비스터를 넘어섰다. IFF는 7억 4,700만 달러로 평가된 반면, 하비스터는 7억 1,000만 달러였다.

이 차이는 하비스터가 IFF보다 자기자본은 17배, 연간 매출은 27배 더 많았다는 점을 고려할 때 더욱 놀랍다. 실제로 불과 3년 전 하비스터의 순이익은 IFF의 1969년 매출보다 더 컸다. 이러한 놀라운 격차는 어떻게 생겨났을까? 답은 두 가지 핵심인 수익성과 성장에 있다. IFF는 이 두 측면 모두 뛰어난 성과를 보였지만, 하비스터는 모든 면에서 부족했다.

표 18-5에 두 회사의 재무 정보가 담겨 있다. IFF의 매출액순이익률은 놀랍게도 14.3%(세전 기준으로는 23%)에 달하고 있는데 반해, 하비스터는 고작 2.6%에 머물고 있어 대조적이다. 마찬가지로 ROE 역시 IFF는 19.7%인 반면, 하비스터는 5.5%에 그쳐 부실한 모습을 보였다. 지난 5년 동안 IFF의 순이익은 거의 두 배로 증가한 반면, 하비스터는 사실상 제자리걸음을 했다. 1959년과 1969년을 비교해도 유사한 양상을 보인다. 이와 같은 실적 차이는 주식시장에서 전형적인 평가 차이로 이어졌다. 1969년 IFF의 PER은 55배에 거래된 반면, 하비스터는 단 10.7배에 그쳤다. 이에 따라 PBR도 IFF는 10.5배인 반면, 하비스터는 1배에도 한참 못 미치는 0.59 배에 거래되었다.

논평 및 결론: 우선 주목할 점은 IFF의 시장 성공이 오로지 핵심 사업의 발전에 기반을 두고 있으며, 최근 몇 년간 흔히 보이는 기업 간 거래, 인수 프로그램, 과도한 부채비율과 같은 월스트리트의 유행과 전혀 관련이 없다는 것이

〈표 18-5〉 IFF와 하비스터

	IFF	하비스터
주가 (1969. 12. 31.)	65.5	24.75
보통주 발행주식수	11,400,000	27,329,000
보통주 시가총액	747,000,000	710,000,000
부채	4,000,000	313,000,000
총자본	751,000,000	1,023,000,000
BPS	6.29	41.70
매출액	94,200,000	2,652,000,000
순이익	13,540,000	63,800,000
EPS(1969년)	1.19	2.30
EPS(1964년)	0.62	3.39
EPS(1959년)	0.28	2.83
최근 배당금	0.50	1.80
연속 배당 지급 시점	1956	1910
주요 재무비율		
PER	55.0배	10.7배
PBR	10.5배	0.59배
배당수익률	0.9%	7.3%
매출액순이익률	14.3%	2.6%
ROE	19.7%	5.5%
유동비율	3.70배	2.0배
운전자본/부채	높음	1.7배
이자보상배율	–	(세전)3.9배
EPS 성장률		
1964년 대비 1969년	+93%	+9%
1959년 대비 1969년	+326%	+39%

다. 이 회사는 매우 수익성이 높은 본업에 집중했다. 이것 말고는 따로 이야기할 게 없다. 반면 하비스터의 실적은 여러 의문들이 제기된다. 하지만 이 역시 복잡한 금융기법과는 무관하다. 많은 거대 기업들이 일반적으로 성장하는 국면에, 왜 이 회사는 이렇게 상대적으로 수익성이 낮아졌는가? 연간 25억 달러 이상의 매출을 올리면서도, 주주들의 투자를 정당화할 만큼 충분한 이익을

창출하지 못하는 이유는 무엇인가? 이 문제의 해결책을 찾는 것은 이 책의 범위를 넘어가는 것이라 생각한다. 하지만 경영진뿐 아니라 주주 모두가 이러한 문제가 존재한다는 점을 인식해야 하며, 이를 해결하기 위해 최고의 인재와 최선의 노력이 필요하다는 점을 강조한다. 일반적인 주식 선택 관점에서 볼 때, 두 기업 모두 나의 건전하고 매력적이며 적정한 가격의 투자 기준을 충족하지 못한다. IFF는 성공적이지만 고평가된 기업이었고, 하비스터는 주가는 높지 않았으나 실적이 너무 미흡했다. (분명히 적정 가격대에서 더 나은 가치의 기업들이 존재했을 것이다.)

이후 상황: 1969년 말 하비스터의 낮은 주가는 1970년의 시장 하락에서도 큰 추가 손실없이 10% 하락에 그쳤다. 반면 IFF는 더 취약한 모습을 보이며 주가가 45달러로 하락해 30%의 손실을 기록했다. 이후의 시장 회복 국면에서 두 회사 모두 1969년 종가를 훨씬 상회하는 수준까지 상승했으나, 하비스터는 곧 다시 25달러 수준으로 하락했다.

비교 6: 맥그로 에디슨(공공 유틸리티 및 장비, 가정용품)과 맥그로-힐(도서, 영화, 교육 시스템, 잡지 및 신문 출판사, 정보 서비스)

맥그로 에디슨McGraw Edison과 맥그로-힐McGraw-Hill, Inc. 이 두 회사는 비슷한 이름을 가지고 있으나 사업 분야는 완전히 다르며, 둘 다 성공적인 대기업이다. 본 비교는 1968년 12월 31일을 기준으로 하며 상세한 내용은 표 18-6에 정리되어 있다. 두 회사의 주가는 비슷했으나 맥그로-힐의 자본 규모가 더 크기 때문에 총 시장 가치는 맥그로 에디슨의 약 두 배에 달했다. 이는 다소 놀라운 결과로 보일 수 있는데, 맥그로 에디슨의 매출은 맥그로-힐보다 약 50% 더 많고, 순이익도 25% 더 컸기 때문이다. 결과적으로 PER은 맥그로-

〈표 18-6〉 맥그로 에디슨과 맥그로-힐

	맥그로 에디슨	맥그로-힐
주가 (1968. 12. 3.)	37.625	39.75
보통주 발행주식수	13,717,000	24,200,000[a]
보통주 시가총액	527,000,000	962,000,000
부채	6,000,000	53,000,000
총자본	533,000,000	1,015,000,000
BPS	20.53	5.00
매출액	568,600,000	398,300,000
순이익	33,400,000	26,200,000
EPS(1968년)	2.44	1.13
EPS(1963년)	1.20	0.66
EPS(1958년)	1.02	0.46
최근 배당금	1.40	0.70
연속 배당 지급 시점	1934	1937
주요 재무비율		
PER	15.5배	35.0배
PBR	1.83배	7.95배
배당수익률	3.7%	1.8%
매출액순이익률	5.8%	6.6%
ROE	11.8%	22.6%
유동비율	3.95배	1.75배
운전자본/부채	높음	1.75배
EPS 성장률		
1964년 대비 1969년	+104%	+71%
1959년 대비 1969년	+139%	+146%

a 전환우선주의 전환 가정

힐이 맥그로 에디슨보다 두 배 이상 높았다. 이러한 현상은 주로 1960년대 후반에 여러 출판사가 상장되기 시작하면서 주식시장에서 출판업체 주식에 대한 강한 선호가 꾸준히 반영된 결과로 풀이된다.

실제로 1968년 말까지는 이 열정이 지나쳤다는 것이 분명했다. 맥그로-힐의 주가는 1967년에 56달러에 달했으며, 이는 1966년 기록적인 EPS에 대해서도 PER이 40배가 넘었다. 그러나 1967년에는 소폭의 하락이 있었고, 1968년에도 추가적인 하락이 있었다. 그럼에도 불구하고 여전히 35배라는 높은 PER이 적용되고 있었으며, PBR은 8배 이상으로 평가되었다. 이는 거의 10억 달러에 달하는 영업권good-will 요소를 포함하고 있음을 시사했다. 이 가격은 존슨 박사의 유명한 표현 '경험을 누른 희망의 승리'를 대변하고 있었다.

대조적으로 맥그로 에디슨의 주가는 회사의 양호한 전체적인 실적 및 재무 상태와 높은 시장 수준을 볼 때, 합리적으로 평가된 것 같다.

이후 상황: 맥그로-힐의 EPS는 1969년과 1970년 동안 계속 감소하여 1.02달러에서 0.82달러로 떨어졌다. 1970년 5월의 대폭락에서는 주가는 10달러까지 급락했으며, 이는 2년 전 가격의 5분의 1도 되지 않았다. 이후에는 빠른 회복세를 보였지만, 1971년 5월의 최고가는 여전히 1968년 종가의 60%에 불과했다. 반면 맥그로 에디슨은 더 나은 실적을 보였으며, 주가 역시 1970년에 22달러로 하락한 뒤 1971년 5월에는 41.5달러로 완전히 회복했다.

맥그로-힐은 여전히 꾸준히 성장하는 회사이다. 그러나 그 주가 추이는 다른 기업들과 마찬가지로, 월스트리트에서 늘 반복되는 비이성적 낙관과 비관 속에서 형성되는 투기적 과정을 잘 보여준다.

비교 7: 제너럴(대규모 다각화 복합기업)과 프레스토(다양한 전자제품, 방위산업)

제너럴National General Corp.과 프레스토National Presto Industries 이 두 회사는 서로 매우 다르기 때문에 그 차이를 비교해 보려고 한다. 1969년 제너럴이 대규모 상각을 하면서 그 해의 지표가 많이 왜곡되어 나타나기 때문에 1968년 말을 연구 시점으로 선택했다. 제너럴의 방대한 사업 영역은 그 해에 완전히 파악되지는 않았지만, 이미 충분히 다각화된 복합기업이었다. 『S&P 주식 가이드』의 요약 설명을 보면 '국내 영화관 체인, 영화 및 TV 제작, 저축은행, 출판'과 함께 나중에는 '보험, 투자은행, 레코드, 음악 출판, 컴퓨터 서비스, 부동산' 사업을 추가하였으며, 퍼포먼스 시스템 Performance Systems Inc.(최근 미니 펄스 치킨 Minnie Pearl's Chicken System Inc으로 사명 변경)의 지분도 35% 취득했다. 반면 프레스토도 다각화 전략을 추진했으나, 제너럴과 비교해 보면 훨씬 더 간소하다. 원래 압력솥제조 선도회사였던 프레스토는 다양한 생활용품과 가전제품으로 사업을 확장했으며, 정부의 군수품 납품계약을 다수 수주하기도 했다.

표 18-7은 1968년 말 두 회사의 실적을 요약한 표이다. 프레스토의 자본 구조는 매우 간단했다. 보통주 147만 8,000주가 전부였으며, 시가총액은 5,800만 달러였다. 반면 제너럴은 보통주 발행주식수가 프레스토의 두 배 이상이며, 전환우선주, 세 가지 종류의 신주인수권(대규모 보통주 전환 가능), 그리고 보험회사 인수를 목적으로 발행한 대규모 전환사채를 포함하여 복잡한 구조를 가지고 있었다. 또한 일반 회사채의 발행규모도 상당히 많았다. 이 모든 것을 합산하면 총자본은 5억 3,400만 달러에 달했으며, 발행 예정인 전환사채까지 포함하면 7억 5,000만 달러에 이르렀다. 제너럴은 이처럼 총자본 규모가 압도적으로 컸음에도 불구하고, 회계연도 기준으로 프레스토보다 매출이 훨씬 적었으며, 순이익은 프레스토의 75%에 불과했다.

제너럴의 보통주 가치를 평가하는 것은 애널리스트들에게 흥미로운 주제이며, 순수한 투기목적을 넘어 주식에 관심이 있는 사람들에게 중요한 시사점을 제공한다. 비교적 소규모인 4.5달러의 전환우선주는 적절한 시장 수준에서 보통주로 전환된다고 가정하면 쉽게 처리할 수 있다. 이는 표 18-7에 반영되어 있다. 하지만 신주인수권은 다른 처리가 필요하다. '완전 희석' 기준을 계산하려면 모든 신주인수권이 행사되고, 그 행사된 발행대금은 우선 부채 상환에 사용하며, 남은 금액은 시장에서 보통주를 매입한다고 가정한다. 이렇게

〈표 18-7〉 제너럴과 프레스토

	제너럴	프레스토
주가 (1968. 12. 31.)	44.25	38.625
보통주 발행주식수	4,330,000[a]	1,478,000
시가총액(보통주)	192,000,000	58,000,000
시가총액(신주인수권 3종)	221,000,000	–
시가총액(보통주+신주인수권)	413,000,000	–
부채	121,000,000	–
총자본	534,000,000	58,000,000
신주인수권 반영 주가	98.00	–
BPS	31.50	26.30
매출액	117,600,000	152,200,000
순이익	6,121,000	8,206,000
EPS(1968년)	1.42(12월)	5.61
EPS(1963년)	0.96(9월)	1.03
EPS(1958년)	0.48(9월)	0.77
최근 배당금	0.20	0.80
연속 배당 지급 시점	1964	1945
주요 재무비율		
PER	69.0배[b]	6.9배
PBR	3.10배	1.42배
배당수익률	0.5%	2.4%
매출액순이익률	5.5%	5.4%
ROE	4.5%	21.4%
유동비율	1.63배	3.4배
운전자본/부채	0.21배	부채 없음
EPS 성장률		
1964년 대비 1969년	+48%	+450%
1959년 대비 1969년	+195%	+630%

a 전환우선주의 전환 가정
b 신주인수권의 시장가격에 맞춰 조정

가정하면 실제로 1968년도의 EPS에 거의 영향이 없다. 희석하기 이전과 이후 모두 1.51달러였다. 그러나 이 처리는 비논리적이고 비현실적이다. 내가 볼 때 신주인수권은 보통주의 일부로 인식해야 하며, 신주인수권의 시가총액은 보통주 전체의 '실제 시가총액'의 일부로 간주되어야 한다. (이 점에 대한 논의는 494

페이지를 참조하라.) 이처럼 신주인수권의 시가총액을 보통주의 시가총액에 단순히 추가하면 1968년 말 제너럴의 상황이 크게 달라진다. 표 18-7의 계산과 같이 보통주의 실제 시가총액은 4억 1,300만 달러가 되어 표면적으로 나타난 수치의 두 배 이상이 된다. 그러면 1968년도의 실적에 대한 실제 PER은 69배가 되고, PBR은 3배를 넘게 되어 비이성적인 가격이 된다.

프레스토와 비교하면 이러한 수치가 얼마나 이례적인지 알 수 있다. 프레스토의 PER이 6.9배에 불과한 반면, 제너럴의 PER이 거의 10배나 높다. 프레스토의 모든 재무비율은 매우 만족스럽다. 사실 성장률 지표는 너무나 양호해서 의심스러울 정도다. 이는 회사가 전쟁 때문에 방산업체로서 특수를 누리고 있었음을 시사하며, 주주들은 전쟁이 끝나게 되면 이익이 감소할 가능성에 대비해야 한다. 그럼에도 불구하고 전반적으로 프레스토는 건전하고 합리적인 가격의 투자 요건을 모두 충족한 반면, 제너럴은 1960년대 후반의 전형적인 복합기업의 특징을 모두 갖추고 있었다. 그 특징이란 복잡한 기업 지배구조와 거창한 사업계획으로 가득차 있지만, 시장에서의 높은 평가를 뒷받침할 만한 실질적 가치가 결여된 상태를 뜻한다.

이후 상황: 제너럴은 1969년에 다각화 전략을 계속 추진하면서 부채가 약간 늘었으나, 미니 펄 치킨 투자와 관련하여 수백만 달러에 이르는 손실을 상각했다. 최종적으로 세전 7,200만 달러, 세후 4,640만 달러의 손실이 나타났다. 주가는 1969년에 16.5달러까지 하락했으며, 1970년에는 9달러까지 떨어져 1968년 최고치인 60달러의 15% 수준까지 폭락했다. 1970년에는 희석 기준으로 주당 2.33달러의 이익을 기록했고, 주가는 1971년에 28.5달러로 회복되었다. 반면 프레스토는 1969년과 1970년 모두 주당 순이익을 약간 증가시키며 10년 연속 이익 성장 기록을 이어갔다. 그럼에도 불구하고 1970년 시장 폭락 당시 주가는 21.5달러까지 하락했다. 이 주가는 매우 흥미로운

데, 이는 당시 PER 네 배에도 미치지 않는 수준이었고, 당시 주식의 순유동자산가치를 하회하는 금액이었다. 1971년 말에는 프레스토의 주가가 60% 상승한 34달러에 이르렀으나, 순유동자산도 함께 늘어나 비슷한 수준이었고, PER 역시 여전히 5.5배에 불과한 수준이었다. 이와 유사한 종목 10개를 찾아 분산 투자할 수 있다면, 투자자는 만족스러운 성과를 기대할 수 있다.

비교 8: 와이팅(차량 유지 관리 장비)과 윌콕스(소규모 복합기업)

아메리칸증권거래소 목록을 보면 와이팅Whiting Corp.과 윌콕스Willcox & Gibbs는 붙어 있지만, 두 회사는 아무런 연관이 없다. 표 18-8A에서 두 회사를 비교해보면 월스트리트가 과연 이성적인 곳인지 의심스럽다. 두 기업 중 윌콕스는 매출과 순이익이 더 작고, 보통주에 대한 순자산가치는 절반 밖에 되지 않는데도 불구하고, 와이팅보다 시가총액이 약 네 배 더 높게 평가받고 있었다. 더욱이 당시 윌콕스는 막대한 특별손실 여파로 대규모 적자를 발표할 예정이었으며, 심지어 최근 13년간 배당금을 한 번도 지급하지 않았다. 반면 와이팅은 1936년 이후로 연속적인 배당금을 지급해온 기록과 함께 안정적인 이익을 창출해왔으며, 배당수익률은 당시 모든 상장기업 보통주 가운데 가장 높았다. 실적의 격차를 더 명확히 설명하기 위해 1961년부터 1970년까지의 이익과 주가를 표 18-8B에서 비교했다.

두 회사는 앞서 소개한 대기업들과는 대조적으로 미국 내 중견 기업의 발전에 대해 보여주고 있다. 와이팅은 1896년에 설립되었으므로 최소 75년 동안 사업을 영위하고 있다. 자재 운송업을 주사업으로 하고 있으며, 수십 년 동안 이 사업을 잘 수행해왔다. 윌콕스는 그보다 더 오래전인 1866년에 설립되어 오랫동안 산업용 재봉틀 생산업체 중에서는 유명한 회사이다. 그러나 지난

〈표 18-8A〉 와이팅과 윌콕스

	와이팅	윌콕스
주가(1969. 12. 31.)	17.75	15.5
보통주 발행주식수	570,000	2,381,000
시가총액(보통주)	10,200,000	36,900,000
부채	1,000,000	5,900,000
우선주	–	1,800,000
총자본 시가총액	11,200,000	44,600,000
BPS	25.39	3.29
매출액	42,200,000(10월)	29,000,000(12월)
순이익(특별손실 차감 전)	1,091,000	347,000
순이익(특별손실 차감 후)	1,091,000	–1,639,000
EPS(1969년)	1.91(10월)	0.08[a]
EPS(1964년)	1.90(4월)	0.13
EPS(1959년)	0.42(4월)	0.13
최근 배당금	1.50	–
연속 배당 지급 시점	1954	1957년 이후 지급 중단
주요 재무비율		
PER	9.3배	매우 높음
PBR	0.7배	4.7배
배당수익률	8.4%	–
매출액순이익률	3.2%	0.1%[a]
ROE	7.5%	2.4%[a]
유동비율	3.0배	1.55배
운전자본/부채	9.0배	3.6배
EPS 성장률		
1964년 대비 1969년	0%	마이너스 성장
1959년 대비 1969년	+354%	마이너스 성장

a 특별손실 반영 전

10년 동안, 윌콕스는 다소 비정상적이고 기이한 형태의 다각화 전략을 채택했다. 자회사 수가 무려 24개를 넘어가고 있으며, 놀랍도록 다양한 제품을 생산하고 있으나, 다른 한편으로는 일반적인 월스트리트 기준에 따르면 수많은 구멍가게들의 집합체가 되었다.

〈표 18-8B〉 와이팅과 윌콕스의 EPS 및 주가 범위

연도	와이팅		윌콕스	
	EPS[a]	주가 범위	EPS	주가 범위
1970	1.81	22.5~16.25	0.34	18.5~4.5
1969	2.63	37~17.75	0.05	20.625~8.75
1968	3.63	43.125~28.25	0.35	20.125~8.33
1967	3.01	36.5~25	0.47	11~4.75
1966	2.49	30.25~19.25	0.41	8~3.75
1965	1.90	20~18	0.32	10.375~6.125
1964	1.53	14~8	0.20	9.5~4.5
1963	0.88	18~9	0.13	14~4.75
1962	0.46	10~6.5	0.04	19.75~8.25
1961	0.42	12.5~7.75	0.03	19.5~10.5

a 다음 해 4월 30일 회계연도 결산

와이팅의 실적 추이는 전형적인 기업들의 특징을 보여준다. 1960년 주당 41센트였던 EPS는 1968년에는 3.63달러로 안정적이고 눈부신 성장세를 보였다. 그러나 이러한 성장이 무한정 지속될 수는 없었다. 이후 1971년 1월 기준 12개월 동안 EPS가 1.77달러로 하락했는데, 이는 단순히 전반적인 경제 둔화를 반영한 것일 가능성이 크다. 그러나 주가는 이에 매우 민감하게 반응하여 1968년 고점인 43.5달러에서 약 60% 하락한 채로 1969년을 마감했다. 이런 주식은 비우량주로 분류되지만, 건전하고 매력적인 투자 대상으로서 보다 공격적인 투자자에게는 이런 종목들도 포트폴리오의 일부로 편입하기에 적합하다고 판단된다.

이후 상황: 윌콕스는 1970년에 소폭의 영업 손실을 기록했다. 주가는 급락하여 최저 4.5달러까지 하락했다가 1971년 2월에는 반등하여 9.5달러까지 회복했다. 하지만 그 가격도 통계적으로 정당한지는 판단하기 어려웠다. 와이

팅은 소폭 하락을 보이며 1970년에 16.75 달러까지 떨어졌다. (그 가격은 순유동자산의 가치와 거의 동일한 수준이었다.) 1971년 7월까지 1.85달러의 EPS를 유지했다. 1971년 초에 주가는 24.5달러로 상승했는데, 이는 적당히 합리적인 수준이기는 하지만 더 이상 우리의 기준에서는 '저평가'는 아니었다.

일반적인 고려 사항

앞서 비교에 사용된 종목들은 일부 의도적으로 선택된 것이므로, 이를 보통의 주식 목록에서 무작위로 뽑은 표본이라고 할 수는 없다. 또한 이 종목들은 산업주에 한정하였으므로 공익기업, 운송주, 금융주 같은 부문은 다루지 않았다. 그러나 주식에 투자하려는 투자자의 종목 선정에 필요한 적절한 아이디어를 전달하기에 필요한 규모, 사업 분야, 질적 및 양적 측면에서의 다양성은 충분하다고 판단된다.

주가와 실제 가치 간의 관계도 각 비교마다 큰 차이가 있었다. 대부분의 경우 성장성과 수익성이 더 높은 기업들은 더 높은 PER로 거래되었는데, 이는 일반적으로 충분히 합리적이라고 볼 수 있다. 그러나 구체적으로 그러한 PER의 차이가 실적에 의해 정당화되었는지, 혹은 미래 발전에 의해 입증될 것인지는 자신있게 답하기 어렵다. 반면 가치 있는 판단이 가능했던 경우도 많았다. 여기에는 기본적인 재무건전성조차 의심스러운 기업들이 주식시장에서 크게 상승한 경우들은 모두 포함된다. 이러한 주식들은 본질적으로 위험한 투기성 자산일 뿐만 아니라, 많은 경우 명백히 고평가되어 있음을 확인했다. 한편으로 어떤 종목들은 부정적인 시장의 평가, 즉 '과소 평가'나 이익 감소에 따른 과도한 비관주의의 영향을 받아 가치보다 더 낮은 주가에 머물게 되는 경우도 확인했다.

〈표 18-9〉 **종목의 주가 범위**(1970년까지의 주식분할 반영)

회사명	전체 기간 주가 범위 (1936~1970년)	하락기 주가 범위 (1961~1962년)	하락기 주가 범위 (1968~1970년)
REI	10.5~30.25	25.125~15.25	30.25~16.375
REC	3.75~47.75	6.875~4.5	37.75~2
에어 프로덕츠	1.375~49	43.25~21.625	49~31.375
에어 리덕션	9.375~45.75	22.5~12	37~16
홈	0.875~72	44.75~22	72~51.125
호스피탈	0.75~47.5	11.625~5.75	47.5~26.75[a]
H&R 블록	0.25~68.5		68.5~37.125
블루벨	8.75~55	25~16	44.75~26.5
IFF	4.75~67.5	8~4.5	66.375~44.875
하비스터	6.25~53	28.75~19.25	38.75~22
맥그로 에디슨	1.25~46.25	24.375~14[b]	44.75~21.625
맥그로-힐	0.125~56.5	21.5~9.125	54.625~10.25
제너럴	3.625~60.5	14.875~4.75[b]	60.5~9
프레스토	0.5~45	20.625~8.25	45~21.5
와이팅	2.875~43.375	12.5~6.5	43.375~16.75
월콕스	4~20.625	19.5~8.25	20.375~4.5

a 1970년의 고가와 저가
b 1959~1960년

표 18-9는 이 장에서 다룬 종목들의 주가 변동에 대한 자료이다. 대부분의 종목은 1961년에서 1962년, 그리고 1969년에서 1970년 사이에 큰 하락을 겪었다. 미래의 주식시장도 이러한 충격은 언제든지 가능하기 때문에 이에 대한 대비는 반드시 필요하다.

표 18-10에서는 1958년부터 1970년까지 맥그로-힐 보통주의 연도별 변동폭을 나타낸다. 지난 13년 동안 매년 주가의 범위를 보면, 고점의 50% 수준에서 저점이 형성되고 있음을 확인할 수 있다. (제너럴의 경우 2년마다 최소 이 정도의 상하 변동폭이 나타났다.)

이 장을 집필하기 위해 주식 목록을 검토하면서, 일반적으로 애널리스트

〈표 18-10〉 맥그로-힐의 연간 가격 변동폭(1958~1971[a])

시작시점	종료시점	상승	하락
1958	1959	39~72	
1959	1960	54~109.75	
1960	1961	21.75~43.125	
1961	1962	18.25~32.25	43.125~18.25
1963	1964	23.375~38.875	
1964	1965	28.375~61	
1965	1966	37.5~79.5	
1966	1967	54.5~112	
1967	1968		56.25~37.5
1968	1969		54.625~37.5
1969	1970		39.5~10
1970	1971	10~24.125	

a 주식분할 미반영

들이 수행하는 증권분석의 목표가 신뢰할 수 있고 가치 있는 목표와는 큰 차이가 있다는 것을 다시 한번 실감했다. 대부분의 애널리스트는 주로 주가 움직임과 더불어 이익 성장 가능성을 예측하여, 미래에 가장 많이 오를 종목을 골라내는 데 집중한다. 그러나 나는 이러한 접근 방식이 만족스러운 결과를 낼 수 있을지에 대해 솔직히 회의적이다. 바람직한 증권분석 작업이란 오히려 가격이 가치보다 크게 낮은 예외적이거나 소수의 사례를 찾아내는 것이다. 애널리스트는 충분한 전문성을 갖추고 이 작업을 수행하여 오랜 기간 평균적으로 만족스러운 성과를 낼 수 있어야 한다.

18장 논평

— 제이슨 츠바이크

"인간의 활동 영역 가운데 이토록 역사를 하찮게 여기는 곳은 금융뿐일 것이다. 과거의 경험은, 현재의 경이로운 성취를 이해할 통찰이 없는 사람들이나 매달리는 구태한 도피처로 폄하된다."

— 존 케네스 갤브레이스*

18장에서 그레이엄은 이름이나 종목 코드가 비슷한 여덟 쌍의 기업을 비교하고 대조한다.

그가 전하려는 핵심 교훈은 이렇다:

주식이 좋거나 나쁘거나 하지는 않다. 다만 주가가 좋을 때가 있고 나쁠 때

* 존 케네스 갤브레이스John Kenneth Galbraith, 『금융 광기의 짧은 역사A Short History of Financial Euphoria』(펭귄, 1994), p13.

가 있는 것이다. 어떤 기업의 주가가 오를수록 사람들은 더 사고 싶어하고, 주가가 쌀수록 오히려 아무도 사려 하지 않는다. 같은 주식이라도 시점에 따라 싸게 보일 수도, 비싸게 보일 수도 있는 것이다.

이제 최근 시장에서의 여덟 가지 비교 사례를 살펴보며, 그레이엄이라면 이들을 어떻게 바라보았을지를 생각해보자.

비교 1: AMC 엔터테인먼트 홀딩스(영화관 체인)**와 아메텍** AMETEK(전자 및 전기 장비 제조업체)

2021~2022년 동안 AMC는 '밈 주식'의 전형이었다. 미래 성장 전망은 미미하고, 부채는 위험 수위에 달해 있었고, 주력사업이 휘청이는 상황이었지만, 음모론에 자극받고 현실을 도외시한 투기자들이 몰려들어 주가를 끌어올리고 있었다.

"이건 펀더멘털을 보고 하는 거래가 아니에요. 절대 아니죠." 한 AMC 팬은 2021년 7월, 이렇게 말했다. 그는 '유인원들 apes'이 집단적인 매수로 주가를 끌어올릴 것이기 때문에 상승 여력은 거의 무한하다고 주장했다. 여기서 유인원들이란 전통적인 분석을 조롱하며 원시적 집단 매수력을 과시하던 온라인 투기자들이 스스로를 불렀던 이름이다.

유인원들은 MOASS가 올 때까지 HODL할 것이라고 맹세했다. MOASS는 공매도 청산 Mother Of All Short Squeezes을, HODL은 죽을 때까지 팔지 않는 것 Hold On for Dear Life을 의미한다. 그들의 시나리오에 따르면 AMC 주가 하락에 베팅했던 헤지펀드와 전문 투자자들이 결국 어쩔 수 없이 주식을 되사들이게 되고, 주가는 10만 달러 이상으로 치솟으며, 유인원들은 부자가 되는 것이었다.

그리고 실제로 2021년 초 불과 5개월도 안 되는 기간 동안, 유인원들은 AMC 주가를 무려 3,050%나 끌어올렸다.

항공우주, 방위, 자동화, 의료 산업에 장비를 공급하는 아메텍은 주가를 끌어올려 줄 유인원들이 없었다. 같은 기간 동안 아메텍의 주가는 14% 상승했을 뿐이었고, AMC에 비하면 미미한 수준이었다.

하지만 2021년 당시 AMC는 파산 직전이었던 반면 아메텍은 비교적 건실한 수익을 내는 기업이었다.

AMC는 2017년 이후 매출이 절반으로 줄었고, 그동안 연간 기준 흑자를 기록한 해는 단 한 해뿐이었으며, 부채는 두 배로 늘었고, 현금은 급속히 유출되고 있었다.

반면 아메텍은 매출과 이익이 꾸준히 증가했고, 부채는 적정 수준이었으며, 현금도 넉넉했다.

기다리던 MOASS는 끝내 오지 않았다. AMC 주가는 2022년에 76%, 2023년 한 해 동안 다시 83% 하락했다. 저점에 사서 고점에 판 몇몇 사람들은 큰돈을 벌었지만, 셀 수 없이 많은 사람들은 고점에 샀다가 큰 손실을 입었다.

요점: 단기적으로는 펀더멘털이 중요하지 않을 수 있다. 하지만 장기적으로는 항상 중요하다.*

---

* 알렉산더 글래드스톤Alexander Gladstone과 에리히 슈워첼Erich Schwartzel, 「유인원, 밈, 공매도로 뒤집어진 AMC의 미친 한 해Inside AMC's Crazy, Bonkers, Upside-Down Year of apes, Memes and Shorts」, bit.ly/40jSlLe; 케이틀린 맥케이브Caitlin McCabe & 알렉산더 오시포비치Alexander Osipovich, 「게임스탑 투자자들은 여전히 전설적인 숏 스퀴즈로 인한 대박을 기다린다GameStop Investors Still Await Riches from Epic Short Squeeze」, bit.ly/40mH0PT.

〈표 18–1〉 AMC와 아메텍

항목	AMC							아메텍						
	2017/12	2018/12	2019/12	2020/12	2021/12	2022/12	2023/9	2017/12	2018/12	2019/12	2020/12	2021/12	2022/12	2023/9
주가 변동률 (%)	–55.1	–18.7	–41	–70.7	1,183.00	–75.6	–77.8	49.1	–6.6	47.3	21.3	21.6	–5	6.3
매출액 (백만 달러)	5,079	5,461	5,471	1,242	2,528	3,911	3,708	4,300	4,846	5,159	4,540	5,547	6,151	4,866
순이익 (백만 달러)	–487	110	–149	–4,589	–1,269	–974	–215	681	778	861	872	990	1,160	970
순이익률 (%)	–9.6	2	–2.7	–369.4	–50.2	–24.9	–5.8	15.8	16.1	16.7	19.2	17.9	18.9	19.9
투하자본수익률 (ROIC, %)	–7.3	1.6	–1.7	–48.8	–15.7	–12.9	–7.4	12.2	12.5	12.3	11	11.3	12.2	13
주당순이익 (EPS, $)	–33.53	3.62	–12.67	–345.46	–23.46	–8.2	–1.43	2.94	3.34	3.75	3.77	4.25	5.01	4.19
주당순자산 (BPS, $)	146.03	119.18	103.16	–113.48	–30.72	–18.65	–10.78	17.42	18.68	22.33	25.81	29.66	32.5	36.15
총자산 (백만 달러)	9,806	9,496	13,676	10,276	10,822	9,136	8,793	7,796	8,662	9,845	10,358	11,898	12,431	13,093
운전자본 (백만 달러)	–537	–547	–1,260	–1,092	82	–811	–571	796	577	600	1,447	565	964	1,445
장기부채	4,799	5,201	9,737	10,737	10,116	9,427	8,778	1,866	2,274	2,414	2,410	2,358	2,288	1,856
총부채비율 (% 자본 대비)	69.8	79.1	89.5	134	120	135.5	129.8	35.1	38.3	36.6	30.3	28.4	25.5	21.8
잉여현금흐름 (백만 달러)	–68	–53	61	–1,229	–707	–831	–295	758	843	1,012	1,207	1,050	1,010	1,445

* 주식 수는 완전 희석 기준; 운전자본은 유동자산에서 유동부채를 뺀 값; 잉여현금흐름은 영업현금흐름에서 자본적 지출(고정자산 투자 지출)을 뺀 값. 음영 처리된 셀의 수치는 2023년 9월 30일로 종료된 최근 12개월 기준이다.

출처: 각 사 자료, 팩트셋

비교 2: 아르키모토 Arcimoto Inc.,(전기차)**와 아르코닉** Arconic Corp.,(알루미늄)

2020년, 세 바퀴 달린 전기 오토바이 '펀 유틸리티 비히클 FUV®'을 제조하는 소규모 업체 아르키모토의 주가는 720% 이상 급등했다. CEO는 수많은 팟캐스트와 온라인 영상에 출연했으며, FUV를 타고 신나게 질주하는 모습으로 등장해 트레이더들에게 주식을 서둘러 사라며 열정적으로 권유했다.

트레이더들이 아르키모토를 '차세대 테슬라'라고 부르기 시작하는 순간, 이 회사의 주식은 감전이라도 된 듯 급등했다.

하지만 아르키모토의 사업 실적은 엉망이었다. 2020년 한 해 동안 고객에게 인도된 소매 차량은 고작 97대에 불과했다. 그해 매출은 200만 달러 남짓에 불과했지만, 순손실은 1,800만 달러에 달했다.

아르키모토는 '수천 건의 사전 주문'이 있다고 주장했지만, 2021년에는 소매 차량 192대, 2022년에는 228대를 인도하는 데 그쳤다.

2021년부터 2023년까지 회사는 총 1억 4,400만 달러의 손실을 기록했고, 주가는 2021년에 41% 하락, 2022년에 98% 폭락, 2023년에도 다시 74% 하락했다.

아르코닉 역시 변동성이 심했지만, 그 이유는 전혀 달랐다.

2019년 2월, 아르코닉의 모회사는 알루미늄 제품을 생산하는 아르코닉을 별도 기업으로 분사하겠다고 발표했다. 그로부터 1년 뒤, 전 세계는 코로나19 팬데믹을 막기 위해 봉쇄 조치에 들어갔다. 새롭게 분사된 아르코닉의 주식은 2020년 만우절인 4월 1일부터 거래를 시작했다.

전 세계적으로 제조업이 멈추고 공급망이 마비되면서, 알루미늄에 대한 산업 수요는 붕괴 직전이었다. 아르코닉이 독립 기업으로 출범한 첫 세 달 동안, 매출은 전년 동기 대비 38% 급감했고, 500만 달러의 흑자는 9,200만 달러의 손실로 전환되었다.

아르코닉의 주가는 상장 첫날인 2020년 4월 1일에 54% 하락했고, 다음 날에도 11% 추가 하락했다.

사람들이 아르키모토에 과도한 기대를 투영했듯, 아르코닉을 내던진 이들은 그 회사의 문제를 지나치게 과장한 셈이었다.

아르코닉은 부채를 재조정하고, 현금을 아끼며, 수억 달러 규모의 비용을 절감했다. 격리가 해제되고 알루미늄 수요가 회복되자 매출은 반등했고, 영업이익도 급증했다. 2021년 6월, 아르코닉의 주가는 38달러에 도달, 1년 전 저점 대비 500% 이상 상승했다.

2023년 8월, 아르코닉은 아폴로 글로벌 매니지먼트가 이끄는 컨소시엄에 의해 주당 30달러에 인수되었다.

요점: 장기적으로 높은 수익은 큰 기대에서 나오는 것이 아니라, 암울했던 기대가 뒤집어질 때 나오는 경우가 많다.

비교 3: 베드 배스 앤드 비욘드 Bed Bath & Beyond(생활용품)**와 베스트 바이** Best Buy(가전제품)

2021년 밈 주식 열풍의 테스토스테론 가득한 광기는 쉽게 가라앉지 않았다. 그로부터 최소 2년 동안, 수많은 개인 투자자들이 때때로 집단적으로 주식을 매수하였고 해당 기업의 실적과 무관하게 주가가 급등했다. 이들은 전문 투자자들이 특정 기업의 하락에 베팅한 것에 대해 일종의 응징을 하려는 심리로, 공매도 세력을 강제로 매수하게 하는 숏 스퀴즈를 유도하려 했다. 그렇게 되면 당연히 주가가 더 높이 치솟을 것이었기 때문이다.

사업적으로 볼 때, 베드 배스 앤드 비욘드는 회복 불가능한 상태였다. 2021년 2월 마감한 회계연도 기준 매출은 92억 달러로, 전년 대비 17% 감소했고, 9년 전보다도 낮은 수준이었다. 이 회사는 이전 3년 동안 9억 달러의 손실을 기록했으며, 총 부채는 10년 동안 거의 세 배로 증가했다. 온라인 경쟁력이 미약했던 탓에, 코로나19로 오프라인 매장이 폐쇄되자 사업은 치명적인 타격을 입었다.

〈그림 18-1〉 베드 배스 앤드 비욘드와 베스트 바이 주가 추이

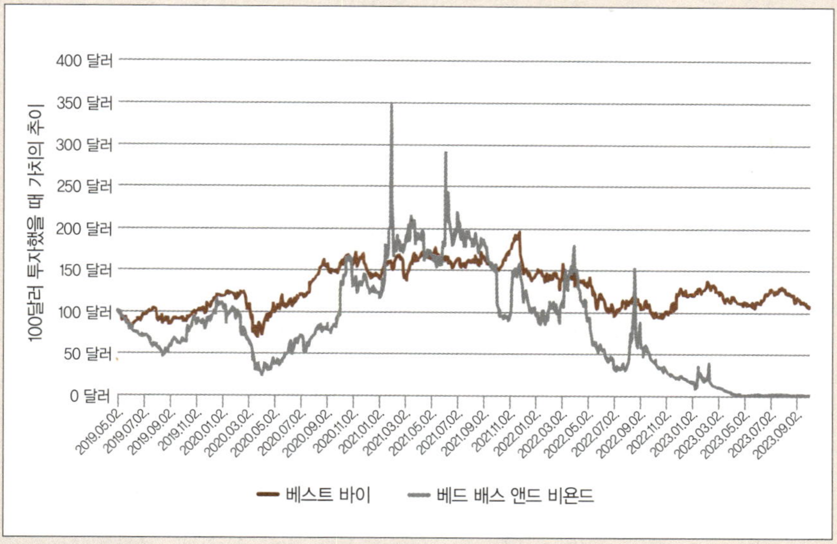

출처: 팩트셋

설상가상으로 2012년 이후 베드 배스 앤드 비욘드는 83억 달러에 달하는 자금을 자사주 매입에 사용했는데, 그 중 상당수는 주당 40달러가 넘는 가격에 매입한 것이었다. 그러나 2022년 말 주가는 4달러 이하로 추락했다.

베드 배스 앤드 비욘드는 CEO를 해임했고, 최고재무책임자CFO는 자살했으며, 회사는 12개월 동안 약 10억 달러의 현금을 소진했다. 재무제표에는 회사의 생존 가능성에 의문이 제기된다는 경고가 명시되었다.

이에 대한 반응으로, 투기자들은 주식을 대거 매수했다.

"내 생각에 베드 배스 앤드 비욘드는 설령 파산하더라도 주식시장에서는 최고의 매수 기회 중 하나예요." 한 투자자는 2023년 5월 이렇게 말했다. "나를 음모론자라고 불러도 좋아요."

2021년부터 베드 배스 앤드 비욘드 주식이 2023년 9월 마침내 거래를 중단할 때까지, 투자자들은 여러 번에 걸쳐 이 주식에 몰려들었다. 그들은 번번이 새로운 환상을 믿었다. "헤지펀드에 복수하자!", "라이언 코헨[IV]이 회사를 구할 거야!", "파산한다고 해도 주식이 완전히 무가치는 아니야!"

하지만 2023년 4월, 베드 배스 앤드 비욘드가 파산 보호를 신청하면서 결국 웃은 쪽은 헤지펀드였다. 라이언 코헨은 불과 몇 달 만에 지분 전량을 매도했고, 2023년 9월, 모든 주식은 소멸되었으며 어떠한 가치도 없이 완전히 사라졌다.

같은 시기, 또 다른 소매업체 베스트 바이는 묵묵히 제 갈 길을 갔다. 온라인 매출은 견조했고, 팬데믹이 잦아들고 경제가 재개되자 고객들은 소비에 열을 올렸다. 그 결과 베스트 바이는 2022년 1월 마감 연도에 매출, 순이익, 주당순이익 모두 사상 최고치를 기록했다.

이후 2022년과 2023년에는 인플레이션과 금리 상승의 영향으로 베스트 바이의 실적이 둔화되었다. 주가는 2019년에 66% 상승했고, 2020년과 2021년에도 소폭 상승세를 보였으나, 2022년에는 21% 하락, 2023년에도 2% 추가 하락했다.

하지만 베스트 바이 투자자들은 베드 배스 앤드 비욘드 투자자들보다 훨씬 나은 결과를 얻었다. 그들은 최근의 핫한 수익률을 좇지도 않았고, 누군가를 응징하겠다는 환상에 빠지지도 않았으며, 파산이 자신들에게 부를 안겨줄 것이라는 착각에 사로잡히지도 않았다.

요점: 어떤 주식이 설령 파산하더라도 당신을 부자로 만들어줄 것처럼 느껴질 수 있지만, 당신의 감정은 현실을 바꿀 수 없다. 또한 누군가가 당신보다 더 많은 돈을 번다고 해서 당신이 단 한 푼이라도 가난해지는 것은 아니다. 주식시장의 역할은 모든 사람의 부를 평등하게 만들어주는 것이 아니다. 헤지펀드 매니저들이 억만장자가 될 수도 있다. 하지만 당신이 그들과 반대편에 서서 거래하지 않는 이상, 그들이 당신에게서 돈을 빼앗아가는 것은 아니다.

비교 4: H&R 블록(세무 서비스)**과 블록** Block, Inc.(온라인 결제)

1973년 초, 그레이엄이 이 장의 마지막 버전을 집필했던 시점부터 2013년 초까지 H&R 블록의 주가는 무려 625배 상승했다. 이는 가치가 네 차례나 다섯 배씩 증가한 셈이며, 이런 성과를 장기적으로 이룬 미국 기업은 전체의 2.5% 미만에 불과하다.* 다만 대부분의 상승은 초기에 집중되어 있었다. 2013년 초부터 2023년 말까지 H&R 블록의 연평균 수익률은 8.7%로, S&P 500의 연평균 수익률 13%에 비해 한참 뒤처졌다.

온라인 세금 신고 도구들과 개인들이 직접 세금 신고를 할 수 있도록 한 국세청 IRS 의 프리 파일 Free File 서비스의 확산은 H&R 블록의 성장세를 급류에서 실개천 수준으로 위축시키는 데 일조했다. 2022년과 2023년에는 미국 납세자의 약 48%가 직접 세금 신고를 했으며, 이는 2012~2013년의 약 34%에서 크게 증가한 수치다. 일부는 H&R 블록의 온라인 도구를 사용했지만, 많은 사람들은 경쟁 업체의 서비스를 이용했다.

부분적으로 이러한 영향으로 H&R 블록의 회계연도 기준 2018년부터

---

* 헨드릭 베셈빈더 Hendrik Bessembinder, 「장기 주식시장 수익률: 대형 호재와 이벤트 이후 수익률의 확률 Long-Run Stock Market Returns: Probabilities of Big Gains and Post Event Returns」, bit.ly/3QKh11N.

2023년까지 매출은 32억 달러에서 35억 달러로 소폭 증가하는 데 그쳤고, 순이익은 6억 2,500만 달러에서 5억 6,000만 달러로 감소했다.

사업 성장세가 둔화되면서, 한때 순이익의 20배 이상에 거래되던 H&R 블록의 주가는 2023년 말에는 직전 12개월 기준 순이익의 9배 수준에 거래되고 있었다. 이는 시장 전체의 평균 밸류에이션인 21배보다 훨씬 저렴한 수준이었다.

이전 이름인 스퀘어Square, Inc.로 알려져있는 블록은 소규모 자영업자들이—심지어 파머스 마켓의 노점상들조차—스마트폰이나 태블릿을 이용해 신용카드 결제를 받을 수 있게 해주는 서비스를 제공한다. 이런 전자기술의 마법은 월스트리트를 매료시키기에 충분했다. 2021년, 스퀘어는 회사 이름을 블록으로 바꿨는데, 이는 부분적으로 암호화폐를 가능하게 하는 블록체인 기술을 연상시키기 위한 것이었다.

이 회사는 2015년 11월, 주당 9달러에 처음으로 주식을 상장시켰다. 불과 3년도 채 되지 않아 주가는 99달러까지 올랐고, 2020년 한 해 동안만 해도 주가는 248% 상승했다.

팩트셋에 따르면 2020년 말 기준 블록의 주가는 순이익 대비 550배 이상의 밸류에이션에 거래되고 있었다.

왜 그랬을까? H&R 블록과 달리 블록은 그 당시 폭발적인 성장세를 보이고 있었다. 2015년 매출 12억 달러 순손실 2억 1,200만 달러였던 회사는 2020년에는 매출 95억 달러, 순이익 2억 1,300만 달러를 기록했다.

그러나 어떤 기업도 그런 성장세를 오래 유지할 수는 없다. 2022년 블록의 매출은 정체되었고, 5억 4,100만 달러의 손실을 냈다. 주가는 2021년에 26% 하락, 2022년에 61% 하락, 2023년에도 10월까지는 거의 38% 하락했으나, 비트코인이 급등하자 마지막 두 달간 극적인 반등을 보이며 연간 기준

23% 상승으로 마감했다.

한편 H&R 블록은 과거의 영광에는 미치지 못하지만 회복세를 보이며 2021년에 49%, 2022년에 55%, 2023년에도 37%의 수익률을 기록했다.

2023년 말 기준으로 보면, 블록에 투자했을 경우 H&R 블록보다 세 배 넘는 수익을 거둘 수 있었다. 하지만 그 과정에서 86%에 달하는 아찔한 폭락을 견뎌내야만 했다.

〈그림 18-2〉 H&R 블록과 블록의 주가 추이

출처: 팩트셋

요점: 아무리 기업이 빠르게 성장하더라도, 주식을 너무 비싸게 사거나 그 주식을 끝까지 보유할 수 없다면 그 성장은 아무 의미가 없다.

비교 5: 마이크로소프트 Microsoft Corp.(컴퓨터 소프트웨어)와 마이크로스트래티지 MicroStrategy Inc.(비트코인)

두 회사 모두 겉으로는 소프트웨어 기업처럼 보이지만, 마이크로소프트는 실제로 소프트웨어 기업인 반면, 마이크로스트래티지는 사실상 세계 최대 규모의 비트코인 보유 기업 중 하나로 기능하는 법인격에 가깝다.

2012년부터 2019년까지 마이크로스트래티지의 매출은 19% 감소했다. 기존의 데이터 분석 소프트웨어 사업은 수익성이 있긴 했지만 정체 상태였다. 그러던 중 2020년, 비트코인 가격이 폭등하자 CEO 마이클 세일러는 마이크로스트래티지가 보유한 넉넉한 현금을 비트코인에 투자하기 시작했다.

추세를 좇는 트레이더들은 비트코인에만 몰린 것이 아니라, 마이크로스트래티지 주식도 앞다퉈 매수했다. 그 결과 그해 마이크로스트래티지의 주가는 172% 급등했다.

그러나 마이크로스트래티지의 재무제표에 명시된 회계 규정에 따라, 회사는 분기마다 보유 중인 비트코인의 시장 가치를 재평가해야 했으며, 그 가치가 매입가보다 하락하면 손실을 반영해야 했다—이는 수익에 타격을 줬다. 반면 비트코인 가치가 상승하더라도 자산을 실제로 매도하지 않는 한 이익으로 인식할 수 없었다.*

마이크로스트래티지는 급변하는 시장에서 비트코인을 매입했기 때문에, 재무제표에 다음과 같은 디지털 자산 손상차손을 반영해야 했다. 2020년에는 7,100만 달러, 2021년에는 8억 3,100만 달러, 2022년에는 13억 달러의 손실을 기록했다.

이러한 회계상의 손실 반영은 마이크로스트래티지의 주가가 비트코인의

* 이러한 회계상의 비대칭성은 2023년에 규제 당국에 의해 폐지되었다.

가격 흐름과 뚜렷하게 엇갈리게 된 주요 이유 중 하나였다.

〈표 18-2〉 비트코인 가격과 마이크로스트래티지의 주가

연도	2020	2021	2022	2023
비트코인 수익률 (%)	303.9	59.9	−64.3	156.9
마이크로스트래티지 주가 수익률 (%)	172.4	40.1	−74	346.2

출처: Dow Jones Market Data, 팩트셋

2023년 말 기준, 마이크로스트래티지가 보유한 25억 달러 규모의 비트코인은 총 자산 34억 달러 중 4분의 3 이상을 차지했다. 이 회사는 더 이상 컴퓨터 소프트웨어 기업이라기보다는 헤지펀드에 가까운 회사였다. 그런데 그 펀드는 정작 비트코인의 수익률과 자주 엇갈리는 모습을 보이곤 했다.

2024년 첫 15거래일 동안, 마이크로스트래티지의 주가는 29% 하락했다. 미국 규제 당국이 비트코인을 직접 보유할 수 있는 ETF를 승인하면서, 디지털 자산에 투자하려는 수요가 마이크로스트래티지 외에도 다른 대안으로 분산되었기 때문이다.

반면 정반대의 극단에는 마이크로소프트가 있다. 자신의 본업에 충실하며 조용히 사업을 이어가고 있던 마이크로소프트는 대규모 인수도 진행했다. 경력 관련 소셜 미디어 웹사이트 링크드인[LinkedIn]을 260억 달러에, 비디오게임 제작사 액티비전 블리자드[Activision Blizzard]를 690억 달러에 인수했고, 인공지능 기업 오픈AI[OpenAI]에는 100억 달러 이상을 투자했다. 그럼에도 불구하고 소프트웨어라는 핵심 분야에 집중하고 있다.

보수적인 회계 처리와 1,440억 달러가 넘는 현금 보유액 덕분에, 마이크로소프트는 대형 기술기업들 가운데 가장 안정적인 기업으로 평가된다. 그럼

에도 주가는 탄력 있게 움직이며, 최근 대부분의 연도에 S&P 500을 능가하는 성과를 냈다. 지금까지의 흐름만 놓고 본다면, 마이크로소프트는 업력이 오래된 거의 모든 대형 기술기업이 숙명적으로 겪게 되는 조직이 경직되는 현상을 잘 극복하고 있는 듯하다.

요점: 어떤 기업에 투자하고 싶다면 그 주식을 사라. 비트코인을 보유하고 싶다면 그것을 보유한 기업의 주식보다는 비트코인을 직접 사라.

비교 6: 엔비디아 NVIDIA Corp.(인공지능용 컴퓨터 칩)**와 노보 노디스크 ADR** Novo Nordisk.(제약)

가장 덩치 큰 주식들조차도 유행하는 신기술과 연결되기만 하면 투기 열기에 휩싸일 수 있다.

2020년 말, 컴퓨터 그래픽, 게임, 기타 고급 용도의 칩을 만드는 엔비디아의 기업가치는 3,300억 달러를 넘어섰다. 노보 노디스크는 덴마크 최대 기업이자 세계에서 가장 큰 제약회사 중 하나였다.

곧이어 두 가지 기술적 돌파구가 매수 열풍을 촉발시켰다.

인공지능 AI 은 2022년 11월 챗GPT의 출시와 함께 대중의 상상력을 사로잡았다. 엔비디아는 AI 소프트웨어를 구동하는 데 필요한 칩을 독점적으로 공급하는 주요 업체다.

한편 노보 노디스크의 체중 감량 약물인 위고비 Wegovy 와 오젬픽 Ozempic 은 2021년부터 페이스북과 틱톡에서 사용자들의 입소문을 타며 유행처럼 번졌고, 일론 머스크 같은 영향력 있는 인사들이 이 약으로 살을 뺐다고 언급하면서 관심이 폭발했다.

2023년 5월, 이미 그해 들어 주가가 109% 상승해 있던 엔비디아는 분기 매출이 110억 달러에 이를 것이라고 예측했다. 이는 전년 동기 대비 64% 증가, 그리고 월스트리트의 예상치였던 72억 달러를 크게 웃도는 수치였다.

엔비디아를 추적하던 애널리스트들은 마치 테일러 스위프트 콘서트에 온 10대들처럼 들떠 있었다. "새로운 골드러시가 시작된 것 같다"는 리서치 노트가 있었고, "상승 여력의 규모가 경이롭다"고 표현한 보고서도 있었다. 엔비디아의 시가총액은 단숨에 1조 달러를 돌파했다.

그리고 2023년 8월, 엔비디아는 또 한 번 월스트리트를 놀라게 했다. 매출과 순이익 모두 애널리스트들의 예상을 크게 상회했으며, 매출은 전년 대비 두 배 증가했다—기업 규모를 고려하면 놀라운 성장률이었다. 주가는 다시 급등했고, 1월 1일 이후 누적 상승률은 230%를 넘어섰다. 정점에서는 엔비디아 주가는 직전 12개월 순이익의 250배 이상에 거래되었다.

2023년 11월, 엔비디아는 또 한 번 애널리스트들의 예상을 웃도는 실적을 발표했다. 하지만 이번에는 주가가 오히려 하락했는데, 그 이유는 아마도 그 '상승 서프라이즈'의 크기가 시장 기대만큼 크지 않았기 때문이었다.

노보 노디스크 역시 월스트리트의 과열된 기대에서 예외가 아니었다. 애널리스트들은 식욕 조절이 가능해진 소비자들이 정크푸드를 훨씬 덜 먹게 될 것이며, 몸무게가 줄어든 승객들 덕분에 항공사는 연간 8천만 달러의 연료비를 절약할 수 있고, 여분의 옷감 수요도 20%까지 줄어들 것이라는 전망까지 내놓았다.

2023년 8월 기준으로 노보 노디스크 주식은 직전 12개월 순이익의 50배 수준에 거래되었다. 이는 일반적인 제약주에 대해 투자자들이 기꺼이 지불하는 밸류에이션의 거의 세 배에 달했다.

이 거대한 기업들이 앞으로도 계속 성장할 수 있을까? 그렇게 되려면 이들이 판매하는 제품의 미래 시장이 단지 지금보다 커지는 것만으로는 부족하다. 대다수 사람들이 예상하는 것보다 훨씬 더 커져야만 한다.

요점: 훌륭한 기업이 훌륭한 주식이 될 수는 있지만 어떤 가격이든 괜찮은 것은 아니다. 투자 수익률은 미래의 현실에서 현재의 기대치를 뺀 값이다. 오늘의 기대치가 높아질수록 미래가 그 기대를 충족시킬 가능성은 그만큼 낮아진다.

비교 7: 테슬라 Tesla Inc.(전기자동차)**와 테트라 테크** Tetra Tech, Inc.(환경 컨설팅)

테슬라는 2010년에 기업공개IPO를 했고, 2012년 중반에는 고급 전기차 모델 S Model S의 인도를 시작했다. CEO 일론 머스크는 타고난 마케터로서 전기차를 적극 홍보했고, 평론가들은 찬사를 보냈으며, 고객들은 열광적으로 차량을 구매했다. 그 결과 테슬라 주가는 가파르게 상승했다.

2013년과 2014년처럼 비교적 이른 시점부터 테슬라 주가 상승이 정당화되기 어렵고 지속 가능하지 않다는 경고가 나오기 시작했다. 하지만 적어도 지금까지는 테슬라의 성과가 회의론자들을 바보처럼 보이게 만들었다.

2020년 12월, 테슬라가 S&P 500 지수에 편입되었을 때, 그 주가는 직전 12개월 순이익의 1,100배를 넘는 수준에서 거래되고 있었다. 이는 S&P 500 평균 대비 35배 이상 비싼 수준이었다. 2011년 초부터 2021년 말까지, S&P 500 지수가 360% 상승하는 동안 테슬라 주가는 무려 18,400% 올랐다.

테슬라 주가는 2022년 한 해 동안 65% 폭락했지만, 이내 다시 치솟아 2023년에는 94% 상승했다.

2023년 말 기준 테슬라의 시가총액은 7,500억 달러를 넘어섰다. 이는 페라리, 포드, 제너럴모터스GM, 혼다, 닛산, 르노, 스텔란티스, 도요타, 폭스바겐 등 세계 주요 자동차 제조사를 모두 합친 것보다 더 큰 규모였다. 하지만 2024년 들어 첫 다섯 달 동안 테슬라 주가는 28% 하락했다.

테트라 테크 또한 친환경 에너지 붐의 수혜를 입었지만, 성장 속도는 테슬라에 비하면 미미했다. 2012년부터 2022년 사이 주당순이익은 약 세 배로 늘었고 이에 따라 주가도 상승했다. 그러나 컨설팅 및 엔지니어링 서비스는 설명이 복잡하고, 계약이 수익으로 이어지기까지 수년이 걸리기도 하며, 테트라 테크에는 전기차처럼 대중적인 소비재도, 일론 머스크처럼 매력적이고 대중적인 CEO도 없다. 테트라 테크의 주식은 높은 수익률을 기록했으며, 어쩌면 회사 실적이 보여준 성장보다도 높은 평가를 받았을지 모른다. 하지만 테슬라처럼 투자자들의 열광을 불러일으키지는 못했다.

〈표 18-3〉 천정부지

연도	매출액(백만 달러)		순이익(백만 달러)		EPS(달러)		PER		연간 주가 총수익률	
	테슬라	테트라 테크	테슬라	테트라 테크	테슬라	테트라 테크	테슬라	테트라 테크	테슬라	테트라 테크
2012	413.3	2711.1	−396.2	104.4	−0.25	1.63	NM	16.1	18.5	22.5
2013	2013.5	2613.8	−74.0	−2.1	−0.04	−0.03	NM	NM	344.1	5.7
2014	3198.4	2483.8	−294.0	108.3	−0.16	1.66	NM	15.2	47.9	−3.8
2015	4046.0	2299.3	−888.7	39.1	−0.46	0.64	NM	38.9	7.9	−1.4
2016	7000.1	2583.5	−674.9	83.8	−0.31	1.42	NM	25.0	−11.0	67.7
2017	11758.8	2753.4	−1961.4	117.9	−0.79	2.04	NM	22.8	45.7	11.6
2018	21461.3	2964.1	−976.1	136.9	−5.72	2.42	NM	28.2	6.9	7.5
2019	24578.0	3107.3	−862.0	158.7	−4.92	2.84	NM	29.9	25.7	66.4
2020	31536.0	2994.9	690.0	173.9	0.64	3.16	1107.5	28.9	743.4	34.4
2021	53823.0	3213.5	5524.0	232.8	4.90	4.26	216.0	35.7	49.8	46.7
2022	81462.0	3504.0	12556.0	263.1	3.62	4.86	34.0	26.5	−65.0	−14.5
2023	96773.0	4522.6	14997.0	273.4	4.30	5.10	57.7	29.8	101.7	15.7

* 회계 결산일은 테슬라는 12월 31일이며, 테트라 테크는 9월 30일이다.
출처: 팩트셋, 미국 증권거래위원회(SEC.gov), 테슬라 공식 웹사이트(tesla.com)

요점: 아무리 과대평가된 주식이라 하더라도, 가장 비관적인 시각을 가진 이들이 상상하는 것보다는 훨씬 더 오래 상승을 지속할 수 있다.

비교 8: 밸리언트 파마슈티컬스 Valeant Pharmaceuticals International Inc.,(전문의약품)와 발몬트 인더스트리 Valmont Industries, Inc.,(산업 장비)

2015년, 밸리언트는 주식시장에서 가장 성공적인 사례 중 하나처럼 보였다. 2010년 이후 이 회사는 열 개가 넘는 제약사를 공격적으로 인수했고, 인수하자마자 약가를 급격히 인상했다. 일부 의약품의 경우 하룻밤 사이에 소비자 가격을 최소 500% 이상 올리기도 했다.

하지만 밸리언트는 건전한 기업은 아니었다. 차입금에 의존해 무리하게 인수합병을 진행했고, 그 과정에서 310억 달러에 달하는 부채를 떠안았다. 실적 발표에서는 '현금 수익 cash earnings'이라는 비전통적인 수익 지표를 자랑했는데, 이는 회사의 주요 비용 대부분을 제외한 수치였다. 일반적인 회계 기준으로 보면 거의 모든 분기에서 적자를 기록하거나 손익분기점 수준에 머물렀다.*

월스트리트는 이런 문제들을 외면했다. 밸리언트의 주가는 2010년부터 2015년 8월까지 무려 1,900% 가까이 상승했다.

그러나 공매도 투자자들과 언론은 밸리언트가 계열 회사를 통한 강압적 판매 방식으로 매출을 부풀려왔다는 사실을 밝혀냈고, 미 의회는 환자들에게 약값을 터무니없이 부과한 것 아니냐는 의혹에 대해 청문회를 열었다. 그 결과, 2017년 말까지 밸리언트(현재는 바우쉬 헬스 컴퍼니즈로 사명 변경)의 주가는 정점 대비 97% 하락했다.

2020년, 밸리언트는 미국 증권거래위원회 SEC가 제기한 회계 부정 관련

---

* 비 GAAP 회계 지표의 다른 남용 사례들은 12장 논평을 참조하라.

민사 소송을 4,500만 달러에 합의하며 마무리했다.

밸리언트가 수십억 달러의 부채와 부풀린 회계처리로 자산을 희석시키는 동안, 발몬트 인더스트리는 그저 열심히 땅을 개간하고 있었다. 발몬트는 금속 코팅, 송전탑 및 철탑, 관개 장비 등을 생산하는 회사다.

발몬트의 수익은 크게 두드러지지 않지만 안정적이다. 순이익은 2010년부터 2013년까지 세 배 증가했지만, 그 뒤 3년 동안 다시 38% 감소했다. 2022년의 순이익은 2013년보다 10% 낮은 수준이었다.

그럼에도 2010년 초부터 2023년 말까지 발몬트 주가는 연평균 9.6% 상승했다. 이는 S&P 500의 연평균 수익률 12.9%에는 못 미치지만, 같은 기간 밸리언트의 연평균 손실률 -3.5%보다는 훨씬 나은 성과였다.

요점: 다른 회사를 인수하는 방식으로만 성장하는 기업은 종종 좋지 않은 결말을 맞는다. 따라서 회계재무제표를 냉철한 눈과 날카로운 메스로 해부할 필요가 있다.

지금까지의 사례들에서 우리는 무엇을 배웠는가?

그레이엄은 "Plus ça change, plus c'est la même chose(양상이 바뀔수록 본질은 견고해진다)"라는 프랑스 격언을 즐겨 인용했다. 그가 수십 년 전 지적했던 과도한 투자 열기와 비이성적 과잉은 1999~2000년 닷컴 버블, 2010년대 중반, 2020~2021년 팬데믹 투기 붐에서도 이름만 바뀌었을 뿐 본질은 같다.

당신이 이 책을 언제 어디서 읽고 있든, 또 다른 광풍, 또 다른 회계 조작, 또 다른 대중적 착각이나 영원한 성장이라는 허황된 믿음은 조만간 다시 출현할 것이다. 당신이 이런 사실을 알고 있다면 그런 오류에 빠지는 것을 피하는 데 큰 도움이 될 것이다.

19장

주주와 경영진: 배당정책

1934년 이래로 나는 주주들이 경영진에 대해 보다 현명하고 적극적인 태도를 취해야 한다고 지속적으로 주장해 왔다. 우수한 성과를 확실하게 보여준 경영진에 대해 관대하게 처우해 주는 대신, 성과가 기대에 미치지 못하는 경영진의 경우에는 명확하고 만족스러운 설명을 요구해야 하며, 명백히 비생산적인 경영진이라면 개선하거나 교체하기 위한 노력을 지지해 달라는 것이 나의 주장이었다. 주주는 (1) 실적이 저조할 때, (2) 유사한 환경에 있는 다른 기업들의 실적보다 저조할 때, (3) 오랜 기간 동안 주가가 지지부진한 경우에는 경영진의 역량에 대해 해명을 요구할 정당한 권리가 있다.

그러나 지난 36년 동안, 주주들이 현명한 행동을 통해 실제로 성과를 거둔 사례는 거의 없었다. 설령 합리적인 주주활동가가 있다 하더라도 그는 이제까지의 노력은 시간 낭비였으며 이제 싸움을 포기해야 할 때라고 여길 것이다. 그러나 다행히도 나의 주장이 완전히 실패로 돌아간 것은 아니다. 기업인수나 공개매수가 점차 활발하게 이루어지고 있다는 사실은 비록 외부적인 요인이기는 하지만, 나의 주장에 힘을 실어주는 근거가 된다. 8장에서 언급했듯이 부실한 경영진은 주가 하락을 초래한다. 이렇게 하락한 주가는 사업 다각화에 관심을 가진 기업들의 주목을 끌게 되며, 이러한 기업들은 현재 매우 많아졌다. 이러한 인수는 기존 경영진과의 합의를 통해 이루어지기도 하고, 시장에서 주식을 매집한 후 기존 경영진을 배제한 채 인수 제안을 제시하는 방식으로 진행되기도 한다. 제시된 인수 가격은 대체로 합리적인 역량을 갖춘 경영진이 운영할 경우 기업이 가질 수 있는 가치 범위 내에서 결정된다. 따라서 많은 경우, 기업가 정신으로 행동하는 개인이나 자신의 이익을 위해 행동하는 공격적인 투자자나 조직과 같은 '외부인'들이 수동적인 주주들을 구제하였다.

부실한 경영진이 일반 소액 주주의 행동에 의해 교체되는 경우는 극히 드물고, 대부분 개인이나 소규모 집단의 의결권 행사로만 이루어지고 있다. 최근에는 이러한 현상이 자주 발생하고 있어 일반 상장기업의 경영진과 이사회는 경영 실적과 주가가 극도로 부진할 경우, 인수의 목표물이 될 수 있다는 경각심을 갖게 되었다. 이러한 변화로 인해 이사회는 기업에 적합한 경영진을 확보해야 한다는 기본적인 의무를 이전보다 더욱 자각하게 된 것으로 보인다. 실제로 최근 몇 년간 이전보다 더 많은 경영진 교체가 목격되고 있다.

모든 부실 기업의 주주가 이러한 변화의 혜택을 누리는 것은 아니다. 오랜 기간 동안 부진한 실적이 지속되고도 적절한 조치가 이루어지지 않아 실망한 주주들이 헐값에 주식을 매도한 결과, 적극적인 외부 세력이 지배 지분을 확보할 수 있었던 경우가 많았기 때문이다. 그러나 일반 주주들이 경영진 및 경영 전략을 개선하려는 움직임을 이끌어 낸다는 생각은 비현실적이기 때문에 더 이상의 논의를 하지 않겠다. 주주총회에서 손을 들고 경영진에게 문제 제기를 할 정도의 결단력을 가진 개인 주주들은 이런 행동이 얼마나 헛된 노력인지 깨닫게 되었을 것이며, 다른 이들에게는 이러한 조언 자체가 아마 쓸모없을 것이다. 그럼에도 불구하고 주주들에게 다음과 같은 당부를 하고자 한다. 회사의 경영 상황이 명백히 부진하다면 이를 개선하려는 의도를 가진 다른 주주들이 보낸 위임장을 열린 마음으로 신중히 검토해 주기 바란다.

주주와 배당정책

과거에는 배당정책을 두고 일반 소액 주주와 경영진 간의 논쟁이 활발했다. 주주들은 일반적으로 더 많은 배당을 요구한 반면, 경영진은 '회사의 미래를 위해' 이익을 기업 내에 유보하고 싶어했다. 경영진은 주주들에게 현재의 이익을 희생하여 기업의 장기 발전과 자신들의 혜택을 위해 양보할 것을 요구하는 것이다. 그러나 최근 들어 투자자들의 배당에 대한 태도에 점진적이지만 의미 있는 변화가 생기고 있다. 오늘날 기업들이 배당을 적게 지급하면서 내세우는 명분은 더 이상 회사가 자금을 필요로 한다는 이유가 아니라, 자금을 유보하여 수익성 있는 사업에 투자함으로써 주주들에게 직접적이고 즉각적인 이익을 제공할 수 있다는 점이다. 과거에는 일반적으로 이익의 60%에서 75%를 배당으로 지급했다. 반면 취약한 기업들은 이익을 유보할 수밖에 없었는데, 그 효과는 대개 주가에 악영향을 미쳤다. 그러나 오늘날에는 강건하고 성장하는 기업도 의도적으로 배당 지급을 줄이는 경우가 흔하며, 투자자와 투기꾼 모두 이러한 결정을 지지하는 경우가 많다.

이익을 기업 내에 재투자하여 더 높은 이익을 기대할 수 있다면 유보하는 것이 더 낫다는 주장도 일리가 있다. 하지만 이에 대한 강력한 반론도 있다. 예를 들어 이익은 '주주들의 몫'이며, 따라서 주주들은 경영상 무리가 없는 한도 내에서 이를 배당으로 지급받을 권리가 있다는 점, 생계 자금으로 배당 소득에 의존하는 주주들이 많다는 점, 배당으로 지급받는 이익은 '실질적인 돈'인 반면, 기업에 유보된 이익은 주주들에게 이후에 실질적인 가치로 환원될 수도 있고 그렇지 않을 수도 있다는 점 등이 있다. 이러한 반론이 더 설득력 있기 때문에, 주식시장은 배당을 지급하지 않거나 상대적으로 적게 지급하는 기업보다 배당을 관대하게 지급하는 기업을 꾸준히 선호해 왔다.*

지난 20년 동안 '수익성 있는 재투자' 논리는 점차 힘을 얻어 왔다. 투자자와 투기꾼 모두 과거 실적이 우수하다면 저배당 지급 정책을 기꺼이 받아들였다. 실제 성장주로 주목받는 기업들 중에는 배당률이 낮거나 심지어 배당을 전혀 하지 않더라도, 주가에 미치는 영향이 거의 없는 사례를 흔히 찾을 수 있다.

텍사스 인스트루먼트Texas Instruments, Inc.가 그 대표적인 사례이다. 이 회사의 주가는 1953년 5달러에서 1960년 256달러로 급등했으며, 이 기간 동안 EPS는 43센트에서 3.91달러로 증가하였다. 하지만 배당은 어떠한 형태로도 전혀 지급되지 않았다. (1962년에 현금 배당이 처음으로 시작되었으나, 그 해 EPS는 2.14달러로 감소하였고, 주가는 49달러까지 급락하였다.)

슈피리어 오일Superior Oil은 또 다른 극단적인 사례이다. 1948년, 이 회사의 EPS는 35.26달러였으며, 3달러를 배당으로 지급하였고, 최고가는 235달러였다. 1953년에는 배당이 1달러로 감소하였으나, 최고가는 660달러까지 상승했다. 1957년에는 배당을 전혀 지급하지 않았음에도 주가는 2,000달러까

---

* 여러 연구분석 결과, 일반적인 경우 배당금으로 지급된 1달러는 미분배 이익 1달러보다 주가에 최대 네 배 더 긍정적인 영향을 미치는 것으로 나타났다. 이 점은 1950년 이전 여러 해 동안 공익기업public-utility 그룹에서 잘 입증되었다. 배당성향이 낮았던 기업들은 PER이 낮았으며, 이후 배당이 증가하면서 PER이 높아지는 경향을 보였다. 1950년 이후, 공익기업 업종에서는 배당성향이 보다 균일해지는 경향을 보였다.

지 치솟았다! 그러나 이후 1962년에는 EPS는 49.50달러였으며, 7.50달러의 배당을 지급하였지만 주가는 795달러까지 하락했다.

성장기업의 배당정책을 대하는 대중의 반응은 매우 엇갈리고 있다. 미국의 두 대기업인 AT&T와 IBM의 사례를 보면 지금의 상황이 잘 드러난다. AT&T는 1961년 PER이 25배에 달하는 성장 가능성이 높은 주식으로 여겨졌다. 그럼에도 불구하고 이 회사의 현금 배당정책은 투자자나 투기꾼에게 최대 관심사였으며, 배당금이 인상될 것이라는 소문만으로도 주가가 민감하게 반응했다. 반면 대중은 IBM의 현금 배당에 대해서는 별 관심이 없었으며, 1960년에는 연중 최고가 대비 배당수익률이 0.5%밖에 되지 않았으며, 1970년 말에도 1.5%에 불과한 배당을 지급했다. (하지만 두 회사 모두 액면분할은 주가에 큰 영향을 미쳤다.)

시장이 현금 배당정책을 평가하는 방식은 다음과 같은 방향으로 전개되고 있는 것으로 보인다. 성장이 주요 초점이 아닌 경우, 해당 주식은 정기적인 수입을 창출하는 소득주(인컴형 종목)로 분류되며, 배당률은 주가를 결정하는 주요 요소로서 중요하게 인식된다. 반면 명확한 급성장주로 분류되는 주식은 주로 향후 10년 정도의 기대 성장률이 주요 평가기준이 되며, 현금 배당은 고려 대상에서 거의 제외된다.

현재 추세는 이러한 경향을 보이고 있지만, 모든 보통주의 상황에 들어맞는 명확한 기준은 아니며, 아마도 대다수의 보통주는 이에 해당하지 않을 것이다. 그 이유는 첫째, 많은 주식이 성장주와 비성장주 사이의 중간적 위치를 차지하고 있기 때문이다. 이러한 경우 성장 요인에 어느 정도의 중요성을 부여해야 하는지 명확히 말하기 어렵고, 시장의 평가 역시 해마다 급격히 변할 수 있다. 둘째, 성장이 더 느린 기업이 현금 배당을 더 관대하게 해야 한다는 주장은 다소 역설적으로 보인다. 이러한 기업들은 대체로 실적이 부진한 기업들이기 때문이다. 과거에는 오히려 기업이 더 순조롭게 성장할수록 배당 지급에 대한 기대가 높아지는 것이 일반적이었다.

주주들은 경영진에게 이익의 3분의 2 수준의 정상적인 배당을 시행할 것과 이익을 재투자해서 EPS가 만족스럽게 증가했는지 명확히 입증하라고 요구해야 한다. 이러한 입증은 성장주로 인정받는 일반적인 기업이라면 충분히 가능할 것이다. 그러나 그렇지 않은 기업이라면 배당이 적으면 주가가 공정한 가치보다 낮게 형성되는 주요 원인으로 작용하며, 이 경우 주주들은 이에 대해 질의하거나 불만을 제기할 권리가 있다.

회사의 재무 상태가 상대적으로 취약하면 이익과 감가상각비를 모두 부채 상환과 운전자본 보강에 사용해야 할 수도 있다. 이러한 경우에는 어쩔 수 없이 배당에 인색할 수밖에 없고 주주들도 배당을 더 달라고 요구하기 어렵다. 다만 회사를 그렇게 열악한 재무 상태에 이르게 한 경영진을 추궁할 여지는 있을 것이다. 반면에 상대적으로 재무적으로 부진한 회사가 사업 확장을 명목으로 배당을 회피하는 경우도 있다. 이러한 정책은 본질적으로 비논리적이며, 주주들이 이를 수용하기 전에 철저한 설명과 설득력 있는 근거를 요구해야 한다고 본다. 과거 사례를 볼 때, 부진한 실적을 낸 회사가 기존 경영진을 유지한 채 주주의 자금을 사용해 사업을 확장하는 것이 주주들에게 이익이 될 것이라고 믿어야 할 이유는 없다.

주식배당과 주식분할

주식배당과 주식분할의 본질적인 차이를 이해하는 것은 투자자에게 매우 중요하다. 주식분할은 보통 구주 1주를 2주나 3주로 늘리는 방식으로 보통주 숫자를 재조정하는 것을 의미한다. 새로운 주식은 과거에 유보되어 재투자된 이익과는 관련이 없다. 주식분할의 목적은 주가를 낮추어, 기존 주주와 신규 주주 모두에게 보다 편한 가격대로 만들려는 것이다. 주식분할은 액면가를 변경하는 방법으로 진행되기 때문에, 잉여금 계정에는 영향을 미치지 않는다. 주식배당도 주식분할과 같은 효과를 낼 수 있는데, 이 경우에는 이익잉여금을 자본금 계정으로 전입하는 과정을 거친다.

적절한 주식배당은 최근 2년을 넘지 않는 비교적 짧은 기간 동안 회사가 주주들을 위해 사업에 재투자한 이익을 실질적으로 증명하기 위해 주주에게 지급하는 것을 의미한다. 현재 이러한 주식배당은 발표 시점의 주가를 기준으로 평가하며, 해당 가치에 상응하는 금액을 이익잉여금에서 자본계정으로 대체하는 방식으로 이루어진다. 따라서 일반적인 주식배당의 규모는 비교적 작으며, 대부분 5%를 초과하지 않는다. 이러한 주식배당은 본질적으로 동일한 금액을 현금배당으로 지급함과 동시에 유상증자를 하는 경우와 같은 효과가 있다. 그러나 주식배당은 현금배당과 유상증자를 결합한 경우보다 세제상 유리한 점이 있다. 이는 공익기업들이 거의 표준적으로 채택하고 있는 방식이다.

뉴욕증권거래소는 주식분할과 주식배당을 실질적으로 구분하는 기준으로 25%를 설정했다. 25% 이상의 배당은 주식분할로 간주하여 이익잉여금에서 자본계정으로 이전하는 절차를 동반하지 않아도 된다. 그러나 일부 기업, 특히 은행들은 고루한 관행에 따라 최근의 이익과 상관없이 10% 주식배당을 선언하는 등, 멋대로 주식배당을 결정하고 있다. 이러한 관행들은 금융시장에 불필요한 혼란을 초래하고 있다.

나는 오랫동안 현금배당 및 주식배당정책을 체계적이고 명확히 정해야 한다고 강력히 주장해 왔다. 이러한 정책하에서는 기업이 재투자하여 얻은 이익의 전부 또는 일정 비율을 자본화하기 위해 주기적으로 주식배당을 지급한다. 퓨렉스 Purex, 가이코 Government Employees Insurance Co., 등의 기업들은 이러한 정책을 도입하여 재투자된 이익의 100%를 자본화하고 있다.

대부분의 학자들은 모든 형태의 주식배당을 부정적으로 평가하는 경향이 있다. 그들은 주식배당이 단지 '종이 조각'에 불과하며, 불필요한 비용과 불편함만 초래할 뿐 주주들에게 새로운 가치를 전혀 주지 못한다고 주장한다. 하지만 이런 주장은 투자와 관련된 실질적이고 심리적인 현실을 무시한 완전히 자의적인 해석이다. 물론 주기적인 주식배당은 주주의 투자 형태만 바뀔 뿐이다. 예를 들어 5% 배당을 지급한다면 주주는 기존의 100주 대신 105주를 가지게 되는데, 이는 결과적으로 100에서 105로 숫자만 바뀔 뿐 주식배당 전과 후의 보유지분은 변함이 없는 것은 사실이다. 그럼에도 불구하고, 이 '숫자의 변화'는 주주에게 실질적으로 중요한 가치를 가진다. 만약 주주가 재투자된 이익에서 자신의 몫을 현금화하고 싶다면, 원래의 주식은 그대로 두고 새로 배당받은 주식 5주만 매도하면 된다. 따라서 105주를 갖게 되는 것은 기존 100주와 현금배당을 받는 것과 동일한 효과를 낼 수 있다. 그리고 100주에 대한 현금배당금을 5% 증가시키는 것은 현실적으로 훨씬 어려운 경우가 많다.

정기적인 주식배당정책의 장점은 공익기업들이 일반적으로 시행하는 관행과 비교할 때 가장 뚜렷하게 나타난다. 공익기업들은 관대한 현금배당을 지급한 뒤, 유상증자를 통해 주주들로부터 다시 자금을 회수하는 방식을 취한다. 이미 언급했듯이 주주들의 입장에서 일반적인 현금배당과 유상증자의 조합과 주식배당은 정확히 동일한 상황이다. 오히려 주식배당을 선택하면 현금배당에 대해 납부해야 할 소득세를 절감할 수 있다는 점에서 더 유리하다. 추가 주식을 원치 않고 현금 수입을 원하는 주주들은 신주인수권을 매도하는 것처럼 배당받은 주식을 매도하면 된다.

현재의 현금배당과 유상증자 결합 방식을 주식배당으로 대체할 경우 절감할 수 있는 전체 소득세 규모는 막대하다. 공익기업들이 이런 변화에 적극적으로 동참할 것을 강력히 촉구한다. 비록 이것이 미국 재무부의 세수에 불리한 영향을 미칠 수 있지만, 주주들이 실제로 수령하지도 않은 이익에 대해 소득세가 부과되는 것은 부당하다. 기업이 동일한 자금을 다시 주식 매각을 통해 회수하기 때문이다.

효율적인 기업은 시설, 제품, 회계, 관리 교육 프로그램, 직원 관계 등을 지속적으로 현대화한다. 이제는 기업의 주요 재무 관행, 특히 배당정책을 현대화하는 것도 진지하게 고민해야 할 시점이 되었다.

19장 논평

— 제이슨 츠바이크

"지극히 작은 것에 충성된 자는 큰 것에도 충성되고
지극히 작은 것에 불의한 자는 큰 것에도 불의하니라.
너희가 만일 불의한 재물에도 충성하지 아니하면
누가 참된 것으로 너희에게 맡기겠느냐."

— 누가복음 16장 10~11절

이 책이 개정되어 온 시간 동안, 그레이엄이 가장 크게 수정한 부분이 바로 이 장이다.

처음에는 '사업가로서의 투자자'라는 제목으로 약 34페이지 분량을 담았었다. 그레이엄은 이 부분에서 현명한 투자자는 현명한 소유주가 되어야 한다고 강조했다. 즉 기업이 제대로 운영되고 있는지, 경영진이 공정한 보상을 받고 있는지, 외부 투자자의 권익이 보호되고 있는지를 끊임없이 감시하고, 필요할 땐 목소리를 내야 한다는 것이다.

그레이엄은 이렇게 썼다.

"원칙적으로 주주는 하나의 집단으로서 왕이다… 그들은 경영진을 고용하고 해임할 수 있으며, 경영진을 완전히 자신들의 뜻에 따르게 만들 수 있다. 하지만 현실에서 주주들은 철저히 무기력하다… 경영진의 성과가 아무리 형편없어도 주주들은 경영진이 추천하는 안건에 무리 지어 표를 던진다… 평균적인 미국인 주주에게 스스로 생각하고 행동하도록 만들려면, 그의 등 뒤에서 폭죽이라도 터뜨려야 할 것이다."

1971~1972년에 이르러 그레이엄은 이 내용을 겨우 몇 페이지 분량으로 줄였고, 그마저도 거의 전적으로 배당에 초점을 맞췄다. 투자자들을 행동에 나서게 만들려고 많은 노력을 기울였으나, 결국 그는 진이 빠졌던 것 같다.

내부자와 외부자

경영자와 소유주 사이의 긴장은 자본주의만큼이나 오래된 문제다. 아무런 견제가 없다면 많은 CEO들은 다른 회사를 마구 인수하고, 망해가는 사업에 자금을 쏟아붓고, 필요 이상으로 자본을 쌓아두며, 시원찮은 성과에도 터무니없는 보너스를 챙기려 들 것이다.

실제로 많은 CEO가 그렇게 한다.

수세기 전에는 배당률이 6%에서 10%에 이를 정도로 높게 책정되었는데, 이는 경영진의 권한을 견제하기 위한 목적도 있었다. 현금을 외부 주주에게 돌려줌으로써, 경영진이 그 돈을 착복하거나 허투루 쓰는 것을 막을 수 있었던 것이다.

기업이 잉여 자금으로 자사주를 매입하는 것 역시 같은 이유에서 비롯된 것으로 보인다.

오늘날 자사주 매입이 경영진이나 부유한 투자자들의 배만 불려준다고 비판하는 이들은 기업이 자사주를 매입하지 않을 때 어떤 일이 벌어질 수 있는지도 함께 생각해볼 필요가 있다.

1970년대, 유가 급등으로 뜻밖의 막대한 수익을 올린 엑슨은 그 돈으로 타자기 제조 사업에 뛰어들었다. 바로 그 직후, 개인용 컴퓨터의 등장으로 타자기 산업은 몰락하고 말았다. 모빌 오일은 몽고메리 워드 백화점을 인수했는데, 이 때는 월마트 때문에 전통 유통업체들이 몰락하기 시작하던 시점이었다.

이처럼 석유 대기업들은 자신들이 손댈 이유조차 없던 사업에 수십억 달러를 허비했다. 그 돈으로 자사주를 매입했다면, 기업도 투자자도 훨씬 더 나은 결과를 얻었을 것이다.

월스트리트 최초의 '행동주의' 투자자 가운데 한 사람이었던 그레이엄은 실적도 부진하면서 과도한 보수를 챙기려는 경영진과의 싸움을 선도했다. 그는 경영진과 투자자 사이의 갈등 중심에 '현금'이 있음을 꿰뚫고 있었다.

> 경영진은 언제나, 가능하다면 주주로부터 최대한 많은 자본을 끌어모으려 한다. 그래야 자기들 재무 부담이 줄어들기 때문이다. 그래서 전형적인 경영진은 필요 이상으로 많은 자본을 들고 사업을 운영하려 들며, 주주들이 이를 허락하기 일쑤다.*

고객이 원하는 것을 더 잘 만들어낼수록, 기업의 이익은 더욱 쌓이게 된

---

* 벤저민 그레이엄, 『현명한 투자자』(Harper & Row, 1949), p233.

다. 뛰어난 기업일수록 결국에는 어떻게 써야 할지 모를 정도로 많은 현금을 축적하게 된다.

반면 어려움을 겪는 기업은 그야말로 목숨 걸고 현금을 움켜쥐려 한다. "기업의 전망이 불확실할수록… 경영진은 가능한 한 많은 현금을 사업 안에 남겨두려는 경향이 강해진다"고 그레이엄은 썼다.

하지만 주주들 입장에서는 안전하게 빼낼 수 있는 자본은 최대한 회수하는 것이 현명하다. 왜냐하면 그 자금은 주주들이 갖고 있거나 다른 데 투자되었을 때 훨씬 더 큰 가치를 지니기 때문이다.*

자사주 매입에 대한 허상

CEO의 가장 중요한 책무는 자본을 가장 생산적인 곳에 배분하는 일이다. 그것은 공장을 유지·보수하거나 노후된 트럭이나 항공기를 교체하는 등 설비투자일 수 있다. 남는 현금을 더 나은 소프트웨어 개발, 유망한 신약 연구, 혁신적인 제품이나 서비스 창출을 위한 연구개발에 투입하는 일일 수도 있다. 혹은 타사의 제품, 기술력, 마케팅 역량을 확보하기 위해 인수합병을 추진하는 것이 될 수도 있다. 또는 더 많은 인력을 고용하거나 기존 직원들의 임금을 인상하는 방식일 수도 있다.**

사업에 필수적인 필요를 모두 충족하고 나면, 경영진은 남은 현금을 어떻게 처리해야 할까?

회사가 그 현금을 생산적으로 사용할 수 없다면, 경영진은 그것을 주주에

* 벤저민 그레이엄, 데이비드 도드, 『증권분석』(맥그로-힐, 1951), p600.

** 마이클 J. 모부신, 댄 캘러핸, 「자본 배분 Capital Allocation」, bit.ly/3MQIBbj.

게 돌려줘야 한다. 배당이든 자사주 매입이든 방식은 중요하지 않다.

이 두 선택지는 본질적으로 유사하다.

배당의 경우, 주주는 현금으로 받은 배당금을 그대로 보유할지, 다시 그 회사 주식을 사는 데 쓸지를 선택한다.

자사주 매입의 경우, 주주는 회사의 매입 제안을 받아들여 주식을 팔지 말지를 결정한다. 팔면 현금을 갖게 되고, 팔지 않으면 유통 주식 수가 줄어든 회사에서 자신의 지분이 조금 더 커진다.

〈그림 19-1〉 자사주 매입 붐

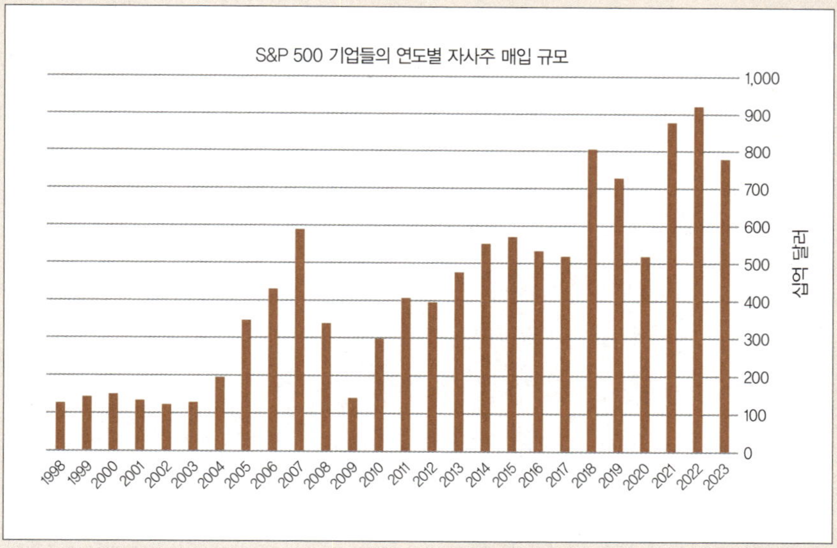

출처: S&P 다우존스 지수S&P Dow Jones Indices

어느 쪽이든 기업은 자본이 줄고 주주는 자본이 늘어나며, 불확실한 미래의 수익 일부가 확실한 현재로 옮겨진 셈이 된다.

자사주 매입은 격렬한 논쟁을 불러일으켜왔다. 2014년부터 2023년까지 미국 기업들은 무려 6.8조 달러어치의 자사주를 매입했다.

이론적으로는 자사주가 저렴할 때만 매입해야 한다. 하지만 현실적으로는 거의 언제나 자사주가 싸다고 믿는다. 2020년 봄, 코로나가 창궐하고 주식시장이 붕괴되는 와중에도 재무 담당 임원CFO 중 83%가 자사주가 저평가되었다고 생각했다. 하지만 2000년 1분기, 역사상 가장 과열된 시장 중 하나였던 그 시기에도 80% 이상의 CFO가 자사주가 저평가되었다고 여겼다! 경영진의 주관적 판단을 항상 신뢰하는 건 어리석은 일이다.*

리먼 브라더스는 2007년과 2008년에 자사주 매입에 40억 달러 넘는 돈을 썼다. 그러고는 2008년 9월, 복잡하고 위험한 투자에 무모하게 베팅한 끝에 파산했고, 이는 대공황 이후 최악의 글로벌 금융위기를 촉발시켰다.

씨티그룹 역시 2004년부터 2008년까지 200억 달러 이상을 자사주 매입에 투입했지만, 결국 금융위기를 버티기 위해 미 정부로부터 450억 달러 규모의 구제금융을 받아야 했다.

18장 논평에서 살펴봤듯, 베드 배스 앤드 비욘드는 수십억 달러를 들여 자사주를 사들였지만 결국 파산 보호를 신청했고, 그보다 앞서 몰락한 유통업체 시어스도 같은 길을 걸었다.

당신은 직관적으로 이렇게 생각할 수도 있다. '저 회사들이 자사주 매입에 그렇게 많은 돈을 낭비하지 않았더라면, 얼마나 더 잘됐을까!'

하지만 보다 이성적으로 이렇게 판단해야 한다. '그 회사들이 수십억 달러를 경영진의 변덕에 맡겨 쓸 수 있도록 남겨뒀다면, 도대체 얼마나 더 큰 피해가 났을까!'

---

* 제이슨 츠바이크, 「자사주 매입은 나쁘지도, 그렇다고 좋지도 않다Stock Buybacks Aren't Bad. They Aren't Good, Either」, bit.ly/3sAI2N1.

만약 자사주를 매입하지 않았다면 그들은 엄청난 현금을 쌓아두었을 것이고, CEO에게 과도한 보수를 지급하려는 유혹은 오히려 더 커졌을지도 모른다.

비평가들이 뭐라고 하든, 자사주 매입 덕분에 CEO 보수가 폭등했다는 증거는 설득력이 부족하다. 자사주를 매입한 기업의 주가가 크게 튀어 오른다는 증거도 마찬가지다.

또한 경영진이 자사주 매입을 위해 설비투자와 연구개발 예산을 줄이고 있다는 주장도 공허하다. 자사주 매입이 급증한 와중에도, 이들 항목의 지출은 사상 최고 수준으로 증가해왔기 때문이다.

자사주 매입에 대한 결론

결론부터 말하자면 자사주 매입은 선도 악도 아니다. 그저 도구일 뿐이다.

망치를 집 짓는 데 쓸 수도 있고 허무는 데 쓸 수도 있듯, 자사주 매입도 건설적인 도구가 될 수도 파괴적인 수단이 될 수도 있다.

회사가 여유 자금을 더 나은 곳에 쓸 방법이 없을 때, 자사주 매입은 그 돈을 배분하는 효과적인 수단이 된다. 하지만 회사가 자사주의 미래에 대한 경고 신호를 무시한 채 무모하게 주식을 사들인다면, 그것은 해로운 도구가 될 수 있다.

모든 자사주 매입에 무조건 반대하는 것도 무조건 찬성하는 것도 어리석은 일이다. 지혜로운 투자자라면 매입의 구체적 맥락을 따져야 한다. 주식이 얼마나 저렴한가? 성장 전망은 얼마나 밝은가? 회사가 자사주 매입을 위해 빚을 내고 있는가? 매입이 단지 경영진 보상용 신주 발행을 상쇄하기 위한 것인가? 그 돈을 다른 데 쓰는 편이 회사와 주주에게 더 이익이 되지는 않는가?

2023년 8월, 엔비디아가 최대 250억 달러 규모의 자사주 매입 계획을 발표하자 많은 주주들이 환호했다. 하지만 그보다는 회사 역사상 가장 높은 수준의 주가에서 대규모 매입을 감행한 판단이 과연 현명했는지 우려했어야 마땅하다.*

'성과'에 대한 보상

뮤지션이나 운동선수가 연간 수천만 달러를 벌고 억만장자가 되는 일이 흔한 세상이다. 그렇기 때문에 비슷한 수준의 보수를 받는 CEO들을 무조건 비난해서는 안 된다. 하지만 언제나 의심은 품어야 한다.

워너 브라더스 디스커버리 Warner Bros. Discovery, Inc.,(종목코드: WBD)를 예로 들어보자. CEO 데이비드 자슬라브가 주도한 여러 차례의 인수합병을 거쳐 WBD는 CNN, DC 코믹스, 디스커버리 채널, 푸드 네트워크, HBO, 워너 브라더스 영화 및 TV 스튜디오 등 다양한 엔터테인먼트 자산을 보유하게 되었다.

이 회사는 2008년 말, 디스커버리 커뮤니케이션즈 Discovery Communications, Inc.라는 이름으로 상장되었다.

상장 후 처음 5년 동안 주가는 불타오르듯 치솟아, 연평균 46%의 수익률을 기록했다. 같은 기간 S&P 500의 평균 수익률은 18%였다.

이처럼 화려한 출발 이후, 이사회는 2014년에 자슬라브에게 총 1억 5,600

---

* 클리프 애스니스 Cliff Asness 외, 「자사주 매입 광증 증후군 Buyback Derangement Syndrome」, bit.ly/40Izgbe; 알렉스 에드먼스 Alex Edmans, 「자사주 매입의 정당성 The Case for Share Buybacks」, bit.ly/3sGqZbk; 요아힘 클레멘트 Joachim Klement, 「자사주 매입에 관하여 About Those Share Buybacks」, bit.ly/3umPn2l; 마이클 J. 모부신, 댄 캘러핸, 「배당과 자사주 매입에 대한 고찰 Thoughts on Dividends and Buybacks」, bit.ly/3G6PIho; 패트릭 오쇼너시 Patrick O'Shaughnessy, 「확신에 찬 자사주 매입 High-Conviction Buybacks」, bit.ly/40Mil7y.

만 달러의 보상을 지급했다. 그러나 바로 그 해부터 디스커버리의 주가는 하락세에 접어들었고, 그 하락은 지금까지 10년 넘게 이어지고 있다.

2010년대와 2020년대 초반, 온라인 및 모바일 스트리밍의 부상은 전통적인 방송사와 영화 스튜디오에 큰 타격을 입혔다.

뜨거운 출발과는 달리, 상장 시점부터 2023년 말까지 워너 브라더스 디스커버리의 주식은 연평균 수익률이 고작 2%에 그쳤으며, 미국 주식시장의 평균을 연간 8.6%포인트나 밑돌았다. 이 기간 동안 WBD에 1만 달러를 투자했다면 자산은 겨우 1만 3,400달러 남짓으로 불었을 뿐이다. 반면 같은 금액을 S&P 500에 투자했다면 거의 4만 2,500달러로 불어났을 것이다.

그 기간 동안 워너 브라더스 디스커버리의 매출은 10배 넘게 증가했지만 순이익은 요동쳤고, 2022년에는 74억 달러의 손실을 기록했다. 2023년 말 기준으로 회사는 450억 달러에 달하는 부채를 떠안고 있었다.

워너 브라더스 디스커버리의 주가는 경쟁사인 파라마운트 글로벌Paramount Global이나 라이온스 게이트Lions Gate Entertainment보다는 다소 나은 실적을 보였지만, 다른 미디어 대기업인 컴캐스트Comcast Corp.나 월트 디즈니Walt Disney Co.보다는 훨씬 부진했다.

그럼에도 불구하고 2009년부터 2022년 말까지 워너 브라더스 디스커버리의 CEO 자슬라브는 총 9억 5,600만 달러에 달하는 잠재적 보상을 받았고, 이 중 7억 5,000만 달러 이상을 실제로 손에 쥐었다.*

---

* 그가 받은 잠재적 보상의 상당 부분은 아직 현금으로 지급된 것이 아니라, 주식매수선택권stock option의 형태로 보유 중이다. 이 옵션들의 최종 가치는 WBD의 주가가 2027년 말까지 야심찬 목표치를 달성할 수 있는지에 달려 있다.

〈표 19-1〉 쇼비즈니스는 이런 것

연도	워너 브라더스 디스커버리 주식 총수익률 (%)	S&P 500 총수익률 (%)	워너 브라더스 디스커버리 시가총액 (백만 달러)	워너 브라더스 디스커버리 CEO 총보수 ($)
2009	116.6	26.5	13,065	11,655,850
2010	36.0	15.1	17,764	42,589,296
2011	1.8	2.1	16,511	52,404,119
2012	54.9	16.0	25,094	49,932,867
2013	42.4	32.4	34,920	33,349,798
2014	−25.4	13.7	16,567	156,077,912
2015	−22.6	1.4	12,166	32,377,346
2016	2.7	12.0	11,457	37,192,354
2017	−18.4	21.8	8,639	42,247,984
2018	10.5	−4.4	13,112	129,499,005
2019	32.3	31.5	17,352	45,843,912
2020	−8.1	18.4	14,804	37,710,462
2021	−21.8	28.7	12,005	246,573,481
2022	−59.7	−18.1	23,036	39,288,458
누계				956,742,844
연평균	1.9	13.1		

출처: 워너 브라더스 디스커버리 위임장, 팩트셋

워너 브라더스 디스커버리의 2023년 위임장은 경영진에게 주식으로 보상하는 것을 '경영진의 이해관계를 주주들과 일치시키기 위한 수단'이라고 평가했으며, CEO 자슬라브에 대해서는 '자신에게 부여된 전략적 목표를 초과 달성하는 등 탁월한 성과를 거두었다'고 평가했다. (다만 2022년에 주가가 거의 60% 급락한 점을 고려하여 이사회는 그에게 추가 보너스나 목표 초과 보너스는 지급하지 않기로 결정했다.)

자슬라브가 받은 누적 보수의 상당 부분은 '조정 후 OIBDA Adjusted OIBDA'

라는 독창적인 이익 지표에 기반한 것이다. 이 지표를 계산할 때 회사는 주식 기반 보상 비용을 다시 더해 수익을 부풀린다. 즉 워너 브라더스 디스커버리가 경영진에게 주식으로 보상을 많이 할수록 조정 후 OIBDA는 더 높아진다. 그리고 이 조정 후 OIBDA의 증가가 CEO가 보상을 받는 기준 중 하나다.

12장 논평에서도 보았듯 이런 방식은 결코 드문 일이 아니다. 이처럼 어처구니없는 회계 논리가 너무 흔해진 나머지, 월스트리트는 이제 그것을 당연하게 받아들이고 있다. 하지만 자이언 리서치 그룹Zion Research Group의 데이비드 자이언이 말했듯 "그건 명백히 잘못된 일이다."

볼품없는 성과에 과도한 보상이 따라붙는 현실이 불편하게 느껴진다면 주주로서 권리를 행사하라. 그래야 마땅하다! 매년 발송되는 위임장을 받을 때, 단지 부당한 보상안에 반대 투표를 하는 데 그치지 말고, 그 계획을 승인한 이사 전원의 재선에도 반대표를 던져라. 그들에 대한 불신임을 표하는 것, 그것이 당신이 할 수 있는 최소한의 조치다.

또한 회사의 연례 주주총회에 참석해 직접 목소리를 낼 수도 있다. 미국에서는 당신이 보유한 뮤추얼펀드나 ETF가 경영진 보수안에 어떻게 투표했는지를 SEC의 EDGAR 데이터베이스(sec.gov/edgar/searchedgar/n-px)에서 해당 펀드의 Form N-PX를 검색해 확인할 수 있다. 그리고 Civex, iconikapp.com, Troop 같은 앱이나 온라인 도구를 통해 뜻이 맞는 투자자들을 찾아 연대하는 것도 시도해볼 만하다.*

---

* 선별적으로 접근하라. 일부 앱은 금방 생겼다가 사라지기도 한다. 그리고 반드시 진지하고 분석적인 태도를 가진 투자자들과 연대해야 한다. 서로 광분을 부추기는 투기꾼들과 어울려선 안 된다. 2021년 AMC 주식을 매수한 '유인원' 투자자들은 회사 경영진을 향한 열광적인 찬사 속에 서로를 부추기며 매수에 나섰지만, 정작 그 경영진은 신규 주식을 발행하기 직전에 거의 모든 지분을 팔아치웠고, 그로 인해 유인원들의 지분은 크게 희석되고 말았다. 현명한 소유주가 되려면 집단에 합류하기 전에 먼저 스스로 생각할 줄 알아야 한다.

주식을 한 번 샀다면 이제 당신은 단순히 '현명한 투자자'에 머물지 말고 '현명한 소유주'가 되어야 한다. 그 말은 곧 당신에게 자신의 권리를 적극적으로 행사할 책임이 있다는 뜻이다.

옳은 것에 보상하라

성과는 미미한데 과도하게 보상이 이루어지는 상황을 막으려면, 기업은 어떻게 경영진에게 인센티브를 부여해야 할까?

코스트코 홀세일Costco Wholesale Corp.에서는 경영진의 보너스가 매출 성장률과 세전 이익 증가율 같은 지표를 기준으로 지급된다. 이들은 조작이 어려운 대표적인 경영 성과 지표다.

보험사인 마켈Markel Corp.은 보상 기준을 주당 순자산가치book value의 성장률과 주가의 5년 총수익률에 두고 있다.

엑슨모빌ExxonMobil Corp.의 경우, 고위 경영진에게 지급되는 인센티브 보상의 대부분은 제한된 소유권이 부여된 특수 주식 형태로 제공된다. 이 중 절반은 5년 후에, 나머지 절반은 10년 후에 비로소 완전히 귀속된다. 이는 장기적 목표에 집중하도록 유도하는 방식이다.

투자자라면 '성과에 대한 보상'은 기업의 건전성과 성장성이라는 단순하고 명확한 기준에 기반해야 함을 기대해야 한다. 회계상의 눈속임이 아닌 실질적 지표에 따라 보상이 이루어져야 한다. 성과 평가 역시 단기 실적보다 여러 해에 걸친 장기 성과에 더 큰 비중을 둬야 하며, 해가 갈수록 목표 기준을 점점 낮추는 식의 방식은 지양해야 한다.

수십 년 전, 그레이엄은 기업 경영자의 성과를 평가하는 기준으로 다음 세 가지를 제시했다: 투하자본수익률, 순이익률, 그리고 매출 및 순이익의 성장률.

그리고 이 모든 항목은 반드시 동일 산업 내 다른 기업들과 비교해서 평가해야 한다고 강조했다. 나는 지금까지 이런 합리적인 기준에 따라 인센티브 보상을 설계한 기업을 본 적이 없다. 하지만 각 기업의 이사회는 이제라도 그레이엄의 조언을 진지하게 고려해볼 필요가 있다.*

---

* 벤저민 그레이엄, 데이비드 도드, 『증권분석』(맥그로-힐, 1951), p581~583. 성과를 동일 산업 내 다른 기업들과 비교해 측정하는 일은 매우 중요하다. 왜냐하면 기업의 실적은 종종 경영 전략보다 운에 의해 더 크게 좌우되기 때문이다. 예를 들어 금리가 하락하면 CEO가 별다른 역량을 갖추지 못했더라도 대부분의 주택 건설업체는 호황을 누릴 수 있다. 따라서 인센티브 보상은 오직, 여러 해에 걸쳐 업계 평균보다 훨씬 뛰어난 실적을 낸 경영진에게만 주어져야 한다.

20장

투자의 핵심 '안전마진'

옛날, 어느 군주가 한 현인에게 인간사를 한 문장으로 표현해 달라고 요구하자 그는 '이 또한 지나가리라'라고 답했다고 한다. 만약 누군가 성공적인 투자의 비결이 무엇이냐고 묻는다면, 나는 '안전마진'이라고 답할 것이다. 이 개념은 투자에 관한 지금까지의 모든 논의를 일관되게 관통하고 있으며, 때로는 명시적으로 때로는 암묵적으로 드러난다. 이제 이 개념을 간결하게 서술해 보고자 한다.

모든 숙련된 투자자는 안전마진 개념이 우량한 채권과 우선주를 선택할 때에 필수적이라는 점을 알고 있다. 예를 들어 철도기업의 채권이 투자등급으로 간주되려면, 과거 일정 기간 이상 이자보상배율이 다섯 배 이상이어야 한다. 이와 같은 과거의 이익 창출 능력은 미래에 순이익이 감소할 경우에도 투자자를 손실로부터 보호하는 안전마진으로 작용한다. (이자보상배율의 안전마진은 다른 방식으로도 표현될 수 있다. 예를 들어 이자 지급 후 잔여 이익이 사라지기 전까지 이익이 감소할 수 있는 비율로 나타낼 수도 있다. 하지만 기본적인 개념은 동일하다.)

채권 투자자는 과거의 기업이익이 미래에도 똑같이 발생할 것이라고 확신하지 않는다. 만약 그렇게 확신한다면 요구되는 안전마진은 더 작아도 된다. 또한 그는 미래의 이익이 과거보다 현저히 좋아지거나 나빠질 것인지에 대해서도 정확히 알고 싶어 하지 않는다. 만약 정확히 알아야 한다면 과거 기록에 나타난 마진보다는 신중히 예측된 손익계산서를 기준으로 미래의 마진을 평가해야 할 것이다. 여기서 안전마진의 역할은 본질적으로 미래를 정확히 알아야 할 필요가 없게 만드는 데 있다. 안전마진이 충분히 크다면, 미래 이익이 과거보다 현저히 감소하지 않는 한, 투자자는 수시로 발생하는 실적 변화로부터 충분히 보호받고 있다는 안도감을 느낄 것이다.

채권의 안전마진은 기업의 총 가치와 부채를 비교하여 계산할 수도 있다. (우선주 발행의 경우에도 유사한 계산이 가능하다.) 예를 들어 한 기업이 1,000만 달러의 부채를 지고 있고 기업 가치가 3,000만 달러라면, 이론적으로 가치가 3분의 2까지 감소하더라도 채권자는 손실을 입지 않는다. 이 부채를 초과하는 추가 가치, 즉 '쿠션'의 크기는 몇 년간의 보통주 주가를 활용하여 추정할 수 있다. 평균 주가는 일반적으로 평균 수익력과 연관되어 있으므로, 기업 가치/부채로 측정한 마진은 이익/고정비용으로 마진을 측정해도 결과는 비슷하다.

지금까지 채권 투자에 적용되는 안전마진 개념에 대해 살펴보았다. 그렇다면 이 개념을 주식 분야에도 적용할 수 있을까? 몇 가지만 수정하면 적용할 수 있다.

주식도 우량한 채권만큼의 충분한 안전마진을 확보한다면 건전하다고 간주해도 된다. 예를 들어 기업이 보유한 자산과 수익력을 기준으로 안전하게 발행 가능한 채권 규모보다 적은 금액으로 시가총액이 형성되는 경우가 이에 해당한다. 이는 1932~1933년 대공황 시기에 재무구조가 탄탄했던 산업주 부문의 여러 회사가 겪었던 상황이다. 이러한 경우 투자자는 채권과 유사한 안전마진을 확보할 수 있을 뿐만 아니라, 더 높은 배당소득과 자본이득 기회를 얻을 수 있다. (단 배당을 강제할 법적 권리가 없다는 점이 단점일 수 있으나, 이는 그가 얻는 장점에 비하면 사소한 문제이다.) 이와 같은 상황에서 매수한 보통주는 안전성과 수익성을 이상적으로 결합한 훌륭한 투자 기회를 제공한다. 이와 같은 조건의 최근 사례로 1972년 내셔널 프레스토 인더스트리 주식을 들 수 있다. 당시 시가총액이 4,300만 달러였으나, 이 회사는 1,600만 달러의 세전 이익을 기록해 시가총액 규모 이상의 채권을 충분히 발행할 수 있는 상황이었다.

일반적인 상황에서 보통주를 투자 목적으로 매수할 경우, 현재의 채권 금리보다 높은 이익수익률이 안전마진이다. 이전 개정판에서 나는 다음과 같은 사례를 설명하였다.

> 가령 어느 회사의 수익력이 9%이고 채권 금리가 4%라고 가정하자. 이 경우 주식 투자자는 연간 평균 5%의 초과 수익 마진을 확보하게 된다. 이 초과 수익 중 일부는 배당금 형태로 투자자에게 지급되며, 투자자가 이 돈을 소비하더라도 전체 투자 성과에 포함된다. 남은 미분배이익은 사업을 위해 기업 내에 재투자된다. 많은 경우 이렇게 재투자된 이익은 주식의 수익력과 가치에 크게 기여하지 못한다. (이것이 시장이 배당금으로 지급된 이익을 기업에 유보된 이익보다 더 후하게 평가하는 이유 중 하나이다.) 그러나 전체적인 관점에서 보면, 재투자된 이익을 통한 이익잉여금의 증가와 기업 가치의 성장은 비교적 밀접한 연관성을 가진다.
>
> 10년 동안 주식의 이익이 채권 이자를 초과하는 누적액은 일반적으로 주식 매수가격의 50%에 달한다. 이 정도면 순조로운 조건에서는 손실을 방지하거나 최소화하는 실질적인 안전마진으로 충분하다. 만약 이러한 안전마진을 가진 종목 20개 이상으로 포트폴리오를 구성한다면, 정상적인 상황에서는

긍정적인 성과를 얻을 확률은 매우 높아진다. 이것이 대표 종목에 투자하는 전략이 특별히 뛰어난 통찰력이나 예측 능력이 필요하지 않으면서도 성공할 수 있는 이유이다. 여러 해에 걸쳐 시장 평균 수준에서 매수한다면, 지불한 가격은 적절한 안전마진을 보장할 가능성이 크다. 투자자가 직면한 위험은 시장의 고점에서 매수를 집중하거나, 수익력이 감소할 위험이 평균보다 큰 비우량주를 매수하는 데에 있다.

1972년 상황에서 보통주 투자자가 직면한 핵심적인 문제는 '일반적인 경우'에서 수익력이 이제 더 이상 주가의 9%보다 높은 종목을 찾기 어렵다는 것이다. 예를 들어 대형주 중 저 PER 주식은 현재 PER이 12배 수준이며, 이는 이익수익률이 8.33%라는 뜻이다. 그는 약 4%의 배당수익률을 얻을 수 있고, 4.33%는 기업에 재투자된다. 이를 기준으로 할 때, 10년 동안 채권수익률에 대한 초과 수익률이 너무 작아서 적절한 안전마진으로 충분하지 않다. 그렇기 때문에 나는 현재 건전한 보통주의 포트폴리오에 대해서도 실제적인 위험이 존재한다고 느낀다. 하지만 이러한 위험은 포트폴리오에서 발생할 수 있는 수익 가능성에 의해 충분히 상쇄될 수 있다. 사실 투자자는 이 위험을 피하기 위하여 채권만 보유한다면, 지속적으로 가치가 떨어지는 현금성 자산만을 보유하는 더 큰 위험에 처할 수 있다. 따라서 이제 투자자는 예전의 높은 수익과 적은 위험의 조합이 사라졌음을 인식하고 받아들여야 한다.

우량주를 너무 비싸게 매수하는 상황도 있겠지만, 이는 일반적인 주식 매수자가 직면하는 주요 위험은 아니다. 수년간의 관찰을 통해 나는 투자자들의 주요 손실이 호황기 동안 비우량주를 매수하는 데서 비롯된다는 점을 알게 됐다. 구매자들은 당장의 좋은 실적이 수익력이라고 믿고, 호황이 곧 안전을 의미한다고 착각한다. 이러한 시기에 대중은 약간 더 높은 수익률이나 속임수에 불과한 전환권에 홀려 낮은 등급의 채권과 우선주를 액면가에 가까운 가격으로 매수한다. 또한 별로 알려지지 않은 회사의 주식이 2~3년간의 훌륭한 실적 성장을 바탕으로 실질적인 투자 가치를 훨씬 초과하는 가격에 발행되기도 한다.

이러한 증권들은 절대로 충분한 안전마진을 제공할 수 없다. 이자 비용과 우선주 배당금의 지급 능력은 1970~1971년과 같은 비정상적인 경기 침체 기간을 포함하여 여러 해에 걸친 검증이 필요하다. 보통주의 수익력 역시 일반적으로 동일한 검증 과정을 거쳐야 한다. 호황기에 매수한 투자 상품들은 호황기에 책정된 가격으로 인해, 경제 전망이 어두워지면 가격 폭락을 겪을 수밖에 없고, 종종 그보다 더 이른 시기에 하락을 경험한다. 이러한 증권들 중 일부 종목은 이후에 회복되기도 하지만, 확신을 가지고 회복될 것이라고 기대할 수도 없다. 이러한 증권들은 역경을 견딜 수 있는 실질적인 안전마진이 애초부터 존재하지 않았기 때문이다.

성장주에 대한 투자 철학은 안전마진 원칙과 부분적으로 유사하지만, 부분적으로는 차이가 있다. 성장주 투자자는 과거 평균 이익보다 더 높은 예상 수익력을 근거로 한다. 따라서 그는 안전마진을 계산할 때 과거 기록 대신 이러한 예상 수익력을 대입한다고 볼 수 있다. 투자 이론상으로는 신중하게 추정된 미래 이익이 과거 기록보다 덜 신뢰할 만하다는 이유는 없다. 실제로 증권분석에서는 점점 더 미래에 대한 정교한 평가를 선호하는 추세다. 따라서 성장주도 미래에 대한 계산이 보수적으로 이루어지고 지불한 가격에 비해 만족스러운 마진을 보여준다면, 일반적인 투자에서 발견되는 것만큼이나 신뢰할 수 있는 안전마진을 제공할 수 있다.

성장주 투자 전략의 위험은 바로 여기에 있다. 이러한 선호 주식에 대해 시장은 보수적인 미래 이익 전망으로는 충분히 보호되지 않을 가격까지 오르는 경향이 있다. (과거 실적과 다른 모든 추정치는 과소평가 쪽으로 약간의 오차를 두어야 한다는 것이 신중한 투자에 대한 기본 원칙이다.) 안전마진은 항상 지불한 가격에 따라 결정된다. 특정 가격에서는 안전마진이 클 수 있지만, 더 높은 가격에서는 작아지고, 그보다 더 높은 가격에서는 존재하지 않을 수도 있다. 대부분 성장주의 주가 수준이 매수자에게 충분한 안전마진을 제공하기에 너무 높다면, 단순히 분산 투자하는 것만으로는 만족스러운 성과가 나오지 않을 수도 있다. 이러한 문제를 극복하려면 특별한 통찰력과 판단력으로 해당 전체 시장에 내재된 위험을 상쇄할 수 있는 현명한 종목을 선정해야 한다.

안전마진의 개념은 저평가 종목의 영역에 적용될 때 훨씬 더 분명해진다. 여기에서는 정의상, 가격과 평가된 가치 사이에 유리한 차이가 존재한다. 이 차이가 바로 안전마진이다. 이는 계산착오나 불운이 미치는 영향을 흡수하기 위한 완충 역할을 한다. 저평가 주식의 매수자는 투자 대상이 불리한 상황을 견딜 수 있는 능력을 특히 중시한다. 대부분의 경우 투자자는 회사의 전망에 대해 큰 기대를 갖고 있지 않기 때문이다. 물론 전망이 명백히 부정적이라면 가격이 아무리 낮아도 투자자는 해당 증권을 피하는 것이 좋다. 그러나 저평가된 증권의 영역은 미래가 뚜렷이 유망하지도, 뚜렷이 비관적이지도 않은 다수의 기업들(어쩌면 전체의 과반수)에서 추출된다. 이러한 증권을 저평가 기준으로 매수한다면, 수익력이 다소 감소하더라도 투자에서 만족스러운 성과를 얻는 데 큰 지장이 없을 것이다. 안전마진의 본래의 목적이 바로 이런 것이다.

분산 투자 이론

안전마진 개념과 분산 투자 원칙 간에는 논리적 연관성이 밀접하게 존재하며, 두 개념은 상호 보완적이다. 투자자에게 유리한 안전마진이 있어도 개별 증권이 부진한 결과를 낼 가능성은 여전히 존재한다. 안전마진은 단순히 이익 발생 확률이 손실 발생 확률보다 크다는 것을 의미할 뿐, 손실이 절대 안 난다고 보장하지는 않기 때문이다. 그런데 이러한 투자의 개별 사례가 늘어날수록, 전체적으로 이익의 합이 손실의 합을 초과할 확률은 더욱 높아진다. 이는 보험업의 기본 원리와 동일하다.

분산 투자는 방어적 투자에서 확립된 원칙으로, 이를 보편적으로 받아들인다는 것은 투자자들이 안전마진 원칙을 수용하고 있음을 의미한다. 이 점을 좀 더 명확히 이해하기 위해, 룰렛 게임의 원리를 예로 들어보겠다. 어떤 사람이 특정 숫자 하나에 1달러를 걸었을 때, 승리하면 35달러의 이익을 얻는다. 하지만 승리할 확률은 37분의 1밖에 안 된다. 이 경우 그의 '안전마진'은 음수이다. 이때 분산 투자는 어리석은 전략이 된다. 더 많은 숫자에 베팅할수록 이익을 낼 가능성은 줄어들기 때문이다. 만약 매번 모든 숫자(0과 00 포함)에 1달러씩 베팅한다면, 매 차례 2달러를 잃는 것이 확실하다.

그러나 승리했을 때 지급받는 이익이 35달러가 아니라 39달러라고 가정해 보자. 이 경우 그는 작지만 중요한 안전마진을 가지게 된다. 따라서 더 많은 숫자에 베팅할수록 이익을 얻을 가능성은 커진다. 심지어 매 차례 모든 숫자에 1달러씩 베팅하면, 확실히 매 회전마다 2달러를 벌게 된다.(흥미롭게도 이 두 예시는 실제로 0과 00이 포함된 룰렛에서 플레이어와 카지노가 각각 처한 위치를 묘사한다.)

투자와 투기의 기준

투자에 대해서는 일반적으로 널리 받아들여지는 유일한 정의가 없기 때문에, 전문가들은 자기 마음대로 이를 정의한다. 많은 이들은 투자와 투기의 개념 사이에 유용하거나 신뢰할 수 있는 기준이 없다고 주장한다. 그러나 이러한 회의론은 불필요하고 해롭다. 이는 주식시장 투기의 흥분과 위험으로 쏠리려고 하는 대중의 본능적 성향을 부추기기 때문이다. 나는 안전마진 개념을 투자 활동과 투기 활동을 구별하는 기준으로 활용할 것을 제안한다.

아마도 대부분의 투기꾼들은 자신이 베팅할 때 유리한 확률을 가지고 있다고 믿으며, 따라서 그들의 활동에도 안전마진이 존재한다고 주장할 것이다. 그들은 자신의 매수 시점이 적절하다고 느끼거나, 자신의 능력이 대중보다 뛰어나다고 생각하거나, 자신의 조언자나 시스템을 철석같이 믿기 때문이다. 그러나 이러한 주장은 설득력이 부족하다. 이는 증거나 결정적인 논리에 의해 뒷받침되지 않은 주관적인 판단에 기초하고 있다. 나는 시장이 상승하거나 하락할 것이라는 개인적인 견해에 돈을 거는 사람이 안전마진에 의해 보호받고 있다는 주장은 믿지 않는다.

이와는 대조적으로 이 장의 앞부분에서 설명한 안전마진 개념은 통계적 데이터를 기반으로 한 간단하고 명확한 산술적 논리에 기초하고 있다. 이러한 나의 정량적 접근 방식을 뒷받침하는 것은 오랜 실전 투자 경험이다. 물론 이러한 접근법이 미래의 불확실한 환경에서도 계속해서 긍정적인 결과를 보장한다고 단언할 수는 없다. 그러나 이와 관련하여 비관적인 태도를 취할 타당한 이유도 없다.

따라서 요약하면 나는 제대로 된 투자가 이루어지기 위해서는 진정한 안전마진이 존재해야 한다고 말한다. 진정한 안전마진이란 숫자, 설득력 있는 논리, 그리고 실제 경험을 바탕으로 입증될 수 있어야 한다.

투자 개념의 확장

안전마진 원칙에 대한 논의를 마무리하려면 전통적 투자와 비전통적 투자를 구분해야 한다. 전통적 투자는 일반적인 포트폴리오에 적합한 투자 형태를 말한다. 이 범주에는 항상 미국 국채와 우량 보통주가 포함되어 왔다. 또한 세제 혜택을 충분히 누릴 수 있는 투자자는 주 및 지방 자치단체 채권에 투자할 수도 있다. 그리고 미국저축채권보다 충분히 높은 수익률이 제공된다면, 고등급의 회사채도 좋은 투자대상이 된다.

비전통적 투자란 공격적 투자자에게만 적합한 투자 형태를 말하며, 그 범위는 매우 넓다. 가장 폭넓은 분야는 비우량주 중에서 저평가된 주식으로, 이런 주식을 평가 가치의 3분의 2 이하 가격일 때 매수할 것을 추천한다. 이 외에도 비우량등급 회사채와 우선주가 시장에서 심각하게 저평가되어 평가 가치에 비해 대폭 할인되어 거래되는 경우가 자주 있다. 이러한 경우 일반 투자자는 이런 증권들은 투기적이라고 판단할 가능성이 크다. 이는 해당 증권이 우량등급을 받지 못했다는 사실을 투자 가치가 부족하다는 의미로 간주하기 때문이다.

나의 주장은 다음과 같다. 충분히 낮은 가격은 질적으로 어중간한 증권도 좋은 투자 기회로 바꿀 수 있다. 단 매수자가 충분한 정보를 갖추고 경험이 있으며, 적절한 분산 투자를 실행할 경우에만 해당된다. 가격이 충분히 낮아져 안전마진이 충분히 확보된다면, 해당 증권은 나의 투자 기준을 충족하게 된다. 이런 상황을 설명하기 위하여 나는 부동산담보부채권 분야를 자주 인용한다. 1920년대에는 수십억 달러에 달하는 부동산담보부채권이 액면가에 발행되었고, 안전한 투자로 널리 추천되었다. 하지만 이 중 상당수는 액면가에 비해 실제 가치가 너무 적어 사실상 고도의 투기적 성격을 띠고 있었다. 1930년대 대공황기에는 이 채권들 중 막대한 양이 이자 지급에 실패한 나머지, 가격이 폭락하여 일부는 액면가 대비 10% 이하로 떨어지기도 했다. 한때 이러한 채권을 안전한 투자로 추천했던 바로 그 전문가들이 이를 투기적이고 매력도 없는 종이 조각이라고 일축했다. 그러나 실제로는 약 90%의 가격 하락은 이러한 증권을 매우 매력적이고 합리적으로 안전한 투자 대상으로 만들었다. 이는 해당 증권의 실질 가치가 시장 가격의 4~5배에 달했기 때문이다.

이러한 채권 매수는 실제로 커다란 투기적 이익으로 이어졌다. 하지만 투기적 이익을 얻었다는 사실 자체로 투자의 본질에서 어긋났다고 말할 수는 없다. 그 투기적 이익이 현명한 '투자'를 한 것에 대한 보상이었기 때문이다. 이 채권들은 신중한 분석을 통해 가치가 가격을 크게 초과하여 안전마진이 충분히 확보되었음을 확인할 수 있었기 때문에, 적절한 투자 기회로 간주될 수 있었다. 따라서 앞서 얘기한 바와 같이 호황기에 높은 가격으로 판매된 증권들은 순진한 투자자들에게는 심각한 손실을 초래하는 주요 원인이 되지만, 후에 이를 자신만의 가격으로 매수하는 숙련된 투자자에게는 건전한 수익 기회를 제공할 가능성이 크다.

따라서 '특수 상황'은 모든 분야가 투자의 범위에 포함된다. 그 이유는 이러한 매수는 항상 지불한 가격보다 더 큰 가치를 보장하는 철저한 분석을 전제로 하기 때문이다. 물론 각 개별 사례에는 위험 요소가 존재하지만, 이는 계산에 반영되며 분산된 포트폴리오를 통하여 전반적인 결과로 통합된다.

이 논리를 극단적으로 확장해 보면, 역사적으로 낮은 가격에 거래되는 신주인수권으로 구성된 무형 가치를 매수하는 것도 방어적 투자라고 할 수 있다. (이 예시는 너무 자극적일 수 있다.) 이러한 신주인수권의 전체 가치는 관련 주식이 옵션 가격을 초과하여 상승할 가능성에 전적으로 의존한다. 현재로서는 행사 가능한 가치가 없지만, 모든 투자는 합리적인 미래 기대를 기반으로 하므로, 이러한 신주인수권을 미래 강세장에서 가치와 가격이 크게 상승할 수 있는 통계적 가능성의 관점에서 평가하는 것이 적절하다. 이와 같은 연구를 통해 이러한 운용에서 얻을 수 있는 잠재적 이익이 잃을 가능성보다 훨씬 크며, 최종적인 이익 가능성이 최종적인 손실 가능성보다 훨씬 더 높다는 결론에 도달할 수 있다면, 이처럼 허황된 형태의 증권이라도 안전마진이 존재한다고 할 수 있다. 따라서 매우 공격적인 투자자는 이러한 신주인수권 운용을 자신이 보유한 비전통적 투자 포트폴리오에 포함시킬 수 있을 것이다.*

요약

가장 사업처럼 하는 투자가 가장 현명한 투자다. 놀랍게도 많은 유능한 사업가들이 자신들의 사업에서 성공을 거둔 건전한 원칙을 완전히 무시한 채 월스트리트에 뛰어든다. 그러나 모든 기업이 발행한 증권은 기본적으로 특정 기업에 대한 소유권이나 채권으로 간주하는 것이 가장 바람직하다. 증권의 매수와 매도로 수익을 창출하려는 사람은 자신의 독자적인 사업을 시작하는 것과 같으며, 그 사업이 성공할 가능성을 가지려면 반드시 인정된 사업 원칙에 따라 운영되어야 한다.

첫번째이자 가장 분명한 원칙은 '자신이 무엇을 하고 있는지 어떤 사업을 하고 있는지 정확히 알라'는 것이다. 즉 사업가가 생산하거나 판매하는 상품의 가치에 대해 알아야 사업적 이익을 얻을 수 있듯이, 투자자는 유가증권의 가치에 대해 알아야 유가증권을 통해 사업적 이익, 즉 일반적인 이자 및 배당 소득보다 높은 이익을 얻을 수 있다.

두번째 사업 원칙은 다음과 같다. '누군가가 당신의 사업을 대신 운영하게 하지 말라. 다만 (1) 그의 업무 수행을 충분히 세심하고 명확하게 감독할 수

* 폴 홀링비 주니어Paul Hallingby, Jr.의 논문 『신주인수권의 투기적 기회Speculative Opportunities in Stock-Purchase Warrants, 애널리스트 저널Analysts' Journal 1947년 3분기』는 이 주장을 뒷받침하고 있다.

있거나, (2) 그의 청렴성과 능력에 대해 특별히 강한 신뢰를 가질 만한 이유가 있을 때에만 예외로 한다.' 만약 투자자가 자신의 자금 운용을 다른 사람에게 맡긴다면 이 원칙을 기준으로 삼아야 한다.

세번째 사업 원칙은 다음과 같다. '합리적인 수익을 얻을 수 있는 공정한 기회가 있다는 믿을 만한 계산이 나오지 않는 한 어떤 사업, 즉 제조나 판매에 뛰어들지 말아야 한다. 특히 얻을 수 있는 이익은 적고 잃을 위험은 큰 사업은 피하라.' 이 원칙은 공격적 투자자에게 수익 추구의 기반이 낙관론이 아닌 과학적 계산이어야 한다는 것을 의미한다. 모든 투자자에게 있어 과거의 전통적 채권이나 우선주에서처럼 수익이 크지 않을 것으로 기대된다면 투자 원금의 상당 부분을 잃지 않을 것이라는 확실한 근거가 있어야 한다는 것이다.

네번째 사업 원칙은 보다 긍정적이다. '자신의 지식과 경험에 대한 용기를 가져라. 사실을 바탕으로 결론을 내렸고 그 판단이 정확하다고 확신한다면, 다른 사람들이 망설이거나 반대하더라도 당신의 판단에 따라 행동하라.' (당신의 의견이 남들과 다르다는 사실 자체는 당신이 옳거나 그르다는 근거가 될 수 없다. 당신의 데이터와 추론이 옳다면 당신은 옳다.) 증권의 세계에서도 충분한 지식과 검증된 판단이 뒷받침되는 용기 있는 도전은 최고의 미덕이 된다.

일반적인 투자자는 다행히도 이러한 특성들이 없어도 성공을 거둘 수 있다. 자신의 능력에 맞게 표준적이고 방어적인 투자로 일관한다면 만족스러운 성공을 이루는 것은 대부분의 사람들이 생각하는 것보다 훨씬 더 쉽다. 그러나 우월한 성과를 달성하는 것은 생각보다 훨씬 더 어렵다.

20장 논평

— 제이슨 츠바이크

"대담한 조종사도 있고, 노장 조종사도 있지만, 대담한 노장 조종사는 없다."

— 비행 교관들 사이의 전통적인 격언*

'안전마진'을 확보하는 것이야말로 현명한 투자자를 평범한 투자자들과 구별 짓는 핵심이다.

대형 여객기는 대부분 엔진을 두 개 장착하는데, 그중 하나가 고장 나더라도 오랜 시간 안전하게 비행할 수 있도록 설계되어 있다. 초고층 빌딩의 구조는 실제로 받게 될 하중보다 훨씬 더 큰 무게를 견디도록 되어 있다. 40톤의 하중을 견뎌야 하는 다리라면, 70톤이나 80톤까지도 버틸 수 있게 시공하는 것이 일반적이다.

안전 장치는 항공기, 건물, 다리에 미리 내장되어 있다. 그 덕분에 항공 여

---

* bit.ly/413BsdL.

행은 놀라울 정도로 안전하고, 초고층 빌딩이 무너지는 일은 거의 없으며, 대형 교량은 수백만 대의 차량 통행을 견딜 수 있다. 우리는 이들의 안전마진을 당연한 것으로 여긴다.

안전마진은 지불한 가격이 결정한다

투자에서 안전마진 MoS Margin of Safety 을 가장 단순하게 계산하는 방법은 기업의 내재가치(V)에서 주식의 가격(P)을 뺀 것이다.

$$MoS = V - P$$

기업의 가치가 주식 가격보다 크면, 안전마진은 양(+)의 값이 된다. 반대로 주식 가격이 기업의 가치를 초과하면, 안전마진은 음(-)의 값이 된다.*

"안전마진은 언제나 지불한 가격에 달려 있다"고 그레이엄은 말한다. "어떤 가격에서는 그것이 크고, 더 높은 가격에서는 작아지며, 더 높은 가격에서는 아예 존재하지 않게 된다."

현재의 가격이 미래 수익률에 어떤 영향을 미치는지 생생하게 보여주는 사례로, 과거에 아마존닷컴 주식을 안전마진이 크게 음수였던 시점과 그보다 덜 극단적인 시점에 각각 매수했다면 어떤 일이 벌어졌을지를 살펴보자.

---

* 그레이엄은 안전마진을 주식의 이익수익률(또는 주가수익비율의 역수)에서 투자등급 채권의 이자율을 뺀 값이라고 공식적으로 정의하고 있다. 주식의 PER이 낮을수록 이익수익률은 높아지고, 그만큼 이익수익률이 채권수익률을 초과할 가능성도 커진다. 반대로 금리가 낮아질수록 이익수익률이 채권수익률을 능가하기 위해 필요한 수준은 낮아진다. 하지만 P/E 비율과 금리가 높아질수록 안전마진은 점점 더 줄어들게 된다.

1999년 12월 10일, 아마존 주식이 사상 최고가를 기록했을 때 당신이 그 주식을 매수했다고 상상해보자. 원래는 책을 판매하던 이 야심찬 신생 기업은 사업 영역을 확장하고 있었지만, 당시 하루에도 수백만 달러씩 손실을 내고 있었다. 그럼에도 불구하고 주가는 1998년에만 970% 가까이 올랐고, 1999년에도 이미 99% 상승한 상태였다. 수익이 없었기 때문에 P/E 비율로 이 주식이 얼마나 고평가되었는지를 가늠할 수는 없었다. 하지만 주가는 전년도 매출의 15배 이상에 거래되고 있었으며, 이는 세계 최대 소매업체인 월마트보다 10배 이상 높은 수준이었다. 그레이엄의 말대로 아마존에 대한 '미래에 대한 계산'은 전혀 '보수적으로' 이루어지지 않고 있었던 것이다.

그때 아마존을 매수하면서 이 회사가 역사상 가장 위대한 성장기업 중 하나가 될 것이라고 믿었다면, 그 예측은 결국 옳았다. 하지만 안전마진이 없었

〈그림 20-1〉 길고 긴 10년

출처: 팩트셋

던 탓에 당신은 이후 94%의 손실을 견디며 10년을 기다려야 겨우 소박한 수익을 거둘 수 있었을 것이다.

이번에는 상황을 바꿔서 당신이 아마존 주식을 매수한 시점이 2001년 9월 28일, 즉 인터넷 거품이 붕괴된 뒤 주가가 바닥을 찍었을 때였다고 해보자. 당시 아마존의 손실은 크게 줄어들었고, 직전 4분기 동안의 매출은 1999년 12월에 비해 거의 두 배 가까이 증가한 상태였다. 하지만 주가는 완전히 망가져 있었다. 이제 아마존은 매출 대비 주가 비율[P/S]이 단 0.74배로, 월마트의 절반에도 못 미치는 수준에 거래되고 있었다. 그럼에도 불구하고 아마존은 훨씬 더 빠르게 성장하고 있었다. 이 시점의 아마존은 여전히 안전마진이 완전히 양[+]은 아니었지만, 예전보다 훨씬 덜 부정적인 상태였다.

〈그림 20-2〉 한결 나았던 10년

출처: 팩트셋

이때 투자했다면 이후 10년간 당신의 투자금은 35배 이상으로 불어났을 것이다.

이런 사례들은 가상의 시나리오다. 주가가 정확히 최저점일 때 매수하려면 믿기 어려운 행운이 따라야 한다.

현실적으로 실천하기 위해 알아야 규칙은 다음과 같은 것들이다.

- 주식이 비쌀 때 매수하면 안전마진은 줄어든다.
- 주식이 매우 비쌀 때 매수하면 안전마진은 없다.
- 그리고 주식이 쌀 때 매수하면 안전마진은 커진다.

당신이 얻는 것

이런 식으로 보면 안전마진은 그 자체로 수익의 원천이 된다. 주식이 쌀 때 기업을 매수하면, 양의 안전마진이 수익률을 높여준다. 같은 기업이라도 주가가 비쌀 때 매수하면, 음의 안전마진이 수익률을 떨어뜨린다. 만약 주가가 지나치게 높아 안전마진이 크게 음수가 되면, 그 기업이 이후 몇 년간 성공을 거두더라도 투자자는 손해를 볼 수 있다.

워렌 버핏에 따르면 그레이엄이 말한 "가격은 당신이 지불하는 것이고, 가치는 당신이 얻는 것이다"라는 말은 바로 이런 뜻이다.

어떤 주식에 대한 기대가 클수록, 그리고 그 기대 수익이 실현되기까지 시간이 멀수록, 그만큼 더 넓은 안전마진을 확보해야 한다. 왜냐하면 성장세가 잠시만 둔화되어도 주가는 심각한 타격을 입을 수 있기 때문이다.

생각해보자. 연평균 수익률이 25%인 곳에 100달러를 투자하면, 30년 뒤에는 그 금액이 80,779달러가 된다. 반면 연평균 수익률이 20%인 곳에 같은 금액을 투자하면, 30년 뒤 가치는 '겨우' 23,738달러에 불과하다. 따라서 투자자들은 연 20%보다 연 25%의 성장률을 기대할 수 있는 기업에 훨씬 더 많은 돈을 기꺼이 지불하려 든다—비록 두 경우 모두 놀라울 정도로 뛰어난, 그리고 극히 드문 결과임에도 불구하고 말이다. (그림 20-3 참조)

〈그림 20-3〉 큰 기대치

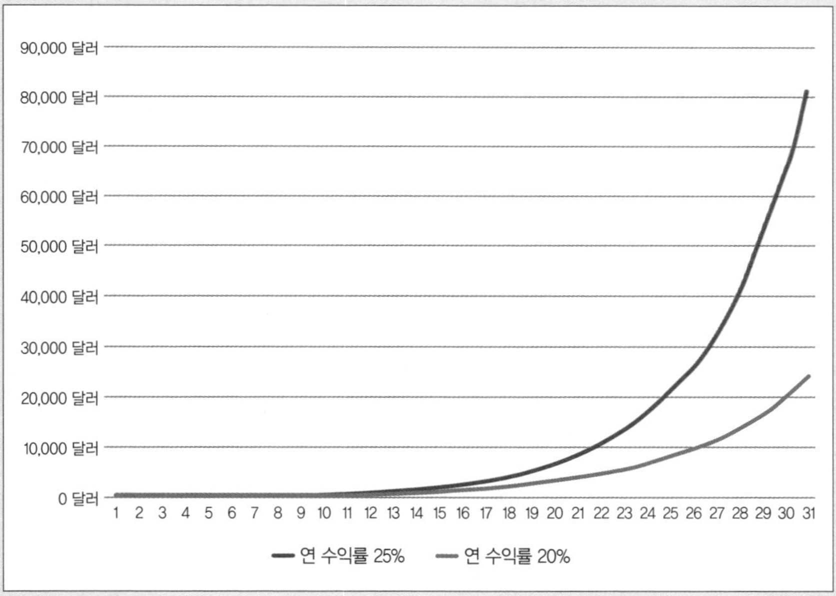

출처: 저자 계산

시간과 공간에 걸쳐 분산하라

오늘날의 투자자들은 그레이엄 시대에는 없던 강력한 무기를 가지고 있다. 쉽고, 저렴하며, 폭넓게 분산 투자를 할 수 있다는 점이다.

시간을 기준으로 분산하려면 다음과 같은 방식이 가능하다.

- 수년 또는 수십 년에 걸쳐 꾸준히 투자하라 — 그러면 어느 한 시점에 과도하게 사고팔아서 생길 수 있는 위험을 줄일 수 있다.*

공간을 기준으로 분산하려면 다음과 같은 방식이 가능하다.

- 수백, 수천 개의 주식을 담은 인덱스펀드에 투자함으로써, 특정 종목이나 종목군에 대한 안전마진의 추정이 틀릴 가능성을 완화할 수 있다.
- 잘 알려진 종목뿐 아니라 낯선 종목들까지 함께 보유함으로써, 기대하지 않았던 곳에서 뜻밖의 높은 수익이라는 선물을 받을 수 있다.
- 전 세계의 주식을 고루 보유함으로써, 자국 주식에 과도하게 집중되는 위험을 줄일 수 있다.

또한 자산의 일부를 현금, 채권, 기타 자산에 분산해두면, 주식만의 부진한 성과가 전체 수익에 악영향을 주는 위험을 줄일 수 있다.

시간이 지나며 개별 결정들이 포트폴리오 전체에서 작은 비중을 차지하게 되면, 분산 투자는 그 자체로 안전마진의 역할을 하게 된다. 설령 실수를 하더라도 치명적이지 않다. 예를 들어 전체 포트폴리오의 5%를 차지하던 투자에서 100% 손실을 입었다 해도, 당신은 여전히 나머지 95%의 자산을 세계 여러 시장에 고루 분산해 보유하고 있는 것이다. 반대로 개별 자산의 상승 가능성은 무한하다. 포트폴리오의 단 5%를 차지하던 주식이나 펀드가

---

* 5장과 5장 논평에서 다룬 평균매입법 dollar-cost averaging에 관한 논의를 참고하라.

1,000% 상승하고 나머지 자산이 제자리걸음을 하더라도, 전체 포트폴리오는 50%의 수익을 올리게 된다.

대개 소수의 종목이 인덱스펀드 전체 가치에서 상당 부분을 차지한다. 예를 들어 인도에서는 릴라이언스 인더스트리와 인포시스, 중국에서는 텐센트와 알리바바가 그렇다. 미국에서도 최근 몇 년간 S&P 500과 같은 주요 지수를 추종하는 펀드들의 수익은 아마존, 애플, 마이크로소프트, 엔비디아 등 몇몇 종목에 의해 거의 대부분 결정되었다. 만약 인덱스의 성과가 거의 소수의 종목에 의존하고 있다면, 그 인덱스가 제공하는 분산 효과는 약화된다.

그러나 인덱스펀드 내의 다른 보유 종목들은 가장 큰 비중을 차지하는 종목들이 하락할 때 어느 정도 반대 방향으로 움직이며 균형을 잡아주는 역할을 할 수 있다. 그리고 미국 시장은 과거에도 몇몇 초대형주에 더욱 집중되어 있었음에도 지속해서 건실한 성장을 이루어왔다.*

분산 투자에 대해 꼭 이해해야 할 가장 중요한 점은 이것이다. 시장 전체가 상승할 때 당신의 모든 자산이 함께 오르고 있다면, 그건 분산이 잘못된 것이다. 그럴 경우 시장이 하락할 때도 모든 자산이 함께 떨어질 것이기 때문이다. 호황기에 모두 상승하는 자산들로만 구성된 포트폴리오는 불황기에는 모두 하락하는 자산들로만 구성된 포트폴리오가 되기 쉽다. 그리고 분산 투자의 목적은 어디까지나 위험을 줄이는 것이다. 따라서 상승장에 하락하는 자산이 하나도 없다면, 하락장에도 상승하는 자산은 없을 것이다.

이 말은 곧 잘 분산된 포트폴리오는 항상 어느 정도는 실망스러울 수밖에 없다는 뜻이다. 다만 그 실망은 서로 다른 시점에 서로 다른 자산에서 발

---

* 제이슨 츠바이크, 「아마존의 시가총액 1위 등극이 말해주는 주식시장의 진실What Amazon's Rise to No. 1 Says About the Stock Market」, bit.ly/3R2v3ea.

생한다. 설령 당신이 과거의 성과를 완벽하게 꿰뚫어보고, 장기적으로 최고의 수익을 낸 자산만 정확히 골라 구성한 가상의 이상적인 포트폴리오에 투자할 수 있었다 해도, 단기적으로는 여러 차례 손실을 겪었을 것이다. 애널리스트이자 투자자인 브라이언 포트노이가 말했듯이 "분산 투자란 늘 사과할 준비가 되어 있어야 한다"는 뜻이다.*

분산 투자는 항상 기분 좋은 결과를 주지는 않는다. 하지만 시간이 지나면 결국 기분 좋은 결과로 이어진다. 이러한 안전마진은 공짜가 아니다. 당신이 치러야 할 대가는 단기적인 심리적 고통, 그리고 당신이 얻게 될 보상은 장기적인 재정적 이익이다.

초예측 Superforecasting

•

현명한 투자자가 되기 위해서는 시장의 변덕으로부터 자신을 보호하는 외부의 안전마진 뿐만 아니라, 자신의 실수로부터 자신을 지키는 내면의 안전마진도 필요하다.

오늘날 투자 세계에서 정보가 자유롭게, 즉각적으로, 무한히 제공된다는 점은 한편으로는 축복이지만, 다른 한편으로는 저주이기도 하다. 축복인 부분은 이제 당신은 세계 최대 투자자들과 정보 접근성 면에서 거의 비슷한 위치에 설 수 있다는 것이다. 하지만 동시에 매우 위험한 일이기도 하다. 왜냐하면 새로운 정보는 당신의 지식보다는 확신을 훨씬 더 키워주기 때문이다. 당신이 이미 믿고 있는 바를 뒷받침하는 사소한 뉴스 하나만으로도 당신은 자

---

* 브라이언 포트노이 Brian Portnoy, bit.ly/4aUtwyz; 닉 마지울리 Nick Maggiulli, 「분산 투자의 단점 The Downsides of Diversification」, bit.ly/47G1gz4; 웨슬리 그레이 Wesley Gray, 「신도 단기적으로는 부진할 수 있다 Even God Would Get Fired as an Active Investor」, bit.ly/3qoTLfz.

신의 생각이 옳다고 더 강하게 확신하게 된다.

자신의 견해를 확인해주는 정보들을 계속 접하다 보면 그와 반대되는 정보들을 굳이 찾아볼 필요성을 느끼지 않게 된다. 하지만 그런 '확증'이 넘쳐날수록 오히려 반대되는 의견도 반드시 많이 존재한다는 사실을 더욱 의식적으로 찾아야 마땅하다.

자신의 판단에 대한 안전마진을 구축하는 가장 좋은 방법은 예상을 단순한 추측이 아니라 공식적인 절차로 전환하는 것이다.

누구나 온라인으로 굿 저지먼트 오픈Good Judgment Open에 참여할 수 있다. 공격적 투자자라면 참여해 볼 만하다. 이 예측 대회는 함께 제공되는 훈련 프로그램을 통해 좋은 의사결정을 방해하는 흔한 오류들을 바로잡도록 돕는다. (무료로 등록하고 훈련 자료를 보려면 GJOpen.com/training으로 접속하라.)

굿 저지먼트 프로젝트의 공동 책임자이자 펜실베이니아 대학교 심리학자 필립 테틀록Philip Tetlock은 이렇게 말한다. "자신의 의견을 지켜야 할 보물이 아니라 검증해야 할 가설로 생각하도록 훈련하는 것입니다."

테틀록은 말한다. "대부분의 사람들은 너무 빨리 결론을 내리고, 너무 느리게 그것을 바꿉니다." 그래서 이 프로젝트는 예측자들이 자신의 생각의 근거를 냉정하게 파헤치도록 설계되어 있다. 왜 그런 생각을 하는지를 무자비할 정도로 정직하게 들여다보도록 요구하는 것이다. 이런 과정을 통해 당신도 테틀록이 말하는 '초예측가superforecaster'가 될 수 있다. 단 필요한 시간과 에너지를 기꺼이 투자할 각오가 있다면 말이다.

먼저 자신이 정보를 얻고 있는 출처들을 점검하라

테틀록이 말하는 '균형 잡힌 인지적 식단'처럼 긍정적인 정보뿐 아니라 회의적이고 부정적인 정보까지도 고루 받아들이고 있는지 확인하라.

그다음 기준 집단reference class**을 설정하라**

어떤 기업(또는 자산)을 독특한 사례로 보지 말고 비슷한 산업에 속한 모든 기업, 같은 전략에 의존하는 기업들, 비슷한 성장 단계에 있는 기업들, 최근 CEO를 교체한 기업들 등 공정한 비교가 가능한 집단 속의 하나로 분류하라.

그 후에는 기준 집단에 대해 기초 확률base rate**을 파악하라**

가능한 한 장기 데이터를 바탕으로 해당 집단의 역사적 평균 경험치를 계산하는 것이다. 일상적인 예를 들어보자. 신혼부부가 이혼할 가능성을 추정하려 할 때, 그들이 얼마나 행복해 보이는지를 보고 판단할 수도 있겠지만, 더 나은 방법은 미국에서 결혼 후 10년 이내 이혼율이 약 40%라는 기초 확률을 바탕으로 시작하는 것이다. 그 후 이 부부에 대해 알고 있는 개별적인 정보를 반영하여 해당 확률을 위나 아래로 조정하는 것이다.

마찬가지로 신규 공모주에 투자할지를 고민할 때, 단순히 그 회사의 과거 성장률을 무기한 미래까지 직선적으로 추정해서는 안 된다. 그보다는 먼저 모든 공모주의 평균 수익률을 파악해야 한다. 해당 수치는 링크 bit.ly/417ESfh에서 쉽게 확인할 수 있다. 장기적으로 볼 때 공모주의 평균 수익률은 전체 주식시장 수익률보다 적어도 1.5%포인트 낮다. 그런 다음 이 개별 기업의 특성을 고려하여 그 평균 수익률에서 위쪽 또는 아래쪽으로 조정하는 방식으로 판단해야 한다.

체크리스트를 활용하라(11장 논평 참조)

자신의 예측이 일관된 기준에 따라 이루어지고 있는지를 점검하라. 예측은 구체적이고 확률적으로 표현하라. 예를 들어 "향후 5년 안에 이 회사의 이익이 두 배가 될 가능성이 80%라고 본다"는 식이다. 그리고 그 판단의 근거도 함께 기록하라. 그 성장은 신제품에서 나오는가? 해외 매출인가? 가격 인상인가? 혹은 다른 요인인가? 이렇게 해두면 나중에 단지 예측이 맞았는지를 넘어서, 왜 맞았는지 또는 왜 틀렸는지를 정확히 검토할 수 있다.

그다음 반대로 생각해보라

자신의 예측이 틀렸음을 증명하려면 어떤 정보가 필요할까? 그 정보를 직접 찾아서 충분히 받아들이고, 그 내용이 예측을 바꿀 만큼 타당한지를 냉정하게 평가하라.

그리고 자신의 관점을 업데이트하고 수정하라. 시간이 지남에 따라 새로운 정보가 생기기 마련이며, 이에 대해 적절한 대응을 하는 것이다. 당신은 장기적인 미래에 집중하고 있으므로, 모든 예측은 어디까지나 대략적인 추정에 불과하다. 따라서 예측 역시 언제나 유연하게 유지되어야 한다.

예측은 하나의 사건이 아니라 하나의 과정이다. 테틀록의 표현을 빌리자면 예측이란 시도하고, 실패하고, 분석하고, 조정하고, 다시 시도하는 것으로 이루어진 지속적인 순환 과정이다. 아마존닷컴의 창업자 제프 베이조스도 이렇게 말했다. "자주 옳은 사람들은 자주 생각을 바꾸는 사람들이다."*

위대한 투자자 찰리 멍거가 말한 "길게, 짧게, 명중"이라는 원칙을 따르라. 멍거는 포병 훈련 이야기를 자주 예로 들었다. 군사 훈련에서 신병들은 목표

* bit.ly/4bol7mx.

를 조준할 때 처음에는 길게 쏘고, 다음엔 짧게 쏘고, 그리고 나서야 정확히 맞춘다고 했다. 멍거는 기업의 가치를 추정할 때도 마찬가지 방식을 따랐다. 일부러 크게 추정해보고, 작게도 추정해본 뒤, 마지막으로 정확한 값을 맞히려는 접근을 취한 것이다. 새로운 정보에 마음을 여는 것, 그것이야말로 목표를 달성하는 데 꼭 필요한 요소다.

이러한 초예측 기법들을 반복적으로 연습해 습관처럼 만드는 것이 바로 자기 사고방식을 재구성하는 방법이라고 테틀록은 주장한다. 충분한 훈련과 반복을 통해 직관적이고 감정적인 반응을 억제하고, 신중하고 이성적인 판단으로 대체하는 일이 자연스럽게 느껴지게 될 것이다.*

언제 팔 것인가

안전마진을 확보하는 궁극적인 방법은 매도하는 것이다. 당신의 판단이 틀렸다면 매도를 통해 전부를 잃는 상황을 피할 수 있다. 하지만 매도라는 선택은 자기 자신에게 감사하는 일과 후회하는 일 사이의 아슬아슬한 경계 위에 서 있다. 당신이 매도한 주식이나 자산이 제로가 된다면 그건 정말 기막히게 타이밍이 좋았던 것이고, 반대로 그것이 이후로 계속 오르게 된다면 당신은 막대한 수익 기회를 놓친 셈이 된다.

다음은 매도가 타당한 판단인지를 가늠할 수 있는 몇 가지 기준이다.

---

* 필립 E. 테틀록, 댄 가드너, 『초예측, 그들은 어떻게 미래를 보았는가Superforecasting: The Art and Science of Prediction』(Crown, 2015); 제이슨 츠바이크, 「더 나은 예측을 만드는 비결The Trick to Making Better Forecasts」, bit.ly/3GrKgAv; 「금융의 미래를 예측하는 다섯 가지 방법Five Ways to See the Financial Future」, bit.ly/3uKtrhK.

재검토

주식, 펀드, 기타 자산이 매수가에서 일정 수준 이상 하락하면, 당초 매수한 이유를 자동적으로 다시 검토하라. 대부분의 증권사는 이런 가격 알림을 사전에 설정할 수 있게 해준다. 예를 들어 25%, 33%, 50% 하락과 같은 의미 있는 구간을 기준으로 설정해 두면 막연한 감정적 매도 전에 반드시 생각하고 판단하게 된다.

재평가

당초 더 비싼 가격에 그 자산을 좋게 평가했다면, 지금처럼 가격이 떨어졌을 때는 더 좋아 보여야 마땅하다. 모든 조건이 같다면 낮은 가격은 더 넓은 안전마진을 뜻한다. 단 기업의 가치 자체가 떨어졌다면 얘기는 다르다. 이 경우에는 시장 분위기나 주가 변동이 아니라, 기업의 본질적인 사업 내용에 기반한 별도의 재평가가 필요하다. 스스로에게 이렇게 물어보라: 이 기업의 펀더멘털에서 주가 하락을 정당화할 만한 변화가 있었는가? 시장 의견이 아니라 사실에 근거해 판단해야 한다. 사실이 바뀌었다면 매도하는 것이 맞다.

가격 가정

당초 자신이 얼마에 매수했는지를 확인한 뒤, 그 가격을 10분의 1로 나눠 보라. 그리고 이렇게 자문해보라: 내가 만약 그 가격에 샀다면, 지금 이 주식을 계속 보유했을까? 그 대답이 "아니오"라면 지금 당장 팔아야 한다.

성찰

자신과 다른 의견을 가진 사람들에게 분노가 치밀고 있다면, 그건 당신의 투자 논리가 잘못됐을 가능성을 보여주는 신호다. 깊이 있는 이해는 조용한 확신에서 비롯되며, 예민하거나 방어적으로 반응하지 않는다. 비판적인 의견을 조롱하거나 공격하는 자신을 발견했다면, '왜 화가 나는가?', '그들이 틀려서가 아니라, 내가 틀렸기 때문은 아닌가?' 스스로에게 물어보고 분석을 처음부터 다시 해보라.

재구성

손실을 보고 매도하는 일은 어렵다. 그것은 곧 자신의 실수를 인정하는 일이기 때문이다. 하지만 그 상황을 기회로 재구성해 보라. 미국의 경우 매도 손실은 매년 최대 3,000달러까지 소득에서 공제할 수 있다. 또한 매도를 통해 포트폴리오를 더 나은 방향으로 재구성할 수도 있다. 예를 들어 특정 주식에 대한 당신의 분석이 틀렸다고 판단되면 그 주식을 매도하고, 그 자금을 전체 시장을 추종하는 인덱스펀드에 재투자하라. 그렇게 하면 당신의 자산은 전체 시장에 더 고르게 분산되고, 그만큼 당신의 안전마진도 점진적으로 넓어지게 된다.

마침내 안전이다

스스로를 투자자라고 부르는 사람들 중에는 실제로는 순수한 투기꾼이거나, 아니면 진심으로 현명하게 투자하려 애쓰는 사람도 있다. 하지만 이들 대부분은 안전마진이라는 개념을 고려하지 않는다. 현명한 투자자만이 늘 안전마진을 고려한다. 왜냐하면 투자에서 성공이란 단지 돈을 버는 데에만 달린 것이 아니기 때문이다. 그 성공은 손실을 피하는 것에도 똑같이 달려 있다. 안전마진을 확보해두면 좋은 판단이 당신의 포트폴리오를 성장시키고, 나쁜 판단이 그 포트폴리오를 파괴하지 않게 된다.

파스칼의 내기

프랑스의 수학자이자 신학자인 블레즈 파스칼(1623~1662)은 신의 존재를 논리만으로 입증하거나 반박하는 것은 불가능하다고 주장했다. 그렇다면 우리는 신을 믿을지 말지를 어떻게 결정해야 할까?

파스칼은 이 문제를 내기로 바꾸어 생각했다. 즉 도박꾼이 무엇을 걸고, 무엇을 얻거나 잃는지를 따져보자는 것이다. 그는 이렇게 썼다. "신이 존재한다고 걸었을 때의 이익과 손해를 따져보자. … 신이 실제로 존재한다면 당신은 모든 것을 얻는다. 존재하지 않는다면 당신은 아무것도 잃지 않는다."

2003년, 투자 작가 피터 L. 번스타인은 파스칼의 내기를 이렇게 설명했다:

> "당신이 신의 존재를 믿고, 절제와 덕을 실천하며 살아간다고 하자. 그런데 실제로 신이 없다면? 삶의 몇 가지 즐거움을 포기하긴 했겠지만, 그 대신 내면의 평온과 보람 같은 보상도 있었을 것이다. 반대로 당신이 신이 존재하지 않는다고 믿고, 쾌락과 이기심, 탐욕에 빠져 살아간다고 하자. 그런데 실제로 신이 있다면? 살아 있는 동안은 즐거웠을지 모르지만, 심판의 날이 오면 큰일이 날 것이다."

결정을 내릴 때 파스칼의 내기라는 틀로 생각해보면, 당신은 단지 옳았을 때 얼마나 벌 수 있는가에만 집중하는 것이 아니라, 틀렸을 때 얼마나 잃게 되는가에도 주의를 기울이게 된다.

투자에서 결과의 크기(손익의 영향력)는 확률만큼이나 중요하다. 수익은 견뎌낼 수 있지만 손실은 견디지 못할 수도 있다.

그래서 모든 투자 결정에 안전마진을 구축하는 것이야말로, 당신이 틀렸을 경우 그 결과로부터 자신을 지킬 수 있는 최고의 보험이다.

이 책에서 소개한 원칙, 정책, 절차들을 성실히 따르다 보면, 안전마진은 자연스럽고 필연적으로 따라오게 된다. 그리고 안전마진을 유지하고 있다는 사실 자체가 당신이 한 걸음 한 걸음 현명한 투자자가 되기 위한 기반을 착실히 다지고 있다는 증거가 된다.

앞으로의 투자 인생 동안, 그레이엄을 길잡이로 삼는다면 설령 미스터 마켓이라 할지라도 당신이 쌓아 올린 그 성채를 무너뜨릴 수는 없을 것이다.

후기

나는 오랜 기간 동안 월스트리트에서 자신과 타인의 자금을 운용하며 살아온 두 파트너를 잘 알고 있다. 그들은 혹독한 경험을 통해 전 세계의 모든 돈을 다 가지려고 덤비는 것보다는 안전하고 신중하게 행동하는 것이 더 낫다는 교훈을 얻었다. 이들은 건전한 가치를 바탕으로 좋은 수익 가능성을 결합한 독창적인 투자 방식을 확립하였다. 이들은 과대평가된 것으로 보이는 자산은 피했으며, 보유한 자산의 가격이 올라 더 이상 매력적이지 않다고 판단되는 수준까지 상승하면 과감히 처분하곤 했다.

그들의 포트폴리오는 항상 100개 이상의 다양한 자산으로 잘 분산되어 있었다. 이러한 방식으로 이들은 시장의 수많은 상승과 하락 속에서도 상당히 우수한 성과를 거두었으며, 그들이 운용한 몇 백만 달러 규모의 자본에서 연평균 약 20%의 수익률을 달성하였다. 그들의 고객들 또한 이러한 성과에 대해 크게 만족하였다.

이 책의 초판이 출간된 해에, 두 파트너의 펀드는 한참 성장 중인 어느 기업의 지분 절반을 매입하라는 제안을 받았다. 당시 이 기업은 어떤 이유에서인지 월스트리트에서 주목받지 못했고, 이미 여러 주요 기관이 이 제안을 거절한 상태였다. 그러나 두 파트너는 해당 기업의 가능성에 깊은 인상을 받았다. 당시의 이익과 자산가치를 고려할 때 매입 가격이 적절하다는 점이 결정적이었다. 그들은 이 인수를 추진하였으며, 매입 규모는 펀드 자산의 약 5분의 1에 해당하는 금액이었다. 두 파트너는 이 새로운 사업에 깊이 관여하게 되었으며, 이 기업은 성공적으로 성장하였다.

이후 이 기업은 매우 성공을 거두어 주가가 지분을 매입할 당시 지불했던 가격의 200배 이상으로 상승하였다. 이 주가 상승은 실제 이익성장률을 훨씬 초과한 것이었으며, 거래 초기부터 파트너들의 투자 기준으로는 주가가 지나치게 높아 보였다. 그러나 이들은 해당 기업을 일종의 '가업'으로 간주하여, 주가가 급등했음에도 불구하고 지분을 계속 보유하였다. 펀드에 참여한 많은 투자자들 역시 이와 같은 태도를 유지하였고, 이 기업과 이후 설립된 계열사를 통해 백만장자가 되었다.

아이러니하게도 이 단일 투자 결정에서 발생한 총수익은 두 파트너가 20년에 걸쳐 그들의 전문 분야에서 광범위한 활동을 통해 얻은 모든 수익의 합계를 훨씬 초과하였다. 이러한 활동은 방대한 조사, 끊임없는 고민 그리고 수많은 개별적인 결정을 포함하고 있었다.

이 이야기를 하는 이유는 현명한 투자자에게 교훈을 주고 싶기 때문이다. 첫번째 교훈은 월스트리트에서 돈을 벌고 지키는 방법은 여러 가지가 있다는 것이다. 또 다른 교훈은 판단 하나가 평생의 노력보다 더 큰 결과를 가져올지도 모른다는 점이다. 그 판단은 단지 운이 좋아서 일 수도 있고 탁월한 통찰력일 수도 있지만 어차피 구별할 수는 없을 것이다.* 하지만 그보다 먼저 준비하고 역량을 함양해야 한다. 기회들이 찾아오게 하려는 사람은 충분히 자리잡고 인정받아야 한다. 또한 그 기회를 활용할 수 있는 자금, 판단력, 그리고 용기가 필요하다.

물론 오랜 기간 신중하고 경계하는 현명한 투자자가 된다고 해서 모두가 같은 수준의 화려한 경험을 하기는 어려울 것이다. 도입부에서 냉소적으로 인용했던 존 라스콥의 슬로건 '모두가 부자가 될 수 있다'는 말로 결론을 내리고 싶지는 않다. 그러나 금융 시장은 흥미로운 가능성으로 가득 차 있고, 현명하고 공격적인 투자자는 이 다채로운 무대에서 즐거움과 수익을 모두 찾을 수 있을 것이다. 전율만큼은 보장한다.

---

* 솔직히 말하자면 이 거래는 거의 무산될 뻔했다. 파트너들이 인수가액을 자산가치 100% 이하로 한정하고 싶어했기 때문이다. 결국 약 5만 달러에 불과한 회계 항목 하나로 향후 3억 달러 이상의 수익이 좌우되었다. 우리의 주장이 관철된 것은 우연한 행운 덕분이었다.

후기 논평

— 제이슨 츠바이크

인간의 행복은 가끔 만나게 되는 큰 행운보다는,
매일매일 일어나는 소소한 기쁨에서 비롯된다.

— 벤저민 프랭클린*

결국 이 책의 조언은 단순히 어떤 종류의 투자자가 되고 싶은가에 그치지 않는다.

그것은 곧 어떤 사람이 되고 싶은가에 대한 질문이기도 하다.

당신은 투자를 진지한 여정으로 삼고 싶은가, 아니면 오락거리로 삼고 싶은가?

낮은 수수료, 즉각적인 매매, 무한한 정보 접근… 이런 것들을 항상 활용

* 벤저민 프랭클린 Benjamin Franklin, 『벤저민 프랭클린 자서전 The Autobiography of Benjamin Franklin』(예일대학교출판부, 1964), p207.

해야만 하는 의무로 여길 것인가, 아니면 정말 필요할 때만 사용하는 선택지로 여길 것인가?

매번 직감이나 기분에 따라 움직이고 싶은가, 아니면 시간이 지날수록 실력을 쌓게 되는 원칙, 절차, 규칙을 따르고 싶은가?

스스로에 대해 눈 감은 채 착각 속에 살고 싶은가, 아니면 투자를 통해 자신의 강점과 약점을 더 솔직하게 마주하고 싶은가?

남은 생을 광기 어린 매매로 소진하고 싶은가, 아니면 투자를 내면의 평온을 얻는 수단으로 삼고 싶은가?

당신의 판단과 감정을 수백만 낯선 사람들에게 휘둘리게 둘 것인가? 미스터 마켓이 당신에게 무슨 생각을 하라고 지시하게 둘 것인가? 아니면 스스로 생각하는 사람이 되고 싶은가?

이 선택은 당신의 몫이며, 다른 누구도 대신해줄 수 없다. 그리고 그레이엄과 내가 당신이 걷기를 바라는 길이 무엇인지 이제는 분명 알 것이다.

1. 그레이엄-도드 마을의 투자고수들*

워렌 버핏 Warren E. Buffett

그레이엄과 도드가 말하는 '가격보다 가치가 높아 확실한 안전마진을 가진 종목'을 찾는 증권분석 접근법은 이제 시대에 뒤떨어진 것일까요? 오늘날 관련 서적을 집필하는 많은 학자들은 그렇다고 말합니다. 그들은 주식시장이 효율적이라고 주장하는데, 이는 주가가 기업의 전망과 경제 상태에 대한 모든 알려진 정보를 반영한다는 뜻입니다. 이 이론가들은 영리한 증권분석가들이

* 편집자 주: 이 글은 1984년 컬럼비아 대학교에서 열린 벤저민 그레이엄과 데이비드 L. 도드의 저서 『증권분석』 출간 50주년 기념 강연을 편집한 내용이다. 이 전문서적은 이후 『현명한 투자자』에서 대중화된 아이디어들을 처음으로 소개하였다. 버핏은 강연에서 그레이엄의 제자들이 어떻게 가치투자 접근법을 활용하여 주식시장에서 엄청난 성공을 거두었는지에 대하여 흥미로운 내용으로 설명하였다.

모든 가용 정보를 활용하면 항상 적정한 가격이 유지되기 때문에 저평가된 주식은 존재하지 않는다고 주장합니다. 매년 시장을 이기는 투자자들은 그저 운이 좋았을 뿐이라고 말이죠. 어떤 대학 교재에는 '만약 가격이 가용 정보를 완전히 반영한다면, 시장을 이기는 투자 능력은 배제될 수밖에 없다'고 적혀 있습니다.

글쎄요. 그럴 수도 있습니다. 하지만 저는 매년 S&P 500 주가지수를 능가해 온 투자자 그룹을 여러분께 소개하고자 합니다. 그들이 순전히 운으로 이런 성과를 거두었다는 가설은 최소한 검토해볼 만한 가치가 있습니다. 이 분석에서 중요한 점은 이 승자들이 모두 제가 잘 아는 사람들이며, 이미 15년 이상 전에 우수한 투자자로 사전 선정되었다는 사실입니다. 만약 제가 단순히 수천 개의 기록을 뒤져 오늘 아침 몇몇 이름을 골라낸 것이라면, 여러분은 더 이상 제 얘기를 들을 필요가 없을 것입니다. 덧붙이자면 이들의 투자 성과는 모두 감사를 받고 작성된 기록이며, 또한 저는 이들과 함께 투자한 많은 사람들을 알고 있습니다. 그리고 그들이 오랜 세월 동안 받은 수표의 금액이 기록된 실적과 일치한다는 점도 말씀드리고 싶습니다.

이 분석을 시작하기 전에 여러분들은 전국 단위의 동전 던지기 대회를 상상해 보시기 바랍니다. 가령 내일 아침 2억 2천5백만 명의 미국인을 모아 모두 1달러씩 걸도록 한다고 가정해 봅시다. 그들은 아침 일출과 함께 동전을 던지고 앞면이나 뒷면을 맞힙니다. 맞힌 사람은 틀린 사람으로부터 1달러를 받습니다. 매일 틀린 사람들은 탈락하고, 다음 날에는 이전까지 번 돈을 모두 다시 걸게 됩니다. 이렇게 10일 동안 매일 동전을 던진다면, 약 22만 명의 사람들이 10번 연속으로 정답을 맞히게 될 것입니다. 이들은 각자 약 1,000달러를 벌게 됩니다.

이제 이 그룹의 사람들은 아마도 약간 우쭐해질 것입니다. 인간의 본성이란 그런 법이니까요. 그들은 겸손한 척하려고 노력할 수도 있지만, 칵테일 파티에서 매력적인 이성에게 자신만의 특별한 기술과 동전 던지기 분야에서 발휘한 놀라운 통찰력을 은근히 자랑할지도 모릅니다.

대회가 계속된다고 가정하면, 또다시 10일이 지나면 215명의 참가자가 20번 연속으로 동전 던지기를 맞히게 될 것입니다. 그리고 이들은 각자 1달러로 100만 달러를 넘게 벌게 됩니다. 총 2억 2천5백만 달러가 잃는 쪽에서 빠져나갔고 동일한 금액이 이기는 쪽으로 옮겨간 것입니다.

그쯤 되면, 이 그룹의 사람들은 정말로 자만에 빠질 것입니다. 아마도 『나는 이렇게 아침마다 30초씩 투자해 20일 만에 1달러로 100만 달러를 벌었다』 같은 책을 출간하겠죠. 그들은 전국을 돌아다니며 '효율적인 동전 던지기 세미나'에 참석하고, 회의적인 교수들에게 "이게 불가능하다면 우리 215명은 어떻게 여기 있는 거죠?"라고 따지는 황당한 일이 벌어질 수도 있습니다.

그러면 어떤 똑똑한 경영대 교수가 나서서 이렇게 지적할 것입니다. 만약 2억 2천5백만 마리의 오랑우탄을 데리고 같은 실험을 하더라도 결과는 거의 똑같았을 것이며, 20번 연속으로 동전을 맞히고서 거만을 떠는 215마리의 오랑우탄이 나올 것이라는 점 말입니다.

그러나 제가 제시하려는 사례들에는 몇 가지 중요한 차이점이 있다고 주장하고 싶습니다. 예를 들어 (a) 2억 2천5백만 마리의 오랑우탄이 미국 인구 분포와 비슷하게 흩어져 있다고 가정해 봅시다. (b) 20일 후에도 215마리의 승자가 남아 있으며, (c) 그중 40마리가 오마하의 특정한 동물원에서 나왔다면, 이는 분명히 무언가 의미 있는 단서를 제공하는 것 아니겠습니까? 아마도 우리는 그 동물원의 사육사를 찾아가 그 오랑우탄들에게 어떤 먹이를 주는지, 특별한 운동을 시키는지, 어떤 책을 읽게 하는지 등을 물어보겠죠. 즉 특정한 장소에서 비정상적으로 높은 성공률이 발견된다면, 우리는 이를 설명할 만한 특별한 특성이 있는지 조사해 봐야 한다는 것입니다.

과학적 탐구는 본질적으로 이러한 패턴을 따릅니다. 예를 들어 미국에서 매년 1,500건의 희귀 암 사례가 발생한다고 가정해 봅시다. 그런데 그중 400건이 몬태나의 작은 광산 마을에서 나왔다면, 우리는 즉시 그 지역의 수질, 해당 환자들의 직업, 또는 기타 환경적 요인에 관심을 가지게 될 것입니다. 이것이 단순한 우연이 아니라는 것은 명확합니다. 비록 정확한 원인을 즉시 알 수는 없더라도, 어디서부터 역학조사를 해야 할지는 분명히 알 수 있습니다.

우리는 어떤 원인이 지역적 요인만 있는 것이 아니라는 것을 잘 알고 있습니다. 지역적 요인도 있겠지만, '지적(知的) 요인'도 있을 수 있습니다. 투자 세계를 살펴보면 성공적인 동전 던지기 선수 중 상당수가 '그레이엄-도드 마을'이라는 아주 작은 지적 공동체에서 나왔음을 발견할 것입니다. 단순한 우연으로는 설명할 수 없는 승자들의 집중적인 분포를 따라가 보면, 그 기원이 바로 이 특정한 마을로 연결된다는 것을 알 수 있습니다.

일부 상황에서는 이러한 집중 현상이 별다른 의미를 가지지 못할 수도 있습니다. 예를 들어 100명의 사람들이 어떤 권위자가 동전 던지기를 할 때마다 그의 선택을 무작정 따라 한다고 가정해 봅시다. 그가 앞면을 외치면, 100명의 추종자들도 똑같이 앞면을 선택하는 것입니다. 만약 그 리더가 최종적으로 남은 215명 중 한 명이라면, 그와 함께 남은 100명이 같은 지적 공동체에서 나왔다고 해서 큰 의미가 있는 것은 아닙니다. 이는 결국 하나의 사례가 100개의 사례로 잘못 해석된 것에 불과하기 때문입니다. 비슷한 논리로 만약 미국이 강한 가부장적 문화를 가진 사회라고 가정해 봅시다. 그리고 편의상 모든 가족이 각각 10명으로 구성되어 있다고 해봅시다. 또한 이 사회의 문화가 너무 강해서 첫날 2억 2천5백만 명이 동전을 던질 때, 가족 구성원 모두가 가장의 선택을 그대로 따른다고 가정하면 어떻게 될까요? 이제 20일 후, 최종적으로 살아남은 215명이 있을 것입니다. 그런데 그들이 단 21.5개 가족에서 나왔다는 사실을 발견할 것입니다. 일부 단순한 분석가는 이를 두고 "성공적인 동전 던지기의 유전적 요인이 매우 크다!"고 주장할지도 모르겠습니다. 그러나 실제로는 215명의 개별 승자가 존재하는 것이 아니라, 단지 21.5개의 무작위로 선택된 가족이 승리한 것일 뿐입니다. 따라서 이는 의미 있는 분석이 아니라 착시현상에 불과합니다.

제가 다루고자 하는 이 성공적인 투자자 그룹에는 공통된 지적(知的) 스승이 존재합니다. 바로 벤저민 그레이엄입니다. 그러나 이 지적 스승의 집을 떠난 제자들은 동전 던지기를 각기 다른 방식으로 수행했습니다. 그들은 서로 다른 시장으로 가서, 서로 다른 주식과 회사를 사고 팔았습니다. 그럼에도 불구하고, 이들이 보여준 투자 성과는 단순한 우연으로는 설명할 수 없는 수준이었습니다. 이는 단순히 어떤 권위자가 '앞면을 선택하라'고 신호를 보내고, 추종자들이 이를 그대로 따른 결과가 아닙니다. 그레이엄은 단지 동전 던지기(즉 투자 결정)를 하는 지적 이론을 제시했을 뿐이며, 그의 제자들은 각자 자신만의 방식으로 이 이론을 적용해 나간 것입니다.

그레이엄-도드 마을 투자자들의 공통된 지적 원칙은 다음과 같습니다. 그들은 기업의 내재가치와 시장에서 거래되는 해당 기업의 작은 조각(주식) 가격 간의 괴리를 찾는다는 점입니다. 본질적으로 그들은 이러한 괴리를 활용하여 수익을 창출합니다. 이 과정에서 이들은 효율적 시장 이론가들이 고민하는 "이 주식을 월요일에 사야 할까, 목요일에 사야 할까?", "1월에 사야 할까, 7월에 사야 할까?" 같은 문제에 신경 쓰지 않습니다. 흥미로운 점은 실제로 기업을 인수하는 사업가들, 즉 우리 그레이엄-도드 투자자들이 주식을 매수하는 방식과 동일한 행위를 하는 사람들도, 기업을 매수할 때 무슨 요일에 살지, 어느 달에 살지 고민하지 않습니다. 회사의 전체를 월요일에 사든 금요일에 사든 차이가 없다면, 왜 학자들은 같은 기업의 일부(주식)를 살 때 이런 요인에 집착하는 것일까요? 저는 그것이 이해되지 않습니다. 그레이엄-도드 투자자들은 말할 것도 없이 베타Beta, 자본자산 가격결정모형CAPM, 증권 간 수익률 공분산 같은 개념을 논의하지 않습니다. 솔직히 말하자면 이들 중 대부분은 그러한 용어를 정확히 정의하는 것조차 어려워할 것입니다. 이들에게 중요한 것은 단 두 가지입니다. 바로 '가격'과 '가치'입니다.

가격과 거래량의 움직임—즉 차티스트(기술적 분석가)들이 다루는 것—을 분석하는 데 그렇게 많은 연구들이 집중되는 것은 항상 놀랍습니다. 만약 어떤 사업체의 가격이 지난주와 그 전주에 크게 올랐다는 이유만으로 여러분이 그 사업 전체를 매입한다고 가정해 보십시오. 그게 말이 될까요? 물론 컴퓨터 시대가 도래하면서 가격과 거래량 데이터가 무한히 제공되고 있고, 따라서 이와 관련된 연구도 넘쳐나도록 많이 이루어지고 있습니다. 많은 연구가 이루어진다고 해서 이런 연구들이 반드시 유용하다는 의미는 아닙니다. 단지 데이터가 존재하기 때문에 연구하는 것뿐입니다. 게다가 학자들은 이러한 데이터를 다루기 위해 복잡한 수학적 기법을 배우는 데 엄청난 노력을 기울였습니다. 그리고 한번 이러한 기술을 익히고 나면, 설령 그 연구가 아무런 실용적 가치가 없거나 심지어 부정적인 영향을 미친다 하더라도, 이를 사용하지 않는 것이 마치 죄악처럼 느껴질 것입니다. 내 친구가 말했던 유명한 표현이 떠오릅니다. "망치를 들고 있는 사람에게는 모든 것이 못처럼 보인다."

나는 우리가 공통된 지적 기반을 공유하는 투자자 그룹을 연구할 가치가 충분히 있다고 생각합니다. 흥미로운 점은 가격, 거래량, 계절성, 시가총액 크기 등의 변수가 주가에 미치는 영향을 분석하는 수많은 학술 연구가 존재하지만, 이러한 가치중심 투자자들이 이처럼 집중적으로 성공을 거둔 방법을 연구하려는 관심은 거의 보이지 않는다는 사실입니다.

나는 이 연구를 시작하며, 1954년부터 1956년까지 그레이엄-뉴먼에서 함께 일했던 네 명의 이야기를 들려드리려고 합니다. 우리는 단 네 명뿐이었으니 수천 명 중에서 성과가 좋은 몇 명만 임의로 선택한 것이 아닙니다. 나는 벤저민 그레이엄의 강의를 수강한 후, 무급으로라도 그레이엄-뉴먼에서 일하고 싶다고 제안했습니다. 그러나 그는 나를 "과대평가되었다 overvalued"며 거절했습니다. 매사에 그는 가치투자 원칙을 매우 진지하게 적용했던 것입니다! 나는 계속해서 그를 졸랐고, 마침내 그는 나를 고용했습니다. 당시 이 회사에는 세 명의 파트너와 나를 포함한 네 명의 말단직원이 있었습니다. 그리고 결국 우리 네 명 모두 1955년에서 1957년 사이에 회사를 떠나게 되었습니다. 이들 중 세 명은 투자 성과 기록이 남아 있습니다.

첫번째 사례는 월터 슐로스 Walter Schloss 입니다. (자세한 내용은 653페이지 표 1 참고) 월터는 대학에 가지 않았지만, 뉴욕금융연구소 New York Institute of Finance 에서 밤마다 벤저민 그레이엄의 강의를 들었습니다. 그는 1955년 그레이엄-뉴먼을 떠났으며, 이후 28년 동안 뛰어난 투자 실적을 기록했습니다.

여기 아담 스미스 Adam Smith[19]가 1972년 저서 『슈퍼머니 Supermoney』에서 내가 월터 슐로스에 대해 이야기한 후 그를 어떻게 묘사했는지 소개하겠습니다.

> 그는 어떠한 인맥도 없으며, 어떤 유용한 정보를 알려줄 사람도 없다. 월스트리트에서 그를 아는 사람은 거의 없으며, 그에게 투자 아이디어를 제공하는 사람도 없다. 그가 하는 일은 오직 기업분석편람에서 숫자를 찾아보고, 기업에 연례 보고서를 요청하는 것뿐이다.
>
> 사실 워렌 버핏이 나에게 월터 슐로스를 소개했을 때, 나는 그가 자신을 묘사하는 것처럼 느껴졌다. "그는 다른 사람의 돈을 관리하고 있다는 사실을 결코 잊지 않아요. 그렇기 때문에 그는 본능적으로 손실을 극도로 싫어합니

다.” 그는 매우 정직하고, 스스로에 대해 현실적인 인식을 하고 있다. 그에게 돈은 현실이며, 주식도 현실이다. 그리고 바로 이 점에서 그는 '안전마진' 원칙에 강하게 끌리는 것이다.

월터 슐로스는 매우 폭넓게 분산 투자를 했으며, 현재 100종목 이상을 포트폴리오에 담고 있습니다. 그는 기업의 공동 소유주의 관점에서 가치보다 훨씬 낮은 가격에 거래되는 증권을 찾아내는 방법을 알고 있습니다. 그리고 그가 하는 일은 오직 그것뿐입니다. 그는 1월인지, 월요일인지, 선거가 있는 해인지 전혀 신경 쓰지 않습니다. 그저 이렇게 생각할 뿐입니다. '이 사업이 1달러의 가치가 있는데, 내가 40센트에 살 수 있다면? 그렇다면 뭔가 좋은 일이 생기겠지.' 그리고 그는 이 원칙을 반복하고 또 반복합니다. 그가 보유한 종목 수는 나보다 훨씬 많습니다. 하지만 그는 기업의 내재적 특성에는 별다른 관심이 없습니다. 월터는 다른 사람의 영향을 거의 받지 않습니다. 심지어 나도 그에게 거의 영향을 미칠 수 없습니다. 그것이 그의 강점 중 하나입니다. 어느 누구도 그에게 큰 영향을 미치지 못합니다.

두번째 사례는 톰 냅Tom Knapp입니다. 그는 나와 함께 그레이엄-뉴먼에서 일했던 동료였습니다. 톰은 전쟁 이전에 프린스턴 대학에서 화학을 전공했습니다. 그러나 전쟁이 끝난 후, 그저 해변에서 백수처럼 지냈습니다. 그러던 어느 날, 그는 데이비드 도드가 컬럼비아 대학에서 야간 투자 강의를 연다는 소식을 접했습니다. 톰은 이 강의를 무작정 청강했는데, 이 과정에서 투자에 대한 흥미가 급격히 커졌습니다. 결국 그는 컬럼비아 경영대학원에 정식 입학하여 MBA 학위를 취득했습니다. 그 후 그는 도드의 강의를 다시 한번 듣고, 벤저민 그레이엄의 강의도 수강했습니다. 35년이 지나, 나는 물어볼 것이 있어서 톰에게 전화를 걸었습니다. 놀랍게도 그는 여전히 해변에 있었습니다. 다만 이번에는 해변의 백수가 아니라 해변의 소유주가 되어 있었습니다!

1968년, 톰 냅과 또 다른 그레이엄의 제자 에드 앤더슨은 비슷한 투자 철학을 가진 동료 한두 명과 함께 트위디, 브라운 파트너스Tweedy, Browne Partners를 설립했습니다. 그들의 투자 실적은 표 2에서 확인할 수 있습니다. 트위디, 브라운은 매우 폭넓은 분산 투자 전략을 통해 성과를 쌓았습니다. 그들은 때때로 기업의 경영권을 인수하기도 했지만, 단순한 주식 투자(방어적 투자)의 실적이 경영권을 인수한 투자 실적과 동일한 수준을 기록했습니다.

표 3에서는 이 집단의 세번째 인물을 다룹니다. 그는 1957년 버핏 파트너십Buffett Partnership을 설립한 인물입니다. 그가 한 가장 훌륭한 결정은 1969년에 파트너십을 접은 것입니다. 그 이후 버크셔 해서웨이Berkshire Hathaway는 어떤 면에서 이 파트너십을 모태로 하고 있습니다. 나는 버크셔의 투자성과를 공정하게 평가할 단일 지표를 제시하기 어렵다고 생각합니다. 그러나 어떻게 계산하든 그 성과는 만족스러웠다고 확신합니다.

표 4는 시퀘이아 펀드Sequoia Fund의 실적을 보여줍니다. 이 펀드는 내가 1951년 벤저민 그레이엄의 강의에서 만난 인물, 빌 루안Bill Ruane이 운용했습니다. 빌은 하버드 경영대학원을 졸업한 후 월스트리트에서 일하기 시작했습니다. 그러나 그는 진정한 비즈니스 교육이 필요하다는 것을 깨닫고, 컬럼비아 대학에서 벤저민 그레이엄의 강의를 듣기로 결정했습니다. 그 덕분에 우리는 1951년 초, 같은 강의실에서 만나게 되었습니다. 빌은 1951년부터 1970년까지 비교적 적은 자본으로 운용했음에도, 평균을 훨씬 뛰어넘는 투자 실적을 기록했습니다. 내가 버핏 파트너십을 정리할 때, 빌에게 우리 파트너들의 자금을 관리할 펀드를 만들어 줄 수 있겠느냐고 요청했습니다. 그리하여 시퀘이아 펀드가 설립되었습니다. 그러나 그 시기는 펀드를 출범하기에는 최악의 시기였습니다. 내가 파트너십을 접어야 했던 바로 그 시점이었고, 그가 직면한 것

은 성장주 투자 쏠림이 심화되면서 가치투자자들에게 불리한 시장 환경이었습니다. 그럼에도 불구하고, 나의 파트너들은 끝까지 빌을 믿었고, 단순히 자금을 맡기는 것에 그치지 않고 추가 투자까지 감행했습니다. 그 결과 표에서 볼 수 있듯이 훌륭한 성과를 거두게 되었습니다.

결과를 보고 말하는 사후확증편향이라고 생각할 수도 있지만 그렇지 않습니다. 내가 당시 파트너들에게 추천했던 사람은 빌 루안이 유일했으며, 추천하면서 이렇게 말했습니다. "그가 S&P 500 대비 연평균 4% 이상의 초과수익을 거둔다면, 그것만으로도 훌륭한 성과입니다." 그러나 빌은 그 목표를 훨씬 뛰어넘었습니다. 더욱이 그는 운용 자금 규모가 점점 커지는 환경에서도 이러한 성과를 유지했습니다. 자금 규모가 커질수록 투자 성과를 내기가 더욱 어려워집니다. 이는 분명한 사실입니다. 물론 자금 규모가 커진다고 해서 시장 평균보다 더 나은 성과를 낼 수 없다는 것은 아닙니다. 하지만 초과성과는 점점 줄어들게 됩니다. 만약 여러분이 2조 달러의 자금을 운용한다고 가정해 보십시오. 이는 미국 상장주식 전체 가치와 맞먹는 수준입니다. 이런 규모에서 시장 평균을 초과하는 성과를 낸다는 것은 매우 어려운 일입니다!

덧붙이자면 지금까지 살펴본 투자 기록들에서 각 포트폴리오 간 중복이 거의 없었다는 점을 강조하고 싶습니다. 이들은 모두 가격과 가치의 괴리를 기반으로 증권을 선택하는 투자자들이지만, 각자 매우 다른 방식으로 종목을 선정했습니다. 월터 슐로스의 주요 보유 종목은 허드슨 펄프 앤 페이퍼Hudson Pulp & Paper, 제도 하이랜드 코얼Jeddo Highland Coal, 뉴욕 트랩 록 컴퍼니New York Trap Rock Company 등입니다. 이 종목들은 신문의 경제면을 대충 훑어보는 사람들도 아는 기업들입니다. 반면 트위디, 브라운의 종목 선정 기준은 이보다 훨씬 더 알려지지 않은 기업들로 내려갔습니다. 빌 루안은 완전히 다른 접근 방식을 취했습니다. 그는 대형 우량 기업들에 집중했습니다. 결과적으로 이들의 포트폴리오는 거의 겹치는 부분이 없었습니다. 즉 이는 한 사람이 동전 던지기를 하고, 50명이 그대로 따라 외친 결과가 아닙니다. 각자가 독립적으로 투자 결정을 내렸음에도 불구하고, 모두 뛰어난 성과를 거둔 것입니다.

표 5는 내 친구 중 한 명의 투자 실적을 보여줍니다. 그는 하버드 로스쿨 Harvard Law School 출신으로, 대형 로펌을 설립한 인물입니다. 나는 1960년경 그를 만났고, 이렇게 말했습니다. "법률업은 취미로 하기엔 괜찮지만, 더 나은 일을 할 수도 있지 않겠나?" 그는 내 조언을 받아들여 파트너십을 설립했습니다. 그의 투자 방식은 월터 슐로스와는 정반대였습니다. 월터는 광범위한 분산 투자를 했지만, 이 친구는 극소수의 종목에 집중 투자했습니다. 그 결과 그의 포트폴리오는 훨씬 변동성이 컸습니다. 그러나 그의 투자 철학은 기본적으로 '가치 대비 할인된 가격' 접근 방식에 기반하고 있었습니다. 그는 성과의 급등과 급락을 기꺼이 감수했으며, 본질적으로 집중 투자에 대한 강한 신념을 가진 사람이었습니다. 이 뛰어난 투자 기록의 주인공은 바로 찰리 멍거 Charlie Munger 입니다. 그는 오랫동안 버크셔 해서웨이에서 나의 파트너로 함께 일했습니다. 다만 찰리가 자신의 파트너십을 운영하던 시절, 그의 포트폴리오는 나를 비롯한 앞서 언급된 투자자들의 포트폴리오와 거의 완전히 달랐습니다.

표 6은 찰리 멍거의 친구였던 한 투자자의 실적을 보여줍니다. 그는 경영대학원 출신이 아니고, 남캘리포니아 대학교 USC 에서 수학을 전공했습니다. 그는 졸업 후 IBM에 입사하여 한동안 영업사원으로 일했습니다. 그리고 내가 찰리 멍거를 알게 된 후, 찰리가 그에게 투자 세계로 들어오도록 영향을 미쳤습니다. 그의 성과를 살펴보겠습니다. 1965년부터 1983년까지 S&P 500의 누적수익률은 316%인 반면, 그의 성과는 2만 2,200%를 기록했습니다. 이 뛰어난 투자 실적의 주인공은 바로 릭 게린 Rick Guerin 입니다. 그는 전공이 수학이기 때문에, 아마도 이 수익률 차이가 통계적으로 유의미하다고 표현할 것

같습니다.

여기서 한 가지 흥미로운 점을 짚고 넘어가고 싶습니다. 나는 항상 '1달러짜리 지폐를 40센트에 사는 것'이라는 개념을 사람들이 받아들이지 못하는 것이 놀랍습니다. 이 개념은 예방주사와도 같습니다. 즉 효과가 있으려면 한 번만 맞아도 바로 작용하지만, 그렇지 않다면 아무리 맞아도 소용이 없습니다. 나는 이 개념을 처음에 이해하지 못하는 사람에게 아무리 여러 해 동안 이야기하고, 실적 데이터를 보여줘도 별다른 변화가 없다는 사실을 발견했습니다. 그들은 이 개념을 도저히 받아들이지 못합니다. 하지만 릭 게린 같은 사람은 달랐습니다. 그는 비즈니스 교육을 정식으로 받은 적이 없음에도 불구하고 즉시 가치투자의 개념을 이해했고, 5분 만에 이를 실제로 적용하기 시작했습니다. 나는 이 접근 방식을 10년에 걸쳐 점진적으로 받아들이는 사람을 한 번도 본 적이 없습니다. 이는 단순히 IQ나 학문적 배경의 문제가 아닌 것 같습니다. 이 개념을 즉시 깨닫거나, 아니면 영원히 이해하지 못하거나 둘 중 하나일 뿐입니다.

표 7은 스탠 펄미터Stan Perlmeter의 투자 실적을 보여줍니다. 스탠은 미시간 대학교에서 인문학을 전공했으며, 광고 회사 보젤 앤 제이콥스Bozell & Jacobs에서 파트너로 일하고 있었습니다. 우리는 오마하의 같은 건물에서 일하면서 자연스럽게 알게 되었습니다. 그러던 1965년, 그는 나를 지켜보다가 내가 하는 일이 자신이 하는 일보다 훨씬 더 나은 비즈니스라는 사실을 깨달았습니다. 그는 결국 광고업을 그만두고 투자자로 전향했습니다. 그리고 릭 게린처럼, 스탠 역시 가치투자의 개념을 이해하는 데 단 5분도 걸리지 않았습니다.

펄미터의 포트폴리오는 월터 슐로스와도, 빌 루안과도 전혀 달랐습니다. 즉 그의 투자 기록은 누구의 모방도 아닌 온전히 독자적인 것이었습니다. 하지만 그가 주식을 매수할 때마다 항상 고려하는 기준은 단 하나, '내가 지불하는 가격보다 더 큰 가치를 얻을 수 있는가?'였습니다. 그는 다른 요소에는 전혀 관심을 두지 않았습니다. 분기별 실적 전망도 내년 실적도 신경 쓰지 않았고, 월요일에 매수할지 금요일에 매수할지도 신경 쓰지 않았습니다. 증권사 리서치 자료도 신경 쓰지 않았으며, 주가 모멘텀과 거래량도 신경 쓰지 않았습니다. 그가 신경 쓰는 것은 오로지 하나, '이 기업의 실제 가치는 얼마인가?'였습니다.

표 8과 표 9는 내가 직접 관여했던 두 개의 연금펀드 Pension Funds 성과를 보여줍니다. 이 펀드들 역시 수많은 연금펀드 중에서 성과가 좋은 것을 선택한 것이 아닙니다. 내가 과거에 관여했던 연금펀드는 이 두 개 말고는 없습니다. 나는 이 두 연금펀드에 대해 가치투자 접근 방식을 따르는 운용 매니저들을 선정하도록 조언했습니다. 사실 가치투자 방식으로 운용되는 연금펀드는 거의 없습니다. 표 8에 나온 사례는 워싱턴 포스트 Washington Post 회사의 연금펀드입니다. 이 펀드는 몇 년 전까지 대형 은행에서 관리하고 있었습니다. 나는 그들에게 가치투자 철학을 가진 매니저를 선택하는 것이 현명할 것이라고 조언했습니다.

보시다시피 워싱턴 포스트 연금펀드는 가치투자 접근법으로 전환한 이후 지속적으로 성과가 상위를 기록했습니다. 워싱턴 포스트 측은 펀드 매니저들에게 전체 자금의 최소 25%를 채권에 투자하도록 요구했습니다. 그러나 이는 가치투자 매니저들이 원래 선호하는 투자 방식이 아니었습니다. 그래서 나는 채권 투자 성과를 별도로 포함시켰습니다. 이것은 이 매니저들이 채권 분야에서 특별한 전문성을 갖춘 것이 아님을 보여주기 위한 것입니다. 실제로 그들 스스로도 채권 운용에 대한 전문성을 주장하지 않았습니다. 그럼에도 불구하고 자금의 25%가 비주력 분야(채권)에 묶여 있었음에도 불구하고, 그들은 펀드 매니지먼트에서 여전히 상위에 속하는 성과를 거두었습니다. 워싱턴 포스트 연금펀드의 사례는 매우 긴 기간을 다루지는 않지만, 이 세 명의 매니저가 수많은 독립적인 투자 결정을 내렸다는 점에서 중요한 의미를 가집니다. 그리고 이들은 사후적으로 선택된 것이 아니라 미리 결정된 매니저들이었다는 점이 중요합니다.

표 9는 FMC 코퍼레이션 연금펀드FMC Corporation Fund의 실적을 보여줍니다. 나는 이 펀드를 직접 운용한 적은 없지만, 1974년에 가치투자 중심의 매니저를 선정하도록 영향을 미쳤습니다. 그 이전까지 FMC는 대부분의 대형 기업들과 마찬가지로 전통적인 방식으로 펀드 매니저를 선정하고 있었습니다. 그러나 가치투자 접근법으로 전환한 이후, 이 펀드는 베커Becker 연금펀드 조사에서 같은 규모의 펀드 중 1위를 기록했습니다. 지난해 FMC 펀드에는 1년 이상 운용한 여덟 명의 주식 매니저가 있었습니다. 이들 중 일곱 명은 장기적으로 S&P 500보다 더 높은 누적 수익률을 기록했습니다. 그리고 지난해에는 여덟 명 모두 S&P 500보다 더 나은 실적을 거두었습니다. 그 결과 전체 연금펀드들의 중간값과 FMC 펀드의 성과 간의 차이는 2억 4,300만 달러에 달했습니다. FMC는 이러한 성과 차이의 이유가 '가치투자 매니저를 선정'했기 때문이라고 평가하고 있습니다. 흥미로운 점은 이들이 내가 개인적으로 선호하는 매니저들은 아니었다는 사실입니다. 그러나 그들에게는 한 가지 공통점이 있었습니다. 그들은 모두 '가치'를 기준으로 증권을 선정했다는 점입니다.

지금까지 우리는 그레이엄-도드 마을에서 나온 아홉 명의 '동전 던지기 선수'들의 투자 실적을 살펴보았습니다. 나는 이들을 사후적으로 선정한 것이 아닙니다. 즉 복권 당첨자를 뽑아 소개하는 것이 아닙니다. 나는 이들이 성공하기 전에 이들을 선정했으며, 그 선정 기준은 투자 의사결정 체계였습니다. 나는 그들이 어떤 교육을 받았는지 알고 있었고, 더 나아가 그들의 지적 능력, 성품, 그리고 기질에 대한 개인적인 이해도 있었습니다. 가장 중요한 점은 이들은 평균적인 투자자보다 훨씬 적은 리스크를 감수했다는 사실입니다. 이들이 약세장에서 올린 실적을 살펴보면 알 수 있습니다. 이들은 투자 스타일이 각기 다르지만, 모두 공통적으로 주식을 사는 것이 아니라 '사업'을 산다는 마인드를 가지고 있었습니다. 일부는 실제로 회사를 통째로 인수하기도 했습니다. 하지만 대부분은 단순히 그 회사의 일부(주식)를 매수하는 방식으로 접근했습니다. 기업 전체를 사든 단지 작은 지분을 사든, 그들의 태도는 동일했습니다. 어떤 투자자는 수십 개의 종목을 보유하며 분산 투자를 했고, 어떤 투자자는 소수의 종목에 집중 투자했습니다. 하지만 이들 모두가 활용한 핵심 원칙은 시장 가격과 내재 가치 간의 차이를 찾아내어 이를 활용하는 것이었습니다.

나는 시장이 매우 비효율적이라고 확신합니다. 그레이엄과 도드의 투자 철학을 따르는 투자자들은 가격과 가치 사이의 괴리를 찾아내어 이를 성공적으로 활용해 왔습니다. 주식 가격은 월스트리트의 군중 심리에 의해 쉽게 영향을 받습니다. 가격은 종종 가장 감정적인 사람에 의해 결정되기도 하고, 가장 탐욕적인 사람에 의해 결정되기도 하며, 때로는 가장 절망적인 사람에 의해 결정되기도 합니다. 이러한 상황에서 시장이 항상 합리적으로 가격을 결정한다고 주장하는 것은 어렵습니다. 사실 시장 가격은 비이성적일 때가 많습니다.

나는 위험과 보상에 대해 한 가지 중요한 점을 말하고 싶습니다. 위험과 보상이 양의 상관관계를 가지는 경우도 있습니다. 누군가 이런 제안을 한다고 가정해 보겠습니다. "여기 총알 여섯 발이 장전되는 리볼버가 있습니다. 그중 한 칸에만 총알을 넣었습니다. 실린더를 돌리고 방아쇠를 한 번 당기면, 살아남을 경우 100만 달러를 드리겠습니다." 나는 이 제안을 거절할 것입니다. 아마도 100만 달러는 충분하지 않다고 말할 것입니다. 그러자 그가 다시 제안합니다. "이번에는 방아쇠를 두 번 당기면 500만 달러를 드리겠습니다." 이런 경우가 위험과 보상이 명확하게 양의 상관관계를 가지는 경우입니다.

가치투자의 경우는 정반대입니다. 1달러짜리 지폐를 40센트에 사는 것은 60센트에 사는 것보다 더 안전하고, 기대되는 보상은 더 큽니다. 가치투자 포트폴리오에서는 잠재적인 보상이 클수록 오히려 위험은 줄어듭니다.

간단한 예를 들어보겠습니다. 1973년, 워싱턴 포스트 컴퍼니의 시가총액은 8천만 달러였습니다. 하지만 그날 당장이라도 회사의 자산을 매각한다면 최소 4억 달러, 아마도 그보다 훨씬 더 높은 가격을 받을 수 있었습니다. 이 회사는 워싱턴 포스트와 뉴스위크, 그리고 주요 시장에 여러 개의 TV 방송국을 보유하고 있었으니까요. 현재 이 자산들의 가치는 20억 달러에 이르므로, 당시 4억 달러를 지불했더라도 결코 비합리적인 결정이 아니었을 것입니다.

여기서 주가가 더 하락하여 기업 가치가 8천만 달러에서 4천만 달러로 낮아졌다고 가정해 보겠습니다. 이 경우 베타[beta] 값은 더 커졌을 것이며, 베타를 위험의 척도로 여기는 사람들은 가격이 더 저렴해졌다는 이유만으로 이 주식을 더 위험한 투자로 볼 것입니다. '이상한 나라의 앨리스'가 따로 없습니다. 저는 4억 달러의 가치를 지닌 자산을 8천만 달러에 사는 것보다 4천만 달러에 사는 것이 더 위험하다는 주장을 도저히 이해할 수 없습니다. 만약 이러한 유형의 증권들을 여러 개 매수하고, 기업 가치 평가에 대한 기본적인 이해만 있다면, 4억 달러의 가치의 기업을 8천만 달러에 매입하는 것은 본질적으로 아무런 위험도 존재하지 않습니다. 특히 만약 4천만 달러 가치가 있는 기업 열 곳을 각각 8백만 달러에 매수하는 방식으로 투자한다면 더욱 그렇습니다. 물론 4억 달러의 자산을 직접 소유할 수는 없으므로, 경영진이 정직하고 합리적인 능력을 갖춘 사람들이라는 점은 확인해야 합니다. 그러나 그것은 그리 어려운 일이 아닙니다.

기본적으로 기업의 가치를 대략적으로 평가하는 방법은 알고 있어야 합니다. 하지만 너무 빠듯하게 계산해서는 안 됩니다. 이것이 바로 벤저민 그레이엄이 말한 '안전마진'의 개념입니다. 가령 가치가 8,300만 달러인 기업을 8,000만 달러에 사는 것은 위험합니다. 충분히 넉넉한 마진을 확보해야 합니다. 이는 다리를 건설할 때와 같은 원리입니다. 다리를 설계할 때 5톤짜리 트럭만 다니도록 허용된 다리에도 최소 15톤의 하중을 견딜 수 있도록 설계합니다. 이 원리는 투자에서도 그대로 적용됩니다.

마지막으로 상업적인 원리를 생각하는 분들은 제가 이런 이야기를 하는 이유를 궁금해하실 수도 있습니다. 가치투자 철학을 따르는 사람이 많아질수록, 필연적으로 가격과 가치 사이의 괴리는 줄어들 것이기 때문입니다. 그러나 분명히 말씀드릴 수 있는 것은 이 비밀이 공개된 것은 이미 50년 전, 그레이엄과 도드가 『증권분석』에서 처음으로 가치투자의 원칙을 설명했을 때였습니다. 그럼에도 불구하고 제가 지난 35년 동안 투자해 오면서 가치투자로의 뚜렷한 흐름이 형성되는 것을 본 적이 없습니다. 아마도 인간은 쉬운 일을 굳이 어렵게 하려는 어떤 비뚤어진 본성이 있기 때문인 듯합니다. 실제로 학계 역시 지난 30년 동안 가치투자에 대한 교육은 점점 등한시하고 있습니다. 그리고 앞으로도 이러한 흐름이 지속될 가능성이 큽니다. 지구가 둥글다는 것이 과학적으로 입증되었음에도 불구하고, 여전히 지구가 평평하다고 믿는 사람들이 존재하는 것과 같은 이치입니다. 마찬가지로 시장에서는 앞으로도 가격과 가치 사이의 괴리가 계속해서 존재할 것이며, 그레이엄과 도드의 가르침을 읽고 이를 실천하는 사람들은 계속해서 번영할 것입니다.

〈표 1〉 월터 J. 슐로스

연도	S&P 500 (배당 포함)	펀드 전체 수익률(%)	투자자 실제 수익률(%)
1956	7.5	6.8	5.1
1957	−10.5	−4.7	−4.7
1958	42.1	54.6	42.1
1959	12.7	23.3	17.5
1960	−1.6	9.3	7.0
1961	26.4	28.8	21.6
1962	−10.2	11.1	8.3
1963	23.3	20.1	15.1
1964	16.5	22.8	17.1
1965	13.1	35.7	26.8
1966	−10.4	0.7	0.5
1967	26.8	34.4	25.8
1968	10.6	35.5	26.6
1969	−7.5	−9.0	−9.0
1970	2.4	−8.2	−8.2
1971	14.9	28.3	25.5
1972	19.8	15.5	11.6
1973	−14.8	−8.0	−8.0
1974	−26.6	−6.2	−6.2
1975	36.9	52.2	42.7
1976	22.4	39.2	29.4
1977	−8.6	34.4	25.8
1978	7.0	48.8	36.6
1979	17.6	39.7	29.8
1980	32.1	31.1	23.3
1981	6.7	24.5	18.4
1982	20.2	32.1	24.1
1983	22.8	51.2	38.4
1984(1분기)	2.3	1.1	0.8
1956~1984년 누적	887.2	23,104.7	6,678.8
1956~1984년 연환산	8.4	21.3	16.1

투자조합 기간 중 총 800개 이상의 종목을 보유했으며, 보통 100 종목 이상의 포지션을 유지했다.
현재 운용 자산은 약 4,500만 달러에 이르고 있다.
투자조합과 투자자의 수익률 차이는 운용 보수 때문에 발생한 것이다.

〈표 2〉 트위디, 브라운 Inc.

연도 (9월말 기준)	다우지수 (배당 포함)	S&P 500 (배당 포함)	펀드 전체수익률(%)	투자자 실제수익률(%)
1968(9개월)	6.0	8.8	27.6	22.0
1969	−9.5	−6.2	12.7	10.0
1970	−2.5	−6.1	−1.3	−1.9
1971	20.7	20.4	20.9	16.1
1972	11.0	15.5	14.6	11.8
1973	2.9	1.0	8.3	7.5
1974	−31.8	−38.1	1.5	1.5
1975	36.9	37.8	28.8	22.0
1976	29.6	30.1	40.2	32.8
1977	−9.9	−4.0	23.4	18.7
1978	8.3	11.9	41.0	32.1
1979	7.9	12.7	25.5	20.5
1980	13.0	21.1	21.4	17.3
1981	−3.3	2.7	14.4	11.6
1982	12.5	10.1	10.2	8.2
1983	44.5	44.3	35.0	28.2
1968~1983년 누적	191.8	238.5	1,661.2	936.4
1968~1983년 연환산		7.0	20.0	16.0

〈표 3〉 버핏 파트너십. Inc.

연도	다우지수 (배당 포함)	펀드 전체수익률(%)	투자자 실제수익률(%)
1957	−8.4	10.4	9.3
1958	38.5	40.9	32.2
1959	20.0	25.9	20.9
1960	−6.2	22.8	18.6
1961	22.4	45.9	35.9
1962	−7.6	13.9	11.9
1963	20.6	38.7	30.5
1964	18.7	27.8	22.3
1965	14.2	47.2	36.9
1966	−15.6	20.4	16.8
1967	19.0	35.9	28.4
1968	7.7	58.8	45.6
1969	−11.6	6.8	6.6
누적 수익률			
1957	−8.4	10.4	9.3
1957~1958	26.9	55.6	44.5
1957~1959	52.3	95.9	74.7
1957~1960	42.9	140.6	107.2
1957~1961	74.9	251.0	181.6
1957~1962	61.6	299.8	215.1
1957~1963	94.9	454.5	311.2
1957~1964	131.3	608.7	402.9
1957~1965	164.1	943.2	588.5
1957~1966	122.9	1156.0	704.2
1957~1967	165.3	1606.9	932.6
1957~1968	185.7	2610.6	1403.5
1957~1969	152.6	2794.9	1502.7
연환산	7.4	29.5	23.8

〈표 4〉 시퀴이아 펀드

연도	수익률(%)[a]	
	S&P 500(배당 재투자)[b]	펀드 전체수익률(%)(배당 재투자)
1970(7월부터)	20.6	12.1
1971	14.3	13.5
1972	18.9	3.7
1973	−14.8	−24.0
1974	−26.4	−15.7
1975	37.2	60.5
1976	23.6	72.3
1977	−7.4	19.9
1978	6.4	23.9
1979	18.2	12.1
1980	32.3	12.6
1981	−5.0	21.5
1982	21.4	31.2
1983	22.4	27.3
1984(1분기)	−2.4	−1.6
총 기간 누적 수익률	270.0%	775.3%
연간 수익률(보수차감후)	10.0%	17.2%
운용보수	−	1.0%
총 투자 수익률	10.0%	18.2%

a 배당금(시퀴이아 펀드의 경우 분배금)이 재투자된 것으로 간주했다.

b 수익률이 배당금 재투자 계산의 차이로 인해 표 1의 S&P 500의 수익률과 약간 다르다.

〈표 5〉 찰리 멍거

연도	Mass. Inv. Trust	Investors Stock	Lehman	Tri-Cont.	다우 지수	펀드 전체수익률 (%)	투자자 실제수익률 (%)
연간 수익률							
1962	−9.8	−13.4	−14.4	−12.2	−7.6	30.1	20.1
1963	20.0	16.5	23.8	20.3	20.6	71.7	47.8
1964	15.9	14.3	13.6	13.3	18.7	49.7	33.1
1965	10.2	9.8	19.0	10.7	14.2	8.4	6.0
1966	−7.7	−9.9	−2.6	−6.9	−15.7	12.4	8.3
1967	20.0	22.8	28.0	25.4	19.0	56.2	37.5
1968	10.3	8.1	6.7	6.8	7.7	40.4	27.0
1969	−4.8	−7.9	−1.9	0.1	−11.6	28.3	21.3
1970	0.6	−4.1	−7.2	−1.0	8.7	−0.1	−0.1
1971	9.0	16.8	26.6	22.4	9.8	25.4	20.6
1972	11.0	15.2	23.7	21.4	18.2	8.3	7.3
1973	−12.5	−17.6	−14.3	−21.3	−23.1	−31.9	−31.9
1974	−25.5	−25.6	−30.3	−27.6	−13.1	−31.5	−31.5
1975	32.9	33.3	30.8	35.4	44.4	73.2	73.2
누적수익률							
1962	−9.8	−13.4	−14.4	−12.2	−7.6	30.1	20.1
1962~1963	8.2	0.9	6.0	5.6	11.5	123.4	77.5
1962~1964	25.4	15.3	20.4	19.6	32.4	234.4	136.3
1962~1965	38.2	26.6	43.3	32.4	51.2	262.5	150.5
1962~1966	27.5	14.1	39.5	23.2	27.5	307.5	171.3
1962~1967	53.0	40.1	78.5	54.5	51.8	536.5	273.0
1962~1968	68.8	51.4	90.5	65.0	63.5	793.6	373.7
1962~1969	60.7	39.4	86.9	65.2	44.5	1,046.5	474.6
1962~1970	61.7	33.7	73.4	63.5	57.1	1,045.4	474.0
1962~1971	76.3	56.2	119.5	100.1	72.5	1,336.3	592.2
1962~1972	95.7	79.9	171.5	142.9	103.9	1,455.5	642.7
1962~1973	71.2	48.2	132.7	91.2	77.2	959.3	405.8
1962~1974	27.5	40.3	62.2	38.4	36.3	625.6	246.5
1962~1975	69.4	47.0	112.2	87.4	96.8	1,156.7	500.1
연환산	3.8	2.8	5.5	4.6	5.0	19.8	13.7

〈표 6〉 **퍼시픽 파트너스**(릭 게린)

연도	S&P 500(배당 포함)	펀드 전체수익률(%)	투자자 실제수익률(%)
1965	12.4	32.0	21.2
1966	−10.1	36.7	24.5
1967	23.9	180.1	120.1
1968	11.0	171.9	114.6
1969	−8.4	97.1	64.7
1970	3.9	−7.2	−7.2
1971	14.6	16.4	10.9
1972	18.9	17.1	12.8
1973	−14.8	−42.1	−42.1
1974	−26.4	−34.4	−34.4
1975	37.2	31.2	23.4
1976	23.6	127.8	127.8
1977	−7.4	27.1	20.3
1978	6.4	37.9	28.4
1979	18.2	48.2	36.1
1980	32.3	24.1	18.1
1981	−5.0	8.0	6.0
1982	21.4	32.0	24.0
1983	22.4	24.8	18.6
1965~1983년 누적	316.4	22,200.0	5,530.2
1965~1983년 연환산	7.8	32.9	23.6

〈표 7〉 펄미터 인베스트먼트

연도	펀드 전체수익률(%)	투자자 실제수익률(%)
1965(8~12월)	40.6	32.5
1966	6.4	5.1
1967	73.5	58.8
1968	65.0	52.0
1969	−13.8	−13.2
1970	−6.0	−6.0
1971	55.7	49.3
1972	23.6	18.9
1973	−28.1	−28.1
1974	−12.0	−12.0
1975	38.5	38.5
1976(1~10월)	38.2	34.5
1976.11~1977.10	30.3	25.5
1977.11~1978.10	31.8	26.6
1978.11~1979.10	34.7	28.9
1979.11~1980.10	41.8	34.7
1980.11~1981.10	4.0	3.3
1981.11~1982.10	29.8	25.4
1982.11~1983.10	22.2	18.4
1965. 8. ~ 1983. 10. 누적	4,277.2	2,309.5
1965. 8. ~ 1983. 10. 연환산	23.0	19.0
1965년 7월 31일 다우지수(추정치)		882
1983년 10월 31일 다우지수(추정치)		1,225
다우지수의 연환산수익률(배당금포함)		7%

〈표 8〉 워싱턴 포스트 컴퍼니. 퇴직연금(1983년 12월 31일 기준)

	최근 분기		1년		2년[a]		3년[a]		5년[a]	
	수익률	순위	수익률	순위	수익률	순위	수익률	순위	수익률	순위
전체 투자										
위탁 A	4.1	2	22.5	10	20.6	40	18.0	10	20.2	3
위탁 B	3.2	4	34.1	1	33.0	1	28.2	1	22.6	1
위탁 C	5.4	1	22.2	11	28.4	3	24.5	1	–	–
위탁 전체	3.9	1	28.1	1	28.2	1	24.3	1	21.8	1
주식										
위탁 A	5.2	1	32.1	9	26.1	27	21.2	11	26.5	7
위탁 B	3.6	5	52.9	1	46.2	1	37.8	1	29.3	3
위탁 C	6.2	1	29.3	14	30.8	10	29.3	3	–	–
위탁 전체	4.7	1	41.2	1	37.0	1	30.4	1	27.6	1
채권										
위탁 A	2.7	8	17.0	1	26.6	1	19.0	1	12.2	2
위탁 B	1.6	46	7.6	48	18.3	53	12.7	84	7.4	86
위탁 C	3.2	4	10.4	9	24.0	3	18.9	1	–	–
위탁 전체	2.2	11	9.7	14	21.1	14	15.2	24	9.3	30
채권 및 현금성 자산										
위탁 A	2.5	15	12.0	5	16.1	64	15.5	21	12.9	9
위탁 B	2.1	28	9.2	29	17.1	47	14.7	41	10.8	44
위탁 C	3.1	6	10.2	17	22.0	2	21.6	1	–	–
위탁 전체	2.4	14	10.2	17	17.8	20	16.2	2	12.5	9

a 연율화

순위는 A. C. 베커의 유니버스 내에서 상대비교한 성과를 나타낸다.

순위는 1이 최고, 100이 최악인 백분위 순위를 나타낸다.

〈표 9〉 FMC 기업 연금 기금. 연간 수익률(%)

	1년	2년	3년	4년	5년	6년	7년	8년	9년
FMC(채권과 주식 포함)									
1983	23.0								17.1[a]
1982	22.8	13.6	16.0	16.6	15.5	12.3	13.9	16.3	
1981	5.4	13.0	15.3	13.8	10.5	12.6	15.4		
1980	21.0	19.7	16.8	11.7	14.0	17.3			
1979	18.4	14.7	8.7	12.3	16.5				
1978	11.2	4.2	10.4	16.1					
1977	−2.3	9.8	17.8						
1976	23.8	29.3							
1975	35.0								
베커 대형 기금 중앙값									
1983	15.6								12.6
1982	21.4	11.2	13.9	13.9	12.5	9.7	10.9	12.3	
1981	1.2	10.8	11.9	10.3	7.7	8.9	10.9		
1980	20.9	정보 없음	정보 없음	정보 없음	10.8	정보 없음			
1979	13.7	정보 없음	정보 없음	정보 없음	11.1				
1978	6.5	정보 없음	정보 없음	정보 없음					
1977	−3.3	정보 없음	정보 없음						
1976	17.0	정보 없음							
1975	24.1								
S&P 500									
1983	22.8								15.6
1982	21.5	7.3	15.1	16.0	14.0	10.2	12.0	14.9	
1981	−5.0	12.0	14.2	12.2	8.1	10.5	14.0		
1980	32.5	25.3	18.7	11.7	14.0	17.5			
1979	18.6	12.4	5.5	9.8	14.8				
1978	6.6	−0.8	6.8	13.7					
1977	7.7	6.9	16.1						
1976	23.7	30.3							
1975	37.2								

a 주식 부분 수익률은 18.5%

2. 새로운 주식 투기 동향*

저는 월스트리트에서 오랫 동안 일하면서 다양한 경험을 쌓아 왔습니다. 그동안 시장 환경이나 분위기가 늘 반복적으로 새롭게 바뀌었기 때문에 제 경험의 가치를 폄하하시는 분들도 계실 것 같습니다. 물론 경제, 금융 그리고 증권분석이 다른 실용적인 학문과 달리 과거의 현상이 현재와 미래를 충분히 설명하지 못하는 경우가 자주 있는 것은 사실입니다. 그러나 우리는 적어도 과거의 교훈을 충분히 연구하고 이해하기 전까지 이를 함부로 배척해서는 안 됩니다. 오늘 제가 드릴 말씀은 이러한 이해를 돕기 위한 시도이며, 특히 보통주에 대한 투자와 투기에 대한 우리의 근본적인 태도가 과거와 현재 사이에서 어떻게 달라졌는지를 설명해 보려고 합니다.

결론부터 말씀드리겠습니다. 과거에는 주식의 투기적 요소가 거의 전적으로 기업 자체에 존재했습니다. 이는 산업의 불확실성, 변동성, 또는 기업의 구조적 약점과 같은 요인들이었습니다. 물론 이러한 투기적 요소들은 여전히 존재하지만, 여러 변화를 겪으면서 상당 부분 완화되었다고 볼 수 있습니다. 그러나 그 대신 새로운 투기적 요소가 주식시장으로 유입됐습니다. 이제 투기의 주요 원천은 주식을 매수하는 대중과 그들에게 조언하는 사람들, 즉 애널리스트들의 태도와 관점에서 비롯됩니다. 그들의 태도를 한 마디로 정의하자면 '미래 기대에 대한 과도한 의존'이라고 할 수 있습니다.

주식의 가치는 기업의 미래 실적 기대치를 바탕으로 평가되고 가격이 결정되어야 한다는 개념은, 이 자리에 계신 여러분은 논리적이고 자연스럽게 받아들일 수 있을 것입니다. 그러나 이처럼 단순해 보이는 개념에도 여러 가지

---

* 1958년 5월, 전미재무분석가협회 연례 회의에서 벤저민 그레이엄이 한 연설.

역설과 위험 요소가 내포되어 있습니다.

첫째, 이는 과거에 확립된 투자와 투기의 구분을 상당 부분 모호하게 만듭니다. 사전에 따르면 '투기 speculate'라는 단어는 라틴어 'specula(전망대)'에서 유래했습니다. 즉 투기꾼 speculator은 남들보다 먼저 미래를 내다보고 기회를 포착하는 사람이었습니다. 그러나 오늘날에는 현명한 투자자도 미래를 전망하는 능력을 갖추거나 적절한 조언을 받을 필요가 있습니다. 결과적으로 투자자는 이제 투기꾼과 같은 전망대에서 같은 시선을 공유하게 되었고, 둘 사이의 경계는 더욱 흐려지고 있습니다.

둘째로, 일반적으로 투자 특성이 우수한 기업들, 즉 신용등급이 높은 주식일수록 시장에서 투기적 관심을 더 많이 받는 경향이 있습니다. 이는 많은 사람들이 이러한 기업들은 밝은 미래가 보장된다고 가정하기 때문입니다.

셋째로 미래 전망, 특히 지속 성장이라는 개념이 도입되면서, 이를 기반으로 한 기업 가치를 산정하기 위해 고등 수학의 여러 공식들이 적용되기 시작했습니다. 그러나 정교한 수학적 공식과 막연한 가정이 결합되면, 결국 어떠한 주식이든 원하는 가치를 산출할 수 있고, 더 나아가 이를 정당화하는 도구로 악용될 수도 있습니다. 특히 뛰어난 기업일수록 이러한 방식으로 극단적으로 높은 가치가 산정되는 경우가 많습니다. 하지만 역설적이게도 이런 사실은 어떤 성장 기업의 가치를 어느 하나의 값이나 좁은 범위로 평가할 수 있다는 생각 자체가 틀렸다는 것을 의미합니다. 그렇기 때문에 시장은 이러한 성장 요소의 가치를 매우 낮게 평가할 때도 있습니다.

다시 주식시장에서의 과거와 현재의 투기적 요소로 돌아와서, 이를 보다 명확히 표현하기 위해 다소 생소하지만 편리한 두 가지 용어를 사용해 보겠습니다. 하나는 내재적 투기 요소이며, 다른 하나는 외부적 투기 요소입니다. 이를 설명하기 위해 과거의 투기적 보통주와 투자 대상으로서의 보통주를 비교해 보겠습니다. 1911년부터 1913년 사이 아메리칸 캔과 펜실베이니아 철도의 사례를 통해서 구체적으로 살펴보겠습니다. (이 자료는 벤저민 그레이엄과 데이비드 도드의 『증권분석』, 맥그로-힐 출판사, 1940년, 2~3쪽에 수록되어 있습니다.)

1911년부터 1913년까지 펜실베이니아 철도의 주가는 53달러에서 65달러 사이에서만 움직였으며, 이는 해당 기간 평균 이익의 12.2배에서 15배 수준이었습니다. 회사는 안정적인 이익을 기록하며 매년 3달러의 배당을 꾸준히 지급하였고, 투자자들은 액면가 50달러를 가볍게 뛰어넘는 유형자산이 주가를 확고히 뒷받침하고 있다고 믿었습니다. 반면 아메리칸 캔의 주가는 9달러에서 47달러 사이에서 큰 폭의 변동을 보였으며, EPS 또한 7센트에서 8.86달러까지 극심한 차이를 나타냈습니다. 주가는 3년 평균 이익의 1.9배에서 10배 수준으로 움직였고, 배당금은 전혀 지급되지 않았습니다. 그리고 보유한 유형자산가치보다 우선주 발행액이 많았기 때문에 당시 전통적인 투자자들은 아메리칸 캔의 보통주 액면가 100달러가 실질적인 가치를 반영하지 않으며, 순전히 '물'밖에 없다는 사실을 잘 알고 있었습니다. 이러한 이유로 아메리칸 캔의 보통주는 대표적인 투기적 종목으로 간주되었습니다. 속한 산업도 변동성이 크고 불확실한 데다가 기업 자체의 자본구조도 투기적이었기 때문입니다. 그러나 장기적으로 보면 아메리칸 캔은 결과적으로 펜실베이니아 철도보다 훨씬 뛰어난 성과를 거두었습니다. 하지만 당시 투자자나 투기꾼들은 이러한 가능성을 전혀 알지 못하였으며, 설령 이를 알았다 하더라도 1911~1913년 당시의 투자 전략에서 중요하게 생각하지 않았을 가능성이 큽니다.

이제 투자에서 장기적 전망이 시간이 흐름에 따라 얼마나 중요한 의미를 갖게 되었는지를 보여드리고자 합니다. 이를 설명하기 위해 가장 주목할 만한 거대 산업 기업 중 하나인 IBM을 예로 들어보겠습니다. 이 기업은 지난해 매출액이 10억 달러를 돌파하며 최상위 대기업 그룹에 합류했습니다. 여기서 단순히 숫자로만 설명하는 것보다는 개인적인 경험을 조금 덧붙여 이야기해 보고자 합니다. 1912년, 저는 대학을 한 학기 휴학하고 US 익스프레스 컴퍼니U.S. Express Company의 연구 프로젝트를 담당하게 되었습니다. 이 프로젝트는 새로운 요금 산정 시스템이 회사의 수익에 미치는 영향을 분석하는 것이었습니다. 이를 위해 당시 CTR사Computing-Tabulating-Recording Company의 '홀러리스 기계Hollerith machines'를 임대하여 사용했습니다. 이 기계는 천공 카드, 카드 분류기, 집계기 등으로 구성되어 있었으며, 당시에는 사업가들에게 거의 알려지지 않은 기술이었고, 주로 미국 인구조사국Census Bureau에서 사용되던 도구였습니다. 1914년, 저는 월스트리트에 입성했습니다. 그리고 1915년, CTR의 채권과 보통주가 뉴욕증권거래소에 상장되었습니다. 저는 이 회사에 대해 일종의 애착을 가지고 있었고, 무엇보다도 이들의 제품을 직접 보고 사용해 본 몇 안 되는 금융인 중 한 명이었기 때문에 나름의 기술전문가라고 자부하고 있었습니다. 그래서 1916년 초, 당시 제가 몸담고 있던 회사의 대표 A. N. 씨를 찾아가서 열심히 설명했습니다. 당시 CTR 보통주가 주당 40달러 중반대에서 거래되고 있는데, 발행주식수는 10만 5천주이고, 1915년 회사의 순이익은 주당 6.50달러이고, BPS는 130달러에 달했으며, 여기에 일부 구분되지 않은 무형자산도 포함되어 있고, 배당금도 3달러 지급하기 시작했으며, 회사의 제품과 미래 전망이 매우 긍정적이라는 제 생각을 말했습니다. 그러나 A. N. 씨는 측은하다는 듯이 저를 바라보며 이렇게 말했습니다. "벤, 다시는 내 앞에서 그 회사 이야기는 하지 말아 주게. 나는 3미터짜리 막대기로도 안 건드릴 생각이네." 그는 마음에 들지 않는 주식은 늘 이렇게 표현했습니다. "그 회사의 6% 채권이 현재 80달러 초반대에서 거래되고 있는데, 그것조차도 형편없는 수준이라네. 그런데 어떻게 주식이 좋을 수 있겠나? 모두가 알다시피, 그 회사의 자산에 '물'밖에 없네." (당시 '물 찬 주식'이라는 표현은 최악의 비판적 의미를 담고 있었다. 즉 회사의 자산 항목이 실제로는 허위이거나 과장되어 있다는 뜻이었다. US 스틸을 포함한 많은 기업들은 액면가 100달러의 가치를 지녔다고 했지만, 실제로는 단순히 '물'에 불과한 자산이었으며, 공장 계정을 부풀린 것이었다. 즉 실질적인 자산 없이 오직 수익 창출 능력과 미래 전망만을 바탕으로 운영되는 기업들은, 당시의 투자자들 입장에서 신뢰할 수 없는 대상이었고 고려할 가치조차 없었다.)

나는 풀이 죽은 채 통계 분석을 하던 작은 사무실로 돌아갔습니다. A. N. 씨는 경험이 풍부하고 성공한 투자자였을 뿐만 아니라, 매우 예리한 사람이었습니다. 그가 CTR을 강하게 비판하는 말을 감명 깊게 듣고 나서, 결국 나는 평생 동안 그 회사의 주식을 단 한 주도 매수하지 않았습니다. 심지어 1926년 회사명이 '인터내셔널 비즈니스 머신IBM'이라는 세련된 이름으로 변경된 후에도 마찬가지였습니다.

이제 같은 회사를 1926년, IBM이라는 새로운 이름을 단 시점에서 살펴보겠습니다. 이 해는 주식시장이 매우 활황이었던 시기였습니다. 이때 회사는 처음으로 재무제표에 영업권 항목을 포함시켰는데, 그 금액이 1,360만 달러나 되었습니다. 결국 A. N. 씨의 판단이 옳았습니다. 1915년 당시 보통주의 자기자본으로 여겨졌던 금액은 사실상 전부 '물'에 불과했습니다. 그러나 그 이후, 토마스 왓슨Thomas John Watson Sr.의 경영 아래에서 회사는 눈부신 성장을 기록했습니다. 1915년부터 1926년까지 순이익이 69만 1,000달러에서 370만 달러로 다섯 배 이상 성장했는데, 11년 동안 이렇게 성장한 적은 그 이후로 한 번도 없었습니다. 순유형자산이 크게 늘어났으며, 1주를 3.6주로 주식 분할을 단행했습니다. 주당 3달러의 배당금을 지급했으며, 주당순이익EPS은 6.39달러까지 증가했습니다. 이러한 성장 기록과 강력한 시장 지위를 고려하면, 1926년의 주식시장은 이 회사를 매우 긍정적으로 평가했을 것이라 예상하실 것입니다. 하지만 실제로 주가를 살펴보면 최저 31달러, 최고 59달러의 범위에서 거래되었습니다. 연평균 45달러였으며, 1915년과 동일하게 순이익의 7배 수준(PER 7배)에서 거래되었습니다. 배당수익률도 1915년과 동일한 6.7% 수준이었습니다. 최저가 31달러는 순유형자산가치와 큰 차이가 없었으며, 오히려 11년 전보다 훨씬 보수적으로 평가된 수준이었습니다.

이 자료는 1920년대 후반 강세장이 절정에 이르기까지 과거의 투자 관점이 얼마나 지속되었는지를 잘 보여줍니다. 그 이후 IBM의 역사를 10년 단위로 요약하면 다음과 같습니다. 1936년, 순이익이 1926년 대비 두 배 증가했으며, PER은 7배에서 17.5배로 상승했습니다. 1936년에서 1946년까지 순이익이 2.5배 증가했지만, 1946년에도 PER은 여전히 17.5배 수준을 유지했습니다. 그 후 성장 속도가 가속화되었습니다. 1956년, 순이익은 1946년 대비 거의 네 배 증가했고, PER은 32.5배로 상승했습니다. 작년에는 순이익이 다시 증가하면서, 해외 자회사 지분을 제외하고 보면 PER이 평균 42배까지 상승했습니다.

최근의 주가 데이터를 면밀히 분석해 보면 흥미롭게도 40년 전과 유사한 부분도 있고, 대조적인 부분도 있습니다. 과거 기업들의 재무제표에 만연했던 '물'은 공시제도와 상각을 통해 이제는 대부분 정리되었습니다. 그러나 주식시장 즉 투자자들과 투기꾼들 스스로가 새로운 형태의 '물'을 다시 평가에 집어넣었습니다. 최근 IBM의 주가는 순이익의 7배가 아니라, 순자산가치의 7배 수준에서 거래되고 있습니다. 이는 IBM의 주식 안에는 순자산가치는 일부에 불과하며, 나머지는 오직 수익 창출 능력과 미래 성장 전망에 대한 기대만으로 평가되고 있는 것입니다. 이는 과거 투기꾼들이 울워스나 US 스틸을 매수할 때 사용되던 투기 방식과 다를 바 없습니다. 결국 현재 주식시장에서도 동일한 방식의 투기적 가치 평가가 반복되고 있습니다.

덧붙여 언급할 부분은 지난 30년 동안 IBM이 순이익의 7배에서 40배 수준으로 평가되는 기업으로 변화하는 과정에서, 과거 대형 산업주들이 가지고 있던 기업 자체의 내부적인 투기 요인은 대부분 사라졌거나, 적어도 크게 감소했다는 사실입니다. 현재 이러한 기업들은 재무적으로 탄탄한 기반을 갖추었으며, 자본 구조는 보수적으로 운영되고 있고, 경영은 이전보다 훨씬 더 전문적으로 이루어지고 있으며, 심지어 더욱 투명하고 정직해지고 있습니다. 또한 완전한 정보 공개가 요구됨에 따라, 과거 투기의 중요한 요소 중 하나였던 무지와 미스터리에서 비롯된 투기적 성격이 상당 부분 제거되었습니다.

여기서 개인적인 이야기를 하나 덧붙이고자 합니다. 제가 월스트리트에서 처음 일하던 시절, 가장 인기 있었던 미스터리 종목 중 하나는 컨솔리데이티드 가스 뉴욕이었습니다. 이 회사는 현재의 컨솔리데이티드 에디슨 Consolidated Edison 으로 알려져 있습니다. 이 회사는 매우 수익성이 높은 자회사인 뉴욕 에디슨 New York Edison Company 을 보유하고 있었지만, 뉴욕 에디슨에서 발생한 전체 이익을 공개하지 않고 배당금으로 받은 금액만 보고하고 있었습니다. 바로 이 공개되지 않은 뉴욕 에디슨의 수익이 이 종목을 미스터리 종목으로 만들고 있었습니다. 그러나 놀랍게도 저는 이 비공개 수익이 사실은 매년 주정부 공공서비스위원회 Public Service Commission 에 기록되어 있다는 사실을 발견했습니다. 이 기록을 확인하는 것은 매우 간단한 일이었으며, 저는 이를 조사하여 컨솔리데이티드 가스의 실제 수익을 잡지 기사로 발표했습니다. (참고로 이익 증가분 자체는 기대만큼 크지 않았다.) 그런데 이 소식을 들은 제 한 지인이 저에게 이렇게 말했습니다. "벤, 자네는 아마도 자신이 대단한 일을 했다고 생각할지 모르겠군. 하지만 월스트리트는 자네에게 아무런 감사도 하지 않을 걸세. 컨솔리데이티드 가스는 미스터리가 있을 때 더 흥미롭고 더 가치 있는 주식이었네. 자네처럼 모든 것을 들춰내려는 젊은 친구들이 월스트리트를 망쳐놓을 거야."

과거 투기 열기를 부추겼던 3M, 즉 미스터리 Mystery, 조작 Manipulation, 그리고 얇은 마진 thin Margins 은 이제 거의 사라졌습니다. 그러나 이제는 우리 애널리스트들 스스로가 새로운 방식의 평가 기법을 만들어 내고 있으며, 이러한 기법들이 과거 투기의 주요 요소들을 대체할 만큼 투기적인 성격을 지니고 있습니다. 그래서 현 시대에 '3M Minnesota Mining and Manufacturing Company.'이라는 종목이 유행인지도 모르겠습니다. 이 기업의 보통주는 과거와 현재의 투기를 대조적으로 보여주는 대표적인 사례라 할 수 있습니다.

몇 가지 데이터를 살펴보겠습니다. 지난해 3M의 보통주는 주당 101달러에 거래되었습니다. 이는 1956년 이익의 44배 수준에서 평가된 가격이었습니다. 그러나 1957년에는 실적이 전혀 성장하지 않았음에도 불구하고, 여전히 이 평가가 유지되었습니다. 이 기업의 시가총액은 총 17억 달러에 달했으며, 이 중 순자산가치는 2억 달러밖에 안되고, 나머지 15억 달러는 시장에서 평가한 영업권 가치였습니다. 이러한 영업권 가치가 어떤 계산 과정을 거쳐 산출되었는지는 알 수 없습니다. 몇 달 후 시장에서는 영업권 가치를 4억 5천만 달러약 30% 하향 조정했습니다. 이 사례는 이처럼 우수한 기업의 무형자산을 정확히 평가하는 것은 불가능하다는 것을 보여줍니다. 결국 기업의 영업권이나 미래 수익 창출 능력이 클수록, 그 기업의 진정한 가치는 더욱 불확실해지고, 보통주는 본질적으로 더욱 투기적 성격을 띠게 됩니다.

중요한 것은 과거에 비해 오늘날에는 무형자산 평가 방식이 근본적으로 변화했다는 점입니다. 한 세대 전까지만 해도 평균적인 주식 평가 방식이나 공식적인 법적 평가 기준 모두에서 무형자산은 유형자산보다 보수적으로 평가하는 것이 일반적인 원칙이었습니다. 예를 들어 건전한 산업주라면 보유한 유형자산으로 채권이나 우선주 수익률과 비슷한 6~8%의 수익을 올리는 것이 요구되었으며, 이를 초과하는 이익, 즉 무형자산에서 비롯된 추가 수익은 일반적으로 15% 수준으로 평가했습니다. (1911년 울워스의 우선주 및 보통주 공모 당시 이 정도 수익률이 적용되었으며, 그 외에도 많은 기업에서 동일하게 사용되었다.) 그러나 1920년대 이후 이러한 관계는 정반대로 바뀌었습니다. 오늘날 기업이 시장에서 순자산가치 수준의 평가를 받으려면, ROE가 약 10%는 되어야 합니다. 그러나 자기자본의 10%를 초과하는 추가 수익은 시장에서 더욱 후하게 평가되며, 기본 수익을 뒷받침하는 순자산가치보다 높은 배수를 적용받습니다. 예를 들어 ROE가 15%인 기업은 PER이 13.5배, 또는 PBR이 두 배 수준에서 거래될 가능성이 높습니다. 이는 자본에서 처음 10%의 수익은 10배의 배율로 평가되지만 추가 5%의 초과 이익은 20배의 배율로 평가된다는 의미입니다.

이러한 평가 방식의 변화에는 논리적인 이유가 있으며, 이는 기업 성장에 대한 기대가 강조되면서 나타난 현상과 관련이 있습니다. 자본이익률이 높은 기업이 후한 평가를 받는 이유는 단순히 수익성이 좋기 때문이지, 그와 관련된 안정성 때문이 아닙니다. 보다 중요한 이유는 높은 자본이익률을 기록하는 기업은 대체로 우수한 성장 실적과 긍정적인 성장 전망을 동반하는 경향이 있기 때문입니다. 따라서 오늘날 시장에서 높은 평가를 받는 기업의 핵심 가치는 단순한 영업권이 아닙니다. 과거에는 확고한 브랜드와 안정적인 수익성이 영업권의 주요 요소로 간주되었지만, 지금은 미래 이익 증가에 대한 기대가 더욱 중요한 평가 기준이 된 것입니다.

이제 보통주 평가에 대한 새로운 접근 방식에서 나타나는 몇 가지 수학적 측면을 간단히 언급하고자 합니다. 여러 연구에 따르면 기업의 수익성이 높을수록(즉 ROE가 높을수록) PER도 증가하는 경향이 있습니다. 이러한 특징이 존재한다면 기업가치는 이익의 제곱에 비례하고, 순자산가치에는 반비례하는 경향이 있습니다. 즉 유형자산은 더 이상 평균적인 시장 가치 상승을 견인하는 요소가 아니라, 오히려 시장 가치의 상승을 저해하는 요소가 되어버렸습니다.

이를 설명하기 위해 간단한 예를 들어보겠습니다. A 기업은 주당 4달러의 이익을 내고 있으며, 순자산가치는 20달러입니다. B 기업도 주당 4달러의 이익을 내고 있지만, 순자산가치는 100달러입니다. 이 경우 A 기업의 주가는 B 기업보다 더 높은 PER로 거래될 가능성이 큽니다. 예를 들어 A 기업의 주가는 60달러, B 기업의 주가는 35달러에 형성될 수 있습니다. 따라서 B 기업이 A 기업보다 1주당 80달러 더 많은 자산을 보유하고 있음에도 불구하고, 이로 인해 오히려 주가는 25달러 더 낮게 평가될 수도 있습니다. 이는 오늘날 시장이 단순한 자산 규모보다 수익 창출 능력을 더욱 중요하게 평가한다는 점을 보여줍니다.

그러나 앞서 언급한 내용보다 더 중요한 것은 수학과 새로운 주식 가치 평가 방식 간의 관계입니다. 오늘날 주식 평가에서는 다음 세 가지 요소가 핵심적으로 활용됩니다. (a) 이익성장률에 대한 낙관적인 가정, (b) 이 성장이 장기간 지속될 것이라는 예측, (c) 복리의 놀라운 효과, 이 세 가지 요소가 결합되면 애널리스트는 마치 연금술사가 철을 금으로 바꾸듯이, 원하는 주식 가치를 만들어내거나 정당화할 수 있는 '현자의 돌'을 얻게 됩니다.

최근에 나는 강세장에서 고등 수학이 유행하는 현상에 대해 논평을 『애널리스트 저널Analysts' Journal』에 기고했습니다. 그 논평에서 저는 데이비드 듀란드David Durand의 설명을 인용했는데, 그는 성장주의 가치 평가 방식과 200년 넘게 수학자들을 혼란에 빠뜨린 '상트페테르부르크의 역설St. Petersburg Paradox' 간의 유사성을 지적한 바 있습니다.

제가 여기서 강조하고 싶은 핵심은 다음과 같습니다. '수학은 일반적으로 정밀하고 신뢰할 수 있는 결과를 산출하는 도구로 간주됩니다. 그러나 주식 시장에서는 수학이 복잡하고 난해할수록 우리가 도출하는 결론은 더욱 불확실하고 투기적이 됩니다.' 저는 44년간 월스트리트를 경험하고 연구하면서, 기본적인 산술이나 가장 기초적인 대수학을 넘어서는 복잡한 계산이 보통주의 가치 평가나 투자 전략 수립에 신뢰할 만한 결과를 제공한 사례를 본 적이 없습니다. 만약 미적분이나 고등 대수학이 주식 평가에 도입되었다면 이는 실제 경험을 이론으로 덮으려는 시도이며, 대개 투기를 투자로 가장하려는 속임수일 가능성이 높습니다.

오늘날의 정교한 애널리스트들에게는 과거의 주식 투자 방식이 너무 단순해 보일 수도 있습니다. 당시에 주로 강조했던 것은 기업이나 증권의 방어적 측면이었습니다. 즉 경기 침체기에도 배당을 삭감하지 않고 지속적으로 지급할 수 있는지 여부가 가장 중요한 평가 기준이었습니다. 예를 들어 50년 전에는 철도주가 대표적인 투자 대상이었으며, 그 당시 철도주는 오늘날 공익기업 주식과 유사한 방식으로 평가되었습니다. 과거 실적이 안정적이라는 점이 확인되면 투자자로서는 주요 요건이 충족된 것이나 마찬가지였으며, 향후 근본적인 변화 가능성을 미리 예측하는 데에는 큰 노력을 기울이지 않았습니다. 반면 특별히 유망한 미래 성장 전망은 현명한 투자자들 사이에서 분명히 주목할 요소였지만, 이를 이유로 더 높은 가격을 지불하는 것은 바람직하지 않다고 여겨졌습니다.

결과적으로 당시 투자자들은 뛰어난 장기 성장 전망에 대해 추가적인 비용을 지불할 필요가 없었습니다. 따라서 단순히 좋은 기업이 아닌 최고를 선택하는 데 있어 현명한 판단을 한다면, 유망한 기업을 추가 비용없이 투자할 수 있다는 혜택이 보상으로 주어졌습니다. 즉 재무건전성, 과거 실적, 배당 안정성이 비슷한 보통주들은 비슷한 배당수익률로 거래되었습니다.

이러한 접근 방식은 다소 근시안적인 관점이었지만, 과거 보통주 투자를 단순하면서도 기본적으로 건전하고 매우 수익성 높은 방식으로 만들었다는 장점이 있었습니다. 여기서 마지막으로 개인적인 경험을 하나 더 소개하겠습니다. 1920년경, 제가 속한 회사에서는 『투자자를 위한 교훈 Lessons for Investors』이라는 제목의 작은 소책자 시리즈를 발행한 적이 있습니다. 저는 당시 20대중반이었는데 이런 거창하고 건방진 제목을 붙일 정도로 혈기왕성하고 대담한 애널리스트였습니다. 그중 한 편에서 저는 다음과 같은 말을 아무렇지 않게 했습니다. '좋은 투자가 될 수 있는 보통주는 동시에 좋은 투기 대상이기도 하다.' 제 논리는 이러했습니다. '만약 어떤 보통주가 매우 건전하여 손실 위험이 거의 없다면, 이는 필연적으로 장기적으로 우수한 수익을 창출할 가능성이 높을 것이다.' 이 주장은 완벽하게 타당했으며, 심지어 가치 있는 발견이기도 했습니다. 그러나 당시에는 아무도 이 말을 주목하지 않았기 때문에 현실적으로 적용될 수 있었습니다. 그러나 몇 년 후, 대중이 보통주가 장기 투자 자산으로서 가지는 장점에 눈을 뜨자 곧바로 그 장점은 사라지고 말았습니다. 대중의 열광이 가격을 지나치게 끌어올렸고, 그 결과 보통주가 가지고 있던 '안전마진'이 사라졌으며, 보통주는 더 이상 투자 대상이 될 수 없는 수준까지 올라가 버렸습니다. 그리고 결국 시장의 흐름은 반대 방향으로 극단적으로 움직였으며, 마침내 1931년에는 당시 가장 존경받던 금융 전문가 중 한 사람이 '어떠한 보통주도 더 이상 투자 대상이 될 수 없다'라고 선언하는 상황에 이르렀습니다.

이러한 장기적인 경험을 되돌아보면, 투자자가 자본이득과 소득에 대해 변화해 온 태도에서 또 하나의 역설을 발견할 수 있습니다. 과거 보통주 투자자들은 자본이득에 큰 관심을 두지 않았다는 점은 당연한 사실처럼 보입니다. 그들은 거의 전적으로 안전성과 배당 소득을 위해 주식을 매수했으며, 주가 상승에 대한 고민은 투기꾼들에게 맡겼습니다. 반면 오늘날에는 경험 많고 영리한 투자자일수록 배당수익률에 대한 관심은 줄어들고, 대신 장기적인 주가 상승에 더 큰 관심을 둔다고 말하는 것이 일반적입니다. 그러나 아이러니하게도 과거 투자자들이 자본이득에 집중하지 않았기 때문에, 오히려 산업주 중에서 장기적으로 안정적인 자본이득을 누릴 가능성이 더 컸다고 주장할 수도 있습니다. 반대로 오늘날 투자자들은 미래 전망을 너무 중시한 나머지, 이미 그 가치를 선불로 지불하고 있는 상황이라 할 수 있습니다. 즉 신중한 분석과 치밀한 연구 끝에 예측한 미래 성장이 실제로 실현된다고 해도, 이미 높은 가격을 지불한 만큼 추가적인 수익을 얻지 못할 가능성이 큽니다. 만약 그 예상이 기대만큼 실현되지 않는다면, 일시적인 손실을 넘어 심각한 영구적 손실을 입을 수도 있습니다.

그렇다면 과거와 현재의 투자 태도를 연결해 보면 1958년의 애널리스트가 얻을 수 있는 교훈은 무엇일까요? 제 1920년 소책자의 다소 거창한 제목을 다시 빌려 말하자면, 그리 많지 않다고 볼 수도 있습니다. 우리는 과거를 향수 어린 시선으로 회상할 수 있습니다. 즉 그때는 현재의 가치만을 지불하면 되었고, 미래 가치는 덤으로 얻을 수 있어서 '속세와 천국All this and Heaven too[20]'을 한 번에 해결하던 시절이었습니다. 그러나 이제는 고개를 절레절레 흔들며 이렇게 중얼거리게 됩니다. "그런 시절은 영원히 지나가 버렸군." 투자자들과 애널리스트들은 이제 미래 전망이라는 선악과를 먹고 말았습니다. 그리고 바로 그 순간, 그들은 합리적인 가격에 유망한 보통주를 쉽게 얻을 수 있었던 에덴동산에서 영원히 추방된 것은 아닐까요? 이제 우리는 항상 두 가지 위험 가운데 하나를 감수해야만 하는 운명에 처한 것일까요? 즉 전망이 밝은 우량주를 터무니없이 높은 가격에 사거나, 전망이 어두운 부실한 주식을 적당한 가격에 사거나 둘 중에 하나를 선택해야 하는 상황에 빠진 것일까요?

실제로 그렇게 보일 수도 있습니다. 하지만 이러한 비관적인 딜레마 역시 확정된 것은 아닙니다. 최근 저는 GE의 장기 추이를 간단히 연구해 보았습니다. 이는 1957년 보고서에 실린 59년간의 수익과 배당 차트를 보고 흥미를 느낀 것이 계기가 되었습니다. 이 수치는 경험 많은 애널리스트들에게도 다소 뜻밖의 결과를 보여줍니다. 우선 1947년 이전까지 GE의 성장세는 평범한 수준이었고, 상당히 불규칙적이었습니다. 1902년 40센트였던 EPS가 1946년 52센트로 겨우 30% 증가했을 뿐입니다. 또한 이 기간 동안 GE의 EPS가 1902년의 두 배를 넘은 적조차 없었습니다. 그럼에도 불구하고 PER은 1910년과 1916년에는 9배 수준이었으나, 1936년과 1946년에는 29배까지 상승했습니다. 어떤 사람들은 1946년의 높은 PER이 현명한 투자자들의 선견지명을 보여준다고 주장할 수도 있습니다. 즉 애널리스트들은 이미 다가오는 10년간 GE의 눈부신 성장을 예측할 수 있었다는 것입니다. 그럴 수도 있습니다. 그러나 여러분 중 일부는 1947년에 무슨 일이 있었는지 기억하실 것입니다. 이 해에 GE의 EPS는 사상 최고치를 기록했습니다. 그럼에도 불구하고 놀랍게도 PER은 급격히 하락했습니다. GE의 주가는 3대 1 주식분할 이전의 최저점에서 PER은 9배 수준에서 거래되었습니다. 그리고 1947년 한 해 동안 평균 PER도 약 10배 수준에 불과했습니다. 결국 불과 12개월 만에 우리의 '선견지명'은 사라져버리고 말았습니다.

이처럼 극적인 반전이 불과 11년 전에 일어났습니다. 이제 저는 '유망하고 저명한 기업들은 항상 높은 PER로 거래될 것이며, 이것이 투자자들이 받아들이고 순응해야 할 기본적인 시장 원칙이다'라는 애널리스트들의 일반적인 소신을 믿지 않습니다. 이 문제에 대해 독단적인 입장을 취할 생각은 전혀 없습니다. 다만 제 스스로 아직 이 문제에 대한 확신을 갖지 못하고 있으며, 여러분 각자가 이에 대한 답을 스스로 찾아야 할 것입니다.

그러나 저는 주식의 투자 및 투기적 특성과 관련하여 시장 구조에 대해 분명히 말씀드릴 수 있습니다. 과거에는 투자적 성격이 기업 자체의 특성과 거의 동일하거나 비례 관계에 있었습니다. 그때는 기업의 신용등급만 봐도 주식 투자의 특성을 충분히 알 수 있었습니다. 즉 해당 기업의 채권이나 우선주의 수익률이 낮을수록, 그 기업의 보통주도 건전한 투자 요건을 충족할 가능성이 높았으며, 그만큼 투기적 요소가 적었습니다. 이러한 관계는 보통주의 투기적 성격과 기업의 투자 등급 간의 상관관계를 왼쪽에서 오른쪽으로 완만하게 하강하는 직선으로 표현할 수 있었습니다. 그러나 오늘날의 시장 구조는 이와 달리 U자형 U-shaped 곡선을 그린다고 할 수 있습니다. 왼쪽 끝에는 투기성이 강하고 신용등급이 낮은 기업들이 위치합니다. 이 경우, 해당 기업의 보통주는 과거와 마찬가지로 여전히 강한 투기적 특성을 띠고 있습니다. 오른쪽 끝에는 신용등급이 가장 높은 기업들이 위치합니다. 이들은 과거 실적과 미래 전망이 매우 뛰어난 기업들입니다. 그러나 이러한 우량 기업들의 보통주는 높은 주가로 인해 필연적으로 일정 수준의 위험성을 동반하게 되면서 시장에 의해 지속적으로 투기적 요소가 가미되는 경향이 있습니다.

이 시점에서 다소 과장되었지만 이 주제와 깊은 관련이 있는 셰익스피어 소네트의 한 구절을 소개하고자 합니다. 이런 내용입니다.

> "Have I not seen dwellers on form and favor
> Lose all and more by paying too much rent?"
> "형식과 외관에 집착하는 자들이
> 너무 높은 대가를 치르며 모든 것을 잃는 것을 보지 않았던가?"

셰익스피어의 통찰력은 이미 오래 전에 투자자의 심리를 정확히 간파한 듯합니다.

다시 가상의 그래프로 돌아가 보면 보통주 매수에서 투기적 요소가 가장 적은 영역은 그래프의 중앙 부분에 해당할 것입니다. 이 구간의 기업들 중에도 이미 완전히 자리잡은 강력한 기업들이 많습니다. 이 기업들은 미국 경제 성장률과 유사한 과거 성장률을 보이며, 미래 전망 또한 비슷한 특성을 지니고 있습니다. 이러한 보통주는 강세장의 최상단 구간을 제외하면 대체로 적정한 가격에서 내재 가치에 부합하는 수준에서 매수할 수 있습니다. 실제로 오늘날 투자자들과 투기꾼들이 더 화려한 종목에 집중하는 경향이 있기 때문에, 저는 이러한 중간 영역의 종목들이 전체적으로 볼 때, 독립적으로 산출된 가치보다 낮은 가격에서 거래되는 경향이 있다고 감히 주장할 수 있습니다. 즉 시장 내 선호도와 편견이 작용하여 일부 유망한 종목들의 안전마진을 없애는 것과 같은 원리로, 이러한 중간 영역의 종목들은 오히려 시장의 이러한 특성 덕분에 안전마진을 확보할 수 있는 기회를 가질 가능성이 큽니다. 또한 이 광범위한 기업군 내에서, 과거 실적에 대한 철저한 분석과 미래 전망을 신중하게 구별하여 선택할 수 있는 충분한 여지가 있으며, 포트폴리오의 분산을 통해 안전성을 더욱 높일 수 있다는 점도 중요한 요소로 작용합니다.

파에톤 Phaëthon 이 태양마차를 몰겠다고 고집했을 때, 태양마차의 전문가인 그의 아버지는 미숙한 아들에게 중요한 조언을 건넸습니다. 그러나 파에톤은 그 말을 따르지 않았고, 결국 그 대가를 치르게 되었습니다. 오비드 Ovid 는 포이보스 아폴로 Phoebus Apollo 의 조언을 세 단어로 요약했습니다.

“Medius tutissimus ibis”

“중간이 최선의 길이다.”

저는 이 원칙이 투자자들과 그들을 조언하는 증권 애널리스트들에게도 유효하다고 생각합니다.

3. 투자대상으로서의 기술주

1971년 중반 S&P 서비스에는 컴퓨- Compu-, 데이터- Data-, 일렉트로- Electro-, 사이언- Scien-, 테크노- Techno- 등의 이름을 가진 기업이 약 200개 나열되어 있었다. 이들 중 약 절반은 컴퓨터 산업의 일부에 속했으며, 모두 주식시장에서 거래되었거나 공모를 신청한 기업들이었다.

1971년 9월판 『S&P 주식 가이드』에는 이러한 기업 중 총 46개가 실려 있었다. 이들 중 26개 기업은 적자를 기록하고 있었으며, 주당 1달러 이상의 이익을 내는 기업은 단 여섯 개, 그리고 배당을 지급하는 기업은 다섯 개뿐이었다.

비슷한 기술 관련 명칭을 가진 45개 기업이 1968년 12월판 『S&P 주식 가이드』에 수록됐었다. 이후 1971년 9월판 『S&P 주식 가이드』에서 이들 기업 리스트를 추적한 결과, 다음과 같은 변화를 확인할 수 있었다.

총 종목수	주가 상승 종목수	50% 미만 하락 종목수	50% 이상 하락 종목수	주식 가이드에서 탈락 종목수
45	2	8	23	12

논평: 1968년 『S&P 주식 가이드』에 포함되지 않은 많은 기술 기업들의 실적은 수록된 기업들보다도 더 저조했을 가능성이 거의 확실하다. 또한 1971년에 목록에서 탈락한 12개 기업도 남아 있는 기업들보다 더 나쁜 실적을 냈을 것이다. 이런 변화가 보여주는 참혹한 결과는 전체 '기술주' 종목군의 전반적인 질과 가격 변동을 대체로 반영하고 있다고 볼 수 있다. IBM과 몇몇 기업의 놀라운 성공 때문에 해당 업종에서 신규 주식 공모가 대거 이루어졌으며, 이로 인해 대규모 손실은 불가피했다.

제이슨 츠바이크의 감사의 말

『현명한 투자자』 개정판 작업에 집중할 수 있도록 시간을 기꺼이 내어준 『월스트리트 저널』의 데이비드 라일리, 찰스 포렐, 마리 보데트, 리즈 해리스, 엠마 터커에게 깊은 감사를 드립니다.

이 개정판을 훌륭하게 세상에 내놓을 수 있도록 세심하고 탁월한 작업을 해준 하퍼콜린스의 홀리스 하임보크, 커비 샌드마이어, 그리고 전 직원에게도 감사드립니다.

다음 분들은 분석, 비판, 데이터, 피드백, 통찰을 아낌없이 제공해 주셨습니다. 편의상 이름은 알파벳 순으로 적었습니다.

에이미 아노트, 제프 프탁 (모닝스타)
테드 애런슨, 제시 반즈, 존 자크 (AJO 비스타)
윌리엄 번스타인 (이피션트 프런티어 어드바이저스)
행크 베셈바인더 (애리조나 주립대)

로렌스 블랙 (인덱스 스탠더드)

워렌 버핏

데보라 퓨어 (ETFGI)

프라나브 가이 (캘크벤치)

로이 하야 (포트 포인트 캐피털 파트너스)

조앤 힐 (Cboe 베스트)

맷 호건 (비트와이즈 자산운용)

엘리자베스 캐슈너 (팩트셋)

폴 마시 (런던비즈니스스쿨)

마이클 모부신 (카운터포인트 글로벌)

돈 무어 (UC 버클리)

니나 먼크 — 나를 우연한 발견의 길로 이끌어 주었기에

제레미 펄러, 요니 엥겔하트 (쉴릿 포렌식스)

안티 페타이스토 (브루클린 인베스트먼트 그룹)

알렉스 포우크샨스키, 다이앤 로먼 (CRSP, 증권가격연구센터)

로버트 실러 (예일대)

하워드 실버블랫 (S₩&P 다우존스 인덱스)

토드 손 (스트래터거스 증권)

조슬린 윌크 (컬럼비아대 희귀도서 및 필사본 도서관)

로렌 테일러 울프 (임팩티브 캐피털)

준 우 (와튼 WRDS)

무엇보다 나의 아내에게 감사를 전합니다. 내가 이 책에만 전념할 수 있도록 그녀는 이 책 외의 모든 일을 해주었습니다.

색인

ㅈ

ㅋ

ㅌ

ㅍ

ㅎ

역자주

1 윌리엄 셰익스피어의 희곡 『줄리우스 시저』에 시저가 부르투스에게 하는 대사 "친애하는 부르투스여, 잘못은 우리 별에 있는 게 아니라 우리 자신에게 있다네"를 풍자적으로 개작했다.

2 유진 파마Eugene Fama와 케네스 프렌치Kenneth French는 1992년 획기적인 논문 『예상 주식 수익률의 횡단면 분석The Cross-Section of Expected Stock Returns』에서 경험적으로 소형주 포트폴리오가 전체 주식시장보다 우수한 성과를 보이고 있음을 증명했다. 다만 그레이엄이 한참 활발하게 활동했던 시기인 1928~1957년은 S&P 90 대형주 지수가 종합지수보다 우수한 성과를 보였다.

3 포뮬러 투자Formula Investing는 사전에 설정된 규칙과 공식을 기반으로 투자 결정을 자동적으로 수행하는 기법을 의미한다. 원문 formula investment는 직역하면 '공식 투자'라고 번역될 수 있으나, '포뮬러'라는 용어가 현재 시장에서 가장 많이 사용되고 있어서 그대로 옮겼다.

4 자기자본이익률Return On Equity, ROE은 기업이 주주의 자본을 활용하여 얼마나 효율적으로 이익을 창출하는지를 나타내는 핵심 재무 지표이다. 이는 당기순이익을 자기자본으로 나누어 계산하며, 기업의 수익성과 자본 효율성을 평가하는 데 중요한 역할을 한다.

ROE 계산식:

$$\text{ROE} = \left(\frac{\text{당기순이익}}{\text{자기자본}}\right) \times 100$$

5 기업이 주주의 자본을 활용하여 매출을 얼마나 효율적으로 창출하는지를 나타낸다. 이 비율이 높을수록 제한된 자본으로 원활하게 제품 및 서비스를 판매하고 있음을 의미한다.

자기자본회전율 계산식:

$$\text{자기자본회전율} = \left(\frac{\text{매출액}}{\text{자기자본}}\right) \times 100$$

6 이 책이 출판될 당시, S&P 500 지수는 425개의 산업주, 60개의 공익기업주 및 15개의 철도주로 구성되어 있는데, 각각의 부문별로도 지수를 산출하고 있었다. 이후 1976년 금융주가 편입되면서 이 종목수가 바뀌었고, 1988년 부문별 할당이 폐지되어 글로벌 산업 분류 기준Global Industry Classification Standard: GICS, 긱스에 따라 구성을 유지하고 있다.

7 하이일드 채권은 신용등급이 낮은 회사가 발행한 채권으로, 고위험·고수익 채권이다. 정크본드라고도 불린다.

8 수익사채Income Bond는 이익사채 또는 소득사채라고도 한다. 기업의 영업이익이 일정한 수준에 달했을 경우에 한하여 이자를 지급하는 사채로서, 이익이 부진할 때에는 이자를 지급하지 않아도 된다.

9 인컴형 펀드는 고배당주와 리츠(부동산 투자회사), 채권 등에 분산 투자해 매달 일정한 수익을 내는 것을 목표로 하는 펀드이다.

10 수익력Earning Power은 지배적인 경영 조건이 변하지 않고 유지된다는 가정 하에 매년 벌어들일 것으로 예상되는 금액을 의미한다. 쉽게 말해 회사의 기본적 역량을 말한다.

11 현재 한국의 경우 투자자가 매수한 주식, 채권 등의 증권은 모두 한국예탁결제원에서 보관, 즉 예탁을 책임지고 있어서 이런 부분은 신경쓰지 않아도 된다.

12 매출액순이익률은 기업의 매출액 대비 순이익의 비율을 나타내는 재무 지표로, 기업의 수익성을 평가하는 데 중요한 역할을 한다. 이 지표는 기업이 영업활동을 통해 얼마나 효율적으로 이익을 창출하는지를 보여준다.

매출액순이익률 계산식:

$$\text{매출액순이익률} = \left(\frac{\text{순이익}}{\text{매출액}}\right) \times 100$$

13 매출액영업이익률은 기업의 매출액 대비 영업이익의 비율을 나타내는 재무 지표로, 기업의 주된 영업활동을 통한 수익성을 평가하는 데 사용된다. 이 지표는 기업이 제품이나 서비스를 판매하여 얻은 매출액에서 매출원가와 판매비 및 관리비 등 영업비용을 차감한 후 남은 영업이익이 매출액의 몇 퍼센트를 차지하는지를 보여준다.

매출액영업이익률 계산식:

$$\text{매출액영업이익률} = \left(\frac{\text{영업이익}}{\text{매출액}}\right) \times 100$$

14 KOSPI나 S&P 500 지수는 시가총액가중지수Market Capitalization Weighted Index인 반면, 다우지수는 독특하게도 가격가중지수Price Weighted Index 방식을 채택하고 있다. 즉 지수를 구성하고 있는 개별 기업의 비중을 가격 기준으로 정한다. 따라서 종목마다 같은 수의 주식으로 포트폴리오를 구성하면 항상 지수의 수익률을 추종할 수 있다. 장점은 복제가 쉽다는 점이고, 단점은 각 기업의 발행주식수를 고려하지 않기 때문에 고가주의 영향을 더 많이 받게 된다는 점이 있다. 이 밖에도 종목마다 같은 금액으로 포트폴리오를 구성하는 동일가중지수Equal Weighted Index도 자주 활용되는 방식이다.

15 이 논리는 효율적 시장 가설의 핵심이며, 2013년 노벨 경제학상 수상자인 유진 파마Fama, Eugene가 1970년에 『저널오브파이낸스Journal of Finance』에 발표한 'Efficient Capital Markets: A Review of Theory and Empirical Work'에서 처음 언급되었다.

16 AT&T의 별명

17 이런 관행을 빅 배스Big Bath라고 하는데, 이는 기업이 과거에 누적된 손실이나 잠재적 부실을 한 회계연도에 모두 반영하여 재무제표를 정리하는 회계 기법을 의미한다. 주로 최고경영자CEO 교체 시기에 시행되며, 전임자의 재임 기간에 발생한 손실을 한꺼번에 처리하여 새로운 경영진이 향후 실적 개선의 공로를 부각시키는 데 사용된다.

18 에이본 프로덕츠Avon Products는 1886년에 설립된 영국-미국 합작 다국적 기업으로, 화장품, 스킨케어, 향수 및 개인 관리 제품을 판매하는 회사이다. 설립 초기부터 '에이본 아줌마Avon Lady'로 알려진 판매 대리인 제도를 도입하여 다단계 방문 판매 위주로 성장했다.

19 경제 평론가 조지 굿맨George Goodman의 필명

20 레이첼 필드Rachel Field의 동명 소설을 원작으로 1940년 개봉된 영화 제목이다. 이 글에서는 일거양득의 의미로 쓰였다.

논평 역자주

I MSCI ACWI All Country World Index는 MSCI가 산출하는 전 세계 주식시장(선진국 + 신흥국)을 하나의 포트폴리오로 구성한 글로벌 벤치마크 지수이다.

II CFD Contract for Difference(차액결제거래)는 기초자산을 실제로 보유하지 않고, 해당 자산의 가격 변동분(차익·차손)만을 서로 정산하는 장외 OTC 파생계약을 말한다.

III 게임스탑 GameStop과 스통 Stonk을 합성한 풍자어이다. 게임스탑은 미국의 비디오게임 소매업체인데 2020~2021년 당시 수익성이 악화되어 헤지펀드들이 집중적으로 공매도하던 종목이었다. 스통은 인터넷 슬랭으로, "stock(주식)"의 철자 오류이자 의도적 오타로 주로 비합리적인 투자나 meme-driven speculation을 조롱하거나 자조할 때 사용된다.

IV 게임스탑과 베드 배스 앤드 비욘드 등 밈 주식 열풍을 일으킨 장본인으로 평가받는 인물이다. 그는 베드 배스 앤드 비욘드 주식을 집중적으로 매입하며 주가 폭등을 일으켰으나, 이후 주가 고점 무렵에 해당 주식을 전량 매도했다. 뒤늦게 투자한 투자자들의 손실이 컸던 가운데 당시 코헨이 벌어들인 돈은 780억 원이 넘었다고 전해지면서 비난을 받았다.

벤저민 그레이엄의 현명한 투자자

초　 판 1쇄 발행 · 2007년 2월 27일
개 정 판 1쇄 발행 · 2016년 11월 28일
개정2판 1쇄 인쇄 · 2026년 1월 9일
개정2판 1쇄 발행 · 2026년 2월 20일

지은이 · 벤저민 그레이엄
논　평 · 제이슨 츠바이크
옮긴이 · 이성민
펴낸이 · 이종문(李從聞)
펴낸곳 · 국일증권경제연구소

등　록 · 제406-2005-000029호
주　소 · 경기도 파주시 광인사길 121 파주출판문화정보산업단지(문발동)
사무소 · 서울시 중구 장충단로 8가길 2(장충동 1가, 2층)
영업부 · Tel 031)955-6050 | Fax 031)955-6051
편집부 · Tel 031)955-6070 | Fax 031)955-6071
평생전화번호 · 0502-237-9101~3

홈페이지 · www.ekugil.com
블 로 그 · blog.naver.com/kugilmedia
페이스북 · www.facebook.com/kugilmedia
E-mail · kugil@ekugil.com

· 값은 표지 뒷면에 표기되어 있습니다.
· 잘못된 책은 구입하신 서점에서 바꿔드립니다.

ISBN 978-89-5782-252-4(03320)